DEUTSCHE IN FRANKREICH, FRANZOSEN IN DEUTSCHLAND
ALLEMANDS EN FRANCE, FRANÇAIS EN ALLEMAGNE
1715–1789

BEIHEFTE DER FRANCIA

Herausgegeben vom Deutschen Historischen Institut Paris

Band 25

DEUTSCHE IN FRANKREICH FRANZOSEN IN DEUTSCHLAND
1715–1789
ALLEMANDS EN FRANCE FRANÇAIS EN ALLEMAGNE
1715–1789

herausgegeben von / publiés par

Jean Mondot, Jean-Marie Valentin, Jürgen Voss

JAN THORBECKE VERLAG SIGMARINGEN
1992

DEUTSCHE IN FRANKREICH
FRANZOSEN IN DEUTSCHLAND
1715–1789

Institutionelle Verbindungen, soziale Gruppen,
Stätten des Austausches

ALLEMANDS EN FRANCE
FRANÇAIS EN ALLEMAGNE
1715–1789

Contacts institutionnels, groupes sociaux, lieux d'échanges

herausgegeben von / publiés par

Jean Mondot, Jean-Marie Valentin, Jürgen Voss

JAN THORBECKE VERLAG SIGMARINGEN
1992

Die Deutsche Bibliothek – CIP-Einheitsaufnahme

Deutsche in Frankreich, Franzosen in Deutschland:
1715–1789; institutionelle Verbindungen, soziale Grup-
pen, Stätten des Austausches = Allemands en France,
Français en Allemagne / hrsg. von Jean Mondot ... –
Sigmaringen: Thorbecke, 1992
   (Beihefte der Francia; Bd. 25)
   ISBN 3-7995-7325-9
NE: Mondot, Jean [Hrsg.]; PT; Francia / Beihefte

BEIHEFTE DER FRANCIA
Herausgeber: Prof. Dr. Horst Möller
Redaktion: Dr. Hartmut Atsma
Deutsches Historisches Institut, 9 rue Maspéro, F-75116 Paris

Dieses Buch ist aus säurefreiem Papier hergestellt und entspricht den Frankfurter Forderungen
zur Verwendung alterungsbeständiger Papiere für die Buchherstellung.

Verlagsadresse: Jan Thorbecke Verlag GmbH & Co., Sigmaringen
©1992 by Jan Thorbecke Verlag GmbH & Co., Sigmaringen
Gesamtherstellung: M. Liehners Hofbuchdruckerei GmbH & Co., Verlagsanstalt, Sigmaringen
Printed in Germany

ISSN 0178-1952 · ISBN 3-7995-7325-9

INHALTSVERZEICHNIS

VORWORT DER HERAUSGEBER

In diesem Band sind die Vorträge zusammengefaßt, die vom 20. bis 22. September 1990 beim ersten gemeinsamen Kolloquium der »Société Française d'Etude du XVIIIᵉ Siècle« und der »Deutschen Gesellschaft für die Erforschung des 18. Jahrhunderts« in Verbindung mit der »URA 1282 Etudes littéraires et culturelles franco-allemandes« (Paris IV–CNRS) sowie dem »Deutschen Historischen Institut Paris« in der Sorbonne gehalten wurden.

Mit dem Thema »Deutsche in Frankreich – Franzosen in Deutschland 1715–1789« wandte sich die Veranstaltung einem von der Forschung bislang vernachlässigten Komplex zu, der sich optimal auch nur interdisziplinär angehen läßt. Vor diesem Vorzeichen stellt vorliegender Band eine Zwischenbilanz dar, wobei in jedem einzelnen Beitrag auch deutlich wird, wie der Forschungsstand jeweils aussieht und wo die Forschungslücken liegen.

Die Veranstalter der Tagung möchten an dieser Stelle nochmals dem Centre National de la Recherche Scientifique (CNRS) und der Deutschen Forschungsgemeinschaft (DFG) für die finanzielle Unterstützung danken und der Sorbonne Dank dafür aussprechen, daß die Tagung in ihren Räumen hat stattfinden können. Unser Dank gilt schließlich Monsieur Jacques Chirac, dem Maire de Paris, der die Teilnehmer des Kolloquiums in den Repräsentationsräumen des Hôtel de Ville empfangen ließ.

JEAN MONDOT   JEAN MARIE VALENTIN   JÜRGEN VOSS
(Bordeaux)   (Paris)   (Paris)

AVANT-PROPOS

Ce volume rassemble les contributions du premier colloque commun de la »Société française d'Etude du XVIIIᵉ Siècle« et de la »Deutsche Gesellschaft für die Erforschung des 18. Jahrhunderts« organisé en coopération avec l'»URA 1282« (Paris IV-CNRS) »Etudes littéraires et culturelles franco-allemandes« et l'»Institut Historique Allemand« (Paris). Il s'est tenu à Paris en Sorbonne du 20 au 22 septembre 1990.

Le thème du colloque, »Allemands en France – Français en Allemagne 1715–1789,« a permis d'aborder un ensemble de questions souvent négligé jusqu'ici (cf. Introduction, *infra*) par la recherche et relevant spécifiquement d'une approche pluridisciplinaire. Dans ce contexte, le présent volume propose un bilan intermédiaire: chaque contribution montrant à la fois l'état actuel des recherches et les lacunes restant à combler.

Les organisateurs du colloque voudraient remercier ici, encore une fois, le département »Sciences de l'Homme et de la Société« du Centre National de la Recherche Scientifique (CNRS) et la Deutsche Forschungsgemeinschaft (DFG) pour leur indispensable soutien financier. Ils tiennent aussi à exprimer leur remerciement pour l'hospitalité que leur a offerte la Sorbonne pendant la durée du colloque. Leurs remerciements vont enfin à Monsieur le Maire de Paris qui a permis que l'ouverture de ce colloque inaugural se fît dans le cadre prestigieux des salons de l'Hôtel de Ville.

JEAN MONDOT JEAN-MARIE VALENTIN JÜRGEN VOSS
(Bordeaux) (Paris) (Paris)

Jürgen Voss

DEUTSCHE IN FRANKREICH – FRANZOSEN IN DEUTSCHLAND 1715–1789

Zur Einführung

Dieses Kolloquium hat gezeigt, daß die Geschichte der deutsch-französischen Beziehungen über Staat und Politik[1], Wirtschaft[2] und Kultur[3] hinaus auch eine sozialgeschichtliche Komponente kannte, die im 18. Jahrhundert schon sehr gut faßbar ist. Dieser Aspekt wurde bei Versuchen, eine Gesamtübersicht deutsch-französischer Entwicklung zu geben, bislang vernachlässigt[4], ja oft überhaupt nicht beachtet. Wir kennen Einzelschicksale von Deutschen in Frankreich, von Franzosen in Deutschland, aber wir können noch nicht sagen, wieviel tausend Deutsche 1789 in Frankreich lebten und wieviel tausende Franzosen im damaligen Deutschland. Der aus Wien stammende und in den achtziger Jahren in Straßburg wirkende Schauspiel-direktor Simon Friedrich Koberwein, auf den wir unten noch zurückkommen, beziffert 1784 die Zahl der Deutschen in Paris auf 40 000[5]. Ob sich diese Werte archivalisch bestätigen lassen, wird die Thèse d'Etat von F. Driancourt zeigen[6]. Zu prüfen bleibt, welchen Berufen diese Menschen im einzelnen im Nachbarland nachgingen. Wir wissen eines: Es handelte sich nicht nur um Diplomaten, sondern auch um Handwerker, Kaufleute, Soldaten, Schriftsteller, Sprachlehrer, Wissen-schaftler und Künstler aus allen Bereichen. Gerade dies machen auch die Beiträge in diesem Band deutlich.

---

1 Klaus MALETTKE, Deutsch-französische Beziehungen in der frühen Neuzeit: Stand der deutschen Forschung zu den Bereichen »Staat und Politik (Ende 15.–Anfang 19. Jahrhundert)«, Berlin 1989 (Historische Kommission, Informationen, Beiheft Nr. 12).

2 Über die Handelsbilanz zwischen Deutschland und Frankreich. Ein statistischer Versuch, Frankfurt/Main 1794.

3 Vgl. Michel ESPAGNE/Michael WERNER (Hgg.), Transferts. Les relations interculturelles dans l'espace franco-allemand (XVIIIᵉ et XIXᵉ siècle), Paris 1988, sowie den Forschungsbericht von Jean MONDOT, Les relations franco-allemandes à l'époque moderne II. Deux siècles de relations interculturelles, in: Bulletin d'information de la Mission Historique Française en Allemagne, n° 19 (Décembre 1989), S. 49–74.

4 Johannes HALLER, Tausend Jahre deutsch-französischer Beziehungen, Stuttgart 1930, Gaston ZELLER, La France et l'Allemagne depuis dix siècles, Paris 1932. Eine moderne Gesamtdarstellung fehlt, auch zur frühen Neuzeit beziehungsweise dem 18. Jahrhundert. Neuere Orientierungen in: Deutschland und Frankreich in der frühen Neuzeit. Festschrift für Hermann WEBER zum 65. Geburtstag, München 1987 (mit 22 Beiträgen).

5 Simon Friedrich KOBERWEIN, Meine Biographie, Breslau 1803, S. 10. Zum Hintergrund siehe J. MA-THOREZ, Les étrangers en France sous l'Ancien Régime, Bd. II Les Allemands, les Hollandais, les Scandinaves, Paris 1921, S. 102 ff.

6 Francine DRIANCOURT, Les Luthériens à Paris du XVIIᵉ au début du XIXᵉ siècle, Thèse d'Etat (dact.) Université de Paris I 1990.

Auf die deutschen Handwerker in Frankreich ist sogar die Encyclopédie im Nachtragsartikel »ouvriers étrangers« in ihrem letzten Band 1765 eingegangen:

On ne sait si le conseil est instruit qu'il y a actuellement en France, et qu'il continue d'y arriver journellement une grande quantité d'étrangers, sur-tout d'allemands, tous gens de métier. Il faut savoir que c'est une loi de la politique, chez presque tous les princes d'Allemagne, d'accorder des préférences et une sorte de considération à ceux de leurs sujets qui pendant trois ans ont exercé leur profession en pays étrangers, et en rapportent des attestations. Il faut savoir que le luxe presque inconnu dans la partie de l'Allemagne qui a servi de théatre à la guerre que nous venons d'y faire, y a germé dans la premiere année du séjour que nous y avons fait, et y a jetté de très-profondes racines, depuis ce moment jus-qu'à celui de notre départ. Il faut savoir qu'indépendamment de notre argent, nous avions laissé en Allemagne nos goûts et nos vices; ceux-ci y resteront, l'autre (l'argent) nous est déjà rentré; les femmes y ont pris le parti de la galanterie et de vouloir plaire, et les maris sont devenus on ne sait trop quoi, depuis que la pipe et le vin ont cessé de leur tenir lieu de tout autre plaisir. Ce n'est pas peut-être pour nous le moindre avantage de la derniere guerre, d'avoir changé les moeurs d'une nation voisine et de les avoir rendues un peu plus ressemblantes aux nôtres; ce procedé pour nous être utile, n'en est pas plus honnête, mais ce n'est pas de cela qu'il s'agit ici. Il faut savoir que les filles du plus bas étage qui, à notre arrivée portoient une jolie mine, des souliers cirés, et des bas de laine rouge à coins verds (comble du luxe pour lors connu), ont, aidées de nos lumieres, trouvé des moyens qu'elles ignoroient, de se procurer des souliers blancs, des bas de soie blancs, l'éventail et les pompons. Il ne faut pas savoir, car on le sait, que c'est par les goûts du petit peuple qu'on peut juger des progrès du luxe dans tous les ordres d'une nation. Il faut savoir que j'ai vu à Izerlohn, petite ville du comté de la Marck, quatre négocians qui de leur aveu faisoient chacun un commerce d'un million à douze cens mille livres, en tabatieres de papier maché, blondes, gazes, pompons, éventails, et autres chiffons, que deux fois l'année ils venoient faire faire en France, pour ensuite les aller vendre aux foires de Léipzig, et des deux Francforts. Il faut encore savoir que le feu landgrave de Hesse-Cassel tiroit de Paris toutes les choses à son usage, jusqu'à des souliers; on devine aisément que les seigneurs de la cour imitoient l'exemple de ce prince[7].

Nicht ausklammern dürfen wir hier die Personen aus hohem Adel, die durch Eheverbindungen ins andere Land kamen: Man denke an Liselotte von der Pfalz, Anna Maria von Bayern, Josepha von Sachsen, die Mutter Ludwigs XVI. oder Marie Antoinette aus dem Hause Habsburg und Gemahlin des eben genannten Königs[8]. Hinzuweisen wäre auch darauf, daß bestimmte deutsche Fürsten wie die Herzöge von Zweibrücken oder Friedrich von Salm-Kyrburg in Paris Stadtpaläste hatten[9].

Ebenso breit ist das Spektrum derjenigen, die auf Zeit, das heißt als Reisende im anderen Land weilten. Französische Schriftsteller des 18. Jahrhunderts waren viel zahlreicher und häufiger in Deutschland als die deutsche Intelligenz in Frankreich,

---

7 Encyclopédie, Bd. XVII Paris 1765, S. 804 f.

8 Paul LÉVY, La langue allemande en France, Bd. I. Des origines à 1830, Lyon/Paris 1950, S. 109, 146. Zur französischen Sprache in Deutschland vgl. Ferdinand BRUNOT, Histoire de la langue française des origines à nos jours, Paris 1967², S. 531 ff.

9 Vgl. Johann Christian von MANNLICH, Histoire de ma vie, hg. von Karl-Heinz BENDER/Hermann KLEBER, Bd. I Trier 1989, S. 43 zum Hôtel des Deux Ponts. Die Pariser Residenz der Fürsten von Salm-Kyrburg ist das heutige Gebäude der Ehrenlegion. Vgl. Joachim EMIG, Friedrich III. von Salm-Kyrburg (1745–1794). Ein deutscher Reichsfürst im Spannungsfeld zwischen Ancien Régime und Revolution, Diss. phil. Mainz 1990.

was auch daran lag, daß die deutschen Autoren weniger bemittelt waren[10]. Die Reise, die Kaiser Joseph II. 1777 unter dem Namen Graf von Falkenstein durch Frankreich machte, ist von den Zeitgenossen sehr beachtet worden[11]. Dagegen hat von dem kurzen Abstecher, den der junge Friedrich II. vom 23.–25. 8. 1740 unter einem echten Incognito nach Straßburg machte, erst ein in französischem Dienst stehender Soldat bemerkt, der früher unter preußischen Fahnen stand[12]. Es gab kleine deutsche Kolonien in französischen Handelsstädten[13] ebenso wie kleine französische Kolonien in deutschen Städten, hier auch an einer Reihe von Höfen[14].

Diese Gruppen brauchten ihre Einrichtungen. Den zahlreichen französischen Buchhandlungen im Reich[15], dem französischen Gymnasium in Berlin[16], der französischen Lesegesellschaft in Celle[17] steht in mancher Hinsicht als Pendant das deutsche Lesekabinett in Paris in der Rue Saint-Honoré[18] oder eine deutsche Apotheke in Paris nahe der Place St. Victor[19] gegenüber. An deutschen Höfen existierten über Jahrzehnte hinweg französische Theater[20] mit entsprechend zahlreichen Schauspielern. In Paris wirkten deutsche Opernsängerinnen[21] und 1784 wurde das Projekt ventiliert, von dem damaligen Straßburger Schauspieldirektor Koberwein an der Seine ein deutsches Theater errichten zu lassen[22]. So wie in Mannheimer

---

10 Darauf habe ich bereits früher verwiesen vgl. Jürgen Voss, Das Elsaß als Mittler zwischen deutscher und französischer Geschichtswissenschaft, in: Karl Hammer/Jürgen Voss (Hgg.), Historische Forschung im 18. Jahrhundert, Bonn 1976, S. 334 ff. Daß zum Beispiel Abbé Raynal 1782 in Mainz weilte, sollte im Zusammenhang noch weiter verfolgt werden. Vgl. dazu Allgemeiner Wöchentlicher Briefwechsel deren Gelehrter und Künstler Deutschlands, Hannover Bd. 2 (1782) S. 36. Erfreulicherweise liegen jetzt zwei große Studien zum Themenkomplex vor: Thomas Grosser, Reiseziel Frankreich. Deutsche Reiseliteratur vom Barock bis zur französischen Revolution, Opladen 1989. – Françoise Knopper, Le regard du voyageur. L'image de l'Allemagne du Sud et de l'Autriche dans les relations de voyageurs allemands (1775–1803), Thèse d'Etat, Strasbourg 1990.

11 Neueste Staatsbegebenheiten, Frankfurt Bd. 3 (1777) S. 700–720. Vgl. Hans Wagner, Die Reise Josephs II. nach Frankreich 1777 und die Reformen in Österreich, in: Österreich und Europa, Festschrift Hugo Hantsch, Graz 1965, S. 221–246.

12 Ingeborg Streitberger, Der königliche Prätor von Straßburg 1685–1789, Wiesbaden 1961, S. 222. J. de Boislisle, L'équipée de Strasbourg de Frédéric le Grand, in: Revue d'histoire diplomatique 50 (1936) S. 158–181.

13 Vgl. Mathorez (wie Anm. 5), Bd. II, S. 10 ff., 54 ff., 102 ff.

14 Hierzu gibt es noch keine zusammenfassende Studie. Ein großes Forschungsprojekt von Martin Fontius und Rolf Geissler vom Zentralinstitut für Literaturgeschichte in Berlin untersucht die Rolle der Franzosen in Berlin.

15 Hierzu demnächst Jürgen Voss, Der französische Buchmarkt im deutschen Kulturraum des 18. Jahrhunderts.

16 Christian Velder, 300 Jahre Französisches Gymnasium Berlin, Berlin 1989.

17 Hinweis von Herrn Dr. Franklin Kopitzsch (Hamburg).

18 Jürgen Voss, Eine deutsche Lesebibliothek im Paris des späten 18. Jahrhunderts, in: Zeitschrift für Historische Forschung 6 (1979) S. 461–470. Wie ich inzwischen einer Passage des Journal de Paris vom 2. November 1778 (S. 1227) entnahm, wurde die Lesebibliothek am gleichen Tag eröffnet. Ich möchte Herrn Cillessen (Kleve/Berlin) für diesen Hinweis danken.

19 Heinrich Sander, Beschreibung seiner Reisen durch Frankreich, die Niederlande, Holland, Deutschland und Italien, Bd. I, Leipzig 1783, S. 47.

20 Jean-Jacques Ollivier, Les comédiens français dans les cours d'Allemagne au XVIIIᵉ siècle, Paris 1901.

21 Sophie La Roche, Journal einer Reise durch Frankreich, Altenburg 1787, S. 176.

22 Koberwein (wie Anm. 5), S. 10 f.

Cafés 1789 französische Zeitschriften eingesehen werden konnten[23], so lagen in einem Pariser Café im Palais Royal in den 80er Jahren deutsche Zeitungen aus[24].

Mit diesen Bemerkungen will ich nur einige Punkte anklingen lassen, welche die Vielschichtigkeit der Themenstellung verdeutlichen. Daß die Präsenz von Franzosen in Deutschland beziehungsweise von Deutschen in Frankreich partiell auch auf das Bild des betreffenden Volkes Niederschlag gefunden hat[25], sei hier abschließend kurz vermerkt. In Zedlers Universallexikon wird den Franzosen unter anderem großer Fleiß bei der Arbeit bescheinigt[26]; Pate standen hier wohl die Hugenotten in Brandenburg-Preußen. Und die bekannte deutsche Schriftstellerin Sophie La Roche notiert zu ihrem Parisaufenthalt Anfang der 80er Jahre unter anderem *daß der aufgeklärte Theil der Pariser von dem Verdienst der Teutschen* (auf kulturellem Gebiet) *überzeugt ist*[27], ein Urteil, zu dem wohl auch Grimm, Wille, Gluck und andere damals in Paris wirkende Deutsche beigetragen haben dürften.

Im zeitlichen Rahmen des Kolloquiums haben zwar viele, aber nicht alle Aspekte des Gesamtthemas behandelt werden können. Interessant, aber nicht leicht zu erfassen, wäre eine Untersuchung über die zahlreichen französischen Sprachlehrer im damaligen Deutschland wie zum Beispiel Jean-Charles Laveaux (1749–1827), der zuerst am Gymnasium in Berlin tätig war, dann an der Stuttgarter Karlsschule lehrte und später in der Revolutionszeit als führender Journalist in Straßburg und Paris wirkte und von dort aus Verbindung mit deutschen Revolutionsfreunden hielt[28]. Die

---

23 Jürgen Voss, Mannheim und die Mannheimer im Banne der Französischen Revolution, Mannheim 1991, S. 40.

24 Voss, Lesebibliothek (wie Anm. 17), S. 468.

25 Zum Hintergrund siehe Wolfgang LEINER, Das Deutschlandbild in der französischen Literatur, Darmstadt 1989; Jürgen Voss, Der Herzog von Saint-Simon und Deutschland, in: Deutschland und Frankreich in der frühen Neuzeit (wie Anm. 4) S. 439–465, siehe auch Jürgen Voss, Deutschland, die Deutschen und die deutsche Medizin im Urteil des Pariser Arztes Jean Goulin (1728–1799), in: M. GRUNEWALD/J. SCHLOBACH (Hgg.), Aspekte der deutsch-französischen Beziehungen vom 17. bis zum 20. Jahrhundert, Frankfurt 1992. Dazu auch die Beiträge im Kolloquiumsband von Gonthier-Louis FINK (Hg.), Cosmopolitisme, patriotisme et xénophobie en Europe au siècle des lumières, Strasbourg 1986.

26 Großes vollständiges Universallexikon (ZEDLER), Bd. 9 Halle/Leipzig 1735, Sp. 1729 *Die Franzosen sind arbeitsam, erzeigen sich gegen die Fremden sehr höflich, sind dabey hitzig und zum Kriege geneigt,* ...

27 LA ROCHE (wie Anm. 20), S. 175.

28 Rolf GEISSLER, Die Hugenotten im literarischen Leben Berlins, in: Hugenotten in Berlin, Berlin 1988, S. 363–391, hier S. 386 ff. Zu seinen Verbindungen nach Schwaben siehe Jürgen Voss, Die Kurpfalz im Zeichen der Französischen Revolution 1789–1798, in: Volker RÖDEL (Hg.), Die Französische Revolution und die Oberrheinlande 1789–1798, Sigmaringen 1991, S. 9 ff. In dem von Laveaux herausgegebenen »Courrier de Strasbourg« findet sich im Februar 1793 (S. 152) eine Textstelle, die wohl auf des Herausgebers frühere Berlinkontakte zurückzuführen ist:
Les Jacobins du Brandebourg aux Jacobins de la France, salut!
Les despotes tirent à leur fin; ils n'ont bientôt plus ni argent, ni confiance, et le bon parti se grossit de jour en jour. Apprenez, frères et amis, que le trésor de Frédéric-Guillaume s'épuise que cela fait plaisir, et sachez, que lorsque son trésor sera épuisé, il n'y a plus pour lui aucune ressource. Vous pouvez juger de l'état de détresse où il se trouve, par les détails suivans: Malgré les grands sommes qui sont parties d'ici pour l'armée, il a été obligé d'ouvrir un emprunt considérable à Francfort, chez Willemer. ... On parle d'une grande conférence qui doit se tenir à Francfort entre l'empereur, le roi de Prusse et tous les électeurs. Il ne s'agit de rien moins, que de partager le royaume de France. Tenez bon, braves François, encore un coup de collier, et l'Europe est libre. C'est une vraie pitié que cette assemblée; car où trouver

weniger zahlreichen deutschen Sprachlehrer in Frankreich sind dagegen bei Lévy bereits erfaßt[29].

Ebenso aufschlußreich wäre eine umfassende Studie über französische Höflinge in Deutschland, die ja nicht nur in Berlin sondern ebenso etwa in Kassel oder Mannheim anzutreffen waren.

Es ist bekannt, daß damals viele französische Schauspieler an deutschen Hoftheatern wirkten, aber eine Karte dazu, wo und wann französische Schauspielgruppen in deutschen Städten tätig waren, wäre noch zu erstellen.

Daneben haben etliche französische Projektemacher an deutschen Höfen ihr Glück versucht. Auf Nicolas Paradis aus Verdun und die von ihm konzipierte »Société patriotique de Hesse-Hombourg« habe ich an anderer Stelle schon hingewiesen[30]. Zu den Männern dieses Typs zählt auch Longchamps, der 1789 in Frankenthal einen »Triple Observateur Palatin« plante[31]. Ihm zur Seite wäre Béarde de l'Abbaye zu stellen, der 1770/71 in Mannheim eine Zeitschrift mit dem anspruchsvollen Titel »Mannheim. Gazette de l'Allemagne« lancierte[32]. In Frankreich gab es parallel dazu deutsche Projektemacher vornehmlich auf technischem Gebiet, von denen Mathorez schon sprach[33].

Nicht behandelt wurden während des Kolloquiums Persönlichkeiten, die im anderen Land lebten wie Holbach oder stark einwirkten wie Voltaire, weil zu ihnen schon einschlägige Studien vorliegen[34]. Wenn der Band über seine zahlreichen Ergebnisse hinaus auch Impulse zu weiteren Forschungen vermittelt, hat er seine Aufgabe erfüllt.

de l'argent et des hommes? L'argent devient plus rare de jour en jour, et bien des hommes ne se soucient pas de se faire couper la gorge pour Messieurs les Rois.

29 Paul Lévy (wie Anm. 7), wo mehrfach auf die Sprachlehrer verwiesen wird.

30 Jürgen Voss, Die Société patriotique de Hesse Hombourg (1775–1781). Der erste Versuch einer europäischen Koordinationsstelle für wissenschaftlichen Austausch, in: Rudolf Vierhaus (Hg.), Deutsche patriotische und gemeinnützige Gesellschaften, München 1980, S. 195–221.

31 Jörg Kreutz, Ein aufklärerisches Zeitschriftenprojekt als ehrgeiziges Spekulationsobjekt: »Le Triple Observateur Palatin«, in: Pfälzer Heimat 41 (1990) Heft 2, S. 72–78.

32 Dazu demnächst Jörg Kreutz in: Francia 19/2 (1992). Zum Hintergrund siehe Jürgen Voss, Mannheim als Verlagsort französischer Zeitschriften im 18. Jahrhundert, in: Mitteilungen der Gesellschaft der Freunde der Universität Mannheim Oktober 1986, S. 41–48.

33 Darauf hat schon Mathorez (wie Anm. 5) hingewiesen.

34 Zu Holbach siehe die Publikationen von Jérôme Vercruysse sowie den Ausstellungskatalog Paul Thiry von Holbach, Philosoph der Aufklärung, Speyer 1989. Zu Voltaire vgl. Martin Fontius, Voltaire in Berlin, Berlin 1966. P. Brockmeier/R. Desné/J. Voss, Voltaire und Deutschland, Stuttgart 1979; Nikolaus Götz, Das Deutschlandbild Voltaires, Diss. phil. Saarbrücken 1989.

LUCIEN BÉLY

LES DIPLOMATES FRANÇAIS DANS LE SAINT-EMPIRE AU XVIIIᵉ SIÈCLE

Pour tenter une approche de l'action des négociateurs français dans le Saint-Empire au XVIIIᵉ siècle, j'essaierai d'abord de cerner la situation à la fin du règne de Louis XIV, puis je présenterai quelques traits de la présence française, enfin j'esquisserai quatre exemples révélateurs. J'ai écarté volontairement les grandes puissances présentes dans l'Empire, la Prusse par exemple.

I. Les hésitations de la France à la fin du règne de Louis XIV

Même si, pendant la guerre de succession d'Espagne, l'ennemi essentiel de Louis XIV fut d'abord l'Empereur qui défendait les intérêts de sa maison, le Saint-Empire et les princes allemands eurent leur place dans la diplomatie française. Pour la caractériser aux approches de la paix de Baden de 1714, je comparerai deux missions, deux projets, deux programmes politiques.

Deux missions d'abord, celle de La Verne et celle de La Marck.

Au moment où un accord franco-anglais était en vue en 1711–1712, la tentation était grande de pénétrer le bloc germanique, soit en gagnant l'Empereur qui entraînerait le reste de l'Empire, soit en détachant quelques princes allemands pour faire s'effriter l'ensemble. Depuis Aix-la-Chapelle, La Marck, parent du cardinal de Fürstenberg, qui autrefois avait écumé l'Allemagne au service de la France, ébaucha la première solution du côté de l'Empereur, par l'intermédiaire de l'électeur palatin – son parent et allié. La Verne était un Comtois, parlant parfaitement l'allemand et connaissant bien la situation allemande: il chercha à utiliser au mieux les souverains allemands contre ce puissant aîné qu'était le Habsbourg de Vienne en tentant de créer une coalition au nord. Cette dernière opération obéissait à la tradition du XVIIᵉ siècle, celle de Richelieu et de Mazarin qui s'alliaient volontiers avec des princes protestants contre l'Empereur catholique; les avances de La Marck présageaient des temps nouveaux et le rapprochement avec l'Autriche. Simplement La Marck était mieux intégré au monde allemand dont il était originaire, et prit moins de risques en restant à proximité d'Aix-la-Chapelle; La Verne s'aventura plus loin, fut arrêté par les Hanovriens, et sa déposition fut un utile outil de propagande contre la France[1].

Pendant les négociations, les agents français cherchaient les envoyés des princes allemands, susceptibles d'être gagnés aux intérêts français; à Utrecht, ces travaux

---

1 L. BÉLY, Espions et ambassadeurs au temps de Louis XIV, Paris 1990, pp. 130–132. Voir aussi G. DROYSEN, Geschichte der preußischen Politik, Leipzig 1870, IV, 4; et Max BRAUBACH, Geheime Friedensverhandlungen am Niederrhein 1711/1712 in: Diplomatie und Geistiges Leben im 17. und 18. Jahrhundert, Bonn 1969.

d'approche furent réservés à deux agents officieux, le chevalier Rossi et Frischmann de Rançonnières. C'est vers l'Allemagne que ces deux agents portaient leurs ambitions. Ainsi Frischmann voulait être nommé à Ratisbonne: *Comme, dans cette assemblée nombreuse en ministres, il s'en trouve plusieurs que ledit sieur de Frischmann a vus et pratiqués en Allemagne, lesquels il ne peut se dispenser de voir et qu'il est même utile qu'il voie et pratique …*[2]. Finalement il eut Cologne. Rossi se proposait d'aller au bout du monde pour le service de Louis XIV. La diplomatie française se contenta d'Aix-la-Chapelle: *J'ai pensé, Monsieur, que si vous alliez vous-même à Aix-la-Chapelle sous prétexte ou de curiosité ou de santé, vous pourriez mieux que personne connaître ce que M. de Marlborough y fait véritablement et savoir les moyens d'être particulièrement instruit à l'avenir de toute sa conduite …*[2]. Aix-la-Chapelle était un centre de convergence de l'aristocratie européenne, Ratisbonne, un centre de rassemblement des représentants allemands: dans ces deux cas, des lieux où l'information circulait et était collectée, mais aussi où l'argent pouvait être distribué.

Au temps d'Utrecht, les négociateurs français faisaient entrer l'Empire dans leurs combinaisons politiques. Nous pouvons suivre à cet égard la réflexion de Frischmann et voir s'affronter deux programmes politiques. Au début de 1712, à propos de l'Electeur de Bavière, il insistait sur une fragmentation à l'extrême de l'Empire. *Cette multitude d'électorats ne préjudiciera en rien aux intérêts du roi. Au contraire, puisque cet empire d'Allemagne se laisse sans cesse engager dans toutes les guerres qu'on fait à la France, malgré tout ce que sa Majesté a fait jusqu'ici pour lui donner des marques de son amitié et pour soutenir ses prérogatives et sa liberté; il vaut mieux faire tomber cet empire dans une espèce d'anarchie par cette multiplication des électeurs, qui rendra les élections dans la suite plus libres et plus difficiles à la maison d'Autriche, puisque peu de suffrages sont plutôt gagnés qu'un plus grand nombre, et dans lequel nombre le roi pourra plus facilement trouver des adhérents…*[3]. Louis XIV voulait lui-même jouer la carte allemande *parce qu'il est bon d'accoutumer les princes de l'Empire à jouir de la prérogative qu'ils ont de faire des traités eux-mêmes indépendamment de l'Empereur …*[4]. Pour cela il fallait, selon Frischmann, des diplomates qui *par leurs insinuations et leurs manoeuvres* pussent *faire connaître la véritable source du mauvais système des affaires d'Allemagne*[5].

Mais cette vision n'était qu'une des politiques possibles. En effet la diplomatie française à la fin du règne de Louis XIV s'orientait vers un rapprochement avec l'Autriche comme le montrent les fameuses instructions au comte du Luc[6]. Il s'agissait aussi de *favoriser l'Empereur dans les idées ambitieuses qu'il a de s'agrandir du côté de la Hongrie* car *il compenserait au roi sans regret dans les Pays-Bas les*

---

2 Ibid. pp. 318–319, d'après la correspondance de Frischmann et de Rossi, Archives du ministère des Affraies étrangères, Paris, Correspondance politique, Hollande.
3 A.A.E., C.P. Hollande 232, Frischmann, 5 février 1712.
4 Ibid. 248, fol. 125–131, Louis XIV aux plénipotentiaires à Utrecht, 13 février 1713.
5 Ibid., fol. 361–364, Frischmann à Torcy, 21 février 1713.
6 Recueil des instructions données aux ambassadeurs et ministres de France depuis les traités de Westphalie jusqu'à la Révolution française, Autriche, A. SOREL, éd., Paris 1884.

avantages qu'il tirerait de son agrandissement sur le Danube[7]. Ce qui n'empêchait pas de songer à la succession d'Autriche et d'attiser les prétentions bavaroises. Dans cette perspective, Louis XIV ne voulait pas montrer trop d'*empressement* en envoyant des représentants aux princes allemands: ... *car, en vérité, s'ils veulent à l'exemple de M. le duc de Hanovre, agir comme les valets de la maison d'Autriche, il ne conviendra guère à la France de les traiter comme souverains* ...[8].

Finalement la diplomatie française choisit la dernière attitude, comme le montra l'instruction au même Frischmann partant pour Cologne (27 juin 1715): les envoyés français devaient affirmer que la France voulait *entretenir avec les Princes de l'Empire une intelligence qui n'auroit jamais esté troublée, si ces princes avaient consulté leurs intérêts, avant que de se laisser entraîner dans la dernière guerre* – c'est un reproche implicite –, tandis que l'affrontement séculaire s'effaçait: *car on peut dire que les motifs de l'opposition qui s'est entretenue pendant quelques siècles entre la Maison de France et celle d'Autriche, sont, ou cessés, ou qu'ils seront incessamment terminés par la paix qui reste à faire entre le Roy d'Espagne et l'Empereur*[9] – c'est une satisfaction explicite.

II. La présence française

Au delà du changement de politique sous la Régence, l'action diplomatique française dans le Saint-Empire fut marquée au XVIIIᵉ siècle par ces ambiguïtés. J'en étudierai les conditions politiques, les agents, les visées et enfin les aspects quotidiens.

A. Les conditions générales

La complexité des institutions impériales et l'écheveau géo-politique de l'Allemagne effrayaient les diplomates français. Des ministres de Louis XV semblaient par exemple ignorer le nombre des électeurs. D'où le paradoxe dans le choix des négociateurs. Les difficultés techniques même, rendaient nécessaire la présence de spécialistes qui fussent capables de s'y reconnaître, comme Chavigny ou Blondel, bref de bons connaisseurs des affaires allemandes. Ils accompagnaient ou remplaçaient les personnages de meilleure naissance, plus dignes de représenter avec éclat le roi de France. Mais d'un autre côté, l'Allemagne, en raison même de l'imbroglio politique, était une excellente école de diplomates. Ce fut le cas, comme nous le verrons, pour Vergennes, mais d'autres personnalités eurent des missions dans l'Empire avant de mener de prestigieuses carrières comme le comte de Montmorin à Trèves (1775–1777) ou le baron de Breteuil à Cologne (1758–1759).

Il faut tenir compte de l'ombre portée de grandes puissances présentes à la fois dans l'Empire et hors de celui-ci: le Hanovre appartenait au roi d'Angleterre, l'Electeur de Brandebourg était aussi roi de Prusse, sans oublier l'extension, hors de

---

7 Arch. Aff. étr., Cor. pol. Hollande 248, fol. 78 bis–ter, lettre de La Faye (écrivain qui accompagnait les négociateurs français à Utrecht), 4 février 1713.
8 Ibid. Hollande 236, fol. 40–41, lettre de Torcy à Frischmann, 13 juillet 1712.
9 Recueil des instructions ... Etats allemands, II, L'Electorat de Cologne, G. Livet, éd., Paris 1963, pp. 128–9.

l'Empire, du domaine habsbourgeois. La marge de manœuvre était donc étroite pour les princes allemands et cette étroitesse même paralysait la diplomatie française.

B. Les agents français

La multiplicité des principautés allemandes n'empêcha pas une présence diplomatique française qui forcément coûtait cher. Madame Bénézet-Béchu a, dans sa remarquable thèse de l'École des Chartes, fait une étude prosopographique sur les diplomates français de 1748 à 1791[10]. La liste qu'elle m'a communiquée mentionne 212 représentants, dont 80 pour les Etats de l'Empire, sans compter la Prusse et sans considérer certains cumuls de fonction, soit 38 % du total.

Grâce aux notices des Instructions aux ambassadeurs, en particulier les volumes publiés par Georges Livet, nous pouvons interroger l'origine de ces envoyés[11]. Pour Mayence, on note un commis des affaires étrangères devenu un brillant diplomate, D'Iberville, un ami du ministre Colbert de Torcy, Rossignol d'Anneville, des diplomates de profession Villebois, et surtout Blondel, ancien élève de l'Académie politique de Torcy, ou bien le marquis d'Entraigues, un jurisconsulte, Kempfer de Plobsheim, mais aussi des officiers (Clausonnette ou le marquis de Montciel), un Irlandais naturalisé O'Kelli. Pour Cologne, on découvre surtout des officiers qui ont choisi la carrière diplomatique (Des Alleurs, comte de Sade, marquis de Monteil, baron de Breteuil, comte de Lupcourt-Drouville, comte de Chalon), des magistrats (Rouillé, abbé comte de Guébriant, comte de Montezan), un homme de lettres (abbé Aunillon) et toujours Frischmann et Blondel. Pour la Bavière, sa place sur l'échiquier politique et militaire favorisa l'envoi d'officiers souvent de haut rang, trois lieutenants généraux (Lautrec, Bavière, marquis du Mesnil), un futur maréchal (Maillebois) mais aussi des diplomates de profession comme Chavigny, Folard ou La Luzerne, futur ambassadeur aux Etats-Unis.

En conclusion, les postes diplomatiques en Allemagne étaient réservés aux trois groupes habituels: noblesse d'épée, noblesse de robe, quelques hommes d'Église, mais la part des juristes, des anciens commis, des diplomates de carrière n'était pas mince, ce qui était une singularité. D'autre part, malgré le faible poids politique des principautés allemandes, le prestige d'un emploi à l'étranger permettait de trouver des candidats pour de tels postes diplomatiques, même si la tradition voulait que l'on se plaignît de ne pas disposer d'assez de talents.

Il n'est pas rare de voir des diplomates circuler de principauté en principauté, ainsi Blondel est chargé d'affaires auprès de l'électeur de Trèves, avant de passer auprès de l'électeur palatin, puis à Francfort. Cette mobilité s'appuyait sur une entraide entre les diplomates français qui n'étaient pas trop éloignés les uns des autres. Enfin dans le cas du congrès d'Aix-la-Chapelle, les plénipotentiaires furent des négociateurs expérimentés: Saint-Séverin et un ancien d'Utrecht, un premier commis, La Porte du Theil.

---

10 C. Bénazet, Ambassadeurs et ministres de France de 1748 à 1791. Etude institutionnelle et sociale, thèse de l'Ecole des Chartes, 1982.
11 Recueil (voir n. 6), ... Mayence, G. Livet, éd., 1962; Cologne, (voir n. 9); Bavière-Palatinat-Deux-Ponts, A. Lebon, éd., Paris 1889.

C. Les missions des diplomates français

Quelles étaient les missions des diplomates français en Allemagne? Il leur fallait connaître les princes allemands et leurs cours – une étude politique et psychologique qui rencontrait à merveille le goût littéraire pour les portraits qui étaient, pour beaucoup, des miniatures. L'élection impériale ou l'élection du roi des Romains étaient des événements essentiels où les princes allemands, en disposant de leur vote, marquaient l'étendue de leur puissance et de leur relative indépendance. Les élections de princes ecclésiastiques étaient aussi des enjeux par la connaissance des chapitres mais de telles enquêtes n'étaient pas sans péril, car ces hommes d'Eglise n'aimaient pas que le diplomate calculât avec trop de précision la date de leur mort.

Face à l'Autriche, dans la première partie du siècle, la diplomatie française favorisa la formation d'un tiers parti et salua la coalition de 1724 entre les Electeurs (Palatinat, Bavière, Cologne). Mais une alliance signée n'était pas un gage de fidélité: l'Electeur Clément-Auguste abandonna son frère lors de la succession d'Autriche. Après 1756 et le renversement des alliances, et la guerre de Sept Ans, la diplomatie française, sûre des princes catholiques, devaient rassurer les protestants, mais aussi calmer les frayeurs de souverains comme l'Electeur de Cologne dont les territoires dispersés – il était évêque de Münster, d'Osnabrück, de Paderborn et d'Hildesheim – étaient à la merci de la Prusse. Les diplomates français devaient aussi payer les troupes fournies par les princes allemands (marquis de Breteuil), contrôler aussi les zones de guerre – Bonn était un centre de ravitaillement et de résidence des officiers (marquis de Bausset).

Les successions difficiles rythmèrent le siècle: Autriche d'abord avec le problème lancinant de la Pragmatique Sanction, puis de Bavière. La France encourageait les pactes de famille qui prévoyaient les difficultés, ainsi lorsque l'électeur palatin Charles-Théodore devait récupérer le territoire de son cousin bavarois et lorsque se posait aussi la question de sa propre succession dans la famille de Deux-Ponts-Birkenfeld. La diplomatie française voulait rester neutre face aux combinaisons politiques de Joseph II – en 85, il était recommandé à Colbert de Maulévrier d'être *un simple observateur* – mais elle s'efforça de garantir l'accord de Teschen de 79 et de rassurer le prince de Deux-Ponts en juin 82 et en novembre 86. La diplomatie française travailla aussi, pendant la guerre d'Amérique, à entraver le recrutement d'Allemands pour l'armée anglaise: que l'on songe au rôle des Hessois.

D. La vie quotidienne

Quelles étaient les conditions de cette action quotidienne? Les risques existaient. Le maréchal de Belle-Isle, après son retour en grâce, voulut faire une entrée fastueuse en Allemagne. Il passa par Munich où il dut rassurer l'empereur Charles VII aux abois, puis il prit la route de Berlin. Sur les conseils du prince Guillaume de Hesse-Cassel, il passa par les montagnes du Hartz, mais il frôlait la frontière du Hanovre et, sur le chemin, un relais de poste en dépendait. Le 20 décembre 1744, Belle-Isle était cerné dans la cour de l'auberge; au lieu de se présenter comme ambassadeur, il rendit son épée au bailli d'Elbingerode en se déclarant prisonnier de guerre. Il fut envoyé en

Angleterre, entouré d'égards mondains mais insulté par la vindicte populaire[12]. Les mauvais chemins étaient aussi une plainte commune des diplomates français, comme les difficultés de la navigation sur le Rhin[13]. Enfin l'ennui était le pire ennemi. Bombelles s'est montré très éloquent à propos de Ratisbonne:

> Le cercle des amusements de la société tourne aussi pesamment sur lui-même que celui des affaires dignes de quelque attention. Parmi les ministres de la Diète, il en est plusieurs qui ont voyagé, qui sont doués de connaissances qui pourraient animer la conversation, mais il semble que l'air contagieux les gagne dès qu'ils ont remis leurs lettres de créance. Leur entretien ne roule que sur des subtilités du droit public et la froide analyse de questions dont les grandes Cours s'occupent rarement[14].

III. Quatre témoins

Dans un troisième temps, j'examinerai quatre cas de diplomates français: trois d'entre eux ont laissé des mémoires où ils recomposent leur action passée. Cette approche me semble correspondre à une étude des stéréotypes qui caractérisent la vision qu'une société avait de l'étranger et des étrangers.

1. Chavigny avait mal commencé sa carrière puisqu'il avait, avec son frère, usurpé ce nom illustre et dû fuir la colère de Louis XIV. Il devint un des informateurs de Torcy, puis l'un des agents de Dubois.

Dans un mémoire qui raconte ses missions de 1712 à 1738, il rapporte une idée de son protecteur qui *se repaissait volontiers d'une idée que M. Stanhope lui avait quelquefois renouvellée d'abolir la dignité Impériale, Lorsqu'elle seroit vacante et de donner une forme nouvelle à L'Empire ...*[15].

Chavigny fut envoyé à Ratisbonne après l'accord entre Vienne et Madrid de 1725. Ce qui apparaissait, c'était que la diplomatie française avait négligé le champ allemand: *Ma destination fut bientôt décidée; on n'auroit gueres pû me donner une instruction propre à me fixer sur la conduite à tenir, soit avec L'Empire, soit en particulier avec les Princes qui composent ce grand corps; L'Allemagne abandonnée depuis plus de trente ans étoit une terre à défricher, avant de pouvoir y semer ...*[16]. En réalité l'instruction qu'il reçut était infiniment longue. Chavigny proposa une politique cohérente pour rétablir l'influence française.

---

12 BROGLIE, duc de, Marie-Thérèse impératrice, 1744–1746, Paris 1890, voir le »Journal de l'arrestation du maréchal de Belle-Isle, tenu par ses ordres« au Archives de la guerre.

13 Recueil ... Cologne (voir n. 9), p. 157, note 10, d'après le témoignage d'un envoyé, du 19 février 1749: ... *neuf jours de marche continuelle et en poste pour faire un trajet qui n'est au plus que de soixante lieues! Les difficultés par rapport à l'abondance des neiges et du débordement des rivières ont été telles que je m'estime très heureux d'en avoir été quitte pour un carrosse tout neuf, brisé en mille pièces, trois de mes domestiques extrêmement maltraités et nombre de petits accidents dont je supprimeray le détail ...* (Cor. pol. Cologne 87, fol. 27).

14 BOMBELLES, marquis de, Journal, ed., J. GRASSION et Frans DURIF, tome I, 1780–1784, Genève 1978, p. 47.

15 Arch. Aff. Etr., Paris, Mém. et Doc. 457, »Memoire de Mr de Chavigny contenant quelques observations sur les anecdotes les plus importantes qu'il a recûeillies dans les diff. tes négociations qui lui ont été confiées depuis 1712. jusques au mois de May 1738«, fol. 28 v°.

16 Ibid. fol. 33 v°.

La référence était les traités de Westphalie, la France étant garante de l'ordre allemand: … *mon premier soin fut d'arborer, sans affectation, les traités de Westphalie et de m'y envelopper, si je puis me servir de cette expression …*[17].

Il jetait un regard critique sur le fonctionnement de la diète: *A la vérité une Diette de L'Empire, devenüe autant que perpétuelle ne peut être que dans une bassesse extrème et les Députés qui la composent foibles ou corrompus: ce fut une entreprise de ranimer et d'encourager les uns, et de se garantir contre les autres …*[18]. Il s'efforça d'entretenir des rapports directement avec les ministres des princes plutôt qu'avec leurs députés, qu'il pouvait ainsi contrôler: *J'y réussis, je formay insensiblement avec plusieurs, une correspondance de principes qui me rendit le dépositaire de leurs plaintes, de leurs griefs, de leurs sentiments, et de leurs voeux …*[19]. Il proposait de gommer les divisions entre protestants et catholiques et c'est le conseil qu'il donnait à l'électeur de Bavière, pourtant descendant du très catholique Maximilien Ier, *de se rapprocher des Protestans, de déraciner les vieilles jalousies et les vieilles défiances de religion.*

Même s'il valorise son rôle, il est étonnant de voir se profiler l'union entre la Bavière, Cologne, Mayence et l'électeur palatin: *J'estimois alors, de même qu'aujourd'huy, que quelqu'incertaines que soit l'issue de ces sortes d'associations, il n'est pas indifférent d'accoutumer les Princes de l'Empire à se connaître, à se communiquer et à se concerter mutuellement, pour s'encourager les uns par les autres à s'élever contre les abus de la Juridiction de L'Empereur …*[20]. Ce rapprochement, selon lui, inquiétait l'Autriche: … *le comte de Sinzendorf n'a pas dissimulé pour lors à quelqu'un de qui je le tiens que cette petite méchante union embarasseroit plus l'Empereur que L'alliance de hanovre*[21] – ou de Herrenhausen, entre la France, l'Angleterre et la Prusse en septembre 1725. Chavigny se rendit à Hanovre, puis à Cologne, auprès du Bavarois et enfin du Palatin – *Ratisbonne parut le lieu le plus propre à être le centre de la négociation.*

Il lança l'idée d'un rapprochement entre Saxe et Bavière, mais les événements le rattrapaient: Londres se rapprochait de Vienne et l'empire acceptait la Pragmatique Sanction. Il continua ses efforts à Mayence, à Hanovre, en Angleterre alors que se posait la question de la succession de Pologne.

A la fin de son mémoire, il pose clairement les principes d'une politique française en Allemagne:

> *Quelques intentions qu'ait la France, et dans quelques mesures qu'elle se propose de rester, elle ne peut se passer d'un party dans L'Empire, il est vraysemblable que Dorenavant les affaires de L'Europe prendront leur plus grand mouvement de celles d'Allemagne … Il faut moins rechercher avec les Princes de L'Empire, leurs facultés et leurs moyens que la situation de leurs Etats, et leur caractère personnel. plus ils ont de besoins, plus ils ont de docilité, et la France plus d'autorité pour les mouvoir, ou les retenir selon que ses intérêts et les occurrences le demandent …*[22].

---

17 Ibid.
18 Ibid., fol. 33–34.
19 Ibid., fol. 34.
20 Ibid., fol. 37 v°.
21 Ibid., fol. 38 v°.
22 Ibid., fol. 74 r°. Voir aussi J. Dureng, Mission de Théodore Chevignard de Chavigny en Allemagne Septembre 1726–Octobre 1731. D'après ses mémoires inédits et sa correspondance politique, conser-

Il s'appuyait sur les *libertés* germaniques – cette attention était conjoncturelle, car liée à la succession d'Autriche, mais elle était un thème traditionnel d'action et de propagande.

2. Un autre exemple de diplomate professionnel: Blondel. Les »Anecdotes« qu'il rédigea à la fin de sa vie sont une source précieuse et la base d'une biographie par Paul Fould[23]. Après un long et fructueux séjour à Turin, il fut envoyé à Mayence en 1732. On peut suivre avec lui les événements de sa mission au moment de la succession de Pologne: c'est la vie quotidienne d'un diplomate français. L'électeur – Eltz-Kempencik – boit à la santé de Stanislas – geste symbolique –, Blondel verse des sommes importantes aux chanoines capitulaires, mais offre aussi tabac, liqueurs d'Italie, chocolat, vin de Bourgogne – *je ne connais que ce moyen de me faire des amis* confiat-il. Il affronte le comte de Kuffstein, envoyé autrichien, il rassure les princes de l'Empire à propos de l'attaque du fort de Kehl. Blondel doit préparer le voyage secret de Stanislas, sous un habit de marchand, à travers l'Allemagne par Mayence – le comte de Thianges qui ressemble au Polonais s'embarque à Dunkerque, mais le roi de Pologne choisit un troisième chemin et Blondel en est informé par l'intermédiaire du landgrave de Hesse-Darmstadt. Blondel reçoit la visite d'un inconnu qui n'est autre que le baron de Steinflicht, général de Stanislas, qui, dénoncé par l'électeur de Trèves comme espion français, s'est retrouvé en prison à Francfort. Il lui donne de l'argent pour qu'il puisse récupérer ses papiers dissimulés dans une auberge, et dans un ciel de lit. Blondel se vante d'avoir offert 200 bouteilles de champagne au prince de Savoie, neveu d'Eugène, contre la grâce de prendre à son service le comte de Saint-Germain, futur ministre. Blondel vécut néansmoins ce séjour comme *un cruel purgatoire* et un *douloureux martyre*.

Ensuite, auprès de l'électeur palatin, Blondel s'occupa des vêtements des petites-filles de l'électeur à la mode parisienne, comme des indemnités pour les pillages commis par les troupes françaises. L'électeur lui fit proposer 5% puis 10% des sommes qu'il obtiendrait du roi de France, ce dont l'honnête commis s'offusqua mais Chauvelin lui reprocha cette honnêteté: *Vous ne serez jamais qu'un gueux; je vous ai mis dans un poste où vous pouviés vous enrichir, et vous n'avez pas sçu en profiter.*

Il chercha aussi des informateurs: des vivandiers qui achetaient des marchandises à Mannheim pour les Impériaux et qu'il payait 50 Livres par mois, mais il tirait aussi des renseignements des conversations avec l'électeur. Il réussit à envoyer des informations aux généraux et aux ministres, ce qui lui valut ce compliment de Fleury lorsqu'il fut présenté au roi: *Voilà*, dit-il, *M. Blondel dont Votre Majesté connaît le zèle depuis nombre d'années, et qui dans cette dernière campagne, n'a pas été seulement ministre de Votre Majesté près de l'Electeur palatin, mais général, intendant et munitionnaire de ses armées. Rien* – ajoute Blondel – *ne fut plus flatteur pour moi et moins lucratif. Sa Majesté sourit et ne m'en dit pas davantage qu'à mes précédentes présentations*[24].

Mais c'est à Francfort que l'action de Blondel fut décisive car il prépara cette

vés aux archives du ministère des affaires étrangères à Paris, thèse pour le Doctorat ès lettres, Université de Paris 1911.

23 Paul FOULD, Un diplomate au dix-huitième siècle. Louis-Augustin Blondel, Paris 1914. Les »Anecdotes« sont dans le Fonds français, Nouv. acq. 349 et 350.

24 Ibid. pp. 229–30.

extraordinaire ambassade du maréchal de Belle-Isle dont il estimait le coût à 6 millions. Blondel s'attribue le rôle essentiel dans la désignation de Belle-Isle. Fleury avait demandé un mémoire à Blondel sur l'Allemagne: le diplomate ami du comte de Belle-Isle lui communiqua ce texte et Belle-Isle obtint une audience du cardinal et put briller devant lui. Il fut choisi et fait maréchal avant son départ. Blondel suggère de ne favoriser aucun candidat, ni Charles-Albert de Bavière, ni Auguste de Saxe, et de s'accommoder avec le Grand Duc de Toscane, mari de Marie-Thérèse, et l'envoyé français tente des ouvertures du côté de Colloredo, l'envoyé de Marie-Thérèse. Mais cette prudence sera emportée par la témérité de la politique de Belle-Isle qui fit couronner Charles-Albert à Prague roi de Bohême et à Francfort Empereur.

Il est néanmoins certain que le destin de Charles-Albert mobilisa les diplomates en place – Jean-François Noël a montré que Beauvau écrivait à Belle-Isle que tous les jours la cour de Munich recevait des lettres indiquant que Charles-Albert était très désiré des populations. Mais l'aventure de Charles-Albert suscita tout un train d'envoyés exceptionnels comme le comte de Bavière, bâtard de Max-Emmanuel et lieutenant général des armées du roi *également attaché par la naissance, l'éducation, le devoir, les emplois et les dignités à Sa Majesté et à l'Empereur* (Instruction du 26 février 1744). Enfin il faut rappeler le rôle essentiel de Belle-Isle qui tenta de soulever les masses paysannes contre Marie-Thérèse en proposant la fin su servage et en s'aidant d'un agitateur, Karl David[25].

3. L'abbé Aunillon ne fut qu'un diplomate occasionnel et dans ses »Mémoires de la vie galante, politique et littéraire de l'abbé Aunillon Delaunay du Gué …«, publiés en 1808, la galanterie tient la plus grande part, mais la relation de sa mission à Cologne à partir de 1744 semble sérieuse et authentique – Georges Livet l'a utilisée. De toute manière, Aunillon fut d'abord *sans caractère*, comme un simple voyageur. L'abbé sut entrer dans les bonnes grâces de Clément-Auguste de Bavière en s'intéressant à ses jardins et à ses bâtiments. L'électeur était assez représentatif des princes ecclésiastiques du temps: … *il est assez commun de voir pontifier l'électeur le matin en chappe, et de le voir de soir danser en domino* …[26]. Le Français réussit à entamer le crédit du ministre Stephné, mais ne put affaiblir le comte de Hohenzollern qui, comme grand-doyen du chapitre, était grand-maître né des Etats de Cologne et contrôlait les ressources de l'électeur. La cour de Bonn semble avoir eu des charmes aux yeux d'Aunillon, car elle n'était presque jamais *sans quelques princes, généraux, cavaliers et dames des cours d'Allemagne*[27] et il en fait une longue énumération.

Politiquement, Aunillon devait engager l'Electeur dans un pacte de famille – il n'avait guère soutenu son frère Charles VII, et son attitude à l'égard de son neveu était ambiguë: *Ce prince, avant de se rendre à mes insinuations, m'ayant souvent objecté qu'il avait toujours été la dupe de ces unions de famille, et qu'on en avait souvent abusé pour l'engager dans des démarches qui étaient également contraires à son goût, et à la bonne politique de son gouvernement* …[28]. Aunillon était secondé

25 Jean-François NOËL, L'opinion publique en Bohême et le »règne« de Charles-Albert de Bavière (1741–1742), dans: Etudes européennes, 1973, pp. 280–292.

26 Abbé AUNILLON, Mémoires de la vie galante, politique et littéraire de l'abbé Aunillon Delaunay du Gué, ambassadeur de Louis XV près le prince électeur de Cologne, Paris 1808, p. 140.

27 Ibid. pp. 143–144.

28 Ibid. p. 179.

par le ministre palatin qui avait *la vue cachée de rendre la cour palatine l'arbitre et la maîtresse de la conduite des deux autres électeurs, en faisant passer par le canal de cette cour les grâces et les bienfaits que le roi voudrait bien leur accorder en faveur de cette union, dont j'avais jeté les premiers fondements ...*[29].

Aunillon avait surtout à déjouer les pièges de l'envoyé autrichien Cobenzl qui envoya par un faux messager une fausse dépêche pour inquiéter l'Electeur: elle indiquait le rapprochement entre le Palatin et Vienne. L'abbé démontra la machination. Il obtenait des informations aux sources mêmes: *... j'avais vu en particulier un homme sûr par les mains duquel passaient toutes les lettres et expéditions de la chancellerie, et que celui-ci m'avait confié que l'électeur de Bavière, dans la lettre de créance du comte de Saintzeim à l'électeur de Cologne, lui déclarait positivement qu'il ne ferait rien sans l'avis et le consentement de l'électeur palatin*[30]. Aunillon obtint les pleins pouvoirs pour signer un traité d'*union de famille*, mais Clément-Auguste se refusa *de porter sur les deux épaules*, c'est-à-dire d'être payé de deux côtés à la fois. Aunillon se félicita néanmoins d'avoir maintenu Cologne dans une stricte neutralité et d'avoir embarrassé le fonctionnement des cercles.

En tout cas, Aunillon affirmait avoir constitué un réseau d'espionnage:

Je veux parler de la nécessité de faire une exacte observation et de rendre un compte fidèle des passages, séjours et campements des troupes ennemies, de leur nombre, de leur état et de leur force, dont, pendant tout le cours de mon ministère, je m'étais fait un point d'honneur de donner à la cour, et à tous les généraux de Sa Majesté, des dénombrements sûrs et des connaissances exactes ... En un mot, je puis dire que j'embrassais le cours du Mein depuis Wertheim jusqu'à Mayence, et le cours du Rhin, depuis Mayence jusqu'à Wezel. Il n'y avait aucuns de mes émissaires qui se connussent, et c'est par là que je pouvais être sûr de la fidélité de leurs rapports, en les confrontant avec les avis de mes espions sédentaires. C'est avec ces soins, et un travail assidu, et je puis dire presque journalier et continuel, que pendant trois ans j'ai eu le bonheur de réussir à bien informer le ministère de la guerre, et tous les généraux des armées de Sa Majesté, de ce qui leur était, et au service du roi, si important de savoir ...[31].

4. Dernier exemple: celui de Vergennes. J'utilise ici la biographie d'Orville T. Murphy[32]. Vergennes suivit d'abord son »oncle« Chavigny et apprit à ses côtés le difficile paiement des troupes, les hésitations de princes comme Guillaume de Hesse-Cassel qu'il voulut persuader d'occuper la cité neutre de Cologne, enfin il connut le revirement de Maximilien-Joseph de Bavière qui signa le traité de Füssen. Le retour fut triste. Néanmoins il avait désormais l'expérience de la politique dans le Saint-Empire, il en connaissait les structures complexes et les principaux hommes politiques, et neveu de Chavigny, ami du ministre Puizieulx, il fut nommé ministre auprès de l'Electeur de Trèves en 1750, mais il fut embarrassé par une affaire frontalière. Il fut ensuite envoyé au congrès de Hanovre en 52. La diplomatie anglaise avait pris l'initiative de faire de Joseph, le fils de Marie-Thérèse, un roi des Romains. Il sut à merveille s'appuyer sur les revendications des électeurs et surtout de l'électeur

---

29 Ibid. p. 167.
30 Ibid. pp. 195–6.
31 Ibid. pp. 221–223.
32 Orville T. MURPHY, Charles Gravier, comte de Vergennes. French diplomacy in the Age of Revolution: 1719–1787, Albany 1982.

palatin, affirmer que Louis XV ne voulait pas la guerre mais ne la craignait pas, déclarer que la France devait donner son consentement pour une telle opération. Finalement il devint l'interlocuteur essentiel du ministre anglais Newcastle qui finalement renonça à son projet. Vergennes avait appris en Allemagne l'art de négocier, c'est-à-dire ce dialogue sans violence sous la menace de la violence, il avait appris le poids de l'argent mais aussi ses limites, il avait compris, par l'intervention de la tsarine, que la Russie occupait, une place essentielle sur la scène européenne, il avait mesuré le poids de l'opinion publique et la possibilité de jouer avec elle. Enfin le jeune homme s'était fait connaître et reconnaître du corps diplomatique.

Ainsi les diplomates ont permis au XVIIIe siècle, une présence française, pour une part culturelle, dans des sociétés de cour à petite échelle. Le Saint-Empire était aussi considéré comme une école de la diplomatie, dont le besoin se faisait sentir de Colbert de Torcy à Schöpflin[33]. Les négociateurs français en Allemagne ont accompagné, pour les suivre ou les contrer, discrètement mais efficacement, les initiatives des puissances qui, présentes dans l'Empire, menaient, ailleurs le plus souvent, le jeu politique en Europe. Ainsi ces efforts paraissent parfois immenses, souvent vains, et hésitent entre la fête galante et le vide de l'ennui, avec quelques flambées de violence et quelques illusions.

DEUTSCHE ZUSAMMENFASSUNG

Das Ende der Herrschaft Ludwigs XIV. erlaubt bestens, die politisch-diplomatische Präsenz Frankreichs im Reich zu verstehen: Zwar hatte das Bündnis mit den Kurfürsten von Bayern und Köln militärisch nicht zum Erfolg geführt, aber dies bedeutete nicht das Ende geheimer Verhandlungen, die gleichzeitig mit deutschen Fürsten (La Verne) und indirekt mit dem Kaiser geführt wurden (Marck). Zur Zeit des Kongresses von Utrecht waren diese beiden diplomatischen Optionen noch Gegenstand von Debatten in der französischen Diplomatie, wie etwa die Vorschläge eines Deutschlandkenners (Frischmann) bezeugen, der sich für eine politische Aufsplitterung des Reiches aussprach. Aber letztendlich entschloß sich Versailles für eine Annäherung an Österreich, wohl auch wegen der Aussicht der Nachfolgeregelung Karls VI. Diese Option wurde aber seit der Regentschaft in Frage gestellt.

Die Zahl der französischen Diplomaten im Reich des 18. Jahrhunderts war hoch (etwa 38 % der diplomatischen Vertreter Frankreichs in Europa in der Zeit 1748–1790 war im Reich tätig – ich folge hier Mme Bénazel-Béhu), aber ihre Wirkungsmöglichkeiten blieben wegen der politischen Lage oft beschränkt. Vergessen dürfen wir eines nicht: Drei Großmächte waren im Reich selbst und auch außerhalb präsent: Preußen (Brandenburg), die Habsburger Monarchie (Erblande, Böhmen) und Großbritannien (Hannover). Die Aufmerksamkeit der französischen Diplomatie war sozusagen zeitweise auf »Tauchstation«. Sie wurde reaktiviert als die Erbfolge in Österreich und später in Bayern anstand; vor allem die Kaiserwahl Karls VII. war von französischer Seite durch eine starke Mobilisierung der Kräfte geprägt, einerseits durch die Sonderbotschaft und militärische Expedition von Belle Isle, zum anderen durch die Intrigen talentreicher Männer wie Chavigny und Blondel.

Die französischen Aktionen bestanden darin, deutsche Fürsten durch Subsidien in Kriegszeiten für sich zu gewinnen und sie in Friedenszeiten durch Gefälligkeiten herüberzuziehen, gleichzeitig aber auch die Kanoniker bei der Wahl geistlicher Fürsten zu beeinflussen.

Das Ermitteln militärischer Informationen war in Zeiten militärischer Auseinandersetzungen, die in Deutschland stattfanden, auch Teil der täglichen Aufgaben der französischen Gesandten. Ansonsten hatten sie dafür zu sorgen, daß Familienverträge zustande kamen (zum Beispiel zwischen den verschiedenen Linien des Hauses Wittelsbach), katholische und protestantische Kurfürsten einander anzunähern,

---

33 Jürgen Voss, Universität, Geschichtswissenschaft und Diplomatie im Zeitalter der Aufklärung: Johann Daniel Schöpflin (1694–1771), Munich 1979.

Bündnisse zwischen den deutschen Fürsten zu stiften, um entweder eine dritte Partei im Reich zu schaffen oder aber die Neutralität dieser Fürsten im Konfliktfall zu erreichen.

Dagegen setzten die Reichsverfassung und der bunte Fleckenteppich der deutschen Territorien die französischen Diplomaten in Schrecken. Paris war deshalb versucht, für die Aufgaben im Reich Spezialisten der deutschen Angelegenheiten (Karrierediplomaten), die manchmal auch von geringerer Herkunft waren, oder Offiziere zu wählen, wenn sich zukünftige militärische Operationen abzeichneten. Aber die diplomatische Szenerie im Reich war für ausländische Diplomaten wegen ihrer Vielfalt eine gute Schule, eine Lehre, wie schwierige und subtile Angelegenheiten auf der Ebene von kleinen, aber bewegten Höfen zu meistern seien: Die Karriere des langjährigen französischen Außenministers vor der Revolution, Vergennes, ist dafür ein bezeichnendes Beispiel.

Um genauer zu werden, führe ich drei Beispiele an, über die wir interessante Dokumente haben. Chavigny hat ein langes Memorandum über seine Erfahrungen während der zwanziger Jahre als französischer Diplomat am Reichstag in Regensburg redigiert; er hatte Frankreich hier als Garantiemacht des Westfälischen Friedens präsentiert, er hatte aber auch den schwachen und korrupten Reichstag überwacht und dabei versucht, religiöse Eifersüchteleien vergessen zu machen und Bündnisse zwischen Kurfürsten zu stiften. Und seine Vorschläge vom Ende der dreißiger Jahre sahen wie folgt aus: eine (profranzösische) Partei im Reich sei ausreichend, und diese Partei bestehe bereits: jene der drei Wittelsbacher Kurfürsten (Kurbayern, Kurköln, Kurpfalz). Um zu verhindern, daß die Kaiserwürde ewig in derselben Dynastie bleibe, müsse man die altdeutschen Freiheiten und Verfassungsgesetze dem gegenüberstellen.

Blondel seinerseits hat diplomatische Anekdoten hinterlassen, die von Fould genutzt wurden. Gesandter in Hannover, Mainz, Mannheim und Frankfurt konnte er auf eine große Erfahrung in deutschen Verhältnissen zurückblicken. Er bestand darauf, in der »Hölle« von Mainz zu bleiben, als die polnische Erbfolge akut wurde. In Mannheim soll er – folgt man Fleury – General, Intendant und Armeelieferant gleichzeitig gewesen sein. In Frankfurt unterstützte er bei aller diplomatischen Vorsicht die kühnen Pläne des Marschalls Belle Isle.

Abbé Aunillon war mehr ein galanter abbé als ein zäher Verhandlungskünstler, aber er erfüllte seine Aufgabe beim Kölner Kurfürsten Clemens-August gewissenhaft. Seine 1808 veröffentlichten Memoiren zeigen die Bedeutung seiner persönlichen Beziehungen zum Kurfürsten, aber auch den dauernden Kampf gegen die mehr oder weniger treuen beziehungsweise korrupierten Minister und gegen die Vertreter anderer Mächte, stets bereit zu allen Arten von Machenschaften und zur politischen Instabilität dieser kleinen deutschen Höfe.

Insgesamt waren die französischen Diplomaten im Reich zahlreich vertreten, gelegentlich von Talent, oft jedoch untätig und ohne großen Einfluß (Bombelles langweilte sich, wie seine Memoiren zeigen, in Regensburg). Durch sie wurde eine intensive französische Präsenz gewährleistet, sie wurden im Kriegsfalle Militärinformanten und sie dienten durch Ablenkungsmanöver und Bündnisabsprachen der großen Linie der französischen Politik in Bezug auf die drei anderen Großmächte (bald vier mit Rußland) in einem Teil Europas.

HANS SCHMIDT

DIE DEUTSCHEN DIPLOMATISCHEN VERTRETER BEI DER FRANZÖSISCHEN KRONE IM 18. JAHRHUNDERT

Die europäische Diplomatie, im 15. und 16. Jahrhundert aus dem Geiste der italienischen Renaissance entstanden[1], feierte im absolutistischen Zeitalter ihre größten Triumphe, wurde aber auch erst jetzt zu einem ständigen Instrument zwischenstaatlichen Verkehrs. Hatte man ursprünglich Gesandtschaften nur zum Zwecke bestimmter Verhandlungen, von Fall zu Fall also, an einen fremden Hof geschickt, so wurden seit dem Westfälischen Frieden ständige diplomatische Vertreter, zumindest bei den für ihren Dienstherren wichtigsten politischen Partnern, immer mehr die Regel. Es ist kein Zufall, daß das unverzichtbare Hilfsmittel des Historikers zur Erfassung der einzelnen Diplomaten, das »Repertorium der diplomatischen Vertreter aller Länder« mit 1648 einsetzt[2].

Die Zahl der ständigen Vertretungen nahm zu, nicht zuletzt auch am französischen Hof, an dem es noch im späten 17. Jahrhundert auf allen diplomatischen Ebenen nur recht wenige derartiger Vertretungen gegeben hatte – was übrigens ganz im Gegensatz zur französischen Praxis stand, die ja schon recht bald ständige Gesandtschaften an den wichtigsten fremden Höfen kannte[3]. In welchem Maße das Erscheinungsbild des Diplomaten nunmehr zum politischen Leben der Epoche gehörte, beweist der Umstand, daß man etwa seit 1750 vom *diplomatischen Korps* als einer Institution zu sprechen begann[4].

Einer Institution, die nun auch völkerrechtlich eine ziemlich klar definierte Position innehatte, vor allem nachdem Cornelius van Bijnkershoeck in der ersten Hälfte des 18. Jahrhunderts sein Werk »De Foro Legatorum«[5] hatte erscheinen lassen. Seit dem 16. Jahrhundert hatten die Juristen am Problem der rechtlichen Stellung der Diplomaten gearbeitet. Hugo Grotius hat ganz entscheidende Anstöße zur Entwicklung eines Gesandten-Rechts vermittelt, und mit dem gerade zitierten

---

1 Willy ANDREAS, Staatskunst und Diplomatie der Venezianer im Spiegel ihrer Gesandtenberichte, Leipzig 1943.
2 Repertorium der diplomatischen Verteter aller Länder seit dem Westfälischen Frieden (1648). I (1648–1715) hg. von Ludwig BITTNER und Lothar GROSS, Oldenburg/Berlin 1936. II (1716–1763) hg. von Friedrich HAUSSMANN, Zürich 1950. III (1764–1815) hg. von Otto Friedrich WINTER, Graz/Köln 1965.
3 Grundlegend dazu immer noch Camille G. PICAVET, La Diplomatie Française au Temps de Louis XIV. (1661–1715). Institutions, Moeurs et Coutumes. Paris 1930, bes. Livre II: Les Relations diplomatiques de Louis XIV. avec les puissances étrangères, S. 73–146.
4 Peter Richard RHODEN, Die klassische Diplomatie. Von Kaunitz bis Metternich, Leipzig 1939, S. 2.
5 Cornelius van BYNKERSHOECK, De Foro Legatorum tam in causa civili, quam criminali liber singularis. 1744 (= The Classics of International Law hg. von Gordon J. LAIN und Jan de LOUBER 21, Oxford/London 1946).

Werk van Bijnkershoecks war die Grundlagendiskussion nun abgeschlossen[6]. Zumindest in Europa galten nunmehr Gesandte und deren Personal als unverletzlich. Sie konnten nicht – oder nur in Ausnahmefällen – vor die Gerichte des Landes gezogen werden, in dem sie residierten. Hatten sie sich etwas zu Schulden kommen lassen, so gab es eigentlich nur die Möglichkeit, sie des Landes zu verweisen. Ihre Residenzen und Wohnungen galten als exterritorial – wenn dies auch noch nicht völlig unbestritten war[7] –, und auch im Falle, daß zwischen ihrem Gastland und ihrem Auftraggeber ein Krieg ausbrach, waren sie unverletzlich. Dem Zugriff der Zivilgerichtsbarkeit allerdings waren sie nicht ganz entzogen. Noch Bijnkershoeck vertrat die Ansicht, daß Liegenschaften und bewegliche Güter eines Gesandten durchaus pfändbar seien – soweit diese nicht für dessen diplomatische Tätigkeiten benötigt würden. Aber wie sollte man dies in der Praxis erkennen und die nichtpfändbaren von den pfändbaren Gütern trennen? Und zivilrechtliche Ansprüche an Gesandte waren nichts Seltenes, denn besonders die schlechtbezahlten Diplomaten des Kaisers und vieler kleiner deutscher Fürsten waren recht häufig in ihrem Gastland hoch verschuldet. Tatsächlich hat denn auch der Kaiser – es war Karl VI. – in den Jahren 1718/19 und 1730 die Schulden bezahlt, die sein damaliger Gesandter in Paris, der Baron Marcus Fonseca, und der im Jahre 1730 von Madrid zurückkehrende Gesandte Joseph Lothar Graf Königsegg bei ihrem Aufenthalt in Paris gemacht hatten[8]. Offenbar hatte man in Wien das monatelange Festliegen noch nicht vergessen, als nach dem Abschluß des Friedenskongresses von Nymwegen 1679 der kaiserliche Gesandte Stratmann seine Schulden nicht bezahlt hatte.

Noch war es, das sollte in diesem Zusammenhang auch gesagt werden, strittig, ob das Personal des Missionschefs gleich diesem die volle Immunität genießen sollte. Vor allem dann, wenn die schuldigen Diener des Diplomaten – die etwa bei einer Rauferei straffällig geworden waren – auch noch Einheimische waren. Immerhin hatte in Frankreich zumindest in Kriegszeiten noch um die Mitte des Jahrhunderts die *prévôte de l'Hôtel* in Zivil- und Strafsachen die Jurisdiktion »sur les ambassadeurs et étrangers suivant la Cour«[9], wie Suzanne Pillorget in ihrem Buch über den Lieutenant général de police de Paris Claude-Henri Feydeau de Marville gesagt hat.

Zur Sonderstellung der Gesandtenwohnungen gehörte schließlich noch das Recht, Privatgottesdienste abzuhalten, falls der Diplomat einer anderen als der in dem Gastlande herrschenden Religionsgemeinschaft angehörte. Im Zeitalter religiöser Unduldsamkeit und konfessionellen Ausschließlichkeitsdenkens war dies ein wichtiges Privileg.

Die im 17. Jahrhundert noch geübte *Quartierfreiheit*, das heißt das Recht, Flüchtlingen, die sich in die Botschaftsresidenz begeben hatten, Asyl zu gewähren – es handelte sich dabei in der Regel um Verbrecher –, war im 18. Jahrhundert zwar

---

6 Grundlegende Ausführungen dazu bei Klaus MÜLLER, Das kaiserliche Gesandtschaftswesen im Jahrhundert nach dem Westfälischen Frieden (1648–1740), Bonn 1976, S. 144 ff., hier bes. S. 147.
7 Ibid. S. 156 ff.
8 Ibid. S. 198.
9 Suzanne PILLORGET, Claude-Henri Feydeau de Marville. Lieutenant général de police de Paris 1740–47. Suivi d'un choix de lettres inédites, Paris 1978, S. 146. Der Lieutenant-Général de police hatte darüber hinaus auch noch die Aufgabe, die Diplomaten auszuspionieren und zu überwachen. Daß dies eine alte Tradition war, zeigt PICAVET (wie Anm. 3), S. 139 ff.

überwiegend beseitigt, in Frankreich etwa seit 1693, aber ein gewisser Schutz des Gesandtschaftsgeländes und seiner Umgebung vor den Zugriffen der Vollziehungs-behörden bestand weiterhin. Die einstmals übliche Zollfreiheit, die Ludwig XIV. noch so handhabe, daß er das Gepäck eines Diplomaten an der Grenze versiegeln ließ, um dann in Paris den dafür fälligen Zoll berechnen zu lassen, damit er ihn dann aus seiner Schatulle beglich, wurde nun immer mehr eingeschränkt[10]. Wenn die Gesandten schließlich noch das Recht auf freie Postbenutzung beanspruchten, dann wird klar, daß es sich bei ihnen um besondere Fremde handelte, die in Frankreich tätig waren. Sie nahmen eindeutig eine Ausnahmestellung ein.

Doch in welchem Maße und in welcher Weise diese Sonderstellung sich manife-stierte, das hing ab vom Range des jeweiligen Diplomaten. Zumindest seit dem 17. Jahrhundert nämlich gab es ganz klar geschiedene diplomatische Rangklassen mit jeweils einem für sie besonderen Zeremoniell, das ja im Verständnis jener Zeit Rang und Bedeutung seines jeweiligen Trägers innerhalb der Gesellschaft symbolisierte[11]. Im Großen unterschied man dabei zwischen zwei Rangklassen: Botschafter *(Ambas-sadeurs)* und außerordentliche Botschafter auf der einen, Gesandte *(envoyés)*, außer-ordentliche Gesandte *(envoyés extraordinaires)* und Residenten, als die ständigen Gesandten der zweiten Rangklasse, auf der anderen Seite. Gelegentlich wurden die letzteren auch als Agenten bezeichnet. Aber diese Zweiteilung genügte auf Dauer nicht, und so sanken etwa um 1750 die beiden zuletzt genannten Titel gar in eine dritte Rangklasse ab, gegenüber den *envoyés*, die nun eindeutig über ihnen rangier-ten[12]. Im 18. Jahrhundert setzte sich dann, zum Teil um protokollarischen Schwierig-keiten aus dem Wege zu gehen, die Praxis durch – und sie war besonders beim Kaiser und, von dessen Vorbild beeinflußt, bei den deutschen Reichsfürsten beliebt –, den Diplomaten einen besonderen Charakter außerhalb der Rangklasse zu verleihen, den des *Ministre plénipotentiaire*, des bevollmächtigten Ministers. Ein sehr beträchtlicher Teil der im 18. Jahrhundert in Paris weilenden deutschen Diplomaten trug diesen Titel, wie uns das »Repertorium der diplomatischen Vertreter aller Länder« be-weist[13].

Natürlich heißt das Zuletztgesagte nicht, daß der bevollmächtigte Minister allem Zeremoniell entzogen war – das hätte man ja auch bei der Regierung oder dem Hof, die ihn abschickten, nicht gewollt; und Johann Christoph Bartenstein, der bedeu-tende Minister Kaiser Karls VI. und Maria Theresias hat denn auch im Jahre 1732 gemeint, dieser Charakter stelle »gleichsam das Mittel zwischen einem Botschafter

---

10 MÜLLER (wie Anm. 6), S. 160, PICAVET (wie Anm. 3), S. 128.

11 Über die Bedeutung der Zeremonien und des Zeremonienwesens im Zeitalter von Barock und Rokoko sind in den letzten Jahren zahlreiche Studien erschienen. Grundlegend ist nach wie vor das Werk von Norbert ELIAS, Die höfische Gesellschaft. Untersuchungen zur Soziologie des Königtums und der höfischen Aristokratie mit einer Einleitung: Soziologie und Geschichtswissenschaft (= soziologische Texte 54) Neuwied und Berlin 1969. Vgl. ferner auch H. Christoph EHALT, Ausdrucksformen absolutistischer Herrschaft. Der Wiener Hof im 17. und 18. Jahrhundert, München 1980.

12 MÜLLER (wie Anm. 6), S. 124.

13 Ibid. S. 138. Immer noch grundlegend ist die Studie von Otto KRAUSKE, Die Entwicklung der ständigen Diplomatie vom 15. Jahrhundert bis zu den Beschlüssen von 1815 und 1818 (= Staats- und sozialwissenschaftliche Forschungen. Hg. von Gustav Schmoller V, 3) Leipzig 1885. Hier bes. S. 176–180.

und einem Gesandten« dar [14], womit er ihn eigentlich ziemlich hoch in der diplomatischen Rangeinteilung angesiedelt hat. Aber es blieb trotzdem unklar, welches Zeremoniell ein derartiger Bevollmächtigter erwarten durfte, und damit vermied man Prestigeverluste im Falle einer weniger ehrenvollen Behandlung dieses Diplomaten. Denn Rangstreitigkeiten gehörten fast zum täglichen Brot eines diplomatischen Vertreters und waren durchaus in der Lage, Verhandlungen zumindest stokken, wenn nicht gar völlig scheitern zu lassen. Gerade in Paris aber lagen die zeremoniellen Dinge in Hinsicht auf die Diplomaten sehr kompliziert. Die Ankunft eines Botschafters, sein Leben und sein Platz am Hofe waren strengen Regeln unterworfen. Am Ende des 17. Jahrhunderts hat denn auch Ezechiel Spanheim, der langjährige brandenburgische Gesandte am französischen Hof, der zugleich als bedeutender Gelehrter (er war einer der führenden Numismatiker seiner Zeit) eine nicht unbeachtliche gesellschaftliche Rolle besonders in den französischen Gelehrtenzirkeln spielte, gemeint: *il valait beaucoup mieux avoir le caractère d'envoyé, qui ne souffrait aucune difficulté et qui donne plus de facilité pour negocier*, als den eines Botschafters [15].

So gab es, zumindest zu den Zeiten Ludwigs XIV., besondere Beamte in Versailles, die *Introducteurs des ambassadeurs,* die die Aufgabe hatten, die Botschafter mit dem für sie gültigen Zeremoniell am französischen Hofe vertraut zu machen. Dieses Amt war von dem des Großzeremonienmeisters völlig getrennt. Feierlicher Einzug und öffentliche Audienz waren Privilegien, die nur den Botschaftern zustanden. Aber auch dabei gab es charakteristische Unterschiede. So begannen die katholischen Botschafter diesen feierlichen Einzug am Kloster von Picpus, die Protestanten dagegen in Reuilly. Der Botschafter wurde dabei von einem königlichen Abgesandten eingeholt, der ihn bei seinem Einzug begleitete. Je nach der Ehre, die man dem Botschafter erweisen wollte, oder aber auch je nach dem gesellschaftlichen Rang, den dieser einnahm, mußten entweder ein Prinz von Geblüt oder ein Marschall von Frankreich ihn auf seinem genau vorgeschriebenen Weg zu seinem Hôtel geleiten. Außerordentliche Botschafter dagegen, die, da sie nicht dauernd am französischen Hof weilten, keine eigene offizielle Wohnung besaßen, wurden zum *Hôtel des ambassadeurs extraordinaires* in der Rue Tournon gebracht, in dem sie dann für die Dauer von drei bis vier Tagen als Gäste des Königs lebten. Diese Institution des *Hôtel des ambassadeurs extraordinaires* bestand noch bis zum Jahre 1748. Der feierliche Einzug wurde abgeschlossen durch die Audience publique und erst danach kam es dann zur Audience secrète, in der die eigentlichen Verhandlungen begannen.

Dieser feierliche Einzug war für den Botschafter eine außerordentlich kostspielige Angelegenheit, die er in der Regel aus eigener Tasche bezahlen mußte [16]. Graf Lothar Joseph Königsegg, der erste Botschafter des Kaiserhofs in Paris seit 1648, kam am 20. März 1717 in die Stadt an der Seine, hielt aber seinen feierlichen Einzug erst am 23. Oktober 1718 ab. Solange hatte ihn Geldmangel gezwungen, damit zu warten. Der spätere Fürst Kaunitz ließ sich sogar ganze zwei Jahre Zeit zu dieser Zeremonie, traf er doch am 27. Oktober 1750 in Paris ein, veranstaltete den feierlichen Einzug

---

14 MÜLLER (wie Anm. 6), S. 139, der dort in Anm. 140 auf eine entsprechende Stelle bei Johann Jakob Moser »Belgradischer Friedensschluß« hinweist.
15 MÜLLER (wie Anm. 6), S. 126.
16 Zit. bei PICAVET (wie Anm. 3), S. 129.

erst am 13. September 1752, um dann schon am 5. November 1752 seine Abschieds-
audienz zu nehmen. Zwar konnten ärmere Botschafter, und als Beispiel zitiere ich
hier den Grafen Stephan Kinsky, der 1731 als Vertreter des Wiener Hofs nach Paris
geschickt wurde, diese kostspielige Zeremonie des öffentlichen Einzugs unterlassen.
Aber natürlich gab dies den Anlaß zu Bemerkungen und Redereien, und so begreift
man die wachsende Vorliebe für die Entsendung von *Ministres plénipotentiaires*, die
diesem Zeremonium nicht unterworfen waren.

Habe ich mich bis hierher bemüht, eine knappe Übersicht über Art und Stellung
der Diplomaten im 18. Jahrhundert ganz allgemein, wenn auch mit besonderer
Berücksichtigung der französischen Verhältnisse zu geben, ihren gesellschaftlichen
Rang und ihren rechtlichen Status zu charakterisieren, so gilt es nun endlich zu
sehen, welche deutschen Territorien in welcher Weise und wie lange – dauernd oder
nur von Fall zu Fall – in Paris vertreten waren, um auf diese Weise einen Eindruck
von den deutschen Diplomaten im Paris des 18. Jahrhunderts zu erhalten. Mit Hilfe
des Repertoriums ist es möglich, sich hier einen Überblick zu verschaffen, der
sicherlich seine Lücken hat, aber diese Dinge sind, soweit ich dies zu beurteilen
vermag, ja auch noch relativ wenig im Zusammenhang erforscht. Und abschließend
möchte ich dann versuchen, anhand einiger Beispiele, die mir zum Teil aus eigener
Forschung vertraut sind, zu zeigen, wie sich die Tätigkeit dieser Diplomaten in Paris
abspielte. Wenig bis nichts kann ich allerdings dabei sagen über deren gesellschaftliches Leben in der Stadt, über ihre Lebensführung, die Kosten ihrer Lebenshaltung
und ähnliches mehr, denn auch hier liegt in der deutschen Forschung noch vieles
brach. Es geben allerdings auch die Akten, wie ich etwa im Hinblick auf die Mission
des pfälzischen Rates Zachmann aus eigener Kenntnis sagen kann, zu diesen Fragen
recht wenig her. Eine Sozialgeschichte der deutschen Diplomaten in Paris während
des Ancien Régime wäre daher erst noch zu schreiben. Dabei ist es sicherlich
leichter, für das Zeitalter der Aufklärung zu Ergebnissen zu gelangen, als für die
früheren Zeiten.

Im 17. Jahrhundert hatte es nicht allzu zahlreiche deutsche Diplomaten als ständige Vertreter ihrer Fürsten am französischen Königshofe gegeben. Das Kurfürstentum Bayern und der Kurfürst von Brandenburg waren allerdings durch Agenten
oder Gesandte zumindest seit dem letzten Drittel dieses Jahrhunderts praktisch
dauernd in Paris repräsentiert, ähnliches gilt für den Herzog von Pfalz-Neuburg (seit
1685 Kurfürst von der Pfalz), der seit den sechziger Jahren des 17. Jahrhunderts
durch einen Agenten Heiß – ein Träger dieses Namens begegnet um die Mitte des
18. Jahrhunderts auch noch als wittelsbachischer Diplomat – dort vertreten war.
Allerdings entsprach die Vertretung durch einen Agenten einer Repräsentation auf
der untersten diplomatischen Ebene – im Unterschied zum Kurfürsten von Brandenburg, der in Paris mit Ezechiel Spanheim einen wirklichen Gesandten unterhielt,
welcher auch aufgrund seiner Fähigkeit als Münzexperte im Palast der Herzogin von
Orléans, der vielzitierten Liselotte von der Pfalz, zu finden war. Aber insgesamt war
die Zahl der ständig weilenden, offiziellen diplomatischen Vertreter deutscher
Fürstenhöfe in Paris während des 17. Jahrhunderts nicht allzu hoch. Und ein Mann
wie Wilhelm Egon von Fürstenberg, der seine letzten Lebensjahre bis zu seinem Tod
im Jahre 1704 ja in Paris verbrachte, kann schwerlich als deutscher Diplomat
bezeichnet werden.

Im 18. Jahrhundert aber nahm die Zahl der in Paris akkreditierten deutschen
Diplomaten laufend zu, und zwar beginnend mit den Jahren 1714/15, also nach dem
endgültigen Abschluß des spanischen Erbfolgekrieges. Während dieses Krieges war
eigentlich nur das Kurhaus Bayern, das zusammen mit dem Kurfürsten von Köln mit
Ludwig XIV. verbündet gewesen ist, ständig am französischen Hof vertreten, nämlich durch den Grafen Ferdinand Soler de Monasterol, der dort von 1701 bis 1714
amtierte. Diplomatisch vertreten war während des spanischen Erbfolgekrieges auch
noch Brandenburg – seit 1701 ja Königreich Preußen, als solches aber nicht von
Frankreich anerkannt –, das seinen Agenten nicht zurückzog und gelegentlich auch
Gesandte nach Paris schickte. Durch ihren Agenten Christoph Brosseau, offenbar
ein Franzose, waren zudem die drei Hansestädte Bremen, Hamburg und Lübeck
trotz des Krieges in Paris ständig präsent, und zwar von 1698 bis 1714. Brosseau
vertrat auch nach dem Friedensschluß die Hansestädte in Paris. Baden-Durlach, als
Angrenzer an das Elsaß immer in Kontakt mit Frankreich, trat 1701, also vor
Erklärung des Reichskrieges, noch mit einem Sondergesandten, dem Freiherrn
Leopold Melchior von Rotberg, in Erscheinung, um dann erst wieder von 1713 bis
1734 durch Johann Rudolf Fesch repräsentiert zu sein. Der Kurstaat Hannover als
Herzog von Braunschweig-Lüneburg-Calenberg unterhielt immerhin bis zum Jahre
1705 noch einen Korrespondenten in Paris. Von 1706/07 bis 1723/24 blieb er durch
den Residenten de Martine am französischen Hofe präsent. Ständig vertreten, trotz
des spanischen Erbfolgekrieges, waren schließlich auch noch der Landgraf von
Hessen-Kassel durch denselben Daniel de Martine, der allerdings in kasselschen
Diensten nur den Rang eines Agenten einnahm. Erst 1714 wurde er dann mit dem
Status eines Residenten und 1716 schließlich sogar mit dem eines *envoyé extraordi-
naire* versehen. De Martine hat die Interessen des Landgrafen in Paris in den Jahren
1699 bis 1726 wahrgenommen. Einen ständigen Vertreter, und zwar den Residenten
Waldor, unterhielt in den Jahren 1701 bis 1716 natürlich auch der mit Frankreich
verbündete Kurfürst von Köln. Der Herzog von Lothringen und der Herzog von
Württemberg, dieser zwar nicht dauernd, aber doch mehrmals für einen längeren
Zeitraum während des Krieges, waren durch den ehemaligen kurpfälzischen Agenten
Johann Heiß und von 1705 an dann durch Prudent du Vernay und den Agenten
Schmidz, seit dem 14. März 1710 aber durch eben jenen Daniel de Martine vertreten,
der bereits als hessen-kasselischer Agent und braunschweigisch-calenbergischer
Resident in Erscheinung trat. Von den deutschen Kurfürsten, die auch während des
spanischen Erbfolgekrieges in dauerndem oder doch sehr häufigem Kontakt zum
Pariser Hofe standen und dies durch diplomatische Anwesenheit in Paris bezeugten,
ist hier noch der Kurfürst von Sachsen, der gleichzeitig ja König von Polen war, zu
nennen, der in den Jahren 1698 bis 1702 durch den außerordentlichen Gesandten
Karl-Gustav Jordan und von 1709 bis 1720 dann durch den Freiherrn Ulrich von
Suhm in Paris repräsentiert war.

Zu nennen ist für die Jahre 1700 bis 1702 noch der Kurfürst von Mainz, der
Erzbischof von Münster für das Jahr 1700, und zwar durch einen eigenen Gesandten,
und schließlich für die Jahre bis 1702 Kurpfalz durch seinen Minister Johann von
Heiß – der uns ja als württembergischer Agent bereits begegnete. In den Jahren 1698
bis 1701 weilte daneben noch als kurpfälzischer *Plenipotentiarius* der geheime Rat
Johann Reichard von Zachmann in Paris. Im Jahr 1701 hatte schließlich für Sachsen-

Gotha-Altenburg der Freiherr Hans Christoph von Schleinitz im Zusammenhang mit den Ausführungsbestimmungen des Friedens von Rijswijk in Paris sich aufgehalten.

Es wird deutlich, daß bis zu den Friedensschlüssen von Utrecht, Rastatt und Baden die deutschen Territorien und auch der Kaiser mit Ausnahme der Verbündeten Frankreichs, Bayern und Köln, sowie einiger weniger Fürsten, kaum für einen längeren Zeitraum in Paris vertreten waren. Das hatte seine Gründe in der Politik, aber daneben gilt doch in sehr starkem Maße auch, daß, wer nicht unmittelbar mit dem französischen König zu tun hatte, schlichtweg die immensen Kosten scheute, die die Unterhaltung einer diplomatischen Vertretung in der französischen Hauptstadt erforderte. Ein Mittel, diese Kosten wenigstens etwas zu verringern, ist uns ja auch schon begegnet, nämlich die Sendung eines *Ministre plénipotentaire* anstelle eines Gesandten oder gar eines Botschafters. Und auch eine zweite Maßnahme, die der Kostensenkung auf diesem Sektor diente, wurde von uns bereits registriert: die gemeinsame Anstellung desselben Diplomaten, meist handelte es sich dabei um einen Agenten oder Residenten, durch verschiedene Territorien. Ich darf noch einmal verweisen auf den gemeinsamen Agenten der drei Hansestädte Brosseau, ferner auf Johann von Heiß, der sowohl für Pfalz-Neuburg und nach dem Erbfall für die Kurpfalz, als auch für den Herzog von Württemberg als Agent tätig gewesen ist sowie schließlich und letztlich auf Daniel de Martine, den Agenten von Hessen-Kassel und Braunschweig-Lüneburg-Calenberg, Lothringen und Württemberg. Selbstverständlich sagen derartige Doppel- oder gar Dreifachverpflichtungen eines Agenten oder Residenten durch mehrere deutsche Höfe auch über deren Beziehungen untereinander etwas aus. Wobei man im Falle politischer Unterschiede sehr oft bemerken kann, daß neben dem Agenten dann eben ein außerordentlicher Gesandter oder ein Gesandter für einen gewissen Zeitraum den Fürsten am französischen Hofe vertrat. Wir können aber auch beobachten, daß derselbe Diplomat mit Erfahrungen am französischen Hofe nacheinander für unterschiedliche deutsche Höfe tätig war – wohl auch, um sich auf diese Weise ein längeres Verweilen in der Stadt an der Seine zu ermöglichen.

Die Zeit nach den Friedensschlüssen von Utrecht, Rastatt und Baden sieht dann eine rapide Zunahme der deutschen diplomatischen Vertreter in Paris. Vor allem die Zahl der ständig repräsentierten deutschen Territorien steigt. Nun sollen hier keineswegs alle dort ansässigen Diplomaten aufgezählt oder etwa die Gesamtzahl der Diplomaten genannt werden. Diese sind ja nicht alle zur selben Zeit in Paris gewesen. Ich möchte vielmehr lediglich versuchen aufzuzeigen, auf welcher Ebene sich diese Vertretung bewegte, nicht zuletzt welche verschiedenen Territorien sich durch denselben Diplomaten vertreten ließen und zu welchem Zeitpunkt und wie lange das jeweils der Fall war – bei den Wittelsbachern, die seit 1724 in einer Hausunion zusammengeschlossen waren, aber trotzdem gerade gegenüber Frankreich nicht immer dieselbe Politik verfolgten, ist dieser Umstand besonders aufschlußreich – und schließlich möchte ich noch an einigen ausgewählten Beispielen, wobei man sich natürlich ebenso gut andere Vertreter hätte aussuchen können, auf die Tätigkeit und die Bedeutung dieser in Paris weilenden deutschen Diplomaten, besser gesagt dieser Diplomaten in den Diensten deutscher Fürstenhäuser und Städte, eingehen.

Interessant und vielsagend ist es dabei schon, zu sehen, welche deutschen Territorien in der Zeit zwischen 1715 und 1789, die wir ja sicherlich als geschlossene Epoche ansehen dürfen, ständig und welche nur von Fall zu Fall in Frankreich repräsentiert waren. Im Verlauf dieser Jahre – und die Zäsur liegt überwiegend in der kriegserfüllten Jahrhundertmitte – gingen immer mehr unter den Letztgenannten ebenfalls zu ständigen Vertretungen über. Die kriegsbedingten Unterbrechungen – sie betrafen vor allem den Kaiser und das Königreich Preußen – sollen dabei unbeachtet bleiben. An der Art, wie und in welcher Weise die deutschen Territorien in Frankreich vertreten waren, wird deutlich sichtbar, wie die politischen Konstellationen des zu betrachtenden Zeitraumes aussahen. Dabei ist auch die Erkenntnis, welche deutschen Territorien überhaupt keine oder nur sporadische Beziehungen zu Frankreich unterhielten, eine durchaus interessante Aussage.

Unter denjenigen, die während des gesamten Zeitraumes ständig in Frankreich repräsentiert waren, möchte ich an erster Stelle den Kaiser nennen, der in der Regel auch für das Heilige Römische Reich deutscher Nation steht. Von 1719 an sind kaiserliche Diplomaten immer in Paris, beziehungsweise Versailles präsent. In der Regel war der Kaiser durch einen Botschafter vertreten. Nur in den Jahren von 1722 bis 1730 hatte der Baron Marcus de Fonseca lediglich den Rang eines Geschäftsträgers. Daneben erschienen mit besonderen Aufträgen immer wieder auch kaiserliche Sondergesandte in Paris. Bei Betrachtung der kaiserlichen Vertretung ist nur insofern Vorsicht geboten, als das Kaisertum Karls VII. – des bayerischen Kurfürsten Karl Albrecht – in den Jahren 1742 bis 1745 die Reihe der mit den österreichischen Botschaftern identischen kaiserlichen Gesandten unterbricht, da ja das Österreich der jungen Maria Theresia in dieser Zeit sich im Krieg gegen den Kaiser und das mit ihm verbündete Frankreich befand. Dennoch finden wir in den Jahren von 1741 bis 1744 auch einen Vertreter der österreichischen Monarchin in Paris, nämlich den außerordentlichen bevollmächtigten Minister Paul Anton von Gundel. Man hielt also, trotz des Kriegszustandes, den diplomatischen Kontakt zum Gegner, in diesem Fall zur Krone Frankreich, aufrecht, ein damals absolut übliches Verfahren. Da nach der Wahl Franz Stephan von Lothringens zum Kaiser die Reihe der kaiserlichen Botschafter, die zugleich österreichische Botschafter waren, weiterläuft, um mit dem Lothringer Florimond Comte de Mercy-Argenteau, der von 1766 bis 1790 sich in Paris aufhielt, auszuklingen – sein Name ist untrennbar mit dem der Königin Marie-Antoinette verbunden – darf man doch wohl von einer fast ununterbrochenen Kontinuität ausgehen. Dasselbe gilt für Kurbayern, den alten Verbündeten Frankreichs und Rivalen der Habsburger. Hier wird die Reihe für die kurzen Kaiserjahre Karls VII. identisch mit dem Vertreter von Kaiser und Reich. Über den ganzen Zeitraum hinweg präsent waren am französischen Hofe, wie aus dem Gesagten schon zu entnehmen ist, also auch die Wittelsbacher, und zwar in erster Linie Kurbayern und Kurpfalz, deren Vertreter teilweise auch die Interessen von Kurköln, solange es einen Kurfürsten aus dem Hause Wittelsbach in diesem Erzstift gab, also bis zum Tode von Clemens August im Jahre 1761, und von Kurtrier wahrnahmen, im letzteren Fall in der Zeit des Kurfürsten Franz Ludwig (1716–1729), des Bruders von Kurfürst Karl Philipp von der Pfalz. Nach dem Zustandekommen der Hausunion von 1724 gab es gelegentlich auch nur einen Vertreter für sämtliche Wittelsbacher am französischen Hof. Hier sind sowohl der bayerische Diplomat d'Albert

Comte de Luynes, Fürst von Grimberghen auf der Botschafterebene, als auch der kurpfälzische Sekretär, später Rat, Resident und schließlich Gesandte Johann Wilhelm (Freiherr von) Grevenbroich zu nennen. Von den weiteren deutschen Kurfürsten war Köln nach der wittelsbacher Zeit von 1771 an ständig vertreten, sowie Kursachsen seit 1709. Schon von einem recht frühen Zeitpunkt an durch ständig in Paris weilende Diplomaten repräsentiert finden wir schließlich noch den Herzog von Württemberg, der seit 1721 einen Agenten dort unterhielt, dann das Herzogtum Sachsen-Gotha-Altenburg, das seit 1722 in derselben Weise repräsentiert war. Von 1756 bis 1787 unterhielt schließlich das Herzogtum Pfalz-Zweibrücken einen Diplomaten, der ständig am französischen Hofe weilte, doch waren auch vorher schon die Beziehungen der Zweibrücker zu Frankreich sehr eng gewesen. Mecklenburg-Schwerin war seit 1780, Nassau-Saarbrücken von 1784 an dauernd, beide vorher von Fall zu Fall vertreten. Und schon von 1762 an unterhielt auch das Bistum Speyer einen Agenten am Hofe des Königs von Frankreich.

Sporadisch und von Fall zu Fall durch Diplomaten in Paris präsent waren schließlich noch die badischen Häuser, Brandenburg-Bayreuth, die Herzöge von Braunschweig-Blankenburg und von Braunschweig-Wolfenbüttel, der Landgraf von Hessen-Kassel, der Herzog von Holstein-Gottorf, die Fürsten von Hohenlohe-Waldenburg, die Grafen von Nassau-Dietz, Nassau-Usingen und Nassau-Weilburg, das Bistum Osnabrück, die österreichischen Niederlande (allerdings nur in den Jahren 1720–1726), das Herzogtum Sachsen-Weimar und in den Jahren 1759/60 die freie Reichsstadt Frankfurt, diese durch Friedrich Melchior Grimm, den aufgeklärten Literaten, der den Status eines Bevollmächtigten hatte und der dann von 1775 bis 1792 den Herzog von Gotha am französischen Hofe vertrat.

Der Begründer und Verfasser der »Correspondance littéraire philosophique et critique«, die er von 1753 bis 1792 versenden ließ, bis er dann vor der Revolution fliehen mußte (der ja doch in erster Linie Literat und Kritiker war, gerade auch Musikkritiker, wie seine gegen Gluck gerichtete Polemik in dessen berühmtem Streit mit Piccini bewies, der in den Jahren zwischen 1777 und 1781 die Gemüter in den Pariser Salons erhitzt hatte), hat sich des diplomatischen Status' doch wohl in erster Linie nur bedient, um seine gesellschaftliche Stellung in der französischen Hauptstadt zu festigen[17].

Dabei zeigt er, der am Ende des von uns betrachteten Zeitraumes wirkte, zugleich die Spannweite an, die das gesellschaftliche Engagement und die Tätigkeit dieser Diplomaten in den Diensten deutscher Fürsten erreichen konnten. Bei alledem gilt es doch festzuhalten, daß die Politik im Zentrum dieser Tätigkeit stand. Das reichte von Grenzstreitigkeiten und anderen Querelen[18] mit Frankreich bis zur großen Politik – denken wir nur etwa an das »Renversement des Alliances«, dessen Zustandekommen

---

17 Zu Friedrich Melchior Grimm vgl. den Beitrag SCHLOBACH in diesem Band S. 179 ff. Zum Streit zwischen Gluck und Piccini ist immer noch amüsant zu lesen Karl Theodor von HEIGEL, Gluck und Piccini. In: Historische Vorträge und Studien. 3. Folge, München 1887, S. 148–216.
18 Als Beispiel zitiere ich den Streit um Selz und die pfälzischen Besitzungen im Elsaß in den Jahren 1718–1729. Vgl. Hans SCHMIDT, Kurfürst Karl Philipp von der Pfalz als Reichsfürst, Mannheim 1963, S. 102 ff.

einst Max Braubach in einer klassischen diplomatiegeschichtlichen Studie beschrieben hat[19].

Neben den offiziellen Diplomaten stehen dann die nur schwer erfaßbaren Mittels-
männer und Zwischenträger, die natürlich in der Regel keinen diplomatischen Status
besaßen, das diplomatische Parkett aber ebenfalls belebten, und die in den Akten nur
schwer zu greifen sind. Im Zusammenhang mit den Wiener Friedenspräliminarien
von 1735 im polnischen Thronfolgekrieg hat wiederum Max Braubach einige dieser
Leute dem Dunkel der Vergessenheit entrissen; das ging vom lothringischen
Gesandten in Paris Choiseul-Stainville über den Stuart-Prätendenten Jacob (III.), mit
Hilfe von dessen Pariser Agenten O'Brien, der sich an den in österreichischen
Diensten stehenden General Hamilton wandte, über die während dieses Krieges
neutralisierten österreichischen Niederlande, wo Graf Friedrich Harrach über den
päpstlichen Nuntius Silvio Valenti Gonzaga mit dem französischen General Comte
de la Marck verhandelte, bis zu den Brüdern Diest und deren Vetter, dem Aufklärer
Helvetius und schließlich zu dem Erbgrafen Friedrich Alexander zu Wied und
dessen Regierungsrat Baron Nierodt, welch letztere dann die Präliminarien tatsächlich vermittelten[20].

Als zugehörig zur Hofgesellschaft wurden eigentlich nur die Botschafter empfunden, die in der Regel ja auch Mitglieder des Hohen Adels waren – man denke nur an
die kaiserlichen Botschafter und Sondergesandten Kinsky, Starhemberg, Kaunitz
und Mercy. Dabei konnte aber zeitweilig durchaus auch ein Mann wie Johann
Christoph Pentenrieter, der einer erst 1608 geadelten Familie entstammte, das Amt
eines kaiserlichen Botschafters innehaben. Von 1714 bis 1717 war dies der Fall. Ein
Botschafter hatte seinen Herrscher gebührend zu repräsentieren, mußte also einen
großen, für ihn häufig ruinösen Aufwand betreiben und ein großes Haus führen.
Auch Louis Charles d'Albert Comte de Luynes und Fürst von Grimberghen, der
langjährige bayerische Vertreter am Hof von Versailles, gehörte zu dieser Schicht –
in diesem Falle sogar zum französischen Hochadel.

Die Mehrzahl der deutschen diplomatischen Vertreter in Frankreich aber bewegte
sich auf einer niedrigeren gesellschaftlichen Ebene und zählte ja auch oft, schon aus
Kostengründen, zur zweiten Klasse der Diplomaten. Falls man sie – bei Verhandlungen, bei denen es nicht um die ganz große Politik ging, machte man das gerne – nicht
sogar ohne speziellen Status nach Frankreich schickte. In diesem Fall kam nämlich
ihre Mission noch billiger. Am Beispiel der kurpfälzischen Verhandlungen mit der
französischen Regierung im Streit um die elsässischen Besitzungen des Pfälzer
Kurfürsten und um gewisse Grenzgebiete kann man das schön aufzeigen. Es ging
dabei um nach pfälzischer Ansicht zu Unrecht erfolgte Reunionen im Oberamt
Germersheim und dem Unteramt Selz[21].

Seit 1699 hatte man verhandelt. Frankreich hatte die Restitution der Gebiete, zu
welcher es nach den Friedensschlüssen verpflichtet war, verzögert und so beschloß
im Jahre 1717, nach seinem Regierungsantritt, der Kurfürst Karl Philipp seinen
Geheimen Rat Johann Reichard Zachmann, der schon 1699 mit dem Straßburger

19 Max BRAUBACH, Versailles und Wien von Ludwig XIV. bis Kaunitz. Die Vorstadien der diplomatischen Revolution im 18. Jahrhundert, Bonn 1952.
20 Ibid. 205 ff., bes. S. 212 ff.
21 Vgl. dazu SCHMIDT (wie Anm. 18), S. 102–104.

Prätor Obrecht in dieser Angelegenheit verhandelt hatte, nach Paris zu schicken. Ohne besondere Charge, um, wie es in der Instruktion hieß, zu hohe Kosten zu vermeiden. Mit Hilfe des kaiserlichen Botschafters Graf Königsegg, des schwedischen Gesandten, und der pfälzischen Liselotte glaubte man auch auf dieser Ebene zum Erfolg zu kommen. Um so mehr, als man das Recht ja völlig auf seiner Seite hatte. Aber das sollte sich als Täuschung erweisen, und erst 1729, im Vertrag von Marly, als die wittelsbachische Hausunion zum Bündnis mit Frankreich gegen den Kaiser schritt, kam Frankreich dem Kurpfälzer in dieser Frage entgegen. Dies sei hier der Vollständigkeit halber erwähnt. Wie aber verlief nun Zachmanns Mission?

Zachmann erschien im September 1717 in Paris, begleitet offenbar nur von seiner Familie und seinem Sekretär Johann Wilhelm Grevenbroich. Der höchstrangige Verhandlungspartner des pfälzischen Rates – und nur mit Hilfe des kaiserlichen Botschafters hatte er eine Unterredung mit diesem erhalten können – war der Marschall d'Huxelles, Gouverneur von Straßburg. Zachmanns Hauptgesprächspartner aber war der Sekretär des *Conseil d'Affaires étrangères* du Pecquel – der natürlich nichts entscheiden konnte. D'Huxelles hat Zachmann schließlich sogar mehrfach nicht bei sich vorgelassen und ihn bei einer Unterredung, zu der es dann schließlich doch noch kam, nachdem er ihn grob anfuhr, nach Hause geschickt [22]. Mit einem Diplomaten der zweiten oder gar der ersten Rangklasse wäre er so wohl nicht verfahren! Als Zachmann im Oktober 1722 schließlich starb, folgte ihm sein Sekretär Grevenbroich [23] nach, zunächst als Geschäftsträger, dann als Resident und schließlich als Minister. Im Jahre 1743 wurde Grevenbroich von Karl Philipps Nachfolger, dem Kurfürsten Karl Theodor, in den Freiherrenstand erhoben. Grevenbroich hat insgesamt vom 26. März 1719 bis 5. Dezember 1758 in Paris geweilt und war in dieser Zeit in den verschiedensten diplomatischen Funktionen beglaubigt.

Mit Recht darf man wohl sagen, daß es eine buntgemischte Gesellschaft war, die die deutschen Territorien in Paris vertrat. Neben bedeutenden Staatsmännern und hohen Aristokraten fanden sich Residenten und Agenten – diese zahlenmäßig überwiegend –, die oft dem bürgerlichen Juristenstande entstammten und erst im Verlauf ihrer Mission in den Adelsstand erhoben wurden, sofern dies nicht schon kurz vorher ihren Familien widerfahren war. Unter den Agenten und Residenten überwogen diese bürgerlichen Beamten, während die Diplomaten der zweiten Rangklasse dann oft dem landsässigen Adel ihrer Territorien angehörten. Der hohe Adel trat hauptsächlich in der ersten Rangklasse auf.

Die Wirkungs- und Einflußmöglichkeiten, zumindest bei offiziellen Verhandlungen waren durchaus verschieden, zum Abschluß, aber auch schon zur Beratung wichtiger internationaler Verträge bedurfte es doch in der Regel der Vertreter der ersten Garnitur – hier haben sich die Zeiten ja gar nicht so sehr geändert. Die Zahl dieser Diplomaten deutscher Territorien war absolut gesehen nicht sehr hoch, wobei sie natürlich, je nach Rang und Vermögen, noch ein mehr oder minder großes Gefolge um sich hatten. Dies ging von der Suite von 50 Personen, die Graf Königsegg in Paris mit sich führte – und das war bescheiden – bis zu Grevenbroich,

---

22 Ibid. S. 108–109.
23 Hermann WEBER, Die Politik des Kurfürsten Karl Theodor von der Pfalz während des österreichischen Erbfolgekrieges (1742–1748), Bonn 1956, S. 32 Anm. 57.

dem Sekretär Zachmanns, dem dann vielleicht – die Quellen schweigen sich darüber aus – noch ein oder höchstens zwei Schreiber und natürlich Hauspersonal, das man in der Regel erst in Frankreich engagierte, zuzurechnen sind.

Über die tägliche Lebensführung, die Aufenthaltskosten, die Postspesen und ähnliche Dinge mehr der in Paris weilenden deutschen Diplomaten, vor allem auch über deren Wohnverhältnisse – in welchem Bezirk der Stadt wohnten sie, wie und mit wieviel Personen? – wüßten wir gerne besser Bescheid. Denn unser Wissensstand von diesen Dingen ist im Augenblick noch recht gering. Der Forschung winken hier noch Aufgaben. So viel aber dürfen wir wohl schon jetzt feststellen: Die deutschen Diplomaten in Paris waren durchaus eine Bevölkerungsgruppe, die im Leben der Stadt wahrgenommen wurde, und sie sind aus der Geschichte dieser Stadt im 18. Jahrhundert nicht hinwegzudenken.

Résumé français

Avec le développement de la diplomatie après 1648, surtout des représentations devenant de plus en plus souvent permanentes, le nombre des représentants diplomatiques d'Allemagne auprès de la couronne française augmenta rapidement. C'est surtout à la fin de l'époque de Louis XIV, c'est-à-dire après les traités de paix d'Utrecht, de Rastatt et de Bade que l'on peut faire cette observation. L'empereur, le royaume de Prusse, de même que les Wittelsbach donnent le signal, encore que dans certaines occasions outre les représentants permanents apparaissent toujours des envoyés exceptionnels. Auprès de ces représentants permanents, il se trouve très souvent des diplomates d'autres territoires allemands, qui séjournent par période avec des missions particulières à Paris ou sur le lieu de résidence de la cour ou sur le théâtre d'un congrès.

Le statut diplomatique, dont la situation juridique particulière est fixée également jusqu'au milieu du siècle en théorie et reconnue pratiquement – le livre de Cornelius van Bijnkershoek »De foro Legatorum« de 1744 fixa les choses de façon décisive – conférait aux diplomates une situation exceptionnelle parmi les étrangers séjournant en France.

Selon la classe des diplomates, les dépenses qu'il devait effectuer étaient différentes. Pour les ambassadeurs elles pouvaient devenir une charge ruineuse. Pour cette raison les petits territoires surtout ne sont représentés ensuite que par un ministre plénipotentiaire. Sur le style de vie, les relations sociales, les dépenses financières, les résidences etc. de ces diplomates allemands de la deuxième ou troisième catégorie on sait encore peu de choses et comme les actes en général sont muets à leur sujet, il est très difficile de parvenir à des indications plus précises.

A partir des exemples des ambassadeurs impériaux tels que Kaunitz ou Mercy-Argenteau ou du conseiller du Palatinat électoral Reichard von Zachmann, qui de 1717 à 1723 séjourna à Paris comme chargé d'affaires de son Electeur, ainsi que de son successeur Grevenbroich, qui de secrétaire et résident finit par accéder au rang de chargé d'affaires et de baron on essaiera de caractériser l'activité et les possibilités d'action de ces diplomates.

JÜRGEN VOSS

DEUTSCHE IN FRANZÖSISCHEN AKADEMIEN UND FRANZOSEN IN DEUTSCHEN AKADEMIEN 1700–1800

Als 1927 das »comité international des sciences historiques« erstmals in Deutschland zusammenkam, und zwar in Göttingen, unterstrich der französische Delegierte Glotz – ein Althistoriker – in seiner Ansprache, daß führende Göttinger Gelehrte seit dem späten 18. Jahrhundert Mitglieder der großen Pariser Akademien gewesen seien[1]. Man war und ist sich also der Bedeutung dieser Frage bewußt; eine erste systematische und quantitative Erhebung dazu fehlt noch, und diese möchte ich Ihnen vorlegen.

Die Akademien der Wissenschaften stellten im 18. Jahrhundert in Frankreich, Deutschland und auch den anderen europäischen Ländern die typische Organisationsform für wissenschaftliche Gemeinschaftsarbeit dar. Ausgehend von italienischen Ursprüngen des 16. Jahrhunderts wurden sie seit dem 17. und 18. Jahrhundert die Einrichtungen, in denen ein begrenzter Kreis oft hochqualifizierter Spezialisten in den verschiedenen Gebieten der Wissenschaften in einem gewissen Freiraum tätig sein konnten. Bei vielen Gemeinsamkeiten in der Aufgabenstellung und der Struktur dieser Organisationen entwickelte sich in Frankreich und Deutschland doch ein recht unterschiedliches Gefüge von Akademien[2].

In Frankreich standen den Pariser Spezialakademien – der »Académie des Sciences« (1666), der »Académie des Inscriptions et Belles Lettres« (1663/1701), der »Société de Médecine« (1778) das Spektrum der zahlreichen Provinzakademien gegenüber, 32 am Ende des 18. Jahrhunderts[3]. Im deutschen Kulturraum war die Zahl der Akademien viel geringer. Nach der 1652 errichteten und 1687 von Kaiser Leopold privilegierten »Akademie der Naturforscher – Leopoldina«, einer lockeren Vereinigung von Naturwissenschaftlern, deren Sitz damals am Wohnort ihres jeweiligen Präsidenten war, gelang es 1700 mit der Gründung der Berliner Akademie eine den französischen Vorbildern vergleichbare Einrichtung zu schaffen. Aber erst nach der Reform der preussischen Akademie 1744 unter Friedrich dem Großen kam die Akademiebewegung im deutschen Raum richtig zum Tragen: 1751 Gründung der

1 Bulletin of the International Commitee of Historical Sciences, Bd. 1 (1927) S. 335.
2 Vgl. Ludwig HAMMERMAYER, Akademiebewegung und Wissenschaftsorganisation während der zweiten Hälfte des 18. Jahrhunderts, in: Erik AMBURGER u. a. (Hg.), Wissenschaftspolitik in Mittel- und Osteuropa, Berlin 1976, S. 1–84; Jürgen Voss, Die Akademien als Organisationsträger der Wissenschaften im 18. Jahrhundert, in: Historische Zeitschrift 231 (1980) S. 43–74; James E. McCLELLAN III, Science Reorganized. Scientific Societies in Eighteenth Century, New York 1985.
3 Daniel ROCHE, Le siècle des lumières en province. Académies et académiciens provinciaux 1680–1789, 2 Bde. Den Haag/Paris 1976; Roger HAHN, The Paris Academy of Sciences, 1666–1803, Berkeley 1971; Alfred MAURY, L'ancienne Académie des Inscriptions et Belles Lettres, Paris 1864.

Göttinger Akademie, 1754 jener in Erfurt, 1759 München, 1763 Mannheim und 1785 Prag. Auf die nicht realisierten Akademiepläne von Dresden, Wien und Kassel sowie der Benediktiner ist hier nicht weiter einzugehen[4]. Freilich gab es im Laufe der 2. Hälfte des 18. Jahrhunderts noch zahlreiche deutsche patriotische Gesellschaften, die in gewissem Umfang Ziele verfolgten, die in Frankreich zum Teil von den Provinzakademien wahrgenommen wurden[5].

Anzusprechen wären hier noch kurz einige private Gelehrtengesellschaften wie jene von Görlitz, die unterhalb der offiziellen Akademien standen und in vieler Hinsicht als Vorläufer des ausgeprägten Vereinslebens des 19. Jahrhunderts anzusehen sind. Aber diese Privatgesellschaften mit einem meist regionalen oder lokalen Wirkungsraum sowie die Kunstakademien als Stätten der Ausbildung habe ich bei meiner Erhebung ausgeklammert.

Mein Beitrag wendet sich also der zentralen Frage zu, welche Franzosen in Deutschland zu akademischen Ehren kamen, welche Deutschen in Frankreich. Dabei ist es im Einzelfall nicht immer leicht, bestimmte Persönlichkeiten genau zu klassifizieren. Holbach in Paris zum Beispiel stammt aus der Pfalz; zahlreiche Hugenotten der 1. und 2. Generation waren an der Berliner Akademie tätig. Als Kriterium habe ich in der Regel angesetzt die Mitgliedschaft von Persönlichkeiten aus Deutschland in Frankreich beziehungsweise aus Frankreich in Deutschland.

Wie Daniel Roche schon gezeigt hat, gab es vereinzelt Männer, die akademische Titel regelrecht sammelten wie Titon du Tillet (30 Mitgliedschaften) oder Grandidier in Straßburg (24 Mitgliedschaften). Aber nicht jeder Bitte um Akademiemitgliedschaft wurde entsprochen. Außerdem gab es auch Gelehrte, die sich anders verhielten als Titon du Tillet und Grandidier und Mitgliedschaften ausschlugen wie Schöpflin aus Straßburg in Nancy und München[6].

Im letzten Drittel des 18. Jahrhunderts kam es sogar zum Versuch, durch die »Société patriotique de Hesse-Hombourg« (1775–1781) die Arbeiten der einzelnen europäischen Akademien zu koordinieren und ihre Ergebnisse umfassend bekannt zu machen. Träger dieses dann doch fehlgeschlagenen Unternehmens waren vornehmlich Franzosen und Deutsche[7].

Mein Beitrag gliedert sich in drei Abschnitte:

Im 1. Abschnitt gebe ich einen Überblick über die französischen Mitglieder deutscher Akademien.

---

4 Zum Forschungsstand in Bezug auf die deutschen Akademien siehe J. Voss, Akademien und Gelehrte Gesellschaften, in: Helmut Reinalter (Hg.), Aufklärungsgesellschaften, Göttingen 1991 (im Druck).

5 Liste bei Hans-Heinrich Müller, Akademie und Wirtschaft, Berlin 1975, S. 276–286. Siehe ferner Jürgen Voss, Akademien, Gelehrte Gesellschaften und wissenschaftliche Vereine in Deutschland, 1750–1850, in: Etienne François (Hg.), Sociabilité et société bourgeoise en France, en Allemagne et en Suisse (1750–1850), Paris 1986, S. 149–167 mit entsprechenden Karten. Zum Hintergrund vgl. Rudolf Vierhaus (Hg.), Deutsche patriotische und gemeinnützige Gesellschaften, München 1980.

6 Roche, Académies (wie Anm. 2), Bd. I, S. 330 zu Titon du Tillet. Siehe auch ebd. S. 304, wo notiert ist, die Berliner Akademie habe die Aufnahme von Roland de la Platière abgelehnt. Zu Grandidier vgl. Jürgen Voss, Grandidier und die »Société Patriotique de Hesse-Hombourg«, in: Francia (1978) S. 629–639. Zu Schöpflin siehe Jürgen Voss, Universität, Geschichtswissenschaft und Diplomatie im Zeitalter der Aufklärung: Johann Daniel Schöpflin (1694–1771); München 1972, S. 201.

7 Jürgen Voss, Die Société Patriotique de Hesse-Hombourg (1775–1781). Der erste Versuch einer europäischen Koordinationsstelle für wissenschaftlichen Austausch, in: Rudolf Vierhaus (Hg.), Deutsche patriotische und gemeinnützige Gesellschaften, München 1980, S. 195–221.

Der 2. Abschnitt untersucht die französischen Akademien und ihre deutschen Mitglieder.

In einer größeren Zusammenfassung versuche ich eine Gesamtanalyse meiner Beobachtungen zu geben. Chronologisch überschreite ich dabei leicht den vorgegebenen Rahmen von 1715–1789. Ich setze 1700 ein, dem Gründungsdatum der Berliner Akademie und schließe 1800, denn die Zäsur bei den französischen Akademien liegt nach 1789, das heißt beim Erlaß ihrer Aufhebung 1793.

I. Die französischen Mitglieder in deutschen Akademien

Ich beginne mit der 1652 vom Schweinfurter Arzt Bausch begründeten Leopoldina, der Akademie der Naturforscher. Bis 1700 waren hier 4 Mitglieder aus Frankreich verzeichnet (Patin, Gloxin, Henry, P. Chirac). Bis 1800 sind weitere 19 nominiert worden. Unter ihnen finden sich 5 Elsässer (Salzmann, Fried, Behr, Boecler, Spielmann) sowie der um die deutsch-französische Wissenschaftskontakte sehr bemühte Willemet aus Nancy[8].

Bei der von Leibniz 1700 aufgebauten Berliner Akademie müssen wir hier länger verweilen. In Hinblick auf die große Reform Friedrichs des Großen 1744 und die Umgestaltung der »Kurfürstlich Brandenburgischen Societät der Wissenschaften« zur »Académie Royale de Prusse« mit Französisch als Amtssprache ist hier bei der prosopographischen Auswertung in zwei Schritten vorzugehen: bis 1744 und ab 1744. Daneben müssen auch jene Franzosen erfaßt werden, die als Hugenotten der 1. und 2. Generation in Berlin wirkten, denn sie und einige der von Friedrich gerufenen Franzosen gehörten ja zur Kategorie der ordentlichen Mitglieder der Akademie. Bis 1744 waren 9 Franzosen ordentliche Mitglieder der Akademie, darunter des Vignolles als Direktor der mathematischen Klasse (1727–1742) und Jarige als beständiger Sekretär (1733–1748). Alle 9 sind in Berlin gestorben[9].

Von 1744 bis zum Ende des 18. Jahrhunderts kommen bei den ordentlichen Mitgliedern weitere 30 Männer französischer Abstammung dazu; 13 von ihnen waren auf deutschem Boden geboren, sind also Hugenottenabkömmlinge (zum Beispiel Formey, Pelloutier, Beausobre, Bitaubé, Erman). Insgesamt machen diese 30 Franzosen ein Drittel der zwischen 1744 und 1800 neu eingewählten ordentlichen Mitglieder aus[10]. Die Besetzung von Führungspositionen durch französische Mitglieder zeigt, wie ausgeprägt ihre Stellung unter Friedrich dem Großen in der Berliner Akademie war: Maupertuis Präsident von 1746–1759, Charles Etienne Jordan Vizepräsident 1744–1745 (†1745), Samuel Formey beständiger Sekretär 1748–1797, F. Ch. Achard Direktor der physikalischen Klasse 1782–1810, J. L. de Lagrange Direktor der mathematischen Klasse 1787–1791, d'Argens Direktor der literarischen Klasse 1744–1771[11].

Bei den Ehrenmitgliedern (sie gab es ab 1744) finden sich 3 Franzosen: Ch. E. Du

---

8 Henri L. MEDING, L'Académie Impériale Leopoldina Carolina des Naturalistes, Paris 1854, S. 15.
9 Angaben aus Erik AMBURGER, Die Mitglieder der Deutschen Akademie der Wissenschaften zu Berlin 1700–1950, Berlin 1950, S. 3–15.
10 AMBURGER (wie Anm. 9), S. 17–21.
11 AMBURGER (wie Anm. 9), S. 3–5, 7.

Han de Jandun (1685–1746) ehemaliger Lehrer Friedrichs, Claude-Etienne Darget (1712–1778) zeitweiliger Privatsekretär des Königs sowie Abbé de Prades[12].

Bei den auswärtigen Mitgliedern sind bis zur Reform von 1744 17 Franzosen zu ermitteln: 10 von ihnen wirkten zum Zeitpunkt ihrer Ernennung in Frankreich, 7 als Hugenotten in Holland, der Schweiz, England und der preußischen Provinz. Unter die erste Gruppe fallen u. a. Antoine de Jussieu (Jardin du Roi), Rousset de Missy, Maupertuis (1735 gewählt) und Réaumur; unter die zweite Barbeyrac und die beiden Basnage[13].

Von 1744 bis zum Ende des 18. Jahrhunderts wurden 78 Franzosen als auswärtige Mitglieder der Berliner Akademie ernannt. Fast alle Persönlichkeiten, die in Frankreich in Wissenschaft und Aufklärung Rang und Namen hatten, sind hier zu finden[14]. Es ist daher einfacher zu fragen, wer von den bekannten französischen Autoren nicht Mitglied der Berliner Akademie war. Hierzu zählen Mably und Rousseau. Festhalten muß man aber auch, daß diese Konstellation ganz von Friedrich dem Großen bestimmt war. Nach seinem Tode sind bis 1800 nur noch 3 Franzosen berufen worden. Dabei hat der preußische König noch Franzosen nach Berlin holen wollen, die es ablehnten zu kommen wie Vaucauson oder der Dichter Gresset. Voltaire figuriert trotz seines Berlinaufenthaltes nur auf der Liste der auswärtigen Mitglieder (seit 1746), was wohl damit zusammenhängt, daß das Präsidentenamt nicht ihm sondern Maupertuis erteilt wurde[15]. Wenn man die Ehrenmitglieder, die ordentlichen und auswärtigen Mitglieder addiert, kommt man für die Zeit von 1700 bis 1800 auf 127 Franzosen! Eine solche Stellung hatte im damaligen Europa keine Gruppe ausländischer Gelehrter in einer Akademie eines anderen Landes. Bei den anderen deutschen Akademien war allerdings der Anteil von Mitgliedern aus dem westlichen Nachbarland weitaus niedriger.

In Göttingen (1751 errichtet) gab es unter den ordentlichen Mitgliedern keine Franzosen. In der Sektion der auswärtigen Mitglieder sind 16 Franzosen verzeichnet, unter ihnen Lalande, Villoison und Willemet aus Nancy. Aufschlußreich ist die Tatsache, daß die französische Besetzung Göttingens während des Siebenjährigen Krieges zu einer Reihe von Wissenschaftsbeziehungen geführt hat, die sich auch Schlözer bei seiner Frankreichreise 1773 zu Nutzen machen konnte[16]. So wurden die Militärärzte Roger (1757), Louis (1761), de Hautesierck (1761), der Maréchal de Camp de Lostanges (1762) sowie der Kriegskommissar de Mars (1763) während ihres zeitweiligen Aufenthaltes in Göttingen Mitglieder der Akademie. Mit Ausnahme von Roger (Avignon), Willemet (Nancy) und Chantal (Savoyen) sind alle anderen

---

12 AMBURGER (wie Anm. 9), S. 52–54.
13 AMBURGER (wie Anm. 9), S. 58–71.
14 AMBURGER (wie Anm. 9), S. 72–84. Zu nennen wären etwa Buffon, d'Alembert, La Condamine, Voltaire, Cassini, Montesquieu, Abbé Sallier, d'Argenson, Hénault, Condillac, Fontenelle, Tressan, Raynal, de Boze, Diderot, Duclos, Holbach, Helvetius, Solignac, Spielmann, Jaucourt, Expilly, Ansse de Villoison, Rivarol, Condorcet.
15 Erich DONNERT, Französische Aufklärung und Wissenschaft an der Berliner Akademie der Wissenschaften um die Mitte des 18. Jahrhunderts, in:Innsbrucker Historische Studien 6 (1983) S. 181.
16 Ferdinand FRENSDORFF, Von und über Schlözer, Berlin 1909, S. 48; Jürgen Voss, Schlözer und Frankreich, in: Germanistik aus interkultureller Perspektive. Articles réunis en hommage à Gonthier-Louis FINK, Strasbourg 1988, S. 94.

französischen Mitglieder dieser Akademie aus Paris[17]. Die 1754 errichtete Erfurter Akademie war weniger international ausgerichtet. Die Zahl ihrer ausländischen Mitglieder ist nicht vergleichbar mit Göttingen geschweige denn Berlin. Dabei stellen die 6 eingewählten Franzosen noch einen Spitzenwert dar. Es handelt sich freilich nicht um bekannte Namen, sondern um spezialisierte Mediziner und Naturwissenschaftler. Daneben ist von den Berliner Hugenotten noch Hofrat Molière Mitglied gewesen[18].

Anders sahen die Dinge in der Münchner Akademie aus, die der bayerische Kurfürst 1759 errichten ließ. Zwar ist auch hier der Anteil ausländischer Mitglieder nicht übermäßig stark, doch handelt es sich bei den Franzosen um einen besonderen Personenkreis, der im Gefüge der Münchner Akademie eine andere Stellung hatte als die Franzosen in Göttingen und Erfurt. Zwei französische Diplomaten – du Buat und Pfeffel – wirkten in den Anfangsjahren der Münchner Akademie als Direktoren der historischen Klasse (1760–1763–1768). Du Buat war schon vorher (1760) Ehrenmitglied. Diese Ehre wurde auch C. F. Cassini, Marquis de Bethuny, Comte Ollivier sowie den in Bayern lebenden Lozenbrune und Maillot de la Treille (Vorstand der Hofbibliothek) zu Teil. Der französische Geschäftsträger in München Marbois wurde 1777 als ordentliches Mitglied gewählt. Bei den auswärtigen Mitgliedern sind 6 Franzosen auszumachen: Der Diplomat und Naturforscher Tercier, Lambert aus Mülhausen, der Rechtshistoriker Hervé aus Nancy, der Historiker Grandidier aus Straßburg, Mettra in Paris und der Parlamentsadvokat Collignon aus Dieuze (Lorraine). Man merkt auch bei der Zusammensetzung der französischen Mitglieder dieser Akademie, daß ihr Schwerpunkt auf dem Felde der Geschichte lag[19]. Anzufügen ist noch de la Sarre Toussaint, der zum Zeitpunkt der Aufnahme in Sankt Blasien lebte[20]. Der Straßburger Historiker Schöpflin hat 1759 die Mitgliedschaft wegen des großen Einflusses der Kleriker abgelehnt[21]. Dafür leitete sein Schüler Pfeffel mehrere Jahre erfolgreich die historische Klasse.

Diese Namen finden sich auch in der 1763 begründeten Mannheimer Akademie, die ebenso wie München einen Schwerpunkt in Geschichte hatte und ab 1780 mit ihrer meteorologischen Klasse und deren über Europa und Nordamerika reichenden Wetterbeobachtungsnetz für Aufsehen sorgte.

Die Mannheimer Akademie wurde von dem Straßburger Historiker und *Historiographe du Roi* J. D. Schöpflin nach dem Vorbild der Pariser »Académie des Inscrip-

---

17 Max Arnim, Mitgliederverzeichnis der Gesellschaft der Wissenschaften zu Göttingen 1751–1927, Göttingen 1928, S. 200. Im Jahre 1801 wurden auf einen Schlag 13 Franzosen in die Göttinger Akademie aufgenommen, darunter bekannte Gelehrte wie Cuvier, Guyton-Morveau, Chaptal, Lagrange, Laplace, Millin, Lacepède.

18 Rudolf Thiele, Die Gründung der Akademie zu Erfurt und deren Schicksal bis 1776, in: Jahrbücher der vgl. Akademie gemeinnütziger Wissenschaften in Erfurt N.F. 30 (1904) S. 1–138, hier S. 54 f., 68, 102. Der Jubiläumsbeitrag von Johannes Biereye, Geschichte der Akademie der Wissenschaften zu Erfurt 1754–1929, Erfurt 1930 enthält keine Aussagen zu den hier anstehenden Fragen.

19 Ulrich Thürauf, Gesamtverzeichnis der Mitglieder der Bayerischen Akademie der Wissenschaften 1759–1959, München 1963 S. 4, 11–15, 47, 60, 69, 79, 83, 90, 126, 123. Ludwig Hammermayer, Gründungs- und Frühgeschichte der Bayerischen Akademie der Wissenschaften, Lassleben 1959, S. 132, 229 f., 365–367. Ludwig Hammermayer, Geschichte der Bayerischen Akademie der Wissenschaften 1759–1807, Bd. II 1769–1786, München 1983, S. 84–86, 382, 386.

20 Hammermayer, Frühgeschichte (wie Anm. 19), S. 360.

21 Voss, Schöpflin (wie Anm. 6), S. 201.

tions et Belles Lettres«, deren Mitglied er war, aufgebaut[22]. Zum ständigen Sekretär machte er seinen aus dem Elsaß stammenden Schüler Andreas Lamey; neben ihm zählt noch Maillot de la Treille aus Lothringen zu den in Frankreich geborenen ordentlichen Mitgliedern der kurpfälzischen Akademie. Daneben verzeichnet die Mannheimer Akademie 3 französische Ehrenmitglieder: Voltaire, Couturelle und den 1792 aufgenommenen Emigranten und früheren Pariser Parlamentspräsidenten B. G. Roland d'Erceville. Die Klasse der auswärtigen Mitglieder enthält 10 Franzosen, darunter 4 gebürtige Elsässer (Pfeffel, Spielmann, Koch, Grandidier), einen gebürtigen Pfälzer (Holbach), 4 Pariser (Mauduit, Villoison, Lalande, Barry) und Brunel aus Béziers[23]. Wir haben es also mit insgesamt 15 Franzosen zu tun.

In der 1784 mit Privileg ausgestatteten »Böhmische[n] Gesellschaft der Wissenschaften« in Prag sind mit Lagrange und Castillon nur zwei französische Mitglieder zu verzeichnen[24]. Abschließend sei noch ein kurzer Blick auf die »Société des Antiquités« in Kassel (1777) geworfen, die Landgraf Friedrich II. – selbst Mitglied mehrerer europäischer Akademien wie der Pariser Académie des Inscriptions et Belles Lettres – zu einer Akademie ausbauen wollte. Die Zusammensetzung der Ehrenmitglieder bestätigt diese Ambition. Unter ihnen finden sich 26 Franzosen wie etwa Voltaire, d'Alembert, Séguier oder Grandidier. Die Funktion des ständigen Sekretärs hatte in Kassel bis 1785 Marquis de Luchet, der erste Voltairebiograph inne[25].

II. Die deutschen Mitglieder in französischen Akademien

Hier blicken wir zunächst auf die Pariser Einrichtungen, dann auf die 32 Provinzakademien. Die »Académie Française« können wir übergehen, da die 40 Unsterblichen aus Paris rekrutiert werden. Bei der »Académie des Sciences« gab es 7 assoziierte deutsche Mitglieder. 4 von ihnen wurden gewählt, als sie auf Zeit (Leibniz 1675, erster *associé étranger* 1699; Tschirnhaus 1682/1699) beziehungsweise auf Dauer (Dr. Grosse 1731; Homberg 1691/1699) in Paris lebten. Als reine auswärtige assoziierte deutsche Mitglieder können Fürst Thomas von Löwenstein-Wertheim (1765), Markgraf aus Berlin (1777) und Christian Wolff (1733) bewertet werden. Daneben waren 16 deutsche Gelehrte als Korrespondenten bestimmter ständiger Mitglieder

22 Peter Fuchs, Palatinatus Illustratus. Die Historische Forschung an der kurpfälzischen Akademie der Wissenschaften, Mannheim 1963; Voss, Schöpflin (wie Anm. 5), S. 204–222; Jürgen Voss, Die Mannheimer Akademie als Zentrum kurpfälzischer Wissenschaftspflege im Zeitalter Karl Theodors, in: W. Schiering (Hg.), Der Antikensaal in der Mannheimer Zeichnungsakademie 1769–1803, Mannheim 1984, S. 32–47.

23 Fuchs (wie Anm. 22), S. 566–578 Mitgliedsliste.

24 Josef Kasoulek, Geschichte der königlich böhmischen Gesellschaft der Wissenschaften, 2 Bde. Prag 1884–1885, B. I, S. 51.

25 Otto Berge, Beiträge zur Geschichte des Bildungswesens und der Akademien unter Landgraf Friedrich II. von Hessen-Kassel (1760–85), in: Hessisches Jahrbuch für Landesgeschichte 4 (1952) S. 229–261 hier S. 252. Die Mémoires de la Société des Antiquités de Cassel 1780, S. XVIIIff. Neben den genannten befinden sich noch Oberlin, Collignon, Turkheim, Royer de la Sauvagerie, Ameilhon, Trélitz, Guirandet, Coutant d'Orville, Dumoustier de la Fonds, Abbé Barthélémy, Dupuy, Abbé Le Blond, P. Dunand, Bréquigny, Aubin, de Servières, Court de Gebelin, Séguier, Abbé Bassinet, Flangerjeu, Joyneau des Loges, de Chapelle, Dom Grappin.

der »Académie des Sciences« mit dieser Gelehrteneinrichtung liiert wie zum Beispiel J. Reinhold Forster ab 1776 mit Le Roy[26]. Dagegen lassen sich die deutschen Mitglieder der für die Altertumswissenschaften, Philologie und Mediävistik wegweisenden »Académie des Inscriptions et Belles Lettres« an einer Hand ablesen: 1714 der aus Westfalen stammende, aber damals in Paris lebende Ludolf Kuster, 1778 Landgraf Friedrich II. von Hessen-Kassel (also 1 Jahr nach Gründung seiner Société des Antiquités), 1786 Bitaubé aus Berlin, 1789 Michaelis und 1792 Heyne, beide aus Göttingen und Stützen der dortigen Akademie[27]. Schlözer aus Göttingen bemühte sich zwar bei seinem Parisbesuch Ende 1773, in der »Académie des Inscriptions et Belles Lettres« Mitglied zu werden, blitzte aber ab[28].

Von den 32 französischen Provinzakademien hatten 18 Mitglieder aus dem deutschen Kulturraum. Dabei überrascht freilich, daß etwa die Akademie von Besançon keine deutschen Korrespondenten eingewählt hatte, wohl aber solche aus der Schweiz und natürlich aus dem Elsaß[29].

Weit an der Spitze der französischen Provinzakademien steht in Bezug auf den Anteil der ausländischen Mitglieder jene von B o r d e a u x. Diese Akademie hatte 23 Mitglieder aus dem deutschen Raum aufgenommen. Sie nahmen damit in der Akademie von Bordeaux vor den Italienern, Holländern, Briten und Spaniern/Portugiesen mit jeweils 15 Mitgliedern eine unerwartete Spitzenposition ein, die sich sonst nicht bei französischen Akademien – Paris einbezogen – findet[30]. Sechs dieser Mitglieder stammen aus Süddeutschland (Frankfurt, Regensburg, Erlangen), 5 aus Preußen, 4 aus Sachsen/Thüringen, 2 aus Göttingen, 2 aus Wien, 2 aus Danzig, einer aus unbenanntem Ort. Die bekanntesten dieser deutschen Mitglieder sind der Jenaer Gelehrte Hamburger und Pastor Süssmilch aus Berlin, der Wegbereiter der demographischen Statistik. Anzufügen wäre noch, daß darüberhinaus mit dem Musiker Beck ein in Bordeaux lebendes Mitglied der Akademie in Deutschland geboren war[31]. Die große Zahl der Deutschen als ausländische Mitglieder der Akademie von Bordeaux stellt aber eher eine Ausnahme dar und unterstreicht in erster Linie die kosmopolitische Ausrichtung dieser Körperschaft.

Allenfalls der Akademie von L y o n kann mit ihren 15 aus dem deutschen Raum beziehungsweise dort tätigen Mitgliedern noch eine Sonderrolle eingeräumt werden. 3 dieser Mitglieder sind gebürtige Franzosen: Maupertuis der Präsident der Berliner Akademie, Thiebault, Mitglied der gleichen Akademie und der aus Lyon stammende

---

26 Index biographique de l'Académie des Sciences, Paris 1960, S. 57, 66, 83, 103, 137, 208, 243, 269, 276, 291, 294, 321, 349, 368, 377, 414, 493, 536, 568. Vgl. auch P. DOREAUX, Les membres et les correspondants de l'Académie des Sciences 1666–1793, Paris 1931, S. 27, 32, 39, 48, 62, 76, 84, 91, 104, 107, 111 f., 113, 121 f., 140, 150, 160, 163, 179, 199, 208, 224, 234, sowie HAHN (wie Anm. 2) S. 347 f., 356, 367.

27 Alfred MAURY, L'ancienne Académie des Inscriptions et Belles Lettres, Paris 1864, S. 23, 30–32, 234.

28 VOSS, Schlözer (wie Anm. 16), S. 94.

29 ROCHE, Académies (wie Anm. 3), Bd. I, S. 309.

30 ROCHE, Académies (wie Anm. 3), Bd. I, S. 314, Bd. II, S. 494 Karte. Vgl. auch Daniel ROCHE, Milieux académiques provinciaux et société des lumières, in: Livre et société dans la France du XVIIIᵉ siècle. Paris 1965, S. 93–184, hier S. 121.

31 Pierre BARRIÈRE, L'Académie de Bordeaux, Centre de culture internationale au XVIIIᵉ siècle, Bordeaux/Paris 1951, S. 67 f.: ein unbekanntes Mitglied aus Rouffach im Elsaß, das Barrière den deutschen Mitgliedern zugeteilt hat, habe ich weggelassen. Zur deutschen Kolonie in Bordeaux siehe den Beitrag von Michel ESPAGNE in diesem Band S. 297 ff.

Mayet, Direktor der königlichen Seidenmanufaktur in Berlin. Zwei dieser Mitglieder sind gebürtige, in Deutschland tätige Schweizer: Johann III Bernouilli, der Leiter der Berliner Sternwarte war, und Schmidt von Rossan, der jahrzehntelang in Frankfurt den badischen Hof beim oberrheinischen Kreistag vertrat. Zu beachten sind die Mitgliedschaften von Prinz Heinrich von Preußen (1784) und Fürst Ernst II. von Gotha-Altenburg (1786). Beide hielten sich auch in Lyon auf; beim Fürst von Gotha-Altenburg ist die Mitgliedschaft wohl bei seinem Aufenthalt 1786 in Lyon erteilt worden, ebenso wie früher bei Maichel aus Stuttgart und Baron von Salzburg, die 1719 an der Rhone weilten[32]. Wir haben insgesamt 5 Mitglieder aus Berlin, 4 aus Sachsen/Thüringen, 4 aus Süddeutschland und 2 aus Österreich. Zu nennen wären hier der Astronom Zach (Gotha) und die beiden Mediziner Gruner (Jena) und Franzius (Leipzig), die auch Mitglieder anderer französischer Gesellschaften waren.

Bei dem Rest französischer Akademien der Provinz blieb der Anteil deutscher Mitgliedschaften insgesamt überschaubar. Aber Marseille und Dijon haben mit 8 beziehungsweise 7 Mitgliedern aus dem deutschen Raum noch beachtliche Werte. Berlin stellt in Marseille 3 Mitglieder (Daniel Bernouilli, Achard, Borelly), Gotha 2 (der Fürst und sein Astronom Zach), Kassel (Marquis de Luchet), Leipzig (Hebenstreit) und Prag (von Hartig) je einen[33]. Die 7 deutschen Mitglieder von Dijon kommen aus Leipzig (Franzius, Kuhn) und Mannheim (Necker, Hemmer) sowie je einer aus Berlin (d'Argens), Gotha (Zach) und Jena (Gruner)[34].

Rouen und Orléans, mit je 6 sowie Arras mit 5 Mitgliedern aus dem deutschen Raum können als nächste Gruppe angeführt werden. Da die Akademie von Rouen auch eine Sektion für Kunst führte, sind verständlicherweise 2 ihrer deutschen Mitglieder auf diesem Gebiet tätig: Guibal (Stuttgart) und der Graphiker Knobel. Die anderen stammen aus Leipzig (Gaatz), Mannheim (Necker), Berlin (Ancillon), und Erlangen (Delius, der Präsident der Leopoldina war)[35]. Von den 6 deutschen Mitgliedern der Akademie zu Orléans sind Achard (Berlin) und Murray (Göttingen) die bekanntesten; die anderen kommen aus Bonn, Leipzig und Kassel[36]. Die Akademie von Arras hatte zwar dank Dubois de Fosseux ein dichtes Korrespondenznetz in Frankreich, aber nur wenig Verbindungen ins Ausland. Dabei nehmen die 5 Mitgliedschaften aus dem deutschen Raum eine Führungsstellung ein, wobei hier 2 Mitglieder aus Mannheim (Couturelle, Stengel) neben

---

32 J. B. Dumas, Histoire de l'Académie royale des sciences, belles lettres et arts de Lyon, 2 Bde. Lyon 1839, hier Bd. I, S. 573–575, 14, 139, 352, 354–367; Roger Chartier, L'Académie de Lyon au XVIIIe siècle, 1700–1793, étude de sociologie culturelle, in: Nouvelles Etudes Lyonnaises, Genf/Paris 1969, S. 131–250, hier S. 191–199; Roche, Académies (wie Anm. 3), Bd. I, S. 311 f. Bd. II, S. 497.

33 J. B. Lautard, Histoire de l'Académie de Marseille, 2 Bde. Marseille 1826/43, hier Bd. II, S. 315, 340–360; Roche, Académies (wie Anm. 3), Bd. I, S. 314, Bd. II, S. 497.

34 Ph. Milsand, Notes et documents pour servir à l'histoire de l'académie de Dijon, Dijon 1871, S. 357, 378, 381, 384, 387, 399, 415: Roger Tisserand, Au temps de l'Encyclopédie. L'Académie de Dijon de 1740 à 1793, Paris 1936, S. 350, 361; Roche, Milieux académiques (wie Anm. 30), S. 137.

35 A. Héron, Liste des membres de l'Académie de Rouen, Rouen 1903, S. 48 f. Roche, Académies (wie Anm. 3), Bd. I, S. 306, Bd. II, S. 499.

36 M. Guillen, L'ancienne Académie Royale d'Orléans, in: Mémoires de la Société d'Agriculture, sciences, belles lettres et arts d'Orléans 8 (1908) S. 369–444, hier S. 443 f.; Roche, Académies (wie Anm. 3), Bd. II, S. 499.

weiteren aus Leipzig, Göttingen und Dresden nicht überraschen, denn die kurpfälzische Akademie nahm eine Verbindungsfunktion nach Frankreich wahr[37].

Die Gesellschaften von Châlons-sur-Marne, Montpellier und Nancy hatten jeweils 4 Personen aus Deutschland zum Mitglied. Dabei handelt es sich in Châlons-sur-Marne bei den beiden Berliner Mitgliedern mit Formey und Thiebault um Franzosen; und Necker aus Mannheim war ja auch Mitglied von anderen französischen Akademien[38]. Die 4 Mitglieder von Montpellier stammen aus Halle, Hamburg, Erfurt und Erlangen[39]. Nancy hatte Mitglieder von jenseits des Rheins, die uns schon zum Teil bekannt sind: Maupertuis und Thiebault aus Berlin, Guibal aus Stuttgart und ein Ungenannter aus Dresden[40].

In den Akademien von La Rochelle mit 3 sowie Amiens, Angers und Metz mit jeweils 2 Mitgliedern aus dem deutschen Raum spielen diese keine besondere Rolle. Von den 3 Mitgliedern in La Rochelle, aus Berlin, Stuttgart und Leipzig haben sich der Mediziner Bossek aus Leipzig und Stroehein aus Stuttgart identifizieren lassen[41]. Die beiden deutschen Mitglieder in Amiens kommen aus Hamburg (Glazer) und Gotha[42]; jene in Angers aus Berlin (abbé de Pérard) und Köln[43]. Dagegen rekrutierten sich die beiden deutschen Mitglieder der Metzer Akademie aus der unmittelbaren Nachbarschaft: Patrick aus Zweibrücken und der bekannte Trierer Reformtheologe Neller[44].

Die Gesellschaften von Béziers, Toulouse, Nîmes und Villefranche verzeichnen jeweils 1 Mitglied aus Deutschland. In Béziers und Nîmes handelt es sich um Couturelle aus Mannheim, was eine gewisse Logik hat, denn die Mannheimer Akademie hatte mit Brunel ein Mitglied aus Béziers[45]. In Toulouse handelt es sich um den Wiener Kameralisten und Hofrat Ignaz von Born[46]. Und das Berliner

---

37 E. Van Drival, Histoire de l'Académie d'Arras, Arras 1872, S. 245. L. N. Berthe, Dictionnaire des correspondants de l'Académie d'Arras au temps de Robespierre, Arras 1969, S. 98; L. N. Berthe, Dubois de Fosseux, secrétaire de l'Académie d'Arras, Arras 1969, S. 158 Anm. 80, Roche, Académies (wie Anm. 3), Bd. I, S. 316f. Zur Rolle der Mannheimer Akademie siehe demnächst: Jürgen Voss, Les relations de l'Académie de Mannheim avec la France (1763–1800).

38 H. Menu, La Société littéraire et l'Académie de Châlon, in: Mémoires de la société d'Agriculture, commerce, sciences, art de la Marne 1868, annexes S. 189–292, hier S. 288–291; Daniel Roche, La diffusion des Lumières. Un exemple: L'Académie de Châlons-sur-Marne, in: Annales E.S.C. 19 (1964) S. 887–922, hier S. 892f. Roche, Milieux académiques (wie Anm. 30), S. 151f.

39 J. Proust, L'encyclopédisme dans le bas Languedoc au XVIII° siècle, Montpellier 1968, S. 72f.

40 Christian Pfister, Histoire de l'Académie de Nancy, Nancy 1902, S. 23; Roche, Académie (wie Anm. 3), Bd. I, S. 309, Bd. II, S. 498.

41 Roche, Académies (wie Anm. 3), Bd. II, S. 499; Jean Torlais, L'Académie de la Rochelle au XVIII° siècle, in: Revue d'histoire des sciences 1959, S. 111–125, hier S. 121.

42 Roche, Académies (wie Anm. 3), Bd. I, S. 309f. Bd. II, S. 491.

43 Roche, Académies (wie Anm. 3), Bd. II, S. 491; Ancienne Académie d'Angers. Membres titulaires et associés (1685–1793), in: Mémoires de la Société d'agriculture, lettres, sciences et arts d'Angers 1901/02, S. 259–362, hier S. 279.

44 Roche, Académies (wie Anm. 3), Bd. I, S. 311, Bd. II, S. 497. Liste générale des membres ayant fait partie de la Société royale de Metz (1757–1793), in: Mémoires de l'Académie de Metz 1873/74, S. 434f.

45 Roche, Académies (wie Anm. 3), Bd. II, S. 493; Fuchs (wie Anm. 22), S. 577f. Van Drival (wie Anm. 37), S. 245.

46 Roche, Académies (wie Anm. 3), Bd. I, S. 308, Bd. II, S. 500. Michel Taillefer, Une académie interprète des lumières. L'Académie des Sciences, Inscriptions et Belles Lettres de Toulouse au XVIII° siècle, Paris 1984, S. 51, 257.

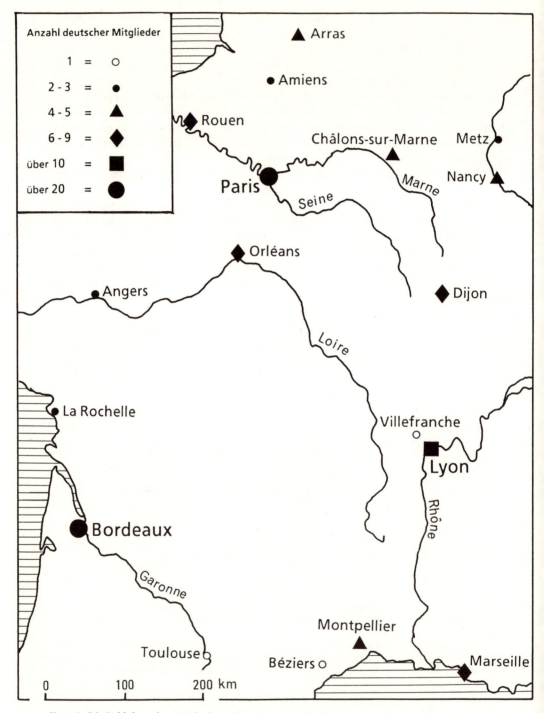

Karte I: Die Zahl deutscher Mitglieder an französischen Akademien des 18. Jahrhunderts

Mitglied der Akademie von Villefranche ist der aus Lyon stammende Etienne Mayet, Direktor der Berliner Seidenmanufaktur[47].

III. Zusammenfassung

In den Mitgliedslisten der deutschen Akademien des 18. Jahrhunderts sind rein rechnerisch 181 Franzosen – zum Teil als ordentliche oder Ehrenmitglieder – in der Hauptsache aber als auswärtige Mitglieder verzeichnet (Berlin 127, Göttingen 16, München 15, Mannheim 15, Erfurt 6, Prag 2). Genau besehen ist diese Zahl an Personen eher geringer, denn eine Reihe von Wissenschaftlern aus Frankreich waren Mitglieder mehrerer deutscher Akademien. An der Spitze stehen hier mit je 3 Mitgliedschaften der Altertumsforscher Ansse de Villoison (Berlin, Göttingen, Mannheim), ferner der bekannte Astronom Lalande (Berlin, Göttingen, Mannheim), der Straßburger Naturwissenschaftler Spielmann (Leopoldina, Berlin, Mannheim), Castillon (Berlin, Prag, Mannheim) sowie der Mediziner Willemet aus Nancy (Leopoldina, Göttingen, München). 6 Franzosen waren Mitglieder zweier deutscher Akademien. Es handelt sich um Voltaire (Berlin, Mannheim), Grandidier (München, Mannheim), Pfeffel (München, Mannheim), Lambert (Berlin, München), J. Boecler (Leopoldina, Erfurt), Cassini (Berlin, München) und Sage (Leopoldina, Erfurt). Von diesen 10 Wissenschaftlern mit Mehrfachmitgliedschaften stammen 6 aus dem Osten Frankreichs; Villoison und Cassini aus Paris hatten sich in Deutschland aufgehalten und auch wissenschaftlich gewirkt.

Neben 37 direkt in Berlin wirkenden Franzosen und zweien, die in Stettin tätig waren, kommt die Masse der französischen Mitglieder an deutschen Akademien aus Paris: 96. Dagegen nehmen Mitglieder aus der französischen Provinz eine untergeordnete Position ein. Eine Ausnahme bilden hier mit Straßburg (9 Mitglieder) und Nancy (5 Mitglieder) zwei Städte aus dem Osten Frankreichs. Bei allen anderen Orten handelt es sich um Einzelfälle.

Die Zahl der deutschen Mitgliedschaften an französischen Akademien ist nicht so hoch wie jene der Franzosen an deutschen Akademien, was ganz einfach daran liegt, daß es keine Entsprechung zur Sonderstellung der Franzosen in Berlin gab. Aber die große Zahl der Provinzakademien sorgt dafür, daß es neben den 12 assoziierten Mitgliedern an den Pariser Akademien (Académie des Sciences, Académie des Inscriptions et Belles Lettres) 95 deutsche Mitgliedschaften über Frankreich verteilt auszumachen sind, ihre Gesamtzahl rein rechnerisch also 106 ausmacht. Darunter gibt es aber ebenfalls eine Reihe von Mehrfachmitgliedschaften, sodaß der Personenkreis etwas kleiner wird. Die beiden Mannheimer Necker und Couturelle waren Mitglieder jeweils von 3 französischen Akademien (Dijon, Châlons-sur-Marne, Rouen bzw. Béziers, Nîmes, Arras). Es folgen mit ebenfalls 3 Mitgliedschaften der Leipziger Mediziner Franzius (Lyon, Arras, Dijon), der Astronom Zach aus Gotha (Lyon, Dijon, Marseille) sowie Thiebault aus Berlin (Lyon, Châlons-sur-Marne, Nancy). Eine größere Zahl von Gelehrten kamen zu Doppelmitgliedschaften: Gru-

---

47 ROCHE, Académies (wie Anm. 3), Bd. II, S. 502; Abel BESANÇON, L'académie royale de Villefranches-sur-Saone, in: Bulletin de la Société des sciences et des arts du Beaujolais 1905/06, S. 338.

ner (Dijon, Lyon), Mayet (Lyon, Villefranche), Herzog von Gotha-Altenburg (Lyon, Marseille), Maupertuis (Nancy, Lyon), Guibal (Rouen, Nancy), Luchet (Marseille, Orléans), Achard (Orléans, Marseille). Bei einem Teil dieser Wissenschaftler handelt es sich um in Deutschland wirkende Franzosen (Achard, Guibal, Luchet, Maupertuis, Mayet, Couturelle). Die meisten »Deutschen« in französischen Akademien stellt Berlin (22). Es folgen Leipzig (9), Mannheim (8), Göttingen (6), Erlangen (5), Wien (4), Stuttgart (4), Kassel (3), Frankfurt (3), Jena (3), Regensburg (3), Hamburg (3) sowie Danzig (3) sowie eine Reihe von Orten mit 1 oder 2 Mitgliedern.

Hier läßt sich noch festhalten, daß es sich bei den deutschen Mitgliedern an französischen Akademien vielfach um Naturwissenschaftler und Mediziner handelte. In deutschen Akademien finden sich neben Naturwissenschaftlern aber auch Geisteswissenschaftler und Schriftsteller aus Frankreich. Dagegen ist keiner der bekannten deutschen Schriftsteller der Zeit in Frankreich zu akademischen Ehren gelangt.

Rein statistisch gesehen ist auf der Ebene der Mitgliedschaften die Verflechtung zwischen deutschen und französischen Einrichtungen durchaus beachtenswert. Zu fragen wäre, was haben die betreffenden Mitglieder für ihre Akademie im anderen Land geleistet? Diese Frage kann hier nicht nur aus Zeitgründen schwer beantwortet werden. Sie kann erst nach systematischen Archivstudien aufgegriffen werden, eine Arbeit, die noch zu leisten wäre.

Eine andere Ebene der bilateralen Kommunikation im Bereich der Akademien stellen deren Preisfragen dar. Fast alle großen Gesellschaften haben dieses Instrument eingesetzt. Franzosen haben sich in Deutschland beteiligt und Deutsche in Frankreich. Welchen Umfang diese Mitarbeit an Preisfragen von Akademien des anderen Landes ausmacht, wäre im einzelnen noch aufzuarbeiten. Ich führe hier nur einige Beispiele an. Um die Preisfrage der Berliner Akademie von 1780 »Est-il utile de tromper le peuple?« haben sich gleichermaßen französische und deutsche Autoren beworben[48]. Und die 1787 gestellte Preisfrage dieser Akademie nach dem Hauptmerkmal der französischen Sprache hat Rivarols »Discours sur l'universalité de la langue française« in einer klassisch gewordenen Form beantwortet. Sabbatier, der spätere Sekretär der Akademie von Châlons-sur-Marne sandte zur Preisfrage der Mannheimer Akademie (1764) nach den Ursprüngen des Pfalzgrafentitels ein Manuskript ein[49]. Im Archiv der »Académie des Inscriptions et Belles Lettres« liegen mehrere Memoires aus Deutschland von Wernsdorff (Wittenberg, 1742), Stigliz (Nürnberg, 1741), Politzsch (Mecklenburg, 1751), Cullmann (Heidelberg, 1767) und Herder (1775), deren Autoren sich freilich nicht im Repertorium der Preisträger von Delandine finden[50]. Dort sind aber unter den Preisträgern der »Académie des

---

48 Vgl. die Textzusammenstellung bei Werner Krauss (Hg.), Est-il utile de tromper le peuple? Ist der Volksbetrug von Nutzen. Concours de la classe de philosophie spéculative de l'Académie des Sciences et Belles Lettres de Berlin pour l'année 1780, Berlin 1966.

49 Fuchs (wie Anm. 22), S. 281. Andreas Kraus, Vernunft und Geschichte. Die Bedeutung der deutschen Akademien für die Entwicklung der Geschichtswissenschaft im späten 18. Jahrhundert, Freiburg 1963, S. 430, Anm. 102.

50 Institut de France. Archives de l'Académie des Inscriptions et Belles Lettres, D Mémoires: D 11, D 13, D 20, D 34, D 38.

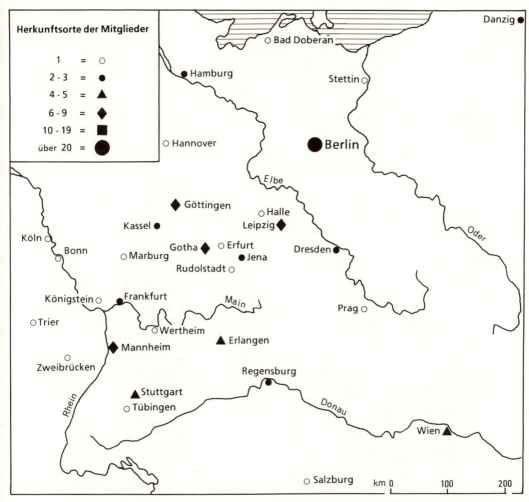

Herkunftsorte der Mitglieder

1	=	○
2 - 3	=	●
4 - 5	=	▲
6 - 9	=	◆
10 - 19	=	■
über 20	=	●

Danzig ●

○ Bad Doberan

● Hamburg

Stettin ○

○ Hannover

● Berlin

Elbe

◆ Göttingen

○ Halle

Kassel ●   Leipzig ◆

Köln ○

Bonn ○   Gotha ◆   ○ Erfurt   Dresden ●

○ Marburg   ● Jena

Rudolstadt ○

Oder

Königstein ○   ● Frankfurt   *Main*

Prag ○

○ Trier

○ Wertheim

○ Mannheim   ▲ Erlangen

○ Zweibrücken

Regensburg ●

Rhein

▲ Stuttgart

○ Tübingen   *Donau*

Wien ▲

○ Salzburg   km 0   100   200

Karte II: Die Herkunft der in Deutschland tätigen Mitglieder französischer Akademien des 18. Jahrhunderts

Inscriptions et Belles Lettres« Gelehrte verzeichnet, die im deutschen Raum tätig waren: 1741 Pelloutier aus Berlin sowie der langjährige Vertreter des badischen Hofes in Frankfurt, der gebürtige Schweizer Samuel von Schmid zu Rossan (1737–1796), der zwischen 1757 und 1763 in ununterbrochener Reihenfolge die Preise der »Académie des Inscriptions et Belles Lettres« verliehen bekam[51]. Diese Beispiele mögen genügen, um zu verdeutlichen, daß der von mir hier angesprochene Themenkreis im Umfeld der deutsch-französischen Beziehungen seinen Platz einnimmt.

51 A. F. DELANDINE, Couronnes académiques, 2 Bde. Paris 1787, Bd. I, S. 69–84. Zu den zahlreichen deutschen Preisträgern der Akademie von Bordeaux siehe unten den Beitrag von Michel Espagne S. 297 ff.

RÉSUMÉ FRANÇAIS

Il faut tout d'abord signaler la structure distincte des académies dans le paysage intellectuel de la France et de l'Allemagne. En France il y avait à côté des académies spéciales de Paris 32 académies de province. Dans le Saint Empire il n'y en avait que 6 (Berlin, Göttingen, Erfurt, Munich, Mannheim, Prague) plus l'académie des naturalistes (Leopoldina) fondée dès 1652 comme une association assez lâche sans siège fixe. A l'Académie de Berlin les Français jouèrent surtout après la réforme de 1744 un rôle unique dans l'Europe de l'époque et dominant. Ils comptèrent parmi eux pendant une période le président (Mauper-tuis) plusieurs directeurs, le secrétaire perpétuel (Formey) et 39 membres ordinaires. Avec les membres d'honneur et les membres extérieurs on arrivait à Berlin au nombre de 127 personnes d'origine française (y compris les huguenots de la 1ère et 2ème génération vivant à Berlin). A l'exception de Rousseau et de Mably, presque toutes les personnalités ayant un rang et un nom en France dans la littérature et la science furent membres de l'Académie de Frédéric le Grand.

A Göttingen en revanche, seuls 16 Français furent nommés membres, parmi eux plusieurs médecins militaires qui pendant la guerre de sept ans étaient stationnés à Göttingen. Erfurt avait 6 membres français, qui représentaient cependant encore le contingent le plus élevé d'étrangers dans cette société.

Il en allait différemment à Munich. Les 15 membres français avaient ici des situations différentes, partiellement aussi des postes de direction: Pfeffel et du Buat étaient au début directeurs de la classe historique, 5 Français faisaient partie des membres d'honneur, le diplomate Marbois était un membre ordinaire et 6 Français avaient rang de membres extérieurs. Des rapports similaires existaient à l'Académie de Mannheim: elle avait été fondée en 1763 selon le modèle parisien par l'historien strasbourgeois Schöpflin; son élève Lamey et Maillot de la Treille, nés en France, étaient des membres ordinaires (Lamey était même secrétaire perpétuel). En outre Mannheim avait trois Français membres d'honneur (parmi eux Voltaire) et 10 membres extérieurs de France (4 Alsaciens mais aussi d'Holbach). A Prague il n'y avait en revanche que 2 Français membres de la société de la ville. En tout il y avait 180 participations françaises dans les académies allemandes mais une série de Français étaient membres de plusieurs sociétés: Villoison, Lalande, Spielmann et Willemet appartenaient à 3 académies et 8 autres Français à 2 à la fois.

Le nombre de savants allemands du XVIIIe siècle était dans certaines académies de provinces plus important qu'à Paris. L'Académie des sciences avait 7 membres allemands associés (parmi eux Leibniz et Wolff); l'Académie des Inscriptions et Belles Lettres n'en avait que 5 (parmi eux Heyne, Michaelis). Sur les 32 Académies de Province, 18 avaient des membres originaires du Saint Empire. En tête se trouve Bordeaux avec 23 membres (parmi eux Süssmilch) suivi par Lyon avec 15 (Parmi eux le Prince Henri de Prusse, le Duc de Gotha), Marseille avec 8 membres, Dijon avec 7, Orléans et Rouen avec respectivement 6, Arras avec 5, Chalons-sur-Marne, Montpellier et Nancy avec respectivement 4, La Rochelle avec 3, Amiens, Angers, et Metz avec respectivement 2 membres, de même que Béziers, Toulouse, Nîmes et Villefranche avec chacune un membre. En tout on constate 106 participations aux académies françaises. Mais ici aussi il y a une série de participations multiples: Necker de Mannheim membre de 4 académies (de province), suivi par 3 autres savants vivant dans le Saint Empire membres de 3 académies françaises, et de 9 qui avaient été élus dans deux académies.

Alors que parmi les membres français des académies allemandes la plupart était originaire de Paris (et 37 de Berlin) et que les villes de province à l'exception de Strasbourg (9) et Nancy (5) ne jouaient guère de rôle, la répartition géographique des membres d'académies françaises vivant en Allemagne se présente différemment: en tête on trouve Berlin (avec 22 membres) suivi par Leipzig (9), Mannheim (8), Göttingen (6), Gotha (6), Erlangen (5), Vienne et Stuttgart (4 chacune) et beaucoup de villes avec des chiffres inférieurs.

BERNHARD R. KROENER

DEUTSCHE OFFIZIERE IM DIENST DES »ALLERCHRISTLICHSTEN KÖNIGS« (1715-1792)

Aspekte einer Sozialgeschichte der Elite deutscher Fremdenregimenter in Frankreich im 18. Jahrhundert

Die Anwerbung und Anmietung fremder Truppen stellte für die Heeresorganisation der europäischen Mächte in der Frühen Neuzeit eine zentrale Herausforderung dar. Ihre Vor- und Nachteile wurden in der staats- und kameralwissenschaftlichen Literatur vor allem des 18. Jahrhunderts mit besonderer Intensität diskutiert[1]. Eine sozialgeschichtlich orientierte Analyse der militärischen Elite des 18. Jahrhunderts und ihres Dienstverständnisses gehört aber, wie die Erforschung der frühneuzeitlichen Militärgeschichte insgesamt, noch immer zu den Stiefkindern vor allem der jüngeren deutschen Historiographie[2]. Die auf weiten Strecken vom deutsch-französischen Gegensatz geprägte historische Forschung des 19. und frühen 20. Jahrhunderts vermochte dem Dienst unter fremden Fahnen keine politisch-pädagogische Attraktivität abzugewinnen. Vor dem Hintergrund der Allgemeinen Wehrpflicht als einem »nationalen Ehrendienst« konstruierte man als negatives Gegenbild das »Söldnertum« und den »Soldatenhandel« der Frühen Neuzeit[3].

Von einigen älteren zumeist landeskundlich orientierten Untersuchungen abgesehen, bewegen wir uns daher auch bei der Bewältigung des hier gestellten Themas weitgehend in einer »terra incognita« historischen Forschung[4].

---

1 Vgl. den Artikel Kriegs-Werbung in Johann Georg KRÜNITZ, Oeconomische Encyklopädie oder allgemeines System der Staats-Stadt-Haus- und Landwirtschaft, in alphabethischer Ordnung, Teil 52, Brünn 1791, der am Ende des europäischen Ancien Régime das Wissen der Epoche prägnant und übersichtlich zusammengefaßt hat.

2 Bernhard R. Kroener, Vom »extraordinari Kriegsvolck« zum »miles perpetuus«. Zur Rolle der bewaffneten Macht in der europäischen Gesellschaft der Frühen Neuzeit, in: Militärgeschichtliche Mitteilungen 1/88, S. 141–188; Ernst Willi HANSEN, Zur Problematik einer Sozialgeschichte des deutschen Militärs im 17. und 18. Jahrhundert, in: Zeitschrift für Historische Forschung 6 (1979), S. 425–460.

3 A. von BOGUSLAWSKI, Soldatenhandel und Subsidienverträge, in: Beihefte zum Militärwochenblatt 1885, Heft 7; es handelt sich hierbei um eine polemische Replik auf: J. N. Über Soldtruppen. Vortrag vor dem Offizierkorps gehalten den 18. März 1881, in: Beihefte zum Militärwochenblatt 1884, Heft 8; Fr. KAPP, Der Soldatenhandel deutscher Fürsten nach Amerika (1775–1783). Berlin 1864.

4 Eugène FIEFFÉE, Geschichte der Fremdtruppen im Dienste Frankreichs, von ihrer Entstehung bis auf unsere Tage, sowie aller jener Regimenter, welche in den eroberten Ländern unter der ersten Republik und dem Kaiserreiche ausgehoben wurden. 2 Bde. München 1856, Bd. 1; Leonhard WINKLER, Das Regiment »Royal Allemand de Deux Ponts« deutschen Ursprungs in französischen Diensten und dessen Inhaber, in: Das Bayernland 2 (1891), S. 536–539, 544–549; DERS., Das französische Infanterie-regiment deutscher Abstammung Alsace und die Regimentsinhaber desselben aus dem Hause Wittelsbach, in: Das Bayernland 2 (1891), S. 164–178; le Général D'AMBERT, Historique de l'Ancien Régiment d'Anhalt, in: Le Briquet. Bulletin trimestriel de l'Amicale des collectionneurs de figurines historiques du centre Loire (Orléans), 1975, S. 19ff.; Theodor SCHÖN, Deutsche Edelleute in den fremden

I. Seit dem Spätmittelalter, das heißt, seit dem Auftreten der ersten Massenheere der Neuzeit, bildete das Reich aufgrund seiner demographischen Situation eine bevorzugte Rekrutierungsbasis für das militärische Potential seiner Nachbarn. Deutsche Kontingente in französischen Diensten sind seit der zweiten Hälfte des 15. Jahrhunderts nachgewiesen[5]. Deutsche Lehnwörter, wie *lansquenets* oder *reitres* zeigen, wie intensiv vor allem während der Religionskriege des 16. Jahrhunderts, auch im Bewußtsein der Bevölkerung, der Anteil deutscher Kontingente an der Kriegführung gewesen ist[6]. Während des Dreißigjährigen Krieges stellten die deutschen Regimenter der *armée weimarienne au service du Roy* auch nach dem plötzlichen Tod ihres Chefs einen wichtigen Bestandteil der vom Elsaß aus in Oberdeutschland operierenden französischen Armeen[7]. Sie bildeten in den Jahren nach dem Pyrenäenfrieden den Nukleus, aus dem heraus sich die deutschen Regimenter der französischen Krone formieren sollten, von denen ein Teil bis zum Ende des Ancien Régime bestehen blieb. Ihre Herkunft aus international weitgehend geschlossenen Formationen führte dazu, daß man in Frankreich, anders als in Preußen oder bei der kaiserlichen Armee, im 18. Jahrhundert »Fremdenregimenter« beibehielt[8]. Neben diesen ethnisch weitgehend homogenen Einheiten, unter denen die Schweizer traditionell das stärkste Kontingent stellten, fanden Ausländer auch Eingang in die nationalfranzösischen Regimenter, wenngleich nicht in derselben Größenordnung wie in Preußen oder Österreich. In Kriegszeiten erfuhren die Fremdtruppen regelmäßig eine erhebliche Verstärkung. Dabei spielte bei allen europäischen Mächten die der merkantilistischen Theorie entlehnte Vorstellung, die die nationalen Volkswirtschaften und Bevölkerungen in einem geschlossenen mondialen System verortete, eine entscheidende Rolle. Der französische Kriegsminister Herzog von Choiseul brachte diese Auffassung auf eine prägnante Formel, als er im Zusammenhang mit den Reorganisationsbestrebungen in der französischen Armee nach Abschluß des Siebenjährigen Krieges auf die Notwendigkeit der Auslandswerbung angesprochen, antwortete: *L'acquisition d'un soldat étranger équivaut à trois hommes: celui qu'on achète, celui qu'on empesche d'etre acheté par l'ennemi et celui que l'on conserve pour*

Regimentern der Könige von Frankreich 1775–1784, in: Deutsches Adelsblatt 6 (1888), S. 729 f.; Philipp Losch, Soldatenhandel. Kassel 1933; Günther Molz, Das regiment Royal-Alsace 1741–1766, in: Neues Trierisches Jahrbuch 1977, S. 69–83; Philippe Salles d'Alfaro, Etrangers au service des rois de France, in: Carnet de la Sabretache, Bulletin de collectioneurs de Figurines historiques et des Amis de l'Histoire Militaire (Paris), sér. 5, 6 (1964), S. 1154–1161: Die neueste deutsche Monographie, die diesem Thema im weitesten Sinne gewidmet ist: Alber Hochheimer, Verraten und verkauft. Die Geschichte der europäischen Söldner, Stuttgart 1967, genügt wissenschaftlichen Ansprüchen nicht.

5 Ferdinand Lot, Recherches sur les effectifs des Armées françaises des guerres d'Italie aux Guerres de Religion (1494–1562). Paris 1962, S. 131, 143, 159, 178, 181 f., 184.

6 Ein zeitgenössisches französisches Sprichwort vermittelt eine treffende Einschätzung der deutschen Soldreiter: *Ou les reitres sont passés on ne paye point des dismes.*

7 August von Gontzenbach, Der General Hans Ludwig von Erlach von Castelen. 3 Teile Bern 1882, hier Teil 3.

8 Philipp Hoyos, Ernst von Traun, Generalkriegskommissar und die Abdankung der kaiserlichen Armee nach dem Dreißigjährigen Krieg. Phil. Diss., mss. Wien 1970; Helfried Valentinitsch, Die Meuterei der kaiserlichen Söldner in Krain und Steiermark 1656 (= Militärhistorische Schriftenreihe 29), Wien 1975; Curt Jany, Geschichte der preußischen Armee vom 15. Jahrhundert bis 1914, 4 Bde. ND Osnabrück 1967 hier Bd. 1, S. 700 ff.

l'agriculture ou l'atelier[9]. Daher waren die dichtbevölkerten Gebiete entlang des Rheins ein bevorzugtes Werbegebiet für die Armeen aller europäischen Mächte. Für Frankreich war die Situation in besonderer Weise günstig, ergänzten sich doch einige seiner Regimenter insbesondere aus den Angehörigen der nordöstlichen Grenzgebiete, etwa des Elsaß oder Lothringens, die noch überwiegend zum deutschen Sprach- und Kulturraum gehörten. Kommandosprache bildete in diesen Regimentern, wie auch in den Fremdenregimentern, immer die Umgangssprache der Mehrzahl seiner Angehörigen. Diese Praxis erleichterte die Anwerbung von Rekruten aus den rechtsrheinischen Territorien des Reiches. Daher bestand während des gesamten 18. Jahrhunderts zwischen diesen ethnisch einigermaßen homogenen Regimentern ein ständiger wechselseitiger Personalaustausch. Betrug der Anteil der Fremdtruppen in Friedenszeiten etwa ein Viertel der Gesamtstärke der Armee, so konnte er unter den Bedingungen des Krieges durchaus auf 40 % heraufschnellen. Im Vergleich dazu bestand die preußische Armee während der zweiten Hälfte des 18. Jahrhunderts durchschnittlich zu 40–50 % aus Ausländern, das heißt nichtpreußischen Untertanen[10]. In den französischen Linieninfanterieregimentern, die die Masse der königlichen Truppen ausmachten, dienten gegen Ende des 18. Jahrhunderts etwa 8 % deutschstämmige Soldaten. Innerhalb der Gruppe der geworbenen Ausländer stellten die Deutschen mit 36 % hinter den Schweizern (42 %) das zweitstärkste Kontingent. Ihnen folgten die irischen Soldaten auf dem dritten und die Mannschaften italienisch-korsischer Abstammung auf dem vierten Platz. Die Angehörigen der anderen europäischen Nationen waren gegen Ende des 18. Jahrhunderts nicht mehr so zahlreich in der französischen Armee vertreten, daß sie die Aufstellung eigener Regimentsverbände notwendig gemacht hätten[11].

Gliederung und Stärke der nationalfranzösischen und nichtfranzösischen Infanterieregimenter zwischen 1761 und 1776

Jahr	Franzosen	Deutsche	Iren	Italiener	Schweizer	Summe
1761	124519	19136	6345	1370	18240	169610
1762	97406	8896	2780	1668	14360	125110
1771	99282	8512	2660	1064	13832	125350
1775	88750	8512	2128	2128	13832	115350
1776	96298	9160	3453	2290	13832	125024

9 Le vicomte GROUVEL, Le Royal-Suédois, in: Revue Historique de l'Armée 22 (1966), S. 45–64, S. 64.
10 Encyclopédie Méthodique ou par ordre de matières; par une société de gens de lettres, de savans et d'artistes. – Art Militaire, 4 Bde., Paris 1784–1897, hier Bd. 3, S. 86 (um 1780); Gilbert BODINIER, Les officiers de l'armée royale combattants de la guerre d'Independance des Etats-Unis – de Yorktown à l'an II. Vincennes 1983, S. 68; Bernhard R. KROENER, Die materiellen Grundlagen österreichischer und preußischer Kriegsanstrengungen 1756–1763, in: Bernhard R. KROENER (Hg.), Europa im Zeitalter Friedrichs des Großen, Wirtschaft, Gesellschaft, Kriege (Beiträge zur Militärgeschichte 26), München 1989, S. 47–78, S. 51.
11 Encyclopédie (wie Anm. 10), III, S. 86.

Das zeitgenössische Zahlenmaterial besitzt keinen Anspruch auf absolute Exaktheit, spiegelt aber das Stärkeverhältnis der einzelnen ethnischen Kontingente innerhalb der französischen Armee durchaus zutreffend wider[12].

II. Bevor im folgenden eine knappe soziographische Analyse des Anteils deutschstämmiger Offiziere in der französischen Armee des 18. Jahrhunderts versucht werden soll, bedarf es einiger methodischer Vorbemerkungen.

Im Unterschied zu den entsprechenden Quellenangaben des 17. Jahrhunderts sind die Stärkeangaben der französischen Armee im 18. Jahrhundert – vor allem wenn es sich um die Angaben über das Offizierkorps der Friedensarmee handelt – mit einer deutlich geringeren Fehlerquote behaftet[13].

Weitaus größere Probleme ergeben sich jedoch bisweilen, wenn es darum geht, die Herkunft von Mannschaften und Offizieren oder den sozialen Rang von Subalternoffizieren zutreffend zu erfassen. Da die Angehörigen der Fremdregimenter verschiedene Vergünstigungen erhielten, unter denen höhere Soldzahlungen zweifellos die größte Attraktivität besaßen, haben französische Rekruten unter Eindeutschung ihres Namens nicht selten versucht, in die deutschen oder Schweizer Regimenter aufgenommen zu werden. Andererseits haben Deutsche aus unterschiedlichsten Motiven danach getrachtet, durch eine Romanisierung ihres Namens in einem französischen Regiment Unterschlupf zu finden[14].

Bei den Subalternoffizieren findet sich gerade in den letzten Jahren des Ancien Régime zunehmend der Versuch, durch einen angemaßten Adel sich Vorzüge im Avancement zu erschleichen. Die hier genannten sozialstatistischen Fehlerquellen treten aber in Kriegszeiten weitaus häufiger in Erscheinung als im Frieden. Ich habe daher für die folgende Analyse

1. das Erhebungsjahr 1775 gewählt, da zu diesem Zeitpunkt die Reorganisation der französischen Armee nach dem Siebenjährigen Krieg weitgehend abgeschlossen, die Expedition nach Amerika und die negativen Folgen der »Loi Ségur« hingegen noch in einiger Ferne lagen[15].

2. Die Aussagen erfassen:

a. die Ranggruppe der Generale und Stabsoffiziere. Hier werden alle Deutschen erfaßt, wobei in Einzelfällen auch die Angehörigen etwa des deutschbaltischen Adels, des vorderösterreichischen und des deutsch-lothringischen und elsässischen Adels hinzugerechnet werden.

---

12 Paris, AG, sér. Mémoires Infanterie, Troupes étrangères, Karton 1722 (XXII), Nr. 11, vermutlich 1781 entstanden.

13 Ein herausragendes Zeugnis akribischer Stärkeberechnungen bietet: Pierre LEMAU DE LA JAISSE, Carte générale de la monarchie française, Contenant l'Histoire Militaire. Etc. ... Presente au Roy le XVII février M DCC XXX, mise au jour par l'auteur en 1733, ein Werk, das in den folgenden Jahren mehrere Neuauflagen erfuhr und in der zweiten Hälfte des 18. Jahrhunderts durch den Etat Militaire de la France abgelöst wurde. Zur Bedeutung der Statistik im Ancien Régime neuerdings: Harm KLUETING, Die Lehre von der Macht der Staaten. Das außenpolitische Machtproblem in der »politischen Wissenschaft« und in der praktischen Politik im 18. Jahrhundert (Historische Forschungen 29), Berlin 1986.

14 Arthur CHUQUET, La légion gérmanique (1792–1793). Paris 1904, S. 30 ff., liefert aus den Anfangsjahren der Revolution einige erhellende Beispiele für derartiges Verhalten.

15 Georges SIX, Fallait-il quatre quartiers de la noblesse pour etre officier à la fin de l'ancien régime? in: Revue d'histoire moderne et 4 (1929), S. 47–56.

b. im Hinblick auf die zahlenmäßig weitaus größere Gruppe der Subalternoffiziere nur das Offizierkorps der deutschen Fremdenregimenter und der französischen Nationalregimenter, in denen der Anteil der deutschsprachigen Mannschaften und Offiziere weit überdurchschnittlich war. Einzelne deutsche Offiziere in anderen Regimentern fallen demgegenüber statistisch nicht ins Gewicht.

Von den etwa 11000 Offizieren der französischen Armee zählten 1775 360 das heißt 3,3 % als deutschstämmig[16]. Der Anteil der deutschen und überwiegend deutschen Infanterieregimenter am Gesamtumfang der französischen Fußtruppen betrug etwa 7,4 % (8500 Mann)[17]. Der prozentuale Anteil der deutschen Offiziere lag dagegen deutlich niedriger, als der entsprechende Anteil der deutschen Truppen an der Gesamtstärke der französischen Armee vermuten läßt. Dieses Ergebnis erklärt sich aus der unterschiedlichen Offizierdichte bei Kavallerie- und Infanterieregimentern, sowie bei den technischen Waffengattungen. Obwohl die Krone im Zuge der Reformversuche nach Abschluß des Siebenjährigen Krieges alles unternahm, um den unter allen europäischen Armeen einmalig hohen Anteil an Offizieren zu senken, kam beispielsweise nach der Ordonnance vom 25. März 1776 immer noch 1 Offizier auf nur 11,3 Reiter (1756 war das Verhältnis noch 1 : 9,2 gewesen)[18].

Zum Vergleich: In der preußischen Armee, die aufgrund der besonderen demographischen wie wirtschaftlichen Bedingungen des friderizianischen Staates eine extrem geringe Offizierdichte aufwies, kam 1 Offizier auf 29 Soldaten[19].

Betrachten wir also zunächst die französische Generalität:

1775 befanden sich unter:

9	Marschällen von Frankreich	0 Deutsche = 0,0 %
	(nach dem Tod der Marschälle Sachsen und Loewendal)	
164	*lieutenants-généraux*	9 Deutsche = 5,5 %
371	*maréchaux de camp*	16 Deutsche = 4,3 %
271	*brigadiers de l'infanterie*	16 Deutsche = 5,9 %
147	*brigadiers de la cavalerie légère*	6 Deutsche = 4,0 %
35	*brigadiers des dragons*	1 *Deutsche* = 2,9 %
	von insgesamt:	
997	Generalen	48 Deutsche = 4,8 %

16 Die nachstehenden Berechnungen beruhen auf der Auswertung des Etat militaire de France für das Jahr 1775 (Paris 1775), dessen Angaben mit denen der voraufgegangenen und nachfolgenden Ausgaben verglichen wurde, sowie einer bisher unbekannt gebliebenen auf den Beständen der Archives de la Guerre, Abt. Archives historiques (sér. x^B) und den ebendort erhaltenen Stamm- und Ranglisten der französischen Fremdenregimenter in der Abt. Archives administratives basierenden namentlichen Aufschlüsselung aller deutschstämmigen Offiziere in französischen Diensten seit dem ausgehenden 17. Jahrhundert. Diese in fünf umfangreichen Bänden überlieferte Zusammenstellung trägt den Titel: Der Beauftragte des Chefs der Heeresarchive beim Militärbefehlshaber in Frankreich. Paris 1942, Deutsche Fremdenregimenter in Frankreich, 2 Bde. Infanterie, 1 Bd. Kavallerie, 1 Bd. Französische Revolution.

17 BODINIER (wie Anm. 10), S. 91–92.

18 Danach betrug die Sollstärke eines Kavallerieregiments 34 Offiziere und 383 Mannschaften, Encyclopédie (wie Anm. 10), S. 560.

19 Bernhard R. KROENER, Militärischer Professionalismus oder soziale Karriere. Der französische Adel in den europäischen Kriegen 1740–1763, in: DERS. (Hg.), Europa im Zeitalter Friedrichs des Großen (wie Anm. 10), S. 99–132, hier S. 102f.

Der Anteil der deutschstämmigen Generale an der Gesamtzahl der französischen Generalität liegt damit deutlich höher als der prozentuale Anteil der deutschen Offiziere an der Gesamtstärke des französischen Offizierkorps. Während unter den *lieutenants-généraux* der Anteil der aus fremden Diensten als Generale übernommenen Offiziere mehr als die Hälfte der deutschen Offiziere dieses Dienstgrades ausmacht, befinden sich in der Gruppe der *maréchaux de camp* nur noch zwei deutsche Offiziere. Dagegen sind unter den *brigadiers* keine aus fremden Diensten unmittelbar übernommenen deutschen Offiziere mehr anzutreffen. Die meisten der übernommenen Generale waren während der Schlesischen Kriege aus sächsischen Diensten in die französische Armee eingetreten. Sie wurden aber in der Regel nach ihrer Übernahme nicht mehr befördert. Dies gilt auch für den nach dem Siebenjährigen Krieg aus hannöverschen Diensten übernommenen Freikorpsgeneral von Luckner, dem erst 1791 der Marschallstab überreicht wurde[20].

Zweifellos hat der überwiegende Teil vor allem der nach 1763 zu Generalen ernannten Offiziere deutscher Herkunft die meiste Zeit seiner militärischen Karriere in der französischen Armee verbracht. So blickte etwa der aus sächsischen Diensten 1740 in die Armee Ludwigs XV. eingetretene Dragonergeneral Graf von Nicolai 1775 auf mehr als 35 Jahre im Dienste des französischen Königs zurück[21]. Im Unterschied zu vielen französischen Offizieren, vor allem aus der *noblesse de cour*, besaßen die Offiziere der französischen Fremdenregimenter offenbar einen höheren Grad an militärischer Professionalisierung. Während ihre französischen Kameraden die militärische Karriere in der Regel als integralen Bestandteil ihrer ererbten adeligen *qualité* betrachteten, empfanden die deutschstämmigen Offiziere, nicht zuletzt unter dem Druck der geforderten Bewährung im fremden Dienst, den Soldatenstand stärker als eine erlernbare Lebensaufgabe[22].

Besaßen die deutschen Offiziere der französischen Armee ein deutlich unterschiedliches Verständnis von Dienst und Ausbildung, so stellt sich unwillkürlich die Frage nach ihrer sozialen Herkunft als einem denkbaren Erklärungsmuster abweichenden Verhaltens:

In der Ranggruppe der Generale waren von 48

Angehörige der *noblesse de cour*	14
Angehörige der *noblesse provinciale*	28
Angehörige der *roture*	6

---

20 Die faszinierende Gestalt des in bürgerlichen Verhältnissen geborenen Bayern, hat bisher noch keine wissenschaftlichen Ansprüchen genügende biographische Würdigung gefunden. Über Luckners Tätigkeit während des Siebenjährigen Krieges, vgl. die ausgezeichnet kommentierte und mit Quellen aus niedersächsischen Archiven ergänzte Edition von Michael HOCHEDLINGER (Hg.), Generallieutenant Johann Nicolaus von Luckner und seine Husaren im Siebenjährigen Kriege, nach einem Manuskript von Gottlieb Theodor Horstmann aus der Mitte des 19. Jahrhunderts (Quellen zur Militärgeschichte 2) – in Vorbereitung.

21 Etat Militaire 1775, S. 85.

22 KROENER, Militärischer Professionalismus (wie Anm. 18), S. 111 ff.

In der Ranggruppe der Obersten und Oberstleutnante waren von 23

Angehörige der *noblesse de cour*   13
Angehörige der *noblesse provinciale*   10*

* darunter sämtliche Oberstleutnante, sowie 5 der 10 mit dem Rang eines Obersten
ausgezeichnete Oberstleutnante und Majore.

Angehörige der *roture*   0

In der Ranggruppe der Majore waren von 28

Angehörige der *noblesse de cour*   6
Angehörige der *noblesse provinciale*   15
Angehörige der *roture*   7*

* ausnahmslos in der Gruppe der *aide-majors/capitaines*.

Vergleichbar den nationalfranzösischen Regimentern nahm auch in den deutschen
Fremdenregimentern die Zahl der Angehörigen des höheren Adels in der Rangskala
von unten nach oben zu. Die Schichtung erhärtet die für die französische Armee am
Vorabend der Revolution festgestellte deutliche Abschottung des höheren Offizierkorps gegenüber Angehörigen der *roture*.

Noch deutlicher wird das soziale Gefälle, wenn wir die Gruppe der Hauptleute
und Leutnante betrachten:

von 88 Infanteriehauptleuten waren

bürgerlich   21 = 24 %
gehörten zur *noblesse provinciale*   49 = 55 %
gehörten zur *noblesse de cour*   18 = 21 %

Von den 14 Hauptleuten der Reiterwaffe waren 5 aus dem niederen Adel, 8
gehörten zum Prädikatsadel und nur einer war bürgerlicher Herkunft.

Bei dem Offizierkorps der Leichten Truppen werden hingegen deutliche Abwei-
chungen erkennbar. Über die Hälfte der Hauptleute (insgesamt 16) war hier bürgerlicher Herkunft (9), während nur 3 über ein der *noblesse de cour* vergleichbares
Adelsprädikat verfügten und 4 zum niederen Adel gerechnet werden müssen.

Unter 143 deutschstämmigen Leutnanten der französischen Fremdenregimenter
entstammten

der *noblesse de cour*   2 =   1 %
der *noblesse provinciale*   37 = 26 %
der *roture*   104 = 73 %

Von den insgesamt 360 deutschstämmigen Offizieren, die 1775 in der französischen
Armee dienten, sind also Angehörige

der *noblesse de cour*   64 = 18 %
der *noblesse provinciale*   148 = 41 %
der *roture*   148 = 41 %

zuzurechnen.

Der Anteil bürgerlicher Offiziere am Subalternoffizierkorps war also in Frankreich deutlich höher als in Preußen und auch in Österreich. Die jungen Offiziere, die sich in der Regel aus bürgerlichen Familien der kleinen rechtsrheinischen Territorien rekrutierten, sahen offenbar nur wenig Chancen ihren sozialen Aufstieg innerhalb der beengten gesellschaftlichen Verhältnisse ihrer Heimat zu bewerkstelligen[23].

Das Avancement als Offizier in fremden Diensten mochte auch die Hoffnung wecken, daß es den Zugang zur Adelsgesellschaft eröffnen werde, zumindest aber besaß der Offizier ein höheres gesellschaftliches Prestige als ein reichsstädtischer Kaufmann, Notar oder Amtsschreiber, aus deren sozialem Umfeld sich ein großer Teil des niederen Offizierkorps der französischen Fremdenregimenter rekrutierte[24]. Damit finden wir in Frankreich wie im Reich im Gefüge der militärischen Eliten vergleichbare soziale Formationen, aber auch ähnliche Abschottungsversuche ihrer adeligen Spitzengruppe.

Andererseits ist festzustellen, daß im Rahmen des militärischen Aufstiegs innerhalb der französischen Armee den Angehörigen vergleichbarer sozialer Gruppen, unbeschadet ob sie nun Deutsche oder Franzosen waren, gleiche Chancen eingeräumt wurden. So betrug das Durchschnittsalter bei der Beförderung zum Offizier bei französischen Soldaten 18.5 Jahre, bei den deutschen Offizieren im französischen Dienst 17.2 Jahre[25]. Die Differenz von einem Jahr und drei Monaten ist auf das in allen deutschen Armeen relativ niedrige Eintrittsalter der Soldaten zurückzuführen. Es wäre einer ergänzenden Studie wert zu untersuchen, ob die Ursache des niedrigeren Lebensalters der im Reich angeworbenen Soldaten möglicherweise nicht auch in beengteren wirtschaftlichen Verhältnissen gesucht werden muß.

Im Unterschied zum Offizierkorps der französischen Nationalregimenter, dessen Angehörige den Dienst häufig nur als einen zeitlich begrenzten Bestandteil ihrer adeligen Lebensplanung betrachteten, war die Fluktuation bei den Subalternoffizieren der deutschen Regimenter weitaus geringer. Das bedeutete, daß Hauptleute durchschnittlich erst nach 14 Dienstjahren zu ihrem Dienstgrad befördert werden konnten. In der Regel war also ein Offizier der Fremdenregimenter 32 Jahre alt, wenn er eine Kompanie übernahm, während sein französischer Kamerad diese Funktion bereits mit 28 Jahren ausfüllte. Längere Stehzeiten in den einzelnen Dienstgraden bewirkten aber auch eine stärkere innere Kohärenz der Regimenter. Eine größere Zahl erfahrener älterer Offiziere vermochte den Korpsgeist innerhalb des Offizierkorps und damit die Standfestigkeit der Truppe im Gefecht erheblich zu fördern. Auf diesen Sachverhalt haben französische Militärtheoretiker und -schriftsteller des 18. Jahrhunderts hingewiesen, wenn sie hervorhoben, daß die Offiziere der Fremdtruppen in ihren Regimentern stürben. Was nichts anderes bedeutet, als daß sie das Regiment als ihre eigentliche Lebenswelt betrachteten[26].

23 Thomas M. Barker, Armed Service and Nobility in the Holy Roman Empire. General Aspects and Habsburg Particulars, in: Armed Forces and Society, 4 (1978), S. 449–500; Ders., Recrutement des officiers dans l'armée habsbourgeoise au XVIIe et au début de XVIIIe siècle, in: Recrutement, Mentalités, Sociétés, Actes du colloque international d'histoire militaire, Montpellier 1975, S. 79–84.

24 Rainer Wohlfeil, Adel und Heerwesen, in: Deutscher Adel 1555–1740, Büdinger Vorträge 1964. (Hellmuth Rössler [Hg.], Schriften zur Problematik deutscher Führungsschichten in der Neuzeit, Bd. 2, Darmstadt 1965, S. 315–343, S. 340).

25 Bodinier (wie Anm. 0), S. 92.

26 Zu den bekanntesten unter ihnen gehört die monumentale Darstellung der Geschichte und Organisation der französischen Armee, die der Jesuitenpater G. Daniel nach dem Tode Ludwigs XIV. verfaßte.

Die Chefstellen der Regimenter waren in der Regel den Angehörigen des höheren Reichsadels vorbehalten. So finden sich unter ihnen Mitglieder der Häuser Nassau-Saarbrücken, Pfalz-Zweibrücken, Nassau-Usingen, Hessen-Darmstadt – um nur einige zu nennen. Die mit der Vergabe der Inhaberstellen der deutschen Fremdenregimenter verbundene Praxis außenpolitischer Einflußnahme der französischen Krone erhellen die unterschiedlichen Entstehungsgeschichten der Verbände und ihre abweichenden Rechtsformen, die uns abschließend beschäftigen sollen.

III. 1780 verfügte die französische Armee über 79 Regimenter französische Infanterie, 11 Regimenter Schweizer, 8 deutsche Fremdenregimenter, 3 Regimenter irischer Fußtruppen und je 1 Regiment Korsen und Italiener. Die Kavallerie bestand zu diesem Zeitpunkt aus 62 Regimentern, darunter drei, die als deutsche Fremdenregimenter angesehen werden können [27].

Innerhalb der deutschen Kontingente lassen sich drei in ihrem Rechtscharakter unterschiedliche Formationsbildungen feststellen:

An erster Stelle stehen die nationalfranzösischen Fremdenregimenter. Auf den ersten Blick scheint dieser Bezeichnung ein Widerspruch innezuwohnen, der einer Erläuterung bedarf. Die in den nordöstlichen Grenzgebieten beheimateten Angehörigen der deutschen Sprach- und Kulturgruppe galten als französische Untertanen, denen es in der Regel streng untersagt war, sich zu den Fremdenregimentern anwerben zu lassen. Da die Rekrutierung der französischen Linientruppen traditionell auf Freiwilligkeit beruhte, diese Rekruten sich aber häufig in der französischen Sprache nicht verständlich machen konnten, suchte die Krone – anders als im 19. Jahrhundert –, durch die Aufstellung von Regimentern unter Führung von Offizieren aus elsässischem, deutsch-lothringischem und reichsständischem Adel und unter bewußter Beibehaltung des Deutschen als Kommandosprache die Attraktivität des militärischen Dienstes zu heben. Auf diese Weise hoffte sie, bei der Bevölkerung dieser Provinzen ein Integrationsbewußtsein zu fördern, ohne sie gleichzeitig gewaltsam zu assimilieren. Eine rigide kulturfremde Rekrutierungspolitik hätte sie zweifellos in fremde Dienste getrieben [28]. In den entsprechenden Maßnahmenkatalog gehörte etwa die Bestellung eines protestantischen Feldpredigers beim mehrheitlich aus Elsässern bestehenden Infanterieregiment *Alsace* [29]. Ähnliche Privilegien besaßen auch die anderen nationalfranzösischen Fremdenregimenter, zu denen 1775 neben dem Regiment *Alsace* auch *Royal-Liègois* und das Reiterregiment *Royal-Lorraine* zählten [30].

Histoire le la Milice Francoise, Et des changemens qui s'y sont faits depuis l'établissement de la Monarchie Francoise dans les Gaules, jusqu'à la fin du Règne de Louis le Grand, 2 Bde. Paris 1724, II, S. 204.

27 Encyclopédie (wie Anm. 10), III, S. 86.

28 FIEFFÉE (wie Anm. 4), I, S. 386–387.

29 Günther MOLZ, Das Regiment Royal-Alsace 1741–1766, in: Neues Trierisches Jahrbuch 1977, S. 69–83.

30 Le général Louis SUSANE, Histoire de l'infanterie française. 5 Bde. Paris 1876, ND Paris 1985. Die einzelnen Regimenter sind nach dem Datum ihrer Errichtung und damit ihrer Rangfolge aufgeführt; DERS., Histoire de la cavalerie française, 3 Bde. Paris 1874. Georg TESSIN, Die Regimenter der europäischen Staaten im Ancien Régime des XVI. bis XVIII. Jahrhunderts, Teil 1, Stammlisten, Osnabrück 1986.

Das Infanterieregiment *Alsace* war bereits 1656 aus den Resten der Truppen Bernhards von Sachsen-Weimar aufgestellt worden. Zu seinem ersten Chef wurde Prinz Wilhelm von Nassau-Saarbrücken ernannt. Seit 1667 befand sich dann die Stelle des Regimentsinhabers über mehr als einhundert Jahre in den Händen der Wittelsbacher Seitenlinie Pfalz-Zweibrücken. 1776 übergab der letzte Inhaber, Maximilian-Joseph, der spätere Kurfürst und König von Bayern, das Kommando an den aus altem straßburgischen Adelsgeschlecht stammenden Baron Christian Ludwig von Wurmser. Am Beispiel der Wurmser, deren bekanntester Vertreter der aus französischen in österreichische Dienste getretene Feldmarschall Graf Dagobert Wurmser gewesen ist, werden die grenzüberschreitenden Beziehungen der Offizierkaste des europäischen Adels erneut deutlich. So wie Wurmser stammten auch die meisten Offiziere des Regiments *Alsace* aus elsässischem oder vorderösterreichischem Adel. Ähnlich verhielt es sich mit dem Reiterregiment *Royal-Lorraine*, dessen Inhaber zwar nicht, wie hier nicht ausgeführt zu werden braucht, aus dem Hause Lothringen stammten, die aber, wie das Beispiel der Familien d'Albert und Bethune-Charost zeigt, traditionell Beziehungen in die nordöstlichen Grenzprovinzen der Monarchie unterhielten. Die französische Krone bediente sich zu diesem Zweck bewußt der Angehörigen grenznah begüterter Adelsfamilien, deren Besitzungen und Beziehungen in die Nachbarstaaten hinüberreichten.

Einem aktuellen Anlaß entsprang hingegen die Übernahme eines Infanterieregiments aus den Diensten des Fürstbischofs von Lüttich. Ein Zusammenhang mit dem Lütticher Aufstand, eine der Wehen, mit denen sich die Große Revolution bereits ankündigte, wird auch darin erkennbar, daß gerade in den unteren Rängen des Regiments *Royal-Liègois* eine ganze Anzahl von Offizieren Aufnahme fand, die dem absterbenden Ancien Régime ablehnend gegenüberstand. Nicht wenige von ihnen tauchten während der Revolution in der *Légion Germanique* wieder auf[31].

Als *deutsche Fremdenregimenter* wurden hingegen die Verbände bezeichnet, in denen überwiegend im Ausland, das heißt in der Regel in den Territorien des Reiches geworbene Soldaten verwendet wurden. In der zweiten Hälfte des 18. Jahrhunderts, als nach Abschluß des Siebenjährigen Krieges der Rekrutenzustrom aus dem Reich verebbte, mußte die Krone schließlich auch die Anwerbung von Elsässern gestatten, deren Anteil in den Regimentern aber 25–30 % nicht überschreiten durfte[32].

Höhere Soldzahlungen, großzügigere Urlaubs- und Abschiedsregelungen machten die Fremdenregimenter aber auch für französische Untertanen attraktiv, so daß die Krone immer wieder entsprechende Verbote erlassen mußte, denen jedoch nur bedingt Erfolg beschieden war[33].

Die eigentliche Bedeutung der deutschen Fremdenregimenter lag aber weniger in ihrem unmittelbaren operativen Wert, als vielmehr in ihrer außenpolitischen Instrumentalisierung. So war bei nahezu allen Regimentern die Chefstelle über Generationen in den Händen reichsfürstlicher Adelsgeschlechter, deren Territorien zumeist innerhalb der unmittelbaren politischen Einflußsphäre Frankreichs lagen. War der jeweilige Landesherr über eine lukrative Titularstelle Frankreich freundschaftlich

---

31 Louis LECONTE, Le régiment Royal-Liègois au service du Roi de France (1787–1792). Moulins 1944.
32 Denkschrift zum Geheimvertrag mit dem Kurfürsten von Bayern, die Ergänzung des Regiments Royal-Bavière betreffend, 1775, IV, Paris, AG, Mémoires Infanterie, Kart. 1722 (XXII).
33 Albert BABEAU, La vie militaire sous l'Ancien Régime, 2 Bde. Paris 1879, Bd. II, les soldats. S. 355.

verbunden, so erleichterte dieser Umstand nicht nur die französische Werbung auf Reichsgebiet, sondern verhinderte gleichzeitig die Werbungen anderer Mächte in diesem Territorium[34].

Mit dem Wechsel der Regimentsinhaber veränderte sich in der Regel auch der Name des Regiments, was die Genealogie der Verbände auf den ersten Blick etwas unübersichtlich erscheinen läßt[35].

Ein anschauliches Beispiel bietet hierbei das Infanterieregiment Anhalt-Koethen, das sich auf das 1670 aufgestellte Infanterieregiment Fürstenberg zurückführte. 1759 war ihm der Name seines neuernannten Chefs, Prinz Friedrich Hermann von Anhalt-Koethen, übertragen worden. Friedrich Hermann war im Jahr der Niederlage von Roßbach in das deutsche Reiterregiment *Royal-Allemand* als *mestre de camp* eingetreten und hatte, 1759 zum *brigadier* befördert, das Regiment übernommen. Von 1783 bis zur Revolution trug es den Namen seines letzten Chefs Fürst Emanuel Heinrich Nicolas von Salm-Salm. An der inneren Struktur dieses Verbandes, wie auch der anderer, lassen sich recht anschaulich die im Offizierkorps bestehenden Patronatsbeziehungen nachweisen, die letztlich die innere Kohärenz der Verbände, die gerade in fremden Diensten von besonderer Bedeutung waren, wesentlich befördert haben[36]. Seit 1720 das Leibregiment Moritz von Sachsens, blieb es bis zum Vorabend der Revolution eine Domäne des sächsischen Adels[37].

Auch das nur zehn Jahre jüngere Infanterieregiment La Marck war noch während der Kriege Ludwigs XIV. mit dem Ziel aufgestellt worden, Rekruten aus dem Reich unter die französischen Fahnen zu werben. Von 1697 bis 1780 blieb die Inhaberstelle in den Händen des rheinischen Grafengeschlechtes La Marck[38].

Ein ähnlich bewegtes Schicksal besaß das Infanterieregiment *Royal-Suédois*, das bereits 1690 unter dem Namen Leisler Infanterie aus holländischen Diensten übernommen worden war. Das Regiment, das unter dem Eindruck des schwedisch-französischen Freundschaftsvertrages den Namen *Royal-Suédois* erhalten hatte, wurde zum Sammelbecken deutscher und skandinavischer Protestanten in französischen Diensten. Vierzig Jahre hielten Angehörige der aus der Mark Brandenburg stammenden europäischen Kriegerdynastie von Sparr die Inhaberstelle besetzt, bis 1781 mit Axel Graf von Fersen wieder ein Schwede Regimentchef wurde, dessen Name mit den Fluchtplänen der königlichen Familie während der Revolution in engster Verbindung steht[39].

34 Vgl. dazu die Zusammenstellung der Regimentschefs bei Susane (wie Anm. 28), jeweils bei den einzelnen Regimentern.
35 Tessin, Die Regimenter (wie Anm. 28), Teil 1, S. 424 ff.
36 Louis Susane, Histoire de l'ancienne infanterie francaise. 8 Bde. Paris 1848–1853, VI, S. 124–140, VIII, S. 199; Ein Verzeichnis der Rang- und Stammlisten findet sich bei: André Corvisier, Les controles de Troupes de l'Ancien Régime, 4 Bde. Paris 1968–1970, II, S. 489–493; Ders., Clientèles et fidélités dans l'armée française aux XVIIe et XVIIIe siècles, in: Hommage à Roland Mousnier, Clientèles et fidélités en Europe à l'époque moderne. Paris 1981, S. 213–236.
37 Deutsche Fremdenregimenter in Frankreich (wie Anm. 15), Infanterie Bd. I, S. 142; Susane (wie Anm. 34), VI, S. 124–140, VIII, S. 199.
38 Deutsche Fremdenregimenter in Frankreich (wie Anm. 15), Infanterie Bd. I, S. 197; Susane (wie Anm. 34), VII, S. 66–79, VIII, S. 211; Michel-Paul Sècheret, La prévoté de deux maréchaux de La Marck (Robert III und IV), in: Pays sédanais 53 (1988), no. 15, S. 21–51.
39 Grouvel, Le Royal-Suédois (wie Anm. 9), S. 46–51; Marcel Pithois, Le général Alexandre de Sparre, in: Bulletin de la société de sciences Historiques et naturelles de l'Yonne, 108 (1976), S. 101–122.

Eine völlig andersartige Herkunft besaß das Regiment *Royal Bavière*, das zu den Resten der bayerischen Armee gehörte, die nach der Schlacht bei Höchstädt mit dem Kurfürsten nach Frankreich geflüchtet und hier in französische Dienste übernommen worden war. Nahezu vierzig Jahre übte auch hier der *chevalier de Bavière*, ein illegitimer Sproß des Kurfürsten Max Emanuel die Inhaberrechte des Regiments aus[40]. Die Versorgung nichtehelicher Nachkommen deutscher Reichsfürsten im französischen Militärdienst, denen im eigenen Territorium die Anerkennung ihrer Standesgenossen häufig nicht zuteil wurde, war weit verbreitet. Der bedeutendste Vertreter dieser Gruppe ist zweifellos Moritz von Sachsen gewesen. Aber auch der spätere Generalleutnant Graf von Hessenstein diente längere Zeit als *colonel réformé* im Regiment *Royal Suédois*[41]. Christian IV. Herzog von Pfalz-Zweibrücken sicherte seinem illegitimen Sohn Christian, *marquis de Deux-Ponts,* Graf von Forbach die Nachfolge in der Inhaberstelle des Regiments *Deux-Ponts*[42].

Die französische Krone erwarb sich durch die Übertragung der Inhaberrechte französischer Fremdenregimenter auf Reichsfürsten nicht nur eine Rekrutierungsbasis in diesen Territorien. Vielmehr diente die Vergabe militärischer Ehrenränge, worauf bereits hingewiesen wurde, auch einer flankierenden Absicherung der französischen Außenpolitik im Reich.

Insofern verwundert es kaum, daß neben sächsischen und bayerischen Offizieren vor allem die Angehörigen der kleineren Territorien entlang des Rheins zu den bevorzugten Adressaten militärischer Gunsterweise der französischen Krone zählten. Neben den Angehörigen von Reichsgrafengeschlechtern, wie etwa den Grafen von Isenburg, gaben sich hier die Fürsten von Nassau-Saarbrücken, Nassau-Usingen, Nassau-Siegen, Pfalz-Birkenfeld, Pfalz-Zweibrücken, Hessen-Darmstadt, Hessen-Rheinfels, Salm-Salm, der Herzog von Croy und Prinzen aus dem Hause Württemberg ein Stelldichein[43].

Über die Landesherren als Titularinhaber der Regimenter ließen sich unschwer Angehörige des landsässigen Niederadels als Offiziere und mit geschickter Werbung auch Rekruten aus der Bevölkerung dieser Gebiete zu den französischen Fahnen werben. Diese Entwicklung wurde durch die Unterbringung der deutschen Regimenter in grenznahen Garnisonen noch bewußt gefördert. So standen 1775 allein drei Regimenter in Straßburg, zwei weitere in Saarlouis, vier in Longwy, Charleville, Hagenau und Neu-Breisach[44].

Wenngleich der Kaiser die Werbungen französischer Fremdenregimenter in den westlichen Territorien des Reiches argwöhnisch beobachten ließ, so erleichterte doch der habsburgisch-französische Ausgleich in der zweiten Hälfte des 18. Jahrhunderts die Ergänzung der deutschen Fremdenregimenter. Die Bindungen an Frankreich und

---

40 Paul Martin, Le Régiment Royal-Hesse-Darmstadt, ci-devant Royal-Bavière au service de la France 1709–1792, in: L'Essor, No. spécial 77, nov.-déc. 1977, S. 13–21; Henri Rebaud, Royal Bavière, in: Soldatenjahrbuch 36 (1988), S. 98–101.

41 Jon Manchip White, Lorbeer und Rosen. Graf Moritz von Sachsen, Maréchal de France. Tübingen 1962; Jea Cabannier, La carrière militaire du maréchal de Saxe, in: Carnet de la Sabretache (1973), no. 19, S. 89–93.

42 Winkler (wie Anm. 4), S. 545.

43 Deutsche Fremdenregimenter (wie Anm. 15), Infanterie, Bd. I–III.

44 Etat Militaire 1775, S. 230–355.

die Herkunft aus verschiedenen Teilen des Reiches und unterschiedlichen sozialen Gruppen wirkten bei Offizieren und Mannschaften der deutschen Fremdenregimenter so stark, daß während der Revolution nur ein Truppenteil geschlossen zum Gegner überging. Hierbei handelt es sich um das Reiterregiment *Royal-Allemand*, das als besonders königstreu galt, und diesem Ruf während der ersten Phase der Revolution auch gerecht werden sollte. In den unruhigen Jahren zwischen 1785 und 1791 stand es unter dem Kommando von Karl Eugen von Lothringen, Prinz von Lambesc[45].

Die französische Krone bediente sich, wie am Beispiel des Reiterregiments *Royal-Lorraine* gezeigt werden konnte, bewußt der Angehörigen grenznah ansässiger Adelsfamilien, deren Besitzungen und Beziehungen in die Nachbarstaaten hinüberreichten. Auf diese Weise spielten sie die Rolle eines wichtigen Integrationsfaktors, wenn es darum ging, Offiziere und Mannschaften aus den Randzonen des Reiches unter die französischen Fahnen zu werben. Ein anschauliches Beispiel für diese Praxis bietet das deutsche Infanterieregiment Bouillon. Sein Inhaber blieb von der Aufstellung bis zum Jahr 1791 Jacques Leopold Charles Godefroy de la Tour d'Auvergne, Prinz von Bouillon[46].

Zu der zweiten Kategorie der deutschen Fremdenregimenter in französischen Diensten zählten 1775 die Regimenter *Royal-Suédois, La Marck, Anhalt-Koethen, Bouillon, Nassau, Hessen-Darmstadt* (das ehemalige *Royal-Bavière*) sowie das Reiterregiment *Royal-Allemand*, das Husarenregiment *Nassau-Sarrebruck* und das Freikorps *Saxe-Volontaires*.

Mit der Definition »Deutsche Fremdenregimenter in französischen Diensten« und »französische Nationalregimenter für die Angehörigen der deutschen Sprach- und Kulturgruppe in Frankreich« lassen sich die beiden wichtigsten strukturellen Unterschiede innerhalb der militärischen Verbände charakterisieren, in denen deutschstämmige Soldaten und Offiziere Dienst leisteten.

Der Vorwurf, den eine nationalgestimmte Historiographie des 19. Jahrhunderts mit dem plakativen Stichwort »Soldatenhandel« zu illustrieren suchte, trifft für die bisher beschriebene Form der Aufstellung, Rekrutierung und des Einsatzes französischer Fremdtruppen nicht zu. Bei ihnen handelte es sich im Gegensatz zur Praxis in Hessen-Kassel oder, wenngleich in wesentlich geringerem Umfang, in Württemberg nicht um die Vermietung landeseigener Truppen in fremde Dienste[47]. Gleichwohl läßt die Aufstellungsgeschichte eines französischen Fremdenregiments auch diese Deutung zu.

Der Subsidienvertrag, den Herzog Christian IV. von Pfalz-Zweibrücken am 30. März 1751 abschloß, sicherte ihm jährliche Zahlungen in Höhe von 100 000 L.t. zu, für die er ein Bataillon Infanterie von 1 000 Mann aufzustellen und bei Bedarf Frankreich zur Verfügung zu stellen hatte. 1756 wurde der Vertrag auf 200 000 L.t. erhöht, ohne daß Zweibrücken bis dahin auch nur einen Mann aufgestellt hatte. Der

---

45 Allgemeine Deutsche Biographie Bd. 17 (1883), S. 557.
46 SUSANE (wie Anm. 34), VII, S. 343–347, VIII, S. 344, No. 1438.
47 Gerhard PAPKE, Von der Miliz zum Stehenden Heer. Wehrwesen im Absolutismus, (Handbuch zur deutschen Militärgeschichte, Bd. 1), München 1979, S. 1–1311, S. 196–199 (mit ausführlichen Literaturangaben zur Vermietungspraxis in den deutschen Mittelstaaten im 18. Jahrhundert). Besonders anschauliche Beispiele in dieser Richtung bieten: Paul H. KUNTZE, Verlorenes Blut. Zweitausend Jahre deutsches Söldnertum. Leipzig 1936; Kurt von BORCKE, Deutsche unter fremden Fahnen. Berlin 1938.

Herzog entschloß sich zu diesem Zeitpunkt, die drohende Kriegsgefahr vor Augen, 2 Bataillone aufzustellen, von denen das eine als Ersatztruppenteil des Stammbataillons angesehen wurde[48].

Die von Frankreich mit der Aufstellung und Unterhaltung von Fremdregimentern intendierte Verknüpfung von Außen- und Militärpolitik wird deutlich, wenn man die Bemühungen verfolgt, mit denen der Zweibrücker Landesherr benachbarte Reichsfürsten zu bewegen suchte, ebenfalls Landeskinder für den Dienst im neugebildeten Regiment zur Verfügung zu stellen. Der Graf von Leiningen regte seinerseits bei Christian IV. an, Frankreich die Berechtigung zur Aufstellung eines eigenen Verbandes zu erwirken. Da die Grafschaft Leiningen-Dürckheim aber nur über 3 000 Einwohner verfügte, wollte man offensichtlich in Paris einem derartigen Projekt nicht zustimmen. Größeren Erfolg verbuchte Zweibrücken bei den Fürsten zu Wied-Neuwied. Die Konvention, die wenig später mit Neuwied zustande kam, läßt erkennen, welchen Einfluß Frankreich den Landesherren bei der Auswahl der zu stellenden Offiziere einzuräumen bereit war[49]. An dieser Stelle bestätigt sich erneut die Bedeutung der clientèle-Beziehungen, die wir auch für andere Truppenteile feststellen konnten. Mit diesem Vorgehen sicherte sich die französische Krone einerseits die innere Kohärenz des Verbandes und band durch das Recht der Stellenvergabe andererseits den Landesherrn an die Interessen Frankreichs. Um die Werbungen auf dem eigenen Territorium nicht zu gefährden, verbot Christian IV. gleichzeitig konkurrierende Werbungen anderer Staaten. Diese Maßnahme betraf vor allem die preußischen Werbekommandos, denen kurzerhand die Pässe entzogen wurden[50]. Dieses Vorgehen macht deutlich, daß Fremdwerbung im 18. Jahrhundert immer auch dazu diente, die Heeresergänzung des Gegners auf dem Territorium von Drittstaaten zu erschweren. Dennoch gestaltete sich die Anwerbung der Mannschaften für das neuaufzustellende Zweibrücker Regiment zu einem Zeitpunkt als alle europäischen Mächte sich fieberhaft auf einen neuen Waffengang vorbereiteten, zunehmend schwieriger. Das Werbegebiet erstreckte sich schließlich vom Bistum Lüttich bis ins Bistum Würzburg. In den großen Reichsstädten, in denen die städtischen Unterschichten das kostengünstigste Rekrutenreservoir stellten, gerieten die Werber des Regiments Zweibrücken schon bald in Konflikt mit ihren Kollegen von den Regimentern La Marck und *Royal-Suédois*, die ihre angestammten Bezirke in Aachen und Köln erfolgreich verteidigen konnten[51].

Bis zum 1. April 1757 trug das Regiment die Bezeichnung *Hochlöbliches Pfalz-Zweibrückisches Regiment*, während es in der Aufstellungsphase nur als das *neue Regiment* bezeichnet worden war. Am 1. April 1757 passierte es in Anwesenheit eines französischen *commissaire des guerres* Revue. Unmittelbar danach wurde es als

48 Ernst DRUMM, Das Regiment Royal Deux Ponts. Deutsches Blut auf fürstlichen Befehl in fremden Dienst und Sold (Schriften zur Zweibrücker Landesgeschichte 1), Zweibrücken 1937, S. 5–7.

49 Ibid. S. 7–8; Rainer Frhr. v. ROSENBORG, Soldatenwerbung und militärisches Durchzugsrecht im Zeitalter des Absolutismus. Eine rechtsgeschichtliche Untersuchung. Jur. Diss. Frankfurt 1973; Frhr. v. STETTEN-BUCHENBACHER, Rekrutenwerbung in Reichsritterschaftlichem Gebiet im 18. Jahrhundert, in: Beihefte zum Militärwochenblatt (1903), S. 451–566.

50 Ernst DRUMM (wie Anm. 46), S. 7.

51 Ibid. S. 15–21; Karl STUMPF, Fremde Werber im Frankenland im 18. Jahrhundert, in: Fränkische Blätter 8 (1925), S. 33–35.

Regiment Royal-Deux Ponts offiziell in französische Dienste übernommen, blieb aber über den Siebenjährigen Krieg hinaus Bestandteil der Streitmacht des Herzogtums Zweibrücken. Nach Kriegsende wurde das Regiment auf einen Friedensfuß von zwei statt der bisher vier Bataillone gesetzt, von denen eines im Wechsel den Hof- und Wachdienst in der Zweibrücker Residenz zu besorgen hatte, während das andere in französischen Garnisonen in Straßburg, Schlettstadt, Hagenau, Mézières und Sedan untergebracht war[52].

Die auswärtige Militärpolitik eines Territoriums als Instrument einer aktiven Reichs- und Außenpolitik läßt sich auch am weiteren Schicksal des Regiments *Royal Deux-Ponts* anschaulich zeigen. Nach dem Tode Christians IV. suchte sein Nachfolger Karl II. Theodor seine Bemühungen um die Nachfolge im Kurfürstentum Bayern durch eine intensive Anlehnung an Frankreich zu fördern. Bereits in seinem ersten Regierungsjahr erfolgte daher eine neue Konvention über den zukünftigen Status des Regiments *Royal-Deux Ponts*. Danach blieb das Regiment nominell Bestandteil der Zweibrücker Wehrverfassung, stand aber weiterhin in französischem Sold. Der Herzog übernahm die Inhaberstelle, während der französische König nach den Bestimmungen für die deutschen Fremdenregimenter den Regimentskommandeur und die Offiziere des Regimentsstabes bestellte. Den Oberstleutnant konnte der Herzog hingegen aus dem Kreise seiner Vertrauten auswählen und in Paris zur Ernennung vorschlagen[53]. Auch das Truppenoffizierkorps des Regiments sollte auf Vorschlag des Herzogs zu drei Vierteln aus deutschen Edelleuten und zu einem Viertel aus französischen Untertanen deutscher Zunge bestehen, die im Elsaß und in Lothringen anzuwerben waren. Vergleichbares galt auch für die Mannschaften. Die pfälzischen Edelleute, die im Regiment ihren Dienst versahen, waren in ihrem Avancement gegenüber den anderen Offizieren der deutschen Fremdenregimenter gleicher Distinktion nicht zu benachteiligen und besaßen das Recht, auch in diese Regimenter überzuwechseln. Wie geschickt die französische Krone dieses Instrument der Stellenbesetzung und Bestätigung zu handhaben wußte, beweisen Herkunft und Lebensläufe der sechs Regimentskommandeure, die *Deux-Ponts* bis zu seiner Umbenennung zum 99. *régiment d'infanterie* 1791 führten:

Baron Karl Christian von Closen von Haydenberg (*1718) war

1742 als Kapitän aus dem aufgelösten churbayerischen Regiment Taxis in das ebenfalls bayerische Dragonerregiment Fugger übergetreten. Nach dessen Reduzierung wechselte er als Oberstleutnant

1747 in das Regiment *Royal Bavière*, in dem er bis

1756 als Oberst stand.

1757 wurde er erster Kommandeur von *Deux-Ponts*.

1758 zum französischen *brigadier* ernannt, wurde Closen

1761 zum *maréchal de camp* befördert und gab sein Kommando an seinen bisherigen Stellvertreter Oberstleutnant von Scheidt ab, der aus einem deutschlothringischen Adelsgeschlecht stammte. Scheidt wurde zum *colonel en second* ernannt, da Closen nominell sein Kommando bis

1772 wahrnahm.

52 DRUMM (wie Anm. 46), S. 37–38; Leonhard WINKLER (wie Anm. 4), S. 545.
53 Ibid. S. 39–40; SUSANE (wie Anm. 34), VII, S. 348–354, VIII, S. 346, Nr. 1442.

1765 war als Nachfolger Scheidts der aus Zweibrücker Familie stammende Jean Daniel de Saint Ingbrecht (*1729) zum *colonel en second* bestellt worden (†1766).

1770 wurde Ludwig Carl Eugen Baron von Bergh Kommandeur des Regiments, dessen Kommando er bereits wenig später

1775 in die Hände des illegitimen Sohnes Christians IV. legte (*1752). Christian marquis von Zweibrücken war indes auf seine militärische Funktion durchaus vorbereitet:

1768 *Sous-lieutenant* im Regiment *Deux-Ponts*

1771 *rang de capitaine*

1772 *lieutenant-colonel en second*

1772 *lieutenant-colonel*

1775 *colonel*

1786 *brigadier*

1788 *maréchal de camp, colonel propriétaire du régiment de Deux-Ponts*

1788 trat Baron Maximilian von Wurmser aus straßburgischem Adel seinen Dienst als Oberst und Kommandeur des Regiments an.

1791 folgte ihm Louis Amable de Prez, der seit der Aufstellung 1757 beim Regiment gestanden hatte und 1780 zum Oberstleutnant befördert worden war nach.

1792 erfolgte mit dem aus holsteinischem Adel stammenden Johann Christoph von Wisch die letzte Ernennung eines Regimentskommandeurs von *Deux-Ponts*. Wisch (*1739), stand seit 1758 als Offizier im Regiment *Deux Ponts*.

Die Aufstellung macht folgendes deutlich: Die französische Krone hielt sich an ihre Zusicherung, dem Regiment nur deutsche Offiziere zuzuteilen. Die Abstimmung mit dem Zweibrücker Landesherrn in der Frage der Bestellung des Regimentsobersten und seines Oberstleutnants erfolgte in der Regel so, daß der langjährige Stellvertreter nach dem Ausscheiden des Kommandeurs vom französischen König ohne weiteres in diese Position berufen wurde. Die Herkunft der führenden Offiziere des Regiments zeigt neben einer auffällig engen Verbindung zur churbaierischen Armee und zu anderen deutschen Fremdenregimentern einen Rekrutierungsraum der militärischen Elite, der neben Bayern vor allem die Territorien am Rhein und im nordöstlichen französischen Grenzgebiet umfaßte[54]. Schließlich wird an diesen Beispielen deutlich, daß entgegen der landläufigen Auffassung die Offiziere der französischen Armeen des ausgehenden Ancien Régime, zumindest nach 1763, durchaus auf eine ranggerechte Ausbildung und Erfahrung zurückblicken konnten.

Auch was das Lebensalter betrifft, waren diese militärischen Führungskader ihren preußischen oder österreichischen Kameraden durchaus ebenbürtig.

Unsere Untersuchung hat gezeigt, daß der von der älteren Forschung pauschal erhobene Vorwurf eines in der Tradition des 17. Jahrhunderts im wesentlichen am Gelderwerb orientierten »Söldnertums« ebenso unzutreffend ist wie der des »Soldatenhandels«.

---

54 Deutsche Fremdenregimenter (wie Anm. 15), Infanterie Bd. III, S. 495–540.

Die Angehörigen der militärischen Elite der deutschen Fremdenregimenter bewiesen in der Kontinuität des Dienens eine Treuebeziehung zum Souverän und ein Berufsverständnis, das profesionellere Züge trug als bei manchem ihrer französischen Kameraden.

So dienten Angehörige verschiedener Adelsgeschlechter bisweilen über Generationen hinweg in französischen Diensten. Häufig finden sich zu einem Zeitpunkt gleich mehrere Angehörige einer Familie in unterschiedlichen Rängen und Regimentern. Gerade bei denen aus niederem Adel stammenden Offizieren waren 20–30 Dienstjahre im Solde Frankreichs keine Seltenheit. Der Rang des Offizieres wurde von ihnen nicht als soziale Durchgangsposition, sondern vielmehr als Lebensaufgabe begriffen.

Eine auf Tradition und Vertrauen gegründete Loyalität gegenüber der Krone läßt sich auch im Verhalten der meisten deutschen Offiziere während der ersten Phase der Revolution ablesen. Während die in die Generalsränge übernommenen Angehörigen des hohen Adels wie ihre französischen Standesgenossen schon früh den Dienst quittierten und Frankreich verließen, blieben viele Niederadelige bis zum Herbst 1792 auf ihrem Posten. Bei den Offizieren bürgerlicher Herkunft läßt sich dagegen eine über den Sturz der Monarchie hinausgehende Bindung an Frankreich erkennen. Die Chance des sozialen Aufstiegs, die ihnen gewährt worden war, meinten viele unter ihnen sich offenbar eher unter dem neuen revolutionären Regime bewahren zu können, als im Dienste eines Herrscherhauses, das ihnen immer mehr als Symbol überlebter politischer und sozialer Traditionen erschien.

Mit dem Dekret der Nationalversammlung vom 21. Juli 1791, das die bisherigen Fremdtruppen ihrer alten Namen entkleidete und in die Armee eines neuen Frankreichs inkorporierte, endete für die deutschen Fremdenregimenter eine mehr als dreihundertjährige Tradition. Nach der Verhaftung des Königs und dem Einmarsch alliierter Armeen nach Frankreich lockerte sich und zerriß schließlich im Herbst 1792 das Band, das die deutschen Regimenter solange mit Frankreich verbunden hatte[55].

Résumé français

Une analyse de type socio-historique de l'élite militaire du XVIIIe siècle de même que plus généralement l'étude de l'histoire militaire de l'époque moderne récente fait encore partie des chapitres mal-aimés de l'historiographie allemande.

Cette constatation vaut tout particulièrement pour l'histoire des régiments étrangers allemands et de leur corps d'officiers. La recherche historique du XIXe et du début du XXe siècle marquée sur de larges périodes par l'opposition franco-allemande ne parvenait pas à rendre pédagogiquement attractif le service sous les drapeaux français. Face au service militaire de tous, présenté comme un service national d'honneur, on donna du mercenariat et du commerce de soldats au XVIIIe siècle une image négative opposée.

En 1780 les officiers et hommes de troupes devant être considérés selon des critères ethniques comme allemands représentaient (sans les Suisses) à peu près 7 % des troupes régulières françaises.

Sur les 11 000 officiers 357 étaient allemands en 1775 (3,1 %). Comme composante de l'élite militaire ils font l'objet de la présente étude.

55 Fieffée (wie Anm. 4), II, S. 506.

Parmi eux se trouvaient en 1775:

Généraux =		48
	(= 4,8 % des généraux franç.)	
dont	noblesse de cour	14
	noblesse provinciale	28
	roture	6
Officiers d'états-major =		51
dont	noblesse de cour	5
	provinciale	39
	roture	7
Capitaines =		115
dont	noblesse de cour	2
	provinciale	84
	roture	29
Lieutenants =		143
dont	noblesse de cour	2
	provinciale	37
	roture	104
Officiers allemands (au total)		357
dont	noblesse de cour	23
	provinciale	188
	roture	146

Carrière et structures hiérarchiques:

Les membres de la haute noblesse ne passaient en règle générale dans les armées françaises qu'au grade supérieur (Général/Colonel). La mobilité sociale à l'intérieur des différents grades était réduite. Les privilèges accordés en France aux troupes étrangères amenaient un groupe étonnamment important comparé à l'Autriche et à la Prusse de non-nobles dans les rangs du corps des officiers subalternes.

Forme juridique des divisions militaires:

1. Regiments national-français, dans lesquels des sujets de Lorraine et d'Alsace devaient trouver accueil (Alsace, Royal-Lorraine, Royal-Liégeois).
2. Régiments étrangers allemands, dans lesquels en première ligne des recrues des territoires de la rive droite et gauche du Rhin devaient être engagés (Royal-Suédois, La Marck, Anhalt, Bouillon, Nassau, Hesse-Darmstadt, Royal-allemand).
3. Régiments loués aux souverains territoriaux allemands. Cas particulier qui ne vaut que pour le régiment Royal Deux-Ponts.

La couronne poursuivait en premier lieu un objectif de politique militaire: Grâce aux régiments de la catégorie 1, le service militaire pour la France devait être rendu plus facile aux volontaires des provinces frontalières du nord-ouest auxquels on offrait une garantie de leurs particularités ethniques et culturelles (officiers issus de la noblesse du pays, l'allemand comme langue de commandement). Avec les troupes de la catégorie 2 le réservoir de recrues dans les territoires d'Empire contigus, très peuplés, devait être »vidé« afin de priver de base les actions de recrutement concurrentes menées par les autres grandes puissances surtout l'Autriche et la Prusse. Le régiment de la catégorie 3 constituait sans aucun doute une exception. D'autre part la politique de nominations aux grades supérieurs de ce régiment comme celle de tous les autres montre les efforts de la France pour s'assurer par une utilisation préférentielle de membres des maisons régnantes à l'avant de sa frontière du nord-est une sphère d'intérêt en politique extérieure (Nassau-Saarbrücken, Palatinat-Deux-Ponts, Nassau-Usingen, Hesse-Darmstadt).

Données sociales:

La nomination au grade d'officier avait lieu dans les régiments allemands plus tôt que dans les régiments français (âge 17,2 contre 18,5 pour 1780).

La nomination au grade de capitaine intervenait en revanche nettement plus tard dans les régiments allemands (âge 31,7 contre 27,8 pour 1780). La cause doit en être la faible fluctuation du personnel dans les régiments allemands où le nombre des officiers accomplissant leur service jusqu'au bout était plus grand que dans les régiments français. Cela signifiait une amélioration nette de la cohésion des troupes. La professionnalisation qui allait de pair de l'élite militaire était plus marquée que dans des troupes françaises comparables.

Résultat:

Notre étude a montré que le reproche global exprimé par la recherche antérieure d'un mercenariat essentiellement tourné vers le profit financier dans la tradition du XVIIe siècle est tout aussi inexact que celui du commerce de soldat.

Les membres de l'élite militaire des régiments étrangers allemands témoignèrent dans la continuité de leur service d'une relation de loyauté au souverain et d'une compétence qui comportait des traits plus professionnels que chez beaucoup de leurs camarades français.

Ainsi des membres de différentes lignées aristocratiques servirent pendant plusieurs générations sous les drapeaux français. Souvent plusieurs membres d'une même famille se trouvent au même moment à des rangs différents dans divers régiments étrangers. Surtout parmi les officiers de la petite noblesse, 30 ans de service à la solde de la France n'étaient pas rares. Le rang d'officier n'était pas compris comme une position de transition sociale mais comme une mission pour la vie.

Une loyauté vis-à-vis de la couronne fondée sur la tradition et la confiance peut se vérifier aussi dans le comportement de la plupart des officiers allemands pendant la première phase de la Révolution. Alors que les membres de la haute noblesse du rang de généraux quittèrent très tôt l'armée comme leurs camarades français, beaucoup de membres de la petite noblesse restèrent jusqu'en 1792 sous les armes. Chez les officiers d'origine bourgeoise en revanche on peut constater une disponibilité à servir qui va au-delà de la chute de la monarchie.

Eckart Birnstiel

LES RÉFUGIÉS HUGUENOTS
EN ALLEMAGNE AU XVIIIᵉ SIÈCLE

Si l'on veut analyser le rôle qu'ont joué les réfugiés huguenots et leurs descendants dans l'Allemagne du XVIIIᵉ siècle, il convient d'abord d'évoquer quelques caractéristiques générales de l'histoire du Refuge[1] dont les débuts remontent bien à l'époque de la Réforme et non à celle de la révocation de l'Édit de Nantes décrétée par Louis XIV en octobre 1685[2].

En effet, ce fut déjà au milieu du XVIᵉ siècle que des protestants français s'établirent en Angleterre[3]. Puis, après les massacres de la Saint-Barthélemy de l'année 1572, plusieurs centaines de rescapés se réfugièrent dans la Confédération helvétique[4] et les provinces calvinistes des Pays-Bas[5], accueillant chez eux leurs coreligionnaires qui devaient quitter la France après la chute de La Rochelle en 1628 et la reprise des persécutions religieuses dans les années 1660. Au début du règne de Louis XIV, des milliers de protestants français avaient trouvé asile à l'étranger, se rassemblant notamment à Londres, à Bâle et à Berne, à Rotterdam et à Amsterdam.

Les pays allemands, ravagés par la guerre de Trente ans, ne s'ouvrirent aux réfugiés huguenots que relativement tard. Ce ne fut qu'en 1672 que l'électeur Frédéric Guillaume de Brandebourg permit aux protestants français séjournant depuis peu dans sa capitale de Berlin d'y fonder leur propre Église dans laquelle ils étaient dorénavant autorisés à célébrer leur culte réformé en langue française et selon la

---

1 Cf. Charles Weiss, Histoire des réfugiés protestants de France depuis la révocation de l'Édit de Nantes jusqu'à nos jours, 2 vol., Paris 1853; Myriam Yardeni, Le refuge protestant, Paris 1985; Michelle Magdelaine, Rudolf von Thadden (éd.), Le Refuge huguenot, Paris 1985 [Édition allemande: Rudolf von Thadden, Michelle Magdelaine (éd.), Die Hugenotten, 1685–1985, Munich 1985]; Ingrid Brandenburg, Klaus Brandenburg, Hugenotten. Geschichte eines Martyriums, Leipzig 1990, p. 101–192.
2 Cf. Janine Garrisson, L'Édit de Nantes et sa révocation. Histoire d'une intolérance, Paris 1985; Élisabeth Labrousse, »Une foi, une loi, un roi?«. Essai sur la révocation de l'Édit de Nantes, Genève, Paris 1985; Jean Quéniart, La Révocation de l'Édit de Nantes. Protestants et catholiques en France de 1598 à 1685, Paris 1985; Roger Zuber, Laurent Theis (éd.), La Révocation de l'Édit de Nantes et le protestantisme français en 1685. Actes du colloque de Paris (15–19 octobre 1985), Paris 1986; Daniel Ligou, Le protestantisme en France de 1598 à 1715, Paris 1968, p. 208–246.
3 Cf. Bernard Cottret, Terre d'exil. L'Angleterre et ses réfugiés français et wallons, de la Réforme à la Révocation de l'Édit de Nantes, 1550–1700, Paris 1985, p. 73–95; Arlette Sancery, De l'exode à l'exil. La communauté huguenote de Londres (1550–1625), dans: Exil, migration et minorités ethniques. Actes du colloque de Paris-Nord (avril 1989), Paris 1990, p. 15–36.
4 Cf. Johann Caspar Mörikofer, Geschichte der evangelischen Flüchtlinge in der Schweiz, Leipzig 1876 [Édition française: Histoire des réfugiés de la Réforme en Suisse, Paris, Neuchâtel 1878].
5 Cf. Hans Bots, René Bastiaanse, Le Refuge huguenot et les Provinces-Unies. Une esquisse sommaire, dans: Magdelaine, Thadden (voir n. 1), p. 63–82.

liturgie et les coutumes qu'ils avaient jusqu'alors observés en France[6]. Ainsi, l'Église française de Berlin, créée le 10 juin 1672, était la première Église fondée par des protestants de France dans le Refuge allemand[7].

Treize ans plus tard, en 1685, le Grand exode des protestants de France, lors duquel environ 200 000 huguenots quittèrent leur patrie[8], atteignit toute l'Europe du Nord et, par conséquent, également les pays allemands. Mais là encore il ne faut pas oublier que l'Allemagne était loin d'être le pays d'exil préféré des fugitifs français. A cette époque, environ 70 000 d'entre eux envahirent les îles Britanniques[9]; à peu près 60 000 se dirigèrent vers les Provinces-Unies des Pays-Bas[10]; la Confédération helvétique facilita jusqu'à la fin du siècle le séjour temporaire d'environ 140 000 réfugiés en en autorisant enfin 22 000 à s'installer durablement dans les cantons évangéliques[11], tandis que tous les pays du Refuge allemand ensemble n'accueillirent qu'à peu près 40 000 huguenots dont la moitié s'établit dans les territoires de Brandebourg-Prusse[12]. Certes, il y avait d'autres pays du Refuge qui reçurent encore moins de huguenots chez eux, tels le Danemark[13], la Suède[14] et la Russie[15] ainsi que

6 Cf. Eckart Birnstiel, Une communauté à la recherche de son Église: les huguenots à Berlin, dans: Magdelaine, Thadden (voir n. 1), p. 127–141.

7 Les Églises réformées de langue française établies dans le Palatinat et à Francfort-sur-le-Main avaient été fondées, au XVIᵉ siècle, par des réfugiés wallons; cf. Michelle Magdelaine, Francfort-sur-le-Main, plaque tournante du Refuge, dans: Magdelaine, Thadden (voir n. 1), p. 31.

8 Il ne s'agit ici que d'une estimation approximative; cf. Labrousse (voir n. 2), p. 208; Yardeni (voir n. 1), p. 11. Ce chiffre correspond à environ 1 % de la population française de l'époque, estimée à 20 millions, et à environ 20 % des protestants réformés et luthériens de France dont le nombre s'éleva, vers 1670, à environ 1 million; cf. Garrisson (voir n. 2), p. 46.

9 Les estimations s'étendent de 40 à 80 mille; cf. Bernard Cottret, Glorieuse Révolution, Révocation honteuse? Protestants français et protestants d'Angleterre, dans: Magdelaine, Thadden (voir n. 1), p. 86; Günther Lottes, England und der Exodus der Hugenotten, dans: Heinz Duchhardt (éd.), Der Exodus der Hugenotten. Die Aufhebung des Edikts von Nantes als europäisches Ereignis, Köln/Wien 1985, p. 70. Quant au Refuge en Irlande et en Écosse cf. Edric Caldicott, Hugh Gough, Jean-Paul Pittion (éd.), The Huguenots and Ireland. Anatomy of an Emigration. Dublin Colloquium on the Huguenot Refuge in Ireland, 1685–1985 (9th–12th April, 1985), Dublin 1987; Arnold Fleming, Huguenot Influence in Scotland, Glasgow 1953.

10 Les estimations s'étendent de 50 à 75 milles; cf. Bots, Bastiaanse (voir n. 5), p. 64.

11 Cf. Rémy Scheurer, Passage, accueil et intégration des réfugiés huguenots en Suisse, dans: Magdelaine, Thadden (voir n. 1), p. 45–62; Id., Recherches actuelles sur le Refuge huguenot en Suisse, dans: Hans Bots, Posthumus Meyjes (éd.), La Révocation de l'Édit de Nantes et les Provinces-Unies, 1685. Colloque international de Leyde du tricentenaire (1–3 avril 1985), Amsterdam, Maarsen 1986, p. 217–224.

12 Cf. Wilhelm Beuleke, Studien zum Refuge in Deutschland und zur Ursprungsheimat seiner Mitglieder, Obersickte 1966 (Geschichtsblätter des Deutschen Hugenottenvereins XVI.3). La répartition des réfugiés à travers l'Allemagne se présente de la manière suivante: Brandebourg-Prusse: 20 000; Hesse-Cassel: 3 800; Rhénanie et région du Main: 3 400; Palatinat et Deux-Ponts: 3 400; Franconie: 3 200; Wurtemberg: 3 000; Basse-Saxe: 1 500; Villes hanséatiques: 1 500; le reste s'établit en Saxe, Mecklenbourg et Thuringe ainsi qu'à Danzig.

13 Cf. Pierre Clément, L'Église réformée française de Copenhague, Paris 1870. Le Danemark accueillit environ 2 000 réfugiés.

14 Cf. Frank Puaux, Histoire de l'établissement des protestants français en Suède, Paris 1892. La Suède accueillit environ 200 réfugiés.

15 Cf. Jürgen Kämmerer, Rußland und die Hugenotten im 18. Jahrhundert (1689–1789), Wiesbaden 1978. A Saint-Pétersbourg et à Moscou s'établirent environ 800 réfugiés.

Gumbinnen
Königsberg
Insterburg
Judtschen
Stolp
Danzig
Schönberg
Kolberg
Lübeck
Bützow
Stade
Altona
Schwerin
Emden
Hamburg
Weser
Elbe
Lüneburg
Strasburg/Uckermark
Bergholz
Pasewalk
Stettin
Stargard
Bremen
Prenzlau
Battin
Gramzow
Potzlow
Vierraden
Celle
Angermünde
Schwedt/Oder
Neustadt Dosse
Rheinsberg
Klein-Ziethen
Minden
Hannover
Stendal
Kagar
Parstein
Gross-Ziethen
Bückeburg
Braunschweig
Oranienburg
Tornow
Hameln
Buchholz
Bernau
Braunsberg
Bielefeld
Neuhaldensleben
Brandenburg
Spandau
Berlin
Müncheberg
Magdeburg
Burg
Kopenick
Frankfurt/Oder
Potsdam
Karlsdorf
Halberstadt
Calbe/Saale
Emmerich
Kleve
Hamm
Lippstadt
Aken
Cottbus
Goch
Rees
Soest
Karlshafen
Xanten
Wesel
Hofgeismar
Gewissenruh
Friedrichsdorf
Gottstreu
Halle/Saale
Duisburg
Kelze
Wolfshagen
Leipzig
Frankenberg
Luisendorf
Kassel
Dresden
Wiesenfeld
Melsungen
Weimar
Saale
Marburg
Hersfeld
Hof Frauenberg
Rhein
Oder
Weichsel
Dornholzhausen
Hildburghausen
Homburg
Friedrichsdorf/Taunus
Naila
Hof
Hanau
Offenbach
Neu-Isenburg
Main
Bayreuth
Neustadt/Aisch
Frankenthal
Münchaurach
Baiersdorf
Zweibrücken
Hoheneck
Erlangen
Mannheim
Wilhelmsdorf
Frauenaurach
Friedrichsfeld
Heidelberg
Annweiler
Schwabach
Reilingen
Elbe
Karlsruhe
Nordhausen
Donau
Ludwigsburg
Pforzheim
Cannstatt
Stuttgart
Badenweiler
Schaffhausen

**COLONIES FRANÇAISES
EN ALLEMAGNE (XVIIIe siècle)**

Carte établie d'après: TOLLIN/LANGHANS (1901), dans: Helmut ERBE,
Die Hugenotten in Deutschland, Essen 1937; - CRONJAEGER (1977),
dans: Rudolf von THADDEN, Michelle MAGDELAINE, Die Hugenotten,
1685-1985, Munich 1985; - STEINHAGEN (1985), dans: Frédéric
HARTWEG, Stefi JERSCH-WENZEL, Die Hugenotten und das Refuge:
Deutschland und Europa, Berlin 1990; - DANNINGER/MANHART (1986),
dans: 300 Jahre Hugenottenstadt Erlangen. Vom Nutzen der Toleranz
(Catalogue d'exposition), Erlangen 1986.

(C) BIRNSTIEL/DAVID, 1991.

0   100   200 km

les colonies anglaises et néerlandaises aux Amériques[16] et au cap de Bonne Espérance[17]. Mais ce qu'il importe ici de souligner, c'est le fait que l'Allemagne ne figurait point à la tête des pays d'exil choisis par les religionnaires fugitifs de France en quête d'une nouvelle patrie. Seulement 20 pour cent d'entre eux s'y établirent de manière définitive.

Ceci s'explique en partie par le fait déjà mentionné que les réfugiés se dirigeant vers l'Angleterre ou la Hollande pouvaient être sûrs d'y retrouver des coreligionnaires français prêts à mettre à leur disposition toutes les facilités requises pour s'intégrer rapidement dans leurs communautés bien établies depuis plus d'un siècle. En Allemagne toutefois, il n'y avait nulle part des structures d'accueil préétablies, à la seule exception du Brandebourg et de sa capitale Berlin. Il n'est donc guère étonnant que les pays des Hohenzollern soient devenus, dès le début de la grande immigration française, le centre incontesté du Refuge huguenot en Allemagne.

Mais ce ne fut pas uniquement grâce à l'existence de la colonie et de l'Église française de Berlin que la plupart des réfugiés, une fois entrés en Allemagne, se décidèrent pour s'installer en Brandebourg-Prusse. Frédéric Guillaume avait promulgué, le 29 octobre 1685, son Édit de Potsdam[18], en vertu duquel les huguenots qui viendraient s'établir dans ses États obtiendraient de vastes privilèges. N'en citons que les plus importants, à savoir des exemptions fiscales et des subventions destinées à faciliter la fondation de manufactures; la transmission héréditaire des maisons et des terres arables; l'admission dans les corporations de métier, dans l'armée et les corps de bourgeoisie et de la noblesse; l'établissement d'une justice particulière et d'un département ministériel responsables de gérer les affaires ecclésiastiques et séculières des Français immigrés; enfin la garantie de la liberté de conscience et de culte et la subvention des églises et écoles que les huguenots viendraient établir[19].

Certes, la plupart des autres souverains protestants d'Allemagne avaient également

16 Cf. Jon BUTLER, The Huguenots in America. A Refugee People in New World Society, Cambridge (Mass.), Londres 1983; Michael HARRISON (éd.), Canada's Huguenot Heritage, 1685–1985. Proceedings of Commemorations held in Canada during 1985 of the Tercentenary of the Revocation of the Edict of Nantes, Toronto 1987. En Amérique du Nord s'établirent environ 2000 réfugiés.

17 Cf. Bernard LUGAN, Huguenots et Français, ils ont fait l'Afrique du Sud, Paris 1988; Jörg FISCH, Die Hugenotten am Kap der Guten Hoffnung, oder: Die ideale Entstehung des weißen Südafrikaners, dans: DUCHHARDT (voir n. 9), p. 89–119. Dans la colonie néerlandaise en Afrique du Sud (cap de Bonne Espérance) s'établirent environ 300 réfugiés; dans la colonie néerlandaise de Surinam (Amérique du Sud) environ 500 réfugiés.

18 Cf. Meta KOHNKE, Das Edikt von Potsdam. Zu seiner Entstehung, Verbreitung und Überlieferung, dans: Jahrbuch für Geschichte des Feudalismus 9 (1985), p. 241–275; ID., Zur Vorgeschichte, Entstehung und Bedeutung des Edikts von Potsdam, dans: Ingrid MITTENZWEI (éd.), Hugenotten in Brandenburg-Preußen, Berlin 1987 (Akademie der Wissenschaften der DDR, Studien zur Geschichte 8), p. 13–26.

19 Cf. Edit de Sa Serenité Electorale contenant les droits, franchises, & privileges accordés aux François de la Religion Reformée qui s'établissent dans ses Estats. Donné a Potsdam le 29. Octobre 1685, dans: Christian Otto MYLIUS (éd.), Recueil des édits, ordonnances, reglements et rescripts, contenant les privileges et les droits attribués aux François refugiés dans les Etats du Roy de Prusse …, Berlin 1750 (Corpus Constitutionum Marchicarum VI, annexe), p. 43–48; des éditions bilingues de l'Édit de Potsdam se trouvent dans: Eduard MURET, Geschichte der Französischen Kolonie in Brandenburg-Preußen, unter besonderer Berücksichtigung der Berliner Gemeinde …, Berlin 1885, p. 301–306; Ernst MENGIN, Das Recht der französisch-reformierten Kirche in Preußen. Urkundliche Denkschrift, Berlin 1929, p. 186–196.

publié des édits d'accueil et des lettres de privilèges, en premier lieu le landgrave de Hesse-Cassel, le margrave de Brandebourg-Bareith, les ducs de Brunswick-Lunebourg et de Wurtemberg ainsi que les bourgmestres des Villes hanséatiques qui, eux aussi, ne tardèrent pas à offrir aux huguenots des privilèges d'établissement[20]. Pourtant, ces privilèges n'égalaient en aucune manière ceux de l'Édit de Potsdam qui restait indéniablement l'édit le plus favorable aux réfugiés français et réussit par conséquent à en attirer la majorité dans les pays des Hohenzollern.

La prépondérance du Brandebourg-Prusse par rapport aux autres pays d'accueil allemands fut encore affermie lorsque la dernière vague d'émigration huguenote, qui se situait à l'époque de la guerre de Succession d'Espagne, atteignit l'Allemage. En 1704 et puis en 1710, plusieurs milliers de réfugiés français, dont la majorité était originaire de la principauté d'Orange et des Cévennes, parcoururent toute l'Allemagne pour enfin se joindre à leurs coreligionnaires vivant à Berlin et dans les pays brandebourgeois. De plus, il y avait une forte migration huguenote à l'intérieur du Refuge allemand qui opérait presque exclusivement en faveur des territoires des Hohenzollern. On constate alors qu'à partir des années 1740, la présence des huguenots n'était, dans les États secondaires allemands, qu'un phénomène du genre plutôt folklorique, tandis que dans la Prusse de Frédéric II, les colonies françaises étaient à l'apogée de leur rayonnement.

Il paraît donc licite d'axer l'analyse du rôle qu'ont joué les huguenots dans l'Allemagne du XVIIIe siècle plutôt sur le Refuge en Brandebourg-Prusse[21], en n'évoquant les Refuges dans les États secondaires[22] qu'à titre de comparaison.

20 Cf. Jürgen WEITZEL, Landesherrliche Administrationsmaßnahmen zur Eingliederung hugenottischer Flüchtlinge, dans: DUCHHARDT (voir n. 9), p. 127–130.
21 Cf. Charles ANCILLON, Histoire de l'Établissement des François Refugiez dans les États de Son Altesse Electorale de Brandebourg, Berlin 1690 [Édition allemande: Geschichte der Niederlassung der Réfugiés in den Staaten Seiner Kurfürstlichen Hoheit von Brandenburg, Berlin 1939 (Geschichtsblätter des Deutschen Hugenottenvereins XV.8)]; Jean Pierre ERMAN, Pierre Chrétien Frédéric RECLAM, Mémoires pour servir à l'histoire des Réfugiés François dans les États du Roi, 9 vol., Berlin 1782–1799; C. REYER, Geschichte der französischen Kolonie in Preußen, Berlin 1852 [Édition française: Histoire de la colonie française en Prusse, Paris 1855]; Max BEHEIM-SCHWARZBACH, Hohenzollernsche Colonisationen. Ein Beitrag zu der Geschichte des preußischen Staates und der Colonisation des östlichen Deutschlands, Leipzig 1874; MURET (voir n. 19); Henri TOLLIN, Geschichte der Französischen Colonie von Magdeburg, 6 vol., Halle, Magdeburg 1886–1894; Werner GRIESHAMMER, Studien zur Geschichte der Réfugiés in Brandenburg-Preußen bis 1713, Berlin 1935; Karl MANOURY, Die Geschichte der Französischen Kirche zu Berlin, Hugenottenkirche (1672–1955), Berlin 1955; Irene TRITT, Der kulturgeographische Einfluß der Glaubensvertriebenen in Berlin, Berlin 1966 (thèse); Hans-Jürgen ZASTROW, Die Rechtslage der reformierten Gemeinden in Berlin-Brandenburg, Freiburg 1966 (thèse); Gerhard FISCHER, Die Hugenotten in Berlin, Berlin 1985 (Hefte aus Burgscheidungen 229/230); Das Edikt von Potsdam, 1685. Die französische Einwanderung in Brandenburg-Preußen und ihre Auswirkungen auf Kunst, Kultur und Wissenschaft, Potsdam 1985 (catalogue d'exposition); Horsta KRUM, Preußens Adoptivkinder. Die Hugenotten. 300 Jahre Edikt von Potsdam, Berlin 1985; Conrad GRAU, Berlin, Französische Straße. Auf den Spuren der Hugenotten, Berlin 1987; Manfred STOLPE, Friedrich WINTER (éd.), Wege und Grenzen der Toleranz. Edikt von Potsdam, 1685–1985, Berlin 1987; MITTENZWEI (voir n. 18); Sibylle BADSTÜBNER-GRÖGER et al., Hugenotten in Berlin, Berlin 1988; Eckart BIRNSTIEL, Andreas REINKE, Hugenotten in Berlin, dans: Stefi JERSCH-WENZEL, Barbara JOHN (éd.), Von Zuwanderern zu Einheimischen. Hugenotten, Juden, Böhmen, Polen in Berlin, Berlin 1990, p. 13–152.
22 Cf. Wilhelm Johann Christian Gustav CASPARSON, Kurze Geschichte sämmtlicher Hessen-Casselischer französischen Colonien vom Jahre 1685 bis auf die diesjährige Jubelfeyer ..., Cassel 1785;

En ce qui concerne l'établissement économique des réfugiés en Brandebourg-Prusse[23], l'électeur Frédéric Guillaume prit soin de le faciliter par toute une série de privilèges particuliers. Ainsi l'article 8 de l'Édit de Potsdam stipule:

Tous ceux qui voudront entreprendre quelque Manufacture & fabrique soit de draps, etoffes, chapeaux, ou de telle autre sorte de marchandises qu'il leur plaira, ne seront pas seulement pourveus de tous les privileges, octroys & franchises qu'ils pourront souhaiter; mais Nous ferons encore en sorte qu'ils soient aidés d'argent, & de telles autres provisions & fournitures qu'il sera jugé necessaire pour faire reussir leur dessein[24].

La raison en est évidente. Les pays de l'électeur ne s'étaient pas encore entièrement remis des ravages de la guerre de Trente ans. A l'époque de l'immigration huguenote, il y avait partout des villes et villages toujours ruinés et désertés, des terres retombées en friche, des centres de commerce, jadis florissants, dévastés et des lieux de production industrielle abandonnés. De plus, ce qu'il y restait comme production

---

August EBRARD, Christian Ernst von Brandenburg-Baireuth. Die Aufnahme reformirter Flüchtlinge in ein lutherisches Land, 1686–1712, Gütersloh 1885; Paul GRUNDMANN, Französische Flüchtlinge in Lübeck. Réfugiés und Émigrés, Schönberg 1920; Martin PREETZ, Die deutschen Hugenotten-Kolonien. Ein Experiment des Merkantilismus, Jena 1930 (thèse); H. BLUM, Die Einwanderung der französischen Reformierten in Hessen und ihre Aufnahme durch den Landgrafen Carl, Melsungen 1936; Helmut ERBE, Die Hugenotten in Deutschland, Essen 1937; Lydia BARTH, Die Eindeutschung der Erlanger Hugenotten, Erlangen 1945; Karl HINTERMEIER, Selbstverwaltungsaufgaben und Rechtsstellung der Franzosen im Rahmen der Erlanger Hugenotten-Kolonisation von 1686 bis 1708, Erlangen 1948 (thèse); Hans STUBENVOLL, Deutsche Hugenottenstädte. Ein Beitrag zur Geschichte des deutschen Städtebaus im 16. und 17. Jahrhundert, Francfort-sur-le-Main 1952 (thèse); Wilhelm BEULEKE, Die Hugenotten in Niedersachsen, Hildesheim 1960; Lothar ZÖGNER, Hugenottendörfer in Nordhessen. Planung, Aufbau und Entwicklung von siebzehn französischen Emigrantenkolonien, Marburg 1966; Maria-Carla MILLÉQUANT, Das Französische in einigen hessischen Hugenottenkolonien in sprach- und kulturhistorischer Sicht, Francfort-sur-le-Main 1969 (thèse); Jochen DESEL, Walter MOGK (éd.), Hugenotten und Waldenser in Hessen-Kassel, Cassel 1978; Franz-Anton KADELL, Die Hugenotten in Hessen-Kassel, Darmstadt, Marbourg 1980; Émigrés français en Allemagne, émigrés allemands en France, 1685–1945, Paris 1983 (catalogue d'exposition), p. 10–41; Helmut BURMEISTER (éd.), Auf Einladung des Landgrafen. Beiträge zur Geschichte der Hugenotten und Waldenser in Nordhessen, Cassel 1985; 300 Jahre Hugenotten in Hessen. Herkunft und Flucht, Aufnahme und Assimilation, Wirkung und Ausstrahlung, Cassel 1985 (catalogue d'exposition); Carlsdorf, 1686–1986. Festschrift zur 300-Jahr-Feier der ältesten Hugenottensiedlung in Hessen, Hofgeismar 1986; 300 Jahre Hugenottenstadt Erlangen. Vom Nutzen der Toleranz, Erlangen 1986 (catalogue d'exposition); Thomas KLINGEBIEL, Weserfranzosen. Studien zur Geschichte der Hugenottengemeinschaft in Hameln, 1690–1757, Göttingen 1988 (thèse).

23 Cf. les études de Stefi JERSCH-WENZEL, Juden und »Franzosen« in der Wirtschaft des Raumes Berlin/Brandenburg zur Zeit des Merkantilismus, Berlin 1978 (Einzelveröffentlichungen der Historischen Kommission zu Berlin 23); La place des réfugiés dans le développement économique allemand, dans: Le Refuge huguenot en Allemagne. Table ronde au C.N.R.S., Institut d'Histoire moderne et contemporaine (23–24 mars 1981), Paris 1981, p. 37–42; De l'importance des huguenots dans l'économie: l'exemple de Magdebourg, dans: MAGDELAINE, THADDEN (voir n. 1), p. 177–189; Toleranz und Ökonomie im 18. Jahrhundert, dans: Frédéric HARTWEG, Stefi JERSCH-WENZEL (éd.), Die Hugenotten und das Refuge: Deutschland und Europa. Beiträge zu einer Tagung, Berlin 1990 (Einzelveröffentlichungen der Historischen Kommission zu Berlin 74), p. 147–157; Ingrid MITTENZWEI, Die Hugenotten in der gewerblichen Wirtschaft Brandenburg-Preußens, dans: MITTENZWEI (voir n. 18), p. 112–168; les études de Jürgen WILKE,. Der Einfluß der Hugenotten auf Wirtschaft, Wissenschaft und Kultur, dans: STOLPE, WINTER (voir n. 21), p. 36–50; Der Einfluß der Hugenotten auf die gewerbliche Entwicklung, dans: BADSTÜBNER-GRÖGER (voir n. 21), p. 227–280.

24 Cit. d'après MYLIUS (voir n. 19), p. 45.

agricole, notamment le blé et la laine, fut en grande partie exporté afin d'en compenser l'importation de produits manufacturés, avant tout des textiles et des produits sidérurgiques. En octroyant aux réfugiés des privilèges d'établissement extrêmement favorables, Frédéric Guillaume ne cherchait alors pas seulement à repeupler ses territoires, mais encore à redresser l'économie brandebourgeoise, à la rendre indépendante des importations coûteuses de produits finis et même à créer, dans la suite, de nouveaux secteurs-clés de production industrielle aptes à fournir des marchandises d'exportation qui seraient capables de soutenir la concurrence de celles que la France et l'Angleterre offrirent aux débouchés européens.

Ce projet ambitieux ne put toutefois pas être réalisé dans toute son envergure, parce que les effets réels des activités économiques des huguenots ne correspondirent guère aux espérances démesurées des Hohenzollern. Pour atteindre l'objectif envisagé, le Grand Électeur et ses successeurs, les rois de Prusse, auraient dû leur laisser l'entière liberté de s'engager dans des secteurs de leur propre choix, au lieu de les obliger, comme ils l'ont effectivement fait, à répondre principalement aux exigences d'une économie fort planifiée. En fin de compte, les activités des huguenots n'engendrèrent point le redressement économique escompté. En tant que minorité privilégiée, les réfugiés et leurs descendants devenaient en quelque sorte les otages d'une politique mercantiliste orthodoxe qui réglementait leurs initiatives en leur imposant les branches de production à développer. Ainsi, la politique dirigiste de la cour berlinoise produisit le contraire de ce qu'elle avait cherché à provoquer. Au lieu d'ouvrir de nouveaux marchés de commerce international et de consommation générale, les Hohenzollern se mirent sur le dos des entreprises huguenotes réclamant des subventions de plus en plus étendues sans pour autant réussir à déclencher, de leur propre force, l'essor économique du pays.

Tout cela ne veut toutefois pas dire que l'engagement économique des huguenots restait sans aucun effet utile. L'essentiel de leur apport dans ce domaine est sans doute d'avoir contribué au perfectionnement et à l'amélioration des procédés de fabrication ainsi qu'à la diffusion de nouvelles technologies de production, telles que la préparation des ouates hydrophiles et chirurgicales, le raffinage du sucre de betteraves ou bien la trempe de l'acier. De plus, ils étaient parmi les premiers à mettre au point et à développer les formes de travail en manufacture, en y introduisant des outillages jusqu'alors inconnus, comme par exemple le métier à tisser les bas, le moulin à papier fin ou celui à polir les glaces. On peut également leur attribuer le perfectionnement de l'organisation de travail au sein des entreprises, notamment en ce qui concerne la comptabilité et la répartition plus efficace des réseaux de gestion.

Le mérite principal des artisans, manufacturiers et marchands huguenots était alors d'avoir influencé, en Brandebourg-Prusse, l'avenir de l'organisation du travail industriel, en dépassant les méthodes traditionnelles de production liées au régime corporatif. Ainsi ils devenaient les précurseurs de la bourgeoisie manufacturière de Prusse qui, quant à elle, ne connut son avènement qu'à l'époque de la Révolution industrielle[25].

---

25 Sur ce point cf. notamment Mittenzwei (voir n. 23), p. 158–159.

Ce fut donc sur le plan industriel que les activités des huguenots engendrèrent une certaine modernisation[26]. Ceci n'est guère étonnant, étant donné qu'en Brandebourg-Prusse à peu près 90 pour cent des huguenots étaient enracinés dans l'espace économique urbain et que leur engagement dans le secteur agricole n'y jouait alors qu'un rôle secondaire[27]. La même situation se présente d'ailleurs dans les Villes hanséatiques, certes, mais également en Basse-Saxe[28]. En Wurtemberg, en Franconie et en Hesse-Cassel cependant, les descendants des réfugiés constituaient plutôt, dès le premier tiers du XVIIIᵉ siècle, des colonies rurales[29], du fait que la plupart des marchands et manufacturiers, des commerçants et artisans qualifiés s'étaient, au fil des années, évadés en Prusse afin d'y jouir de conditions de vie et de travail beaucoup plus avantageuses que celles qu'ils avaient trouvés lors de leur arrivée dans le pays d'accueil primitivement choisi. Les agriculteurs huguenots par contre restaient en général sur les terres que leurs ancêtres, les réfugiés, avaient défrichées avec bien des efforts[30].

Cette migration huguenote à l'intérieur de l'Allemagne, qui s'accomplit vers le milieu du XVIIIᵉ siècle, provoquait un certain décalage entre les Refuges dans les différents États secondaires et le Refuge prussien. Tandis que ce dernier se concentrait davantage dans Berlin et les autres grandes villes du pays, telles que Magdebourg, Halle, Francfort-sur-l'Oder ou Königsberg en Prusse, les centres du Refuge dans le reste de l'Allemagne se situaient pour la plupart dans la campagne. On constate alors une divergence croissante en ce qui concerne le caractère socio-économique des colonies françaises du Refuge allemand qui se partageaient dès lors en des colonies largement urbanisées, comme celles établies à travers les territoires prussiens, et des colonies plutôt rurales que l'on retrouve de préférence dans le duché de Wurtemberg et le landgraviat de Hesse-Cassel. C'est la raison principale pour laquelle le développement économique des États secondaires allemands ne pouvait guère être soutenu par les huguenots, étant donné que ceux-ci n'y menaient pour la plupart qu'une économie de subsistance destinée à subvenir à leurs propres besoins[31].

---

26 Cf. Yardeni (voir n. 1), p. 177–183.

27 Cf. Eckart Birnstiel, Evelyne Leprêtre, Die Hugenotten aus dem Dauphiné und ihre Niederlassungen in Brandenburg-Preußen um 1700, dans: Jahrbuch für brandenburgische Landesgeschichte 37 (1986), p. 67–68 (tableau 2); de 14 128 réfugiés recensés à la fin de l'année 1699 en Brandebourg-Prusse, seulement 1 471 (= 10,4 %) vivaient dans les colonies rurales situées dans les bailliages de Löcknitz (11 villages français), Gramzow (4), Chorin (3) et Kagar (7) dans l'Uckermark au nord de Berlin; la plupart d'entre eux y travaillaient comme cultivateurs de légumes et de tabac; cf. également Wilhelm Beuleke, Die Südfranzosen in den uckermärkischen Hugenottenkolonien Prenzlau, Potzlow und Strasburg, Sickte 1980 (Geschichtsblätter des Deutschen Hugenottenvereins XVIII.7); Klaus Vetter, Die Hugenotten im System der ostelbischen Gutswirtschaft in der Mark Brandenburg, dans: Duchhardt (voir n. 9), p. 145.

28 Cf. Thomas Klingebiel, Aspekte zur Ansiedlung von Hugenotten in den norddeutschen Territorien, dans: Hartweg, Jersch-Wenzel (voir n. 23), p. 69.

29 Cf. Catherine Yon, Le Refuge à la campagne, l'exemple de la Hesse, dans: Magdelaine, Thadden (voir n. 1), p. 143–157.

30 Cf. Kadell (voir n. 22), p. 457–542, 588–589.

31 Quant aux réfugiés établis dans les Villes hanséatiques (Brême, Hambourg, Lubeck) et dans les résidences des États secondaires (Cassel, Erlangen, Ludwigsburg, Deux-Ponts), leur nombre était trop petit pour qu'ils pussent y exercer une quelconque influence sur le plan économique.

En ce qui concerne le rôle qu'ont joué les Églises françaises dans le Refuge allemand[32], il faut d'abord revenir sur le fait que la première fut fondée à Berlin plus d'une décennie avant la promulgation de l'Édit de Potsdam[33]. En matière de religion, celui-ci ne contient qu'un seul article:

> *Nous entretiendrons un Ministre* [= un pasteur] *dans chaque Ville & ferons assigner un lieu propre pour y faire l'exercice de la Religion en françois selon les coutumes, & avec les memes ceremonies que se sont pratiquées jusques à present parmi eux en France*[34].

Dans le Refuge, les Églises françaises réformées furent établies par le souverain lui-même et non, comme il était nettement stipulé dans la »Discipline ecclésiastique des Églises réformées de France«[35], par la communauté des fidèles[36]. C'étaient alors les électeurs de Brandebourg et puis les rois de Prusse qui, en tant qu'évêques suprêmes des toutes les communautés religieuses de leurs pays, se réservaient la législation et la juridiction ecclésiastique supérieure ainsi que le règlement des questions de religion et de foi. En outre, ils désignèrent les juges des tribunaux ecclésiastiques et instituèrent les pasteurs proposés par les consistoires locaux. Les Hohenzollern exerçaient dès lors le pouvoir absolu non seulement sur le plan politique, mais aussi dans le domaine de la vie spirituelle et ecclésiastique de leurs peuples, qu'il s'agît des luthériens et des réformés allemands ou bien des calvinistes français.

On constate donc une forte dissemblance entre la constitution des Églises du Refuge et celle des Églises réformées supprimées en France sous le règne de Louis XIV. Tandis que ces dernières jouissaient, jusqu'au milieu du XVIIᵉ siècle, d'une autonomie quasi-absolue par rapport aux pouvoirs étatiques, en disposant de leurs propres institutions d'administration ecclésiastique telles que les colloques, les synodes provinciaux et le synode national, les Églises du Refuge furent immédiatement soumises à l'autorité de l'État. Une fois arrivés en Brandebourg-Prusse, mais ceci est également valable en ce qui concerne les autres pays du Refuge allemand, les huguenots furent alors privés, d'un simple trait de plume, du régime presbytéro-synodal qu'ils avaient observé en France dès le milieu du XVIᵉ siècle. Pourtant, loin de s'opposer à ce nouveau régime ecclésiastique si contraire à l'esprit des doctrines calvinistes, ils s'accomodèrent, au bout d'une brève période de perplexité, de leur nouvelle situation.

---

32 Cf. Rudolf von THADDEN, L'accueil des Réfugiés et leur intégration dans les communautés allemandes, dans: Le Refuge huguenot en Allemagne (voir n. 23), p. 27–31; ID. Die Hugenotten: eine innovatorische Schubkraft in der Geschichte Brandenburg-Preußens? Ein Diskussionsbeitrag, dans: MITTENZWEI (voir n. 18), p. 101–102; Thomas KLINGEBIEL, L'Allemagne du Refuge, tensions confessionnelles et Réforme religieuse, dans: MAGDELAINE, THADDEN (voir n. 1), p. 97–109.

33 Cf. BIRNSTIEL (voir n. 6); Margarete WELGE, Die Französische Kirche zu Berlin, dans: BADSTÜBNER-GRÖGER (voir n. 21), p. 88–133.

34 Artricle 11, cit. d'après MYLIUS (voir n. 19), p. 46.

35 Cf. Michael BEINTKER, Konsequenzen der »Discipline Ecclésiastique« für Kirchenverfassung und Gemeindeordnung in Brandenburg-Preußen?, dans: STOLPE, WINTER (voir n. 21), p. 51–68. Des éditions en langue française et allemande de la »Discipline ecclésiastique« se trouvent dans: MYLIUS (voir n. 19), appendice, p. 1–56; MURET (voir n. 19), p. 296–301; MENGIN (voir n. 19), p. 64–185.

36 Article III.1 de la »Discipline ecclésiastique« stipule: *Dans les lieux où l'ordre de la Discipline c'est pas encore établi, les Elections tant des Anciens que des Diacres se feront par les voix communes du peuple avec les Pasteurs …*, cit. d'après MYLIUS (voir n. 19), appendice, p. 13. La »Discipline ecclésiastique« ne fut reconnue en Brandebourg-Prusse qu'en décembre 1689; cf. BIRNSTIEL (voir n. 6), p. 138–139.

Pour mieux comprendre ce phénomène, il ne faut pas oublier que les protestants de France étaient, à la différence de leurs coreligionnaires allemands, en quelque sorte prédisposés à se soumettre aux autorités politiques. Dès l'époque de Louis XIII, leurs porte-paroles, les prédicateurs et les théologiens ainsi que les professeurs des académies protestantes[37], s'étaient en effet appliqués à souligner leur parfaite soumission aux pouvoirs séculiers afin de ne pas compromettre le statut privilégié mais toujours délicat des communautés réformées en France[38]. Cette attitude de ne jamais s'opposer ouvertement à la volonté suprême du souverain est également caractéristique en ce qui concerne les protestants français arrivés à l'étranger. On y constate une mentalité de soumission aux autorités et de conformisme politique qui, sans aucun doute, contribuait à faciliter leur attachement au prince, d'autant plus que leur avenir dépendait en premier lieu de sa bonne volonté[39]. Déshérités par Louis XIV, leur roi vénéré, les réfugiés cherchaient et trouvaient dans la personne du Grand Électeur un nouveau père et devenaient, au fil des générations, les enfants adoptifs des Hohenzollern, puis des patriotes prussiens[40] et enfin, pour citer la célèbre sentence de Bismarck, les meilleurs des Allemands[41].

Dans ce processus d'assimilation, les Églises du Refuge assumaient un rôle primordial. Elles étaient les premiers centres d'accueil pour les fugitifs de France qui, écartés de leur patrie, de leur civilisation et bien souvent de leurs familles, étaient en quelque sorte déracinés et à la recherche des nouveaux liens sociaux qui leur aideraient à survivre dans un milieu inaccoutumé, entourés par des gens dont la langue, les habitudes et les mœurs leur étaient inconnus, incompréhensibles et parfois extrêmement hostiles. Au sein des Églises françaises, les réfugiés retrouvaient non seulement un réconfort sprituel, mais aussi une multitude de services sociaux appropriés à leurs besoins immédiats. Ainsi ils disposaient à Berlin des services de recherche familiale, des bureaux de traduction, des conseils juridiques, des allocations d'entretien, puis des hôpitaux, des maisons de retraite, des orphelinats et des écoles constituant tous ensemble un microcosme français qui leur facilitait l'acclimatement dans un milieu social qui leur était profondément étrange.

Le caractère des Églises du Refuge était donc complètement différent de celui des Églises que les huguenots avaient laissées derrière eux en France. Dans le Refuge, leurs Église n'étaient pas seulement les centres spirituels des fidèles, mais encore les centres de la vie sociale des Français expatriés. De cette manière, elles pouvaient assumer le rôle d'une instance première de socialisation – ou bien de resocialisation – des réfugiés qui, sous leur influence, se transformaient en un groupe homogène dont les convictions politiques étaient essentiellement déterminées, en Brandebourg-

---

37 Cf. Hartmut KRETZER, Calvinismus und französische Monarchie im 17. Jahrhundert. Die politische Lehre der Akademien Sedan und Saumur, mit besonderer Berücksichtigung von Pierre Du Moulin, Moyse Amyraut und Pierre Jurieu, Berlin 1975 (Historische Forschungen 8).

38 Cette thèse a été récemment nuancée par Klaus MALETTKE, Hugenotten und monarchischer Absolutismus in Frankreich, dans: Francia 15 (1987), p. 299–319.

39 Cf. Eckart BIRNSTIEL, Zum Beispiel Mirmand. Identität und Mentalität im Refuge, dans: Lendemains 38–39 (1985), p. 59–68; Eckart BIRNSTIEL, »Dieu protège nos souverains«. Zur Gruppenidentität der Hugenotten in Brandenburg-Preußen, dans: HARTWEG, JERSCH-WENZEL (voir n. 23), p. 107–128.

40 Cf. Rudolf von THADDEN, Du réfugié pour sa foi au patriote prussien, dans: MAGDELAINE, THADDEN (voir n. 1), p. 213–227.

41 Cf. Étienne FRANÇOIS, Du patriote prussien au meilleur des Allemands, dans: Ibid., p. 299–244.

Prusse, par leur élite royaliste et borussophile qui, dès le début du Refuge, s'était attaché à la maison des Hohenzollern. On constate donc une interdépendance étroite entre la vie ecclésiastique et la vie politique au sein des colonies françaises du Refuge[42].

Les Hohenzollern, quant à eux, avaient certes un vif intérêt à s'assurer de l'attachement de leurs nouveaux sujets venus de France. En leur accordant des privilèges beaucoup plus étendus que ceux dont jouissaient leurs sujets indigènes, ils cherchaient sciemment à profiter du dévouement que les huguenots leur témoignaient, à savoir que ce groupe était le seul qui était apte à les aider à surmonter, en tant que clientèle immédiate de la dynastie régnante, les tendances particularistes et les conflits d'ordres secouant l'État prussien dès la fin de la guerre de Trente ans[43].

Cet État, et il faut bien s'en rendre compte afin de mieux comprendre les effets socio-politiques de l'établissement des huguenots en Brandebourg-Prusse, n'était, à la veille de l'immigration française, qu'un État territorial qui se composait d'une multitude de duchés, principautés, comtés, margraviats, burgraviats et seigneuries dispersés à travers toute l'Allemagne septentrionale, de la Prusse orientale jusqu'au Bas-Rhin. Le seul élément que ces différents pays avaient en commun était alors le fait d'être soumis au pouvoir souverain des Hohenzollern qui, pour leur part, avaient assez de difficultés de se faire valoir face à l'obstruction politique des pouvoirs régionaux. Dans cette situation délicate, l'immigration d'une vingtaine de milliers de huguenots devait leur paraître comme un don du ciel, étant donné que ceux-ci n'étaient, comme Rudolf von Thadden l'a très bien démontré[44], ni des Brandebourgeois, ni des Poméraniens, des Westphaliens ou des Rhénans, mais des sujets immédiatement attachés à la couronne prussienne et, ainsi, les premiers citoyens à part entière de l'État des Hohenzollern.

En tant que représentants du gouvernement, les huguenots, bien intégrés dans tous les réseaux de la haute administration d'État, contribuaient à l'affermissement de la position politique du pouvoir central dont ils étaient les plus humbles serviteurs, et appuyaient ainsi le processus de l'unification nationale des territoires prussiens. Il ne faut toutefois pas oublier qu'ils étaient non seulement les protagonistes, mais aussi les victimes de ce processus d'unification. Étroitement liés à la dynastie régnante, les huguenots perdirent leur statut privilégié avec la chute de l'Ancien Régime prussien. Ces bourgeois de luxe qui avaient vécu dans un État dans l'État, qui s'étaient toujours qualifiés de royalistes dévoués et de patriotes prussiens ardents, se virent privés de tous leurs privilèges et prérogatives au cours des réformes de l'État prussien. Le 30 octobre 1809, les colonies françaises qui jusqu'alors avaient joui des

---

42 Ceci est également prouvé par le fait qu'en Brandebourg-Prusse les autorités politiques ne faisaient aucune différence entre les colonies françaises (en tant qu'unités administratives) et les communautés huguenotes (en tant qu'unités ecclésiastiques); ainsi les consistoires français assumaient aussi des tâches administratives et politiques (recensement et enrôlement de leurs ressortissants, publication d'édits royaux etc.), tandis que le gouvernement s'immisçait constamment dans leurs affaires religieuses et ecclésiastiques (règlement des questions de foi et de doctrine, surveillance des Églises françaises etc.).

43 Cf. Andreas Nachama, Ersatzbürgertum und Staatsbildung. Zur Zerstörung des Bürgertums in Brandenburg-Preußen, Francfort-sur-le-Main, Berne, New York 1984 (Schriften zur Europäischen Sozial- und Verfassungsgeschichte 1).

44 Cf. Thadden (voir n. 40), p. 217–218.

privilèges que le Grand Électeur leur avait octroyé, furent dissoutes après 124 ans d'existence[45].

A cette époque, les descendants des réfugiés étaient, en Prusse comme ailleurs, déjà complètement intégrés dans la société allemande et avaient cessé d'y exercer une quelconque influence même sur le plan culturel. Un siècle plus tôt cependant, leurs pères avaient joué un rôle primordial dans ce domaine. Afin d'analyser l'impact du Refuge sur l'histoire socio-culturelle de l'Allemagne du XVIIIe siècle, il faut reconsidérer les effets de l'implantation des colonies françaises en tant que communautés religieuses, puisque c'étaient les pasteurs huguenots qui étaient à l'origine de la formation d'une nouvelle élite intellectuelle allemande.

En effet, ceux-ci avaient constitué, dès l'époque de la Réforme, un réseau européen d'échange intellectuel que l'on pourrait appeler, comme l'a fait Myriam Yardeni[46], l'Internationale des pasteurs. Ce réseau réunit alors les théologiens de France avec leurs confrères émigrés en Angleterre, en Suisse et aux Pays-Bas[47]. Avec la révocation de l'Édit de Nantes et l'expulsion des pasteurs français, ce réseau déjà bien établi fut considérablement élargi, de sorte qu'il s'étendait dès lors à travers toute l'Europe protestante et non seulement jusqu'aux centres du Refuge anglais, helvétique et néerlandais. En même temps, on constate une certaine sécularisation de cette Internationale des pasteurs qui se transformait lentement en République des Lettres.

Cette transformation s'explique par le fait qu'au lendemain de la Révocation, des milliers de pasteurs français se présentèrent aux autorités des pays d'accueil afin d'y être embauchés en tant que pasteurs du Refuge. Un tel nombre dépassait évidemment de loin les besoins réels des Églises huguenotes, d'autant plus que celles-ci n'étaient à l'époque qu'en voie de fondation. Ceux parmi les pasteurs expatriés qui se retrouvèrent alors tout d'un coup sans emploi et sans ressources, commencèrent par conséquent à se réorienter sur le plan professionnel, de sorte que la plupart d'entre eux, des anciens élèves des académies protestantes de France et donc des intellectuels fort qualifiés, s'établirent de préférence en tant qu'écrivains et journalistes, en profitant dans leur travail de leurs anciennes relations internationales. Ainsi se formait, comme branche séculière de l'Internationale des pasteurs, la République des Lettres qui fut représentée par des érudits de renommée internationale comme Pierre Bayle, Pierre Jurieu, Jean Leclerc ou Samuel et Jacques Basnage, tous réfugiés aux Provinces-Unies[48], mais également, en Allemagne, par des intellectuels huguenots

45 Cf. Allerhöchste Kabinettsorder vom 30sten Oktober 1809., betreffend die künftige Verfassung der französischen Kolonie, dans: MURET (voir n. 19), p. 310–311; MENGIN (voir ibid.), p. 272–275.

46 Cf. YARDENI (voir n. 1), p. 208–213.

47 Cf. Posthumus MEYJES, Les rapports entre les Églises Wallonnes des Pays-Bas et la France avant la Révocation, dans: BOTS, MEYJES (voir n. 11), p. 1–15; Mark GOLDIE, The Huguenot experience and the problem of toleration in Restoration England, dans: CALDICOTT, GOUGH, PITTION (voir n. 9), p. 175–203.

48 Cf. YARDENI (voir n. 1), p. 200–207; Hans BOTS, Le Refuge et les »Nouvelles de la République des Lettres« de Pierre Bayle (1647–1706), dans: BOTS, MEYJES (voir n. 11), p. 85–95; Élisabeth LABROUSSE, Pierre Bayle (1647–1706) face à la Révocation, dans: Ibid., p. 97–105; F. KNETSCH, Pierre Jurieu (1637–1713) face à la Révocation, dans: Ibid., p. 107–118.

comme Jacques Abbadie, Gabriel d'Artis, Étienne Chauvin, Philippe Naudé, Isaac de Beausobre ou Jean de Barbeyrac[49].

Le mérite de ces hommes de lettres huguenots est avant tout d'avoir ouvert au monde intellectuel allemand l'accès aux grands débats philosophiques et théologiques, politiques et littéraires qui furent menés au sein de la communauté européenne des intellectuels. Par leurs publications et surtout leurs périodiques, telles que le »Journal de Hambourg« de Gabriel d'Artis, le »Nouveau Journal des Sçavants« d'Étienne Chauvin, la »Bibliothèque germanique« de Jacques Lenfant et d'Isaac de Beausobre ou bien la »Nouvelle Bibliothèque germanique« de Samuel Formey, ces hommes contribuaient, en tant qu'intermédiaires culturels, non seulement à intégrer les érudits allemands au discours international de l'époque, mais aussi à faciliter, grâce à l'établissement d'un niveau commun de discussion, l'échange entre les divers cercles d'intellectuels dispersés à travers les pays allemands[50].

Mais ce ne fut pas seulement le monde intellectuel allemand qui profitait des activités des protagonistes de la République des Lettres, à savoir que le relais d'échange installé par ceux-ci opérait bien en deux directions, en diffusant également à l'étranger ce qu'il y avait d'idées nouvelles en Allemagne. Jean de Barbeyrac par exemple traduisit les œuvres de Samuel Pufendorf et les rendit ainsi accessibles aux lecteurs francophones[51], et Paul Jérémie Bitaubé non seulement présenta, vers la fin du XVIIIe siècle, les œuvres de Molière, Corneille, La Bruyère et Rousseau aux Allemands, mais aussi aux Français l'épopée »Herrmann und Dorothea« de Goethe[52].

On constate alors que grâce à l'intermédiaire des huguenots, les intellectuels allemands eurent la chance d'entrer en communication avec leurs confrères européens. Ceci n'était cependant possible qu'à condition qu'ils adoptassent le français comme langue de communication. Et là encore, les huguenots leur tendaient la main, en se mettant à leur disposition en tant qu'instituteurs et professeurs. Le Collège Français de Berlin par exemple, qui réunit, au sein de son corps de professeurs, quelques uns des plus brillants esprits de l'époque[53], était toujours accessible aux élèves allemands, de même que les écoles paroissiales et privées des huguenots qui furent fréquentées par tout le monde[54]. Il est en outre bien connu que la haute

49 Cf. Erich HAASE, Einführung in die Literatur des Refuge. Der Beitrag der französischen Protestanten zur Entwicklung analytischer Denkformen am Ende des 17. Jahrhunderts, Berlin 1959; Frédéric HARTWEG, Die Hugenotten in der Berliner Akademie, dans: Hans THIEME (éd.), Humanismus und Naturrecht in Berlin-Brandenburg-Preußen. Ein Tagungsbericht, Berlin, New York 1979 (Veröffentlichungen der Historischen Kommission zu Berlin 48), p. 182–205.

50 Cf. Frédéric HARTWEG, Les Huguenots à Berlin: des artisans de l'»Aufklärung«, dans: Lendemains 38–39 (1985), p. 69–75.

51 Cf. Sieglinde OTHMER, Berlin und die Verbreitung des Naturrechts in Europa. Kultur- und sozialgeschichtliche Studien zu Jean Barbeyracs Pufendorf-Übersetzungen und eine Analyse seiner Leserschaft, Berlin 1970 (Veröffentlichungen der Historischen Kommission zu Berlin 30).

52 Cf. Christian VELDER, 300 Jahre Französisches Gymnasium Berlin. 300 ans au Collège Français, Berlin 1989, p. 125.

53 Parmi les professeurs du Collège Français de Berlin, on retrouve, aux XVIIe et XVIIIe siècles, Étienne Chauvin, Philippe Naudé, Isaac de Beausobre, Mathurin Veyssière de La Croze, Jean de Barbeyrac, Samuel Formey, Paul Jérémie Bitaubé; cf. VELDER (voir n. 52).

54 Cf. BIRNSTIEL, REINKE (voir n. 21), p. 64–78; Eckart BIRNSTIEL, Zwischen zwei Kulturen. Die Schule der Berliner Hugenotten, dans: Mitteilungen und Materialien der Arbeitsgruppe Pädagogisches

bourgeoisie, la noblesse et même la plupart des maisons princières prenaient soin, tout au long du XVIIIe siècle, de donner à leurs enfants une éducation française assurée en l'occurrence par des précepteurs huguenots[55]. Enfin, tous les rois de Prusse du XVIIIe siècle, de Frédéric Ier à Frédéric Guillaume III, furent élevés par des gouverneurs huguenots, parmi eux Jacques Égide Duhan de Jandun, sous l'influence duquel Frédéric II devint, aux yeux de ses contemporains, le roi le plus français de son époque[56].

Si l'on cherche à dresser un bilan de l'impact du Refuge huguenot sur l'histoire culturelle d'Allemagne, on dirait alors que les réfugiés et leurs descendants y assumaient le rôle de médiateurs de la civilisation française. En popularisant la langue française en Allemagne, en propageant de nouvelles idées nées au sein de la République des Lettres, puis celles de la philosophie des Lumières, ils se distinguaient comme des intermédiaires culturels avec l'appui desquels l'élite des philosophes, écrivains et artistes allemands réussit à se rattacher au monde intellectuel francophone d'Europe. Les huguenots, quant à eux, se contentaient plutôt de jouer, dans cet échange d'idées, le rôle de propagateurs et de multiplicateurs que celui d'innovateurs ou de créateurs[57].

L'impact du Refuge huguenot sur l'histoire de l'Allemagne du XVIIIe siècle était alors, selon les domaines où il se faisait sentir[58], d'une qualité fort différente. Tandis que dans l'histoire religieuse, les huguenots, outre le fait d'avoir contribué à la diversification du paysage confessionnel par l'implantation de leurs Églises françaises réformées, n'ont pratiquement joué aucun rôle déterminant puisqu'ils ne furent jamais intégrés dans les structures ecclésiastiques ni des luthériens ni des calvinistes allemands, ils ont contribué, sur le plan économique, à une certaine modernisation

Museum 25 (1987), p. 99–135; Klaus STEINER, Das Schulwesen, dans: BADSTÜBNER-GRÖGER (voir n. 21), p. 206–226.

55 Quant aux inconvénients de cette activité cf. Henri DURANTON, »Un métier de chien«. Précepteurs, demoiselles de compagnie et bohême littéraire dans le Refuge allemand, dans: XVIIIe Siècle 17 (1985), p. 297–315.

56 Cf. Pierre Paul SAGAVE, Französische Prinzenerzieher am preußischen Hof, 1694–1814, dans: MITTENZWEI (voir n. 18), p. 279–312.

57 Cf. HARTWEG (voir n. 50), p. 73–74; Frédéric HARTWEG, Les huguenots en Allemagne: une minorité entre deux cultures, dans: MAGDELAINE, THADDEN (voir n. 1), p. 191–211; Günter MÜHLPFORDT, Hugenottische und deutsche Aufklärung. Von der Gesinnungs- zur Kulturgemeinschaft, dans: MITTENZWEI (voir n. 18), p. 191–229; Conrad GRAU, »Savans réfugiés«, »Französischreformierte Gelehrte«. Über den Beitrag der Hugenotten zur Wissenschaftsentwicklung in Brandenburg-Preußen am Ende des 17. und im 18. Jahrhundert, dans: Ibid., p. 230–278; Conrad GRAU, Die Berliner Akademie der Wissenschaften und die Hugenotten, dans: BADSTÜBNER-GRÖGER (voir n. 21), p. 327–362; Rolf GEISSLER, Die Hugenotten im literarischen Leben Berlins, dans: Ibid., p. 363–391; Jürgen WILKE, Einflüsse französischer Sprache und Alltagskultur auf das Berlinische, dans: Ibid., p. 392–419.

58 L'impact du Refuge ne se borne pas à ses aspects économiques, religieux, politiques et culturels; on pourrait y ajouter encore l'aspect démographique, et cela d'autant plus que le repeuplement de leurs territoires était un des objectifs principaux de la politique d'accueil des princes allemands. Pourtant, on ne dispose d'aucune étude globale à cet égard; à l'heure actuelle, seul le développement démographique de la ville de Berlin a été étudié sous cet angle; cf. BIRNSTIEL, REINKE (voir n. 21), p. 91–97; Jürgen WILKE, Zur Sozialstruktur und demographischen Analyse der Hugenotten in Brandenburg-Preußen, insbesondere der in Berlin, dans: MITTENZWEI (voir n. 18), p. 27–99; ID., Die Französische Kolonie in Berlin, dans: Helga SCHULTZ, Berlin 1650–1800. Sozialgeschichte einer Residenz, Berlin 1987; p. 353–430.

du secteur industriel de Prusse, sans pour autant réussir à déclencher, de leur propre force, un quelconque essor économique du pays. Dans ces deux domaines, on constate donc que les huguenots ne représentaient pas une force innovatrice qui aurait laissé des traces importantes dans l'histoire allemande.

Il en va tout différemment en ce qui concerne l'histoire politique et culturelle. Sans l'appui des huguenots, la formation de l'État prussien se serait vraisemblablement accomplie d'une manière différente, peut-être plus aggressive, étant donné que les Hohenzollern ne disposaient d'aucune autre clientèle qui aurait été capable d'assouplir les conflits politiques qu'il y avait entre le pouvoir central et les pouvoirs régionaux. L'impact du Refuge sur l'histoire politique de la Prusse est donc évident, de même que l'apport culturel des huguenots qui, en tant que représentants de la civilisation française, réussirent à franciser le monde intellectuel allemand de leur époque et à propager leur propre culture au sein des peuples germaniques.

Ceci est peut-être leur mérite principal, mais également un paradoxe flagrant, à savoir que les descendants des réfugiés diffusaient la civilisation française dans tous les coins et recoins d'Allemagne, la même civilisation dont leurs ancêtres avaient été les victimes.

Deutsche Zusammenfassung

Nach dem Widerruf des Edikts von Nantes durch Ludwig XIV. (1685) verließen an die 200 000 französische Protestanten ihre Heimat und gingen ins Exil: England, Schottland und Irland nahmen 70 000 hugenottische Glaubensflüchtlinge auf, die Niederlande 50 000, die deutschen Territorien 40 000, die Schweiz 22 000 (von 140 000 Durchzüglern), Dänemark 2000, Rußland 800 und Schweden 200. Der Rest verteilte sich in erster Linie auf die englischen und niederländischen Kolonien in Nord- und Südamerika und in Südafrika. Von den rund 40 000 nach Deutschland eingewanderten Hugenotten ließen sich 20 000 in Brandenburg-Preußen nieder, 3800 in Hessen-Kassel, 3500 im Rhein-Main-Gebiet, ebenfalls 3500 in der Kurpfalz und in Zweibrücken, 3200 in Franken, 3000 in Württemberg und jeweils 1500 in Niedersachsen und in den Hansestädten.

Während in England, in den Niederlanden und in der Schweiz bereits seit der Mitte des 16. Jahrhunderts französische Kirchen und Kolonien bestanden, kam es in den deutschen Territorien erst relativ spät zu einer gezielten Ansiedlung hugenottischer Réfugiés. Hier waren es vor allem die protestantischen Fürsten calvinistischer Konfession, die ihren in Frankreich verfolgten Glaubensgenossen ab 1685 weitreichende Niederlassungsprivilegien in Aussicht stellten. In Berlin, dem Zentrum des deutschen Refuge, fanden die französischen Immigranten zudem eine bereits seit 1672 bestehende französisch-reformierte Kirche vor, die ihnen das Leben im Exil erleichterte.

Der Beitrag der hugenottischen Réfugiés und ihrer Nachkommen zur historischen Entwicklung ihrer deutschen Aufnahmeländer läßt sich auf folgenden Gebieten feststellen: sie veränderten die konfessionelle Landschaft des protestantischen Deutschlands durch eine Stärkung des calvinistischen Lagers; sie trugen durch die Einführung neuer Produkte und neuer Produktionsverfahren zu einem gewissen – regional freilich sehr unterschiedlichen – Wirtschaftsaufschwung bei; sie popularisierten die französische Sprache und Zivilisation und übernahmen die Rolle kultureller Vermittler zwischen der deutschen Intelligenz und der frankophonen Gelehrtenrepublik; und schließlich trugen sie in Brandenburg-Preußen zu einer innenpolitischen Stärkung der Hohenzollern bei, denen sie in unbedingter Loyalität ergeben waren und die ihnen im Gegenzug ihren privilegierten Statuts als »bourgeois de luxe« bis zum Beginn des 19. Jahrhunderts garantierten.

ULRICH-CHRISTIAN PALLACH

DEUTSCHE HANDWERKER IM FRANKREICH DES 18. JAHRHUNDERTS

I. Vorbemerkungen

Die vielfältigen Beziehungen zwischen Frankreich und dem Alten Reich während des 18. Jahrhunderts sind sehr ungleichmäßig erforscht. Wanderungsbewegungen und Auswanderung deutscher Handwerker in den französischen Raum haben wirtschaftlich, technologisch wie kulturell für beide Seiten eine gewisse Bedeutung gehabt, doch welche, bleibt weithin noch zu klären. Ziel der folgenden Ausführungen ist es, einen Beitrag zur Präzisierung zu leisten. Die Betonung wird dabei auf der Integration deutscher Handwerker, insbesondere der menuisiers-ébénistes, in Paris liegen. Ausgehend von einer Analyse der Funktionen und Rahmenbedingungen von Handwerkermobilität im allgemeinen, sollen zuerst »Deutsche Ebenisten in Paris« und anschließend der Fall des Jean-François Oeben als Modell einer gelungenen, wenn auch nicht typischen Integration dargestellt werden. Einige Überlegungen zur Akzeptanz ausländischer Handwerker in Frankreich, zur Wirksamkeit von Kulturtransfer auf der hier untersuchten soziokulturellen Stufe und zu methodischen Fragen werden am Schluß stehen. Eine Repräsentativität, die im übrigen auch gar nicht zu belegen wäre, beanspruchen die folgenden Beispiele nicht. Vielmehr gilt – angesichts von Quellen- und Forschungslage –, was Espagne und Werner schrieben: »... notre projet se situe mi-chemin entre la démonstration par l'exemple et la généralité théorique ...«[1].

Zwei Bemerkungen seien vorausgeschickt: Frankreich und Deutschland stellten im 18. Jahrhundert bekanntermaßen keine präzise gegeneinander abgegrenzten Einheiten dar, die sprachlich, kulturell, politisch und konfessionell eindeutig bestimmbar gewesen wären. Für die Mobilität von Handwerkern war keine der so definierten Grenzen eine absolute Schranke. So übernahm die Stadt Straßburg noch 1732 den größten Teil der sogenannten Reichshandwerksordnung von 1731, und ihre Handwerksorganisationen durften zu jener Zeit bei Rechtstreitigkeiten über Zünfte, Gesellen und Meister in deutschen Städten miturteilen[2].

Die Begriffe »Handwerker« und »Handwerk« haben in der französischen Terminologie und in der französischen Geschichte andere Konnotationen als in der deutschen. Folglich sind die sprachlichen wie die realen Entsprechungen zum deutschen Handwerker weiter zu fassen: auch der ouvrier kann zu diesem Personen-

---

1 M. ESPAGNE, M. WERNER, Construction d'une référence culturelle allemande en France, in: Annales. Economies, Sociétés, Civilisations 42 (1987), S. 969.
2 Rudolf WISSELL, Des Alten Handwerks Recht und Gewohnheit, 2., vermehrte und überarbeitete Auflage, 3 Bände, Berlin 1971–1981, Band 3, S. 133; zur Sonderrolle des Elsaß siehe den Sammelband Artisans et ouvriers d'Alsace, Strasbourg 1965.

kreis gehören, und ein Handwerker durfte in Frankreich in einer Manufaktur oder fabrique arbeiten, was ihn in Deutschland Handwerksehre und Existenz kosten konnte.

II. Funktionen und Rahmenbedingungen von Handwerkermobilität

Geographische Mobilität ist in der Frühen Neuzeit wenn schon nicht die Regel, so doch auch keine Ausnahmeerscheinung in der Gesellschaft. Die verschiedensten Bevölkerungsgruppen aus sehr unterschiedlichen sozialen und sozioprofessionellen Milieus waren mobil – freiwillig oder unfreiwillig. Ebenso vielfältig waren die sie bewegenden Motive. Einen besonderen Fall stellen die Wanderungen von Handwerkern dar. Funktionen und Rahmenbedingungen ihrer Mobilität sind äußerst komplex und stehen für gewöhnlich in einem Verhältnis gegenseitiger Abhängigkeit. Eine Rangfolge in der Bedeutung einzelner Faktoren läßt sich nicht eindeutig feststellen, doch sind die rechtlichen Regelungen natürlich von grundlegender Wichtigkeit[3].

1. Rechtliche Regelungen

Kurt Hinze hat für das 18. Jahrhundert vom »Kampf der Staaten um den Arbeiter« gesprochen[4]. Dieser Kampf war Teil einer weiterreichenden Auseinandersetzung um politisches, wirtschaftliches und kulturelles Potential, in der rechtliche Vorschriften zur Förderung und zur Verhinderung von Wanderungsbewegungen ein wesentliches Instrument darstellten. Einen grundlegenden Unterschied machte es, ob es um vorübergehende Mobilität ging oder um das endgültige Verlassen des Landes, in dem man Untertan war. Letzteres war in Frankreich wie im Alten Reich durch ständig erneuerte Verordnungen erschwert, wenn nicht gar grundsätzlich verboten. Noch 1768 wurden in Deutschland diese Verbote durch ein Reichsgesetz erneuert, das unter anderem die Auswanderung nach Frankreich, England, Spanien, Dänemark, Rußland und den jeweiligen Kolonien untersagte. Freilich fehlte es den meisten Staatswesen der Epoche an den Mitteln und vielleicht auch am Willen, die Ankündigungen konsequent in die Praxis umzusetzen. So kam es in beiden Richtungen zu verbotenen Auswanderungen und riskanten Abwerbungsversuchen. In Kehl am Rhein bestand sogar ein französisches Auswanderungsbüro[5].

Im Idealfall war die typische Handwerkerwanderung eine begrenzte und mit der Niederlassung als Meister endende Phase der beruflichen Vervollkommung. Aus-

---

3 Vgl. allgemein zum Thema der Handwerkerwanderungen Ulrich-Christian PALLACH, Fonctions de la mobilité artisanale et ouvrière – Compagnons, ouvriers et manufacturiers en France et aux Allemagnes (17e–19e siècles), in: Francia 11 (1983), S. 365–406 (mit ausführlichen Literaturhinweisen).

4 Kurt HINZE, Die Arbeiterfrage zu Beginn des modernen Kapitalismus in Brandenburg-Preußen, Berlin 1927, hier zitiert nach der 2., überarbeiteten Auflage Berlin 1963, S. 199.

5 Siehe Jean-Pierre KINTZ, La mobilité humaine en Alsace. Essai de présentation statistique XIVe–XVIIIe siècles, in: Annales de démographie historique 1970, S. 162 und 180ff., sowie Werner HACKER, Auswanderungen aus Baden und dem Breisgau. Obere und mittlere rechtsseitige Oberrheinlande im 18. Jahrhundert archivalisch dokumentiert, Stuttgart und Aalen 1980, S. 40ff. – Im übrigen war die Mobilität innerhalb des Alten Reiches de jure kaum weniger eingeschränkt als die über die Reichsgrenzen hinaus. Ein grundlegender Unterschied in der Behandlung der Mobilität läßt sich nicht feststellen.

wanderung als ihr Endergebnis war nicht unbedingt erwünscht. Allerdings unterlag auch dieser Typus von Mobilität den verschiedensten Gesetzen und Interessen, in denen sich die sozialen und ökonomischen Probleme des Alten Handwerks im 18. Jahrhundert spiegeln – und mit ihnen die zum Konflikt drängenden Widersprüche der Gesellschaft als Ganzes. Denn es ging nicht nur um Fortbildung und die Interessen des betroffenen Individuums. Es ging in Deutschland wie in Frankreich zunehmend auch um die kurzfristige Entlastung lokaler Arbeitsmärkte, überhaupt um eine Verringerung, das heißt letztlich um eine Verlagerung des Drucks, der auf bestimmten sozialen Systemen lastete[6]. Die Mobilität zum Zwecke der Fortbildung war zudem so erwünscht, wie sie auch wieder suspekt war, da sie zum Verlust an Untertanen und Wissen führen konnte. Manufakturarbeitern war die Freizügigkeit ohnehin stark beschnitten, doch auch einzelne Handwerke unterlagen in Deutschland einem völligen Wanderungsverbot, das den Verlust von Fertigungsmonopolen verhindern sollte. Nur am Rande sei darauf hingewiesen, daß dem Ordnungsdenken der Epoche die Existenz einer schlecht kontrollierbaren Schicht mobiler Individuen a priori verdächtig sein mußte.

Ein anderer Aspekt dieser Thematik ist die Politik aller einigermaßen handlungsfähigen Regierungen beziehungsweise Obrigkeiten und Verwaltungen, Zuwanderern günstige Konditionen der Niederlassung anzubieten, vorausgesetzt es handelte sich um willkommene Gäste.

So pflegte das Konsulat von Lyon bereits seit dem 17. Jahrhundert Neuankömmlinge die fünf Standjahre zu erlassen, also die Wartezeit, bevor das Meisterrecht erlangt werden konnte – unter der Bedingung, daß sie »das Geheimnis einiger neuer Stoffe« mitbrachten[7]. Verschiedene Gesetze, die Ludwig XV. und Ludwig XVI. erließen, setzten weitere deutliche Signale in diese Richtung. Damit führten sie konsequent und mehr aufs Ganze gerichtet die Politik fort, die schon von Ludwig XIV. und seinen Vorgängern zugunsten einzelner privilegierter Orte begonnen worden war. Die wichtigsten Anreize waren Erlaß der Wartejahre und der Meistergebühren, womöglich sogar des Meisterstücks, Befreiung von bürgerlichen Lasten wie Steuern und Einquartierung zumindest auf Zeit, problemlose Naturalisierung, konfessionelle Toleranz und Aufhebung des *droit d'aubaine*[8].

6 Siehe Olwen H. HUFTON, The poor of eighteenth-century France, 1750–1789, Oxford 1974, S. 69–106.

7 Statuts et Réglements Que le Roi veut & entend être observés en l'Art, Fabrique & Commerce des Maîtres & Marchands Guimpiers, Gazetiers, Ecacheurs & Fileurs d'or & d'argent de la Ville de Lyon & pour le Public. ..., Lyon 1770, Artikel XXV.

8 Beispielhaft seien erwähnt folgende Verordnungen (Signatur jeweils die der Archives de France, Paris): Lettres patentes du Roi, portant Réglement concernant les Brevets ou Lettres de Priviléges créés en chacun Art & Métier, par Edit de Mars 1767, ... Données à Versailles le 25 Juin 1767, AD I 28; Lettres patentes du Roi, pour favoriser dans le Royaume l'établissement des Fabricans étrangers. Données à Versailles le 19 Janvier 1786, AD XI 9; Edit du Roi, Concernant ceux qui ne font pas profession de la Religion Catholique. Donné à Versailles au mois de Novembre 1787, AD XVII 27. – Zahlreiche Verordnungen, auch betreffend die privilegierten Orte finden sich in: Michael STÜRMER (Hg.), Herbst des Alten Handwerks. Quellen zur Sozialgeschichte des 18. Jahrhunderts, München 1979.

2. Ökonomie und Technologie

Die erheblichen regionalen Disparitäten in der Verfügbarkeit wirtschaftlicher und technologischer Potentiale wurden im Laufe des 18. Jahrhunderts zunehmend als Vorteil oder Nachteil im Wettkampf zwischen den Staaten wahrgenommen. Welche Konsequenzen aus dieser Einsicht gezogen wurden, hing sowohl von den wirtschaftspolitischen Traditionen der einzelnen Staatswesen ab als auch von ihrer Fähigkeit, überhaupt eine folgerichtige Wirtschaftspolitik zu treiben.

Die Ziele solcher Politik waren für gewöhnlich im Außen- wie im Binnenverhältnis widersprüchlich: Steigerung der Exporte, Senkung der Importe, Autarkie hinsichtlich der Produktion von Waren und Wissen. Für die Mobilität der Menschen galt umgekehrt, Exporte zu verhindern und Einwanderung zu fördern. In diesem Zuammenhang spielten Spezialisten aus Handwerk und Manufaktur eine bedeutende Rolle. Sie waren Träger dringend benötigten Wissens und Arbeitskräfte zugleich, und Handwerker waren zumindest in den Anfängen ihrer Karriere ohnehin in der Regel zu Mobilität verpflichtet.

Während Frankreich sich um ausländische Handwerker bemühte, sahen deutsche Obrigkeiten dieses Land als ideale Fortbildungsstätte für die eigenen Untertanen. In einer in ihrer Art wohl einmaligen Wanderordnung aus dem Jahr 1785 für das Fürstentum Oettingen schrieb der Regent Johann Aloys:

Jünglinge, die ihr euch dem Handwerk widmet ... laßt euch keine Beschwerlichkeiten abschrecken, Kenntniße aus entfernten Gegenden zu holen, und eure Sitten in den gesittetsten Ländern auszubilden! Besucht vorzüglich Engelland und Frankreich! In diesen beeden Staaten findet ihr iedes Handwerk zu einer Vollkommenheit gebracht, welche es den freyen Künsten nähert[9].

Die Wanderordnung enthielt eine Wandertabelle mit 48 Handwerken, die Meistersöhnen zwischen zwei und acht Jahren Wanderzeit und anderen Gesellen vier bis zehn Jahre abforderte. Wer jedoch zwei Jahre in großen Städten außerhalb Deutschlands arbeitete, wurde von der gesamten übrigen Zeit und von den Meistergebühren befreit. Bei 24 Berufen werden Frankreich allgemein oder französische Städte genannt, nämlich Paris, Lyon, Straßburg und Colmar – wobei offenbleiben kann, ob die beiden letztgenannten einem deutschen Handwerker als französisch erschienen.

3. Ästhetik und Kultur – Modelle im Wettstreit

Ökonomische und technologische Fragen waren nicht zu trennen von ästhetischen und kulturellen Auseinandersetzungen. 1768 schrieb der Deutsche C. W. Schnitzlein in seiner Schrift »Patriotische Gedanken vom Jure Albinagii«: *Wer hat sich mit unseren Erfindungen groß gemacht? Die Franzosen ... So weit die Spitzen Französisch sind, soweit können wir auch ihrer müßig gehen. Wir können sie machen, und wollen sie also selbst machen, daß wir können, wissen wir aus der Erfahrung ...,* *Frankreich würket ohnehin nur mit teutschen Händen[10].* Ein Stereotyp aus dem

---

9 Ibid. Dokument Nr. 28, hier zitiert S. 214.
10 ALEXANDER (Pseudonym für C. W. SCHNITZLEIN), Patriotische Gedanken vom Jure Albinagii, durch dessen Aufhebung die Crone Frankreich die Teutschen an sich locken will, um seinem Nothstand in etwas aufzuhelffen, Frankfurt und Leipzig 1768, S. 36. Der Autor steht natürlich in einer Tradition, die

Wortschatz der Frankophobie? – gewiß, doch stand mehr dahinter. 1788 ließen sich die Pariser Juweliere und Goldwarenhändler ein Gutachten anfertigen, um die Einführung von Importzöllen auf Schmuck abzuwehren. Eines der Hauptargumente: es mache ohnehin keinen Sinn, Fertigware dieser Art nach Frankreich einzuführen. Sie sei der einheimischen hoffnungslos unterlegen, denn:

> La main-d'œuvre françoise porte avec elle un caractère d'originalité qui la distingue des productions étrangères, & qui ne permet point à celle-ci de tenter aucune concurrence. Ce n'est pas que ces ouvrages si précieux sortent tous de mains françoises; au contraire, les atteliers de la capitale sont garnis d'ouvriers Allemands, Genevois, Anglois, & c.: mais ces ouvriers ne produisent de chefs-d'œuvre, que parce qu'ils travaillent dans la capitale, ... [11].

Die Liste ließe sich verlängern, unter anderem durch die Ausführungen des königlichen Generaladvokaten Séguier anläßlich seiner Protestrede gegen die Turgotschen Reformedikte von 1776 [12].

Spätetens seit dem Ausgang des 17. Jahrhunderts ist in den verschiedenen Allemagnes eine ausgeprägte Animosität gegen das festzustellen, was als kulturelles und ästhetisches Modell Frankreich angesehen wird. Diese Antipathien waren durchaus vereinbar mit einer ebenso ausgeprägten Vorliebe für französische Kultur, das Wort im weitesten Sinne genommen. Die Realität der deutsch-französischen Beziehungen war von beidem geprägt, von der Abneigung wie von der Anziehung.

Für derartige Kontroversen zwischen zwei Kulturen beziehungsweise Nationen bestanden natürlich »reale« Hintergründe: die Projektion politischer Macht und politischer Ansprüche geschah auch auf dem Weg über kulturelle und ästhetische Dominanz – was die Bereitschaft des »Schwächeren« impliziert, eine solche Dominanz als politisch relevant anzusehen. Wie ernst dieses Thema in der Tat genommen wurde, erhellt zum Beispiel aus den Akten der fürstlichen und königlichen Porzellanmanufakturen überall im Alten Reich und in Frankreich: die Nichtbeherrschung einer neuen Technik – und damit auch die Abhängigkeit von fremden Produzenten – wurde als kultureller Reputationsverlust und politischer Rückschlag zugleich gesehen. Und schließlich drückte sich solche Dominanz, wie zuverlässig auch immer, in den roten oder schwarzen Zahlen der Handelsbilanz aus.

In die Begriffe materieller Kultur übersetzt – und damit in die Welt des Alten Handwerks –, ging es um Schloßbauten, Porzellan, Gobelins, Seide, vergoldete Bronzen und höfische Möbel. Zwischen Frankreich und Deutschland verliefen die Gefällelinien in Kenntnisstand und Produktionsmöglichkeiten unübersichtlicher und weniger eindeutig, als deutsche Frankreichgegner und französische Propagandisten der eigenen Überlegenheit es gerne sehen wollten. Für die Handwerker, von denen im Folgenden die Rede sein soll, stellte allerdings Frankreich – und insbesondere Paris – unbestritten einen pôle d'attraction dar.

---

bis auf Friedrich von Logau, J. J. Becher und die deutschen Minderwertigkeitsgefühle im Gefolge des Dreißigjährigen Krieges und der anschließenden Epoche zurückreicht.

11 Consultation en faveur des marchands orfèvres-joailliers; contre le Régisseur général des traites, Paris 1788, S. 52, Archives de France, Paris, AD XI 24.

12 Abgedruckt bei STÜRMER (wie Anm. 8), S. 307–311, vgl. besonders S. 309.

III. Deutsche Ebenisten in Paris

Die französischen Kunsthistoriker de Salverte und Ledoux-Lebard haben insgesamt 89 Deutsche dokumentieren können, die im 18. Jahrhundert vor allem in Paris Außerordentliches als Ebenisten geleistet haben[13]. Für das Gros begann der Aufstieg in der Vorstadt St. Antoine, der durch spezielle Gesetzgebung von vielen Schranken der Zunftökonomie befreiten »marktwirtschaftlichen Insel«[14]. Über Ebenisten, die sich außerhalb von Paris niederließen, ist bislang nur sehr wenig bekannt. Maurice Garden hat für Lyon im 18. Jahrhundert Deutschland als Herkunftsland nur bei einigen wenigen Ebenisten beziehungsweise Menuisiers und einigen anderen Handwerkern nachweisen können, ähnlich isoliert sind Hinweise bei anderen Autoren[15]. Die Zuwanderer kamen aus allen Gegenden des Alten Reiches, ohne daß die Konfession eine Rolle gespielt zu haben scheint. Der Beitrag der Deutschen zu diesem speziellen Berufszweig übertraf zahlenmäßig den aller anderen Länder[16]. Aus der Geschichte des französischen Kunsthandwerks sind Namen wie François Bayer, J. G. Beneman, Martin Carlin, J. G. Frost, B. Molitor, Jean-Henri Riesener und Adam Weisweiler nicht wegzudenken. *Les Allemands* waren ein Begriff geworden: unter diesem Stichwort notierte sich Ludwig XVI. Zahlungen von 2400 und 12000 livres für eine Kommode und einen Schreibsekretär in seinem privaten Ausgabenbuch[17].

Gewiß ist dies nur die Spitze des Eisbergs, denn nur wenige Möbel sind schließlich erhalten geblieben, und nicht immer gibt die Signatur einen verläßlichen Hinweis auf den oder die eigentlichen Hersteller. Die schriftlichen Quellen hingegen lassen überproportional jene Handwerker hervortreten, die als Geschäftsleute nicht densel-

---

13 Siehe zum Folgenden allgemein: Denise LEDOUX-LEBARD, Les ébénistes parisiens du XIXe siècle (1795–1870), Paris 1965; François Comte de SALVERTE, Les ébénistes du XVIIIe siècle, 6. Auflage Paris 1975; STÜRMER (wie Anm. 8) und derselbe, Handwerk und höfische Kultur. Europäische Möbelkunst im 18. Jahrhundert, München 1982; Pierre VERLET, Les meubles français du XVIIIe siècle, 2., gänzlich umgestaltete Auflage, Paris 1982; Ulrich-Christian PALLACH, Materielle Kultur und Mentalitäten im 18. Jahrhundert, München 1987 (Ancien Régime, Aufklärung und Revolution. Band 14).

14 STÜRMER (wie Anm. 8), S. 38–39; DERS. (wie Anm. 13), Kapitel VII; Raymonde MONNIER, Les classes laborieuses du Faubourg Saint-Antoine sous la Révolution et sous l'Empire, 2 Bände, Paris 1978.

15 Maurice GARDEN, Lyon et les Lyonnais au XVIIIe siècle, Paris 1970, S. 731–735; Rosemarie STRATMANN, Der Ebenist Jean-François Oeben, Heidelberg 1971, erwähnt zum Beispiel einen gewissen Lidoire Joseph Öpen aus dem westfälischen Warendorf gebürtig (*1748), der sich in Tours niederließ, S. 142 und 187. Ihre Studie ist auch das Standardwerk zu Leben und Œuvre Oebens (siehe unten IV.); SALVERTE (wie Anm. 13) erwähnt einen deutschen Ebenisten namens J. Ch. Blumer (* um 1731 in Nassau-Usingen), der 1807 in Straßburg starb, sowie einen gewissen P. Pill aus dem Kölner Raum, der zwischen 1770 und etwa 1785 in Tours arbeitete, und die Gebrüder B. und G. Roetters, ebenfalls aus der Gegend um Köln, die im selben Zeitraum in Tours nachzuweisen sind, S. 28, 263 und 289; LEDOUX-LEBARD (wie Anm. 13) erwähnt mehrere deutsche Ebenisten, die sich in den Städten Nancy, Metz, Straßburg, Tours und Orléans niederließen, passim.

16 MONNIER (wie Anm. 14) schreibt: »Les ébénistes allemands ont particulièrement contribué à établir la renommée du Faubourg ... Il s'agit d'une immigration très spécialisée: 50 % des Allemands sont ébénistes.« Band I, S. 41. Ausgehend von anderen Zahlenangaben läßt sich damit etwa jeder hundertste Bewohner der Vorstadt St. Antoine als deutscher Ebenist bezeichnen.

17 Comptes de Louis XVI publiés par le Comte de Beauchamp d'après le Manuscrit Autographe du Roi conservé aux Archives Nationales, Paris 1909, S. 71 und 91, Eintragungen von April und Dezember 1779.

ben Erfolg hatten wie als Künstler. Viele Namen kennen wir vor allem dadurch, daß ihre Träger in Konkurs gingen und die Geschäftsbücher in den Archiven von Paris erhalten blieben. So erlebte zum Beispiel der oben erwähnte François Bayer trotz seines unbestrittenen Könnens einen großen Fehlschlag[18]. Ein gewisser M. B. Ewald floh vor seinen Gläubigern gar nach Deutschland zurück, während andere es zum *ébéniste privilégié du Roi* brachten, zu einem *ébéniste du comte d'Artois* und dergleichen. Offiziell Hofhandwerker zu sein, bedeutete keine Garantie auf finanziellen Erfolg. Es war im Gegenteil oft mit schwer kalkulierbaren Risiken verbunden, konnte aber in den Strukturen der ständischen Gesellschaft Höhepunkt einer Laufbahn sein.

Die deutschen Kunstschreiner brachten nach Paris Kenntnisse und Fertigkeiten, die sie in den oft beschränkten Verhältnissen ihrer Herkunftsstädte nicht sinnvoll einsetzen konnten und die in Frankreich nicht in vergleichbarer Weise beheimatet waren, nämlich vor allem in der furnierten Arbeit. Umgekehrt fanden sie in der französischen Metropole einen Markt, den es anderswo vergleichbar nicht gab, und sie profitierten von dem hohen Interesse, das die kulturell und gesellschaftlich führenden Kreise für handwerkliche Höchstleistungen zeigten[19]. Einer von ihnen war Jean-François Oeben.

IV. Der Ebenist Johann Franz (Jean-François) Oeben, 1721–1763

Jean-François Oeben war einer der bedeutendsten deutschen Ebenisten, denen in Paris eine große Karriere gelang[20]. In der Nähe von Aachen geboren, ist er 1749 in der Hauptstadt nachzuweisen, als er heiratet und schon einige Jahre erfolgreich und offensichtlich selbständig tätig ist. Zu dieser Zeit lebt er noch in der Vorstadt St. Antoine. 1752 taucht er bereits als Lieferant in den Geschäftsbüchern des *marchand-mercier* Lazare Duvaux auf, einem der größten und bestdokumentierten Luxuswarenhändler der Epoche[21]. Von November 1751 bis Oktober 1754 hat er als *compagnon Ebéniste et Menuisier du Roy* eigene Räume in den Werkstätten des Louvre gemietet. Die Ernennung zum *Ebéniste du Roy* im November 1754 bringt Wohnung und Werkstatt in den Gobelins mit sich, denen Oeben als Titularebenist auch dann verbunden bleibt, als er 1756 ins Arsenal übersiedelt. Der Titel hat insofern praktische Bedeutung, als sein Träger nach einer bestimmten Zeit gebührenfrei in die Zunft aufgenommen und naturalisiert werden konnte. Befreiung von anderen bürgerlichen Lasten kam hinzu. 1756 ist auch seine erste Lieferung an die Krone nachweisbar. 1760 erhält Oeben das Wohnrecht auf Lebenszeit im Arsenal sowie den Titel eines *Ebéniste mécanicien du Roy*, was allerdings mehr ehrenvoll als

18 Seine Geschäftsbücher finden sich in den Archives de la Seine, Paris, unter der Signatur D⁵B⁶ reg. 6112.
19 Siehe dazu allgemein VERLET (wie Anm. 13); STÜRMER (wie Anm. 13), insbesondere Kap. VII; PALLACH (wie Anm. 13), insbesondere Teil III, Kap. I.
20 Siehe STRATMANN (wie Anm. 15).
21 Die Geschäftsbücher des Lazare Duvaux wurden herausgegeben von Louis COURAJOD, 2 Bände, Paris 1873; zur Bedeutung der *marchands-merciers* siehe Pierre VERLET, Le commerce d'objets d'art et les marchands-merciers à Paris au XVIIIᵉ siècle, in: Annales. Economies, Sociétés, Civilisations 13 (1958), S. 10–29.

lukrativ war. Damals beginnt er mit der Arbeit an seinem bedeutendsten Stück, dem berühmten Rollschreibtisch für Ludwig XV., nach seinem Tode vom Nachfolger in Amt und Ehe, Jean-Henri Riesener, fertiggestellt. Am 1. 2. 1761 läßt er sich schließlich in die Pariser Zunft aufnehmen. Da Oeben eigentlich nicht gezwungen war, diesen Schritt zu unternehmen, läßt sich annehmen, daß er weiterreichende Pläne für die Ausweitung seines Geschäftes hatte. Um die nicht-privilegierte Klientel zu bedienen, mußte er der Korporation angehören. Zugleich wäre dies eine Absicherung gegen die Risiken ausschließlicher Beziehungen zum Hof gewesen. Am 21. 1. 1763 ist Jean-François Oeben gestorben.

Die Familiengeschichte Oebens ist paradigmatisch für zweierlei: für die Wege, die Ausländer bei der beruflichen und individuellen Integration beschritten, und für die Karrieremuster des Alten Handwerks. Oebens Bruder Jean Simon, 1722 geboren, zog nach Paris nach, wo er ebenfalls Ebenist wurde, der Bruder Girard, 1727 geboren, schlug denselben Weg ein. Bekannt ist von ihm, daß er eine Französin heiratete. Die Schwester Marie-Catherine, zweimal verheiratet, ehelichte zuerst den in Paris ansässigen deutschen Ebenisten Martin Carlin und dann Gaspard Schneider, ebenfalls Ebenist in Paris, ebenfalls Deutscher. Jean-François selber heiratete die Schwester des bedeutenden flämischen Ebenisten Roger Vandercruse, Lacroix genannt. Eine der vier Töchter aus dieser Ehe, Victoire, ehelichte einen französischen Juristen, Charles Delacroix de Coutaud. Das Kind aus dieser Verbindung, Jean-François Oebens Enkel, war der Maler Eugène Delacroix. Nach Oebens frühem Tod heiratete seine Witwe den aus Deutschland stammenden Jean-Henri Riesener, dem als Hofebenist eine womöglich noch glänzendere Entwicklung beschieden war. Auch das Kind aus dieser Ehe, Henri-François, machte sich als Maler einen, wenn auch bescheideneren Namen.

Oebens Leistungen als Ebenist waren hervorragend und brachten ihm schon zu Lebzeiten neben guten Aufträgen auch hohe Anerkennung ein. Eine Reihe von ihm geschaffener Möbeltypen, die commode transition, der klassizistische und andere Schreibschränke sowie Eckschränke und Mehrzweckmöbel haben sich als Typ bis ins frühe 19. Jahrhundert erhalten. In seinem Umkreis und seiner Nachfolge tätige Ebenisten aus verschiedenen Ländern hat er nachhaltig beeinflußt. Bei seinem Tode standen in seiner Werkstatt elf Werkbänke mit Zubehör. Unter den namentlich bekannten Gesellen waren zahlreiche Deutsche, Flamen und Schweden. Die Marquise de Pompadour protegierte ihn. In seinen nachgelassenen Geschäftspapieren stehen als weitere Kunden von hohem gesellschaftlichen Rang der Erbprinz von Zweibrücken, die Herzöge von Choiseul, von Burgund, von Chaulnes, von Richelieu, von Bouillon … Auch das *Garde-Meuble de la Couronne,* die für die Ausstattung der königlichen Schlösser zuständige Verwaltung, war vertreten: es stand mit 8 000 livres in der Kreide. Aus den Rechnungsbüchern ergibt sich Weiteres. Will man den Zahlenangaben trauen, entsprach Oebens Geschick als Kaufmann bei weitem nicht seinen handwerklichen und künstlerischen Leistungen. Die Aktiva überstiegen die Passiva nur um ein Geringes. Seiner Witwe gelang es jedoch, mehrere für sie selber sehr günstige Vergleiche abzuschließen, der übliche Ausgang nach dem realistisch-milden französischen Handelsrecht.

V. Schlußbetrachtungen

Die Integration der hier erwähnten Handwerker in das neue gesellschaftliche und kulturelle Umfeld kennt Erfolge und Grenzen. Heiratszirkel tendierten dazu, ethnische Enklaven darzustellen; Landsleute und Verwandte halfen, sich im fremden Land zurechtzufinden; auch war man innerhalb der korporativen Gemeinschaft, fand man einmal den Zugang zu ihr, der Fremdheit der Umgebung weniger ausgesetzt. Jean-François Oeben und andere Deutsche schrieben, was sie in Frankreich zu schreiben hatten, in einem oft phonetischen Französisch. In dem Rechnungsbuch des Ebenisten Jean-François Bayer wird der Graf Saint-Cyr, ein säumiger Schuldner, *Sinsire* buchstabiert. Das mochte einem Franzosen allerdings ebenso unterlaufen, und vielleicht ist die Schriftlichkeit kein letztgültiger Indikator für gelungene Akkulturation. Andere Zuwanderer, wie der Ebenist Gengenbach, französisierten auch ihren Nachnamen und ließen sich Canabas nennen, andere schließlich nahmen am Sturm auf die Bastille teil.

Nicht immer war die Integration unproblematisch. Soziale Konflikte und Gewalttätigkeiten prägten das Leben in der Vorstadt St. Antoine, wo sich Zuwanderer aus anderen Ländern konzentrierten[22]. Auch aus Lyon sind Zwischenfälle überliefert: so drohten 1680 die Bäckergesellen mit dem Auszug nach dem benachbarten Vienne, wenn nicht fremde Gesellen und Lehrlinge ausgeschlossen würden. 1764 protestierten dort die Schlossergesellen, weil ein Meister deutsche Gesellen beschäftigte; 1770 wiederholte sich dies bei den Färbergesellen. Als aus diesem Anlaß ein französischer Geselle von der *Sénéchaussée* verhört wurde, kam es zu folgendem Gespräch: Er, der Geselle, habe bei dem französischen Meister arbeiten wollen, es aber wegen der deutschen Gesellen nicht gekonnt. Darauf die Frage des Beamten, der sich offensichtlich mit den oft blutig endenden Rivalitäten zwischen den unterschiedlichen französischen Gesellenverbindungen auskannte, ob etwas Derartiges die Ursache gewesen sei. Die Antwort: Nein, die deutschen Gesellen würden sich ohnehin nicht um die französischen Verbindungen kümmern, aber sie sprächen eine fremde Sprache und er habe geglaubt, daß diese Fremden sich über ihn lustig machten[23]. Es wird schwerfallen zu unterscheiden, was hier am Werk war, der übliche lokale Protektionismus, der sich in einer angespannten Beschäftigungslage ebensogut gegen Gesellen aus Poitiers oder Marseille hätte wenden können, oder schon so etwas wie ethnische beziehungsweise nationale Ressentiments.

Über Rückwanderungen deutscher Gesellen oder Meister von Frankreich ins Alte Reich läßt sich derzeit wenig sagen. Wir haben einen Einzelfall angeführt, in dem nach einem geschäftlichen Mißerfolg die Flucht zurück angetreten wurde[24]. In anderen identifizierbaren Fällen kam es zu einer wohl von vornherein geplanten Rückkehr: so hatte der Porzellanarbeiter Christian Daniel Busch (1722–1790) 1754 und 1764 nachweislich in Sèvres gearbeitet, ansonsten in Meissen, Wien und Nymphenburg, der Porzellanmaler Wiedner war von 1764 bis 1768 als Spion in Sèvres

---

22 Siehe allgemein MONNIER (wie Anm. 14) sowie A. FARGE und A. ZYSBERG, Les théâtres de la violence à Paris au XVIIIe siècle, in: Annales. Economies, Sociétés, Civilisations 34 (1979), S. 984–1015.
23 Siehe GARDEN (wie Anm. 15), S. 561–571, das Gespräch S. 565.
24 Siehe oben S. 95.

tätig gewesen[25]. Repräsentativ für die Situation im Handwerk kann man dies indes nicht nennen: neben Färbetechnik und Textilfabrikation gehörte die Porzellanherstellung zu dem, was heute als Spitzentechnologie bezeichnet würde. Unabhängig vom direkt meßbaren wirtschaftlichen Nutzen konzentrierte sich die Aufmerksamkeit der Behörden und der ökonomischen Schriftsteller – wie später auch die der Historiker und Kunsthistoriker – auf diese Bereiche, mit dem Ergebnis, daß sie auch in den Quellen überrepräsentiert sind.

Das durchschnittliche Handwerk verbleibt demgegenüber – von Ausnahmen abgesehen – anonym. Noch schwieriger ist es, Aussagen zu treffen, die über das Thema des möglichen Techniktransfers hinausgehen. Helmut Möller hat die Chancen deutscher Handwerker, sich auf ihren Wanderungen über das Berufliche hinaus zu bilden, skeptisch beurteilt[26]. Die Kultur des Alten Handwerks erscheint in der Tat als extrem ritualisiert, in starre Formen gegossen und von der Ablehnung des Fremden, des Andersartigen an sich, geprägt. Die Bildungsvoraussetzungen waren häufig nicht ausreichend, um einen individuellen Beitrag zum Kulturaustausch oder auch nur zur Kulturaneignung zu leisten. Schon Kritiker des Handwerks im 18. Jahrhundert hatten darauf hingewiesen und das Wandern als überflüssig, weil nutzlos für die Fortbildung bezeichnet[27]. Um so aufschlußreicher sind die Fälle, in denen einzelne Handwerker über die professionellen und kulturellen Grenzen, die das korporative System setzte, hinausgingen, um so mehr drängt sich die Frage nach der sozialen und kulturellen Differenzierung innerhalb des Alten Handwerks auf.

Die Quellenlage ermöglicht kein wirkliches Urteil über die quantitative Bedeutung der Handwerkerwanderungen über die deutsch-französische Grenze, ganz zu schweigen von anspruchsvolleren Fragen wie der nach ihrer Bedeutung für den Kulturtransfer. Ein bislang wenig beachteter Nachtragsartikel der Encyclopédie bemerkte lapidar: »... *il y a actuellement en France, & ... il continue d'y arriver journellement une grande quantité d'étrangers, sur-tout d'allemands, tous gens de métier*«[28]. Schon die Größenordnungen der mobilen Bevölkerungsteile sind Gegenstand mehr der Spekulation als der Berechnung. R. Mols schrieb seinerzeit: »Impossible même de hasarder des estimations approchantes«[29]. Die Intensität, mit der Obrigkeiten und Gelehrte der Epoche sich dem Phänomen Handwerk und Handwerkerwanderungen widmen, mag auch trügen. Als verbleibende Größe der sich auflösenden Zunftgesellschaft wie als Element einer die politische Ordnung zukünftig beeinträchtigenden »population flottante« zogen die Angehörigen des Alten Handwerks und insbesondere wandernde Gesellen, gemessen an ihrem Bevölke-

---

25 Siehe Erika PAULS-EISENBEISS, German porcelain of the 18th century, 2 Bände, Fribourg 1972, Band 1, S. 566 f., sowie Meissener Porzellan 1710–1810. Ausstellung im Bayerischen Nationalmuseum München, Katalog München 1966, S. 37.

26 Helmut MÖLLER, Die kleinbürgerliche Familie im 18. Jahrhundert, Berlin 1969, S. 272 ff.

27 Grundlegende Ausführungen dazu sowie zahlreiche weiterführende Angaben über die einschlägige Literatur des 18. Jahrhunderts bei Klaus J. BADE, Altes Handwerk, Wanderzwang und Gute Policey: Gesellenwanderung zwischen Zunftökonomie und Gewerbereform, in: Vierteljahrschrift für Sozial- und Wirtschaftsgeschichte 69 (1982), S. 1–37.

28 Encyclopédie Bd. 17 (1765), S. 804. Der vollständige Wortlaut dieser Textpassage findet sich in der Einleitung zu diesem Band von Jürgen Voss, S. 10.

29 R. MOLS, Introduction à la démographie historique des villes d'Europe du XIVᵉ au XVIIIᵉ siècle, 3 Bände, Louvain 1954–1956, hier zitiert Band 2, S. 349.

rungsanteil und ihrer wirtschaftlichen Bedeutung, eine überproportionale Aufmerksamkeit auf sich.

*

In den Beziehungen zwischen Frankreich und dem Alten Reich im 18. Jahrhundert haben deutsche Handwerker eine durch zwei Faktoren bestimmte Rolle gespielt: Zum einen reagierten sie auf Kräfte, die aus den ökonomischen, technologischen, kulturellen und demographischen Unterschieden resultierten, aber auch auf gewerberechtlich vorteilhafte Angebote der Obrigkeiten. Zum anderen spielten ihre eigenen Pläne, soweit ihre Einbindung in die korporativen Strukturen dies gestattete, eine Rolle. Einige unter ihnen waren bereit, sich aus diesen Bindungen doch weitgehend zu lösen. Die Kenntnisse, die sie nach Frankreich brachten, gingen in die materielle Kultur der Epoche ein. Dafür gibt es direkte und indirekte Belege. Soweit sie ins Alte Reich zurückkehrten, haben sie sicherlich auch Elemente der anderen Kultur zurückgebracht. Über den Nachweis eines in Einzelfällen durchaus relevanten Transfers von technischem Wissen hinaus reicht der Forschungsstand derzeit jedoch nicht. Es bleibt als nicht unangreifbares Indiz das Faktum, daß man in Deutschland großen Wert auf das Wandern der Handwerker ins Ausland legte. Ob der Gewinn an bürgerlicher Bildung, wie der Fürst von Oettingen hoffte, zu einem allgemeinen kulturellen Fortschritt beitrug, ob die Erwartungen die Ergebnisse nicht überstiegen wie bei vielen wohlmeinenden Projekten des fortschrittsgläubigen Aufgeklärten Absolutismus, muß dahingestellt bleiben.

Nach 1800 verbessert sich die Forschungslage erheblich, und auch der Umfang des Austauschs nimmt zu. Dabei kommt der Politisierung der Handwerker eine erhebliche Bedeutung zu, während zugleich die Herausbildung nationaler Antipathien an Gewicht gewinnt. Zugleich relativiert sich die ökonomische Bedeutung des Wissenstransfers auf dem Wege individueller Mobilität, auch wenn diese für die Handwerksgesellen im 19. Jahrhundert zumindest in Frankreich erst richtig bedeutsam wird. Von dort her Rückschlüsse auf die Situation im Ancien Régime zu ziehen, wird deshalb nur begrenzt möglich sein: die Wende vom 18. zum 19. Jahrhundert ist auch für die Geschichte des Handwerks und seines Beitrages zum Kulturaustausch eine Wendezeit.

Résumé français

I Introduction

Le but de l'exposé est d'apporter une contribution à la connaissance des relations économiques, technologiques et culturelles entre la France et le Saint Empire à la fin de l'Ancien Régime en se fondant sur l'exemple de la mobilité horizontale des artisans allemands. L'accent sera mis sur l'intégration d'artisans allemands, en particulier du groupe des menuisiers ébénistes à Paris. A partir d'une analyse des fonctions et des conditions de la mobilité des artisans en général, on traitera d'abord des ébénistes allemands à Paris et ensuite du cas de l'ébéniste allemand Jean-François Oeben. Au lieu d'un bilan, qui compte tenu des recherches et des sources ainsi que de la limitation du sujet traité apparaît prématuré, nous conclurons par quelques remarques et réflexions sur l'acceptation et l'intégration ainsi que sur la problématique du transfert culturel au niveau socio-culturel examiné ici. Cette démarche a été choisie parce qu'elle a l'avantage de nous conduire d'une situation générale qu'on ne peut présenter que de façon plutôt insatisfaisante à un cas particulier mieux documenté.

Quelques remarques techniques liminaires
– On utilise le vocabulaire des États – nations et on parle de la France et de l'Allemagne. Les deux pays
ne représentaient pas, on le sait, deux unités très fortement délimitées l'une par rapport à l'autre,
qu'on pourrait définir linguistiquement, culturellement, politiquement et confessionnellement.
Aucune de ces 4 catégories n'était une barrière infranchissable pour la mobilité des artisans.
– Les notions d'artisans et d'artisanat ont dans la terminologie et dans l'histoire françaises d'autres
connotations que pour le cas allemand. Par conséquent les correspondants linguistiques de l'artisan
allemand – et aussi les correspondances réelles – ont un sens plus large: l'ouvrier peut aussi en faire
partie et un artisan pouvait en France travailler sans difficultés aussi dans une manufacture ou une
fabrique, ce qui pouvait en Allemagne lui coûter son existence et son honneur d'artisan.

II Fonctions et conditions de la mobilité des artisans

La mobilité géographique est au début de l'époque moderne sinon la règle du moins pas une exception.
De nombreux groupes de population étaient mobiles en raison de motivations ou de contraintes les plus
diverses. Les voyages des artisans représentent un cas tout particulier. Les fonctions et les conditions
générales de ces voyages sont extrêmement complexes et se situent habituellement dans un rapport de
dépendance réciproque. La liste suivante ne sous-entend pas une hiérarchie dans l'importance des
facteurs.

1 Economie et technologie

Au XVIIIᵉ siècle existaient des disparités régionales considérables concrétisées par des spécialisations et
des déficits du point de vue économique et technique. Celles-ci furent de plus en plus considérées
comme des avantages ou des inconvénients dans la compétition entre les Etats particuliers. Il en résulta
des tentatives de politique active qui en fonction des possibilités de telle ou telle autorité se révélèrent
plus ou moins conséquentes et de grande portée. Les buts de cette politique pouvaient être contradictoires tant à l'extérieur qu'à l'intérieur: augmentation des exportations, abaissement des importations, essai
d'autarcie – ce dernier point concernant marchandises et savoir. Au niveau de la mobilité des individus,
il s'agissait inversement de l'interdiction des exportations, c'est-à-dire de l'émigration et de l'encouragement à l'immigration. Dans ce cadre les spécialistes de l'artisanat et de la manufacture jouent un rôle
important. Ils étaient d'une part porteurs d'un savoir dont on avait un besoin urgent et d'une force de
travail; d'autre part ils avaient tout au moins au début de leur carrière l'obligation de mobilité.

2 Questions juridiques

L'historien Kurt Hinze a parlé pour le XVIIIᵉ siècle du »travailleur, comme enjeu de la lutte des Etats«.
L'instrument essentiel de cette lutte était les prescriptions juridiques pour et contre les mouvements de
migrations. Il faut faire cependant une distinction entre mobilité temporaire et abandon définitif du pays
dont on était sujet. Aussi bien en France que dans le Saint Empire, ce dernier était rendu difficile par un
renouvellement permanent des décrets quand il n'était pas complètement interdit. Le voyage typique
d'artisan en revanche, dans le meilleur des cas une phase limitée de perfectionnement professionnel se
terminant par une installation comme maître, était soumis à d'autres lois et d'autres intérêts révélateurs
également de leur contradiction. Pour soulager le marché du travail localement et pour la formation
continue des artisans cette mobilité paraissait recommandée, mais en même temps elle était suspecte
parce qu'elle pouvait conduire pour finir à la perte des sujets et du savoir – pour ne rien dire de la
problématique politique que ces existences sans liens signifiaient pour la réflexion de cette époque.
    Le revers de la médaille était la politique de pratiquement tous les gouvernements, qui consistait à
offrir aux arrivants des conditions favorables d'installation et d'intégration (tolérance confessionnelle,
exemption limitée dans le temps de diverses charges civiles, suppression du droit d'aubaine en France).
On attachait beaucoup d'importance au fait que les nouveaux arrivants apportaient en même temps des
nouveaux instruments et de nouvelles méthodes de production.

3 Esthétique et culture/modèles en concurrence

Au plus tard depuis le XVIIᵉ siècle on peut constater dans les différentes »Allemagnes« une animosité
marquée contre ce qui peut être considéré comme le modèle culturel et esthétique français. Pour de telles
controverses entre les deux nations il y avait des arrière-plans réels: la projection de la puissance et des
revendications politiques passait aussi par la domination culturelle et esthétique (ce qui pousse le plus

faible à donner une importance politique à cette domination); une domination de cette sorte s'exprimait aussi dans les chiffres rouges (fiables ou non) des bilans commerciaux.

Traduit en termes de culture matérielle – et dans le monde de l'artisanat – il s'agit de construction de châteaux, de porcelaine, de gobelins, de soie, de bronze doré, de meubles de cour. Entre la France et les divers territoires du Saint Empire néanmoins les décalages liés au niveau de connaissance aux possibilités de production étaient bien moins clairs et évidents que des francophobes allemands ne voulaient bien le voir. Pour les artisans, dont il sera question dans les § III et IV, Paris représentait incontestablement un »pôle d'attraction«.

III Ebénistes allemands à Paris

Par sa dimension et les exigences qualitatives, que formulaient la cour, la noblesse et la bourgeoisie fortunée, le marché de Paris – en tant que marché du travail et marché des produits – était l'un des plus grands d'Europe. Il exerçait une forte attirance sur les artisans allemands, qui au cours du XVIIIᵉ siècle avaient à lutter dans leur propre pays avec le problème de »saturation«, c'est-à-dire marché du travail surchargé et fermeture des corporations. La formation de cercles régionaux et parentaux en particulier dans le Faubourg St Antoine rendait plus facile l'implantation dans le nouvel environnement.

La corporation des ébénistes, exactement des menuisiers ébénistes est pour les raisons les plus diverses particulièrement riche en documents. Sa compétence même si elle n'était pas sans concurrence était la fabrication de meubles de toutes sortes. Les menuisiers fabriquaient des meubles en bois plein et les ébénistes des meubles avec placage la plupart avec un travail plus ou moins exigeant de marqueterie. Dans cette corporation dominaient surtout vers la fin du XVIIIᵉ siècle parmi tous les groupes d'étrangers les Allemands qui certaines années peu avant la Révolution représentait la moitié des nouveaux maîtres inscrits. Ils apportaient, il est vrai, des savoir-faire techniques par exemple dans la fabrication de la marqueterie qu'ils ne pouvaient d'une part en Allemagne mettre en œuvre avec autant de profits et avec lesquels ils étaient supérieurs d'autre part à beaucoup de leurs collègues français.

Les historiens d'art français de Salverte et Denise Ledoux-Lebard ont pu retrouver 89 Allemands qui au XVIIIᵉ siècle surtout à Paris ont réalisé des prodiges comme ébénistes, assurément ce n'était que la pointe de l'iceberg. Toutefois la réussite artisanale et artistique ne signifiait pas forcément succès commercial. Des noms tels que J. G. Beneman, Martin Carlin, Jean-François Oeben et Jean-Henri Riesener sont cependant connus dans l'histoire du meuble de cour au XVIIIᵉ siècle.

IV Jean-François (Johann Franz) Oeben (1721–1763)
Son insertion sociale et professionnelle dans la société parisienne

avant le 9. 10. 1721	naissance
avant 1749	émigration à Paris
1749	Mariage; habite au faubourg St. Antoine, premiers succès professionnels
1752	Mention dans les livres d'affaire de l'important marchand-mercier Lazare Duvaux
11/1751–10/1754	»compagnon ébéniste et Menuisier du Roi«, dans les ateliers du Louvre; locations de locaux personnels
11/1754	nommé ébéniste du roy; domicile et atelier aux Gobelins
à partir de 1756	Locaux à l'Arsenal; reste ébéniste titulaire des Gobelins
1756	Première livraison attestée à la couronne
1760	Droit de résidence à vie dans l'Arsenal
1760	Il reçoit le titre d'ébéniste-mécanicien du roy, commence le travail à sa commande la plus importante, un bureau à cylindre pour Louis XV, terminé après sa mort par Jean-Henri Riesener.
1. 2. 1761	Admission dans la corporation parisienne des menuisiers-ébénistes, ce qui sous-entend d'autres projets commerciaux.
21. 1. 1763	mort

Clients selon les papiers posthumes:
parmi d'autres: Madame la Marquise de Pompadour, le Prince héritier des Deux-Ponts, le Duc de Choiseul, Mgr le Duc de Bourgogne, Madame la Dauphine, le Duc de Chaulnes, le Prince de Soubise, le Duc de Richelieu, le Duc de Bouillon.

Alors que ce bilan artistique, selon le jugement des experts, est excellent, tant en ce qui concerne l'influence sur les contemporains que sur la postérité, le bilan commercial est mauvais, il avait 56481 livres d'actifs face à 55385 livres au passif.

V En guise de conclusion

L'intégration des artisans mentionnés ici dans le nouvel environnement socio-culturel connaît des succès et des limites.

Parfois, il y a des conflits ouverts mais impossible de dire s'il s'agit, dans de tels cas, de xénophobie traditionnelle, de rivalités professionnelles ou d'aversions ethniques, voire d'un nationalisme in statu nascendi. Ce n'est que très rarement que les sources permettent de juger des effets culturees, technologiques ou économiques du retour d'artisans allemands chez eux. A leur époque, l'opinion des experts était bien divisée. En tout cas, la préoccupation des autorités administratives et des écrivains avec le vieux artisanat tend à attribuer à celui-ci plus d'importance qu'il n'en a eu. Des historiens comme Helmut Möller se sont prononcés de manière sceptique sur la capacité des artisans de vraiment profiter des rencontres avec une culture étrangère. D'autant plus remarquable les Oeben et les Rieseners ... ce qui accentue toujours les progrès de la différenciation interne de l'artisanat à la fin du XVIIIe siècle.

L'hétérogénéité dès sources limite dés le début toute recherche approfondie au plan quantitatif. Après 1800, les échanges sont et plus intenses et mieux documentées. Mais les conditions-cadre dans lesquelles se déroulent celles-ci subissent une métamorphose complète.

Jean Meyer

NÉGOCIANTS ALLEMANDS EN FRANCE
ET NÉGOCIANTS FRANÇAIS EN ALLEMAGNE
AU XVIIIe SIÈCLE

L'un des seuls négociants nantais à tirer son épingle du jeu révolutionnaire et impérial est Dobrée. Maire de la ville sous l'Empire, grand armateur français de la pêche à la baleine dans l'Océan Pacifique pendant la première moitié du XIXe siècle, premier inscrit sur la liste des principaux électeurs censitaires, il domine l'époque, jusque dans la politique coloniale française. L'installation de la France dans le Pacifique lui doit beaucoup: page presque inconnue de notre histoire économique. A Nantes, il possède la splendide demeure des Michel de Tharon, l'un des principaux directeurs de la Compagnie des Indes le grand Blottereau: ce pourrait être le symbole de sa puissance établie sur les déboires de celle du XVIIIe siècle. En quoi, direz-vous, cet homme, pour intéressant qu'il soit, intéresse-t-il notre sujet? Nous possédons, à la Bibliothèque Municipale de Nantes, son immense correspondance, et, en particulier, ses lettres de jeunesse. C'est, presque, un conte de fées. Soit un jeune homme pauvre, intelligent, travailleur, qui tombe amoureux éperdu d'une jeune fille de la haute société nantaise, riche et puissante à souhait. Cet amour est d'abord contrarié. Finalement, la persévérance des jeunes gens, qui échangent des lettres passionnées, et par certains côtés, très romantiques, l'emporte: ils se marient. Il est vrai que nous sommes à Nantes où les protestants sont peu nombreux, mais puissants. Et les capacités commerciales et intellectuelles de l'audacieux prétendant finissent par séduire le beau-père, qui ne le regretta jamais. Nous voici au cœur même du sujet: la jeune fille était une Schweighauser. Cette famille est un exemple typique de ce qui se passe au cours de la seconde moitié du XVIIIe siècle dans nos ports atlantiques. Les Schweighauser sont en effet, famille nombreuse, venue d'Allemagne du Sud, avec ses branches suisses et alsaciennes. Elle fait partie de la vague d'immigration qui, à partir de 1748, atteint les ports français de la façade atlantique. L'immigration allemande n'est pas une nouveauté: depuis le Moyen-Age les Allemands du Nord hantaient les ports atlantiques[1]. La nouveauté du milieu du siècle est qu'à cette vague se juxtapose et se superpose une autre immigration, venue cette fois du cœur même du continent, de l'espace sud-allemand, suisse et rhénan-sud. Il en va ainsi du Havre, de Bordeaux et de Nantes, voire de Marseille.

On connaît certes, et de longue date, ces familles, ou du moins quelques-unes d'entre elles. Dans la tradition orale des grands ports, comme dans l'historiographie

---

1 B. M. Nantes, fonds Dobrée. Les Schweighauser apparaissent tardivement ils ne sont pas compris dans la liste des négociants dressée en 1725, A. M. Nantes, CC 484. De manière significative, elle ne comprend que les seuls négociants allemands des villes hanséatiques dont les deux parents Sengstack (Albert-Jean et Pierre) taxés tous deux pour une fortune estimée à 40 000 livres. Les Sengstack ont fait partie des notabilités hambourgeoises jusqu'en cette fin du XXe siècle. Naturellement, les Allemands du Sud sont absents et ceux du Nord sont peu nombreux face aux Hollandais.

du XIXe, comme de la première moitié du XXe siècle, ces familles occupent même une place démesurée. On leur attribue l'essentiel de l'essor du grand trafic colonial. Vieille habitude: à Nantes, cela a été longtemps axiome indiscuté que les familles espagnoles aient, au XVIe siècle, formé un groupe d'immigrés important[2]. Puis ce fut au tour, au XVIIe siècle, d'affirmer la même chose pour les Flamands, les Hollandais – ces derniers, il est vrai, un moment omniprésents, au point de susciter contre eux les plaintes – virulentes – au conseil du roi de l'époque de Mazarin et des débuts du règne de Louis XIV. On a beaucoup moins parlé des Basques: il en est pourtant de très importants, bien en cour à la fin du règne de Louis XIV, comme les Piou et les Descazaux du Hallay; on a encore moins parlé des Irlandais, ces »oies sauvages« qui, tout au long d'un siècle aussi intolérant côté protestant que catholique, ont essaimé pour cause de persécution, de leur Irlande, à l'instar des Jacobites anglais, contre-courant majeur, mais dilué dans l'épaisseur du siècle, de la fuite protestante, qui ne date certes pas de 1685, et ne s'arrête guère que vers les années 1730–1740. Il faut pourtant en rabattre[3].

Les études démographiques menées systématiquement ont montré la faiblesse de l'immigration étrangère, fut-ce dans nos grands ports. Statistiquement, ces immigrants ne pèsent pas lourd. A. Croix l'a montré à l'évidence, pour la Bretagne du XVIIe siècle[4]. Faut-il alors inverser les affirmations? C'est pourquoi, plutôt que de commencer par nous noyer dans les grandes théories, nous avons préféré démarrer sur une anecdote tirée de la vraie vie quotidienne, celle de tous les jours. Car en histoire il ne faut pas confondre les plans. Le quantitatif démographique décrit, avec une précision qui est quasi celle des sciences exactes, les grands flux d'hommes et de femmes. Chaque ville possède son »bassin démographique«, et l'étude de ces bassins souvent concurrents éclaire d'un jour neuf l'histoire des grandes villes: de Bordeaux à Rochefort, de Brest à Rouen. La quantité des hommes et des femmes attirés par les lumières des villes dépend cependant, dans une très large mesure, de la qualité, et d'abord celle des entrepreneurs. Il nous faudra faire, un jour, l'histoire, infiniment difficile des migrations des élites, et surtout les commerciales et industrielles. La force des villes est d'abord celle de leurs entrepreneurs. Or les »bassins démographiques« des entrepreneurs sont totalement distincts de ceux de la population totale. Il faudrait donc pouvoir établir ces champs d'attraction et en expliquer le fonctionnement. L'étendue de ces bassins est, par ailleurs, considérable. De plus, migrations »définitives« et migrations temporaires s'entrecroisent étroitement: les provisoires préparant et accompagnant les définitives.

Une anecdote encore: elle est symbolique. Dans son testament de 1774, l'un des plus grands négociants nantais, Jean-Baptiste Grou, fait des legs d'une importance

2 La question a été faussée par l'importance du personnage de Ruiz, (André) de la famille du grand négociant espagnol du XVIe siècle. Cf. H. LAPEYRE, Une famille de marchands: les Ruiz, Paris 1955; Michel VERGÉ-FRANCESCHI, Les officiers généraux de la marine royale, 1715–1774, Origines, Condition, Services, Paris 1990, tome 3, pp. 1298–1299. Les descendants des Ruiz se sont alliés à la famille Barin de la Galissonière.

3 L'un des plus grands négociants nantais Van Harzel, encore recensé dans la liste précitée note 1 pour une fortune de 400 000 livres, soit au deuxième rang immédiatement après les Montaudoin (600 000 livres), à égalité avec les Sarrebourse d'Audeville, protestant, abandonne Nantes à la suite de tracasseries religieuses peu de temps après 1725.

4 Alain CROIX, La mort en Bretagne aux XVIe et XVIIe siècles..., Paris, 2 tomes 1979.

capitale. C'est que de son mariage avec une Irlandaise, une O'Schiel, il n'a pas eu d'enfants. Il peut donc, sur une fortune globale de plus de 1 500 000 livres, en distraire une partie notable. Peu importe la répartition globale de ces legs. Mais parmi eux, il en est un qui est particulièrement révélateur: il lègue à un petit village des environs d'Amsterdam une somme importante, à répartir entre les plus défavorisés. Or il précise pourquoi: c'est qu'il a vécu, entre 5 et 10 ans, totalement dans ce village, pour apprendre le hollandais. Un autre legs est destiné à une famille d'Amsterdam, qui, après 10 ans, l'a hébergé tandis qu'il y apprenait, en tant que commis, son métier. C'est donc le hasard d'une fortune énorme destinée, en l'absence d'enfants, qui dévoile l'un des dessous de la formation de nombre de grands, et moins grands négociants[5]. Il en va de même des Allemands. La façade atlantique de l'Europe, de Copenhague à Cadix, est parcourue par un flux incessant de négociants, de jeunes gens: cousins et cousines, apprentis-négociants, qui créent à la fois des liens d'amitié, voire, très souvent de parenté. Ce flux est continu, et ne réagit que peu aux guerres[6]. Il s'accompagne de la venue de précepteurs, de gens de métier, ébénistes, décorateurs, etc., ce dans les deux sens. Se créent ainsi des »cercles d'attraction spécifiques«, des régions d'attirance. On peut, à l'heure actuelle, en déterminer quelques-uns:
1) D'abord, d'évidence, l'agglomération parisienne. En dehors des voyageurs classiques, des nobles du *grand tour* européen, des simples curieux, artistes de passage comme Mozart, et tant d'autres, ce sont ici gens de métier qui, quantitativement, prédominent. L'un des cas les plus frappants est formé par le faubourg Saint-Antoine.

2) Les ports de l'Atlantique. Ils ont, depuis le XIVe siècle, constitué des centres d'immigration commerçante. Mais celle-ci provient presque exclusivement de l'Allemagne du nord, c'est-à-dire des ports hanséatiques (au sens très large du terme). Comme souligné plus haut, la nouveauté de la deuxième moitié du XVIIIe siècle réside dans l'apport de l'Allemagne du Sud, de la Suisse comme d'ailleurs de l'Est de la France, de l'Alsace en particulier. A cet égard, Marseille est à citer au même titre que les ports proprement atlantiques, et ce dès le dernier quart du XVIIe siècle. S'y ajoute, évidemment, – et cela est très important – le port du Havre, ce surtout à partir du moment où il cesse d'être port morutier pour devenir, à partir de la décennie de 1730 à 1740, l'un des grands ports coloniaux de la France, soit, à la fois, port de Paris concurrent et filiale de Rouen, et, en même temps, port de réexportation des produits coloniaux vers la mer du Nord et la mer Baltique[7]. Les liens avec les ports du Nord se fondent sur un échange très équilibré: du »Nord«, c'est-à-dire des ports allemands de la mer Baltique proviennent les bois de marine, surtout des chênes (ceux de Prusse sont particulièrement demandés), mais aussi ceux de Pologne exportés par Dantzig, voire de Russie, par Riga, de Suède et de Norvège. Dans toutes ces dernières régions,

---

5 J. MEYER, La famille Grou, Bulletin de la Société d'Archéologie et d'Histoire de Nantes, tome XIC, 1950, pp. 54–65. Issu de la petite bourgeoisie parisienne, Guillaume possède en 1725 environ 60 000 livres – alors que son parent Jean-Baptiste en avoue 140 000. Le testament de 1788 (10 novembre) porte sur plus de 2 millions de livres.

6 André LESPAGNOL (sous la direction de), Histoire de Saint-Malo et du pays malouin, Toulouse 1984, en attendant sa thèse récente, non encore publiée.

7 André CORVISIER (sous la direction de), Histoire du Havre et de l'estuaire de la Seine, Toulouse, 2e édition 1987, notre chapitre les paradoxes du succès havrais, pp. 75–106.

les négociants allemands sont nombreux à participer dans ce commerce de bois, en particulier à Riga, où les corporations de la ville dominent entièrement le marché, et, par là, une bonne partie du commerce du bois[8]. Au bois s'ajoutent le goudron, le bray des forêts, les chanvres et les lins. Enfin, et ce n'est pas le moins important, les grains, que l'on a parfois surestimés, car leur commercialisation semble avoir été beaucoup plus discontinue dans le temps, étroitement liée qu'elle était aux années de pénurie alimentaire de l'Ouest européen, complètent ces cargaisons de la route est-ouest. Au cours de la deuxième moitié du XVIIe siècle, ce commerce est très déséquilibré, en faveur de l'espace nordique, puis, avec la montée du commerce du sucre, puis du café, l'équilibre monétaire (car ces produits sont de forte valeur pour un faible volume) se rétablit, pour pencher de plus en plus en faveur de l'Ouest, la France, principal marché européen, n'étant cependant qu'un parmi d'autres. A la faveur de cette croissance, la comptabilité en partie simple, qui caractérisait encore au XVIe siècle le commerce hanséatique disparaît progressivement en faveur de la comptabilité en partie double, contribuant ainsi à l'homogénéisation assez complète du système.

3) A ces centres d'attraction spécifique classiques, quoiqu'en développement constant s'ajoutent au XVIIIe siècle, des centres divers. Le principal, mis en place essentiellement avec et à partir de la guerre de Trente Ans, est formé par l'Est de la France, soit l'Alsace et plus encore la Lorraine. Les liens de proximité, les commodités de similitude de langage ne sont pas seuls, ni même peut-être principalement, en cause. Si l'Alsace est riche (mais a eu besoin de se reconstituer une prospérité assez longue à venir après 1648), la Lorraine est réputée pauvre, ne se suffisant pas même pour ses propres besoins de grains[9]. Or l'essentiel de l'armée française s'installe dans ces deux provinces leur apportant, et surtout à la Lorraine, un débouché considérable. Ainsi se forme un bassin d'alimentation de l'armée française recouvrant, certes, l'ensemble du nord-est de la France, mais qui déborde très largement sur le sud-ouest du »Reich«. Les chevaux, et surtout ceux de remonte de la cavalerie française proviennent pour une large part de l'Allemagne, tout comme les compléments de grains nécessaires à la fois à la population lorraine, comme aux armées françaises. Il en va de même des foins et de l'avoine. Une partie de ce commerce se trouve entre les

---

8 Abondante litterature soviétique. Sur les problemès du bois de marine, cf. M. ACERRA et J. MEYER, La grande époque de la voile, Rennes 1987 et 1990; Marines et Révolution, Rennes, 1989, et surtout: L'Empire des Mers, Paris, 1990; édition allemande: Segelschiffe im Pulverdampf, Bielefeld, 1990.

9 Sur le commerce du Nord: P. JEANIN, Les marchés du Nord dans le commerce français du XVIIIe siècle, in: Colloque de l'Association française des historiens économistes (Paris 1973), Paris 1975, pp. 47–73; P. BUTEL, Esquisse d'une mesure du rayonnement du bordelais au XVIIIe siècle, in: Colloque de l'Association française des historiens économistes (Paris 1973), Paris 1975, pp. 107–134; P. DARDEL, Commerce, industrie, et navigation à Rouen et au Havre au XVIIIe siècle. Rouen 1946; C. HUETZ DE LEMPS, Géographie du commerce de Bordeaux à la fin du règne de Louis XIV, Paris-La Haye 1975; C. CARRIERE, Négociants marseillais au XVIIIe siècle. Contribution à l'étude des économies maritimes, 2 volumes, Marseille 1973; C. CARRIERE et M. COURDURIE, L'espace commercial marseillais aux XVIIe et XVIIIe siècles, in: Colloque de l'Association française des historiens économistes (Paris 1973), Paris 1975, pp. 75–106; voir dans le même volume la communication de Pierre LEON, Aires et structures du commerce français au XVIIIe siècle. Etc. – A. CORVISIER, Armées et sociétés en Europe de 1494 à 1789, Paris, 1976; L'armée française de la fin du XVIIe siècle au ministère de Choiseul, 2 tomes, Paris 1964 (sous la direction d'A. CORVISIER); Dictionnaire d'Art et d'Histoire militaires, Paris 1988. J. MEYER, Le poids de l'Etat, Paris, 1983.

mains de la puissante communauté juive messine, qui monopolise en particulier le trafic des chevaux[10]. Bois et vins d'Alsace s'exportent par ailleurs par le Rhin: bois de Lorraine, d'Alsace, voire de Forêt-Noire ou de Hesse contribuent, pour une part importante, au ravitaillement de la marine de guerre française, y compris pour les navires construits par l'arsenal de Toulon. Ces problèmes de bois déterminent, en partie, l'activité de la diplomatie française, ce surtout avec les petits princes de l'Allemagne centrale. Ici c'est une société hanovrienne qui contrôle une partie du marché, et est l'objet des sollicitations contradictoires anglaise et françaises, dont les princes de Hesse Kassel profitent sans vergogne[11]. Au total, le système est complexe: la Lorraine, porte de ravitaillement des armées françaises en guerre à l'intérieur du Saint-Empire (plus que l'Alsace) draine ainsi, comme une pompe aspirante des impôts de l'intérieur de la France, et surtout du Bassin Parisien, pour les repomper, comme une pompe refoulante vers l'espace allemand. Cela se greffe, évidemment, sur le commerce »normal«, dont les produits de luxe »parisiens« – et autres comme la soierie lyonnaise – produits de »mode« tant prisés des cours allemandes forment un objet de dépense considérable, qui créé un courant de contre-compensation »spontané«. L'essentiel est de retenir que se forme ainsi un tissu complexe de relations commerciales franco-allemandes, avec tout ce que cela suppose de relations entre négociants et marchands, échanges d'hommes, d'argent et d'idées. En dépit de la situation complexe des frontières douanières (l'Alsace est ainsi province étrangère, avec la Lorraine et la Franche-Comté), il existe une interpénétration économique qui s'accentue au cours du XVIIIe siècle[12].

Le trend ainsi sommairement décrit explique que cette interpénétration économique s'étend au-delà des zones considérées, revigorant par endroits de vieux centres d'attraction. Le plus important est celui de Lyon. Un handicap important existait: Lyon est situé sur la frontière douanière entre les pays de grosse gabelle au nord, et les provinces réputées étrangères du Midi au sud. Lyon est, cependant, traditionellement ville de contact étranger: sans parler des foires du XVIe siècle, la banque installée à Lyon a joué, et joue aux XVIIe–XVIIIe siècles, un rôle non négligeable[13].

Cette énumération démontre, en tout cas, l'élargissement considérable de la zone d'immigration allemande en France. Elle est, en outre, favorisée par une certaine immigration française en Allemagne. La principale, on le sait, est représentée par l'émigration protestante, avant, et après la révocation de l'édit de Nantes (1685). Le total en a été, à la suite des estimations – finalement assez fantaisistes – de Vauban (350 000 à 500 000 personnes) – fortement surestimé. Ce semble n'avoir guère dépassé les 250 000 unités, assez largement réparties sur l'ensemble du XVIIe siècle, avec une frange minime pendant la première partie du XVIIIe siècle. On sait que si la

10 Thèses en cours.
11 G. LEONHARDT, Les relations diplomatiques franco-hessoises au milieu du XVIIIe siècle, mémoire de maîtrise sous notre direction, Paris 1990.
12 Les importations de luxe françaises ont tôt fait l'objet d'une contre-propagande émanant des milieux caméralistes: en dehors de la critique morale sur la »vanité« de ces produits, le but est évidemment de diminuer les sorties de métal précieux. Avec la guerre idéologique révolutionnaire, on assiste à une véritable campagne de presse et de libelles: s'ajoutent aux thèmes économiques et moralisateurs l'idéologie contre-révolutionnaire. Nous remercions très vivement notre collègue Jürgen Voss de nous avoir communiqué nombre de renseignements et de documents à ce sujet.
13 R. GASCON, Lyon au XVIe siècle..., Paris, 2 volumes 1979.

persécution généralisée a cessé assez tôt – en fait dès la guerre de la Ligue d'Augsbourg (1688) – elle s'est, en revanche, prolongée sporadiquement, avec des décalages géographiques importants, jusque vers le milieu du XVIIIe siècle. Une partie seulement de ces départs français se dirige et se fixe en Allemagne. Osons avancer un chiffre, hautement discutable, peut-être de l'ordre de 70 à 80000 personnes. Il est vrai qu'il faut faire abstraction du XVIe siècle, qui a connu une première émigration, mal connue, difficilement appréciable se dirigeant d'ailleurs de préférence vers l'Angleterre. Or cette première émigration, avec une importante proportion de »Wallons« est trop souvent confondue, au XVIIe siècle, avec celle résultant de la politique anti-protestante de Louis XIV. Signalons, en passant, que la France bénéficie, en revanche, de l'immigration des éléments catholiques anglais (Jacobites) et surtout irlandais, dont l'importance quantitative et qualitative est considérable: les capitaux de cette origine ont joué un rôle important dans le développement maritime français de la première moitié du XVIIIe siècle[14].

Il est évident que cette émigration »huguenote« s'est, très largement, dressée, pour des raisons aisément compréhensibles, contre la France. Les évaluations concernant la perte de substance humaine, celle aussi du dynamisme économique et intellectuel ne manquent pas. La mesure de l'apport protestant à l'Allemagne a donné lieu, récemment, à beaucoup d'ouvrages très utiles: ils démontrent que la perte de substance française a profité à divers »refuges«, et qu'en fin de compte, cela a joué contre la France. L'exemple le plus récent est donné par la thèse de L. Bély, qui, entre autres, démonte les mécanismes de l'espionnage protestant français au détriment de la politique de Louis XIV, espionnage dirigé d'Amsterdam, sans qu'on l'ait jamais soupçonné, par le célèbre pasteur Jurieu[15]. Mais il est cependant des contre-parties trop rarement soulignées. Les huguenots réfugiés à l'étranger ont souvent conservé avec la famille demeurée en France, et la paix une fois rétablie après 1713–1714, des rapports commerciaux très importants, et d'autant plus mal connus. Il suffit ici d'évoquer un cas, parmi beaucoup d'autres: celui de J. Boué. Parti de son Bergerac natal comme jeune homme sans grande fortune, il se retrouve, en 1715, parmi les notabilités hambourgeoises, et possède l'un des plus grands, sinon le plus grand chantier naval hambourgeois. Or, entre 1720 et 1730, avant que la Compagnie des Indes Orientales n'entreprennent de construire ses propres navires, c'est à Boué que s'adresse la Compagnie pour construire son premier »stock« d'une dizaine de gros navires. Ce qui témoigne d'abord de l'excellence de la qualité des navires construits à Hambourg, mais aussi, et plus encore, de l'intimité des liens qui, à cette date, tissés entre les mileux financiers parisiens (car la Compagnie des Indes est d'abord parisienne avant d'être ensuite nantaise et malouine) et certains milieux, au moins,

14 Le tri-centenaire de la révocation de l'édit de Nantes a donné lieu tant en Allemagne qu'en France, à une abondante littérature bien connue. Mais la mesure de l'importance quantitative de la migration protestante, comme d'ailleurs celle des Jacobites et des Irlandais reste encore très largement à faire.
15 L. Bely, Espions et ambassadeurs au temps de Louis XIV, Paris 1990, pp. 193–200: le refuge face à Louis XIV; voir encore: Warren C. Scoville, The Persecution of Huguenots and French Economic Development, 1680–1720, Berkeley-Los Angeles 1960; Edition C.N.R.S./I.H.M.C.: Le refuge huguenot en Allemagne – Paris 1981; M. Magdelaine et R. von Thadden, Le refuge huguenot (1685–1985), Paris 1985; Myriam Yardeni, Le refuge protestant, Paris 1985; etc.

huguenots, de l'émigration protestante française[16]. Car ces émigrés n'ont pas toujours été nécessairement, et systématiquement hostiles à leur patrie, surtout une fois mort l'auteur de la révocation de l'Edit de Nantes. Les liens familiaux plus ou moins conservés, ou rétablis une fois le gros de la persécution passé, ou liens commerciaux parfois plus forts encore, ont maintenu, voire développé des relations commerciales durables et, par conséquent, des possibilités d'echanges de personnes, donc de l'immigration allemande en France.

Il semble s'être créé ainsi un effet d'auto-entraînement progressivement accéléré, que même les évènements révolutionnaires n'ont pas suffi à effacer totalement. Que, par ailleurs, l'Allemagne »moyenne«, plus ou moins habituée à la »cohabitation«, y compris politique, entre catholiques et protestants, fût, à son tour, entraînée dans l'attirance des centres d'attraction français n'a rien que de normal: ceux-ci étaient particulièrement bien placés pour s'insérer dans un milieu majoritairement catholique[17]. D'où aussi le rôle tellement mal connu de l'immigration suisse dans la France négociante et commerçante. C'est un chapitre méconnu: on ne veut voir dans la Suisse des XVIIe et XVIIIe siècles que le grand réservoir de l'immigration – par nature essentiellement temporaire – des mercenaires. On perd de vue que même cette émigration comporte un aspect commercial capital: le paiement des soldes représente pour ce pays montagnard, finalement peu adapté à la civilisation rurale de l'époque moderne, et vite exposé à la surpopulation rurale, un élément essentiel de l'excédent de la »balance des comptes«. L'évolution probable est cependant régressive. La montée des armées »nationales«, du XVIe au XVIIIe siècle, va de pair avec une amélioration assez évidente de la production globale de la Suisse. D'un côté, le nombre de mercenaires va décroissant dans les grandes armées. D'un autre la guerre d'Indépendance Américaine conduit, finalement, avec les scandaleuses ventes de régiments entiers à l'Angleterre, ce de la part de princes allemands comme ceux de Hesse-Cassel, à dévaloriser l'image même du mercenaire. Ce n'est pas un hasard si c'est en Angleterre, dans la chambre des Communes, que le mot de mercenaire prend pour la première fois, une connotation fondamentalement négative. Il est vrai qu'en France, cet aspect péjoratif, issu des sermons des orateurs sacrés, s'est instauré dès l'époque de Louis XIV. Fléchier s'écrie ainsi: *C'est* (une armée) *multitude d'âmes pour la plupart viles et mercenaires qui, sans songer à leur propre réputation, travaillent à celle des rois et des conquérants* (Oraison funèbre de Turenne). Avec les évènements des mois de juillet 1789, cette dérive sémantique s'accélère de manière foudroyante, et dans son »Essai sur la Satire«, M. J. Chénier peut écrire: *gorgé de honte et d'or, un impudent Maurice, du pouvoir, quel qu'il soit, adorant le caprice, de tout parti vaincu mercenaire apostat, peut vendre ses amis comme il vendit l'Etat.* Nous voilà loin de la Bible de Sacy qui traduit, dans l'Ecclésiastique, en une condamnation au son pourtant très contemporain tel que: *celui qui répand le sang et celui qui prive la mercenaire de sa récompense sont frères.* Peut-être que cette évolution-dérive explique, en partie, pourquoi on prend si peu notice de l'immigration suisse[18]. Il est vrai qu'il est d'autres raisons: la mise en valeur de l'économie

---

16 P. HAUDRÈRE, La compagnie française des Indes, Paris 1989 et thèse en cours sur Lorient.
17 Thèse sur Augsbourg par E. FRANÇOIS, à paraître.
18 Voir les différents dictionnaires étymologiques.

montagnarde a, du XVIe au XVIIIe siècle, beaucoup progressé. En sorte que le mercenariat a beaucoup perdu de son attrait et plus encore de sa rentabilité. Cela est très net dans le recrutement des régiments »étrangers« par l'armée française. En 1789, le nombre des volontaires étrangers a beaucoup diminué, en dehors des Suisses: il faut désormais faire appel aux volontaires de la France de l'Est, en particulier aux Alsaciens, pour compléter les effectifs, par exemple, ceux du »Royal Etranger«. Avec la Révolution française, ce recrutement étranger effectif, sans tarir complètement, se raréfie: il s'agit là d'une histoire complexe, avec, en fonction du développement des évènements militaires de l'époque napoléonienne, des hauts et des bas. Mais, à partir de 1815, la »nationalisation« – au sens recrutement du terme – est désormais telle qu'il ne peut plus être question, dans aucune armée européenne, de l'existence d'un groupe de mercenaires très important. Sous la Monarchie de Juillet, la création de la Légion Etrangère ne représente plus qu'un apport quantitativement limité, à la zone de recrutement d'ordre plus »sociologique« que véritablement géographique. Il n'en demeure pas moins qu'en 1789 encore, cet apport étranger représente plus de 10 % – contre 27 % dans l'armée de Louis XIV. Or ces mercenaires demeurent en partie dans le pays qu'ils ont servi de leur courage: ils forment un aspect important de l'immigration en France[19]. C'est une immigration de soldats, mais les cadres supérieurs n'en sont point absents. Et l'Allemagne en a longtemps fourni une importante proportion. Il est vrai que cette observation vaut plus pour le XVIIe que pour le XVIIIe siècle, et a été considérablement freiné par la révocation de l'Edit de Nantes. Le mercenariat allemand a d'ailleurs culminé avec la guerre de Trente Ans: l'amélioration de la situation économique en Allemagne même en a beaucoup réduit l'importance: c'est »une industrie des pays pauvres et surpeuplés«. La Suisse occupe en France une place privilégiée: il a existé des régiments suisses dans l'armée française de 1496 à 1792, puis de 1815 à 1830. On estime que sur les 400 000 Suisses qui ont, du XVIe au XVIIIe siècle, servi dans les armées étrangères, 40 %, soit 160 000 ont servi en France, formant une véritable armée dans l'armée. Combien d'entre eux ont-ils fait souche en France? Ils se sont d'ailleurs heurté, au début de la Révolution, à une véritable hostilité de la part d'une partie de la population parisienne, et leur fidélité à la foi jurée envers le roi, la défense des Tuileries (le 10 août 1792) a abouti à un véritable massacre, en sorte que les citoyens du pays de Guillaume Tell, incorporés dans le mythe révolutionnaire, ont fait retour à leur pays. Notons, enfin, que la présence de la principauté de Neuchâtel, sous souveraineté prussienne (1707–1806) a parfois consisté pour les Allemands, une zone de transition, entre le Reich et la France.

L'Allemagne du sud et la Suisse, qui, pour l'époque, en France, sont considérés comme faisant partie d'un seul ensemble géographique, n'ont cependant pas fourni que des soldats et des officiers. La renommée des ébénistes allemands est ancienne, remontant au moins jusqu'à l'époque de Louis XIV. Leur savoir-faire a été très favorisé par l'exubérance du baroque et du rococo allemands du XVIIIe siècle. La méthode de »l'intarsia« = marqueterie s'est considérablement développée au XVIIe

19 Fritz REDLICH, The German Military Entrepriser and his Work Force. A Study in European economic and social History, Wiesbaden, 2 volumes 1964; A. CORVISIER, Dictionnaire d'Art et d'Histoire militaires (voir n. 9) articles mercenaires, Suisse etc.

siècle à partir du moment où le traditionnel couteau à sculpter a été remplacé par les fines scies de marqueterie. D'abord uniquement réservé (le procédé est, on soi ancien, et remonte à l'Antiquité) au mobilier religieux, il s'est pendant la période de l'art baroque et »rococo«, étendu au mobilier laïc, d'abord princier, puis bourgeois. Les menuisiers et ébenistes allemands y ont excellé. Installés, comme déjà relevé, dans le faubourg Saint-Antoine (dont ils constituent jusqu'au XIXe siècle inclus, l'un des fers de lance de la contestation révolutionnaire et sociale) ils ont profondément marqués l'évolution des arts décoratifs français. Qui ne connaît les grands noms d'Oeben ou de Riesener? Ce dernier, élève d'Oeben, était né à Gladbeck, près d'Essen en 1734; directeur de l'atelier *royal* d'Oeben de 1774 à 1784, il est l'un des inventeurs du style Louis XVI. Il s'agit là d'une belle continuité familiale, Riesener ayant épousé la veuve d'Oeben. Ce dernier, né en 1720, avait été l'élève de Boulle et son mariage, en 1749, avec la sœur de Roger Van der Cruse (dit Lacroix) lui a permis de mieux s'insérer dans le contexte social de l'ébénisterie française. On s'étonnera sans doute de l'insistance que nous mettons sur le personnage d'Oeben: or la fille d'Oeben, Victoire Oeben, n'est personne d'autre que la mère du peintre Delacroix. Il est une autre raison encore: Oeben n'est pas simplement ébeniste, il doit largement aussi ses succès à la qualité de ses mécanismes de serrurerie[20]. C'est, en fait, un technicien, issu de cette Allemagne de civilisation forestière, habile à manier le bois, et en même temps minière, avec sa tradition séculaire dans les arts de métaux. Le bronze est le complément du meuble. Sans doute toute l'Europe d'Ancien Régime repose-t-elle sur le bois: on ne dira jamais assez combien l'Europe, et surtout celle du Nord, est art et civilisation du bois. En ce domaine cependant, le Français est aux antipodes de l'attitude révérencieuse de l'Europe centrale envers la forêt, qui culmine dans le romantisme des Eichendorff comme du »Freischütz« (Weber): or le paysan français est, fondamentalement, ennemi de la forêt. Ce contraste frappait déjà Montaigne dans ses périgrinations à travers l'Allemagne du Sud au XVIe siècle, tout comme Stendhal, intendant dans la région de Brunswick sous le régime napoléonien. L'on peut, sans doute, rapprocher les faits ainsi énumérés: c'est vers la fin du XVIIIe siècle, par l'intermédiaire du duché de Lorraine de Stanislas Leczinski, que s'est introduite la véritable sylviculture moderne, qui demeure à la base de nos Eaux-et-Forêts, comme étant la seule, – si l'on ose ici cet anachronisme apparent – législation »écologique« véritablement adaptée à la nature même des arbres et des forêts. La législation colbertienne n'est, en effet, que la suite juridique de celle d'un XVIe siècle qui, prônant les »coupes à blanc« était aussi peu adaptée que possible à la réalité naturelle. Et l'on chercherait en vain dans la littérature française du XIXe siècle l'équivalent de la présence permanente de la forêt dans la littérature allemande du même siècle[21]. Ainsi, apparemment, la civilisation du bois n'a touché la France qu'en ses sommets d'art »décoratif« dans le mobilier du XVIIIe siècle. Cette lacune d'influence est, cependant, plus que contre-balancée par l'influence de la technique de la sylviculture d'Allemagne du Sud. S'est créé ainsi, au-delà de l'influence

---

20 De SALVERTE, Les ébénistes du XVIIIe siècle, Paris 1934; H. HUTH, Möbel von D. Roentgen, Francfort 1955; A. FEULNER, Kunstgeschichte des Möbels, Berlin 1927; et surtout les travaux de VERLET.
21 André CORVOL, L'homme aux bois. Histoire des relations de l'homme et de la foret XVIIe–XXe siècle, Paris 1987; MONTAIGNE, Journal de voyage en Italie; STENDHAL, Voyage à Brunswick (1808) in: Œuvres intimes (V. DEL LITTO), La Pléiade, Paris 1981, pp. 1030–1048.

institutionnelle, un petit courant d'immigration de forestiers allemands, quasi inconnus, mais ceci surtout au XIXe siècle.

Peut-on en dire autant de l'art des métaux? L'Allemagne, grâce à ses mines, surtout de Saxe, a été l'initiatrice européenne de la technique minière européenne. On sait cependant qu'en ce domaine la France n'a eu longtemps qu'une technique minière limitée du fait de la médiocrité de ses gisements. Quant à la technique du bronze, elle est surtout fille de l'Antiquité. L'Allemagne a été, cependant, le pays des fabriques d'armes et d'artillerie au XVIe siècle, livrant encore jusque dans les années 1660, une bonne, sinon la majeure partie (avec Liège) de l'armement français. C'est à Louis XIV que revient le mérite d'avoir établi en France une puissante industrie d'armement susceptible non seulement de suffire aux besoins de l'armée nationale, mais encore capable d'exporter. Or ce développement a été, en partie, acquis par l'immigration de techniciens allemands, surtout des Saxons. Malheureusement, l'on connaît fort mal toute cette immigration de haute qualité. Mais ce n'est pas sans intérêt que l'un des novateurs les plus importants en matière d'armement du XVIIIe siècle ait été le Suisse Maritz, l'un des grands oubliés de nos dictionnaires et encyclopédies. Si l'artillerie a pu, au cours du XVIIIe siècle, se »standardiser«, c'est grâce au procédé Maritz, qui consistait à forer les tubes coulés pleins, donnant ainsi à »l'âme« des canons une régularité jamais encore atteinte, Maritz a été l'un des grands rénovateurs de la technique de fonte et de forage, sans laquelle jamais la réforme Gribeauval n'eût pu avoir lieu[22].

On commence ainsi à entrevoir l'un des aspects majeurs de l'immigration allemande en France: elle est, en grande partie, une immigration de qualité, donc individuelle, mais utilisant largement les contacts établis tant par le négoce allemand en France que le négoce français en Allemagne, tout en étant, par ailleurs, liée au monde des cours. Avec, d'une part, l'énorme puissance financière (relative) de l'unique cour de France, et d'autre part, la multiplicité des cours allemandes. Notons, en passant, que l'on peut se poser la question de savoir quelle a été, globalement parlant, la capacité financière de l'ensemble de ces cours allemandes et de ces »Residenzstädte«; elle est probablement très supérieure, en fin de compte, mais dispersée, »décentralisée«, avec la variété de choix et de goûts, comme de retombées techniques que cela permet. Il est, sans doute, des immigrations plus »massives«. La Bretagne en fournit un bel exemple. Les mines de plomb argentifère de Basse-Bretagne (Huelgoat) et de Haute-Bretagne (au sud de Rennes à Pontpéan) rouvrent au XVIIIe siècle et donnent lieu à une exploitation importante, généralement méconnue par l'histoire économique. Or ces mines absorbent un ou deux milliers de mineurs d'origine saxonne. Ils sont logés dans de véritables cités ouvrières standardisées, avec leurs installations particulières. Aussi le paysage »minier« de ces régions est-il marqué par l'influence technicienne (canaux, roues hydrauliques, techniques d'exploitation des mines etc.) et humaine de populations saxonnes. Localement, l'influence a été très forte; mais elle se superpose à un paysage antérieur (les mines avaient fait l'objet d'une intense exploitation dans l'Antiquité, le Moyen-Age et le XVIe siècle), comme à un espace géographique rural bocager, à l'intérieur duquel elle s'insère en »isolat«, en îlot hétérogène, naturellement à la merci d'événements

22 A. CORVISIER, Dictionnaire d'Art et d'Histoire militaires (voir n. 9) pp. 74–75.

économiques ou politiques. Peut-on cependant relever que ce n'est pas une nouveauté absolue? Les derniers ducs bretons, et en particulier la reine Anne de Bretagne, avaient déjà fait appel à des spécialistes miniers et d'armement saxons. De même d'ailleurs qu'il n'avait pas manqué à Nantes de négociants allemands au XVᵉ siècle: la famille Fouquer de Kersalio, maintenue noble lors de la grande réformation de la noblesse du début du règne de Louis XIV, l'avait été en fonction de la descendance (vraie ou prétendue?) avec les célèbres Fugger d'Augsbourg. Peu importe ici la véracité du fait: il est révélateur qu'en plein milieu du XVIIᵉ siècle, l'on puisse, sans invraisemblance, faire appel à cette possibilité de descendance, et que l'argument ait pu avoir été reçu par les magistrats du Parlement de Bretagne qui faisaient partie de la commission. Les intendants, plus tard, confirmèrent...[23]

*

Quelle a été l'influence de la Révolution et de l'Empire sur cette immigration? Bornons-nous ici à relever quelques traits qui nous semblent caractéristiques. La Révolution française a suscité, à ses débuts, un intense mouvement d'intérêt en Allemagne. Il s'est traduit par l'arrivée massive de jeunes gens venus sur place voir le nouveau règne de la Liberté et y participer. La plupart en furent rapidement désenchantés, et ce désenchantement a été pour beaucoup, avec l'invasion française, qui passe le Rhin sous le Directoire, dans le mouvement tant romantique que nationaliste allemand. La question a été l'objet, tant en Allemagne qu'en France, d'une abondante littérature suscitée par le bi-centenaire. On renvoie donc à cette masse de livres. On a moins étudié la période suivante, et ce n'est pas la moins intéressante[24].

Le phénomène principal est la durée de la guerre navale franco-anglaise, commencée en 1793, achevée seulement en 1815. Elle se traduit par l'effondrement de la marine de commerce française. Ainsi les ports atlantiques, privés à la fois de Saint-Domingue comme de la deuxième place dans le transport maritime mondial, perdent la majeure partie de leur intérêt pour le négoce et le commerce allemands. Certes, l'immigration – temporaire – se maintient un certain temps. Quand, en 1793, le deuxième partage de la Pologne rattache Dantzig à la Prusse, le négociant Schopenhauer envoie son fils faire son apprentissage – manqué – de négociant au Havre. On se demande d'ailleurs ce que l'on pouvait, dans une ville sinistrée par la guerre navale, encore apprendre en fait de négoce. La promenade au Havre de Stendhal dit bien, quelques années plus tard, la désolation totale[25]. De même, quand, après la flambée de passion entre le jeune Hölderlin avec la femme du banquier Gontard à Francfort, il faut soustraire le poète au danger d'arrestation (il avait comploté contre le duc de Würtemberg), on l'envoie à Bordeaux en tant que précepteur du consul de Ham-

---

23 Sur les mines bretonnes du XVIIIᵉ siècle: E. THIBOT, L'ingénieur Laurent, thèse Lille, 1978; et surtout thèse de MONANGE, Les mines de Huelgoat, thèse de troisième cycle inédite, Brest, 1972. Sur les prétentions augsbourgeoises des Fouqquer de Kersalio: J. MEYER, La noblesse bretonne au XVIIIᵉ siècle, Paris, 2 volumes, 1966 et 1989, tome I, pp. 310, 317, 342.

24 Par exemple Friedrich EBERLE et Theo STAMMEN, Die französische Revolution in Deutschland: Zeitgenössische Texte deutscher Autoren, Augenzeugen, Pamphletisten, Dichter und Philosophen, Stuttgart 1989.

25 STENDHAL, Œuvres intimes, op. cit. in note 21, Voyage au Havre (1811), pp. 1080–1092.

bourg à Bordeaux (hiver–printemps 1802). On sait si peu de choses sur cet épisode, que l'on ne fait qu'entrevoir à travers quelques allusions de ses poèmes (»Rückkehr in die Heimat«), soit à travers une si vive nostalgie. Bordeaux, en 1802, connaissait un dernier épisode de retour à une »normale« commerciale et le consul de Hambourg avait, pour une dernière fois, beaucoup à faire...[26]

Il n'en sera plus de même avec l'Empire. Désormais l'un des centres d'attraction majeur de l'immigration allemande va, pratiquemment, disparaître. Les grands ports français de la façade atlantique, et même Marseille, vont cesser d'etre attirants. Le commerce du sucre et du café échappent au monopole antillais, devenus lieux de production secondaire, protégés de la concurrence internationale, de l'Amérique du Sud en particulier, par de sévères et très restrictifs droits de douane français, qui ont pour conséquence une guerre commerciale et douanière très préjudiciable, au commerce maritime français, en particulier aux vins de Bordeaux. Le sucre a d'ailleurs très rapidement cessé d'être l'un des objectifs majeurs du grand commerce mondial; la montée de l'industrialisation le relègue, et plus encore le café, au rang de produits seconds, ce en dépit de la croissance rapide de sa consommation. Les ports français atlantiques ne retrouvent leur tonnage de 1789–1792 que vers 1827, alors que le commerce mondial n'a cessé entre temps, de progresser de plus en plus rapidement. Les colonies allemandes de la veille de la Révolution se sont dispersées, et ne demeurent que les rares représentants du commerce nordique. Tout a été, ou presque effacé. L'Ouest français, et surtout le Sud-Ouest, retombent progressivement, en dehors de l'économie de marché, et retournent partiellement dans l'économie sinon de subsistance, du moins de large auto-satisfaction de niveau modeste. Ainsi, toute la moitié Ouest de la France a cessé d'être zone d'attraction majeure.

La politique napoléonienne, et les conséquences du blocus continental, déterminent, en revanche, une réorientation de l'immigration allemande. L'Est de la France augmente son rayon de »recrutement«. Certes l'armée française se répartit à travers toute l'Europe. Mais l'ouverture, fût-elle limitée, des frontières terrestres, l'orientation de l'économie française vers l'Europe, avec l'amélioration des liaisons routières, l'annexion de la rive gauche du Rhin: tous ces facteurs contribuent, de 1795 à 1815, à favoriser la façade continentale de la France, et, par conséquent, à attirer nombre de négociants et d'immigrants allemands. Le cas du vignoble champenois est typique: le mouvement, amorcé dès la deuxième moitié du XVIIIe siècle, d'établissement de capitaux allemands dans la champagnisation se développe au cours du Ier Empire. Il en demeure, jusqu'à nos jours, des traces très perceptibles dans les noms des grandes marques de champagne. Il en est ainsi dans nombre de secteurs. Le mouvement, cependant, ne perdure pas: le brutal renforcement des frontières douanières, esquissé d'ailleurs par la formation, à partir des réformes de la Constituante, d'un grand marché national français, n'est, nulle part, très favorable à l'internationalisation des économies. C'est, par ailleurs, un mouvement réciproque – les petits Etats de l'Allemagne du sud, tendant à renforcer ainsi leur indépendance – trouve son écho dans le fort mouvement protectionniste qui, en dehors de l'épisode libre-échangiste imposé par le Second Empire, caractérise la France du XIXe siècle. Prenons – au

---

26 P. BERTAUX, Hölderlin. Essai de biographie intérieure, Paris 1936; Hölderlin. Beiträge zu seinem Verständnis in unserem Jahrhundert, Tübingen 1961.

hasard, un exemple parmi d'autres. Dans la ferronnerie, l'art du métal par excellence, la France n'avait trouvé son style propre qu'au cours du XVIIe siècle, tandis que les spécialistes allemands avaient développé, de leur côté, une production de très haute qualité moyenne, se singularisant de l'évolution européenne. L'âge d'or correspondant se trouve en France seulement au siècle suivant (de même qu'en Angleterre), alors que la ferronnerie allemande continue sur sa lancée, tout en s'orientant vers le trompe-l'œil, et les volutes décoratives du rococo. La coupure s'approfondit à la fin du siècle; pour déboucher au début du XIXe siècle sur la disparition quasi totale, dans toute l'Europe, de la ferronnerie classique, tuée par l'évolution technique: le moulage de la fonte rend le travail du métal non rentable, frappant de décadence tous les pays d'Europe[27]. Ainsi l'industrialisation accélérée, en faisant disparaître, en partie, les grands métiers artistiques – l'un des domaines les plus évolués des échanges humains et commerciaux franco-allemands –.

Or l'Allemagne dispose, en ce domaine, de quelques domaines très spécialisés. Dès l'époque de la Régence la coutellerie de Solingen est assez largement orientée vers le marché français, fondée sur une correspondance dont subsistent quelques fragments. Cette avance, d'abord limitée aux XVIIe/XVIIIe siècles à quelques secteurs restreints (comme par exemple le fer blanc que Colbert tente en vain, en dépit de ses efforts, d'introduire en France) s'élargit progressivement à d'autres domaines de plus en plus industriels. Mais ceci constitue une toute autre histoire, spécifique du XIXe siècle.

*

S'esquisse ainsi une géographie dynamique des rapports et des échanges commerciaux franco-allemands du XVIIIe siècle: géographie très contrastée, mouvante, changeante. Le négoce proprement dit y joue un rôle considérable, remplacé au XIXe siècle par l'industrie et le représentant de commerce allemand. Il importe cependant de distinguer entre échanges n'entraînant que des immigrations temporaires de celles définitives. Les premières préparent certes, souvent, les secondes. Ce n'est pas nécessairement toujours le cas.

Les immigrations durables posent, en effet, le problème difficile, de l'assimilation. La pierre de touche en est le mariage. Comme cette immigration est, comme on vient de le constater plus haut, non point une immigration massive, mais bien plutôt une immigration individuelle, tout au plus de petits groupes, le fait aussi de techniciens déjà très spécialisés, – et attirés justement par les perspectives offertes par cette spécialisation – la recherche en est d'autant plus difficile et délicate. Il ne suffit, en effet, pas de dominer les langues. L'internationalisation très large du milieu de négociants entraîne, en effet, un multi-linguisme très large, dans lequel domine, au XVIIe et au XVIIIe siècles, le hollandais, l'anglais et le français (ce dernier en tant que langue culturelle dominante) et – on l'oublie de trop – en tant que langue du plus important (et de loin) marché de l'Europe. La formation technique des négociants atlantiques est internationale: il ne suffit cependant point qu'un Guillaume Grou possèdât à fond le hollandais, qu'il ait même passé l'essentiel de sa jeunesse et de son adolescence en Hollande, pour en faire un Hollandais. Son mariage avec une descendante d'Irlandais n'a pas de conséquences. Il est intéressant de reprendre dans

---

27 L. BLANC, Le fer forgé en France, Paris-Bruxelles, 1926; O. HÖVER, Das Eisenwerk, Berlin 1927.

ce contexte les cas déjà évoqué du mariage Dobré-Schweighauser. Dobrée est Français, Mlle Schweighauser appartient déjà à la deuxième génération d'immigrants; elle est déjà, en soi, assimilée, comme en témoigne sa correspondance. Il subsiste certes des germanismes typiques, Dobré n'est pas, de son côté, insensible aux vertus de la langue allemande. Mais même la correspondance amoureuse, bel exemple révélateur d'un mariage d'amour que l'on ne soupçonnait guère en ce milieu par définition orienté vers les mariages de raison, voire primordialement d'intérêt, se fait en français. Madame Dobré sera pleinement et presque totalement intégrée à la société française. Il en est probablement de même pour le mariage Oeben, et plus encore celui de Riesener. Ce qui n'est pas le cas du plus grand ébéniste allemand du XVIIIᵉ siècle, David Roentgen. C'eût pu être le cas. Né en 1743 à Herrenhag, près de Francfort sur le Main, il est formé à l'école de son père, il évolue dès l'abord dans l'univers des formules stylistiques franco-anglais, première étape possible d'une assimilation éventuelle. Sa clientèle allemande l'oblige naturellement à suivre l'évolution spécifique du marché allemand: du rococo au style Louis XVI, dans lequel il se spécialise à l'échelle européenne (à Neuwied). En 1779, il fonde à Paris une succursale de vente qui perdure jusqu'à la Révolution française. La perte du marché parisien le détermine, en 1790, à ouvrir une autre succursale à Berlin, en restant cependant toujours dans le cercle d'une clientèle de Cour et nobiliaire. En fait, il domine un marché international, allant de Saint-Petersbourg à Paris et à Londres. Ce jusqu'au moment où les campagnes militaires françaises l'obligent, en 1795, à fermer son atelier de Neuwied. Il meurt, en 1807, à Wiesbaden sans avoir pu retrouver sa clientèle éparpillée à travers toute l'Europe et passablement appauvrie, non sans que nombre de menuisiers et d'ébénistes allemands aient largement utilisé ses livres de modèles[28]. Les aléas politiques ont ainsi interrompu une évolution qui eût pu aboutir à l'installation en France et l'assimilation au marché français. Rien n'est évidemment moins sûr; mais, du moins peut-on, à partir de cet exemple, marquer quelques étapes: assimilation linguistique, d'abord, participation au marché français, ensuite par exportation d'un produit fabriqué en Allemagne même; puis, création de centres de vente en France; complétée par une installation définitive à Paris (ou dans un port), et, enfin mariage sur place, ce mariage facilitant l'assimilation totale en levant l'un des obstacles majeurs: l'hostilité des milieux locaux devant une concurrence dangereuse. Cette évolution – dont on peut retrouver en Allemagne des correspondants français – n'a pas besoin de se faire en une seule génération, ce qui est un cas exceptionnel, mais peut parfaitement s'étendre sur deux ou trois générations. Chacune de ces étapes étant plus ou moins nécessaire; aucune n'est suffisante en elle-même. Seule l'addition de ces différentes étapes aboutit à l'installation complète. Soulignons, en passant, combien ces phénomènes sont facilités par la spécialisation corrélative au caractère individuel du phénomène. C'est au plus haut niveau que l'assimilation est la plus »facile«. La Cour de France offre plus d'un exemple de ce genre, et le service militaire constitue, en soi, une »cheminée d'intégration« extrêmement efficace. Il existe, à la Cour de France, tout un groupe de nobles d'origine allemande mal étudié, mal connu, caractérisé par l'existence de clientèles très efficaces. Négoce et noblesse présentent cependant une ressemblance certaine à partir

28 H. HUTH, Abraham und David Roentgen, und ihre Neuwieder Möbelwerkstatt, Francfort 1928.

des phénomènes révolutionnaires. Négociants et nobles ont largement émigré, pour des raisons qu'il n'est nullement besoin d'expliciter. Cet retour au bercail national d'antan est, naturellement, singulièrement favorisé par un double phénomène: 1) l'existence d'une famille commune, qui rend assez aisé le passage du milieu français au milieu allemand et 2) le caractère multi-linguistique d'une partie de ces élites sociales. C'est à l'intérieur des correspondances privées, comme celle des Dobré, que l'on peut, le moins mal, situer concrètement le comment et le pourquoi de ces évolutions sociales. Elles sont, d'évidence, très individualisées, échappent par conséquent passablement aux analyses purement quantitatives, qui ne peuvent, en l'occurrence, que donner des ordres de grandeurs globales, peu représentatives, en définitive, de la multiplicité des situations.

Plus qu'un apport de données, cet article est donc plus un inventaire méthodologique, destiné à attirer l'attention sur la spécificité des phénomènes ainsi entrevus. L'apport capitalistique, ou technologique, a, en la matière, infiniment plus d'importance que le nombre de cas. Celui d'Oberkampf est assez connu pour qu'il ne soit guère besoin d'insister. Christophe Philippe Oberkampf est né en Bavière en 1738. Il est représentatif de ce milieu d'ouvriers et de techniciens d'origine allemande, spécialisés dans les toiles peintes, issues des indiennes d'Asie. Oberkampf s'installe en France en 1757, à Paris et fonde la célèbre manufacture de toiles peintes de Jouy, puis, plus tard, une filature de coton à Essonne. Il obtient le titre de régnicole par lettre de naturalisation en 1770, et est anobli par lettre de mérite en 1787. Magnifique exemple de montée en puissance d'une industrie novatrice, étroitement liée au marché de la »mode« (au sens large du terme); démonstration par l'évidence d'un financement fondé essentiellement sur l'auto-financement... La Révolution le met en difficulté: il avait, dès avant 1789, subi des mouvements sociaux qui annoncent le »bris des machines« de la première »révolution industrielle«, ce qui n'empêchera pas Napoléon de lui décerner la Légion d'Honneur. Il meurt d'ailleurs à Jouy en 1815[29].

Oberkampf, typique de cette »immigration de qualité« – mais tout artisan spécialisé n'a pas eu le même sort – illustre bien la montée d'une Allemagne du Sud dans le courant d'immigration allemand du XVIIIe siècle. Encore faut-il ajouter que la toile imprimée est encore, dans une certaine mesure, objet de luxe ou de demi-luxe, offrant bien des resemblances avec les arts.

La grande coupure de la fin du XVIIIe et du début du XIXe siècle prend ainsi quelque peu l'aspect de fin d'époque. Quantitativement et qualitativement l'immigration allemande en France recule au cours de la première moitié du XIXe siècle. Il faudra attendre le Second Empire pour que l'immigration »artistique« atteigne à nouveau une importance considérable, l'immigration commerçante se bornant, en revanche, à peu de choses. Il est assez symptomatique que c'est dans le domaine de la musique qu'elle est la plus forte, phénomène nouveau par son ampleur, ou plutôt par l'importance de ses noms (Meyerbeer, Franck etc.). De même, l'essor donné (ou redonné) aux arts du mobilier par la Cour impériale ramène un apport d'ébénistes allemands dans le faubourg Saint-Antoine. C'est-à dire des domaines où, paradoxalement, le goût français a peu évolué depuis le XVIIIe siècle. Le cas le plus révélateur est ce génie très particulier d'Offenbach, pour ne pas parler de musiciens moins

---

29 Serge CHASSAGNE, Oberkampf, Paris 1981.

connus, mais tellement influents à l'époque comme Niedermeyer (d'origine suisse, né il est vrai, à Nyon) ou le facteur de piano Erard. Pourquoi citer ici ces exemples? Parce qu'ils permettent, une fois de plus, d'analyser les stades de l'adaptation – ou de la non-adaptation. On peut, en effet, distinguer entre le simple passage d'information, de la durée de quelques mois, qui prend, dans l'Europe des XVIIIe et XIXe siècles la suite lointaine des »Kavalierstouren« des fils de familles des XVIe–XVIIe siècles, d'avec les installations temporaires et, enfin, les installations durables. Les premiers, à l'exemple d'un Mozart, sont coutumiers des milieux négociants et marchands. Ils sont, au XVIIIe siècle, très rares dans le domaine littéraire, à peine plus fréquents au XIXe siècle. Citons, en passant, les notes d'un Grillparzer, au fond peu favorables à la France, ou encore celles du prisonnier de guerre Fontane (durant la guerre de 1870): il avait été reporter de guerre, et, portant un nom de huguenot, dont il descendait, n'avait pas été particulièrement bien traité[30]. Rares ont été, en matière littéraire, les auteurs qui aient pu, à l'instar de C. F. Meyer (mais il est Suisse) hésiter entre une carrière littéraire française ou allemande. Demeure les cas de Heine, si particulier, voire unique: mais il participe du cas spécifique de l'émigration politique, qui devait être si importante au XXe siècle. Il est, en revanche, intéressant de comparer le cas littéraire (la littérature allemande s'est constituée, au XVIIIe comme au XIXe siècle, très largement contre la française) au cas musical. Nous retrouvons en ce domaine les stades reconnus en matière économique. Au voyage temporaire (et à l'échec) mozartien, correspond, en revanche, le succès et l'installation temporaire l'un Gluck, favorisé et appelé par Marie-Antoinette (1774–1779), qui s'achève sur l'insuccès »d'Echo et Narcisse« (1779), et le détermine à revenir à Vienne pour y achever sa vie. Wagner, trois quart de siècle plus tard, ne trouve guère à Paris de succès, mais bien plutôt les cabales que l'on sait. Liszt, en revanche, passe longtemps en France: il est vrai que sa vie est largement internationale. Ce ne sont donc pas les plus grands compositeurs d'origine allemande, ou du moins de formation germanique, qui s'insèrent le mieux, ceux du moins que nous estimons, de nos jours, à tort ou à raison, comme les plus grands. On retrouve donc, avec les variantes propres à chaque époque, l'un des traits majeurs des rapports franco-allemands: une spécialisation de l'immigration dans certains »créneaux« bien spécifiés. Les arts servent ici de révélateurs de tendance, ce d'autant plus qu'ils se situent encore au XVIIIe siècle, dans le secteur des »industries«. L'immigration allemande en France est après 1815 beaucoup moins d'origine économique et négociante en particulier qu'au XVIIIe siècle. Ce qui implique un recul de la zone, si capitale pourtant pour le devenir européen, de ces mélanges fructueux et fécondants que constituent la formation et le développement de ces élites spécifiques qui nourrissent la richesse réciproque des nations. Or, paradoxalement, mais aussi logiquement, la formation

---

30 Il faudrait une étude sur les »voyageurs involontaires« qu'ont été les prisonniers de guerre. Ainsi Kleist a été prisonnier en 1807, Fontane reporter de guerre en 1870–71. Peu nombreux ont été les grands réfugiés politiques comme Heine (Parisien de 1831 à 1856, séjour à peine interrompu par le voyage allemand de 1843–1844). La guerre de 1870 a déterminé C. F. Meyer à s'adonner plutôt à la littérature allemande, ce après son voyage à Paris en 1867. Hebbel, boursier danois, séjourne à Paris en 1843–1844, y écrit son drame: Maria Magdalena, et laisse d'intéressants souvenirs de son séjour parisien (Erinnerungen an Paris, 1850) sans compter ses »Tagebücher«. Côté français, un seul grand témoignage, accompagné de dessins: celui de Victor Hugo (le Rhin etc.)

des grands espaces commerciaux, de marchés nationaux, qui va de pair avec un intense mouvement nationaliste, limitent les possibilités d'accueil réciproques. Cela est particulièrement évident dans le domaine militaire: après 1789, des carrières comme celles d'un prince Eugène ou d'un Bonneval dans l'armée autrichienne, comme celle de l'Alsacien Wurmser devienent impensables[31]. L'Ancien Régime se prolonge sans doute par un certain nombre de carrières d'émigrés dans l'armée russe comme celle du duc de Richelieu ou des amiraux de galères russes de la fin du XVIIIᵉ siècle. La Révolution rend, de même impossible, voire impensable un curriculum vitae d'un Kléber: officier de l'armée autrichienne, puis général de la Révolution. Désormais les barrières deviennent difficiles à franchir, même en matière commerciale. Ne survivent plus que les descendants des groupes de négociants ou de spécialistes demeurés sur place.

Conclusion pessimiste: encore faut-il se rendre compte combien l'histoire que nous avons tenté d'esquisser demeure superficielle et rapide, faute d'études. Le vaste champ d'une histoire infiniment multiforme parce que singulièrement individuelle et familiale reste à explorer en ses infinités de diversité: elle aboutit cependant a révéler les arrières-plans parfaitement inattendus comme celle d'une ascendance maternelle germanique d'un Delacroix, illustrée par exemple dans les romans de Diwo sur le quartier du Faubourg Saint-Antoine.

DEUTSCHE ZUSAMMENFASSUNG

I. Die Strukturveränderungen des französischen Handels in Mitteleuropa im 17. Jahrhundert.
a) Traditionelle Handelswege und Handelswaren Ende des 17. Jahrhunderts
  – Getreide, Holz, Pelze
  – der baltische Raum an der Ostsee
b) Strukturveränderungen 1660–1715
  – Der Aufstieg der Seemächte (England, Niederlande) und die damit verbundenen Folgen für den Großhandel
  – Die Anpassung an den baltischen Handel: Zahlungstechnik, Schiffstypen, Krieg, Bündnisse
c) Die Auswirkungen auf den Großhandel
  – Die französische Auswanderung vor und nach 1685 (Hugenotten)
  – Fallstudie (Hamburg)
II. Das 18. Jahrhundert
– Der Markt in Mitteleuropa: der Boom französischer Waren und Moden und die steigende Bedeutung des Kaffee- und Zuckerhandels
– ein neuer Typus im deutsch-französischen Handelsaustausch: die Rolle Süddeutschlands
– Der Markt für Militärgüter: Die Armeelieferanten des französischen Heeres
Zusammenfassung: Vergleiche zwischen französischen Großhändlern in Deutschland und deutschen Großhändlern in Frankreich.

---

31 Jean-Baptiste Kléber, né à Strasbourg en 1753, échoue comme architecte, devient élève de l'école militaire de Munich, et demeure jusqu'en 1785 dans l'armée autrichienne. Inspecteur des bâtiments publics d'Alsace, il monte rapidement en grade grâce à la Révolution après son engagement dans la garde nationale de Belfort. Dagobert Sigismond Wurmser est, en revanche, noble. Né en 1724, entré au service autrichien en 1745, il s'illustre au siège de Mayence en 1793 mais a la malchance d'être opposé en Italie au génie napoléonien. La capitulation de Mantoue (2 février 1797) termine sa carrière: il meurt au cours de l'année.

EDGAR MASS

FRANZÖSISCHE JOURNALISTEN IN DEUTSCHLAND

Der Gebrauch des Französischen garantierte im 18. Jahrhundert ein Mindestmaß an Verständigungsmöglichkeiten auch in Ländern, wo vorzugsweise andere Sprachen üblich waren. Wenn Beccaria an Fréret schreibt, er habe das Philosophieren an den »Lettres Persanes« gelernt, dann hat er nicht auf Übersetzungen zurückgegriffen sondern auf die französische Urfassung; andererseits zeigte sich der Erfolg seines eigenen Werkes auch darin, daß es im Ausland – übersetzt oder nicht – rezipiert werden konnte.

Denn auch andere Sprachen als das Französische wurden außerhalb ihrer volkssprachlichen Grenzen benutzt, wenn auch meist mit erheblichen Reduzierungen, beschränkt auf bestimmte soziokulturelle Schichten und auf bestimmte kommunikative Intentionen. Generell gilt jedoch, daß die literarischen, wissenschaftlichen und politischen Kommunikationspraktiken noch ihre nationalstaatlichen Grenzen überschreiten. Die im nicht-französischen Europa tätigen frankophonen Journalisten verstanden sich nicht als Vertreter Frankreichs, auch wenn auf Beziehungen zwischen Sprache und Volkscharakter häufig hingewiesen wurde. Aus der großen Zahl dieser Schreiber möchten wir nun einige vorstellen.

Dabei wäre es nützlich, wenn man den Zeitraum etwas erweitern könnte: wir würden als Grenzdaten eher die Jahre 1685 und 1815 vorschlagen, 1685 wegen der *Révocation de l'Edit de Nantes,* die die Emigration der Hugenotten auf ihren Höhepunkt brachte, 1815 als Endpunkt eines Prozesses, der die kulturelle Entfaltung der einzelnen europäischen Regionen durch politisch-militärische wie kulturell-linguistische Hegemoniebestrebungen endgültig konterkarierte. Der Gebrauch der französischen Sprache in den okkupierten Gebieten erfolgte nicht selten unter Zwang, und so trug die Herrschaftssprache zu einer Krisenklimax bei, auf die das entstehende Nationalbewußtsein mit linguistischer Apartheit antwortete.

Räumlich würden wir feste Grenzziehungen eher vermeiden. Anstelle des Begriffs Deutschland oder deutscher Sprachraum wollen wir von jenen Gebieten in Mittel-, Nord- und Ostmitteleuropa sprechen, wo Deutsch als eine unter anderen (oder auch als einzige) Verkehrssprache diente, und wo nicht selten Deutsch und Französisch, je nach Schichten- oder Gruppenzugehörigkeit der Sprecher, auch als konkurrierende Zweitsprachen erschienen. Das war zum kleinen Teil in den Niederlanden und dem flämischen Belgien, stärker in den skandinavischen und anderen Ostseeländern wie Polen, Alt-Preußen, den baltischen Staaten und selbst in Weißrußland der Fall; es galt unter etwas anderen Perspektiven auch für andere Regionen. Zahlenmäßig bedeutsam wurde diese Form der Frankophonie wohl vor allem im niederländischen, nieder- und hochdeutschen Raum; anderenorts spielte sie die Rolle einer linguistisch differenzierten und daher besonders interessanten Minderheitensprache.

Aus diesem Raum sollen exemplarisch vorgestellt werden:

Samuel Formey (1711–1797) als Vertreter der friderizianischen Aufklärung,

Louis François Mettra (ca. 1730–nach 1803) als Vertreter seiner kurkölnisch-bonner Variante,

Jean Ignace Rodérique (1696–1756) als Vertreter der katholischen Gegenaufklärung, sowie

Henri Philippe Limiers (ca. 1695–1758) für die niederländische

und

Laurent Angliviel de La Beaumelle (1726–1773) für die skandinavische Variante.

Henri Philippe Limiers gab mindestens 25 Jahre lang die »Gazette d'Utrecht« heraus, die er schon von seinem Vater übernommen hatte. Er gehörte zur zweiten Generation der Refugiés, wobei sich in Utrecht anders als in Amsterdam oder Den Haag eine starke jansenistische Gemeinde gebildet hatte. Limiers hielt sich 1721 in Amsterdam auf, als die »Lettres persanes« gedruckt wurden, und nahm als Buchhändler 1725 über Montesquieu Verbindungen bis nach Bordeaux auf. In den dreißiger Jahren galt er als französischer Spitzel, trat zum Katholizismus über, blieb aber in Utrecht.

Samuel Formey (1711–1797) gehörte zu den einflußreichsten Gestalten des Refuge in Berlin. Auch er zählte zur zweiten Generation, ist schon in Berlin geboren, studierte Theologie und Philosophie, vermittelte mit seiner »Belle wolffienne« (1741) ein populärwissenschaftliches Bild von der Wolffschen Systemphilosophie, erreichte es aber trotz seiner dezidiert hugenottisch ausgerichteten Haltung, zum Sekretär der Akademie der Wissenschaften in Berlin ernannt zu werden. Formey schrieb als Publizist und für Geld. Sein umfangreicher Briefwechsel enthält eine Reihe von Vertragsentwürfen und -verhandlungen mit Buchhändlern über die Herausgabe von Periodika, die deutlich seine nachdrückliche Professionalität zeigen. Mit der »Bibliothèque impartiale« und der »Bibliothèque germanique« vermittelte er zwischen dem deutschen und französischen Sprachraum, während seine »Abeille du Parnasse« schon beinahe eine literarische Zeitschrift im modernen Sinne genannt werden kann. Auffällig ist, daß er seine anspruchsvollen Arbeiten – mit Ausnahme der »Mémoires de l'Académie de Berlin« – selten in Berlin sondern vielmehr in Den Haag oder Leyden erscheinen ließ, wahrscheinlich wohl deshalb, weil dort bessere und solidere Produktions-, Verbreitungs- und Verdienstmöglichkeiten bestanden.

Dagegen spielte Louis François Mettra (ca. 1730–nach 1803) eine ziemlich abenteuerliche Rolle in diesem neuen Medium. Er stammte aus einer Pariser Bankiers- oder Händlerfamilie, für die er auch Geschäfte mit Friedrich II. trieb, ihm Gemälde verkaufte und sein offizieller Agent oder Geschäftsträger wurde. Ende der sechziger, Anfang der siebziger Jahre gehörte er zu den Zwischenträgern, die im diplomatischen Spiel von Preußen und Frankreich jene inoffiziellen Verhandlungen führten, die nur dann anerkannt wurden, wenn sie erfolgreich waren. Mettra war es nicht, und seine Firma machte sogar bankrott. Etwa von 1775 an vertrieb er eine handschriftliche Zeitung, genannt »Correspondance littéraire secrète«. 1780 gelang es ihm, vom Kölner Erzbischof über einen Strohmann das Privileg für den »Nouvelliste politique d'Allemagne« zu erhalten. Der Bruder Josephs II. förderte damit ein Blatt, das den amerikanischen Freiheitskampf unterstützte und sich von der »Gazette de Cologne« deutlich unterschied. Mettra konnte sogar die Verbreitung seiner

Zeitung in Frankreich sicherstellen, verließ Köln aber schon im Frühjahr 1784 wieder und siedelte sich in Neuwied am Rhein an, wo er eine *Société typographique* gründete. Seine Zeitung blieb bestehen, verfiel aber mehr und mehr, bis schließlich im Herbst 1788 der Erzbischof, der ja in Bonn residierte, einem Posthalter, in dem man wohl wiederum einen Strohmann sehen muß, in Nachfolge des »Nouvelliste politique« ein Privileg für eine »Gazette de Bonn« erteilte; diese Zeitung berichtete das ganze Jahr 1789 mit ungebrochener Aktivität von den Ereignissen der Revolution und nahm dabei eine eigenständige Haltung ein. Am 31. Dezember 1789 stellte sie ihr Erscheinen abrupt wieder ein, das Privileg war abgelaufen. Mettra führte seine Druckerei in Neuwied weiter, die 1790 ein »Journal des Révolutions de l'Europe en 1789 et 1790« herausbrachte, das über Strasbourg auch im Elsaß Verbreitung fand. 1792 war Mettra in Köln an geheimen Friedensverhandlungen zwischen Preußen und Franzosen beteiligt und besaß 1803 in Berlin »Unter den Linden« eine Kunsthandlung.

Jean-Ignace Rodérique (1696–1756) liefert ein herzhaftes Gegenbeispiel zu den vorher aufgeführten Journalisten, denn er war weder Abenteurer noch Glaubensflüchtling oder Aufklärer, sondern diente stets der »anderen Seite«, den Kölner Erzbischöfen vor Max Franz. Außerdem liefert seine Biographie einen schönen Beweis für die Fruchtbarkeit internationaler Forschungszusammenarbeit: während die Grenobler und Pariser Equipe des »Dictionnaire des journalistes« 1976 von Rodérique nur wußte, daß man nichts über ihn weiß, war Herbert Hömig in Köln schon dabei, reiche Informationsquellen zusammenzutragen, so daß das »Supplément« von 1985 einen klaren Rapport liefern konnte. Rodérique hatte ein souveränes Verhältnis zur Wahrheit und erwies sich als treuer Verfechter der Wiener Politik in der Mitte des Jahrhunderts. Er stammte aus Malmedy, also aus Belgien, wurde Novize bei den Jesuiten, machte bei ihnen eine wissenschaftliche Karriere, die ihn auf eine Professur nach Würzburg brachte, bis er wegen des Skandals der *Würzburger Lügensteine* die Stadt verlassen mußte. Er wurde aus dem Orden entlassen, ging nach Köln, heiratete dort und wurde Stadtbürger. Der Kanzler setzte ihn seiner Universität als ersten Geschichtsprofessor vor, nachdem er am selben Tag Baccalaureat, Lizentiat und Magisterexamen abgelegt hatte. 1734 nahm er das entschlafene Privileg einer französischen Zeitung wieder auf, die er unter dem Titel »Gazette de Cologne« als ein überregionales Blatt mit bedeutsamem Einfluß schnell zum Erfolg brachte. Er hielt sich stets genau an die Politik Österreichs und schlug einen scharfen antipreußischen Ton an. Friedrich II. intervenierte mehrmals bei der Stadt Köln gegen ihn, ließ ihm auch die Ehre eines Spottgedichtes und die noch größere einer körperlichen Züchtigung zukommen, konnte aber nur wenig gegen ihn ausrichten.

Im Vergleich zum Konkurrenzblatt, der deutschsprachigen »Kaiserlichen Ober-Post-Amts-Zeitung« zeigte die »Gazette de Cologne« einen klareren Aufbau, verfügte auch über schnellere und genauere Informationen. Welches Informationsnetz Rodérique benutzen konnte, läßt sich vermuten; es war wohl das der österreichischen Diplomatie. Über seine Redakteure ist wenig bekannt. Er selbst schrieb eine Reihe von Büchern in Latein. Die Sprache der Zeitung ist flüssig und weitgehend korrekt. Nach seinem Tod blieb die »Gazette de Cologne« im Familienbesitz und ging erst mit den Wirren der Revolutionskriege unter.

Weniger Journalist als Schriftsteller, aber dennoch auf das Überarbeiten, Kommentieren und Zusammenfassen ausgerichtet, das die Besonderheit des Redakteurs auch schon im 18. Jahrhundert ausmachte, war Laurent Angliviel de La Beaumelle (1726–1773), der übrigens der einzige der hier angeführten Autoren ist, dem eine wissenschaftliche Monographie gewidmet wurde. Er stammte aus einer Hugenotten-familie, die zum Katholizismus konvertiert war, also in Frankreich lebte. Zunächst wollte er Kaufmann werden, studierte nach einer Glaubenskrise in Genf Theologie, arbeitete am »Journal helvétique« mit und ging von 1747 bis 1751 nach Kopenhagen. Dort war er zunächst Erzieher, gründete dann eine erfolgreiche Revue, »La Spectat-rice danoise« und redigierte eine »Gazette de la Cour, de la Ville et du Parnasse«, die als »Nouvelles à la main« zirkulierte. Mit einer Sammlung von Aperçus »Mes pensées ou le Qu'en dira-t-on« (1750) machte er sich dem breiten Publikum bekannt. Annäherungen an (und Streit mit) Voltaire schlossen sich an, als La Beaumelle das »Siècle de Louis XIV« mit Anmerkungen neu herausgab. Eine Denunziation aus Voltaires Umgebung brachte ihn in die Bastille, aus der ihn Montesquieu wieder befreite. Schließlich konnte La Beaumelle mit den »Mémoires pour servir à l'histoire de Mme de Maintenant et à celle du siècle passé« (1757) einen großen literarischen Erfolg feiern und erlebte das Ende seiner Tage als Bibliothekar in der *Bibliothèque du Roi.*

Fünf Vertreter der französischen Journalistengilde lebten und schrieben im Aus-land, und doch haben sie nur wenig gemein miteinander. Daß sie Hugenotten sind bis auf Rodérique, von dem man nicht ganz sicher weiß, ob er frankophon war, könnte Zufall sein. Üblich ist, daß alle fünf nicht allein von ihren Journalen lebten, sondern auch andere Einkünfte benötigten. Sie stammten alle aus dem Bürgertum, allerdings aus unterschiedlichen Schichten: Mettra, Rodérique und La Beaumelle aus begüterten Familien, Limiers und Formey aus bescheideneren Verhältnissen.

Ihre journalistische Produktion hatte mit dieser Herkunft nicht viel zu tun: Die Gazetten von Limiers, Rodérique und Mettra dienten offensichtlich in vergleichba-rer Art den informativen Bedürfnissen der gleichen Schichten der städtischen Bourgeoisie, wie La Beaumelles und Formeys Literaturblätter deren literarische Bedürfnisse erfüllten.

Auch die räumliche Streuung der Zielgruppen hing weniger vom Typ des Blattes und der Herkunft des Journalisten ab, als von ihren Intentionen. Limiers »Gazette d'Utrecht« war vor allem auf den Einzugsbereich seines Wohnortes ausgerichtet, während die »Gazette de Cologne« von Rodérique und Mettras »Nouvelliste politique d'Allemagne« weniger für Cologne als für auswärtige Leser schrieben.

Formeys »Abeille du Parnasse« wandte sich an die Leser in Berlin, profitierte aber auch davon, daß sich Voltaire gerade dort befand und ihm Texte lieferte, so daß der Hauptabsatz auswärts erfolgen konnte. La Beaumelle schrieb die »Spectatrice danoise« in und für Kopenhagen, aber auf wieviele Abnehmer konnte er dort hoffen? Und wie schwierig wurde es für ihn, Absatz zu finden, als er sich mit den dänischen Literaturproduzenten zerstritten hatte und also kaum noch Neuigkeiten aus dem Norden liefern konnte.

Warum waren diese Periodika eigentlich französisch verfaßt, wo doch ein Großteil der potentiellen Leser andere Sprachen sprach, möglicherweise sogar mehrere? In Utrecht spricht man bekanntlich Niederländisch, und nur die Religion schaffte engere Bemühungen zu den jansenistischen Emigranten. In Köln sprach man Niederdeutsch, eine Zeitlang gab es auch niederländische Periodika. Reisende wie Montesquieu berichten, daß sie sich mit den Höflingen des Erzbischofs gut auf Französisch unterhalten konnten. Der Berliner Dialekt galt schon im 18. Jahrhundert als sehr eigenständig, und die hugenottische Gemeinde war groß genug, eine besondere Form des Französischen zu entwickeln. In Kopenhagen sprach der Adel deutsch, französisch und manchmal auch dänisch. Die französischen Periodika mußten sich also mancher linguistischer Widersacher erwehren.

Es gibt Hinweise darauf, daß bei den Kölner Zeitungen der Gebrauch der Fremdsprache auf die Funktionen abhob, die ein elaborierter Code erfüllen kann. Gerade deshalb, weil sie die große Masse des niederen Volkes ausschloß, gab die französische Sprache den Zeitungsschreibern die Möglichkeit, offener als ein volkssprachliches Medium zu berichten. Im Bereich der informativen Periodika spielte das Prestige einer Sprache sicher keine Rolle.

Anders verhält es sich mit den wissenschaftlichen Zeitschriften Formeys, dessen französische Berliner Akademie in deutschen Gelehrtenkreisen bekanntlich Schwierigkeiten hatte. Hier stand das Französische in Doppelkonkurrenz zum Latein wie zum Deutschen und konnte sich nicht durchsetzen. Seine periodischen Schriften hat er daher konsequenterweise in den Niederlanden produziert und als Element jener besonders intensiven frankophonen Exklave verbreiten lassen.

Bei den literarischen Produktionen trat dagegen wahrscheinlich die Frage des Prestiges der französischen Klassik in den Vordergrund, die man in der Moderne durch das Theater und die Gedichte Voltaires erfüllt sah. Im Grunde müßte man annehmen, daß auch hier die Konkurrenz der deutschsprachigen Werke übermächtig wurde, die sich in der Gottsched-Zeit außerordentlich stark entfaltete. Daß es sich nicht so verhielt, sondern durchaus längere Zeit noch frankophone Nischen vorhanden blieben, ließe sich durch das überproportionale Anwachsen des Lesebedarfs erklären. Die Nachfrage stieg so schnell, daß sich der Verdrängungsschub erst spüren ließ, als mit den Freiheitskriegen der Sprachgebrauch unter nationalistische Kuratel gestellt wurde. Aber alles dies sind Folgerungen, die sich auf nur wenige Einzelergebnisse stützen, so daß die Vorsicht es gebietet, noch keine allgemeinen Resultate abzuleiten.

Es wird zumindest deutlich, daß die französischen Publizisten und ihre periodischen Schriften außerhalb Frankreichs sich in einem Kräftefeld bewegten, dessen Dynamik von einer Vielzahl linguistischer und historischer Faktoren abhing. Um das Feld angemessen beschreiben und analysieren zu können, müssen diese Faktoren in die Untersuchung einbezogen werden.

Wir möchten daher anregen, ein Forschungsprojekt über die europäische Frankophonie der periodischen Schriften des 18. Jahrhunderts zu initiieren. Es sollte grundsätzlich interdisziplinär und international komparatistisch ausgerichtet sein und insbesondere Vergleiche zu volks- oder sonstigen anderssprachigen Periodika ziehen. Das Projekt unterscheidet sich insofern grundsätzlich von den in Deutschland laufenden und in Frankreich vor dem Abschluß stehenden oder schon abgeschlossenen Arbeiten.

Dieser Projektentwurf geht von der neuen historischen und wissenschaftspolitischen Situation aus, vor der wir heute stehen. Die Öffnung Europas läßt es als möglich erscheinen, auch in vorher nur schwer zugänglichen Bereichen in Freiheit und Unabhängigkeit, allein dem wissenschaftlichen Ethos des Forschers im Sinne Max Webers unterworfen, zu arbeiten. Es soll das Ziel dieses Projektes sein, die historischen Grundlagen eines europäischen Bewußtseins aufzudecken, wie es v o r dem Nationalismussyndrom vorhanden war, und wie es n a c h ihm wieder wird entstehen können.

Literaturhinweise

Den Stand der gegenwärtigen Kenntnis liefern zwei Standardwerke:
– Dictionnaire des Journalistes (1600–1789), hg. von Jean SGARD. Grenoble 1976.
    Dazu: Suppléments I–IV, hg. von Anne-Marie CHOUILLET und François MOUREAU. Grenoble 1980–1985. (Eine zusammenfassende Gesamtausgabe wird vorbereitet.)
– Dictionnaire des Périodiques, hg. von Jean SGARD. Grenoble-Oxford 1991.

Jean SGARD, Limiers, in: D.J., S. 242.
Werner KRAUSS, Ein Akademiesekretär vor 200 Jahren. Samuel Formey. In: W.K., Studien zur deutschen und französischen Aufklärung. Berlin 1963. S. 53–62.
Ann THOMSON, Formey, in: Suppl. I (1980), S. 73–79.
Jean-Robert ARMOGATHE, Mettra, in: D.J., S. 275–276. Edgar MASS, id., in: Suppl. II (1983), S. 156. François MOUREAU, id., in: Suppl. III (1984), S. 150–152. François MOUREAU, id., in: Suppl. IV (1985), S. 167 und 168.
Herbert HÖRMIG, Jean Ignace Roderique (1696–1756), in: Rheinische Lebensbilder, Bd. 9, Köln 1982, S. 159–177. Edgar MASS und François MOUREAU, id., in: Suppl. II (1983), S. 194 und 195. François MOUREAU, id., in: Suppl. IV (1985), S. 197–202.
Claude LAURIOL, La Beaumelle. Un protestant cévenol entre Montesquieu et Voltaire. Genf 1978.
Edgar MASS, Die französische Presse im Deutschland des 18. Jahrhunderts. Köln, ein unrepräsentatives Beispiel. In: Mehrsprachigkeit in der deutschen Aufklärung. Hg. v. D. KIMPEL. Hamburg 1985. S. 156–177. (Studien zum achtzehnten Jahrhundert. 5.)
Edgar MASS, La Révolution en direct. La Gazette de Bonn en 1789. In: L'opinione pubblica (1770–1789). III Colloquio italo-francese. Santa Margherita Ligure, 21–23 settembre 1989 (im Druck).

RÉSUMÉ FRANÇAIS

– Le périodique francophone en dehors de la France (Limites: 1685–1815. Régions germanophones du nord et de la partie orientale de l'Europe centrale).
– Quelques journalistes: Samuel Formey, Louis François Mettra, Jean Ignace Rodérique, Henri Philippe Limiers, Laurent Angliviel de La Beaumelle. (Entrepreneurs – savants – écrivains).
– Petite typologie de leurs produits.
– Questions ouvertes: L'ampleur du phénomène; Gazettes – Journaux – Revues – Feuilles; demande – personnel – pouvoir(s) – informations – forme – fonction – lecteurs.
– Projet de recherche.

IRENE MARKOWITZ

FRANZÖSISCHE ARCHITEKTEN AN DEUTSCHEN FÜRSTENHÖFEN DES 18. JAHRHUNDERTS

Höfische Architektur des späten 17. und 18. Jahrhunderts in Deutschland war europäisch geprägt. Kein anderes Land des Kontinents nahm Einflüsse aus den europäischen Zentren des »modernen« Bauschaffens in so vielfältiger Weise auf. Die große Zahl der Fürsten im Reich und ihre dynastischen Beziehungen waren hierfür ebenso der Grund wie ihre politischen Intentionen. Die Schloßanlagen mit ihren Gärten waren für das Erscheinungsbild eines Hofes, die Repräsentanz eines Fürsten von großer Bedeutung. Entsprechend der politischen Verbindung und Zielsetzung wurden Vorbild oder Architekt gewählt.

Wien, die Residenz des Kaisers des Heiligen Römischen Reiches Deutscher Nation, mit den Bauten J. B. Fischer von Erlachs und L. von Hildebrandts, besaß als kulturelles Zentrum große Ausstrahlungskraft. Domenico Egidio Rossi in Rastatt, G. Donato Frisoni, Paolo und Leopoldo Retti in Ludwigsburg und Stuttgart oder am Main Maximilian von Welsch, Antonio Petrini, Balthasar Neumann (auch in seinen Stuttgarter Planungen) und Matthäus Daniel Pöppelmann in Dresden waren wie viele andere beeindruckt. In Wien fanden österreichisch-böhmische, italienische, osteuropäische Bautraditionen eine Synthese, in der nach 1700 auch ein französisches Element stärker mitsprach. Doch war die kaiserliche Residenz nicht allein richtungsweisend. Fast gleichbedeutend mit Österreich-Böhmen wurde im 18. Jahrhundert Frankreich. Seit den letzten Jahren des 17. Jahrhunderts wuchs die Zahl der französischen, in Paris und Versailles geschulten Architekten an den deutschen Fürstenhöfen. Sie lösten italienische und holländische Baumeister und Gartenarchitekten ab. Ihr Einfluß behauptete sich in vier Generationen an vielen Orten Deutschlands in verschiedenen Bauaufgaben gegenüber den lokalen Bautraditionen und der Ausstrahlung österreich-böhmischer Baukunst. Ausgenommen hiervon waren weitgehend die rhein-mainfränkischen Fürstentümer – der Wirkungsbereich der Dientzenhofer, Balthasar Neumanns, Maximilian von Welschs, Johann Christoph Sebastianis, Johannes Seitzs – und die benachbarten Residenzen in Eichstätt, Ansbach, Fulda, in denen italienische Baumeister (L. Retti, Gabriel Gabrieli, M. Pedetti und A. Gallasini) bestimmend blieben.

In Frankreich hatte schon 1664 der Entscheid im Wettbewerb für den Ostbau des Louvre – neben Versailles wichtigstes Bauvorhaben des Königs – zu dem die angesehendsten italienischen Architekten – L. Bernini, F. Borromini, C. Rainaldi – aufgefordert worden waren, zugunsten von Claude Perrault zur Abkehr von der italienisch geprägten Architektur geführt, eine kühlere, beruhigte Formensprache bewirkt, die – aus einer der Nation eigenen Neigung – eine klassizistische Haltung verrät.

Zeremoniell und Administration des französischen Hofes waren am Ende des 17. Jahrhunderts als Ausdruck eines machtvollen Königtums für viele deutsche

Fürstenhöfe ein Vorbild. Parallel dazu wurden die französische Sprache und auch Bauformen der königlichen Bauten in Paris und Versailles übernommen. Die Dreiflügelanlage mit der *Cour d'honneur* in Versailles hatte eine solche Vorbildfunktion für den deutschen Schloßbau. Die *Cour d'honneur* nach Versailler Vorbild löste in Deutschland vielen Orts die traditionelle, von italienischen wie von deutschen Architekten vertretene, mit Ecktürmen bewehrte Vierflügelanlage ab. Selbst italienische Architekten wie Egidio Domenico Rossi in Rastatt und Matteo Alberti in Bensberg, C. Donato Frisoni in Ludwigsburg, Leopoldo Retti in Stuttgart folgten dem Vorbild Versailles.

Rolle und Bedeutung der französischen Architekten in Deutschland waren schon mehrfach Gegenstand der Betrachtung[1]. Die große Zahl der in Deutschland tätigen französischen Architekten zwingt hier zu einer Auswahl und Beschränkung auf die bemerkenswerten Persönlichkeiten und die wichtigsten Plätze ihres Wirkens.

I

Unter den französischen Glaubensflüchtlingen, die nach der Aufhebung des Edikts von Nantes 1685 durch die Toleranz der Landesherren in Glaubensfragen, vornehmlich in Preußen und Hessen, Aufnahme fanden, waren neben Kunsthandwerkern und Manufakturisten auch Architekten. Ihnen räumten die Landesherren im Konzept ihrer Landesförderung einen Platz ein, das heißt sie beriefen sie: Jean de Bodt, Jean Legay, Paul du Ry.

Beachtenswert ist die Stadtbaukunst der hugenottischen Architekten. Regelmäßige breite Straßen in einheitlicher Bebauung mit Steinhäusern, deren Geschoß- und Fensterzahl festgelegt waren und die nur ein Portal, Balkon oder Zwerchgiebel schmückten, sowie lichte Plätze kennzeichnen die neuen Stadtquartiere in Erlangen, der Oberneustadt in Kassel, der neugegründeten Stadt Karlshafen an der Weser.

II

Zu den ältesten Zentren des Wirkens französischer Architekten in Deutschland, zählen die Residenzen der Kurfürsten, die zur Königswürde aufstiegen: Brandenburg (Preußen) und Sachsen (Polen), Berlin und Dresden, die unter Beteiligung der französischen Architekten zu prächtigen Residenzen ausgebaut wurden. Die Stellung dieser zugezogenen französischen, meist hugenottischen Baumeister ist erstaunlich, da es in beiden Städten bedeutende Architekten gab: In Berlin Johann Arnold Nering und Andreas Schlüter, wenig später auch Eosander von Göthe; in Dresden Johann Georg Starcke, der vor 1678 nach Frankreich gereist war, und Matthäus Daniel Pöppelmann sowie für die Gärten J. Friedrich Karcher, der vermutlich Le Nôtre in Versailles besucht hatte.

Der in Kunstfragen nicht sichere, aber auf Repräsentation bedachte König Friedrich I. von Preußen zog den bisher an seinem Hof bestimmenden holländischen Künstlern nunmehr französische Baumeister vor, die in Paris und Versailles die wirkungsvolle Darstellung königlicher Macht gesehen oder gelernt hatten.

Für das 1695 begonnene Zeughaus in Berlin (Abb. 1) hatte vermutlich François Blondel Entwürfe geliefert, einer der einflußreichen französischen Architekten und

Architekturtheoretiker. Die Ausführung des großen Baus, der Akzente und Maß-
stäbe in der Stadt setzte, lag neben Johann Arnold Nering und Andreas Schlüter bei
dem oben erwähnten Jean de Bodt, der als Baukondukteur begann und dem bald alle
königlichen Bauten unterstanden. Sein Wirken reichte bis Ostpreußen. Jean de Bodt
holte einen weiteren Franzosen, Zacharias Longuelune, der ein Schüler Pierre le
Pautres gewesen war, nach Berlin. Gemeinsame Aufgaben stellten sich ihnen auch in
Potsdam (Stadtschloß), wo später der Franzose Jean Le Gay die Communes am
Neuen Palais plante. Ein Entwurf de Bodts für die Berliner Hedwigskirche (Abb. 2)
zeigt ihn einem klassischen Pariser Vorbild, dem Invalidendom, verpflichtet. Jean Le
Gay, in späteren Jahren (1746) von König Friedrich II. mit der Aufgabe erneut
beauftragt, adaptierte den Formenkanon des Pantheon. Erst J. G. Büring vollendete
1773 unter neuen Voraussetzungen den Bau.

In Berlin setzte sich in der Gartenkunst mit der Berufung des Le Nôtre-Schülers
und Hugenotten Siméon Godeau, dem künstlerischen Leiter, und Renat Dahouron,
dem von Jean de la Quintinyi unterwiesenen Gärtner, französischer Einfluß durch.

Nach Entlassung der Architekten und Künstler am Berliner Hof durch den
Nachfolger Friedrich I., König Friedrich Wilhelm I. 1718 fanden de Bodt und
Longuelune neue Aufgaben in Dresden; Longuelune bereits 1715 nach Berufung
durch August den Starken von Sachsen und 1728 auch de Bodt, der zuvor im
preußischen Wesel (Herzogtum Kleve) als Festungskommandant das Berliner Tor
und eine evangelische Kirche gebaut hatte. Dresden glich in diesen Jahren einer
großen Baustelle. Eine Bereitschaft, französische Bauformen aufzunehmen, zeigte
schon Johann Georg Starckes Großes Palais (1668–72). Erinnerungen an Schloß
Blérancourt und den Palais de Luxembourg klingen an. Hier wurde eines der ältesten
deutschen Mansarddächer gesetzt, und während der Bauzeit kamen erste französische Kunsthandwerker nach Dresden. Doch blieb das Gebäude mit seiner durchge-
stalteten Wand dem Dekorationssystem deutscher Baukunst verpflichtet. Die Wirkung de Bodts und Longuelunes auf das Baugeschehen in Dresden war groß. Beide
hatten hohe Bauämter inne. De Bodt wurde Generalintendant für Civil- und
Militärbauwesen, Longuelune nahm als Oberlandbaumeister, Direktor der Akademie und Lehrer des Geniecorps Einfluß. G. W. von Knobelsdorff und F. W. von
Erdmannsdorff waren seine Schüler. Durch seine hervorragende Zeichenkunst vermochte er den Kunsthandwerkern detaillierte Anweisungen für die Innendekoration
zu geben, so daß er auch die Innenausstattung seiner Bauten bestimmte. Zudem hatte
August der Starke für die Innenausstattung die Franzosen Raymond Leplat (1698)
und den Maler Louis Sylvestre (1715) nach Dresden berufen. Wie in Berlin gehörten
de Bodt und Longuelune zu den ersten Architekten und fanden mit den Baumeistern
der örtlichen königlichen Bauämter, z. B. mit Pöppelmann, zu einem gemeinsamen,
sich gegenseitig befruchtenden Schaffen. Longuelunes flächige, homogene Wandbehandlung mit Pilastern und Lisenen, ihre Proportionen bezeugen seine Schulung an
der Pariser Akademie und lassen seine Palais als einen Gegenpart zu Pöppelmanns
Barockbauten südostdeutscher Prägung erscheinen. In gemeinsamer Arbeit mit
Pöppelmann verlor Longuelune an akademischer Strenge und fand Pöppelmann, der
1715 nach Paris gereist war, zu beruhigteren Formen, (Japanisches Palais [Abb. 3];
Longuelunes Entwürfe für die Fassaden von Moritzburg; Schloß Pillnitz). Dresden
wurde zu einem kulturellen Zentrum zwischen Wien, Prag, Warschau, Berlin und

den Ländern am Main. Die verschiedenen »nationalen« Stile fanden hier nach 1720 zu einer Synthese. Als Vertreter französischer Architektur hatten Longuelune und de Bodt mit ihrer klassizistischen Haltung das Ende des Hochbarocks in Dresden eingeleitet.

III

In drei Generationen gestaltete die hugenottische französische Architekten-familie du Ry – Paul, Charles und Louis Simon – in Kassel die schon erwähn-ten Wohnbauten und Palais an neuen Straßen und Plätzen (Abb. 4), die bis 1944 das Bild der Stadt bestimmten. Louis Simon, Schüler Jacques François Blondels und Antikensammler, setzte am Friedrichsplatz die Tradition der älteren du Rys fort. An den Eckbauten des Platzes lassen Sparsamkeit und Klarheit der Fassadengliede-rung, ein flacher Risalit und Giebel, die kaum Bewegung bringen, Kirche und Palais nicht vermuten. Diese Einfachheit, die bei dem ältesten du Ry in der geistigen Haltung des Protestantismus begründet gewesen sein mag, ist hier klassi-zistisch empfunden. Der Museumsbau (Abb. 5) am gleichen Platz, das Fridrizianum (1761–74), besitzt die Eleganz des Frühklassizismus, die in der Kunst der Regence-zeit und bei Blondel ihre Wurzeln und in der Grazie der Gartenbauten eines weiteren Franzosen, Nicolas de Pigages, in Schwetzingen (s. u.) Parallelen hat. Sie ist bedingt durch die ausgewogenen Proportionen der Fassade, die nur der vom Giebel überhöhte Portikus mit der monumentalen Säulenordnung unterbricht, und durch die Auflockerung einer abschließenden, mit Vasen geschmückten Balustrade, hinter der das Dach verborgen liegt. Das Fridrizianum hebt sich ab von dem Museumsbau, den C. N. Ledoux für Kassel in starren akademischen Formen geplant hatte. Dieser kam jedoch nicht zur Ausführung. Simon Louis du Ry ist einer der Baumeister des neuen Schlosses Weißenstein unterhalb des großen Kaska-dengartens von Guernieri, das nach vielen seit Anfang des Jahrhunderts eingebrach-ten, aber verworfenen Plänen von 1786 an gebaut wurde (s. u.).

IV

Im ersten Jahrzehnt des 18. Jahrhunderts wurden an den Höfen einiger aufstreben-der und rivalisierender deutscher Fürsten die führenden italienischen und deutschen Architekten durch französische Baumeister abgelöst oder diesen französische Architekten zur Seite gestellt. Dies war der Fall an den Frankreich verbündeten Höfen der Kurfürsten von Bayern und Köln (Enrico Zuccalli und Agostino Barelli).

An der Wende zum 18. Jahrhundert war Kurfürst Max Emanuel von Bayern eine der bedeutenden, in die europäische Politik verflochtenen Gestalten des Reiches. Mit ihm verbunden und verbündet war sein Bruder Kurfürst Joseph Clemens von Köln. Nach den Türkenkriegen plante Max Emanuel, der Schwiegersohn des Kai-sers, ein großes neues Schloß in Schleißheim, mit dem er Enrico Zuccalli beauf-tragte. Aber schon während seiner Statthalterschaft in den südlichen Niederlanden 1692 nahm er erste Kontakte zu Künstlern des französischen Hofes auf, darunter zu den bedeutendsten Architekten, den *Premiér Architecte du Roy* Robert de Cotte und Germain Boffrand. Boffrand baute für Max Emanuel den Jagdpavillon Boucheport bei Brüssel, der Anregungen für die späteren Parkbauten in Nymphenburg bot.

Nach seiner Hochzeit mit der Kaisertochter 1685 hatte Max Emanuel östlich des alten Schlosses Schleißheim das Gartenschloß Lustheim errichten lassen. Seine späteren Planungen betrafen zunächst einen nach Westen zum alten Schloß Schleißheim hin gelegenen Garten, den Enrico Zuccalli und ein Franzose, der Le Nôtre-Schüler Charles Carbonet, entwarfen. Max Emanuel nahm aktiv an den Planungen teil und schickte Zuccalli zur Orientierung nach Paris. In den neuen Plänen fand der Aufenthalt in Frankreich mit dem Motiv der Kaskade von Vaux-le-Vicomte ihren Niederschlag. Max Emanuel wechselte nach dem Tod seines Sohnes, dem er die spanische Krone zu sichern versuchte, während des spanischen Erbfolgekriegs in das Lager des französischen Königs und ging nach der Niederlage bei Höchstädt ins Exil nach Frankreich. In Paris beziehungsweise in Saint Cloud beriet sich Max Emanuel mit den führenden Architekten, suchte enge Verbindung mit Malern und Kunsthandwerkern und korrespondierte mit Germain Boffrand und Robert de Cotte, die um Gegenplanungen und Prüfungen des Zuccalli Baus in Schleißheim gebeten wurden. Bei seiner Rückkehr beauftragte er den in Frankreich bei Boffrand ausgebildeten Joseph Effner mit der Weiterführung der Bauten auf der Grundlage der Vorschläge Robert de Cottes. Die Pläne scheiterten aus finanziellen Gründen. Doch läßt sich möglicherweise im ausgeführten Bau eine klarere Grundrißdisposition, die Zusammenfassung von Räumen gleicher Bestimmung zu Appartements und Enfiladen, wie sie von de Cotte und Boffrand gestaltet wurden, auf dessen Schleißheimer Pläne zurückführen. De Cotte hatte auch Zuccallis Gartenplan überarbeitet. Nach Carbonet wurden nun weitere französische Gartenarchitekten hier tätig: Claude Desgots, der Neffe und erste große Nachfolger des bedeutendsten Meisters in Frankreich, André Le Nôtre, der den Gartenstil seines Onkels zur Régence weiterentwickelte. Schließlich realisierte auf der Grundlage der Pläne Zuccallis, Carbonets, De Cottes und Desgots ein weiterer Le Nôtre-Schüler, der in Deutschland geschätzte Dominique Girard den Schleißheimer Garten. Girard schuf auch die Gärten in Nymphenburg, am Wiener Belvedere Prinz Eugens und schließlich an Schloß Brühl für Kurfürst Clemens August von Köln, den Sohn Max Emanuels.

In Bonn hatte Kurfürst Joseph Clemens 1697 den Grundstein für den Neubau des 1689 zerstörten Residenzschlosses gelegt und Enrico Zuccalli und Antonio Riva mit dem Bau beauftragt. Enrico Zuccalli errichtete eine weite, mit turmartigen Eckpavillons bewehrte Vierflügelanlage in italienischer Tradition. Bereits 1704 nahm Joseph Clemens im Exil Verbindung mit Jules Hardouin Mansart auf und 1713 mit Robert de Cotte, den er bat, die Planungen in Bonn zu überarbeiten und mehr Großzügigkeit zu schaffen, wie er sie in Paris gesehen habe. 1714 ist Joseph Clemens wieder in Bonn. De Cotte änderte den kastellartigen Bau in eine nach Süden offene Anlage. Ein Balkon und ein flacher Risalit beleben die Hofgartenfassade. Im Westen wurde als Flügel eine Privatwohnung des Kurfürsten, das »Buenretiro« angebaut, im Osten ein weiterer Flügel im Zuge der ehemaligen Stadtmauer, das sogenannte »neue Quartier«, und eine auf den Rhein zuführende Galerie, so daß eine Ehrenhofanlage nach Süden entstand, die den gleichzeitig gestalteten Hofgarten umfaßte. Unter seinem Nachfolger Clemens August, einem Neffen des Kurfürsten, wurde die zum Rhein führende Galerie nach Osten erweitert und 1751 das Michaelstor unter Beteiligung von M. Leveilly, einem ehemaligen Baukondukteur de Cottes, errichtet, das in seinem formalen Apparat als Triumphbogen für den einziehenden Kurfürsten zu deuten ist.

Auf älteren Baubestand eines Wasserschlosses zurückgehend, konzipierte 1713 Robert de Cotte für Joseph Clemens das baugeschichtlich interessante und bedeutende Lustschloß Clemensruhe in Poppelsdorf bei Bonn (Abb. 6) als quadratischen Vierflügelbau mit turmartigen Eckrisaliten und Mittelpavillons um einen kreisrunden Arkadenhof. Die Anlage hat Vorbilder in der älteren französischen Baukunst und Bautheorie und zu jener der italienischen Renaissance. Fast gleichzeitig mit der Bonner Aufgabe beschäftigte sich De Cotte in der Planung des Schlosses Buenretiro/ Madrid mit einer Vierflügelanlage von vergleichbarer baugeschichtlicher Genese. Fast zeitgleich nahmen sich auch der Franzose L. Remy de la Fosse in den Planungen für ein neues Schloß in Darmstadt und August der Starke und Z. Longuelune in Dresden dieses Bauthemas an. 30 Jahre später griff es der schon erwähnte Nicolas de Pigage in den Entwürfen für ein neues Schloß in Schwetzingen wieder auf. Für das Motiv des Arkadenhofes ist auf den Pariser Hotelbau verwiesen worden. Die Arkaden ermöglichten im Hauptschloß einen Umgang, der einer Bereicherung und Differenzierung der Raumfolge diente, die ein programmatisches Anliegen der Architekten des 18. Jahrhunderts, insbesondere – wie auch hier – des Hotel- und Lustschloßbaus waren. Änderungsentwürfe der Baukondukteure Benoit de Fortier und Guillaume d'Hauberat bewirkten eine Abkehr von der Gleichbehandlung der Flügel und zeitigten eine stärker vom Zeremoniellen bestimmte Raumfolge. Eine Umgestaltung des Innenbaus veranlaßte 1744 der Nachfolger und Neffe Joseph Clemens', Kurfürst Clemens August. Mit ihr wurden nun der deutsche Architekt Balthasar Neumann und für den Muschelsaal der Franzose Pierre Laporterie befaßt.

V

Drei französische Baukondukteure, »Dessinateure« genannt, vertraten in Bonn im ständigen Kontakt mit de Cotte dessen Baurichtlinien: Benoit de Fortier, Michel Leveilly und Guillaume D'Hauberat. Sie blieben in Deutschland und arbeiteten bis zur Mitte des Jahrhunderts selbständig. Leveilly im Köln-Bonner Raum (Schloß Arff, Bonner Rathaus, Bauleitung Schloß Falkenlust), D'Hauberat in Bonn (Boeselagerhof), Frankfurt und Mannheim. Wohl unter Beratung de Cottes baute 1727 D'Hauberat in Frankfurt das Palais Thurn und Taxis (Abb. 7). Mit ihm entstand ein Pariser Stadtpalais auf deutschem Boden. Zwischen *Cour und Jardin* angelegt, mit einem Vorhof, der durch niedrige Bauten und Gitter zur Straße hin abgesondert war, mit Vestibul und rundem Saal folgte es dem neuen französischen Hotelbau und der seit Vaux-le-Vicomte in die Stadtpaläste eingeführten Enfiladenordnung, die eine Figuration von Vestibül und ovalem oder rundem Saal vorsah.

VI

Die beiden führenden Architekten Frankreichs während der Régence, Robert de Cotte und Germain Boffrand, wurden als Gutachter der Pläne Balthasar Neumanns für die Würzburger Residenz, die dieser ihnen selbst in Paris vorgelegt hatte, und mit Alternativvorschlägen in Deutschland tätig. De Cotte lehnte die Entwürfe Neumanns ab. Dessen mit architektonischen und dekorativen Mitteln akzentuierte und plastisch durchgestaltete Wand war der französischen Baukunst der Régence fremd. Boffrand reiste 1723/24 zum Main und, vom Fürstbischof von Würzburg ehrenvoll begleitet, auch nach Pommersfelden. Seine und De Cottes Entwürfe, die eine homogene Wandbehandlung zeigen, blieben unberücksichtigt, waren jedoch für die deutsche Architektur von nachhaltigem Einfluß (s. u.). Künstlerische und auch politische Verbindungen zum Kaiserhof und nach Österreich-Böhmen waren im Mainfränkischen traditionell. So wurde nach dem Tod des Fürstbischofs Johann Philipp Franz von Schönborn von Lukas von Hildebrandt, dem führenden Architekten in Österreich, ein neues Gutachten angefordert und bei der Ausführung des Baus auch berücksichtigt.

De Cotte und Boffrand hatten in Frankreich den Stilwandel zur Régence eingeleitet und vertreten, der eine Eliminierung der schweren Bauformen bewirkte. Die zurückhaltende Eleganz kam dem Anspruch der deutschen Fürsten entgegen. Die Régencekunst wurde in Frankreich vom Adel, nicht vom zentralen Königshof getragen. So hatte dieser Stilwandel einen ästhetischen wie gesellschaftlichen Aspekt. Von der Auftragsseite her gab es in Deutschland gesellschaftliche Parallelen. Sie erklären die breite Wirkung der Entwürfe dieser beiden Baumeister auf die Planungen der kleineren wie größeren Residenzen des Reiches (Stuttgart, Karlsruhe, Schwetzingen s. u.). Parallelen dazu gab es in der Gartenkunst Girards.

VII

Ein unabhängiger, aus Frankreich stammender Baumeister der älteren, ersten Generation französischer Architekten des 18. Jahrhunderts in Deutschland war Louis Remy de la Fosse. Über Herkunft und Ausbildung dieses bedeutenden, an vielen Orten in Deutschland, meist an Höfen protestantischer Fürsten in hohen Bauämtern tätigen katholischen Baumeister ist wenig bekannt. Vermutungen über einen Aufenthalt in England ließen sich bisher nicht bestätigen. Möglicherweise hat er seine Heimat in jungen Jahren verlassen, da in seinem Werk Anregungen aus der älteren französischen Barockbaukunst gewichtiger sind als solche aus der klassischen unter Jules-Hardouin Mansart und da seine Kenntnis der französischen Architektur auch aus Publikationen stammen könnte.

Sein umfangreiches Werk in Deutschland ist in wenig mehr als 20 Jahren entstanden. Bereits 1705 war er in Berlin in besoldeter Stellung unter Eosander von Göthe mit einem Erweiterungsplan für Schloß Charlottenburg beschäftigt. Mit »Kuppelturm« und Aufstockung der Flügelbauten beabsichtigte er eine Monumentalisierung des Bauwerks. Die Begegnung mit Andreas Schlüter und die Kenntnis schwedischer Baukunst, die ihm Eosander vermittelt haben könnte, sollten bis in spätere Jahre von nachhaltigem Eindruck sein. Nach Meinungsverschiedenheiten mit Eosander von

Göthe wandte er sich an den kurfürstlichen Hof in Hannover, wo er eine gut dotierte
Stellung erhielt und eine nicht nur auf den kurfürstlichen Hof beschränkte Tätigkeit
entfaltete. Überliefert ist die Mitarbeit am Leineschloß, bestätigt die Autorschaft an
den beiden am Ende der großen Alleen im Großen Garten von Herrenhausen
stehenden Tempelchen, 1707; der Ausbau des Schlosses Hallenberg bei Schlitz, 1707;
der Schlösser Fantaisie (später Monrepos und Monplaisir) 1707, und Montbrillant,
1713 (Hannover) und des Schlosses Ostrau bei Halle 1708–13 bereits mit dem in
Frankreich entwickelten Appartement double. Zu den bemerkenswerten Leistungen
gehört das Haus der Landstände in Hannover (Abb. 8) im Charakter eines Pariser
Stadthotels. An den Haupttrakt zwischen *cour et jardin,* den auf der Hofseite ein
flacher Risalit von drei Achsen mit monumentaler Pilasterordnung und Giebel
auszeichnet, schließen sich Flügelbauten in der Ordnung des *Corps de logis* an und
stufen sich zur Straße hin ab; in deren Verlauf begrenzt ein Gitter den Hof. Der Bau
läßt nicht unbedingt auf eine unmittelbare Schulung des Baumeisters in Paris
schließen. Wiederholt wurde in diesem Zusammenhang auf einen von Charles
Augustin Daviler im Cour d'Architecture 1691 veröffentlichten Musterbau hingewiesen, der L. Remy de la Fosse als Vorbild gedient haben könnte. Entwürfe für ein
Kommödienhaus, ein Archiv und einen Marstall entstanden noch vor der Thronbe-
steigung Kurfürst Georgs in England und der Übersiedlung des Baumeisters nach
Darmstadt 1714, wo ihn Arbeiten am Rheinstrom und der Bau eines Opernhauses
schon seit 1709 beschäftigten und der Neubau eines Residenzschlosses ihn erwartete,
der seit seinem Besuch in Darmstadt 1711 im Gespräch war.

Zuvor hatte Kurfürst Georg 1708 L. Remy de la Fosse dem Landgrafen Karl von
Hessen-Kassel zur Planung eines neuen Schlosses Weißenstein unterhalb des von
Guernieri gestalteten Berg- und Kaskadengartens mit dem Herculesmonument bei
Kassel empfohlen. Pläne und Ansichten einer weitzügigen Anlage sind erhalten.
L. Remy de la Fosse wählte den Dreiflügelbau, den 1718 der deutsche Bautheoretiker
Leonhard Christoph Sturm für ein Sommerschloß angemessen hielt. Parallel zum
corps de logis setzen an den mit Risaliten hervorgehobenen Flügelbauten niedrigere
Trakte an, die dem Ehrenhof ungewöhnliche Weite geben. In der Großzügigkeit der
cour d'honneur ist die Anlage an Versailles orientiert. Aber die blockhafte Erscheinung des Baus, die einerseits bedingt ist durch eine einheitliche Gestaltung der
Geschosse in Haupt- und Flügelbauten, von der nur der Portalrisalit und die mit
großer Pilasterordnung und skulpturalem Schmuck ausgezeichneten Risalite der
Flügelköpfe ausgenommen sind, andererseits durch eine durchlaufende Figurenbalu-
strade vor dem Dach, die allerdings an die Gartenfassade von Versailles erinnert,
weist auf andere Anregungen hin. Das in jedem Geschoß eingeschobene Mezzanin,
welches auch Ch. L. Sturm vorschlägt, läßt an Bauten des schwedischen Architekten
Nicodemus Tessins d.J. denken. Abweichend von Versailles ist auch das große
zentrale Treppenhaus, das ein Thema der älteren französischen Architektur und der
deutschen Barockarchitektur war. Es liegt in einem Trakt zwischen Hof- und
Gartenfront und den beiden Binnenhöfen. L. Remy de la Fosses Projekt hatte wie
zuvor die 1707 erarbeiteten Vorschläge Philippo Juvarras und die später 1715
eingebrachten Entwürfe Allessandro Rossinis und die erst nach 1760 entstandenen
Pläne des Franzosen Charles de Wailly keine Aussicht auf Verwirklichung.

Die angespannte finanzielle Lage am Darmstädter Hof verhinderte auch die vollständige Realisierung seines dortigen Schloßbauprojektes. Landgraf Karl von Hessen-Kassel hatte Louis Remy de la Fosse an seinen Vetter den Landgrafen Ernst Ludwig von Hessen-Darmstadt empfohlen, der dem Baumeister das höchste, Civil- und Militärbau, Strom- und Wasserbau umfassende Bauamt übertrug. Eine Vorstellung des projektierten Schlosses, das beim Tod des Architekten 1726 unvollendet war und zu den großen Residenzschloßprojekten des ersten Viertels des 18. Jahrhunderts gehörte, vermittelte ein Modell (Abb. 10) von G. K. Weimar 1724 (1944 verbrannt). Es stellte eine weitläufige Vierflügelanlage um drei Binnenhöfe mit turmartigen, kaum über die Bauflucht vortretenden Eck- und Mittelrisaliten, die flache kuppelige Mansarddächer tragen, mit einem zentralen Treppenhaus unter hohem quadratischem Turm vor. Möglicherweise gebunden an ältere Vorgängerbauten, setzte L. Remy de la Fosse die nördlichen Hälften des West- und Ostflügels über dem Erdgeschoß zurück und schloß im Nordflügel die Rücklagen zwischen den Risaliten und dem Mittelbau mit einem Arkadengang. In der Südfassade gewinnt der Mittelpavillon, der Haupteingang, mit seinen großen Ordnungen und dem Relief- und Skulpturenschmuck triumphalen Charakter. Die mehrgeschossige Fassade im Pavillonsystem erinnert an Le Vaus Entwurf für den Louvre Südflügel um 1663, der L. Remy de la Fosse wieder aus Charles Augustin Davilers »Cours d'Architecture« von 1691 bekannt geworden sein kann. Die Vierflügelanlage mit Binnenhöfen und Eck- und Mittelrisaliten ist aus älterer französischer, italienischer und auch deutscher Architektur und Theorie herzuleiten. In der baugeschichtlichen Komplexität gewinnt das Darmstädter Projekt 1711–15 an Aktualität und verrät in der Unabhängigkeit von Versailles, der Anknüpfung an ältere Louvrepläne Le Vaus ein Bemühen um Alternativen zu dem überragenden Vorbild Versailles und schließt eine Auseinandersetzung mit der traditionellen deutschen Schloßbaukunst nicht aus: Für das Stadtschloß schlug 1718 der deutsche Theoretiker Ch. L. Sturm die Vierflügelanlage vor. Fast zeitgleich mit dem Darmstädter Schloßbau gestaltete der französische Architekt Robert de Cotte, wie oben dargestellt, in den Sommerschlössern Clemensruhe-Poppelsdorf und Buenretiro-Madrid Vierflügelanlagen mit flachen Eck- und Mittelrisaliten unter gewölbten Dachhauben mit rundem Arkadenhof oder vier von Arkaden umstellten Binnenhöfen. Das Motiv skizzierte zeitgleich August der Starke von Sachsen in Dresden für ein neues Zeughaus und in der Jahrhundertmitte griff es auch Nicolas de Pigage für ein neues Schwetzinger Schloß auf. L. Remy de la Fosse variierte den Typus der Vierflügelanlage mit vier Binnenhöfen in einer Gruppierung um drei Höfe wie kurz zuvor 1696 Carlo Fontana in einem Schloßentwurf für den Fürsten Liechtenstein. Das Motiv des zentralen Turms, der auch bei Fontana vorhanden ist und Remy de la Fosse 1705 schon in Schloß Charlottenburg (Berlin) beschäftigt hatte, begegnet zwischen 1700 und 1715 mehrfach. In Bensberg wählte ihn Matteo Alberti 1705 unter Anregung von Christopher Wrens Winchester Castle und möglicherweise eines nicht ausgeführten Planes Jules-Hardouin Mansarts für Versailles 1675. In Karlsruhe war er 1715 Ausgangspunkt für die Anlage von Schloß und Stadt. Die hohe Geschoßzahl der fast schmucklosen Fassaden zwischen den Risaliten – Erdgeschoß mit Mezzanin und zwei gleichwertige Hauptgeschosse – erinnert an Bauten des schon oben im Zusammenhang mit L. Remy de la Fosse erwähnten schwedischen Baumeisters Nicodemus Tessin d. J., der in Paris geschult und, von Perraults Louvre Entwurf beeindruckt, selbst mit Plänen für den Louvre tätig wurde. In der bis auf Turm und Risalite weitgehenden Schmucklosigkeit der Fassaden gewinnt das von einem Wassergraben umzogene Darmstädter Schloß an architektonischer Strenge, und in den schweren Formen und gedrängten Baumassen erscheint es von ernster Monumentalität, die gegenüber gleichzeitigen französischen Bauten und Entwürfen altertümlich fremd wirkt. Mehrfach wurde in der Literatur betont, das Darmstädter Schloß stehe Klosterbauten und Andreas Schlüters Berliner Schloß nahe, von dem L. Remy de la Fosse Details (Portale) übernahm. Im Darmstädter Schloß fand L. Remy de la Fosse zu Lösungen, die aus verschiedenen Anregungen resultieren. Er bringt Zitate aus dem älteren europäischen Schloßbau der Renaissance – Plänen, Bauten und theoretischen Beispielen – ferner aus Bauten und Entwürfen der älteren Generation französischer Architekten des Barock – Le Vau, Perrault – und auch aus Bauten und Idealentwürfen deutscher Barockbaumeister (Furttenbach). L. Remy de la Fosse zeigt sich hier als ein Vermittler zwischen französischen und deutschen Traditionen, der bestrebt ist, dem deutschen Residenzschloß eine eigene, von Versailles unabhängige Form zu geben.

Wie in Hannover begleiten auch in Darmstadt andere Vorhaben die zentrale Aufgabe des Residenzschloßbaus, darunter größere Schloßbauten, Privathäuser und Kirchen. Zu erwähnen sind die Um- und Erweiterungsbauten der Schlösser der Landgrafen von Hessen-Homburg, 1721; von Hessen-Kassel, in Kassel 1722; zwei unausgeführte interessante Entwürfe für Jagdschlösser im Auftrag des Landgrafen Karl von Hessen-Kassel 1722; die Bessunger Orangerie in Darmstadt 1718, eines der reifsten Werke des Baumeisters mit Anregungen aus dem Grand Trianon/Versailles; das Haus in der Oede für den Freiherrn von Holzhausen in Frankfurt, 1722. Durch Vermittlung einer Landgräfin von Hessen-Rheinfels-Rotenburg beriet L. Remy de la Fosse beim Aus- und Umbau des Dientzenhofer Schlosses Kleinheubach 1723/24. In der Staffelung der Flügelbauten knüpfte er beim Umbau von Schloß Schillingsfürst 1724 noch einmal an das Haus der Landstände in Hannover an. Mit dem Palais Hundheim in Heidelberg entstand 1717 sein erster Bau in der Darmstadt benachbarten Pfalz.

Louis Remy de la Fosse zählte zu den bekannten französischen Architekten in Deutschland und empfahl sich durch seine Bauten und Entwürfe für eines der größten deutschen Schloßbauprojekte im dritten Jahrzehnt des 18. Jahrhunderts, das neue Residenzschloß der Kurfürsten zu Pfalz in Mannheim. Der schleppende Fortgang des Darmstädter Schloßbauunternehmers und die finanzielle Krise des Darmstädter Hofes ließen den fast sechzigjährigen Remy de la Fosse dieses große Projekt neben seinen Aufträgen in Darmstadt noch als Aufgabe ergreifen. Der Auftraggeber, Kurfürst Carl Philipp zu Pfalz, der mächtigste weltliche Fürst im Westen des Reiches, berief mit der Verlegung der Residenz von Heidelberg nach Mannheim 1720 den französischen Baumeister. Für den Vorgänger Carl Philipps, Kurfürst Johann Wilhelm zu Pfalz, hatte noch der Venezianer Matteo Alberti 1711 ein »Schloß am Fluß« von gigantischen Ausmaßen entworfen, das in der Rheinebene vor Heidelberg entstehen sollte. In den Maßen und der Komplexität seiner Formen, einer Summe von Anregungen aus den bedeutenden europäischen Schloßbauten der zweiten Hälfte des 17. Jahrhunderts, verlieh dieser Entwurf dem politischen Anspruch des Kurfürsten Ausdruck. Schon um 1670 hatte der Franzose Jean Marot für Mannheim den Entwurf einer weitzügigen Schloßanlage mit großer *Cour d'hon-*

neur, die ein weitvorschwingendes Gitter schließt, vorgelegt. Charles Augustin Daviler veröffentlichte ihn in der schon erwähnten Publikation von 1691, die Remy de la Fosse möglicherweise kannte. Beide Entwürfe wurden nicht realisiert, doch haben sie in ihren Maßstäben und Formen auf die Mannheimer Planung, die schon 1719 anzusetzen ist, eingewirkt. Louis Remy de la Fosses Urheberschaft am Mannheimer Plan wurde bestritten. Sie ist jedoch durch einen Brief bezeugt und mit formalen und stilistischen Parallelen im Darmstädter Schloß, in dem Weißenstein-projekt und den Jagdhausentwürfen für Landgraf Carl von Hessen-Kassel belegt. Wohl unter dem Eindruck der vorausgegangenen Pläne Marots und Albertis gewinnt Remy de la Fosses Entwurf anspruchsvolle Größe (Abb. 11). Eine ungewöhnlich tiefe Dreiflügelanlage mit Mittelrisalit, den ein rechteckiger Pavillon überhöht, und hofseitige Arkaden entlang der Flügel, die in der Mitte Durchfahrten bieten, öffnet sich gegen die neue regelmäßige Stadt, vor der eine abschirmende Galerie geplant war, aber nicht zur Ausführung kam. Das *Corps de logis* flankieren auf der Rheinseite gleichhohe herausgerückte turmartige Pavillons und ebensolche die stadt-seitigen Flügelköpfe, hier jedoch risalitartig in den Hof versetzt. Es schließen sich parallel zum *Corp de logis* Querbauten an, die Bibliothek und die Schloßkapelle. Ansichten um 1725 lassen vermuten, daß die von den Querbauten fortführenden 14 achsigen Trakte zwischen turmartigen Pavillons schon zur ersten Planungsphase gehörten.

Ein Motiv des Weißensteinprojektes für Kassel wurde hier aufgegriffen. Hinter diesen Trakten und den Flügeln des Ehrenhofes entstanden in paralleler Anordnung um Rechteckhöfe Bauten, die als Remisen, Stallungen, Küche, Verwaltung, Opern-haus, Theater, *Jeu de Paume* ausgewiesen waren. Remy de la Fosses Planung bestimmte Dimensionen und Strukturen des Ausbaus zu einem der weitläufigsten Residenzschlösser des 18. Jahrhunderts in Deutschland, den nach 1742 der Nachfol-ger Carl Philipps, Kurfürst Carl Theodor weiterverfolgte und der sich mit Unterbre-chungen unter Leitung französischer Architekten bis nach 1760 hinzog.

Die Ausführung lag 1719 bei dem Mainzer Kaspar Herwarthel, der noch im gleichen Jahr starb. Bis 1726 führte der französische Ingenieur Hauptmann Jean Clemens Froimont, der zuvor als Nachfolger des Franzosen Du Paquet de la Frise in bischöflich Speyerischem Dienst stand, das Mannheimer Bauunternehmen weiter. Gebunden an die Planung von 1719 und die zwingende Symmetrie wurden *corps de logis* und die Flügelbauten hochgezogen, deren Fassaden Froimont entscheidend mit einer Pilasterordnung gestaltete, die Balthasar Neumann auf der Durchreise nach Paris kritisierte. Unstimmigkeiten mit Kurfürst Carl Philipp führten 1716 zu seiner Entlassung und zur Anstellung Guillaume D'Hauberats. Der schon oben erwähnte Mitarbeiter des bedeutenden *Premiér Architecte du Roy,* Robert de Cotte in Bonn und Frankfurt war vertraut mit dem zeitgenössischen architektonischen Schaffen in Frankreich und wurde zum Vermittler französischer Architektur in Deutschland. Doch ließen die bereits hochgeführten Bauten in Mannheim keine Eingriffe oder belebende Details zur Auflockerung der blockhaften Strenge des Schlosses mehr zu.

D'Hauberats Verdienst war es, im Mittelpavillon die Raumfolge von Vestibul, Treppenhaus und Rittersaal in klarer Zuordnung zu einer überzeugenden Raumein-heit verbunden zu haben; zu seinen Leistungen gehören in Angleichung an den bestehenden Bau die selbständige Gestaltung der Schloßkirche und der anschließen-

den Trakte sowie des Innenbaus. 1731 war das Schloß weitgehend bezugsfertig, ehe
es zur Unterbrechung weiterer Baumaßnahmen kam. Erst 1737 folgte der Bau des
Opernhauses durch Alessandro da Galli Bibiena. Nach dessen Tod 1747 übernahm
D'Hauberat das höchste Pfälzer Bauamt. Seit 1749 stand ihm der junge französische
Architekt Nicolas Pigage zur Seite, dem er ein Lehrmeister in Bauorganisation und
Bauwesen wurde. Der aus Lunéville stammende, in Nancy und an der Pariser
Akademie ausgebildete Pigage gehörte zur dritten Generation französischer Architekten in Deutschland. Bei strenger Observanz französischer Bautheorie und -for-
men war er einer der phantasievollsten und eigenständigen Künstlerpersönlichkeiten
von Rang. 1752 folgte Pigage D'Hauberat im Amt des Pfälzischen Oberbaudirektors
und wurde 1762 auch Gartendirektor. Der Mannheimer Hof blieb nach Remy de la
Fosse, J. C. Froimont, Guillaume D'Hauberat mit Pigage auch in der Zweiten Hälfte
des 18. Jahrhunderts ein Zentrum der Rezeption französischer Architektur.

Zu den ersten Aufgaben Pigages gehörten am Schloßbau die Passage zum Jesui-
tenkloster und die Nutzbauten der *Cour d'écuries* hinter dem südöstlichen Flügel des
Ehrenhofs. In Anpassung an das Gelände und die Festungsbauten fand Pigage eine
sowohl eigenständige wie zweckmäßige Gestalt. Zu diesen frühen Planungen gehörte
auch ein Theaterentwurf, in dem Pigage ein System vorsah, das für die Ränge ohne
Stützen auskam. Er wurde zurückgestellt.

In den Bauten der *Cour d'écuries,* in denen auch das Theater geplant war, verrät
sich schon die Pigages Werk kennzeichnende Begabung, das von der Aufgabe
geforderte Bauprogramm unter Beachtung der geltenden Regeln frei, meist auch
ungewöhnlich, stets jedoch sinnvoll und praktisch wie ästhetisch überzeugend zu
lösen.

Im Ausbau des südöstlichen Traktes, dem Bibliotheksbau gegenüber der Schloßkirche kündigte sich in den Mannheimer Werken des jungen Architekten eine neue
stilistische Haltung in Gestaltungsfragen an, die das rationalistisch Zweckmäßige mit
dem Angemessenen zu verbinden trachtete. Es waren die Anliegen einer dritten
Generation französischer Architekten an deutschen Höfen des 18. Jahrhunderts,
deren Lehrmeister aus der Régence hervorgingen und dem Innenbau eine vorrangige
Stellung einräumten. Durch die Vorgaben von 1719 war Pigage an den Fassaden in
einer freien architektonischen Gestaltung eingeschränkt. Zwar vermochte er dem
Bibliotheksgebäude durch Portal und Fenster ein eigenes, reicheres Erscheinungsbild
zu geben, doch gelang es ihm, im Innenbau einen der bemerkenswertesten Biblio-
theksräume seiner Zeit zu gestalten. Er war ohne direktes Vorbild, ebenso einfalls-
reich wie bequem und zweckmäßig und von hoher künstlerischer Qualität. Die
beiden Emporenränge blieben ohne Stützen. Flache, aus trumeauartigen Wandresten
entwickelte Konsolen trugen sie unauffällig. Sie führen an Bücherwänden entlang,
die vom Boden bis zur Decke reichen, denn Schränke und Regale waren in die Wand
versenkt. Die Unterteilungen zwischen den Wandresten blieben sehr flach. Sie waren
als dünne Palmstämmchen gestaltet, deren Wedel in die Stuckaturen überleiten, die
sich über die Emporenunterböden und die flache Voûte der Decke bis zum Deckenbild hinziehen, so daß eine flächige zusammenhängende Raumschale aus Büchern,
Schrankpfosten, geschnitzten Leisten, Stuck- und Deckenbild geschaffen wurde, vor
der nur das zarte Filigran der Emporengitter steht. Die Tektonik wurde nicht mehr
deutlich. Selbst Treppen sind hinter die Wände verlegt, die Einrichtung – Tische – in

das Ornament des Bodens einbezogen. Dem entsprach ein einheitliches ikonographisches Programm. Der Raum wirkte leicht und war bei allem Aufwand des Dekors von bestechender Einfachheit und beschwingter Eleganz, welche durch Raffinement und Rationalität erreicht wurde. Pigage vertrat in Mannheim zuerst diese neue, in Frankreich entwickelte Raumkunst. Ebenfalls 1755 gestaltete er die Kabinettbibliothek der Kurfürstin im westlichen Flügel des *Corps de logis* mit Ausblick in den Garten. Diese Bibliothek ist der einzige Raum, der – allerdings transloziert – von der reichen Ausstattung des Schlosses erhalten blieb. Sie ist von unbestimmter, fast verwirrender Raumwirkung. Im Zusammenspiel von Nischenwänden, Vertäfelung und Treillagen, verspiegelten Wänden, Wandbildern und Ausblick, der Spiegelbilder von gleichgestalteten Spiegeln scheint die Realität des Raumes aufgehoben zu sein. Pigage ist hier dem französischen Rokoko verpflichtet. Die unterschiedliche Behandlung des privaten und offiziellen Raums wird Pigage aus Gründen der *Bienséance* oder *Convenance* gewählt haben. *Bienséance* und *Commodité*, Angemessenheit, Zweckmäßigkeit und Bequemlichkeit waren die Schlagwörter der neuen französischen Gestaltungstheorie, die das Anliegen der dritten Generation französischer Architekten in Deutschland war.

IX

Die Bauverzögerung am Mannheimer Schloß hing ursächlich mit dem 1747/49 beabsichtigten Bau eines neuen Schlosses in Schwetzingen zusammen. Neben Friedrich Wilhelm Rabaliatti und Balthasar Neumann beteiligte sich auch der soeben als Intendant über die Gärten und Wasserkünste eingestellte Nicolas Pigage mit Plänen. Sechs Entwürfe sind erhalten und zeigen die Auseinandersetzung des 26jährigen Architekten mit den Plänen Robert de Cottes für Poppelsdorf, dessen und Boffrands Vorschlägen für Würzburg, Emanuel D'Héres und Boffrands Bauten in Pigages Heimat Lothringen. Die Entwürfe Pigages belegen die nachhaltige Wirkung der Arbeiten De Cottes und Boffrands, auf die D'Hauberat vermutlich seinen jungen Landsmann aufmerksam machte. Pigage greift De Cottes Buenretiro Entwurf auf. Die Wahl einer zentralen Anlage war vielleicht durch den Bau eines der Zirkelhäuser vorprogrammiert, könnte jedoch auch auf einen Wunsch des Kurfürsten Carl Theodor zurückgehen, der auf seiner ersten Reise in seine niederrheinischen Besitzungen Gast des Kurfürsten Clemens August von Köln in Poppelsdorf war. So war das neue Schloß als Mittelpunkt eines Gartens in der Tradition der Jagdgärten vorgesehen. Bei geringen Maßen bot dieser Plan mit vier Höfen zur Belichtung und Belüftung die Möglichkeit, bei vollkommener Raumausnutzung und in symmetrischer Entsprechung unter dem Gesichtspunkt der *Bienséance* und *Commodité*, einer Distribution in Form des *Appartement double*, hinter den herrschaftlichen Räumen zum Garten hofwärts eine Vielzahl kleiner Nebenräume in Erdgeschoß und *Entresol* unterzubringen. Dies kam auch der gewünschten *Variété* entgegen. Der Entwurf zeigt die Ansätze zu der differenzierten Raumkomposition des Badhauses in Schwetzingen und für sein geniales Konzept von Schloß Benrath (s. u.). Die anderen Schloßentwürfe Pigages verarbeiten Zitate aus de Cottes und Boffrands Vorschlägen für die Würzburger Residenz und gehen von einem neuen Standort des Schlosses zwischen den Zirkelhäusern aus (Ergänzung des vorhandenen Zirkelbaus um ein zweites Gebäude 1752/53). Nicht auszuschließen ist, daß in Pigages Entwürfen die persönliche Begegnung mit Balthasar Neumann 1749 in Schwetzingen mitspricht.

Balthasar Neumann, Philippe de la Guêpière, ein Mitschüler Pigages an der Pariser Akademie, Leopoldo Retti waren Konkurrenten in dem fast gleichzeitigen Wettbewerb für ein neues Schloß in Karlsruhe. Pigage legte zwei Entwürfe vor. Schloß Malgrange und Bauten Boffrands stehen hinter seinem Entwurf: mit einem zentralen, von einer turmartigen Kuppel überhöhten Bau, den zweigeschossige Galerien mit zwei Logispavillons verbinden. Dieser und auch der zweite Entwurf Pigages waren wiederholt Gegenstand der kunsthistorischen Literatur mit einer Genese der Pläne.

Der Plan eines Neubaus in Schwetzingen wurde fallengelassen. An seiner Stelle entstand ab 1753 unter maßgebender Leitung Pigages ein Garten, der bis heute zu den berühmten Gärten Deutschlands zählt und dem der Charakter des Besonderen, Einmaligen eigen ist. Der Übergang vom Rokoko zum Garten des Anglo Chinois und zum frühen Landschaftsgarten vollzieht sich nahtlos. Gebäude aus Stein, grüne vegetabile Architektur und Vegetation im freien Wuchs, die Behandlung des Bodenniveaus, Wasserbassins und Wasserspiele, Skulpturen stehen im Dienst formaler Gestaltung des Gartens und eines thematischen Programms, das die geistesgeschichtliche Stellung des Mannheimer Hofes, die Aufklärung unter Kurfürst Carl Theodor zum Ausdruck bringt. Es wird deutlich in den Tempelbauten der Minerva, Apolls, der Botanik und Merkurs ebenso wie im römischen Wasserkastell und der Moschee, die allesamt ingenieuse Bauten Pigages sind und zudem von komplexer architektonischer Genese und Aussage. Dem von Frankreich ausgehenden neuen *Goût grec,* in dem ein neues Antikenideal gefunden wurde, folgen die Tempel der Minerva und des Apoll sowie der Botanik, doch sind sie der Monumentalität ihres antiken Vorbilds enthoben und haben die Grazie einer *Simplicité noble* des frühen Klassizismus, dem akademische Trockenheit fremd ist.

Zu den bemerkenswerten Leistungen Pigages in Schwetzingen gehört das 1752 in wenigen Wochen gebaute und 1761 erweiterte Theater, dessen Ränge und dessen Parterre zum Bühnenhaus gesenkt sind, dessen Bühnenboden aber ansteigt. Pigage zeigt sich als ein Meister der Proportionen und der Perspektive. In der Tiefe des Bühnenraums konnte dieser in den Garten geöffnet werden. Bei geringen Maßen ist der Raum intim, ohne Großzügigkeit zu entbehren. Eines der reifsten architektonischen Werke Pigages, in dem ein Raumideal der Zeit am Übergang vom Barock zum Klassizismus verwirklicht wurde, ist das Badhaus in Schwetzingen (ab 1766), die »Theodorischen Thermen« in »antikem Geschmack«. Das Äußere ist zurückhaltend, fast klassizistisch streng. Eine überlegte Grundrißgestaltung mit Zitaten aus antiken Thermen und eine erlesene Ausstattung verraten eine Meisterschaft der Disposition und intimer Raumgestaltung. Auf kleiner Grundfläche ist in symmetrischer Ordnung ein privates Appartement mit Badraum um einen zentralen ovalen, in Vorhallen zum Garten geöffneten Raum gruppiert. Das Haus ist Mittelpunkt von Gärten, die in Maßen und Formen auf die streng geführten Blickachsen der Innenräume, besonders des zentralen Raums bezogen sind. Die subtile Gestaltung intimer Räume und der Einbeziehung der Gärten in Haus und Innenbau ist ein von Pigage meisterlich beherrschtes Mittel einer privaten Raumkunst, die sich im Stil des Transition entfalten konnte.

Abb. 1 Jean de Bodt, in Zusammenarbeit mit Zacharias Longuelune und Andreas Schlüter vermutlich nach einem Entwurf François Blondels, Zeughaus Berlin, ab 1695, teilzerstört

Abb. 2 Jean de Bodt, Entwurf für die Hedwigskirche Berlin

Abb. 3   Zacharias Longuelune, Jean de Bodt und Daniel Pöppelmann, Japanisches Palais, Dresden

Abb. 4 Paul du Ry, Kassel, Schöne Aussicht, ab 1709, zerstört

Abb. 5 Louis Simon du Ry, Kassel, Museum Friedricianum, 1769–1779, zerstört (Wiederaufbau in veränderter Form)

Abb. 6 Robert de Cotte, Bonn, Schloß Clemensruhe in Poppelsdorf,
Bauleitung: Guillaume D'Hauberat

Abb. 7   Guillaume D'Hauberat nach Planung R. de Cottes, Frankfurt, Palais Thurn und Taxis, zerstört

Abb. 8 Louis Remy de la Fosse, Landständehaus, Hannover, 1709–1712, Ansicht, Federzeichnung von Wilhelm Vornberger, 1. Viertel 18. Jahrhundert

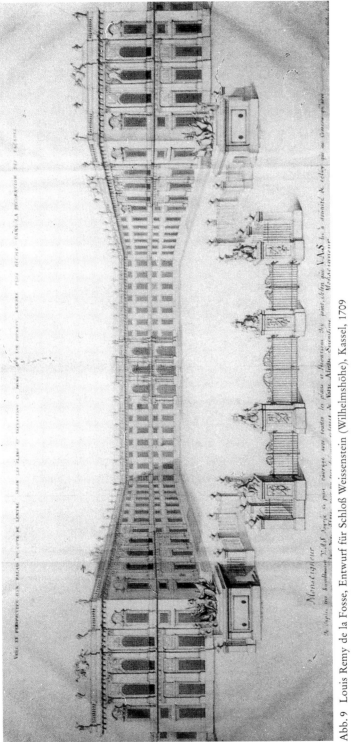

Abb. 9 Louis Remy de la Fosse, Entwurf für Schloß Weissenstein (Wilhelmshöhe), Kassel, 1709

Abb. 10 Louis Remy de la Fosse, Darmstadt, Schloß, Modell des Schloßprojekts von
Georg Konrad Weimar 1722–1724 (1844 verbrannt)

Abb. 11 Mannheim, Schloß, Entwurf Louis Remy de la Fosse. Weiterer Ausbau Froimont G. D'Hauberat.
Innenausgestaltung Nicolas de Pigage, 1720–nach 1760

Abb. 12 Nicolas Pigage, Düsseldorf, Schloß Benrath, 1755–70, Luftansicht

Abb. 13　Philippe de la Guepière, Schloß Solitude, 1763

Abb. 14 Philippe de la Guepière, Schloß Monrepos, 1764

Abb. 15 Michel D'Ixnard, Entwurf für ein neues Schloß in Koblenz, 1776

Abb. 16 Pierre Patte, Schloß Jägersburg (Zweibrücken). Aquarell von Philippe Leclerc, nach 1780, Ansicht des Schlosses

Pigages Werk ist umfangreich und vielseitig. Stilistisch steht es am Übergang vom Spätbarock zum Klassizismus. An der Vollendung des Mannheimer Schlosses war er mit Nutzbauten – Marställen, Remisen – und der Ausstattung der Innenräume, den Bibliotheken und der Sammlungsräume beteiligt. Für Schwetzingen entstanden Schloßentwürfe und ein anspruchsvoller Garten mit Gartenbauten, ein Wasserwerk. Der kurfürstliche Hof vermittelte die Übernahme des Oggersheimer Bauwesens 1753, zunächst für den Zweibrücker Pfalzgrafen, später für die Kurfürstin Elisabeth Auguste. Für die benachbarten Höfe in Baden und Württemberg, wohin auch persönliche Beziehungen bestanden (Ph. de la Guêpière und N. Guibal), reichte er Schloß- und Gartenentwürfe ein (Karlsruhe 1749, Ludwigsburg 1771, Stuttgart 1768). Neben den fürstlichen Aufträgen gab es kirchliche. Beratungen beim Kirchenbau der Karmeliter in Mannheim; Pläne für eine neue Dechanei. Für die Augustinerinnen baute er in den achtziger Jahren ein Kloster. In Schwetzingen wurde ihm die Erweiterung der Pfarrkirche und des Pfarr- und Schulhauses übertragen. Der Bau der lutherischen Kirche geschah von 1767 an nach seinen Plänen. Am Bau des Franziskanerklosters war er beteiligt. In Mannheim und Düsseldorf beschäftigte ihn die Umgestaltung der Marktplätze 1767/68. In diese Zeit fiel auch die Wiederherstellung des Mannheimer Kaufhauses. In Frankenthal baute er das Speyrer, in Heidelberg 1775 das Karlstor, in das römische und mittelalterliche Bauformen einwirkten. Als Gutachter befaßte Pigage sich mit der Wiederherstellung des Speyrer Doms 1755. In Frankfurt reichte er 1787 zwei Entwurfsvarianten von Kuppelbauten für die Paulskirche ein. In St. Blasien führte die Tätigkeit als Gutachter zu einer engeren Zusammenarbeit mit dem gleichaltrigen Michel d'Ixnard, der einen strengeren Klassizismus vertrat.

X

Die niederrheinischen Besitzungen Carl Theodors verdanken Pigage zwei besondere Werke, den Düsseldorfer Hofgarten und ein Kunstdenkmal von europäischem Rang, Schloß Benrath, das eine persönliche Interpretation des französischen Architekten eines in Frankreich entwickelten Bautyps, der *Maison de Plaisance* ist.

Der Hofgarten in Düsseldorf 1769 war in Form und Bestimmung eine zukunftsweisende Anlage. Die »öffentliche Promenade«, wie der Hofgarten im 18. Jahrhundert genannt wurde, entstand 20 Jahre vor dem Englischen Garten in München »zur Lust der Einwohnerschaft« als ein erster Volksgarten. Pigage entsprach dieser neuen Bestimmung mit neuen Formen der Gartenkunst. Durch Bosketts seitlich einer breiten dreibahnigen Lindenallee führen geschlängelte Wege zu stillen Plätzen. Sie waren gedacht für den Einsamkeit und Stille suchenden Einzelbesucher; die breite Allee sollte gesellschaftlichen Treffpunkt für jedermann bleiben, an dem man sich sah und gesehen wurde. Der junge Mitarbeiter Pigages L. Skell war vermutlich von dieser Anlage beeindruckt. Pigage entwarf auch das Hofgärtnerhaus am Nordwestende der Anlage in den schlichten Formen des beginnenden Klassizismus. Es war Wohnung des Hofgärtners, Eingang zur Promenade und mit einem kleinen, zweigeschossigen Saal auch Gesellschaftshaus. Pigage schuf damit eine Einrichtung, die später in keinem Volksgarten fehlte.

Vor den Toren Düsseldorfs steht das Hauptwerk Pigages, Schloß Benrath (Abb. 12), eine *Maison de Plaisance*. Die Bauaufgabe stand seit der ersten Hälfte des 18. Jahrhunderts im Mittelpunkt europäischen Bauschaffens. Die dritte, um 1720–30 geborene Generation französischer Architekten in Deutschland nahm sich ihrer besonders an. Sie kam dem Wunsch nach ländlichem Wohnen, das von den offiziellen Geschäften gelöst war, entgegen. Es sind private Bauten, in denen sich nicht mehr der Machtanspruch eines Fürsten geltend macht. Sie beruhen auf einer neuen gesellschaftlichen Nutzung und geistigen Haltung. Repräsentative Architekturformen sind nicht mehr gefragt oder angezeigt. So entfallen nicht nur große Ordnungen, sondern auch die Zitate aus der französischen Architektur des Louis XIV, die bisher die Schloßbauten der französischen Architekten in Deutschland aufwiesen (s. o.).

Selten wurde ein Bautypus in der Theorie derart systematisch erarbeitet und aus der *Ratio* und *Clarté* französischen Geistes in festen Regeln erfaßt. Die Bautheorie Jacques François Blondels 1737/38 und Charles Etienne Briseux' 1743 haben Bau- und Raumprogramm und Richtlinien festgelegt. Die Lage in der Natur mit formal und funktional zugehörenden Gärten und eine Distribution nach *Bienséance* und *Commodité, Variété* und *Beauté* sind die Hauptforderungen. Der Typus ist vom Grundriß her zu definieren. Die Wohnung liegt im Erdgeschoß eines separaten Gebäudes. Wirtschaftsräume und Kavalierswohnungen sind in Flügelbauten zugeordnet. Kennzeichnend sind die symmetrisch und seitlich der Raumfiguration von Vestibul und Salon, die sich auch im Außenbau artikuliert, liegenden, als *Appartement double* gestalteten Appartements, in denen die herrschaftlichen Räume zum Garten, die untergeordneten zum Hof angeordnet sind. Nach ihrer Bedeutung und Funktion erhalten sie Größe, Höhe, Gestalt und Ausstattung, einen Dekor aus angemessenen Themen, Materialien und Formen. Zwischen diesen liegen Treppen, Degagements und Nebenräume, die die *Commodité* gewährleisten. Die Ordnung der fürstlichen Wohnung ist die der Gärten. Dem privaten Charakter und der neuen gesellschaftlichen Nutzung entsprach ein neuer Stil, der auf barocke repräsentative Formen verzichtete und sie durch eine schlichte, elegante Formensprache und intime Raumkultur ersetzte.

In diesem Zusammenhang ist auf François Cuvilliés hinzuweisen. Er ist weder Franzose noch Deutscher. Der als Kammerzwerg im Dienst des Kurfürsten Max Emanuel stehende Cuvilliés erhielt durch Förderung seines Herrn und dessen Nachfolgers eine eingehende Schulung in Frankreich. Sein Name ist mit dem bayrischen Rokoko verbunden. Vor der Veröffentlichung der theoretischen Abhandlungen zur *Maison de Plaisance* baute Cuvilliés 1729 mit Schloß Falkenlust bei Brühl eine vom Grundriß her zu bestimmende, jedoch einfache *Maison de Plaisance* mit reicher Ausstattung, deren dem Innenbau entlehnten Formen der Fassade unfranzösisch sind. In dem gut ein Jahrzehnt später entstandenen Schloß Wilhelmsthal bei Kassel 1743 übernahm Cuvilliés die größere strenge Raumkomposition Blondels und gab dem Außenbau die schlichte Gestalt, die für den fürstlichen Landsitz nun gewünscht wurde.

Pigage schuf in Benrath die geistvollste *Maison de Plaisance*. Sein geniales Konzept geht in der Konsequenz der Raumausnutzung und -ordnung, der formalen Gestaltung, der Einbeziehung der Gärten in den Innenbau über die Vorschläge Blondels hinaus und erreicht unter Berücksichtigung aller Regeln eine Anlage von großer Eleganz und künstlerischer Qualität. Zwei dem freigestellten Hauptgebäude kompositionell zugeordnete Flügelbauten mit Kavalierswohnungen und Wirtschaftsräumen sicherten den privaten Rahmen der fürstlichen Wohnung und ermöglichten den kurzweiligen Aufenthalt einer kleinen höfischen Gesellschaft. Die Lösung, ein Raumprogramm von 80 Räumen, 7 Treppenhäusern, Degagements in einem scheinbar nur eingeschossigen Gebäude von den geringen Grundmaßen 27 x 42 m unter Berücksichtigung aller ästhetischen und kompositionellen Regeln, selbst praktischer Forderungen der Belichtung und Belüftung, unter Beibehaltung charakteristischer Raumkompositionen wie jener von Vestibül, Salon (Kuppelsaal) und *Appartement double*, all dies bei gewahrter *Variété* der Raumformen, fand Pigage im Entwurf zweier Binnenhöfe, um die sich kleine Nebenräume, Räume der persönlichen Dienerschaft, Treppen und Flure in vier Geschossen gruppieren. Das glockenförmige Pavillondach bietet Raum und Höhe zur Unterbringung von vier Wohnappartements und einer zweigeschossigen Kapelle. Eine der raffiniertesten Raumlösungen des 18. Jahrhunderts in einer Vielfalt von Raumformen fand hier ebenso rational wie phantasievoll Gestalt. In diese Komposition sind auch die Gärten einbezogen, so daß eine formale und funktionale Einheit von Haus und Garten erreicht wurde. Großzügigkeit und Intimität verbinden sich in einer zurückhaltenden Raumkunst von einer *simplicité noble*, die sich aus der Kunst der Régence herleitet.

Auch in Württemberg war es ein französischer Architekt, der sich dieser Bauaufgabe widmete: P. Louis Philippe de la Guêpière, ein Schüler J. F. Blondels und der Akademie von Paris. Er war Pigage bekannt und schuf nur wenig später als dieser in Benrath zwei Beispiele von Rang. Die Solitüde bei Stuttgart 1763 (Abb. 13) ist unabhängiger von Blondels Schema formuliert. Die Fassaden sind reicher, flache Pilaster gliedern und Dekor beleben sie. Schloß Monrepos (Abb. 14) bei Ludwigsburg (1760–67) folgt in der Grundrißlösung dem klassischen Modell der *Maison de Plaisance*. Seitliche flache Risalite in der Eingangsfront bilden hier jedoch einen kleinen Ehrenhof. Das Äußere gibt sich abgeschlossener. Die große Säulenordnung am Mittelrisalit der Gartenseite, der sich kräftig verwölbt und um ein Mezzanin erhöht ist, die Trennung des Kuppeldachs von den seitlichen Dächern und verhärtete Detailformen lassen das Schloß monumentaler und klassizistischer erscheinen.

1749 hatte de la Guêpière in Württemberg den nach Wien orientierten Architekten Leopoldo Retti abgelöst und in dem nach der Ablehnung der Pläne B. Neumanns von Retti gebauten neuen Stuttgarter Residenzschloß in der Raumgestaltung zunehmend an Einfluß gewonnen. Mit klassizistischer Strenge brach er unvermittelt mit der Kunst des Rokoko. Die in der französischen Bautheorie mit der Kritik am Rokoko eingeleitete stilistische Entwicklung zeitigte den Stil Transition, den Übergang vom Spätbarock zum Klassizismus, den die dritte Generation französischer Architekten vertrat und der sich in dieser Bauaufgabe von privatem Charakter – der *Maison de Plaisance* – entfalten konnte.

Pierre Patte, ein Mitschüler Pigages an der Pariser Akademie, baute 1757 für den Herzog von Zweibrücken das Schloß Jägersburg (Abb. 16), dessen Flügel dem Grand Trianon/Versailles entlehnt sind.

Mit dem Namen Michel Leveillys, des Baukondukteurs R. de Cottes verbinden sich die Schlösser und Häuser Arff, Graurheindorf und Horr, die dem Typus der

Maison de Plaisance zuzurechnen sind. Die strenge Systematik des Bautyps in der französischen Bautheorie war Voraussetzung für eine breite Übernahme der Aufgabe auch durch deutsche Architekten wie J. C. Schlaun, J. J. Couven, F. J. Roth und M. von Welsch.

XI

Michel d'Ixnard aus Nîmes, fast gleichaltrig mit Pigage, vertrat in seinen Bauten für Kurfürst Clemens Wenzeslaus von Trier – ein Onkel König Ludwig XV. – einen strengen Klassizismus französischer Schulung. D'Ixnard wurde zum Leitbild einer um 1750 geborenen vierten Generation französischer Architekten in Deutschland, die vornehmlich in Südwestdeutschland, in den Kurfürstentümern Trier und Mainz und in Frankfurt Wohn- und Schloßbauten schuf. Die Bauten von Charles Mangin, des Architekten von Schloß Monaise bei Trier 1779, Jean Antoines Entwürfe für ein Schloß des Fürsten Salm in Kirn, das (zerstörte) Jagdschloß Philippsfreude in Wittlich und die Häuser Salins de Montforts in Mainz und Frankfurt sind in einer kompakteren, geschlosseneren Bauweise des frühen Klassizismus gestaltet, die in J. A. Gabriels Petit Trianon ihr Vorbild hat. Gegenüber den Bauten Pigages und de la Guêpières, zeigen sie einen veränderten, formal verarmten Grundriß, der jedoch nicht weniger subtil auf die verschiedenen Funktionen abgestimmt ist. Neue Aufgaben fanden die jungen französischen Architekten nicht mehr bei Hof, sondern im Wohnbau des Großbürgertums und des städtischen Patriziats.

Michel D'Ixnard entwarf, begutachtet durch die Pariser Akademie 1776 für Koblenz eines der letzten großen Residenzschlösser in Deutschland, das den Klassizismus im Rheinland einführte. Er gab dem Bau seiner Planung antik kaiserliche Maße, die den Entwurf als ein Idealprojekt erscheinen lassen. Nur in reduziertem Umfang konnte Antoine François Peyre, der Nachfolger D'Ixnards am kurtrierer Hof und wie dieser Franzose, die Planung 1779 kurz vor der französischen Revolution und der Auflösung der Kurfürstentümer realisieren.

Ein weiteres spätes Residenzschloßbauprojekt war das Schloß in Wilhelmshöhe bei Kassel 1786, für das während des 18. Jahrhunderts wiederholt Pläne u. a. von L. Remy de la Fosse und Charles de Wailly vorgelegt wurden (s. o.). Louis Simon du Rys Vorschlag eines Schlosses in Form einer Ruine zeigt die Krise der Bauaufgabe an. Das Studium der Architektur an der Akademie hatte er wie viele seiner Kollegen auf das Antikenstudium abgestellt. Nicht mehr die französische höfische Kunst war Vorbild, sondern die römische Antike. Nach Rom reisten nun die jungen Architekten, Franzosen wie Deutsche. Ein anderes Ziel war England mit seinen an Palladio geschulten Bauten. D'Ixnard setzte auch im Kirchenbau einen Schlußpunkt. Er bezog Stellung gegen den Pomp, welcher der wahren Gottesverehrung widerspräche. Nichts dürfe sein, was ablenke und zerstreue. Die von ihm gebauten Stiftskirchen in Hechingen 1780 und Buchau 1773 wirken wie profane Säle, in denen nur die Kanzeln ein Schmuckstück bilden. Für die Fürstabteikirche St. Blasien, die nach einem Brand 1768 von D'Ixnard wiedererrichtet und unter Mitarbeit Pigages vollendet wurde, steht das antike Pantheon Pate. Die Pariser Akademie hatte den Entwurf begutachtet. In der Baugenehmigung ist die Rede von einem Tempel. Die Kirche wurde zu einem am antiken Sakralbau orientierten Tempel der späten Aufklärung.

Zusammenfassung

Im 18. Jahrhundert verliert in Deutschland der Kaiserhof als kulturelles Zentrum an Ausstrahlungskraft. Die staatlichen Verhältnisse im Reich waren vielfältig. Die zentrale Stellung eines allein bestimmenden Königshofes wie in Frankreich hatten im Reich keine Parallele. Neben dem Kaiserhof behauptete sich auf dem Gebiet der Architektur im 18. Jahrhundert zunehmend ein Einfluß französischer Architekten, die über einen Zeitraum von vier Generationen an deutschen Fürstenhöfen Aufträge und Ämter hatten. Ausgenommen davon waren die rhein-main-fränkischen Fürstenhöfe, der Wirkungsbereich der an Österreich-Böhmen orientierten Dientzenhofer und Balthasar Neumanns sowie die benachbarten Residenzstädte Eichstätt, Ansbach, Fulda, wo italienische Architekten wirkten oder, wie in Bruchsal, Rastatt und Stuttgart, neben italienischen, vorwiegend dem österreichisch-böhmischen Kunstkreis zugehörende Kräfte tätig waren. Dynastische und politische Beziehungen waren vielfach ausschlaggebend für die Wahl der Architekten.

Der Zuzug französischer Architekten begann nach der Aufhebung des Edikts von Nantes 1685. Neben Kunsthandwerkern und Manufakturisten fanden auch Architekten Aufnahme an einigen Höfen z. B. in Brandenburg und Hessen, und dies nicht nur wegen der Toleranz der Landesherren in Glaubensfragen. Durch ihre Kenntnis der Darstellung königlicher Macht am französischen Hof empfahlen sie sich den Höfen der zur Königswürde aufgestiegenen Kurfürsten von Brandenburg (Preußen) – Berlin – und Sachsen (Polen) – Dresden. Hier waren es Jean de Bodt und Zacharias Longuelune, die das Bild der Residenzen wesentlich mitgestalteten.

Besondere Leistungen vollbrachten hugenottische Architekten in der Stadtbaukunst. Sie legten regelmäßige Quartiere und Städte an mit breiten, einheitlich bebauten Straßen und lichten Plätzen (Kassel, Karlshafen, Erlangen).

Politisch Frankreich nahestehende Regenten, wie die Kurfürsten Max Emanuel von Bayern und Joseph Clemens von Köln, nahmen persönlichen Kontakt mit den führenden Architekten Frankreichs Robert de Cotte und Germain Boffrand auf und beauftragten sie mit der Korrektur der Planungen ihrer italienischen Baumeister und mit neuen Plänen. De Cotte entwarf ein neues Schloß in Schleißheim, das aus finanziellen Gründen nicht realisiert wurde und für Bonn das Schloß Clemensruhe in Poppelsdorf. De Cotte wurde am Ort vertreten durch französische Baukondukteure, die in ständigem Kontakt mit dem Meister blieben. Später arbeiteten diese selbständig; Michel Leveilly im Köln-Bonner Raum, Guillaume D'Hauberat in Frankfurt und Mannheim, Benoit de Fortier im Rheinland. D'Hauberat wurde in Mannheim Nachfolger J. Froimonts. In der zweiten Hälfte des 18. Jahrhunderts fand D'Hauberat in dem Lothringer Nicolas de Pigage einen Nachfolger. Mannheim blieb damit seit Beginn des Jahrhunderts ein Zentrum in der Rezeption französischer Architektur.

De Cotte und Boffrand waren als Gutachter für die Würzburger Residenz tätig und machten Alternativvorschläge, die nachhaltige Wirkung fanden in den Schloßentwürfen für Karlsruhe, Schwetzingen und Stuttgart. Neben den Schloßbauten waren französische Architekten auch zur Anlage der Gärten gefragt, z. B. de Cotte in Schleißheim. Besonders angesehene Gartenarchitekten aus der Schule Le Nôtres waren Siméon Godeau in Berlin, Carbonet und Desgots in Schleißheim sowie D. Girard in Schleißheim, Nymphenburg und Brühl.

Ein an mehreren Orten verpflichteter Architekt war Louis Remy de la Fosse. Stationen seines Wirkens waren Berlin, Hannover und Darmstadt. Mit Planungen war er auch in Kassel und Mannheim gebunden. Nicht alle Pläne konnten verwirklicht werden. Sein Entwurf für Schloß Mannheim war bindende Vorgabe für drei Generationen französischer Architekten. In Planungen und ausgeführten Werken zeigt er sich mehrfach als ein Vermittler zwischen französischen und deutschen Bautraditionen.

An den Höfen wurden den französischen Architekten höchste Ämter übertragen. Sie nahmen in Amt und Werken, zum Teil auch als Lehrer Einfluß auf das deutsche Baugeschehen. Jean de Bodt und Z. Longuelune hatten hohe Ämter in Dresden wie zuvor in Berlin, de la Fosse in Darmstadt, D'Hauberat, später auch Pigage in Mannheim und Düsseldorf, de la Guêpière in Stuttgart. Longuelune lehrte an der Dresdener Akademie und im Genie Corps, Pigage war Akademielehrer in Düsseldorf, Louis Simon du Ry in Kassel. Viele von ihnen blieben mit Frankreich verbunden. De Cotte und Boffrand nahmen von Frankreich nachhaltigen Einfluß. Pierre Patte, de la Guêpière und Pigage, die sich seit ihrer Studienzeit kannten, waren korrespondierende Mitglieder der Pariser Akademie oder bemühten sich um die Mitgliedschaft.

Zu ihren Aufgaben zählten Residenz- und Sommerschlösser, Marställe und Zeughäuser, Archiv- und Theaterbauten, Stadttore, seltener Kirchen, in der zweiten Jahrhunderthälfte dann das Thema der Zeit, die *Maison de Plaisance*, und Wohnbauten. Ihre Werke bestimmten die Städte und das Landschaftsbild. Sie schufen bedeutende und berühmte Werke. Das Zeughaus in Berlin, das Japanische Palais in Dresden, den Schleißheimer, Brühler und den Schwetzinger Garten, den ersten Volksgarten in Düsseldorf; das Mannheimer Schloß, das in Poppelsdorf und die geistreiche *Maison de Plaisance* Benrath. Nur wenige Bauten blieben erhalten. Was die Spitzhacke im Zeitalter der Industrialisierung übrig ließ, wurde im letzten Krieg zerstört. Die drei *Maisons de Plaisance*, Benrath, Solitude und Monrepos, und in schlechtem Zustand Monaise bei Trier, das Karlstor in Heidelberg sowie die Gärten in Schleißheim, Brühl, Schwetzingen und, in veränderter Form, in Nymphenburg und Düsseldorf blieben erhalten. In der Auseinandersetzung mit den örtlichen Bautraditionen fanden die Architekten teilweise einen neuen von ihrer strengen Schulung gelösten Formenkanon, so etwa Longuelune in Dresden. Die Neigung zum Klassizismus war den französischen Architekten eigen. Sie förderten damit die stilistischen Tendenzen am Ort: Longuelune und de Bodt leiteten die spätbarocke Stilphase in Dresden ein. Der von de Cotte und Boffrand vertretene Régencestil hatte mit der Rücknahme der großen pathetischen Formen des Louis XIV. einen stilistischen wie gesellschaftlichen Aspekt. Die Kunst der Régence war vom Adel, nicht vom König getragen. Von Auftragsseite her gab es im Reich eine vergleichbare Situation, welche die breitere Einflußnahme aus den Würzburger Entwürfen in den Stuttgarter, Karlsruher und Schwetzinger Entwürfen und Bauten erklärt.

Gegen Mitte des Jahrhunderts kam es zu einem tiefgreifenden Stilwandel. Repräsentative Architektur mit großen Ordnungen und Formen, Prunk- und Pathos wurde abgelehnt. Eine zurückhaltende Raumkunst, die Grundriß und Dekor gleichermaßen betrifft, wurde nach den Regeln von *Bienséance*, *Commodité* und *Beauté* in den Mittelpunkt des künstlerischen Schaffens gestellt. Sie war das Anliegen der dritten, bei Blondel und an der Akademie in Paris geschulten Generation, welche, wie am Werk Pigages und de la Guêpières zu erleben, sie meisterlich beherrschte. Die vierte Generation führte den strengen Klassizismus französischer Prägung in Deutschland ein und weist über das Jahrhundert hinaus (Koblenz).

Literatur

1) Dussieux, Les Artiste français à l'Etranger, Paris 1876

Louis Réau, L'Art français sur le Rhin au XVIIIème siècle, Paris 1922

Ders., L'Histoire de l'expansion de l'art français, Paris 1924–33

Pierre du Colombier, L'Art français dans les cours rhénanes, Paris 1950

Ders., L'Architecture Française en Allemagne au XVIIIème siècle, Paris 1956

R. Zürcher, Der Anteil der Nachbarländer an der Entwicklung der deutschen Baukunst im Zeitalter des Spätbarocks, Basel 1938

Ekhart Berckenhagen, in: Ausstellungskatalog: Barock in Deutschland, Residenzen, Berlin 1966 mit weiterer Literatur

Harald Keller, Kunst des 18. Jahrhunderts, Propyläen Kunstgeschichte, Berlin 1984

Hans Tintelnot, Über den Stand der Forschung zur Kunstgeschichte des Barock, in: Deutsche Vierteljahrsschrift für Literaturwissenschaft und Geistesgeschichte, 40, (1966)

Ders., Zur Gewinnung unserer Barockbegriffe, in: Rudolf Stamm, Die Kunstformen des Barockzeitalters, Bern 1956

Dieter Hennebo und Alfred Hoffmann, Geschichte der Gartenkunst, Bd. II., Hamburg 1965

Wilfried Hansmann, Baukunst des Barock, Köln 1978

Ders., Gartenkunst der Renaissance und des Barock, Köln 1983

Zu Kap. II

Helmut Börsch Supan, Die Kunst in Brandenburg Preußen, Ihre Geschichte von der Renaissance bis zum Biedermeier, Berlin 1980

J. Neumann, Jean de Bodt, Zentralblatt der Bauverwaltung, 59, 1, 1939, S. 6

Heinrich Gerhard Franz, Zacharias Longuelune und die Baukunst in Dresden, Berlin 1953

Fritz Löffler, Das alte Dresden, Dresden 1955

Hans Joachim Neidhardt, Schloß Pillnitz, Dresden 1973

Zu Kap. III

Walter Kramm, Kassel, Wilhelmshöhe-Wilhelmsthal, Berlin o.J.

Zu Kap. IV

Max Hauttmann, Entwürfe de Cottes für Schleißheim, in: Münchener Jahrbuch 1911

Runar Stranberg, Claude Desgots und sein Projekt für den Garten in Schleißheim, in: Münchener Jahrbuch 15, 1964

Gabriele Imhof, Der Schleißheimer Schloßgarten des Kurfürsten Max Emanuel von Bayern, in: Schriften des Staatsarchivs München, Heft 82, 1979

Elmar D. Schmidt, Schloß Schleißheim, Die barocke Residenz mit altem Schloß Schleißheim und Lustheim, München 1980

W. Hahn, Das Bonner Residenzschloß, Phil. Diss. Bonn, 1939

Gisbert Knopp und Wilfried Hansmann, Universitätsbauten in Bonn, Bonn 1976

Wend Graf Kalnein, Schloß Clemensruhe in Poppelsdorf, Bonner Beiträge zur Kunstwissenschaft, Bd. 4, Düsseldorf 1956 mit weiterer Literatur

H. Neu, Die kurfürstliche Residenz in Bonn vor dem Bau des heutigen Schlosses, in: Bonner Geschichtsblätter 3, 1947

Zu Kap. V

F. Lübbecke, Das Palais Thurn und Taxis in Frankfurt, Frankfurt 1959

Hans KISKY, Michel LEVEILLY, Ein Bönnscher Baumeister im Künstlerkreis um Kurfürst Clemens August, 1961

Zu Kap. VI

Georges BRUNEL, Les Contacts entre Balthasar Neumann et Robert de Cotte in: Actes du XXII Congrès International l'histoire de l'art, Budapest 1969
Karl LOHMEYER, Die Baumeister des Rhein-Frankischen Barock, Augsburg–Wien 1931
Erich HUBALA/Otto MAYER, Die Residenz zu Würzburg, Würzburg 1984

Zu Kap. VII

Ausstellungskatalog, Darmstadt in der Zeit des Barock und Rokoko, Louis Remy de la Fosse, Darmstadt 1980 unter Mitarbeit von Jörg Gamer, Jürgen Rainer Wolf, Reinhard Schneider, Rainer Thum, Hugo Wystrach, mit weiterer Literatur
Augustin Charles DAVILER, Cour D'Architecture, Paris 1761

Zu Kap. VIII

Hans HUTH, Die Kunstdenkmäler des Stadtkreises Mannheim, in: Die Kunstdenkmäler Baden-Württembergs, München 1982
Wiltrud HEBER, Die Arbeiten des Nicolas de Pigage in den ehemals kurpfälzischen Residenzen Mannheim und Schwetzingen, Worms 1986 mit weiterer umfassender Literatur

Zu Kap. IX

Kurt MARTIN, Architektur, die nicht gebaut wurde!, in: Merian, 2 Jg. 1950, 1. Heft, S. 79–81
Karl LOHMEYER, Die Entwürfe Nicolas de Pigages für das Karlsruher Schloß, in: Monatshefte für Kunstwissenschaft, 1911
Jörg GAMER, Bemerkungen zum Garten der kurpfälzischen Sommerresidenz Schwetzingen, in: Katalog Carl Theodor und Elisabeth Auguste, Höfische Kultur und Kunst in der Kurpfalz, Heidelberg 1979
Claus REISINGER, Der Schloßgarten zu Schwetzingen, Worms 1987

Zu Kap. X

Irene MARKOWITZ, Der Düsseldorfer Hofgarten, in Katalog: Düsseldorfer Gartenlust, Düsseldorf 1987, mit weiterer Literatur
Wilfried HANSMANN, Schloß Falkenlust, Köln 1972
Karin Elisabeth ZINNKANN, Der Typ der Maison de Plaisance im Werke von Johann Conrad Schlaun, Schlaunstudien IV, Münster 1979, mit Literatur zur Maison de Plaisance
Monika HARTUNG, Die Maison de Plaisance in Theorie und Ausführung, Zur Herkunft eines Bautyps und seiner Rezeption im Rheinland, Phil. Diss. Aachen 1988 mit umfangreicher Literatur und Quellenangabe
Irene MARKOWITZ, Schloß Benrath, 6. Auflage, Düsseldorf 1990
DIES., Schloß Benrath, München–Berlin 1985
Hans Andreas KLAIBER, Pierre Louis Philippe de la Guêpière, Der Pariser Oberbaudirektor Herzog Carl Eugens von Württemberg, Stuttgart 1959
Werner FLEISCHHAUER, Barock im Herzogtum Württemberg, Stuttgart 1958
Wilhelm WEBER, Pierre Patte, Architekt zweier Herzöge von Zweibrücken, in: Das barocke Zweibrücken, Zweibrücken 1957
Hans Jacob WÖRNER, Architektur des Frühklassizismus in Süddeutschland, München–Zürich 1979

Zu Kapitel XI

Erich FRANZ, Pierre Michel D'Ixnard, Leben und Werk, Phil. Diss. München 1975
L. VOSSNACK, Michel D'Ixnard, Phil. Diss. Remscheid 1938
Wilhelm FRITHJOF, Die Tätigkeit des Baumeisters Salins de Montfort in Frankfurt, Schriften des historischen Museums in Frankfurt, Bd. V, 1929
Georg Peter KARN, St. Blasien, Sakralbaukunst und kirchliche Aufklärung, in: Katalog, Barock in Baden-Württemberg, Bruchsal 1981
Heinz BIEHN, Schloß Wilhelmshöhe, Amtlicher Führer, o.J.
Ausstellungskatalog, The Age of Neo-Classicism, London 1972, Architecture, S. 483 ff.

RÉSUMÉ FRANÇAIS

Au 18ᵉ siècle en Allemagne la cour impériale perd une partie de son pouvoir de rayonnement en tant que centre culturel. Dans l'Empire, la situation politique des différents États était hétérogène. Un parallèle à la position centrale d'une seule cour royale déterminant tout n'existait pas. Au 18ᵉ siècle, dans le domaine de l'architecture s'affirma de plus en plus, en marge de la cour impériale, l'influence d'architectes français qui avaient des fonctions et des charges dans les cours princières allemandes, et cela sur une période équivalente à quatre générations. Il faut exclure ici les cours princières des territoires du Rhin, du Main et de Franconie, la zone d'influence de Dientzenhofer et de Balthasar Neumann plutôt orientées vers l'Autriche de la Bohême, et aussi les résidences d'Eichstätt, d'Ansbach et de Fulda dans lesquelles œuvraient des architectes italiens, ou bien encore Bruchsal, Rastatt et Stuttgart où travaillaient des Italiens, mais aussi des personnes appartenant à des cercles artistiques d'origine autrichienne et bohémienne. Les relations dynastiques et politiques étaient souvent déterminantes dans le choix des architectes.

L'afflux d'architectes français commença après la révocation de l'Edit de Nantes en 1685. Certaines cours, par exemple en Brandebourg et en Hesse, accueillirent des artisans d'art et des manufacturiers ainsi que des architectes et cela pas seulement grâce à la tolérance des princes régnants en matière de foi. Leurs connaissances dans le domaine de la représentation du pouvoir royal à la cour de France leur permirent de se recommander dans les cours des anciens princes-électeurs de Brandebourg (Prusse), de Saxe (Pologne), qui avaient accédé à la dignité royale. Là ce sont Jean de Bodt et Zacharias Longuelune qui forgèrent pour l'essentiel l'image des résidences.

Des architectes huguenots se distinguèrent par des prouesses particulières dans le domaine de l'architecture urbaine. Ils aménagèrent des quartiers et des villes d'une grande régularité, avec des rues larges et des places claires bâties de manière homogène (p.e. Kassel, Karlshafen, Erlangen).

Certains princes régnants politiquement proches de la France comme les princes-électeurs Max Emanuel de Bavière et Joseph Clemens de Cologne prirent personnellement contact avec les architectes français de grand renom Robert de Cotte et Germain Boffrand. Ils leur demandèrent de corriger les projets de leurs architectes italiens et leur commandèrent de nouveaux plans. De Cotte réalisa l'esquisse d'un nouveau château à Schleißheim qui ne put être construit pour des raisons financières, et conçut également le château de Clemensruhe à Poppelsdorf près de Bonn. Sur les lieux, de Cotte était représenté par des conducteurs de travaux français qui étaient en contact constant avec le maître. Plus tard ceux-ci travaillèrent de manière indépendante: Michel Leveilly dans la région de Bonn et Cologne, Guillaume d'Hauberat à Francfort et Mannheim, Benoît de Fortier en Rhénanie. D'Hauberat fut le successeur de J. Froimont à Mannheim, et c'est le Lorrain Nicolas de Pigage qui succéda à d'Hauberat dans la deuxième moitié du 18ᵉ siècle. Mannheim resta ainsi depuis le début du 18ᵉ siècle un des centres de la réception de l'architecture française.

De Cotte et Boffrand exerçaient la fonction d'experts à la résidence de Würzburg et proposaient des alternatives qui eurent des effets durables sur les projets des châteaux de Karlsruhe, Schwetzingen et Stuttgart. En dehors des constructions de châteaux, les architectes français étaient aussi demandés pour l'aménagement de jardins, p.e. de Cotte à Schleißheim. Des architectes paysagistes de renom, issus de l'école de Le Nôtre œuvraient en Allemagne, comme par exemple Siméon Godeau à Berlin, Carbonet à Schleißheim, Desgots à Schleißheim également et D. Girard à Schleißheim, Nymphenburg et Brühl.

L'architecte Louis Rémy de la Fosse avait des engagements en divers endroits comme Berlin, Hannovre ou Darmstadt, et eut aussi à élaborer des plans à Kassel et à Mannheim. Certains de ces projets ne purent pas être réalisés. Son projet pour le château de Mannheim resta un modèle obligé pour trois générations d'architectes français.

Dans les cours, on attribua aux architectes français les fonctions les plus élevées. Au travers de leurs fonctions et de leurs œuvres, mais aussi par leur enseignement, ils exercèrent une influence capitale sur l'architecture allemande. Jean de Bodt et Zacharias Longuelune avaient de hautes fonctions à Dresde, comme auparavant à Berlin, de même que De La Fosse, d'Hauberat et plus tard Pigage à Mannheim et Düsseldorf. Longuelune enseignait dans le corps du génie, Pigage et Louis Simon du Rhy étaient professeurs dans des académies, respectivement à Düsseldorf et à Kassel. Un grand nombre d'entre eux restaient attachés à la France. De Cotte et Boffrand se nourrissaient de l'influence française. Pierre Patte, Philippe de la Guêpière et Pigage qui se connaissaient depuis leurs études étaient membres correspondants de l'Académie de Paris ou briguaient d'y entrer.

Ils réalisèrent des châteaux de résidence et des résidences d'été, des écuries royales et des arsenaux, des théâtres et des archives, des portes de villes, moins souvent des églises et dans la deuxième moitié du siècle des »Maisons de Plaisance« qui caractérisèrent cette période et des édifices d'habitation. Leurs œuvres déterminèrent l'aspect des villes et des paysages. Ils créérent des œuvres remarquables et célèbres: L'arsenal de Berlin, le palais japonais à Dresde, les jardins de Schleißheim, de Brühl et de Schwetzingen, le premier jardin public, le château de Mannheim et celui de Poppelsdorf et la brillante Maison de Plaisance de Benrath. Rares sont les édifices qui ont été conservés jusqu'à aujourd'hui. Ce qui ne succomba pas aux pioches de l'ère de l'industrialisation, fut détruit au cours de la dernière guerre. Subsistent les trois Maisons de Plaisance, Benrath, Solitude et Monrepos et, en mauvais état, Monaise près de Trèves ainsi que le Karlstor à Heidelberg.

Dans leur confrontation avec les traditions architecturales locales, certains architectes, libérés de leur sévère formation d'origine, imaginèrent de nouveaux canons esthétiques, par ex. Longuelune à Dresde. La tendance au classicisme caractérisait les architectes français. Ils firent aussi progresser les tendances stylistiques locales. Longuelune et de Bodt introduisirent à Dresde le style du baroque tardif. Le style Régence représenté par de Cotte et Boffrand prit, avec l'abandon des formes pompeuses et pathétiques de l'époque de Louis XIV, un aspect également social. L'art de le Régence était un art cautionné par la noblesse et non par le roi. Du côté de ceux qui passaient des commandes, il existait dans l'Empire une situation comparable qui explique la plus grande influence des projets de Würzburg dans les projets et les édifices réalisés à Stuttgart, Karlsruhe et Schwetzingen.

Vers le milieu du siècle eut lieu une profonde transformation du style. L'architecture de représentation avec ses grandes formes et ordonnances, sa pompe et son pathos fut rejetée. Un art décoratif discret s'appliquant autant au plan qu'à la décoration et cela selon les règles de la Bienséance, de la Commodité et la Beauté fut placé au centre de la création artistique. Tel était le désir de la troisième génération qui fut formée par Blondel et l'Académie de Paris et dont la maîtrise magistrale s'exprime dans l'œuvre de Pigage et de la Guêpière. La quatrième génération introduisit le sévère classicisme français en Allemagne et préfigure le siècle suivant.

FRANÇOISE KARRO

LES ITALIENS AVANT-GARDE DES ALLEMANDS: LE CONCERT RUGE ENTRE LE 26 DÉCEMBRE 1756 ET LE 23 MARS 1757

Remarques:

– La description des livres anciens obéit aux règles suivantes: reproduction des éléments de la page de titre, mention des particularités, format réel, & c.
  Les textes cités sont reproduits tels qu'ils sont imprimés.
– l'orthographe, à l'exception des noms propres (qui sont alors rétablis en note), et la ponctuation des manuscrits sont modernisés.
– The New Grove dictionary of music and musicians est mentionné sous la forme: GROVE (tome).

L'activité parisienne du flûtiste et compositeur Filippo Ruge et de sa femme, la cantatrice Madame Ruge, n'a pas retenu l'attention avant que Michel Brenet et, surtout, Georges Cucuel, la remettent en lumière au début de ce siècle[1]. Les sources manquaient pour estimer justement le rôle de ces musiciens romains, arrivés à Paris en pleine Querelle des Bouffons et dont le passage était attesté jusqu'à 1767[2]. La »collection Ruge-Seignelay« a permis au musicologue américain Barry S. Brook de découvrir l'agent de diffusion en France de la musique italienne et le symphoniste[3]. Quatre programmes du concert Ruge, provenant peut-être de la même collection, confirment l'information sur les révolutions de l'opéra[4]. Dans une première analyse de ces documents, je me propose de donner un aperçu historique du concert et de le situer dans le contexte qui me semble être le sien, la réforme de l'opéra italien en

1 Michel BRENET, Les Concerts en France sous l'Ancien Régime, Paris 1900, p. 228, mentionne les concerts d'amateurs d'après »Le Tableau de Paris« (pour 1759) de De JÈZE (voir note 87). Sa remarque ne convient pas strictement au concert de la rue Plâtrière: *Les amateurs modestes, auxquels n'étaient point accessible le luxe d'auditions pareilles à celles de La Pouplinière trouvaient assez facilement la possibilité d'assister ou de prendre part à des concerts de chambre.* P. 267, Filippo Ruge est mentionné pour l'exécution au Concert spirituel, en 1757, de sa symphonie »La Tempête«. – Georges CUCUEL, La Pouplinière et la musique de chambre au XVIIIIe siècle, 1971 (reprint), p. 197. Ibid., La Vie parisienne des princes de Wurtemberg-Montbéliard au XVIIIe siècle, dans: Memoires de la Société d'émulation de Montbéliard 41 (1912) (Séjour de Louis-Eugène à Passy), p. 270–273.
2 GROVE 16, p. 321, col. 2–322, col. 1. Ruge (Rugge, Ruggi, Rouge, Romano), Filippo (Rome, ca. 1725, Paris, p. 1767). Notice de Barry S. BROOK et de Susan KAGAN.
3 Barry S. BROOK, La Symphonie française dans la seconde moitié du XVIIIe siècle 1962 (Publications de l'Institut de musicologie de l'université de Paris) t. I, p. 197–207. B. S. Brook situe la période d'activité de Filippo Ruge entre 1753 et 1775. Est probablement prise en compte, au moins partiellement, celle du fils. Madame Ruge est vraisemblablement décédée la première. La présence de deux jeunes enfants Ruge, ainsi que le décès de la fille, sont signalés par Mousnier.
4 Les programmes conservés (26 décembre 1756, 16 janvier, 6 février et 13 mars 1757) sont de petits cahiers in–8°, paginés. Les deux feuillets ne sont pas cousus ensemble. Selon l'importance du texte imprimé, ils ont une page de titre: »Airs et scènes qui seront chantés au concert le dimanche…« ou le seul titre de départ: »Airs qui seront chantés au concert le dimanche…«. Ils portent, en haut de la 1er p., une mention ms.: »1756 (ou 1757) Musique Cart in 4° n° 35«. Ils proviennent d'une bibliothèque importante. L'impression est soignée. L'ensemble dénote une organisation professionnelle.

liaison avec celle de l'opéra français qu'elle a provoquée et non suivie. Dans cette perspective, trois écrits, publiés avant les manifestations qui seront évoquées, retiennent l'attention, la »Dissertazione« placée par Calzabigi en tête de son édition des œuvres de Metastasio[5], le »Saggio sopra l'opera in musica«[6] d'Algarotti et la »Lettre sur le méchanisme de l'opéra italien«[7], attribuée depuis quelques années à Durazzo. Pour parler net, Berlin et Vienne en retrait des querelles franco-italiennes, dans une période de bouleversements européens. Suite espérée de débats esthétiques, les goûts réunis peuvent-ils se résoudre en un âge d'or théâtral et lyrique qui ignorerait les vicissitudes, d'un autre ordre, des alliances politiques? Au début de la guerre de Sept ans, le concert de la rue Plâtrière nous autorise à confronter théorie et pratique dans ce domaine.

I. Les Ruge et leur concert italien

A. Le témoignage de Mousnier

Nous connaissons les débuts parisiens des Ruge par un dossier des »Archives de la Bastille« où Mousnier a consigné irrégulièrement, pendant deux ans, les faits et gestes de la »D^e de Rouge italienne«[8]. L'enquête porte sur la vie galante de la cantatrice. En contrepoint de considérations parfois hasardeuses sur sa conduite, Mousnier livre des informations musicales dont toutes les implications n'ont pas été relevées. Remarquons-le d'entrée de jeu, l'enquête n'est pas menée dès l'arrivée à Paris. On peut s'en étonner, ainsi que du silence des archives après le 21 mai 1756. On imagine difficilement une vacance des services de Monsieur de Sartine dans une période aussi troublée[9]. Vraisemblablement, la surveillance se reporte sur d'autres aspects de la vie de Madame Ruge.

---

5 Ranieri di CALZABIGI, Dissertazione … dans: Metastasio, Pietro, Poesie del signor abate Pietro Metastasio, Parigi, presso la vedova Quillau, 1755, 9 vol. 8°. Suivi d'un 10e vol., en 1769, chez Gian Carlo Molini. Chaque vol. a son titre gravé propre. Au t. I: portrait de Metastasio gravé par Eisen en frontispice, épître dédicatoire en vers à la marquise de Pompadour et lettre de Metastasio à Calzabigi précèdent le texte de de dernier. Compte-rendu dans: Journal étranger (1755, juin, l, juillet, août). Pour les éditions parisiennes de Metastasio, je renvoie à mon article: De la Querelle des Bouffons à la réforme de Gluck. Les lettres du comte Giacomo Durazzo à Charles-Simon Favart conservées à la Bibliothèque de l'Opéra, dans: Mitteilungen des Österreichischen Staatsarchivs 38 (1985), p. 163–196. On trouvera une analyse de la Dissertazione dans: Jacques JOLY, Les Fêtes théâtrales de Métastase à la Cour de Vienne (1751–1767), Clermont-Ferrand 1976, p. 305–345. Sur Calzabigi, voir: GROVE 3, 634–635, notice de Gerhard CROLL.
6 (Francesco, ALGAROTTI), Saggio sopra l'opera in musica, (s.l.) MDCCLV. La »marque« gravée d'Algarotti au titre (la lyre et le compas) est son œuvre. Impr. à Venise par Pasquali. Sur Algarotti, voir: GROVE, 1, p. 256, notice de Daniel HEARTZ.
7 (Giacomo DURAZZO), Lettre sur le méchanisme de l'opéra italien./ Ni Guelfe, ni Gibelin / Ni Wigh, ni Thoris /. A Naples, et se vend à Paris, chez Duchesne (et) Lambert. M.DCCLVI. 8°. Sur l'attribution probable à Giacomo Durazzo, alors Hofspektakeldirektor und Hofkammermusikdirektor à la cour de Vienne, je renvoie à mon article (voir n. 5). Je traite l'ensemble de cette question dans ma thèse sur les relations théâtrales entre la France et l'Autriche (1660–1770). Sur Durazzo, voir GROVE, 5, p. 746–748, notice de Gerhard CROLL et de Daniel HEARTZ.
8 Archives de la Bastille, 10 239, dossier 94, fol. 79–88. (Bibliothèque de l'Arsenal, Mss.).
9 Voir: Jacques MICHEL, Du Paris de Louis XV à la Marine de Louis XVI, l'œuvre de Monsieur de Sartine, Paris 1983 (t. I, La vie de la capitale).

Une première certitude s'impose, les musiciens se trouvent à Paris au début de l'année 1753, peut-être même à la fin de l'année précédente:

Il y a environ dix-huit mois que la D^e de Rouge et son mari parurent pour la première fois sur notre horizon. Ils venaient, à ce qu'ils disaient alors de Rome[10].

Dès cette date, le couple s'installe rue Plâtrière et, en mars 1756, il a élu, dans cette même rue, son second et définitif domicile parisien[11]. La capitale leur est immédiatement favorable. Mousnier laisse entendre que c'est à la protection de l'intendant Bertier de Sauvigny que Madame Ruge doit son établissement[12]. Toutefois les renseignements sont lacunaires et contradictoires, Mousnier s'en rend compte lui-même, puisqu'il ne peut pas démêler l'incidence de la vie professionnelle sur la vie privée et inversement:

La D^e de Rouge, grande Musicienne et venant d'en faire métier dans différentes ville d'Italie sans pourtant y avoir fortune, fut plus heureuse à Paris[13].

Mousnier note à la suite que Bertier de Sauvigny est le *premier bienfaiteur qu'on lui ait connu, et le premier qui l'ait mise en réputation,* mais il ajoute:

On n'a pas pu précisément savoir comment et en quel endroit elle a fait sa connaissance[14].

Le portrait qu'il en trace est de nature à expliquer l'engoûment de l'intendant:

La D^e de Rouge est grande, bien faite, blonde, fort blanche, ayant peu de gorge, elle paraît âgée de 25 à 26 ans. Elle porte les cheveux bichonnés[15].

Devons-nous déduire de ces propos que c'est à l'intendant que Filippo Ruge est redevable de sa participation au Concert spirituel, où s'exécute pour la première fois dans ce cadre, le 25 mars 1753, sa symphonie »La Tempête«, et Madame Ruge de ses entrées dans divers concerts parisiens où son talent est très apprécié[16]. Quand cela serait, l'origine de cette protection, la première, mais non la seule, demeurerait cachée. Il reste donc à voir si d'autres indices du dossier de la Bastille, dans le domaine musical, avant tout, sont de nature à éclaircir la question et à fonder les hypothèse sur la venue à Paris, au plus vif des débats sur l'opéra, de deux musiciens

---

10 Bastille, fol. 80 R°. Du 13 juin 1754. *Parurent pour la première fois* est barré. C'est à cette occasion que Mousnier parle des enfants, notamment du fils de 8 ou 9 ans, qui deviendra musicien.

11 Ibid., fol. 80 R°. *Ils descendirent rue Platrière, chez Matras tapissier, où ils prirent (un appartement garni composé de,* barré) *d'abord une petite chambre garnie de 15 L. (...) Depuis un mois environ qu'elle demeure rue Platriere l'avant-d^re porte cochère à gauche en venant de la rue St-Honoré (où elle occupe le second et son mari le 3e*). Sur la rue Platrière, où Rousseau élira domicile de 1770 à 1778, voir: Jacques HILLAIRET, Evocation du vieux Paris, Paris 1952, p. 231, 251, 268 et 277.

12 Louis-Jean Bertier de Sauvigny (1709–1788) est intendant de la généralité de Paris du 1er décembre 1744 à 1776. Il sera premier président du Parlement Maupeou. Voir: Dictionnaire de biographie française 6, p. 238, notice de G. ANDRÉ, La famille Bertier (ou Berthier) de Sauvigny, d'origine bourguignonne, a fixé l'orthographe de son nom au XIXe siècle.

13 Bastille, fol. 80 R°.

14 Ibid., fol. 80 R°.

15 Ibid., fol. 81 R°.

16 Pierre CONSTANT, Histoire du Concert spirituell 1725–1790, Paris 1975, p. 109, 115, 121; puis 481, 483, 590 et 649. Sur F. Ruge au Concert.

romains. La carrière parisienne de ceux-ci est-elle un heureux hasard ou un projet bien mené?

Au début de son récit, Mousnier constate que depuis la nouvelle installation de la rue Plâtrière, chaque époux occupant un étage différent, Madame Ruge se tient ordinairement à Passy chez le fermier général La Pouplinière qui contribue à ses dépenses. D'autres

> indépendamment de Monsieur de la Pouplinière, peuvent aussi y contribuer. Par exemple, il y a quelques jours qu'elle (…) chez M. le comte de Clermont. Le prince lui fit présent d'une montre et d'une tabatière d'or estimées mille écus[17].

La liaison avec La Pouplinière est attestée, elle ne durera pas, comme l'a relevé Cucuel[18]. Quoi qu'il en soit, avec lui et avec le comte de Clermont, nous avons affaire aux plus illustres amateurs parisiens de musique italienne[19]. Mousnier ne l'ignore pas:

> On est venu la chercher à sept heures du soir pour aller rue de Richelieu au Concert de M. de la Pouplinière[20].

Madame Ruge s'est liée avec le milieu artiste »italianisant« de la capitale, ce qui paraît tout à fait normal. Mousnier indique à deux reprises sa présence chez Carle Vanloo, un des plus illustres peintres de son temps, qui semble avoir souffert jusqu'à ces dernières années du jugement généralement sévère de Diderot[21]. A la date du 22 juillet 1754, on trouve:

> Le vendredi elle a été chez M. Carle Van Loo, peintre de l'Académie royale. Elle va aussi au concert de M. Boulet commissaire de guerre, rue St Thomas au Louvre, et l'on m'assure qu'elle y a été ce jour là (…) et à à une heure après midi elle est allée chez M. Carle Van Loo…

Mousnier conclut: On fait aussi de la musique chez Monsieur Vanloo[22]. Madame Ruge semble ainsi prendre la suite de Christine Vanloo, Christina Antonia Somis, dont les concerts ont contribué à répandre le goût de la musique italienne[23]. Un an après, Madame Ruge est en froid avec Bertier de Sauvigny. Heureusement pour elle: On n'était pas du même sentiment chez M. Van Loo où la D^e de Rouge va fredonner[24]. Chez les Vanloo, elle retrouve Madame Favart et les demoiselles

---

17 Bastille, fol. 80 V°. Mousnier mentionne d'autres aspirants à la conquête de Madame Ruge, notamment le fermier général Buchelay.

18 Cucuel, La Pouplinière (voir n. 1) p. 197. Toutefois, la rupture ne sera pas totale. Voir: Bastille, fol. 88, R°. Du 21 mai 1756. Mousnier marque alors: Depuis près de trois mois la D^e de Rouge a fait sa paix avec M. de la Pouplinière qui vient la voir de temps à temps et lui envoie son carrosse pour se rendre tantôt chez lui-même, rue de Richelieu, tantôt à Passy.

19 Leur rôle dans la Querelle des Bouffons n'est pas à rappeler.

20 Bastille, fol. 83 V°. Du 23 décembre 1754.

21 Le portrait de La Pouplinière par Carle Vanloo est donné en front. De l'ouvrage de Cucuel. Sur Carle Vanloo, voir: (Expositions) 1977 Nice, Clermont-Ferrand, Nancy, Carle Vanloo premier peintre du Roi (Nice, 1705–Paris, 1765), Ivry 1977; Paris 1984–1985, Diderot et l'art de Boucher à David. Les Salons: 1759–1781, Paris 1984, p. 368–382.

22 Bastille, fol. 83 R°. Du 22 juillet 1754.

23 Brenet (voir n. 1) p. 215, cite le concert de Madame Vanloo parmi les concerts d'amateur.

24 Bastille, fol. 84 R°. Du s. 6 août 1755.

Vestris[25]. Il n'est pas nécessaire de souligner cette indication. Les Ruge sont en relation avec le milieu théâtral qui promeut la réforme des Bouffons.

Le dossier de la Bastille témoigne ainsi de l'intégration de Madame Ruge à la vie musicale parisienne la plus brillante et la plus novatrice. Il nous renseigne aussi sur l'historique du concert de la rue Plâtrière et, sur ce point, le rôle de Filippo Ruge ne peut être laissé dans l'ombre. Le commissaire ne lui consacre pourtant qu'une maigre allusion:

> Le Sr de Rouge joue de la flûte[26].

La création d'un concert italien semble avoir suivi l'intronisation chez La Pouplinière de Madame de Saint-Aubin, fille d'un accordeur de clavecins, à propos de qui Mousnier aventure un jugement esthétique: *cette femme qui chante assez mal italien*[27].

Le nouveau concert se tient à Chaillot, où les Ruge occupent deux étages d'une maison[28]:

> *Tous les 15 jours elle donne des concerts à sa petite maison de Chaillot et l'on assure que l'on y paye gros*[29].

Au début de l'année 1756, un concert hebdomadaire est établi rue Plâtrière. Il rassemble les gens à talents et les partisans de la »musique italienne« et rapporte beaucoup[30]. Cucuel s'est interrogé sur cette mention: *On prétend qu'elle ne fait point la guerre à ses dépens*[31]. La proposition est *un peu obscure,* certes, mais je lui donnerai une autre interprétation que Cucuel, car la guerre ainsi évoquée me paraît plutôt être celle des Bouffons que celle de la galanterie. Le policier a-t-il voulu dire que cette guerre rapportait gros ou que Madame Ruge était payée pour la faire, ce que je tendrais à croire, ou peut-être les deux à la fois? En tout cas, Mousnier clot son dossier, le 21 mai 1756, sur une note mélancolique:

> Elle ne donne plus de concert, et il n'est toujours point question de M. L'Intendant (Bertier de Sauvigny)[32].

B. Sources musicales

Deux recueils de »duetti« sont longtemps restés la seul source disponible pour la connaissance de Filippo Ruge. Ils nous renseignent indirectement sur la structure du concert italien de la rue Plâtrière. Le premier recueil, »Au dessert«, présente des

---

25 Ibid.
26 Ibid., fol. 81 R°. Du vendredi 21 juin 1754.
27 Ibid., fol. 84 R°. Du s. 6 août 1755. *Elle ne va présentement pas ou peu chez M. de la Pouplinière, à cause d'une dame de St-Aubin qu'il affectionne beaucoup et qui donne le pas chez lui.*
28 Ibid., fol. 84 R°. Du s. 6 août 1755: *La D⁰ de Rouge habite toujours à Paris rue Plâtrière. Mais elle est plus ordinairement au bas de Chaillot dans une maison appelée la Verrière, occupée par 4 à 5 locataires. Elle occupe le pʳ et le second étages d'un corps de logis en entrant à droite ce qui peut composer 6 pièces. Son mari est avec elle.*
29 Ibid., fol. 85 R°. Du 3 8bre 1755.
30 Ibid., fol. 87 V°. Du 29 janvier 1756.
31 Ibid.
32 Ibid., fol. 88 R°. Du 21 mai 1756.

duetti pour deux voix de soprano avec accompagnement »ad libitum« de deux flûtes traversières ou de deux violons[33]. Il date vraisemblablement de 1753, comme le suggère Cucuel[34]. Il est dédié au prince Louis-Eugène de Wurttemberg, un des habitués des concerts de La Pouplinière. Nous savons que le prince a été introduit à Passy par Kaunitz, alors ambassadeur impérial[35]. C'est probablement Kaunitz lui-même qui a attiré l'attention de Louis-Eugène sur les Ruge, et non Bertier de Sauvigny ou La Pouplinière, ce qui revient à dire que le futur chancelier serait, en dernière analyse, à l'origine de la fortune parisienne des Italiens, et peut-être même de leur séjour dans la capitale. Un simple agent de Sartine n'était pas nécessairement à portée de le savoir. Pourtant, il semble que Mousnier le suggère quand il glisse dans son dossier, sans motif apparent:

La D^elle Coupée, chanteuse à l'Opéra, vient aussi fredonner à Passy chez M. de la Poupelinière. Elle y était hier 22[36].

Cette demoiselle Coupée a été la maîtresse de La Pouplinière et de Kaunitz. Je reviendrai plus loin sur mon hypothèse et me contenterai, pour l'instant, de préciser deux faits. Kaunitz, nommé à la chancellerie à la fin de décembre 1752, n'est de retour à Vienne qu'à Pâques 1753, exactement le 18 avril. Il se trouve donc à Paris quand les Ruge s'y établissent. En outre, l'ambassadeur et les musiciens fréquentent le même milieu de financiers. Nous avons, pour Kaunitz, le témoignage de Marmontel[37]. Du reste, la rue Plâtrière, portion de l'actuelle rue Jean-Jacques Rousseau, n'était pas très éloignée de l'hôtel des Fermiers généraux.

Le second recueil de »Duetti«, »L'Après soupée«, doit être sensiblement postérieur[38]. Il implique une volonté de s'adapter aux habitudes du milieu français et autorise une exécution plus simple. La dédicace à la demoiselle Roussel révèle la volonté des Ruge de participer à la formation du goût des amateurs parisiens, flagrante sous l'éloge:

Vous possédez beaucoup de talens; Par un discernement juste et qui vous est naturel, vous jugez sainement de toutes les productions des beaux-arts; il faudrait

---

33 Filippo Ruge, Au dessert. Duetti per due voci in soprano con l'accompagnamento ad libitum di due flauti traversi, e due violini dedicati a Sua Altezza Serenissima il principe Eugenio duca di Wirtemberg & c & c & c. (Paris). Chez l'auteur, rue Platrière. Et aux adresses ordinaires (1753). (Gravé par Melle Vendôme). Dédicace à Louis-Eugène: Se d'un vostro solo amorevole sguardo potrà questa mia picciola raccolta ...

34 Cucuel, La Vie (voir n. 1) p. 272.

35 Ibid., p. 268.

36 Bastille, fol. 82 R°. Du 23 juillet 1754.

37 Jean-François Marmontel, Mémoires de Marmontel publiés avec préface, notes et tables par Maurice Tourneux, Paris 1891. Sur Kaunitz, I, p. 263–266: C'est, de tous les hommes que j'ai vus dans le monde, celui sur le compte duquel je me suis le plus lourdement trompé, confesse Marmontel qui reproche à Kaunitz son train médiocre: Vous vivez avec des femmes de finance, comme un simple particulier, et vous négligez le grand monde de la ville et de la cour.

38 Filippo Ruge, L'Aprés-soupée secondo libro di duetti per due voci di soprano con il basso quali si possano accompagnare le voci con il violino, ò flauto traversiere e Sei canzonette a voce sola, con il basso che si puole accompagnare con il violino, ò flauto traversiere ò chitarro. Dedicati à Mademoiselle Roussel ... A Paris aux adresses ordinaires (après 1753). (Gravé par Melle Vendôme).

donc que tous les arts fussent réunis pour vous rendre hommage qui fût digne de votre goût et de vos lumières[39].

Depuis quelques années, l'analyse de la »collection Ruge-Seignelay« a permis à Barry S. Brook d'enrichir la connaissance de la décennie 1757–1767[40]. Cette époque, celle qu'ouvrent les programmes du Concert, marque l'apogée du rayonnement de la musique italienne en France, puis l'influence croissante de l'école de Mannheim, que ne parvient pas encore à contrebalancer celle des compositeurs autrichiens, nouveaux venus sur le marché parisien. Le premier voyage de Mozart date de cette décennie. C'est précisément l'imbrication du succès de la musique italienne et de la percée des Autrichiens que révèlent les programmes de 1756–1757. On en déduit aisément que l'absence de l'école des Mannheimer n'est sans doute pas un hasard. De fait, les manuscrits Ruge, qui rassemblent des compositions du Romain et des partitions d'arias et de scènes d'opéras italiens écrits entre 1740 et 1770, ainsi qu'un catalogue thématique où apparaissent les noms de musiciens allemands, révèlent une aire musicale qui recoupe l'aire préconisée par Kaunitz face à la montée de la Prusse. Dans cette perspective, l'Italie, et non pas seulement la musique italienne, est un champ clos d'influences antagonistes, et il suffit de se reporter à la correspondance secrète de Kaunitz et d'Ignaz de Koch entre 1750 et 1752 pour s'en convaincre et pour comprendre l'implication politique de projets musicaux proposés à la France dans la suite de la Querelle des Bouffons[41].

Les programmes du concert Ruge, des dimanches 26 décembre 1756, 16 janvier, 6 février et 13 mars 1757, sont parfaitement significatifs de cet état d'esprit. Sous le double titre »Airs et scènes qui seront chantés au concert« et »Airs qui seront chantés au concert«, sont donnés des passages de livrets d'opéras non identifiés, airs, cavatines, scènes, duos ou chœurs, permettant de se familiariser avec les différentes parties de l'*opera seria* ou *buffa* et de prendre connaissance de la réforme qui s'y introduit alors. La place accordée au récitatif marque bien ce dernier aspect. Vraisemblablement, les exemples choisis par les Ruge appartiennent au modèle du *recitativo obligato*.

Interprètes, librettiste et musiciens ne font pas l'objet d'une égale présentation. Le fait mérite d'être souligné.

Deux cantatrices, Madame Ruge, au premier chef, une Madame B*** qui n'est pas autrement désignée, deux chanteurs, Messieurs Perellino et Burgioni, se répartissent les différentes parties du programme[42]. Leur nom figure en tête de la partie qu'ils assurent.

En seconde position, le musicien. Il est toujours nommé et l'on indique, à l'occasion, que l'œuvre est de création récente. Ce fait marque déjà que les Ruge se sont assuré des correspondances.

Quant au librettiste, bien que les programmes ne présentent que des extraits de

39 Ibid.
40 Brook (voir n. 3) p. 169 et s.
41 Correspondance secrète entre le comte A. W. Kaunitz-Rietberg ambassadeur impérial à Paris et le baron Ignaz de Koch secrétaire de l'impératrice Marie-Thérèse 1750–1752, publiée par Hanns Schlitter, Paris 1899.
42 Sur les programmes, voir n. 4.

livrets, il ne fait l'objet d'une mention, à la fin des textes qu'à quatre reprises, et chaque fois le nom de Metastasio revient. Pourtant sa mise à contribution ne se résume pas aux extraits signés et, par ailleurs, il n'est pas le seul librettiste cité. Le rôle éminent de Metastasio, le poète impérial, est ainsi implicitement affirmé. Il est le librettiste même, et il n'est pas indispensable, à la limite, de le rappeler en toute occasion.

Les concerts s'adressent à des initiés qui peuvent accéder à l'œuvre dramatique de Metastasio qui vient d'être publiée dans d'excellentes conditions sous la direction de Ranieri de Calzabigi[43]. On peut se demander, néanmoins, si les programmes ne reflètent pas l'abaissement du poète devant le musicien constaté par les théoriciens contemporains, depuis le livre retentissant de Benedetto Marcello, »Il Teatro alla moda«, paru en 1722[44]. Le livret, de texte qu'il était, n'est-il pas devenu prétexte?

Le choix des musiciens des quatre programmes représente un fidèle abrégé du »Catalogue Ruge«, étudié par Barry S. Brook et illustre les mêmes tendances. On peut considérer les programmes comme une synthèse représentative du concert italien de la rue Plâtrière. Quatre faits méritent une particulière attention.

La relation du concert avec la Querelle des Bouffons se décèle à la présence d'une œuvre de Vincenzo Ciampi, sur un livret de Goldoni, donnée à l'Opéra par les Bouffons, »Bertoldo in Corte«[45]. La version française de ce livret, que tous peuvent avoir en main, offre une critique acérée de la dramaturgie de l'Académie royale de musique et la traduction du nom du petit-fils de Bertoldo, Cacasenno, en »Sans-souci« pose quelque question[46]. Autre musicien mis en valeur par les Bouffons, Rinaldo di Capua, célèbre par sa pratique du *recitativo obligato*, n'est pas cité pour un opéra-bouffon[47]. Il y a peut-être là une infirmation des propos de Diderot sur l'impossibilité d'un parallèle de deux musiques qu'on n'a pas opposées genre à genre[48].

L'école napolitaine, grande triomphatrice du siècle, est largement représentée dans les programmes. Tous les musiciens sont d'authentiques Napolitains comme Jommelli[49], ou des musiciens qui ont réformé leur écriture au contact de Naples, comme

43 Voir n. 5.

44 (Benedetto MARCELLO), Il Teatro alla moda o sia Metodo sicuro, e facile per ben composere, ed esequire l'opere italiane all'uso moderno… Stampato ne' Borghi di Belisania per Aldivi Valicante… (1722). 8°. Vignette satirique au titre. Repris dans: Journal étranger (1760, octobre), p. 73–91: Il Teatro (…) Le Théâtre à la mode (…). Extraits.

45 (Carlo GOLDONI), Bertoldo in corte, intermezzo per musica in 2 atti … Bertolde à la cour. Paris, Vve Delormel, 1753. Représenté à l'Académie de musique en fin novembre 1753. (Livret bilingue). P. 12, A. I, sc. 4. (en note): *Le Traducteur auroit pu facilement substituer les mots de fruit, légumes & racines à ceux de Chataignes, de Fêves, & de Navets; mais il méprise cette sotte délicatesse qui n'ose plus rien nommer par son nom, & aime mieux consulter le Dictionnaire de la nature que celui de l'Opera.*

46 Donné au théâtre royal de Potsdam sous le titre: Bertoldino alla Corte del re Alboino (en 1754). Le nom de Cacasenno n'est pas traduit dans la version allemande.

47 Sur Rinaldo di Capua, voir: GROVE, 16, p. 42–43, notice de Claudio GALLICO.

48 La position de Diderot est soulignée par Denise LAUNAY dans son introduction à: La Querelle des Bouffons, texte des pamphlets … Genève 1973 (reprint), p. XVI–XVII. Diderot est le seul à remarquer qu'on n'a pas opposé genre à genre dans cette guerre musicale.

49 Sur Nicolò Jommelli, voir: GROVE, 9, p. 689–695. Notice de Marita PETZTOLD MC CLYMMONDS.

Galuppi[50] ou Hasse[51]. Il suffit de comparer les programmes du Teatro San Carlo avec ceux de la rue Plâtrière pour constater la continuité[52].

La présence des Allemands n'est pas moins significative, plus exactement celle de l'Empire, dont la cohérence est plus que jamais mise à rude épreuve par la guerre engagée. Jommelli, au sommet de sa gloire, est *Ober-Kapellmeister* du duc Charles-Eugène de Wurtemberg à Stuttgart, depuis 1754, après avoir refusé une direction à Mannheim et à Lisbonne[53]. Hasse, tandis que Madame Ruge chante une *aria* d'»Issipile« de Metastasio, dirige à Dresde des concerts pour Frédéric II[54]. Madame Ruge révèle Gluck au public parisien par une scène d'»Ezio«, toujours de Metastasio, huit ans avant le voyage à Paris du réformateur de l'opéra français et de son protecteur, le comte Giacomo Durazzo[55].

Enfin l'Espagne et le Portugal, dont Vienne s'efforce de se rapprocher. Après l'éclatant succès de commandes royales pour le Buen Retiro, Conforto s'est fixé à Madrid en octobre 1755[56]. Farinelli, tout puissant à la cour d'Espagne, s'est procuré les livrets auprès de Metastasio. Pérez est maître de chapelle du roi de Portugal depuis 1752[57].

Le concert de la rue Plâtrière est à l'image d'une Europe divisée en deux zones d'influence, telle que Montesquieu l'avait préconisée quelques année plus tôt[58], et dont Kaunitz, pour sa part veut rassembler les forces et les richesses dans un nouveau système d'alliances et de coopération dont le Renversement des alliances est la première réalisation d'envergure[59]. La pratique musicale des Ruge s'inscrit, en outre, dans une réflexion théorique antérieure à leur séjour parisien et influence le renouvellement esthétique. C'est ce que je voudrais brièvement rappeler.

50 Sur Baldassare Galuppi, voir: GROVE, 7, p. 134–138, notice de James L. JACKMAN.

51 Sur Johann Adolf Hasse, voir: GROVE, 8, p. 279–293, notice de David J. NICHOLS et Sven HANSELL.

52 F. de FILIPPIS, et R. ARNESE, Cronache del Teatro di S. Carlo, Napoli 1961, I (1737–1960), Parte seconda, Cronologia delle prime rappresentazioni, p. 25 et s. On se reportera utilement à la bio-bibliographie (pour les créations au San Carlo) des musiciens.

53 Voir: Josef SITTARD, Zur Geschichte der Musik und des Theaters am Württembergischen Hofe, Stuttgart 1890–1891, 2. Band, 1733–1793, p. 65–133.

54 Créé à Vienne en 1732 (Metastasio / Conti). Dans la version Hasse: Naples, Teatro S. Bartolomeo, 1er octobre 1732, remanié par la suite.

55 Livret de Metastasio, Prague, carnaval 1750. Cette information sur Gluck n'est pas le moindre intérêt de ces programmes.

56 Sur Nicola Conforto, voir: GROVE, 4, p. 657–658, notice de Robert STEVENSON.

57 Sur David Pérez, Napolitain d'origine espagnole, voir: GROVE, 14, p. 366–367, notice de Paul L. JACKSON.

58 *Pour moi, je crois que cette politique de s'unir avec les princes protestants est une vieille politique, qui n'est plus bonne dans ce temps-ci (…) que la Maison d'Autriche n'est plus, comme elle étoit, à la tête du monde catholique; que ce qui nous a pensé perdre en France, c'est l'invasion de l'Angleterre par un prince protestant* (Guillaume d'Orange). Voir: Voyage de Gratz à La Haye, dans: Œuvres complètes, Paris 1979 (Pléiade), 1, 854.

59 Voir: Françoise KARRO, Un ambassadeur français au service de l'Espagne éclairée: les Fêtes du marquis d'Ossun (Madrid, 1764–1765), dans: Iberoamerikanisches Archiv N.F. 15, 2 (1989), p. 175–191. On y trouvera les premiers éléments publiés de ma recherche dans ce domaine.

II. Fondements théoriques et réception du concert Ruge

L'analyse, trop rapide, des programmes a permis de rattacher la création du concert à la Querelle des Bouffons, partant, à la réforme de l'opéra. Faut-il, pour autant, faire des Ruge de simples successeurs des Grimm, D'Holbach, Rousseau[60]? Assurément non, mais bien plutôt de Benedetto Marcello, puisque leur premier souci porte sur l'application de courants réformateurs de l'opéra italien et non sur la présentation d'un modèle utile à la France qui interviendra dans un second temps. Ce n'est pas un hasard si l'ouvrage de Marcello fait l'objet d'une analyse dans le »Journal étranger« d'octobre 1760[61].

La musique française, de son côté, a pris le chemin qui menait à la Querelle des Bouffons à partir de deux publications de 1749, théoriquement liées: celle de »Sémiramis« de Voltaire, assortie d'une »Dissertation sur la tragédie ancienne et moderne«[62] et les premières éditions parisiennes de Metastasio[63]. Précisons, en corollaire, que par là se vulgarisait une querelle de plagiat d'un bel avenir. Certaines préoccupations ne sont donc pas des nouveautés absolues.

J'ai cité, dans l'introduction, les trois textes qui fondent d'une façon immédiate la pratique du concert Ruge. En tête la »Dissertazione« de Calzabigi, vraisemblablement le premier élément d'une polémique dont je vais présenter la succession. Ces textes sont connus et je ne pourrai les évoquer que superficiellement. Avec d'autres, ils ont été présentés, de façon critique le plus souvent, dans la presse, »Journal étranger«, »Mercure de France«, »Année littéraire«, notamment, ce qui a fait de leur parution une série d'événements logiquement reliés qui a fini par constituer un mouvement d'idées.

Calzabigi donne à l'œuvre métastasienne, déjà très célébrée, un statut, qu'il veut définitif, de modèle du livret d'opéra au XVIIIe siècle? Dûment authentifiée par une lettre de Metastasio, la »Dissertazione« est en quelque sorte la »Poétique« que le dramaturge impérial n'a pas écrite. L'accusation de plagiat y est, une fois de plus, écartée, ce qui appellerait un développement qui n'a pas sa place ici. Par ce biais, Calzabigi donne consistance à une attaque du système théâtral français qui ne va pas rester lettre morte et qui va conforter la recherche allemande dans ce domaine.

Considérée par Daniel Heartz comme la critique de l'opéra, à cette époque, la mieux fondée et la plus développée[64], le »Saggio sopra l'Opera in musica«, publié anonymement à Venise, mérite déjà l'attention par le nombre de ses éditions et par ses traductions[65]. L'édition originale de 1755, imprimée sous le contrôle d'Algarotti,

60 Je me permets de reporter, pour les débuts de la Querelle des Bouffons à: Françoise Karro, La Nation et l'étranger dans les querelles musicales françaises au siècle des Lumières, dans: Cosmopolitisme, patriotisme et xénophobie en Europe au siècle des Lumières, Strasbourg 1986, p. 43–56.

61 Voir n. 44.

62 Voltaire, La Tragédie de Sémiramis, et quelques autres pièces de littérature. A Paris, chez P. G. Le Mercier et chez Michel Lambert. M.DCC.XLIX.8°. La dissertation occupe les p. 3–20.

63 Avant l'édition de Calzabigi, les premières traductions françaises, celles de l'abbé Bonnet de Chemilin (Paris 1749) et de César-Pierre Richelet (Vienne, i.e. Paris, 1751–1761). Cette dernière dénote des relations avec Vienne.

64 HEARTZ (voir n. 6).

65 En dehors des deux 1res éd. italiennes séparées, sous le contrôle d'Algarotti, et de la publication italienne avec d'autres œuvres, voir les traductions françaises de cet écrit sous le titre: Essai sur

est dédiée au baron de Sverz, directeur des divertissements théâtraux de la cour de Berlin. Le texte n'a pas pris l'ampleur qu'il aura en 1763, à la fin de la guerre de Sept ans, quand Algarotti le dédiera à William Pitt, l'homme qu'il admire le plus après Frédéric II, et qui porte avec ce dernier tous ses espoirs d'une Europe éclairée et d'une Italie libérée, du joug autrichien, très particulièrement, et rendue au grand destin qui fut le sien[66]. J'évoquerai plus loin les trois traductions en français qui en seront faites. Algarotti propose une réforme structurelle de l'opéra, animée par trois principes: la stricte obéissance à un maître d'œuvre, la soumission du musicien au poète, la cohésion et l'équilibre des différents éléments de la représentation dans une symbiose qui évoque, qui rouvre, bien plutôt, l'âge d'or de la dramaturgie grecque. Ces principes ne sont pas, à vrai dire, une nouveauté absolue. L'apport spécifique d'Algarotti consiste dans la mise en œuvre de l'ensemble et dans la volonté de présenter un modèle immédiatement applicable sous certaines conditions clairement évoquées, dont la principale, on l'aura compris, est le choix du maître d'œuvre. C'est le despotisme éclairé dans le domaine musical. L'archétype en est signalé à l'attention des princes: la dramaturgie frédéricienne qui vient de trouver son expression accomplie dans le »Montezuma«, créé à Berlin en janvier 1755[67], *un chef d'œuvre* selon les propres termes de Frédéric. Cette dramaturgie ne doit plus être bornée à ses théâtres royaux. Dans ces conditions, le modèle métastasien, déjà appréciablement révisé à Berlin, perd du terrain. Le poète impérial ne fait pas la loi chez le roi de Prusse. Il cesse, par là même, d'être le modèle européen prôné par Calzabigi. Pour mieux souligner cette évidence et ses ambitions personnelles, Algarotti joint deux essais dramaturgiques, un scénario en italien, »Enea in Troja«, et un livret en français, »Iphigénie en Aulide«[68]. Les thèmes de ces deux essais ont connu, dans tous les domaines de l'art et de la littérature, une fortune considérable. On peut donc en déduire que l'originalité d'une démarche esthétique réside moins dans sa thématique que dans son économie. La remarque ne vaut pas pour le seul Algarotti. Je m'en tiendrai, pour l'instant, à cette évidence qui exige d'être vérifiée et pondérée. La langue adoptée pour »Iphigénie en Aulide« indique assez quelle destination Algarotti assigne à son livret, quel marché il veut, en quelque sorte, lui ouvrir. Le »Cygne de Padoue« risque une stratégie qu'il va efficacement appliquer en Italie où il sert pour le mieux les intérêts de Frédéric contre l'Empereur. On ne saurait trop souligner l'importance des révolutions de l'Italie et la diversité de la »Lettre sur le méchanisme de l'opéra italien«, attribuée avec vraisemblance à Giacomo Durazzo, représentative

l'Opéra, dans: Mercure de France, mai 1757, p. 41–65; Œuvres du comte ALGAROTTI, Berlin 1772, t. 2, p. 311 et s., trad. de SALVEMINI DA CASTIGLIONE; et en éd. séparée, Pise & se trouve à Paris 1773, trad. du chevalier de CHASTELLUX. L'écrit d'Algarotti a fait également l'objet d'articles développés dans les périodiques littéraires européens. Il serait trop long de les énumérer et de les commenter ici.

66 Voir notamment les événements de Corse où sont engagés de façon opposée Algarotti et Durazzo.

67 (FRÉDÉRIC II), Montezuma. Tragedia per musica da rappresentarsi nel regio teatro di Berlino per ordine di Sua Maestà il Re nel carnovale del MDCCLV. Berlino Appresso Haude e Spener (1755). 8°. Trad. allemande en regard. La musique est de Carl Heinrich Graun.

68 On sait que Frédéric II a acquis de Carle Vanloo Le Sacrifice d'Iphigénie. Sur ce tableau, voir notamment: (CAYLUS, Edme-Claude-Philippe de Tubières – Grimoard ..., comte de) Description d'un tableau représentant Le Sacrifice d'Iphigénie, peint par M. Carle-Vanlo. A Paris, chez Duchesne. M DCC LVII. 8°.

d'une politique théâtrale soutenue par Kaunitz, est d'un tout autre ton[69]. Elle répond au »Saggio«, dont une phrase, au début du texte d'Algarotti, évoque son titre polémique:

> *Se non che egli (la Poesia, la Musica, l'arte del Ballo, e la Pittura) avviene appunto dell'opera, come delle machine le più composte...*[70].

Mais ce n'est pas le seul indice d'un lien entre les deux essais. La mention à la page de titre: *Ni Guelfe, ni Gibelin; Ni Wigh, ni Thoris*[71], faisceau complexe de références anciennes et actuelles à la situation politique et musicale et la défense du livret métastasien renforce la conviction sur l'origine viennoise de la »Lettre«.

En outre, il semble bien que cet écrit, publié anonymement à Paris, soit déjà une forme de réparation diplomatique. Dans son numéro de novembre 1756, le »Journal étranger« rend compte d'une »Dissertazione sopra la poësia dramatica e la musica del teatro« publiée à la suite d'odes à l'Empereur par Antonio Adami, académicien et correspondant du »Journal étranger«, en relations amicales avec Metastasio[72]. Le ton est assez vif à propos de la musique française au point que Fréron éclate:

> *M. le chevalier Adami mériterait bien d'être réfuté; mais ceux de nos musiciens français qui sçavent écrire & composer seroient peut-être de son avis*[73].

A la date d'insertion dans le »Journal étranger«, la »Lettre« est vraisemblablement publiée. Circonstance aggravante, Adami a été imprimé à Florence, qui plus est à la »Stamperia imperiale«, en 1755, il est vrai. La »Lettre sur le méchanisme de l'opéra italien« est datée de Florence, le 1er mars 1756, à la veille du Renversement des alliances. Ces précisions font apparaître l'importance exacte du contexte politique dans ces réformes esthétiques.

La »Lettre« pourrait se définir comme le manifeste du concert Ruge, tant la parenté est étroite dans les intentions et dans les choix. Le projet suscite la critique acerbe de Fréron qui flaire, malgré la modération du ton, un écrit *bouffoniste*[74]. Analyse de la situation des opéras français et italien, la »Lettre« suggère une troisième voie, non plus la quête d'un opéra de type universaliste, dont les solutions ne connaîtraient pas les frontières, mais la création d'un opéra national. La réalisation française proposée est certainement perçue comme un champ d'expérimentation. On connaît les applications de ce dessein.

La polémique est relancée en mai 1757 par le »Mercure de France« qui publie une traduction anonyme du »Saggio«, sous le titre »Essai sur l'opera«, où ne manquent pas même les références aux représentations berlinoises[75]. Toutefois, les livrets d'Algarotti restent dans ses cartons. Est-ce l'auteur lui-même qui a envoyé la

---

69 Voir n. 7.
70 (ALGAROTTI), Saggio 1755, p. 5.
71 La mention est à mettre en relation avec l'ensemble de la politique européenne et avec la guerre de l'opéra.
72 Journal étranger, Novembre 1756, p. 136 et s.: Ode panegyrique à Cesare... On trouve une notice critique de cet ouvrage dans: Istoria letteraria d'Italia sotto la protezione del Serenissimo Francesco III, duca di Modena... 13 (1755), p. 43, à la suite de celle de l'écrit d'Algarotti.
73 Journal (voir n. 72).
74 Voir: Année littéraire 4 (1756) lettre 10, 217–236.
75 ALGAROTTI (voir n. 65).

traduction? C'est fort possible, car nous savons avec quel soin Algarotti diffuse son œuvre[76].

La querelle est enfin portée dans le domaine des rélations concrètes, à Parme, à l'occasion du mariage, en 1760, de l'archiduc Joseph et de l'infante Isabelle de Bourbon, petite-fille de Louis XV, dont les préparatifs datent les débuts de la correspondance de Favart. D'une façon qui reste à étudier, Algarotti et Durazzo s'y confrontent sans se rencontrer. Là se dévoile clairement l'interférence des missions, car l'histoire de Parme est alors hautement significative du devenir de l'Italie, dont j'ai parlé plus haut, entre les ambitions de ses voisins et sa volonté de retrouver la grandeur artistique passée, signe de sa liberté[77]. Le vénitien Algarotti n'a vraisemblablement pas la même vision que l'aristocrate gênois dont un frère, le doge Marcello Durazzo, a été violemment pris à partie par l'historien gênois Francesco Maria Accinelli pour sa complaisance devant les Autrichiens et, plus tard, devant les Français qui mettent fin à l'expérience de Paoli en Corse[78]. Par ailleurs, Algarotti sert ouvertement les intérêts de Frédéric II en Italie, moyen le plus efficace pour lui, nous l'avons vu, de promouvoir une Italie nouvelle. Ses tractations avec l'infant don Philippe, duc de Parme, pièce non négligeable des négociations européennes, si l'on peut dire, le marquent. En témoigne aussi la seconde édition du »Saggio«, en 1763, toujours sous le contrôle du chambellan du roi de Prusse et qui donne le texte définitif[79]. En choisissant Pitt comme destinataire de son essai, Algarotti s'inscrit contre la politique du doge gênois[80]. On peut d'ailleurs se demander comment se situent les Ruge, eux-mêmes, qui viennent de Rome, ville traditionnellement favorable à l'Empereur, dans un temps où chaque ville se détermine pour un camp ou l'autre, sans compter ses divisions internes. Les fausses adresses italiennes de textes polémiques sur l'opéra ne sont pas innocentes.

»Saggio« et »Lettre«, celle-ci conjointement avec la dissertation de Calzabigi, déterminent le nouveau champ d'affrontements esthétiques, comme le prouve la polémique entre le chevalier de Chastellux, auteur d'un »Essai sur l'union de la poésie et de la musique«[81], et Laurent Garcin qui le réfute dans son »Traité du mélodrame«[82], pour être récusé à son tour par Chastellux que soutiennent Diderot et

---

76 Nous en avons un exemple concret à la Bibliothèque nationale pour: Saggio sopra la pittura (Venise 1756), impr. dans les mêmes conditions que l'essai précédent. L'exemplaire, qui permet d'identifier sûrement l'éd. originale de l'écrit sur l'opéra porte la mention ms.: Envoyé par l'auteur M. Algarotti.

77 Sur Parme, voir: Henry BÉDARIDA, Parme et la France de 1748 à 1789, Genève 1977 (reprint).

78 L'Archivio dei Durazzo, marchesi di Gabiano, Genova 1981 (Acti della Soietà ligure di storia patria, nuova serie, 21, II), p. 16–17: Il nipote Marcello di Gian Luca (Marcellino), ultimo esponente della famiglia alla guida della reppublica oligarchia (1767–69), ferocemente chiamato in causa dall'Accinelli per la resa agli Austriaci del 1746, e per la cessione della Corsica... Francesco Maria Accinelli (1700–1777) est l'auteur d'une histoire de Gênes.

79 Livorno (Coltellini) 1763.

80 Le projet de Pitt vise à éliminer les Autrichiens de l'Italie. La libération de la Corse du joug gênois en est une étape essentielle.

81 (François-Jean DE CHASTELLUX), Essai sur l'union de la poësie et de la musique. A La Haye, et se trouve à Paris; chez Merlin. M.DCC.LXV.8°.

82 (Laurent GARCIN), Traité du mélo-drame, ou Réflexions sur la musique dramatique. A Paris, chez Vallat-la-Chapelle. M.DCC.LXII.8°.p.

Grimm[83]. Les essais de Chastellux et de Garcin, en dehors de leur intérêt pour l'historique de la querelle des Gluckistes et des Piccinistes, apportent un précieux témoignage sur la place vraisemblablement occupée par le concert Ruge dans les débats. Ancien pasteur, Garcin n'est-il pas, pour sa part, un bon praticien de chant? Quant à la capitale prussienne, elle ne se tient pas à l'écart du conflit et s'intéresse à ces écrits où sont commentés, de façon contradictoire, *scènes* ou *airs* que les Ruge avaient interprétés[84].

Garcin insiste, à plusieurs reprises, sur la différence entre le chant simple, espace de la mélodie et triomphe, selon lui, de la musique italienne, et le chant composé ou dramatique, domaine d'élection de la musique française. Il tente d'analyser les règles du chant composé en référence avec l'Antiquité[85]. Garcin n'est pas un partisan de l'ancienne musique française. Proche des Viennois, il préconise la pratique de l'Opéra-Comique, qui a opéré la réunion des goûts, et les musiciens qui en sont les tenants, Philidor, Grétry, pour ne citer qu'eux. Le propos de la »Lettre sur le méchanisme de l'opéra« est donc réalisé sur ce point. Le concert Ruge y a efficacement contribué. Son expérience personnelle, mais probablement aussi l'audition du concert italien ont été fondamentales pour Garcin. Elles lui ont permis de saisir les plans différents de la déclamation lyrique selon sa destination. L'exécution de concert exige une concentration de l'expression par la mise en rapport quasiment exclusive des textes poétiques et musicaux. A l'opposé, la représentation répartit l'expression sur une complexité de moyens à maîtriser si l'on ne veut pas qu'ils se contredisent ou s'annihilent. La nécessaire défectivité des éléments séparés au profit d'une œuvre d'art synthétique est ainsi dégagée. L'essai de Garcin, très riche, contient des aperçus sur des révolutions de l'art qui ne se réaliseront que bien plus tard.

Le concert de la rue Plâtrière n'est certes pas la seule institution du genre à Paris, mais pendant quelques années, il constitue, de l'aveu même du rédacteur du dossier de la Bastille, un centre rayonnant de la musique italienne; c'est, du reste, ce témoignage qui fonde à penser que ni Garcin, ni Chastellux n'ont pu l'ignorer. Il correspond probablement à l'idéal proposé par Morambert dans son »Sentiment d'un harmoniphile«, publié en 1756:

> *Les Concerts ne sont pas seulement une ressource contre l'ennui, ils sont encore pour la plûpart une école sçavante où l'on peut acquérir différents points de perfection en travaillant d'après les excellents modèles dans tous les genres qu'on y trouve*[86].

En outre, ils permettent de lutter contre le »préjugé national« et cela suffirait à justifier leur existence.

L'institution a sa place toute normale dans le »Tableau de Paris pour l'année mil sept cent cinquante-neuf« de l'avocat de Jèze, préfiguration d'un autre »Tableau de

---

83 Voir notamment: Correspondance littéraire, philosophique et critique par GRIMM, DIDEROT, RAYNAL, MEISTER, etc., Paris, 1879. 9, p. 398–400: Article de madame***. Traité du mélodrame…

84 Journal encyclopédique, 3 (1772), p. 438: Lettre à l'Auteur du Traité du Mélo-Drame. Signé: De Castillon, fils (Salvemini da Castiglione). A Berlin, le 6 mars 1772.

85 Cette problématique ne lui est pas propre et doit être étudiée en référence avec d'autres écrits théoriques de l'époque.

86 Cité par BROOK (voir n. 3) 1, p. 90.

Paris« qui leur accordera également une rubrique critique[87]. Le concert de la rue Plâtrière est mentionné parmi les »Concerts particuliers«[88], avant de se retrouver, dans l'édition 1760 de l'entreprise de De Jèze sous le chapitre de *l'éducation agréable*[89]. Les développements philosophico-moraux, à ce sujet, de l'avocat ne manquent pas d'intérêt. Ils marquent assez bien l'esprit pédagogique des Lumières et le passage d'une culture de cour à une culture nationale:

> *Quoique dans l'usage du monde on ait attaché à la culture des talens agréables, un prix peut-être trop haut, on ne les place ici que dans le dernier rang, parce que philosophiquement on ne sçaurait gueres les envisager que comme le luxe de l'éducation: luxe néanmoins politiquement désirable, puisqu'il prouve la richesse & le goût d'une Nation*[90].

De Jèze adopte le point de vue de la »Lettre sur le méchanisme de l'Opéra« quand il s'agit de distribuer les rubriques »Musique vocale française« et »Musique vocale italienne«. Il ne veut pas de querelle de préséance, ni de renouvellement de *la célèbre dispute dans laquelle on n'auroit jamais dû faire une querelle sérieuse d'une chose de pur agrément* et il termine sa profession de foi:

> *Il est vrai qu'indépendamment des préjugés de chaque Nation, il n'y a jamais eu qu'une seule Musique, vraiment bonne, celle que la nature avoue & que le sçavoir a perfectionné*[91].

et si nous n'avons pas compris toute l'utilité pédagogique des concerts, De Jèze revient à la charge:

> *Rien n'est plus capable de perfectionner l'article de l'éducation agreable, dont on vient de parler, que la frequentation des concerts particuliers qui se donnent à Paris*[92].

Les voyages musicaux de Charles Burney en France, en Italie et en Allemagne, au début des année 70, permettent indirectement de faire le point sur les expériences tentées depuis la Querelle des Bouffons[93]. Je ne ferai que mentionner cet aspect, mais je veux noter deux faits qui ont intrigué Burney. Tout d'abord sa rencontre avec le médecin lorrain Laugier, grand connaisseur de la musique, qui, au dire du musicologue anglais, a perçu la »mélodie nationale« dans tous les pays qu'il a parcourus, avec

---

87 De Jèze a commencé son entreprise en 1754 sous le titre: Journal du ciyoyen (La Haye, cette fausse adresse couvrant une tacite permission). C'est en 1759 qu'il prend le titre que préfigure l'œuvre de Louis-Sébastien Mercier. Ce dernier accorde plusieurs rubriques à la question de l'opéra et du chant. Voir, en particulier: Gluck (t. 6 du texte définitif).

88 De Jèze (voir n. 87) p. 176.

89 De Jèze, Etat ou Tableau de la ville de Paris, considérée relativement au nécessaire, à l'utile, à l'agréable, & à l'administration. A Paris, chez Prault père, Vallat la Chapelle ... M.DCC.LX.8°. P. 183 et S.

90 Ibid., p. 183.

91 Ibid., p. 185.

92 Ibid., p. 189.

93 Charles Burney, The Present state of music in Germany, the Netherlands, and United Provinces ... London, printed for T. Becket and Co; and G. Robinson, 1773. 8°, 2 vol. Ibid., The Présent state of music in France and Italy ... London, printed for T. Becket and Co. M.DCCLXXI. 8°. Faut-il souligner que Burney est un inconditionnel de la musique italienne.

des »oreilles philosophiques«, au point d'être devenu »une vivante histoire de la musique moderne«[94]. Ensuite, la critique que fait Burney du passage consacré par Jérôme de La Lande, dans la 1ère édition de son »Voyage en Italie«, à la critique de l'opéra napolitain. C'est un témoignage précieux. Elle fait état d'un projet analogue à celui avancé par la »Lettre sur le méchanisme de l'opéra« et c'est sur ce point précis que porte la critique de Burney. Dans la seconde édition, de 1786, La Lande note les changements heureux survenus dans l'opéra napolitain et marque brièvement:

> M. Burney dans son voyage d'Italie, s'est plaint de mes jugemens, son traducteur allemand a pris ma défense[95].

Pour la mise à jour de cette seconde édition, La Lande a mis à profit ses nombreuses correspondances. Un membre de la famille Durazzo, à Gênes, en fait partie. D'ailleurs, grâce à sa politique matrimoniale bien connue, Vienne étend son influence sur le royaume, ce qui n'est pas indifférent sur le plan artistique, théâtral et musical avant tout[96].

*

Dans des notes bien trop brèves pour la richesse des documents étudiés, et dont il ne sera pas inutile, dans un second temps, de publier l'intégralité[97], j'ai tenté de cerner ce qui, en définitive, est le véritable fruit de la Querelle des Bouffons, l'émergence de la culture allemande par les chemins de la musique. L'opéra est l'abrégé d'une utopie durable, celle de l'œuvre d'art totale. C'est par son moyen que s'est répandue, au-delà des problèmes soulevés par sa réforme, la critique du système théâtral de cour dominé par sa rivalité de Versailles et de Vienne. Cette critique ne pouvait se faire sans l'assaut en première ligne des Italiens, détenteurs de la »musique européenne«.

Le concert de la rue Plâtrière s'inscrit dans cette stratégie. Je pense avoir démontré qu'il est porteur des recherches viennoises et qu'il n'a pu se produire, comme la correspondance de Favart, qu'à la faveur de la révolution diplomatique de 1756.

---

94 Ibid., Germany, p. 247.
95 Joseph-Jérôme LA LANDE, Voyage d'un Français en Italie, fait dans les années 1765–1766, Venise et Paris 1769 (8 vol. in–12). Ibid., Voyage en Italie, contenant l'histoire & les anecdotes les plus singulières de l'Italie & sa description... Seconde édition corrigée & augmentée, Paris, 8 vol. in–8°. La citation est empruntée au t. 7 de cette 2e éd., p. 211.
96 La Maison de Habsbourg est célèbre pour sa politique matrimoniale. Le mariage de l'archiduchesse Maria Carolina avec le fils et successeur de Charles III d'Espagne dans le royaume de Naples a eu lieu en 1768.
97 Coll. personnelle. La publication devra tenir compte des richesses de la Collection Ruge-Seignelay décrite par Barry S. Brook. – On me permettra d'ajouter aux quelques références que j'ai données dans ces notes, et qui, je le rappelle, ne donne pas tout l'état bibliographique des questions soulevées, le titre des ouvrages suivants: Gino GRECO, Le Livre italien dans la société française au 18e siècle, Lille 1987 (Thèse 3e cycle, EHESS). Françoise WAQUET, Le Modèle français et l'Italie savante (1660–1750), Rome 1989 (Collection de l'Ecole française de Rome, 117).

DEUTSCHE ZUSAMMENFASSUNG

Die Pariser Aktivitäten der beiden römischen Musiker, dem Flötisten und Komponisten Filippo Ruge und seiner Frau, einer Sängerin, ist aus zwei fragmentarischen Zeugnissen bekannt (Mitwirken an Konzerten von La Poupelinières, am geistlichen Konzert, ferner Errichtung eines italienischen Konzerts sowie Komposition und Edition von Musikalien).

Vier Programme ihres Konzerts in der Rue de la Plâtrière erlauben uns zu verifizieren, wie sie ihre Mission verstanden, italienische Musik (welche italienische Musik?) in einer Periode bewegter ästhetischer Debatten in Paris zu verbreiten. Die Analyse dieser zeitgenössischen Einzeldrucke läßt die einander widersprüchlichen europäischen Reformprojekte auf der Ebene der Oper, des Schauspiels und die damit verbundenen neuen Möglichkeiten der Kooperation zwischen den Staaten erahnen. Dies wird hervorgehoben durch die Gegenüberstellung der ersten Texte für die komische Oper von Grimm und vor allem Rousseau mit jenen drei Texten, die vorläufig den großen musikalischen Streit um die Jahrhundertmitte beendeten:

Dissertazione di Ranieri de »Calsabigi, dell'Accademia de Cortona, su ce Poesie drammatiche del signor abate Pietro Metastasio«, Paris 1755.

Saggio sopra l'opera in musica (de Francesco Algarotti), Venise, 1755.

Lettre sur le mechanisme de l'opera italien (attribué à Giacomo Durazzo), à Naples, et se vend à Paris, 1756.

Michael Werner

DES ARTISTES ALLEMANDS EN FRANCE AU XVIIIe SIÈCLE: LE CAS WILLE

Parmi les médiateurs franco-allemands du XVIIIe siècle, il est une figure qui, à la fois par l'étendue de ses intérêts, par la durée exceptionnelle de son action et par la qualité de son apport au transfert culturel entre la France et l'Allemagne, mérite assurément d'être tiré du quasi-oubli où il se trouve: le graveur et dessinateur Jean-Georges Wille[1]. Dans la cadre de cette présentation, qui veut inciter à la redécouverte du personnage, je me limiterai à esquisser quelques aspects de son activité, avant de décrire plus précisément sa fonction au sein de ce qu'on peut appeler le réseau franco-allemand du XVIIIe siècle. Ce faisant, ma perspective ne sera pas celle de l'historien de l'art, mais plutôt celle d'une histoire sociale des productions et pratiques culturelles, sans qu'il me soit en l'occurrence possible d'éviter toujours le principal écueil méthodologique de ce type d'analyse: l'articulation problématique entre l'analyse d'un cas individuel et l'étude d'un groupe social.

Repères biographiques[2]

Fils d'un meunier relativement aisé, Wille (à l'origine: Johann Georg Will) est né le 5 novembre 1715 à Biebertal près de Gießen. Son talent précoce dans le domaine du dessin notamment semble avoir décidé le père à lui faire donner des leçons de peinture, puis à lui faire apprendre le métier de graveur d'armes, qui constitue une sorte de compromis entre la carrière artistique et le monde de l'artisanat. C'est apparemment selon le modèle du compagnonnage que le jeune Will part, à l'âge de vingt ans, pour Paris afin de perfectionner son apprentissage et, de façon générale, connaître le monde. Accessoirement, mais sans doute en pressentant l'importance d'un domaine essentiel de sa vie, il aura nourri des ambitions artistiques, qu'un rapport direct à la nature (dû aux origines campagnardes), puis une formation empreinte de l'esprit des Lumières ont fait naître chez lui.

---

1 Sur Wille on consultera dorénavant la monographie de Hein-Theodor Schulze Altcappenberg: »Le Voltaire de l'Art«. Johann Georg Wille (1715–1808) und seine Schule in Paris. Münster 1987. Nous préparons nous-mêmes, aux éditions Niemeyer et en collaboration avec Michel Espagne, une édition de la correspondance de Wille. Cette édition, à paraître en 1992, est présentée par Michel Espagne et Michael Werner, La correspondance de Jean-Georges Wille. Un projet d'édition. In: Francia 17/2 (1990) p. 173–180.

2 Les sources principales pour la biographie de Wille sont, outre sa correspondance, conservée en grande partie aux Archives Nationales, son autobiographie et son journal (Jean-Georges Wille, Mémoires et journal, éd. Georges Duplessis, 2 vol., Paris 1857). Une synthèse récente est fournie par Schulze Altcappenberg (voir note 1). Pour le fonds Wille des Archives Nationales on se reportera à W. E. Kellner, Neues aus dem schriftlichen Nachlaß des Jean-Georges Wille. In: Mitteilungen des oberhessischen Geschichtsvereins, Neue Folge 49/50 (1965), p. 144–189.

Les premiers temps semblent avoir été assez durs pour le jeune artisan. Grâce à une série de rencontres plus ou moins fortuites, qui mettent en évidence ses qualités d'homme sociable, et grâce bien entendu aussi à ses talents de graveur copiste de peintures, puis surtout de graveur portraitiste, il réussit, à force de travail et de persévérance, à s'extirper de la misère. A noter le caractère essentiellement autodidacte de sa formation, qui marquera ultérieurement ses propres conceptions pédagogiques. La précision de son travail, l'adresse de son exécution lui procurent la protection de peintres comme Rigaud et Largillière. Il fait la connaissance de l'éditeur d'estampe Odieuvre, qui l'engage pour la confection de son recueil des portraits des Rois de France. C'est à ce moment que Wille se spécialise définitivement dans le domaine de la gravure.

A partir de ce début de reconnaissance professionnelle, la carrière de Wille se divise en deux parties: une première période d'ascension rapide, dominée par la gravure de portrait dont il devient un des maîtres incontestés. En 1755 il obtient le titre de *graveur du Roi* (qui comprend, entre autres, le privilège de l'édition de gravure et d'estampe) et entre, en tant qu'agréé, à l'Académie royale de peinture[3]. La seconde période, qui débute entre 1755 et 1760, sera elle consacrée essentiellement au paysage, aux scènes dites de genre, au personnage typé. C'est au demeurant dans le domaine du paysage et de la perception spécifique de la nature qu'il traduit que les historiens de l'art situent aujourd'hui l'apport le plus original et le plus novateur de Wille à l'histoire des arts graphiques (nous y reviendrons). Comme mode d'expression, la gravure est d'ailleurs, pour cette seconde période, sérieusement concurrencée par le dessin et la gouache. Mais la notoriété européenne de Wille, que l'on peut lire à la fois dans le jugement des contemporains et dans l'étendue et la qualité de ses relations, se fonde essentiellement sur son œuvre de graveur. En second lieu, elle est due à sa qualité de connaisseur de l'art, qui a fait de lui un conseiller très écouté des amateurs et collectionneurs. Notons enfin, pour arrondir cet aperçu biographique, que Wille vieillard vivra à Paris toute la période révolutionnaire, le Consulat et les premières années de l'Empire, puisqu'il meurt le 5 avril 1808, à l'âge de 92 ans et au terme de 72 années passées dans la capitale française. De son mariage avec Marie-Louise Deforges sont issus deux fils, Pierre-Alexandre (1748–1821), devenu lui-même peintre et dessinateur reconnu, et Louis-Frédéric (1758–1777), qui, également formé aux métiers de l'art, est enlevé prématurément à la famille avant d'avoir pu donner la mesure de ses talents.

L'activité de Wille a été multiple, multiforme, et peut en conséquence être envisagée à des points de vue différents. Nous choisissons pour la suite de cette contribution quelques points d'entrée dont nous espérons qu'ils sont susceptibles d'éclairer un certain nombre de traits caractéristiques de la colonie des artistes allemands de Paris. D'autres sont spécifiques au cas de Wille, dont ils feront ressortir quelques particularités propres à nous intéresser dans le cadre de ce colloque.

3 Il obtint les lettres de naturalisation en 1758.

Milieu et formes de sociabilité

Le milieu dans lequel Wille a passé ses premières années parisiennes notamment fournit une série d'éclaircissements significatifs.

Il montre d'abord les motivations du séjour à Paris. A l'époque, les ateliers de peintres et artistes parisiens jouaient un rôle prédominant en Europe, tant sur le plan des normes esthétiques que sur celui de l'insertion de la production artistique dans un marché de l'art naissant. En tant que lieu de formation et ensuite comme lieu de reconnaissance économique et sociale, la place de Paris exerçait une force d'attraction considérable, notamment vis-à-vis de l'Allemagne considérée comme un espace souffrant d'un retard de développement. Paris était tout simplement le lieu de formation le plus important pour les artistes allemands du XVIIIᵉ siècle.

A ces raisons propres aux métiers de l'art s'ajoutaient les motivations générales du voyage culturel en France pendant le XVIIIᵉ siècle: l'apprentissage de la civilisation et de la culture, de la vie politique et des conduites sociales différentes (et différenciées), enfin le perfectionnement de l'individu selon la tradition humaniste. Il convient bien entendu de distinguer par ailleurs entre ceux qui sont envoyés par un mécène, les boursiers d'une institution, et qui sont assurés d'une place, et d'autre part ceux qui viennent à leurs propres risques et périls et s'exposent à une traversée difficile des lieux d'activité artistique. Et il y a enfin le critère de la durée du séjour qui introduit des différenciations supplémentaires.

Ce qui, à ce sujet, distingue Wille de la plupart de ses collègues artistes allemands, c'est que, lui, il s'est définitivement fixé à Paris, alors que les autres retournent en général en Allemagne après un séjour plus ou moins prolongé. C'est là un signe de sa réussite professionnelle, mais aussi et surtout de son intégration parfaite dans les milieux parisiens de l'art.

Les jeunes artistes allemands de Paris semblent avoir mené une vie sociale intense, dominée d'abord par un esprit de corps et de solidarité. Dans son autobiographie[4] (il est vrai quelque peu édulcorée par la vision rétrospective du vieillard) Wille raconte qu'ils ont fait table commune, organisé des séances de lecture des journaux, mené des discussions libres sur les questions propres au métier, mais aussi sur les problèmes généraux de la société, la situation politique, etc. Les distinctions sociales tradition-nelles se sont effacées devant la communauté de vue des artistes, fondée à la fois sur les qualités de compétence, la liberté de jugement, enfin le sentiment qu'il fallait conquérir ensemble un univers tout au moins indifférent sinon hostile. Je reviendrai à la fin sur un des aspects essentiels de ces discussions: l'émergence d'un sentiment qu'on pourrait appeler pré-national et qui a été une composante essentielle du cercle, majoritairement germanique, des amis et élèves de Wille.

---

4 Voir note 2.

L'activité pédagogique

Un des principaux champs d'activité de Wille, en liaison directe avec son immersion dans le milieu des artistes, mais concevable uniquement à partir du moment où il bénéficiait d'une certaine reconnaissance sociale et professionnelle, était bien le domaine pédagogique. C'est en effet vers 1754 que Wille commença à organiser son enseignement de façon méthodique, et ceci à deux niveaux. H.-Th. Schulte Altcappenberg, auquel nous devons la première présentation systématique de l'activité pédagogique fondamentale de Wille[5], distingue entre l'atelier de Wille, où celui-ci accueille des élèves en arts graphiques et notamment en gravure et lithographie, et l'Ecole allemande de dessin *(Teutsche Zeichnungsschule)*, qui est une sorte d'académie privée destinée à faire apprendre le dessin d'après la nature, c'est-à-dire l'objet naturel ou réel, qu'il s'agisse de paysage ou de corps humain. Les élèves circulent d'ailleurs librement entre les deux institutions dont les frontières sont fluctuantes.

Nous n'avons malheureusement pas le temps de développer en détail les différents aspects propres à ces lieux de formation artistique. Je voudrais seulement insister sur deux points originaux, particulièrement important pour la compréhension de l'activité pédagogique de Wille. Le premier concerne la pratique des excursions en groupe que Wille organise de façon régulière, dans les campagnes des environs de Paris ou quelquefois plus loin, dans le Vexin ou en Normandie. Lors de ces excursions, où l'on dessine des paysages et scènes campagnardes, Wille met en œuvre une sorte de dynamique de groupe, où chacun se perçoit à la fois comme individu travaillant selon un point de vue particulier, avec un éclairage spécifique, et comme membre d'un groupe d'artistes dont les progrès techniques collectifs rejaillissent sur le perfectionnement individuel. La pratique commune de la nature dans tous ses aspects, le sentiment de la maîtrise collective des problèmes posés par les objets à représenter, enfin l'émulation liée à une communication intense et permanente constituent les facteurs essentiels d'un expérience à grande valeur formatrice. Ils transmettent en particulier une représentation de l'activité artistique à l'opposé des études académiques traditionnelles. Rien d'étonnant dans ces conditions à ce qu'on trouve parmi les élèves et les élèves des élèves de Wille des maîtres du paysage comme Zingg, puis Klengel, Ludwig Richter, voire C. D. Friedrich.

Le second aspect de l'activité pédagogique de Wille que je voudrais souligner porte sur l'imbrication des domaines esthétique et économique. L'atelier de Wille fut non seulement un lieu de formation, mais aussi et en même temps un lieu de production, où l'on préparait et éditait des œuvres. De ce fait même, les élèves de Wille, qu'il s'agisse de pensionnaires, d'employés de l'atelier ou de collaborateurs libres, étaient parties prenantes des productions éditoriales publiées par l'atelier (sous leur propre nom ou non). Ils sont intégrés dans la circulation des tableaux, modèles, motifs etc. du cercle de Wille, dont ils constitueront eux-mêmes par la suite des relais de transmission. Nous en verrons tout-à-l'heure quelques particularités.

Schulte Altcappenberg a répertorié environ 70 élèves de Wille, dont une bonne vingtaine de Français, quelques Italiens, Anglais et Danois, la grande majorité étant

---

5 SCHULTE ALTCAPPENBERG (voir note 1) p. 62–74.

formée par les ressortissants des pays germaniques[6]. C'est d'ailleurs également parmi ces derniers que l'on rencontre les artistes qui seront par la suite les plus connus. Tous ces graveurs, dessinateurs et peintres se sont fait l'écho plus ou moins fidèle des idées de Wille sur l'art et de sa déontologie d'artiste. Par leur intermédiaire Wille a exercé une influence considérable sur l'évolution de la peinture et du dessin allemands jusque vers le mileu du XIXe siècle.

Le marché de l'art

Le développement du marché de l'art constitue une troisième clef d'accès à la compréhension des activités de Wille. Il est évident que la technique de la gravure (en tant que procédé permettant la reproduction des œuvres d'art) est intimement liée à ce développement. D'une part la gravure peut être tirée à plusieurs centaines d'exemplaires. D'autre part le graveur peut »éditer« et pour ainsi dire multiplier des œuvres uniques (tableaux, dessins), le tout faisant ensuite l'objet d'un commerce spécifique, celui des estampes. En réalité le marché des estampes et gravures n'est pas vraiment distinct de celui des peintures et dessins originaux. L'œuvre graphique des grands Hollandais et des Italiens fait partie depuis toujours des transactions du marché. L'accélération du mouvement au XVIIIe siècle est dû en premier lieu à l'émergence d'un public aisé, puis, en second lieu, à l'apparition à plus grande échelle du collectionneur d'art (dont K. Pomian a dressé une typologie[7]). Toujours est-il que les écarts de prix entre les grands centres européens, l'exiguïté du marché, enfin la dynamique propre de la reconnaissance nouvelle d'artistes ou écoles d'artistes jusque-là méconnus offrent d'intéressantes possibilités de rémunération aux marchands et intermédiaires. C'est ainsi que Wille déploie à partir du début des années 1750 une activité d'acquisition et de vente d'œuvres d'art, que l'on peut suivre *in extenso* dans sa correspondance et son journal. Il agit à la fois pour son propre compte (il constitue lui-même une collection très importante) et, à une plus large échelle, pour le compte d'amis artistes comme lui, pour des collectionneurs dispersés à travers toute l'Europe (avec d'ailleurs des difficultés de communication considérables). Toute cette génération de collectionneurs est habitée d'une véritable passion, elle est à la chasse permanente du trésor, de l'objet recherché et susceptible de procurer au spectateur une jouissance visuelle.

Très rapidement Wille devient le principal intermédiaire entre la France et l'Allemagne. Il fait connaître l'art allemand à Paris, notamment l'Ecole saxonne, dont il est un ardent propagandiste. Inversement il fournit les collectionneurs et amis en Allemagne en tableaux, dessins et estampes (écoles française et hollandaise notamment) qu'il peut acquérir sur la place de Paris. Le volume des transactions est assez important. Un seul indice: sa propre collection de tableaux sera vendue en 1784 pour un montant dépassant les 100 000 livres[8]. C'est sans doute cette activité marchande,

---

6 Ibid., p. 308–370.

7 Krzysztof POMIAN, Collectionneurs, amateurs et curieux. Paris, Venise: 16e–18e siècle, Paris 1987.

8 ALTCAPPENBERG (voir note 1) p. 88. Le produit de la vente de sa collection d'estampes, qui intervint en 1786, ne peut plus être reconstitué.

en liaison avec son travail d'édition, qui, plus que le maniement du burin, lui permet un train de vie de bourgeois relativement aisé[9].

Conformément à l'auto-image de l'artiste-connaisseur, l'activité commerciale ne saurait cependant être dissociée de la volonté d'œuvrer, par la constitution même des collections et la circulation des œuvres, pour le développement du goût et du sens artistique du public. A travers ses activités d'intermédiaire et de commissionnaire, Wille essaie d'imposer ses vues sur les arts, sa vision du rapport à l'art, sa manière de constituer une collection. C'est donc tout un programme auquel il s'attèlle et qui reflète une nouvelle conscience de soi, l'assurance de l'artiste libre et indépendant.

L'artiste-citoyen

Car l'autodidacte qu'était Wille croit à la fois aux dons et talents naturels, et au travail persévérant formateur de la personnalité. Il ne s'est plié au genre du portrait (des grands du monde) qu'à contre-cœur, considérant qu'il fallait bien passer par là pour se créer une position indépendante. Celle-ci une fois obtenue, il refusera en général les travaux de commande et se consacrera aux genres qu'il affectionne par dessus tout, le paysage, le dessin d'après nature, le portrait des caractères et des types selon le modèle des Hollandais. Son hollandisme, qu'il sait marier au classicisme esthétique d'un Winckelmann (les deux visant en dernier ressort à concilier les dualismes de l'être humain), est inspiré d'une vision préromantique, qui cherche dans la nature l'authentique, un monde qui ne soit pas déformé par la civilisation citadine. En même temps il reste tributaire du message moralisateur des Néerlandais, qu'il tente d'actualiser et d'adapter à la réalité du XVIIIe siècle. Wille prend ses distances aussi bien vis-à-vis des couches populaires qu'il représente sous des types satiriques, que vis-à-vis de l'étiquette mondaine de l'aristocratie et de la cour. En fait (ici je simplifie grossièrement), sa manière de voir (et son travail artistique) articule les valeurs de la bourgeoisie des Lumières, dont il partage le rationalisme, l'humanisme, la confiance dans les valeurs fondamentales que sont la vertu, l'obstination au travail, la capacité de perfectionnement de l'âme et de l'esprit.

Conformément à cet idéal, Wille joue non seulement les intermédiaires entre l'art français et allemand, il s'occupe également de littérature, l'indifférenciation des deux domaines étant encore patente à l'époque. A travers ses relations au »Journal étranger«, il fait connaître des auteurs de langue allemande dont il initie par ailleurs des traductions françaises. C'est ainsi qu'il est à l'origine de la publication en 1755–56 des »Idylles« de Geßner par Huber, qui jouent un rôle capital dans la vogue allemande de Paris des années 1760. Il est en relation suivie avec Weiße à Leipzig, Nicolai à Berlin, fait connaître Winckelmann, Wieland, Klopstock et Haller, accueille Herder en 1769 et sera un des premiers lecteurs en France du »Werther«, que son ami Huber lui envoya immédiatement après la parution allemande. Son action, à partir de 1750, pour la diffusion de la littérature allemande en France prélude au prérousseauisme français dont elle constitue une des sources d'inspiration majeures.

---

9 La maison qu'il habite au quai des Augustins compte 15 pièces. Il emploie plusieurs domestiques, etc.

Elle est en même temps le point de départ d'une réception plus large des productions littéraires d'outre-Rhin, auxquelles elle ouvre pour ainsi dire les antichambres de la société parisienne.

Réseau et fonction d'échange

Au-delà de son action individuelle, Wille apparaît ainsi comme le centre d'un réseau étendu de relations artistiques, littéraires et commerciales. A travers toute l'Europe, de Londres à Rome, de Saint-Petersbourg, à la Suisse, de Kopenhague à Rouen, ce réseau véhicule des informations, transmet des représentations symboliques aussi bien que des objets bien réels. Paris en est le passage obligé, le carrefour où se croisent toutes les lignes. Le niveau le plus important est formé par les échanges artistiques. Les amis et élèves de Wille prennent des postes importants dans les différents pays d'Europe, tel Preißler à Kopenhague, Hagedorn directeur de l'Académie à Dresde, Schmidt à la cour de Berlin, Schmuzer directeur de l'Académie de gravure de Vienne. Zingg et Schenau sont appelés à l'Académie de Dresde, Weirotter à Vienne, Krauss à Weimar, Klauber à Saint-Petersbourg, Kobell à Mannheim, et ainsi de suite. A partir de leurs positions respectives, ces élèves œuvrent pour les conceptions et les idées dont ils ont été imprégnés chez Wille. Préconisant entre autres un rapport nouveau à la nature et l'idéal de l'artiste autonome, indépendant, ils exercent une influence considérable à la fois sur l'histoire de l'art et sur celle du statut social de l'artiste. En participant par ailleurs, à différents niveaux, à la constitution de collections particulières, ils contribuent à un changement capital dans les pratiques culturelles de l'objet d'art. Ainsi Wille peut-il être considéré comme un initiateur non seulement dans le domaine propre des arts et des techniques artistiques, mais aussi dans celui, plus général, du changement culturel des sociétés du XVIIIᵉ siècle.

L'ambassadeur de la culture allemande à Paris

Il y a cependant encore un autre aspect du réseau Wille qui mérite une mention particulière dans le cadre de ce colloque: l'affirmation d'une identité allemande. Aussi bien sur le plan des médiations littéraires que sur celui des échanges artistiques, Wille se fait l'écho des préoccupations que l'on ne peut pas encore véritablement appeler nationales au sens que le XIXᵉ siècle donnera au terme, mais qui n'en constituent pas moins les signes de la formation d'un esprit national allemand dans le domaine de la culture. En liaison notamment avec les aspirations des Suisses à cet égard (Fueßli, Usteri)[10], Wille participe, à la fois par ses activités concrètes d'homme de l'art et par des écrits théoriques (notamment sur l'histoire de l'Ecole allemande de peinture), à la construction de ce sentiment, prénational dirons-nous, que les spécialistes du dixhuitième siècle connaissent bien. *Ich lasse keine Gelegenheit*

10 Pour les relations de Wille et des Suisses voir Yvonne BOERLIN-BRODBECK, Johann Caspar Füssli und sein Briefwechsel mit Jean-Georges Wille. Marginalien zur Kunstliteratur und Kunstpolitik in der zweiten Hälfte des 18. Jahrhunderts. In: Jahrbuch 1974–1977, éd. Schweizer Institut für Kunstwissenschaft, Zürich 1978, p. 77–178.

vorbeigehen, den deutschen Künstler in diesem Lande bekannter zu machen, écrit
Wille à Christian Friedrich Hagedorn le 18 décembre 1756[11] et désigne par la un fil
conducteur qui traverse l'ensemble de sa biographie. Inversement il a la réputation en
Allemagne d'être *der Mann, der in der Hauptstadt Galliens ein Deutscher bleibt*[12]
(Nicolai à Wille, 1779). Notons d'ailleurs que l'on trouve, dans les catalogues de
vente à Paris à partir de 1758, la rubrique »Ecole allemande«, alors qu'auparavant les
peintres allemands avaient été rangés à l'»Ecole des Pays-bas«[13].

Au sujet de cette dimension de l'action de Wille (qui mériterait à elle seule tout un
exposé), je signalerai ici pour terminer simplement deux traits caractéristiques: Il est
significatif que cette affirmation d'une identité allemande s'opère »à l'étranger«, au
contact de la culture française. C'est là le phénomène bien connu du couple hétéro-
perception/auto-perception. Les jeunes artistes venus de Saxe, de Bavière et du
Palatinat ne se sentent véritablement des Allemands qu'à partir du moment où
l'entourage français les désigne comme tels (et leur fait sentir leur différence). D'autre
part, à la différence de ce qui se passe chez Lessing, Herder, les auteurs du *Sturm und
Drang,* la mise en valeur d'une spécificité allemande ne se fait pas au détriment de ce
que les Allemands tiennent pour la culture française. Il ne s'agit pas d'un processus
de déconstruction/reconstruction, mais plutôt de la vision d'une émulation réciproque des peuples d'Europe, proche de l'esprit des encyclopédistes. Selon Wille et son
réseau, la construction d'une nation allemande passe d'abord par la reconnaissance
française, et se greffe sans difficulté sur la vie culturelle en France, sur les institutions
françaises, sur le marché de l'art naissant.

Au-delà de sa trajectoire individuelle, au-delà aussi de son impact, considérable,
sur l'histoire de l'art et la mentalité de l'artiste-citoyen telle qu'elle se développe au
XVIIIe siècle, Wille illustre donc un moment précis des relations culturelles franco-
allemandes, celui d'une reconnaissance réciproque, d'une différenciation progressive
dans la perception de l'autre, enfin celui où, conformément à l'esprit conciliateur des
Lumières, on assigne à chacun sa place dans le développement harmonieux de
l'ensemble. Véritable ambassadeur de la culture allemande à Paris, Wille rassemble
comme dans un faisceau les lignes de force des échanges franco-allemands de
l'époque. Il constitue le point de passage d'un transfert de techniques artistiques, de
normes esthétiques, de mentalité et comportements spécifiques de l'artiste-citoyen.
Si son action sur l'évolution de la culture allemande a été considérable, il convient de
souligner qu'en France les frères Goncourt ont les premiers rallumé sa mémoire, en
ne lui attribuant rien moins que le titre, aussi surprenant que pertinent, de »Voltaire
de l'art«[14].

---

11 T. BADEN (éd.), Briefe über die Kunst von und an Christian Ludwig von Hagedorn, Leipzig 1797.
     p. 343.
12 Lettre de Friedrich Nicolai à Wille du 25 septembre 1774, Archives nationales Paris, 219 AP.
13 Détail relevé par ALTCAPPENBERG (voir note 1) p. 40.
14 Dans la préface à l'édition des mémoires et du journal de WILLE (voir note 2), t. I, p. XI.

DEUTSCHE ZUSAMMENFASSUNG

Der aus Biebertal bei Gießen gebürtige Kupferstecher, Zeichner und Maler Jean-Georges Wille (Johann Georg Will), 1715–1808, ist eine der bedeutendsten Vermittlerpersönlichkeiten zwischen deutscher und französischer Kultur im 18. Jahrhundert. Nach einer Ausbildung als Büchsenmacher und Waffengraveur kam er 1736 nach Paris, wo er sich alsbald einen Namen als Kupferstecher machte. 1755 wurde ihm der Titel eines »Graveur du Roi« verliehen, 1761 wurde er endgültig in die Académie aufgenommen. Er galt seiner Zeit als einer der führenden Stecher Europas.

Aus seinem vielfältigen Wirken wird im Rahmen des Referats festgehalten:

Aspekte der Soziabilität deutscher Künstler in Paris: Aufgrund seines Rufs, seiner vielfältigen Verbindungen und seiner Ausbildungsfunktionen (s. nächster Punkt) spielte Wille über Jahrzehnte hinweg eine zentrale Rolle in der deutschen Künstlerkolonie.

Pädagogisches Wirken: Sowohl in seinem Atelier wie in der von ihm 1754 ins Leben gerufenen »Teutschen Zeichnungsschule« bildete Wille eine ganze Reihe von vorwiegend deutschen, aber auch französischen, italienischen, englischen usw. Schülern aus, deren bedeutendste später leitende Funktionen in europäischen Akademien übernahmen und erheblichen Einfluß, etwa auf die Entwicklung der Landschaftskunst ausübten.

Entwicklung des Kunstmarkts: Als Verleger-Hersteller, Sammler und Vermittler nahm Wille erheblichen Anteil am Aufschwung des internationalen Kunstmarkts in der zweiten Jahrhunderthälfte. Er vermittelte insbesondere deutsche Gemälde, Zeichnungen und Stiche nach Frankreich und umgekehrt französische und niederländische Arbeiten nach Deutschland.

Mentalität des freien Bürgerkünstlers: Daneben wirkte er entscheidend an der Herausbildung eines neuen Künstlerbewußtseins mit, in welches das Selbstgefühl technischer Perfektion, eine spezifische Naturerfahrung und soziales Unabhängigkeitsdenken einfließen.

Literarische Vermittlung: Wille nahm auch auf literarischem Gebiet eine wichtige Vermittlerposition ein. Er ergriff Initiativen zur Übersetzung deutscher Texte ins Französische (z. B. Geßner, Winckelmann), korrespondierte mit Wieland, Klopstock, nahm Herder bei dessen Parisreise auf, vermittelte Texte und Informationen an das Journal étranger.

Ein Verbindungsnetz europäischer Dimension: Das anhand von Willes Korrespondenz und Tagebuch rekonstruierbare Netz von Verbindungen erstreckte sich über ganz Europa. Eine seiner vielfältigen Funktionen bestand in seinem Beitrag zur Herausbildung einer deutschen nationalkulturellen Identität, die indessen nicht als Gegenpol zur französischen Kultur verstanden wird, sondern als eigenständige, spezifische gesellschaftliche Erfahrungen artikulierende und in einer eigenen geschichtlichen Tradition gegründete Stimme im Konzert der europäischen Nationen.

JOCHEN SCHLOBACH

GRIMM IN PARIS

Ein Kulturvermittler zwischen Deutschland und Frankreich
in der zweiten Hälfte des 18. Jahrhunderts

Wenn es einen höchst bemerkenswerten Fall der langjährigen Präsenz eines Deutschen im Paris der zweiten Hälfte des 18. Jahrhunderts gibt, so ist ganz ohne Zweifel
vor allem Friedrich Melchior Grimm zu nennen. Von 1749 bis 1792 lebte er, von
Reisen abgesehen, in Paris und nahm aktiv am intellektuellen und später politischen
Leben in Frankreich teil. Über diese mehr als vier Jahrzehnte war er ein Kulturvermittler ersten Ranges zwischen Frankreich und Deutschland. Ein Blick auf sein
bewegtes Leben, auf sein Wirken und auf seine Rolle beim Kulturtransfer zwischen
Frankreich und Deutschland bietet sich folglich im Rahmen dieses Kolloquiums an[1].
    Eine Würdigung Grimms aus der Perspektive neuerer Forschungsorientierungen
ist auch deshalb ein dringendes Desiderat, weil sein Bild seit 1781, als Rousseaus
»Confessions« erstmals erschienen[2], bis hin zu gewichtigen Beiträgen moderner
Forschung, etwa dem Jean Fabres[3], weitgehend von negativen Einschätzungen der
Persönlichkeit Grimms geprägt ist. Es soll hier nicht unsere Aufgabe sein, dieses
Negativbild zu korrigieren und aufgrund erstaunlicher Zeugnisse bedeutender Zeitgenossen die Bedeutung Grimms zu überhöhen.
    (Als eine gewichtige Stimme sei immerhin die Diderots zitiert, der am 30. Septem-
ber 1759 an Sophie Volland schreibt: [Grimm] *vaut mieux que moi. Personne ne peut
lui être comparé, soit qu'il plaisante, soit qu'il raisonne, soit qu'il conseille, soit qu'il
écrive*[4]. Auf den Widerspruch seiner Freundin antwortet er noch eindeutiger: *Plus de
comparaison entre Grimm et moi. Je me console de sa supériorité en la reconnaissant*[5].
Ein solches Urteil des zehn Jahre älteren Diderot über den damals 36jährigen Grimm
vermittelt trotz seiner Relativierbarkeit als spontane Einschätzung des empfindsa-
men Freundes einen Eindruck von der persönlichen Wirkung, die Grimm bei seinen
französischen Freunden und in den aufklärerischen Salons offensichtlich ausgestrahlt
hat.)
    Es soll hier versucht werden, in der gebotenen Kürze die Widersprüche, die
Grimms Leben und Werk kennzeichnen, in den sozial- und literarhistorischen
Kontext des Jahrhunderts, und insbesondere in das Spannungsfeld deutsch-französischer interkultureller Wechselwirkungen einzuordnen und damit auf einer umfas-

---

1 Als materialreichste biographische Darstellung über Grimm kann noch immer Edmond SCHERER,
  Melchior Grimm, l'homme de lettres, le factotum, le diplomate, Paris 1887, Reprint Genf 1968 dienen.
2 Vgl. dazu N. L. TORREY, Rousseau's quarrel with Grimm and Diderot, in: Essays in honor of
  A. FEUILLERAT, New Haven 1943 (Yale Romanic Studies, 22), S. 163–182.
3 Jean FABRE, Stanislas-Auguste Poniatowski et l'Europe des lumières, Paris 1952, S. 331–352.
4 DIDEROT, Correspondance, hg. ROTH/VARLOOT, Paris 1955 ff., Bd. 3, S. 114.
5 Ibid., S. 240 (dieser Brief wurde Anfang November 1759 geschrieben.)

senderen als nur rein biographischen Ebene zu deuten. Dabei wird sich zeigen, daß Grimms Biographie gerade wegen ihrer Widersprüchlichkeit und Brüche wichtige Zusammenhänge aufzeigen kann, die die Rolle des Schriftstellers und des Journalisten in der deutschen und französischen – wenn nicht europäischen – Gesellschaft der zweiten Hälfte des 18. Jahrhunderts betreffen. Insofern kann der Fall Grimm bei aller schillernden individuellen Besonderheit auch Repräsentativität für sich beanspruchen.

Da kommt also ein 26jähriger Deutscher, Pfarrerssohn aus Regensburg, der in Leipzig bei Gottsched, Ernesti und Maskov studiert hatte[6], Anfang 1749 ohne Mittel nach Paris, von wo er erst 1792 unter direkter politischer Bedrohung während der Revolution nach Deutschland zurückkehrt. Welches sind seine Motive, welches die materiellen Bedingungen, die ihn zu diesem Schritt bewegen, bzw. ihn ermöglichen? Daß es einen jungen Deutschen, der schon als Schüler Gottsched bewunderte und in Briefen an ihn die provinzielle Enge seiner Heimatstadt beklagt hatte (in der es nicht einmal eine rechte Buchhandlung gebe)[7], nach Paris in das kulturelle Zentrum Europas zieht, hat nichts Außergewöhnliches. Daß in Gottscheds Programm die französische Literatur Vorbildcharakter für die deutsche hatte[8], mag ihm ebenfalls einen Aufenthalt in Paris nahegelegt haben.

Was tut ein mittelloser junger Pfarrerssohn mit literarischen Ambitionen in der freien Reichsstadt Regensburg, um sich materiell den Luxus von Reisen und insbesondere den einer teuren Frankreichreise leisten zu können? Er tritt als Hauslehrer in die Dienste eines wohlhabenden Adligen, des Grafen Schönberg, Botschafter Kursachsens am Reichstag in Regensburg, dessen Söhne er erzieht und auf Reisen – zuerst durch Deutschland – dann 1748/49 nach Frankreich begleitet. Grimm dürfte bei seiner Ankunft in Frankreich selbst nicht geahnt haben, daß er sich dort so lange Zeit aufhalten würde.

In den ersten Pariser Jahren sicherte sich Grimm seine Existenz als Hauslehrer im Hause Schönberg sowie des Erbprinzen von Sachsen-Gotha[9], daneben als Sekretär des Grafen von Friesen, der als Militär in französischen Diensten stand und Grimm in sein Haus aufnahm. Von diesem vermittelt wurde wohl auch seine spätere Ernennung zum *secrétaire des commandements du Duc d'Orléans* mit immerhin 2000 livres Jahresgehalt. Das gesellschaftliche Umfeld, das Grimm seine Existenzgrundlage für das Verbleiben in Paris ermöglichte, war also das der deutschen

6 Vgl. dazu Kurt SCHNELLE, F.M. Bildungswege in Deutschland, Zur Vorgeschichte der Correspondance littéraire, in: Wiss. Zeitschrift der Karl-Marx-Universität Leipzig, gesellsch.-sprachwiss. Reihe, 16 (1967), S. 17–31.

7 F.M. Grimm an Gottsched (Brief vom 9. April 1741); die Briefe Grimms an Gottsched die in der Universitätsbibliothek Leipzig liegen, sind bisher nur in Auszügen von Th. W. DANZEL, Gottsched und seine Zeit, Leipzig 1855 und SCHNELLE (wie Anm. 6), zitiert worden. Eine vollständige Publikation der Briefe werden wir in der Serie der »Correspondances littéraires, érudites, philosophiques, privées et secrètes du dix-huitième Siècle«, Bd. VII, bei Slatkine in Genf in einem Band von »Lettres inédites de Grimm« vorlegen.

8 Vgl. zu Gottscheds Frankreichsbild, R. KREBS, La France jugée par Gottsched, ennemie héréditaire ou modèle culturel? in: Cosmopolitisme, Patriotisme et Xénophobie en Europe au Siècle des Lumières, hg. Gonthier-Louis FINK, Strasbourg 1987, S. 159–173.

9 Vgl. dazu Jenny von der OSTEN, Luise Dorothee, Herzogin von Sachsen-Gotha, 1732–1767, Leipzig 1893, S. 73/74 sowie die unveröffentlichte Biographie von K. von GRIMM, die sich im Stadtarchiv von Regensburg befindet und die eine Reihe von neuen Informationen über diese Zeit bringt.

Adligen, die sich als Diplomaten, Militärs in französischen Diensten und Beamte deutscher Staaten länger oder als Reisebegleiter zeitlich begrenzt dort aufhielten. Die Frage, wie sich Grimms relativ schneller gesellschaftlicher Erfolg in diesen Kreisen und vor allem die dauerhafte, durch keinerlei Verpflichtungen belastete Sicherung seiner Existenz im Haus Orléans erklärt, kann bei der augenblicklichen Quellenlage nicht beantwortet werden.

Der Erfolg Grimms in Paris ist nun allerdings nicht nur diesem deutschen Umfeld zu verdanken. Denn es gelingt ihm, innerhalb kürzester Zeit in engen freundschaftlichen Kontakt mit den bedeutendsten französischen Schriftstellern seiner Zeit zu treten. Zuerst mit Rousseau, der ihn mit Diderot, mit Raynal, mit Holbach und mit Madame d'Epinay in Verbindung bringt. Die enge Freundschaft mit Diderot wird bis zu dessen Tod dauern[10], seit 1756 ist Grimm Lebensgefährte Mme d'Epinays und bleibt es ebenfalls bis zu deren Tod im Jahre 1783[11].

Ganz selbstverständlich wächst Grimm in diese Kreise der aktivsten französischen Aufklärer hinein. Man erinnere sich: der Prospectus und die ersten Bände der Encyclopédie erscheinen seit 1750; um Diderot und die Enzyklopädisten kristallisieren sich die großen Auseinandersetzungen, von denen die Durchsetzung der Aufklärung in der öffentlichen Meinung Frankreichs begleitet wird. Das Echo in ganz Europa ist groß. Voltaires Anwesenheit am Hofe Friedrichs II. von Preußen (1750–1753) symbolisiert zur gleichen Zeit den Anspruch der französischen Aufklärung auf eine politische Realisierung ihrer Ideen und scheint die Bereitschaft europäischer Herrscher zu bestätigen, anders als in Frankreich selbst, die aufklärerische Bewegung zu unterstützen[12]. Grimms Rolle als Vermittler der französischen Aufklärung an deutsche Fürsten ist direkt im Zusammenhang mit den Auseinandersetzungen um die Encyclopédie zu sehen. Die ersten Abonnenten seiner »Correspondance littéraire« fand er 1753 in Preußen in den Brüdern Friedrichs, die anfangs Diderot für den Verfasser der Korrespondenz hielten. Vermittelt wurde das Abonnement von eben jenem Abbé de Prades, dessen Artikel *Certitude* in der Encyclopédie zum Anlaß einer umfassenden Repression durch die Sorbonne und das Parlament wurde und der deshalb nach Preußen geflüchtet war[13].

Gefördert wurden Grimms Versuche, als Journalist, Literat und literarischer Korrespondent Anerkennung und finanzielle Absicherung zu erhalten, vor allem durch den Abbé Raynal, der von Juli 1750 bis Ende 1754 den »Mercure« herausgab. In dieser Zeitschrift erschienen im Oktober 1750 und im Februar 1751 zwei »Lettres

---

10 Vgl. zum Verhältnis Grimms zu Diderot Verf., Diderot und Grimms Correspondance littéraire, in: Diderot und die Aufklärung, Wolfenbütteler Forschungen, Bd. 10 (1980), S. 47–63.

11 Vgl. L. Ducros, »Grimm et Madame d'Epinay« in: Diderot l'homme et l'écrivain, Paris 1894; in den Pseudomémoiren von Mme d'Epinay (der Histoire de Madame de Montbrillant, zuletzt hg. von E. Badinter, Paris 1989) ist Grimm unter dem Pseudonym Volx omnipräsent.

12 Vgl. Gonthier-Louis Fink, Die literarischen Beziehungen Friedrichs zu Frankreich, in: Panorama der Fridericianischen Zeit, hg. J. Ziechmann, Bremen 1985, S. 243–249 und E. Allard, Friedrich der Große in der Literatur Frankreichs, Halle 1913.

13 Vgl. Chr. Mervaud, Les débuts de la Correspondance littéraire en Prusse, Revue d'Histoire littéraire de la France, Bd. 79 (1979), S. 14–25 und Verf., Attribution et datation des textes journalistiques, in: Editer Diderot, hg. G. Dulac, Oxford 1988, Studies on Voltaire, 254, S. 127–129.

sur la littérature allemande« von Grimm[14]. Ebenso ist es sicherlich kein Zufall, wenn Grimm mit seiner »Correspondance littéraire« bei mehreren Abonnenten die Nachfolge von Raynals »Nouvelles littéraires« antrat (so in Saarbrücken, Darmstadt und Gotha). Bekannt wurde Grimm in der Pariser literarischen Öffentlichkeit vor allem durch seinen »Petit Prophète de Boemischbroda«, mit dem er 1753 in den Musikstreit zugunsten der italienischen Oper eingriff[15]. Die Broschüre – eine Parodie des biblischen Stils – wurde ein großer Erfolg und ließ Voltaire bekanntlich fragen: *De quoi s'avise donc ce Bohémien d'avoir plus d'esprit que nous?*[16] In der Préface der ersten Nummer des »Journal étranger« (1754) entwickelte er den Plan einer Zeitschrift, die die »République des Lettres« universell verbinden und das Publikationsorgan für alle großen Geister in allen Nationen und Disziplinen werden sollte:

> *Cette correspondance, aussi nécessaire entre les nations pensantes pour la protection de la raison que l'usage de la parole entre les individus pour leurs recours mutuels, a besoin de quelque point commun de réunion, où toutes les connaissances acquises viennent s'éclairer mutuellement; où les génies des diverses nations viennent se réunir pour instruire l'univers; où les écrivains de tous les pays viennent épurer leurs goûts en les comparant; où le public cosmopolite puise des mémoires impartiaux pour décider, s'il le faut, ces vaines disputes de préférence qui divisent les peuples de l'Europe*[17].

Das ehrgeizige Programm konnte die Zeitschrift zwar nicht einlösen, und Grimm zog sich schon bald aus ihr zurück, aber in diesem Text wird der kosmopolitische, kulturvergleichende Ansatz, den Grimm im Umkreis der Enzyklopädisten vertritt, sehr deutlich. Grimms erste literarische Versuche in Frankreich sind, bevor er in der »Correspondance littéraire« vorwiegend zum Vermittler der französischen Literatur nach Deutschland werden sollte, auch interessante Zeugnisse dafür, wie ein junger Deutscher in Paris um 1750 Kulturvermittlung zwischen Frankreich und Deutschland durchaus auf Gegenseitigkeit wünschte und in den größeren Rahmen universaler Aufklärung stellte.

Schon die erste »Lettre sur la littérature allemande« an Raynal zeigt ein Literaturverständnis, das universalistisch ausgerichtet ist und sich gegen nationalen Hochmut wendet: *Laissons aux républiques politiques cet esprit de prédilection pour les enfants nés dans leurs murs. Dans la république des lettres nous ne devons méconnaître pour concitoyens que ceux qui sont nés sans talents et sans goût pour les beaux-arts. Tous ceux qui les aiment et qui s'y connaissent sont nos compatriotes; le pays n'y fait rien*[18]. Grimms erklärtes und wohl auch vom Herausgeber des »Mercure« intendiertes Ziel ist es, die Vorurteile der französischen literarischen Welt gegen die deutsche Literatur zu korrigieren, zugleich aber die prägende Wirkung der französischen Klassiker auf die Entwicklung in Deutschland anzuerkennen. In Deutschland kündige sich

---

14 Abgedruckt in der von M. TOURNEUX herausgegebenen Edition der Correspondance littéraire, Bd. 16, Paris 1882, S. 269–287.

15 Abgedruckt ibid., S. 313–336; zu Grimms Position in den Diskussionen um die französische Musik, vgl. Françoise KARRO, La Nation et l'étranger dans les querelles musicales françaises du Siècle des Lumières, in: Cosmopolitisme, (wie Anm. 8) S. 43–56.

16 Voltaire, zit. nach SCHERER, (wie Anm. 1) S. 49 f.

17 GRIMM, Correspondance littéraire, hg. TOURNEUX, (wie Anm. 14) S. 338.

18 Ibid., S. 269/70.

eine vergleichbare Blüte der Kultur für die Zukunft bereits an. Wenn sie jetzt noch von Mittelmäßigkeit geprägt sei, so habe dies objektive politische Gründe:

C'est dans la constitution politique de l'Etat, et non dans le défaut de génie des habitants, qu'il faut chercher la cause de la médiocrité de la littérature allemande. Partagée entre tant de princes, l'Allemagne n'a point de capitale qui réunisse en un centre tous les talents dont le concours fait naître cet esprit d'évaluation si nécessaire aux beaux-arts[19].

Dennoch habe Deutschland einen Luther hervorgebracht *(le premier écrivain allemand, en rang ainsi qu'en date)*[20], einen Opitz *(généralement appelé le père des poëtes allemands)*[21] und schließlich nun einen Gottsched, der sich um die deutsche Sprache gerade durch die Imitation der französischen Klassik verdient gemacht und das deutsche Theater begründet habe[22]. Die zweite »Lettre sur la littérature allemande« Grimms enthält die Prophezeiung, daß die deutsche Literatur eines Tages die französischen Schriftsteller begeistern werde. Als zeitgenössische Autoren lobt Grimm neben Gottsched immerhin schon Bodmer, Breitinger, Haller, Hagedorn, Gellert und Klopstock.

Grimms Bild der deutschen Literatur, das er um die Jahrhundertmitte in Paris zeichnet, ist von erstaunlichem Selbstbewußtsein geprägt und zielt, auf der Grundlage der Theorie von den großen Jahrhunderten auf einen Kulturhöhepunkt in Deutschland, wobei es auf die Förderung und Protektion der Herrscher – konkret wird auf Friedrich bezogen – ankomme: *C'est la protection des souverains qui donne aux gens de lettres cette aisance et ce ton de la bonne compagnie qui ne s'acquièrent que dans un certain monde*[22]. Es scheint uns wichtig, gegen die verbreitete These von Grimms vollständiger Assimilation in die französische Kultur seinen auf die eigene deutsche Entwicklung bezogenen Optimismus zu betonen, der sich, wie André Banuls gezeigt hat, auch in der »Correspondance littéraire« nicht dementieren wird[23].

Die nach der Theorie der großen Jahrhunderte proklamierte Bindung des Kulturhöhepunktes an große Herrscher *(le siècle d'Auguste, le siècle de Louis)* und die Einschätzung Friedrich II. von Preußen als Träger einer deutschen Literaturblüte erklären sich 1750/51 vor dem Hintergrund der Voltaireschen Präsenz in »Sanssouci« und seiner Arbeit am »Siècle de Louis XIV«[24]. Grimms Bemühungen um Friedrichs Gunst, die er trotz mehrfacher kühler Zurückweisung durch den König nie aufgab[25], sind im Kontext dieser im Kern »klassizistischen« Imitationsästhetik der Kulturhöhepunkte zu sehen.

Die Paradoxie des Grimmschen Standpunkts liegt natürlich – wie auch bei

---

19 Ibid., S. 271.

20 Ibid., S. 273.

21 Ibid., S. 273/74.

22 Ibid., S. 282.

23 André Banuls, L'Allemagne et la littérature allemande dans la Correspondance de Melchior Grimm, in: L'Allemagne des Lumières, Périodiques, Correspondances, Témoignages, hg. P. Grappin, Paris 1982, S. 91–101; gegen die These einer vollständigen Assimilation Grimms in die französische Kultur wenden sich zu Recht auch Michel Espagne und Michael Werner, Figures allemandes autour de l'Encyclopédie, Dixhuitième Siècle, 19 (1987), S. 265.

24 Vgl. dazu Verf., Du siècle de Louis au siècle de Frédéric?, in: Le Siècle de Voltaire, Festschrift R. Pomeau, hg. Chr. Mervaud/S. Menant, Oxford 1987, S. 831–846.

25 Vgl. Bogdan Krieger, Friedrich der Große und seine Bücher, Berlin 1914, S. 70–78.

Friedrich – in dem Widerspruch, daß die Zukunft der deutschen Kultur herbeige-
wünscht und vorausgesagt wird und zugleich das Französische als Verkehrssprache
gewählt wird. In seinen Briefen an Gottsched wechselt Grimm 1752 vom Deutschen
ins Französische. Die »Correspondance littéraire«, am Anfang nur für deutsche
Abonnenten bestimmt, wird selbstverständlich auf Französisch verfaßt. Aber seine
Situation ließ gar keine andere Lösung zu: in Paris spricht Grimm selbstverständlich
Französisch, aber auch seine fürstlichen Leser in Deutschland erwarten Berichte in
dieser Sprache.

Grimms Erfolge in der literarischen Öffentlichkeit und seine Integration in die
Pariser Salons und Zirkel der Aufklärer geben ihm Selbstbewußtsein und machen
ihm spätestens mit Beginn seiner Tätigkeit als literarischer Korrespondent klar, daß
er sich aus der ständischen Abhängigkeit gegenüber seinen adligen oder fürstlichen
Gönnern lösen kann. In einem an Gottsched gerichteten Brief über seine neue
Tätigkeit als *correspondant littéraire* erklärt er diesen Emanzipationsprozeß sogar als
repräsentativ für die neue Rolle, die der Schriftsteller in Frankreich einnehme:

> *Mon adresse: à l'hôtel de Frise, rue basse du Rempart, fauxbourg St. Honoré, sans autre
> qualité, car je n'ai plus celle de secrétaire du comte de Frise. Les gens de lettres de ce païs-ci,
> aimant mieux n'être rien que d'être attaché à quelqu'un, j'ai suivi leur exemple et je me suis
> fait un petit revenu d'une occupation littéraire*[26].

Die Literaturszene in Paris und die neue auf Abonnements mit fester Bezahlung
beruhende Dienstleistungsfunktion als *correspondant littéraire* befreien Grimm von
den subalternen Hauslehrer- oder Sekretärstätigkeiten, was für ihn jedoch nicht
ausschließen wird, daß er sich, wie bereits erwähnt, 1755 zum *secrétaire des
commandements du Duc d'Orléans* und später zum Gesandten des Gothaer und zum
Beauftragten des Petersburger Hofes ernennen läßt. Die Emanzipation des Schriftstellers in Frankreich wird sich bei Grimm als Mittel weiteren sozialen Aufstiegs im
hierarchischen Wertesystem des »Ancien régime« herausstellen.

Mit seiner »Correspondance littéraire« hat Grimm 1753 für zwei Jahrzehnte – bis
er das Unternehmen an Heinrich Meister weitergeben wird – ein Medium gefunden,
das ihm als Deutschen in Paris eine ideale interkulturelle Mittlerfunktion zuweist.
Grimms literarische Korrespondenz war nicht die erste und sollte nicht die letzte
sein, gilt aber unbestritten als das Meisterwerk der Gattung. Wir haben an anderer
Stelle versucht, die spezifischen Charakteristika der Gattung genauer zu fassen und
einen historischen Überblick über ihre Entwicklung zwischen 1736 und 1789 zu
geben[27]. Solche regelmäßigen Literaturberichte wurden als Komplement zur
gedruckten Presse von vielen Höfen als Desiderat empfunden, weil die geschmacks-
und meinungsbildende Wirkung der französischen Kultur dort weitgehend unbestritten war und die Kenntnis der neuesten Kulturnachrichten, Buchveröffentlichun-
gen, Theateraufführungen und Kunstausstellungen aus Paris das Prestige des entsprechenden Hofes erhöhte.

Nicht zufällig wurden literarische Korrespondenzen zuerst an Friedrich II. von

---

26 Brief vom 23. Juni 1753.
27 Verf., Les correspondances littéraires et le rayonnement européen de la France au XVIIIe siècle, in:
   Correspondances littéraires inédites, Etudes et extraits suivies de Voltariana, hg. J. SCHLOBACH, Genf
   1987, S. 31–45.

Preußen und ihm nahestehende protestantische Höfe gesandt, die sich geographisch von Saarbrücken, Karlsruhe, Darmstadt über Gotha nach Preußen selbst erstreckten. Grimms skizzierte Biographie prädestinierte ihn geradezu für dieses Metier. Denn er kannte aufgrund seiner Vorbildung die beiden Kulturen sehr gut, konnte aus dem kulturellen Zentrum Frankreichs den jeweils neuesten Stand auch interner Diskussionen berichten und wußte zugleich auch den Erwartungshorizont seiner deutschen Abonnenten richtig einzuschätzen. Eine umfangreiche Reisetätigkeit der Söhne seiner Abonnenten nach Paris, wo sie von Grimm betreut wurden, und Reisen Grimms an die entsprechenden Höfe in ganz Europa sorgten für direkte Rückkoppelung ebenso wie private Briefwechsel, welche die regelmäßigen Sendungen der »Correspondance littéraire« begleiteten[28]. Die Tätigkeit als literarischer Korrespondent ergab sich als eine Art Fortsetzung der Arbeit als Prinzenerzieher oder Reisebegleiter. Sie war die zum Medium institutionalisierte Form der Fürstenbildung in Sachen gesamteuropäischer französischsprachiger Kultur. Parallel zur geschmacksbildenden Funktion des Mediums begrüßten Grimms französische Freunde um die Enzyklopädie in den fünfziger und sechziger Jahren des 18. Jahrhunderts seine aufklärerische Wirkung auf die deutschen Fürsten, die anders als der französische König die Ideale der Aufklärung offenbar in ihren Staaten in praktische Reformen umzusetzen bereit waren.

Die Geheimhaltung des Korrespondenzinhalts gab dem Medium zusätzliches Gewicht: es signalisierte die Komplizität einer europäischen Elite, die sich im Geist der Aufklärung als *république des lettres,* aber auch als gesellschaftliche Macht verstand. Grimm hat diese Kommunion einer neuen aufgeklärten Elite des Geistes und der Macht mehrfach thematisiert, am eindrucksvollsten in dem berühmten Sermon philosophique, den er 1770 an den Anfang seiner »Correspondance littéraire« stellte[29].

Der Ausbruch des Siebenjährigen Krieges nach dem »renversement des alliances« war natürlich geeignet, die traditionelle Frankreichorientierung Preußens und seiner Verbündeten zu stören. Auch Grimm war direkt betroffen. Er verlor seine preußischen Leser der »Correspondance littéraire« und fand sich 1757 auf Vorschlag des Duc d'Orléans als Begleiter der französischen Armee in Westfalen wieder. 1759 wurde er von der Freien Reichsstadt Frankfurt mit der Wahrnehmung ihrer Interessen beim Versailler Hof beauftragt und scheint (nach erster Auswertung eines äußerst schwer verständlichen, offensichtlich nach linguistischen Geheimkodes geschriebenen Briefwechsels mit dem Arzt Tronchin) 1760 über Genf versucht zu haben, Geheimverhandlungen zwischen Frankreich und Preußen in Gang zu bringen[30]. Anfang 1761 fiel er wegen kompromittierender, von der Zensur entdeckter

28 Vgl. GRIMM, Correspondance inédite, hg. J. SCHLOBACH, München 1972.
29 Vgl. unseren Beitrag zu dem von W. Schneiders 1989 veranstalteten Luxemburger Kolloquium Aufklärung als Mission, »Französische Aufklärung und deutsche Fürsten«, Zeitschrift für historische Forschung.
30 Offenbar in Fortsetzung entsprechender Versuche Voltaires von September 1759 bis Juni 1760, vgl. dazu Chr. MERVAUD, Voltaire et Frédéric II: une dramaturgie des lumières, 1736–1778, Oxford 1985 17 (1990), S. 327–349. – Studies on Voltaire, 234–, S. 325–358; die Briefe Tronchins an Grimm wurden von Elisabeth Wahl entdeckt und werden von ihr in dem erwähnten Sammelband (vgl. Anm. 7) herausgegeben.

Briefe beim französischen Hof in Ungnade und entging nur knapp einer Ausweisung aus Frankreich. Die politischen Aktivitäten Grimms während des Siebenjährigen Kriegs sind wenig erforscht, zeigen aber, daß ihn seine Tätigkeit als literarischer Korrespondant offenbar schon in dieser Zeit nicht ausschließlich beschäftigte und er versuchte, in der europäischen Politik Einfluß zu nehmen. Die literarische Korrespondenz setzte er in dieser Zeit ohne größere Unterbrechungen (allerdings mit z. T. sehr verspätet abgeschickten Sendungen) fort.

Nach dem Krieg erlebte die »Correspondance littéraire« die Zeit ihres größten Erfolgs: Friedrich verweigerte zwar trotz zweijähriger Probesendungen über die Herzogin von Sachsen-Gotha ein Abonnement, aber die Abonnements bedeutender Höfe mehrten sich: Katharina von Rußland, Stanislas Poniatowski von Polen, der preußische Thronfolger Friedrich Wilhelm, der Großherzog von Florenz und spätere Kaiser Leopold und andere mehr. Grimms Einnahmen waren zu diesem Zeitpunkt beträchtlich. Er spricht 1771 von einer *affaire de près de neuf mille livres par an, sur quoi il faut compter environ trois mille livres pour frais de copie et de bureau*[31].

Um diese Zeit scheint Grimm eine Art inneres Gleichgewicht gefunden zu haben. Reisen nach Deutschland bestätigen ihm seine eigene Rolle als »Missionar« der Aufklärung. Um den Preis harter Arbeit hat er sich Wirkung und Unabhängigkeit erkämpft:

Le sort m'a accordé jusqu'à ce jour tous les avantages de la médiocrité dont la plus inestimable est l'indépendance. [...] Il est vrai que je mène depuis plusieurs années la vie d'un galérien, que je suis attaché à mon bureau comme un forçat, mais je suis libre dans mes chaines[32].

Auf dem Höhepunkt seines Erfolgs mit der »Correspondance littéraire« kam es nun aber zu einer entscheidenden Wende in seiner Biographie. Durch die Vermittlung der Landgräfin von Hessen-Darmstadt trat er in direkten Kontakt mit den Höfen in Preußen und Rußland. Insbesondere scheint er eine große Rolle bei der Heiratspolitik der Landgräfin von Hessen-Darmstadt gespielt zu haben, die ihre Töchter in der Tat an die bedeutendsten Höfe Europas nach Berlin und Petersburg verheiratete. Grimms Reisen nach Deutschland, England, Rußland und Italien führten zu erheblichen Verspätungen seiner Korrespondenz: schließlich gab er sie im Frühjahr 1773 ganz an Heinrich Meister ab.

Grimms Rolle in Paris hatte sich nunmehr erheblich verändert. Zwar nahm er durch seine alten Freundschaften und Kontakte indirekt weiter am literarischen Leben teil, aber seine Interessen galten jetzt fast ausschließlich der Politik und seinen persönlichen Kontakten zu einzelnen Fürsten. Seine literarische Produktivität war damit weitgehend beendet. Er wurde zu einer Art europaweitem Kulturvermittler. Madame d'Epinay nennt ihn einen *voyageur mi-russe, mi-allemand, mi-français, mi-italien, le vrai cosmopolite*[33]. Über seine neuen Beziehungen konnte er seinen alten Freunden materiell helfen: am bekanntesten ist der von ihm vermittelte Kauf der Bibliotheken Diderots und Voltaires durch Katharina.

An äußeren Ehren fehlte es ebenfalls nicht: er wird Anfang der siebziger Jahre

---

31 GRIMM, Correspondance inédite (wie Anm. 28) S. 138.
32 Ibid., S. 137.
33 La Signora d'Epinay e l'Abate Galiani, Lettere inédite, hg. F. NICOLINI, Bari 1933 – Biblioteca di cultura moderna, 242 –, S. 210.

Baron des Reiches, 1775 Botschafter Sachsen-Gothas in Versailles und wird von Katharina 1777 in den Orden des Heiligen Wladimir (mit einem jährlichen Gehalt von 10 000 Livres) aufgenommen. In dem Briefwechsel mit Katharina kann nachgelesen werden[34], welches nun die Beschäftigungen, Interessen und Themen des europäischen Hofmannes Grimm geworden sind. Seine Entwicklung markiert einen für den hierarchischen Aufbau der ständischen Gesellschaft das Ancien Régimes erstaunlichen sozialen Aufstieg eines Bürgerlichen mit vertraulichem Umgang in den bedeutendsten Fürstenhäusern Europas. Dieser Aufstieg erfolgte auf dem Umweg über die Literatur, die, beurteilt man Grimms Leben insgesamt, nicht eigentlich sein Ziel, sondern eher Mittel zum Zweck gesellschaftlichen Aufstiegs gewesen zu sein scheint.

Einer literarischen Öffentlichkeit seiner eigenen Zeit hat sich Grimm mit Ausnahme seiner frühen kleinen Schriften nicht ausgesetzt. Die Geheimhaltungspflicht für seine »Correspondance« verhinderte, daß er auf die deutsche Literatur seiner Zeit direkt wirken konnte. Kulturvermittlung war für ihn zwischen 1753 und 1773 eng begrenzt auf eine Zielgruppe souveräner Fürsten. Es ist kein Zufall, daß diese 20 Jahre, in denen Grimm seine »Correspondance littéraire« selbst schrieb, recht genau zusammenfallen mit der Zeit, in der die französischen Aufklärer ihre Hoffnungen auf europäische Fürsten, auf Friedrich, dann auf Katharina und später auf kleinere deutsche Fürsten setzten. Die Exklusivität des Adressatenkreises der »Correspondance littéraire« entspricht der Erwartung in eine Aufklärung von oben. Wenn Grimm, der für die Vermittlung dieser Botschaft genau der richtige Mann war, sein Interesse an diesem Medium Mitte der siebziger Jahre verloren hat, so ist der tiefere Grund dafür auch darin zu sehen, daß er – wie seine fürstlichen Gönner – nicht bereit war, die Radikalisierung der französischen Aufklärer, der Holbachs, der Diderots und der Raynals mitzutragen. Die neue Botschaft verlangte nach neuen Missionaren.

Nach Beendigung seiner Tätigkeit als literarischer Korrespondent intensivierte Grimm sein enges Verhältnis mit zwei Fürstinnen: zunächst bis zu deren Tod (1774) mit Caroline von Hessen-Darmstadt, dann mit Katharina II. Zu beiden hat er für die damalige Zeit erstaunlich enge persönliche Kontakte, in denen alle Standesbegrenzungen im Umgang und alle durch die Etikette gegebenen Distanzen aufgehoben waren. Bei seinen Aufenthalten in Petersburg unterhielt er sich täglich viele Stunden mit der Zarin. In dem durch einen sehr persönlichen Ton charakterisierten Briefwechsel mit ihr zeigt sich dieses enge, offene und als fast intim zu bezeichnende Verhältnis.

In gewisser Hinsicht ist dieser Briefwechsel eine Fortsetzung der »Correspondance littéraire«. Das dort schon auf Fürsten beschränkte Publikum reduziert sich nun auf eine Person – eben die Zarin. Grimm genießt diese Aufhebung der Standesgrenzen sichtlich, sieht aber auch ihre Grenzen und schlägt deshalb das Angebot aus, formal in russische Dienste zu treten. Er begründet dies damit, daß er dann gerade seine Sonderstellung verlieren würde[35]. Die Aufhebung der Standesgrenzen im Geist der Freundschaft und der *République des Lettres* verlangte – wie schon für die »Corre-

---

34 GRIMM, Lettres à l'Impératrice Catherine, hg. J. GROT, Saint-Pétersbourg 1885, Recueil de la Société Impériale d'Histoire Russe (SBORNIK), 44. Eine kritische Neuauflage der Lettres de Grimm à Catherine II (1774–1796) mit zahlreichen bisher unveröffentlichten Briefen wird z. Zt. von S. KARP, S. ISKUL und G. DULAC vorbereitet (Universitas Verlag Paris).

35 Ibid., S. 6–14.

spondance littéraire« gezeigt – Diskretion und Geheimhaltung, hier um so mehr, als es sich um eine sehr persönliche, individuelle Beziehung handelte.

Gegenüber seinen Pariser Freunden ergaben sich dadurch erhebliche Distanzen. Sie bemerkten den tiefgreifenden Widerspruch in Grimms Persönlichkeit, den Diderot und Madame d'Epinay schon relativ früh zur Zeit seiner ersten politischen Ambitionen (1760) erkannt hatten: *Il devient vain. Il aime la parure. Il cherche la dissipation [...], la sévérité de ses principes se perd. Il distingue deux justices: l'une à l'usage des particuliers, l'autre à l'usage des souverains*[36].

Später, in seiner berühmten, von Grimm wohl nie gelesenen »Lettre apologétique de l'Abbé Raynal à M. Grimm« vom 25. März 1781 wirft Diderot ihm in äußerster Schärfe vor, seinen früheren aufklärerischen Überzeugungen untreu geworden zu sein und Raynals politische Schriften (an denen Diderot bekanntlich mitgewirkt hat) zu verleugnen:

Depuis que l'homme que la nature avoit destiné à se distinguer dans la carrière des lettres s'est réduit à la triste condition de serviteur des grands, son goût s'est perdu; il n'a plus que le petit esprit, que l'âme étroite et rampante de son nouvel état[37].

Diese harte Kritik wird eher noch verschärft als gemildert durch die Erinnerung an ihre gemeinsame Jugendzeit und durch Diderots anhaltende Sympathie für Grimm:

Je cesserai plutôt de vivre que de vous aimer, mais je ne serois jamais devenu votre ami, si vous eussiez parlé chez Jean Jacques où je vous rencontrai pour la première fois comme vous parlâtes hier[38].

Diderots Urteil trifft den Kern der Veränderungen in Grimms objektiver Rolle und in seinem subjektiven Selbstverständnis. Es erhellt zugleich die völlig anderen Grundlagen ihres Verhältnisses zu Beginn der fünfziger Jahre.

Es kann heute nicht um eine moralische Verurteilung Grimms gehen, sondern um eine Würdigung seiner Biographie im Spannungsfeld seiner Sozialisation als Regensburger Pfarrerssohn und Gottschedverehrer und seines durch den Kontakt mit den Pariser Aufklärern angeregten, über zwei Jahrzehnte dauernden Versuchs, die französische Aufklärung an deutsche Fürsten zu vermitteln.

Die weitere Biographie Grimms ist für unseren Kontext fast belanglos, wenn auch bezeichnend. Er ist ein entschiedener Gegner der Revolution, in der sein Besitz, seine Bibliothek und viele Manuskripte beschlagnahmt werden. Nach Deutschland zurückgekehrt, verteilt er Unterstützungsgelder Katharinas an französische Emigranten und stirbt, fast erblindet, 1807 in Gotha. Goethe, der 1801 Gotha besucht, vermerkt, daß *er eine innere Bitterkeit über den großen* [während der Revolution] *erduldeten Verlust nicht immer verbergen*[39] konnte. Reinhard zeichnet für seine letzten Lebensjahre eine symbolisch zu verstehende Karikatur: *Son plus grand gala etait un uniforme vert avec la croix de Saint-Wladimir*[40].

Eine so komplexe Biographie wie die Friedrich Melchior Grimms, die hier nur in groben Zügen nachgezeichnet werden konnte, mag aus den verschiedensten Perspek-

---

36 DIDEROT, Correspondance, a.a.O., Bd. 3, S. 267 (Brief vom 25. November 1760).
37 Ibid., Bd. 15, S. 214.
38 Ibid., S. 226.
39 GOETHE, Sämtliche Werke in 40 Bänden, Cotta Stuttgart und Tübingen 1853–1856, Bd. 27, S. 98.
40 Zit. nach SCHERER, (wie Anm. 1) S. 455.

tiven als widersprüchlich kritisiert werden. Dem stehen jedoch, wie gesagt, viele Zeugnisse äußerst positiver Beurteilungen seiner Persönlichkeit gegenüber, die für eine ausführliche Darstellung seines Lebens – die ein Desiderat der Forschung bleibt – berücksichtigt werden müßten. Im Rahmen dieses Kolloquiums kam es uns darauf an, zu zeigen, daß die Widersprüche eines bedeutenden Kulturvermittlers der Aufklärungszeit sich im Kontext der sozialhistorischen, politischen, kulturellen und literarischen Realitäten in Frankreich und Deutschland klarer, neutraler und damit auch gerechter beurteilen lassen als die bisherige Forschung es getan hat.

Résumé français

Entre 1749 et 1792, Frédéric Melchior Grimm a été, l'un des Allemands à Paris qui ont joué un rôle important de médiateur entre les cultures française et allemande. A l'encontre des jugements assez durs portés sur Grimm, à commencer par J. J. Rousseau, mais se prolongeant chez des chercheurs de poids, comme Jean Fabre, notre exposé tente de mieux comprendre sa biographie et son œuvre de correspondant littéraire en les replaçant dans leur contexte social, culturel et littéraire.

Dès son arrivée à Paris, Grimm souligne dans ses »Lettres sur la littérature allemande« sa conviction que l'Allemagne connaîtra un jour un siècle heureux à l'exemple de la France au 17ème siècle: comme Gottsched dont il est l'élève et l'admirateur, son assimilation de la culture française doit avoir une fonction émancipatrice pour son propre pays.

Fils de pasteur, précepteur de jeunes nobles, il est soutenu à Paris par la colonie des diplomates, militaires et voyageurs allemands mais il se fait très rapidement des amis parmi les plus grands écrivains de Paris, J. J. Rousseau, Raynal, Diderot, d'Holbach et Mme d'Epinay qui devient sa compagne.

Par sa »Correspondance littéraire«, envoyée à plusieurs cours d'Allemagne, puis de toute l'Europe, il joue un rôle éminent de médiateur. Mais son impact sur les contemporains est très limité, parce qu'il demande le secret à ses abonnés qui sont uniquement des princes souverains.

1753 à 1773, qui est l'époque de son activité de correspondance littéraire coïncide avec une constellation particulière qui rapproche les philosophes français et les princes étrangers. Frédéric de Prusse, Catherine de Russie et plusieurs princes allemands déclarent alors leur sympathie avec les lumières françaises. Grimm qui vit à Paris auprès du milieu encyclopédiste, mais qui connait également l'horizon d'attente des princes de son pays est alors le médiateur par excellence. Le genre très particulier de la »Correspondance littéraire« avec des destinataires très choisis uniquement parmi les souverains d'Europe correspond à l'idée d'une communion des élites de l'esprit et du pouvoir dans l'Europe des Lumières. Le correspondant littéraire comme le précepteur, comme le compagnon de voyages des jeunes princes a une fonction exclusive celle de répandre les lumières par l'intermédiaire des princes souverains à éclairer.

Ce n'est donc pas par hasard sans doute que Grimm termine son rôle de correspondant au moment même où les Raynal, les d'Holbach, les Diderot perdent leur espoir dans les princes éclairés et ou le mouvement philosophiques se radicalise.

Grimm renonce alors à la littérature qui n'avait été, pour lui, que le moyen de son ascension sociale. Sa nouvelle carrière de diplomate et de confident des grands lui permet de rester encore une sorte d'agent culturel international. Madame d'Epinay l'appelle le »voyageur mi-russe, mi-allemand, mi-français, mi-italien, le vrai cosmopolite«. Intellectuellement il vit sur son passé et ses amitiés anciennes. Mais il fait profiter ses amis de ses nouvelles possibilités: Diderot et nombre de jeunes artistes et écrivains acquièrent, par l'intermédiaire de Grimm, une certaine indépendance matérielle.

Ce rôle d'intermédiaire que Grimm a joué d'abord comme correspondant littéraire, ensuite comme diplomate et confident des grands se prolonge après la révolution: il distribue, pour Catherine, des secours aux émigrés en difficulté. A la fin de sa vie, à Gotha, il tombe dans un oubli complet.

Mais ce serait une erreur d'apprécier les vingt années productives de la vie de Grimm en fonction de l'échec de sa veillesse. Il s'agit de comprendre et d'analyser en détail, dans une nouvelle biographie de Grimm qui reste à écrire, ses contradictions et ses mérites comme médiateur entre les cultures et de lui attribuer sa place exacte dans le contexte de l'histoire sociale, culturelle et littéraire de l'Europe des Lumières.

JÜRGEN VON STACKELBERG

HUBER, TRADUCTEUR

Michel Huber, ou plus exactement Michael Huber, naquit le 27 septembre 1727 à
Loitersdorf, un petit village en Basse-Bavière. Il était le fils naturel de Vitus Huber et
d'une dame au joli nom de Lützelkürchner. Nous ne savons pratiquement rien de sa
vie jusqu'au moment où nous le trouvons à Paris, vers 1750, comme professeur
d'allemand. Introduit dans le cercle autour du graveur Wille, qui devint son ami
intime, il fréquente l'académicien Watelet, se lie d'amitié avec Diderot, le baron
d'Holbach et Grimm, connaît Marmontel, d'Alembert, Raynal, le comte de Caylus
et d'autres encyclopédistes et germanophiles. Le moment était propice: jamais
auparavant on n'avait connu à Paris un pareil engouement pour les choses allemandes. L'essentiel de sa formation littéraire, Huber le devait à Turgot, l'homme de
lettres de connaissances universelles, traducteur lui-même de l'hébreu, du grec, du
latin, de l'anglais et de l'allemand. En 1759 Huber fit paraître sa première traduction,
»La Mort d'Abel«, poème en cinq chants de Salomon Gessner. Le succès inattendu
de cette publication donnera un grand renom au traducteur qui, cependant, devait
continuer à donner des leçons d'allemand pour vivre. Huber se maria en 1759, il eut
sept enfants qui moururent en bas âge sauf un, Ludwig Ferdinand, qui deviendra plus
tard l'ami de Körner et de Schiller. En 1762 parut la seconde traduction de Huber, les
»Idylles et poèmes champêtres« de Salomon Gessner, qui furent suivies, en 1764 par
deux autres poèmes du même auteur, »Daphnis« et le »Premier navigateur«. Des
traductions de Winckelmann et une anthologie de poésies allemandes de divers
auteurs contemporains, le »Choix de poésies allemandes« en quatres volumes, qui
parut en 1766, firent de Huber finalement le propagateur le plus important de la
nouvelle littérature allemande, un précurseur non seulement de Mme de Staël, mais
aussi – puisqu'il était beaucoup plus efficace comme traducteur – de Nerval. Et il faut
ajouter que Huber fit connaître Gessner, Thümmel, Gellert, Hagedorn ou Winckelmann non seulement à la France, mais à l'Europe entière, ce qui se voit le plus
clairement par les nombreuses traductions indirectes, qui furent faites d'après la
version française du Bavarois. J'en ai analysé certaines et j'ai trouvé que les tendances
du premier traducteur se trouvaient généralement renforcées par ses continuateurs,
qui cachèrent la plupart du temps leur dette envers leur prédécesseur. Gessner devint,
grâce à Huber, le poète le plus universellement connu de langue allemande avant
Goethe. C'est lui qui fixait dans l'imagination de ses lecteurs l'image d'une Allemagne helvétique c'est-à-dire (pour citer Fernand Baldensperger) »toute patriarcale
… bucolique et placide, sans aucune disposition pour la vie sociale, uniquement
absorbée à ses heures de loisir par la rêverie et la contemplation de la nature«.
Le »Gessnerisme« fut en effet un phénomène européen, il dépassait même le
domaine littéraire et se maintint encore lorsque des poètes ou écrivains plus

originaux, tels que Klopstock, Lessing ou Wieland l'eurent remplacé en Allemagne. Gessner ouvrit en France le chemin pour Rousseau et le préromantisme, tandis qu'en Allemagne Herder et Goethe le décriaient comme précieux et artificiel.

Je me permets de rappeler ces faits parce que mon intention n'est pas de donner de nouvelles lumières sur l'existence parisienne de notre traducteur. Étant historien de la littérature et non historien tout court, ce n'est pas la biographie de l'homme qui m'intéresse, mais son œuvre et la réception de celle-ci. Pour bien évaluer l'une et l'autre, il faut reconsidérer les textes en question – et c'est ce que j'ai fait pour la partie la plus importante de ces textes, les traductions de Gessner justement. Je laisserai de côté Winckelmann et les autres écrivains traduits par Huber, qui, certes, méritent aussi notre intérêt, mais qui ne peuvent quand même pas être comparés en importance avec le poète zurichois. Sur Huber traducteur il existe un excellent article publié par Hanns Heiss dans la Revue »Romanische Forschungen« de 1908. Je m'appuierai d'abord sur ce travail. Par ailleurs le comparatiste suisse Manfred Gsteiger a publié une analyse comparée des traductions de Gessner par Huber (parue sous le titre de Préromantisme et classicisme chez Gessner, dans les actes du 6ème colloque de la Société suisse des Sciences humaines, en 1982). Gsteiger modère les jugements un peu trop durs de l'érudit allemand. Si l'on part du concept des »Belles Infidèles« qui était encore à l'ordre du jour quand Huber produisit, avec l'aide de Turgot et de Diderot, ses premières traductions, on peut en effet les considérer comme modérément avancées et s'approchant déjà d'un concept plus moderne. J'essaierai de le démontrer moi-même dans la dernière partie de cet exposé, dont le but est, en somme, de retracer un petit chapître de l'histoire de la traduction française au siècle des lumières. On ne peut qu'insister sur le fait curieux que c'est un Allemand qui y figure comme traducteur non pas du français en allemand, mais de l'allemand en français. Huber s'insère bien dans l'histoire de la traduction française (qui, d'ailleurs, n'est pas encore écrite): il s'est francisé tout à fait, dans la théorie de sa traduction aussi bien que dans sa pratique, et Hanns Heiss n'a pas tort quand il dit qu'il aspirait à franciser la poésie allemande:

> »Huber will in Frankreich mit seinen Deutschen Staat machen und für das sicherste Mittel dazu hält er, sie zu verwelschen, sie eleganter, geleckter, weicher, sensibler hinzustellen.« (761)

Qu'est-ce que cela signifie? On peut énumérer les traits saillants des traductions huberiennes comme suit: d'abord les détails concrets y sont remplacés par des clichés consacrés par la traduction littéraire française. »Die Düfte sind immer süß, der Zephir weht immer sanft, der Arm eines Mädchens ist immer ›le bras délicat‹« dit Heiss (754). Que Huber évite d'employer des »mots bas« se voit tout de suite. Cela correspond au caractère général des »Belles Infidèles«. Ensuite, Huber ajoute des adjectifs aux substantifs de l'original. Ainsi *die Hütte* devient *l'humble chaumière*, »der Tempel« *le temple majestueux*, »dieses Tal« *ce vallon solitaire*, »das Efeu« *le lierre sacré*. On peut appeler cela des »redondances«. Les traductions de Huber sont en effet presque toujours plus longues que les poèmes de Gessner. Puis les adjectifs, simples dans l'original, deviennent des superlatifs dans la traduction: *hohe Bäume* se changent en *les arbres les plus élevés*, »Höhlen« en *des cavernes profondes*. La simplicité, »die Schlichtheit« du poète suisse, qu'elle soit recherchée ou non, disparaît ainsi dans la traduction française qui prend un ton plus élevé et prétentieux. *»Philomele sang«* dit Gessner simplement, *»Philomèle fit entendre ses tendres accents«* lit-on chez Huber. Dans un pays ou régnait le goût classique, ces relèvements du niveau stylistique facilitèrent certainement la réception du poète suisse; il lui donnèrent plus de réputation littéraire. Heiss (de qui je viens de citer ces exemples) conclut sévèrement:

> »Alles ist mit demselben pathetischen Öl aus der Apotheke französischer Dichter zweiten und dritten Grades gesalbt, das knappe wird weitschweifig, das natürliche gespreizt, das kraftvolle aufgebläht, das schmucklose mit billigem Talmischmuck überladen.« (754)

Pour corroborer cette vue des choses, il suffit de citer le début de la première Idylle de Gessner, qui se lit dans l'original ainsi:

Nicht den blutbesprizten kühnen Helden, nicht das öde Schlachtfeld singt die frohe Muse; sanft und schüchtern flieht sie das Gewühl, die leichte Flöt' in ihrer Hand.

Huber traduit:

Ce ne sont ni les Héros farouches et teints de sang, ni les champs de bataille couverts de morts, que chante ma Muse badine. Douce et timide, elle fuit, la flûte légère à la main, les scènes tragiques et tumultueuses.

Il n'était question dans l'original ni de champs *»couverts de morts«*, ni de scènes *»tragiques«*. Dans les traductions indirectes de l'époque que je connais, les italiennes aussi bien que les espagnoles, les champs restent, bien sûr, couverts de morts et les scènes tragiques...

Huber avait trouvé juste le ton qu'il fallait pour plaire non seulement aux lecteurs français, mais pour être acclamé par toute l'Europe.

Il présentait d'ailleurs aussi un Gessner chaste, moralement intègre et sensible. Cela a tellement impressioné son traducteur italien, qu'il a éliminé les »baisers« desquels il est question dans la deuxième Idylle. Ce traducteur, Aurelio Bertola, pourtant savait l'allemand, et il a lu Gessner dans l'original. Mais Huber lui paraissait préférable, il le trouvait apparement plus »gessnerien« grâce à sa traduction que l'on qualifierait, dans le jargon de la »traductologie«, de surtraduction. On comprend que Rousseau trouvât le poète suisse (qu'il connaissait par Huber) *un homme selon son cœur* (comme il dit).

Au contraire de Hanns Heiss, Manfred Gsteiger observe que Michel Huber s'éloigne aussi quelquefois du concept des »Belles Infidèles«. Chez lui, les rossignols, les roses et les lys, traditionnels dans la poésie bucolique, sont quand même remplacés, comme chez Gessner, par des moineaux, du romarin ou de la marjolaine. C'est déjà beaucoup. Il suffit de penser à la fameuse version en vers de l'»Essay on Man« de Pope par l'abbé Du Resnel, où l'oie et le cochon, nommés dans l'original, disparaissent, et où l'alouette et la linotte sont remplacées par un agneau et un rossignol. Huber montre donc un certain courage, il fait entrer un peu plus de réalisme dans la poésie bucolique que d'habitude. Gsteiger observe ensuite que, dans sa syntaxe, Huber s'approche quelquefois très ostensiblement de l'original. Je cite avec lui la phrase suivante, tirée de l'Idylle »Damon, Phillis«:

Ach liebster Damon! keiner, nein, keiner war für mich so schön wie der; weißt du warum? –

Huber traduit:

Ah, mon cher Damon, aucun, non aucun ne m'a encore paru aussi beau que celui-ci; sais-tu pourquoi?

»*Keiner, nein keiner*« aurait-été traduit par un traducteur classique tout simplement par »*aucun*«: Huber suit le rythme de la phrase allemande, risquant un léger effet d'aliénation pour le lecteur français. Il est vrai que dans ses métaphores, Huber reste toujours plus conventionnel que Gessner, qui s'avère souvent assez hardi dans ses images et comparaisons. Mais il me semble nécessaire de citer un passage un peu plus long pour démontrer en détail le degré de conservatisme de notre traducteur, d'un côté, et d'innovation de l'autre. Je choisis dans ce but le portrait de Thirza et d'Abel dans le poème sur la »Mort d'Abel«; cela se lit ainsi en allemand:

Zärtliche Lieb' und reine Tugend gossen sanftes Lächeln in die blauen Augen der Thirza, und reizende Anmuth auf ihre rosen farbenen Wangen, und weiße Loken flossen am jugendlichen Busen und ihre Schultern herunter, und umschwebten ihre schlanken Hüften; so ging sie Abel zur Seite.

Braune Loken kraußten schattigt sich um die hohe Stirn des Jünglings, und zerflossen auf seinen Schultern; denkender Ernst mischete sanft sich in das Lächeln der Augen; in schlanker Schönheit gieng er daher, wie ein Engel dahergeht, wenn er in einen dichten Körper sich hüllet, den Sterblichen sichtbar zu werden...

(édition Leipzig 1760, p. 16/17)

A côté des clichés poétiques qui ne manquent pas dans ce texte, on trouve aussi certaines hardiesses. Ainsi l'amour et la vertu *versent* (dit Gessner) *leur sourire dans les yeux de la jeune fille*, ainsi *les boucles de ses cheveux coulent vers le bas*, en passant par les jeunes seins et les épaules de Thirza. Puis, le poète se répète, il utilise les mêmes verbes ou le même substantif en parlant du jeune homme qu'en parlant de la femme: ses *cheveux coulent* également, son sourire est également *doux*, etc. L'adjectif svelte (schlank) revient une deuxième fois pour souligner ce parallélisme certainement voulu. Voyons maintenant la traduction de Michel Huber (revisée ou non par Turgot et Diderot):

L'amour la plus tendre et la vertu la plus pure répandoient un doux sourire dans les beaux yeux bleus de Thirza, et des grâces attrayantes sur l'incarnat de ses joues, pendant que les ondes de sa blonde chevelure descendoient sur son cou d'albâtre, ou, se jouant sur ses épaules, ornoient sa taille fine et déliée: c'est ainsi qu'elle marchoit à côté d'Abel.

Le front élevé du jeune homme étoit ombragé par les boucles de ses cheveux bruns qui ne passoient pas ses épaules. Un air de réflexion et de pensée se mêloit agréablement à la sérénité de ses regards; il marchoit avec cette grâce aisée qu'a un ange lorsqu'il s'enveloppe dans un corps opaque pour se rendre visible aux mortels...

(Œuvres complètes de GESSNER, Avignon 1814, p. 4/5)

Nous retrouvons dans cette version les exagérations stylistiques que nous avons déjà enregistrées: »*zärtliche Liebe und reine Tugend*« devient »*l'amour la plus tendre et la vertu la plus pure*«, les yeux de Thirza ne sont que »*bleus*« dans l'original, ils sont »*bleus*« et »*beaux*« dans la traduction! Cependant quand Huber dit que l'amour

et la vertu de Thirza répandaient un doux sourire dans ses yeux, il suit exactement
Gessner et emploie une expression assez inhabituelle. Il évite le cliché des joues
»*couleur de roses*« en parlant presque scientifiquement d'»*incarnat*« (il fréquentait
des peintres). Mais pour compenser cette modestie, le traducteur change les jeunes
seins (expression trop sensuelle!) en »*cou d'albâtre*«! »*Albâtre*« est un mot que
Huber aimait beaucoup. Il se retrouve dans l'Idylle »La cruche cassée« où le genou
d'Europe, assise sur son taureau, est qualifié d'*albâtre*, tandis que Gessner ne parlait
que d'un beau genou nu: »*ein schönes entblösetes Knie*«. C'est un exemple particulièrement significatif. Il caractérise la tendance du traducteur à élever le ton et à poétiser
conventionellement. D'autre part, Huber évite les répétitions verbales qui se trouvent dans l'original. Quand il revient, il change le mot »*sourire*« en »*la sérénité de ses
regards*« et il change le mot »*doux*« en »*agréablement*«. Quant à la syntaxe, Huber
fait disparaître le »*und*« au début des propositions subordonnées (»*und reizende
Anmuth … und weiße Loken*«): ainsi se perd l'accent biblique du poème de Gessner.

Voilà ce que je voulais dire du traducteur Huber. Son succès s'explique par le
dosage adroit d'éléments conventionnels et de quelques traits un peu plus hardis. Ses
traductions sont encore des »Belles Infidèles«, c'est-à-dire des versions qui adaptent
le texte étranger au goût français, mais elles y ajoutent suffisamment de nouveautés
pour faire soupçonner son étrangeté réelle. L'engouement pour les choses allemandes
s'en trouvait augmenté: Huber lui apporta de nouvelles nourritures avec la suite de
ses traductions. Car le nombre des intellectuels français qui savaient lire l'allemand
était alors probablement très restreint. Qui, en dehors de Turgot et des Allemands
francisés vivant à Paris, de Grimm, d'Holbach et de quelques autres aurait pris
connaissance de Gessner, et de la nouvelle poésie allemande, sans Huber? Si nous
nous intéressons à l'image de l'Allemagne – même hélvétisée – répandue au milieu du
dix-huitième siècle en France, il ne suffit pas d'enregistrer la présence de tant
d'Allemands à Paris, il faut prendre en considération les déformations (presqu'inévi-
tables) que les lettres allemandes subirent dans les traductions françaises de l'époque.
Il est indispensable de connaître ces traductions, si l'on veut reconstruire une
imagologie exacte des deux pays. Pour la situation des années cinquante, l'Aufklärer
allemand Nicolai a eu raison de dire que les Français admirent les écrits allemands
surtout quand, ou parce qu'ils étaient habillés à la française: *sie bewundern nur sich
selbst in uns* (je cite d'après HEISS, p. 795).

Il faudra attendre le romantisme, et peut-être le cosmopolitisme du cinéma, de la
radio et de la télévision de nos jours, pour en arriver à une compréhension mutuelle
de nos pays qui voie et qui accepte l'étranger dans son étrangeté. Encore faudrait-il
que les Allemands apprennent en plus grand nombre le français et vice versa. Mais ce
n'est pas ici que s'impose ce ceterum censeo…

Michel Huber ne pouvait s'assurer une situation économiquement satisfaisante à
Paris par son enseignement et par ses traductions; il accepta un poste de lecteur à
l'université de Leipzig et se rendit en 1766 dans cette ville. Devenu veuf en 1800, il
mourut le 15 avril 1804, l'année même où Mme de Staël conçut l'idée d'écrire son
livre »De l'Allemagne«.

RÉSUMÉ FRANÇAIS

Né en 1727, vivant à Paris à partir de 1750 environ, le Bavarois Michel (ou Michael) Huber se fit un nom comme traducteur de la jeune littérature allemande et hélvétique. Dans cet exposé seront présentées quelques unes de ses traductions de Salomon Gessner, qui devinrent des »best-sellers« européens et qui fixèrent l'image des Allemands jusqu'à Mme de Staël. Il s'agira notamment de montrer les raisons du succès de ces traductions, qui ressemblent encore, par certains côtés, aux »Belles Infidèles« du XVIIe siècle, mais qui sont en même temps caractérisées par certaines innovations.

Roselyne Rey

LA CIRCULATION DES IDÉES SCIENTIFIQUES
ENTRE LA FRANCE ET L'ALLEMAGNE

Le cas Cuvier

La »république des lettres«, qui s'était constituée au fil du XVIIIᵉ siècle, notamment par le biais des échanges académiques et de leurs publications, »Mémoires de l'Académie de Berlin«, »Mémoires de la Société Royale des Sciences« de Göttingue et bien d'autres, avait certes tissé des liens solides entre les savants européens, mais de l'avis même des intéressés, laissait encore quelque chose à désirer. A la veille de la Révolution, à un moment où dans le monde scientifique se dessinait de plus en plus nettement le passage du latin aux langues vernaculaires respectives, et où les pays de langue allemande connaissaient une explosion de la presse spécialisée, en médecine, sciences naturelles, chimie[1], la question de la circulation des idées scientifiques entre la France et les pays de langue allemande revêtait une acuité et une actualité plus grandes que par le passé, sans même qu'il soit besoin de signaler la disparité de situation des échanges avec l'Angleterre. A tel point que le »Magasin Encyclopédique«, en 1796, pouvait dénoncer *cette lacune laissée par l'Ancien Régime*[2], et dresser rétrospectivement un bilan sévère:

Si les journaux littéraires anglais et allemands font exactement connaître les ouvrages dont les autres nations enrichissent les sciences; si les productions étrangères (…) sont traduites en Angleterre et en Allemagne avec un empressement vraiment patriotique, c'est sans doute que l'étude des langues modernes est plus répandue dans ces pays qu'elle n'est jusqu'à présent en France[3]

La diffusion des idées allemandes devenait ainsi un devoir patriotique et républicain; la même journal pratiquait une véritable politique d'encouragement à la traduction, décernant par exemple, des éloges au premier traducteur des »Institutions Physiologiques« de Blumenbach, publiées en 1787[4], et recommandant la traduction de son

---

1 Chaque université, chaque État possédait son périodique: de Wurtzburg à Iéna en passant par Gottingue fleurissent des Annales de cliniques, des Bibliothèques de Chirurgie, des Journaux de Médecine. Le »Journal de Médecine, Chirurgie et Pharmacie« en rend compte jusqu'à la suspension de sa parution en 1793, puis la »Bibliothèque Germanique Médico-chirurgicale«, de l'an VII à l'an X. La situation est moins nette pour la météorologie, la physique et la chimie: les »Observations de Physique« de l'abbé Rozier, jouent le rôle de véhicule des travaux en allemand, mais avec parcimonie: c'est le Journal du chimiste Crell qui est le mieux représenté, mais les traducteurs sont occasionnels, souvent des ingénieurs des mines.

2 Magasin Encyclopédique, 1796, 3ᵉᵐᵉ vol., P. 159.

3 Ibid. La politique intérieure n'était sans doute pas étrangère à ces remarques.

4 Johann Friedrich BLUMENBACH, Institutiones Physiologicae, Gottingae 1787, XVI-511 p.; trad. du latin et augment. de notes par J. F. PUGNET, Lyon 1797, VIII-328 p.

»Manuel d'Histoire Naturelle«[5], ou celui de J. J. Plenck[6], si utile pour les étudiants. On pourrait ainsi donner bien d'autres exemples de l'image positive dont jouissait la science d'outre-Rhin, en même temps que de l'impression de précarité et parfois de pénurie dans les moyens d'échanges culturels.

Dans ces conditions, le séjour que Georges Cuvier, – né à Montbéliard qui appartenait alors au duché de Wurtemberg –, fit à l'Académie Caroline de Stuttgart de 1784 à 1788, la maîtrise qu'il y acquit de la langue allemande, les liens amicaux et intellectuels qu'il y tissa, constituent des caractéristiques tout à fait exceptionnelles et d'un grand poids puisque Cuvier allait devenir un des principaux naturalistes de son temps et occuper des fonctions officielles, comme secrétaire perpétuel de l'Institut pour la classe des sciences physiques et mathématique, comme professeur au Muséum d'Histoire Naturelle et au Collège de France, et dans diverses autres institutions de l'Empire. Aussi semble-t-il important de dégager quelques traits de ce que furent les années de formation de Cuvier à Stuttgart, tels qu'ils se dégagent de la correspondance suivie qu'il entretint avec Christoph Heinrich Pfaff de 1788 à 1792[7] et de préciser notamment la nature des échanges et des débats avec le chimiste et physiologiste Girtanner et le grand naturaliste Karl Friedrich Kielmeyer dont les liens avec Kant et les positions à l'égard de la Natur-Philosophie sont bien connus.

Avant d'entrer dans l'analyse de cette correspondance d'une exceptionnelle richesse, il faut signaler qu'il y eut des enjeux à cette histoire des rapports entre science allemande et science française, et que, d'une certaine manière, il y en a toujours. Dans le passé d'abord, parce que Cuvier lui-même s'est trouvé dans la situation de faire l'histoire du »progrès des sciences, des lettres et des arts depuis 1789«, non seulement dans les »Rapports à l'Empereur«, récemment réédités[8], mais aussi dans ses leçons au Collège de France, rassemblées sous le titre »Histoire des Progrès des Sciences Naturelles depuis 1789 jusqu'à ce jour«[9]. Dans ces différents ouvrages, il a constamment été conduit à évaluer son propre apport dans le développement de l'anatomie comparée, la révolution de méthode et de point de vue qu'il y avait introduite. D'autre part, il a laissé des mémoires autobiographiques, destinés à celui qui aurait à prononcer son Eloge devant l'Académie des sciences, en l'occurrence Flourens: de filtres en écrans successifs, la figure du savant et du naturaliste qui s'est dessinée au XIXe siècle ne correspond pas toujours à celle qui se

---

5 Le Handbuch der Naturgeschichte connut 12 éditions de 1779 à 1830 et ne fut traduit en français qu'en 1803, sous le titre Manuel d'Histoire Naturelle, par S. Artaud, Metz an XI. Dans sa correspondance avec Pfaff, Cuvier s'en enquiert: »qu'est-ce que ce nouveau Manuel de Blumenbach dont tu me parles?« Il doit s'agir de la 6ème édition, car le »Manuel d'Anatomie Comparée« ne parut qu'en 1805.

6 Joseph Jacques Plenck, auteur d'un Manuel d'histoire naturelle destiné à l'enseignement de l'histoire naturelle dans les universités.

7 Lettres de Cuvier à C. H. Pfaff sur l'histoire naturelle, la politique et la littérature, trad. de l'allemand par Louis Marchand, Paris 1858, 314 p. Les lettres de Cuvier à ses correspondants allemands sont dispersés en plusieurs endroits, à l'Institut, mais aussi à Tübingen et à Marbach.

8 Rapports à l'Empereur sur le progrès des sciences, des lettres et des arts depuis 1789, II, Chimie et Sciences de la Nature, par Georges Cuvier, présentation et notes sous la direction d'Yves Laissus, Paris 1989, 333 p. (1ère édition, Paris 1810, 395 p.).

9 Sous ce titre parurent 5 volumes publiés entre 1826 et 1836, Paris. Le premier volume qui traite de la période 1789–1808 comporte des modifications plus importantes que ne le laisse entendre l'auteur de la réédition des Rapports. Nous ferons ici référence à une réédition de Bruxelles 1873 (Soc. belge de librairie) T. 1.

dégage de la correspondance. Pour le présent, les enjeux ne manquent pas davantage: les historiens de la rupture, ceux du changement de paradigme ont cru touver dans le cas Cuvier, ce renouvellement du regard, ce déplacement dans la structuration du savoir qui marque l'époque de l'âge classique[10]. Nous souhaitons par conséquent procéder à un réexamen des années de formation de Cuvier, de la genèse d'une démarche qui fonde la classification des êtres vivants sur leur organisation. La tâche paraît d'autant plus nécessaire qu'un des biographes les plus récents de Cuvier, Dorinda Outram, déclarait: »Il y a eu relativement peu de travaux sur la dette de Cuvier à l'égard de la science et de la culture allemandes, sauf dans les travaux des historiens des sciences allemands«[11].

I – Kielmeyer, qui fut mon premier maître en anatomie …

C'est presque par une formule de prétérition que Flourens, dans son Eloge historique de Cuvier, mentionne les années passées en Allemagne: *Le séjour du jeune Cuvier à l'Académie de Stuttgart est trop connu pour que je m'y arrête beaucoup ici*[12]. Il se borne à évoquer le magnifique établissement de plus de 400 élèves, fondé par le duc Charles de Wurtemberg, et les cinq facultés supérieures (droit, médecine, administration, art militaire et commerce) entre lesquelles, le cours de philosophie terminé, les élèves pouvaient choisir. Contre toute attente, Cuvier choisit l'administration, parce que, dit-il, *dans cette faculté, on s'occupait beaucoup d'histoire naturelle*[13]. Les »Lettres à C. Pfaff«, ainsi que les commentaires que ce dernier en donna pour l'édition de Marchant en 1858[14] permettent de se faire une idée plus précise de la communauté intellectuelle qui existait à l'Académie, par-delà une organisation fortement hiérarchisée en fonction de la fortune et de la naissance. C'est le professeur de Botanique de l'Académie, Kerner, qui fit présent à Cuvier de la

---

10 Tel est le point de vue de M. FOUCAULT, Les Mots et les Choses, Paris 1966, 400 p. Voir en particulier le chapitre V, Classer, 137–176.

11 Dorinda OUTRAM, Uncertain Legislator: Georges Cuvier's Laws of Nature in their intellectual Context, in: Journal of the History of Biology vol. 19, n° 3 (1986) 323–368; voir en particulier 340–344 où D. Outram fait référence à J. H. KOHLBRUGGE, Georges Cuvier und Karl Friedrich Kielmeyer, Biol. Cent., 32 (1912), 291–295. On peut toutefois remarquer que l'importance de Kielmeyer a été perçae par B. BALAN, L'Ordre et le Temps, L'anatomie comparée et l'histoire des vivants au XIXème siècle, Paris 1979, 610 p., en particulier 55–57, où le rapport avec Cuvier est mentionné, mais non étudié. Pietro CORSI, The Age of Lamarck, California U. P., 1988, qui aborde la question à plusieurs reprises (p. 172 et 238), impute l'introduction des idées de Kielmeyer à Virey, mais n'a pas abordé la question des relations entre Cuvier et Kielmeyer.

12 P. M. J. FLOURENS, Eloge Historique de G. Cuvier, p. XXIV, in: Recueil des Eloges Historiques lus dans les séances publiques de l'Institut de France par G. Cuvier, Paris 1861, T. 1. C'est là que Flourens indique avoir utilisé les mémoires manuscrits de Cuvier sur sa vie, qui sont actuellement dans le Fonds Flourens de l'Institut.

13 Fonds Flourens, mns 3593 (3).

14 Op. cit. Pfaff y évoque les souvenirs des années passées à Stuttgart, le voyage qu'il fit à Paris en 1801 ainsi que la tournée d'inspection des établissements d'instruction publique de Basse-Allemagne, dont Cuvier fut chargé en 1810. Sur les rapports de Cuvier avec Kielmeyer, ses souvenirs semblent lointains, et il en rectifie le calendrier dans une post-face.

dixième édition du »Systema Naturae« de Linné[15] et au cours des années 1785 et 1786, s'était constituée, entre Parrot, Kielmeyer et Cuvier, une trinité scientifique et amicale[16]. En fait, Kielmeyer, alors étudiant en médecine, de quelques années plus âgé que Cuvier, donnait des cours d'histoire naturelle et de botanique; en 1787, il alla à Gottingue et ne revint qu'en 1791 pour faire un cours d'anatomie et de zoologie comparées: ce sont les notes manuscrites de ce cours que Pfaff communiqua à Cuvier qui connaissait Kielmeyer bien avant son départ. La lettre du 1er avril 1790 évoque l'enseignement reçu à Stuttgart: *L'histoire naturelle est très bien traitée à l'Académie par les professeurs Storr et Kielmeyer; j'en suis un peu chagriné puisque je perds tout espoir de me fixer en Allemagne, où cependant j'ai tous mes amis. Il est vrai que votre botanique est encore en de mauvaises mains. Que signifie cette division de la botanique en raisonnée et pratique?*[16bis]. Dans une autre lettre, du 22 et 23 août, il demandait: *mes compliments à Hartmann, Schertel et Kielmeyer. Communique au dernier les descriptions anatomiques ci-jointes: il fut à cet égard mon premier maître et mérite mes remerciements effectifs*[17]. Il s'agit de la description de la moule de rivière (mitylus anatinus de Linné) et la correspondance est ainsi émaillée de l'envoi réciproque de descriptions et d'identification de nouvelles espèces, particulièrement d'animaux marins, bivalves de toutes sortes: moules, huîtres, crabes, sphex, etc., recueillis pendant le séjour de Cuvier en Normandie de 1788 à 1795, sur lesquels Cuvier attendait le commentaire de Pfaff et de ses autres amis allemands. C'est qu'ils avaient pris l'habitude d'herboriser ensemble dans les environs de Stuttgart et d'»anatomiser«, et avaient fondé une Société d'Histoire Naturelle dans laquelle se décernaient des prix. En somme, quand Cuvier quitte Stuttgart, il a non seulement une certaine expérience de l'anatomie comparée derrière lui, oiseaux, insectes etc., mais aussi une assez claire conscience des réformes à accomplir à la fois par rapport à la classification linnéenne et par rapport aux exigences d'une véritable anatomie comparée. Sur le premier point, il suffit de remarquer, dans la correspondance, la sévérité de jugement sur la dernière édition que Gmelin fit du »Systema Naturae«, travail de compilation informe qui aggravait encore les défauts de la distribution de Linné pour le règne animal[18]. Sur le second point, Cuvier critiquait non seulement la division en trois règnes, mais souhaitait une vision globale de la nature, que seul Aristote, à ses yeux, avait conçu[19] et qui, comme nous le montrerons, était aussi le projet de Kielmeyer. Dans une lettre du 17 novembre 1788, Cuvier écrivait:

---

15 La dixième édition du »Systema Naturae« (1758) est considérée comme la plus complète puisqu'elle inclut les mammifères.

16 La formule est utilisée par MARTIUS, Revue Savante de Munich n° 109 (1845) p. 878, citée par L. MARCHANT (voir n. 7) p. 290.
   16bis Lettres (voir n. 7) p. 160.

17 Ibid. p. 191.

18 J. F. Gmelin (1748–1808), naturaliste allemand est critiqué dans les »Rapports à l'Empereur« (voir n. 8) p. 234. La même formule se trouvait déjà dans la correspondance avec Pfaff.

19 Lettres à Pfaff (voir n. 7) 17 novembre 1788: *Les deux ouvrages d'Aristote, »De Historia Animalium et de Partibus Animalium«, que j'admire davantage chaque fois que je les relis, contiennent bien une partie de ce que je viens de dire, à savoir la comparaison des espèces et plusieurs résultats généraux qui en découlent. C'est, il est vrai, le premier essai d'une histoire naturelle scientifique* (p. 71). Cuvier rédigera l'article »Aristote« de la »Biographie Universelle«, II (1811), 456–464, dans le même esprit.

Tes réflexions sur les différences entre les animaux et les végétaux me seront d'autant plus agréables que je travaille actuellement à un nouveau plan d'une histoire naturelle générale. Je pense qu'on devrait rechercher soigneusement les rapports de tous les êtres existants avec le reste de la nature, et montrer surtout leur part dans l'économie de ce grand Tout. En faisant ce travail, je voudrais qu'on partît des choses les plus simples, par exemple de l'eau et de l'air, et qu'après avoir parlé de leur influence sur l'ensemble, on passât peu à peu aux minéraux composés; de ceux-ci aux plantes, et ainsi de suite, et qu'à chaque pas, on recherchât exactement le degré de la composition, ou (...) le nombre des propriétés que ce degré présente de plus que le précédent, les effets nécessaires de ces propriétés, et leur utilité dans la création[20].

Dans ses grandes lignes, ce projet, était exactement celui de Kielmeyer et le contenu de son enseignement. Tous les témoignages de ses contemporains concourent à penser que les idées exposées dans sa Dissertation de 1793, »Sur les Rapports des forces organiques dans la série des différentes organisations«[21] reprenaient en les développant des points de vue bien antérieurs. Dans le panorama des phénomènes de la grande machine du monde organique, Kielmeyer insistait sur la nécessité d'un point de vue synthétique, qui mît en relation chacun des éléments avec l'ensemble: *Chacun des êtres organisés est dans l'ensemble des changements qu'il subit à chaque instant, adapté au changement de tous les autres êtres organisés et ils sont si liés dans un système de changements simultané et successif que chacun d'entre eux devient tour à tour cause et effet des autres*[22]. Ces principes, qui impliquaient aussi, avec certaines ambiguïtés, une histoire de la nature, débouchaient sur l'étude des rapports et des corrélations de forces et de propriétés dont jouissaient les différents êtres organisés; ces forces étaient la sensibilité ou réceptivité aux impressions, l'irritabilité ou réaction aux impressions, la force de reproduction, celle de sécrétion et enfin celle de propulsion qui concernait plus spécifiquement le mode de nutrition des végétaux. Chacune de ces forces étaient étudiées selon des critères d'extension, de fréquence, d'intensité, de durée etc. à travers l'étude des organes et des fonctions par lesquels elles se manifestaient. Prenant le cas des organes sensoriels, Kielmeyer remarquait que de l'homme aux quadrupèdes, oiseaux, reptiles, poissons, les organes sensoriels, tout en subissant de multiples simplifications, conservaient une grande perfection, notamment par le biais de système de compensations d'un sens à l'autre; mais ces compensations n'étaient pas indéfinies, puisque chez les insectes, l'ouïe et l'odorat avaient disparu, tandis que la vision s'était rétrécie. Nous n'entrerons pas ici dans la discussion technique sur le bien-fondé de ces assertions, puisque ce qui importe ici,

---

20 Ibid., p. 70–71.
21 Karl Friedrich KIELMEYER, Ueber die Verhältnisse der Organischen Kräfte unter einander in der Reihe der verschiedenen Organisationen, die Gesetze und Folgen dieser Verhältnisse, Stuttgart, 1793; nous citerons le texte dans l'édition de Tübingen 1814, 48p. Sur Kielmeyer, on peut consulter entre autres la notice du »Dictionary of Scientific Biography«, par W. COLEMAN, 366–369 et T. LENOIR, The Göttingen School and the Development of Transcendental Naturphilosophie in the Romantic Era, in: Studies in History of Biology, 1981, n° 5, 111–205.
22 K. F. KIELMEYER (voir n. 21) p. 6. Cette idée de la nature conçue comme un ensemble d'interactions réciproques, comme un Tout organique comporte aussi chez lui la prise en compte des rapports de l'être vivant et de son milieu: par exemple, c'est *la nature du milieu dans lequel ils vivent, la température du milieu* qui peuvent expliquer, chez les poissons, les exceptions à la loi l'irritabilité (p. 35).

c'est la manière dont Kielmeyer et à sa suite Cuvier, ont défini l'étude de l'histoire naturelle. Il est clair que Kielmeyer non seulement concevait cette étude suivant un point de vue synthétique, mais qu'il avait introduit un point de vue physiologique, un point de vue fonctionnel dans l'histoire naturelle et dans l'étude de l'anatomie comparée. On en veut pour preuve non seulement la dissertation déjà citée, mais les échos, dans la correspondance avec Pfaff, de la théorie des nerfs de Kielmeyer dans les différentes classes animales[23]. Ce point de vue fonctionnel était aussi à l'œuvre dans l'étude du mode de respiration des végétaux par Ingenhousz[24] et dans l'étude des phénomènes d'irritabilité par Christoph Girtanner, un autre médecin et naturaliste allemand dont les idées sont discutées dans la correspondance de Cuvier avec Pfaff[25]. La question de l'irritabilité ou si l'on préfère de la contractilité musculaire, dès lors qu'on la considérait au niveau non de la fibre élémentaire, mais de l'animal entier, des espèces et des classes, posait le problème des organes de la locomotion et de leur relation avec le mode de respiration des différentes espèces animales.

Or, dès les premiers écrits de Cuvier, c'est-à-dire dans la correspondance, se profile une réflexion sur les modifications d'une fonction suivant les différentes classes. Ainsi, ce commentaire à partir de la description de la moule:

> La respiration se fait comme chez les poissons, c'est une simple exposition du liquide aux éléments environnants, par le fait que ces vaisseaux ramifiés se distribuent sur une grande surface. Ce mode de respiration qui a beaucoup d'analogie avec celui des plantes, diffère beaucoup de celui des mammifères, des oiseaux et des amphibies, ceux qui nagent exceptés (…) Un troisième mode de respiration est celui qui existe dans la plupart des insectes, chez lesquels l'air se distribue au moyen de tubes particuliers dans toutes les parties du corps[26].

Le passage s'achevait par un commentaire critique de la classification linnéenne qui n'avait pas tenu compte du critère de la respiration dans la distribution de certains amphibiens nageurs. En somme, dans le courant de l'année 1790, Cuvier avait déjà en tête l'utilisation d'un critère fonctionnel dans la distribution des espèces vivantes, même s'il n'avait pas encore vérifié le caractère opératoire de ce critère pour toutes les classes, et s'il n'avait pas encore défini quelle était la fonction dominante dont il fallait partir. Il avait aussi en tête l'idée d'une hiérarchie des forces et des propriétés dans les différents règnes et cherchait à établir leurs corrélations. Sur ces notions de corrélation, et de »conditions d'existence«, qui sont liées, il faudrait reprendre toute

---

23 G. E. Cuvier, Lettres à Pfaff (voir n. 7) octobre 1791: *J'attends avec impatience tes éclaircissements sur la théorie des nerfs par Kielmeyer et aussi d'autres fragments de son cours. Il m'en a promis l'esquisse générale* (p. 255). A la fin de juillet 1792, Cuvier se déclare presque convaincu par la théorie des nerfs de Kielmeyer qui lui causait des difficultés l'année précédente. La discussion porte sur la nature du fluide nerveux, assimilé à un gaz, qui se serait combiné chimiquement avec la lumière« (p. 287–289).

24 Jan Ingenhousz (1730–1799), Lettre à M. N. C. Molitor, professeur de chimie à Mayence, au sujet de l'effet particulier qu'ont sur la germination des semences et sur l'accroissement des plantes semées les différentes espèces d'air, les différents degrés de lumière et de chaleur et l'électricité, in: Observations et Mémoires sur la physique, sur l'histoire naturelle et sur les arts et métiers, T. XXVII, Paris 1785, 81–92.

25 Christoph GIRTANNER (1760–1800) avait publié deux »Mémoires sur l'irritabilité«, dans les Observations sur la Physique, sur l'Histoire Naturelle et sur les Arts, par M. L'Abbé Rozier, 1790, n° 36, 422–440 et n° 37 139–154; c'était encore la nature chimique de l'irritabilité qui y était discutée. Cuvier y fait allusion dans sa lettre du 11 mars 1792, p. 265.

26 Lettres à Pfaff (voir n. 7) 1–2 avril 1790, p. 157–158.

l'analyse du concept kantien de finalité interne et sa définition de l'organisme, qui ne sera pas abordée ici puisqu'il a été traité ailleurs[27]. En revanche, on souhaiterait montrer à présent le lien entre les idées de Kielmeyer et Girtanner que j'ai brièvement exposées, et les premiers articles publiés par Cuvier lors de son arrivée à Paris en 1795.

II – Conditions d'existence, Subordination des Caractères et Classification

Pour que cette démonstration de l'importance de la science allemande dans la formation de la pensée de Cuvier soit probante, il nous semble qu'il faut lever deux objections que l'on pourrait faire. La première circonscrirait le rôle de Kielmeyer à des aspects secondaires de l'œuvre de Cuvier, comme l'apprentissage d'une méthode rigoureuse dans les descriptions anatomiques. La seconde arguerait de l'existence, en France même, d'une anatomie comparée avec une tradition spécifique, celle de Daubenton et de Vicq d'Azyr, dans un lieu prestigieux, le Jardin du Roi devenu Muséum. Notre propos n'est pas de minimiser une tradition par rapport à l'autre, mais de voir comment l'une et l'autre ont contribué au développement de l'anatomie comparée, et comment Cuvier lui-même jugeait le contexte scientifique de son époque, avant d'en devenir l'historiographe officiel.

S'il y a un point sur lequel tout le monde s'accorde, c'est bien sur le fait que l'innovation majeure de Cuvier a consisté à établir la classification des êtres vivants sur la base de *leur structure intime ou organisation*[28], à relier la distribution des espèces à l'étude de la physiologie, à subordonner la première à la seconde. Cela signifiait trois choses: abandonner les critères morphologiques et plus généralement les caractères extérieurs; trouver dans l'étude des fonctions celle qui était dominante c'est-à-dire qui déterminait l'existence des autres, et qui définirait du même coup les compatibilités et les exclusions au niveau des autres organes et fonctions: c'est le principe des subordination des caractères, dont Cuvier indique que *nous nous convaincrons de son admirable fécondité et des belles lois auxquels il conduit*[29]. Enfin, cette démarche conduisait à repenser la question du Plan Unique d'organisation de la nature et le problème de la chaîne des êtres. On peut suivre à travers les mémoires de l'année 1795, la formulation progressive du principe de subordination des caractères et le lien avec les conditions d'existence. Dans le »Mémoire sur une nouvelle division des mammifères et sur les principes qui doivent servir à cette sorte de travail«, publié avec E. Geoffroy Saint-Hilaire, le projet était de concilier les avantages de l'ordre naturel avec ceux de la dichotomie, ce qui n'était possible que par une appréciation correcte de la valeur des caractères: *En effet, on conçoit que dans un système aussi lié*

---

27 »Kant et le destin de la philosophie transcendentale«, Colloque de Cerisy, 30 août–8 septembre 1990, R. Rey, La notion d'organisation chez les naturalistes de la fin du XVIIIème siècle et du début du XIXème: Blumenbach, Cuvier, Kielmeyer.

28 Pierre FLOURENS, Eloge Historique de M. Cuvier (voir n. 12), p. III.

29 G. CUVIER, Mémoire sur la structure interne et externe et sur les affinités des animaux auxquels on a donné le nom de vers, lu à la Société d'Histoire Naturelle de Paris le 21 floréal an III, in: La Décade Philosophique, 3ème année, T. 5, p. 4.

que l'économie animale, il est des organes dont la conformité entraîne nécessairement celle de la plupart des autres, et qu'on doit pouvoir déterminer par le raisonnement et l'expérience[30]. Pour l'heure, Cuvier et Geoffroy mettaient au premier plan les organes qui conditionnaient l'existence, ceux de la génération et de la circulation, et en second ceux de la vie de relation. C'est probablement la lecture de Bichat qui amènera Cuvier à séparer l'espèce et l'individu et à mettre en premier les organes de la vie de relation. On a souvent cité un passage d'un autre mémoire, sur les orangs-outangs, où Cuvier et Geoffroy écrivaient: *ce que nous appelons des espèces ne sont peut-être que les diverses dégénérations d'un même type*[31], pour prouver qu'au début, Cuvier et Geoffroy n'étaient pas sur des positions antagonistes. Mais l'argument majeur à notre sens réside plutôt dans les principes de base de ce que devait être la science pour Cuvier, et qui lui venaient de Kielmeyer.

Dans le Dicours prononcé à l'ouverture du Cours d'Anatomie Comparée qu'il fait au Museum d'Histoire Naturelle à partir du 15 frimaire an III, Cuvier indique qu'il emploiera dans son cours la méthode synthétique *qui commence par exposer les principes généraux et communs; de là* (elle) *descend en particularisant toujours et en montrant ce que chaque classe, chaque genre, chaque espèce ont de propre et de distinctif*[32]. Nous ne pouvons croire que ce parti pris, à un moment où l'analyse était considérée comme la méthode par excellence de la science, la condition de son pouvoir d'invention, soit justifié exclusivement par des considérations pédagogiques. Ce point de vue synthétique est la base de la recherche de Cuvier dans les toutes premières années de sa carrière scientifique, le point de départ de son projet d'une nouvelle histoire naturelle. Dans un autre mémoire, du 21 floréal an III, il indiquait: *j'ai démontré dans mon dernier mémoire, que les rapports fondamentaux des êtres vivants étaient ceux qui constituaient leur existence et leur vie*[33]. Dans le »Tableau du Règne Animal« de 1798, puis dans le »Règne Animal distribué d'après son organisation«, Cuvier indiquait la priorité de ce principe général des conditions d'existence, qui impliquait une adaptation ou du moins une convenance entre les conditions d'existence et les fonctions[34]. Dans le Discours d'ouverture de l'an III, il détaillait davantage encore l'importance de ce point de vue synthétique en lui donnant une acception plus précise; il y avait selon lui deux manières encore de faire de l'anatomie

---

30 Mémoire sur une nouvelle division des mammifères et sur les principes qui doivent servir de base dans cette sorte de travail, lu à la Société d'Histoire naturelle le 1er floréal de l'an 3ème par les citoyens GEOFFROY et CUVIER, in: Magasin Encyclopédique, 1795, t. 2, 164–190; voir p. 168.

31 Histoire Naturelle des Orangs-Outangs, par E. GEOFFROY SAINT-HILAIRE (...) et G. CUVIER (...), in: Magasin Encyclopédique, 1795, t. 3, 451–463; voir p. 452.

32 Discours prononcé par le citoyen Cuvier, à l'ouverture du Cours d'Anatomie Comparée qu'il fait au Muséum National d'Histoire Naturelle, pour le citoyen Mertrud, in: Magasin Encyclopédique, l'an quatrième (1795), T. 5, p. 150.

33 Mémoire sur la structure interne (cité note 29), p. 3.

34 Le Règne Animal distribué d'après son organisation, Paris 1817, 4 vol. La préface contient une définition explicite des conditions d'existence: *L'histoire naturelle a cependant aussi un principe rationnel qui lui est particulier et qu'elle emploie avec avantage en beaucoup d'occasions, c'est celui des conditions d'existence, vulgairement nommé des causes finales. Comme rien ne peut exister s'il ne réunit les conditions qui rendent son existence possible, les différentes parties de chaque être doivent être coordonnées de manière à rendre possible l'être total, non seulement en lui-même, mais dans ses rapports avec ceux qui l'entourent et l'analyse de ces conditions conduit souvent à des lois générales tout aussi démontrées que celles qui dérivent du calcul ou de l'expérience* (Préface, T. 1, p. 6).

comparée: ou de *considérer chaque classe d'animaux et en décrire de suite les organes ou bien, considérant chaque organe à part, d'en parcourir toutes les classes afin de découvrir les diverses modifications que cet organe subit*[35]. C'était cette méthode que Cuvier entendait pratiquer. Procédant à cette époque à une évaluation de ce qui avait été réalisé avant lui, malgré le tribut d'éloges accordé aux grands hommes du passé, il n'hésitait pas à en désigner les insuffisances: *La plupart de ces travaux sont isolés, sans suite, sans vues comparatives; peu de sujets ont été épuisés; l'un voulait éclaircir la structure de quelques parties du corps humain; l'autre faire admirer quelque méca-nisme curieux; un troisième se bornait à chercher dans l'organisation interne des caractères distinctifs des espèces*[36]. Même Vicq d'Azyr était englobé dans ces repro-ches puisqu'il s'était borné à chercher la structure du cerveau et du système nerveux chez les quadrupèdes[37]. Non sans fierté, Cuvier pouvait dire: *Il y a beaucoup moins d'ouvrages généraux sur le règne animal que sur la botanique. (...) Les Allemands accoutumés depuis longtemps à enseigner l'histoire naturelle dans leurs universités, ont surtout le Manuel de Blumenbach. Le premier écrit méthodique de ce genre qui ait paru en France est le »Tableau Elémentaire« de Cuvier*[38]. Cuvier n'aspirait pas à moins qu'à être un nouvel Aristote et un nouveau Linné, qui aurait introduit une méthode naturelle. Expliquant quels avaient été les buts de sa propre démarche, il définissait avec exactitude ce qu'il avait apporté: *M. Cuvier, en étudiant la physiolo-gie de ces classes naturelles des animaux vertébrés, a trouvé dans la quantité respective de leur respiration, la raison de leur quantité de mouvements, et par conséquent l'espèce de ces mouvements. Celle-ci motive les formes de leurs squelettes et de leurs muscles: l'énergie de leurs sens et la force de leur digestion sont en rapport nécessaire avec elle*[39]. On ne saurait indiquer plus explicitement l'utilisation ici du principe de corrélation dont on a trouvé les bases chez Kielmeyer. Certes, Cuvier l'appuyait plus sur une étude de la structure organique, que ne l'avait fait Kielmeyer en 1793 au moins[40], où il en restait plus au niveau des forces et des propriétés que des organes. De plus, Cuvier appliquait ce principe à l'étude des animaux à sang blanc, qui allaient s'appeler avec Lamarck l'étude des animaux sans vertèbres, et du coup montrait que le principe des conditions d'existence et celui de subordination des caractères s'avéraient opératoires pour la classe pour laquelle la confusion était la plus grande, celle que Linné regroupait encore sous le titre de Vers. Il montrait aussi, notamment dans le »Mémoire sur la structure Interne et externe et sur les affinités des animaux auxquels on a donné le nom de vers«, comment il suffisait de déterminer les formes de circulation et de respiration (respiration par branchies, par trachées ou, pas de

---

35 Discours à l'ouverture du Cours d'Anatomie Comparée (voir note 32) p. 152.
36 Ibid., p. 148.
37 Il faudrait nuancer ces propos, même s'il est exact que Félix Vicq d'Azyr n'a pas eu le temps de mener à leur terme les idées énoncées dans ses Discours sur l'Anatomie Comparée.
38 Histoire des Progrès des Sciences Naturelles depuis 1789 jusqu'à ce jour (voir n. 8) T. 1, p. 131. Le Tableau (1798), XVI-710 p. étend encore les principes énoncés dans les différents mémoires de l'an III, mais avec une nouvelle hiérarchie des fonctions qui privilégie le système nerveux. La même idée est exprimée dans les Rapports à l'Empereur (voir n. 8) p. 251.
39 Rapports à l'Empereur (voir n. 8) p. 241.
40 T. Lenoir, dans son ouvrage The Strategy of Life, 1982, analyse le projet d'une zoologie comparée (Entwurf zu einer vergleichenden Zoologie, Gesammelte Schriften, ed. F. H. Holler, Berlin 1938) dans laquelle Kielmeyer aurait étoffé ses travaux d'anatomie comparée.

cœur, ni de vaisseaux, ni de respiration) pour arriver à prévoir quels autres organes coexisteraient (par exemple le cœur et le foie) et comment, *en combinant les caractères fournis par les organes de la circulation et ceux des sensations*[41], il avait réussi à former six classes: mollusques, crustacés, insectes, vers, échinodermes et zoophytes. Par cette méthode naturelle, Cuvier, situait les mollusques à la tête des animaux sans vertèbres, alors que Linné les avait confondus avec les zoophytes, les animaux plantes. Ce résultat avait été acquis à la fois grâce au travail acharné de collecte, dissection et description des mollusques pendant le séjour en Normandie, mais il est clair que, sans les principes fournis par Kielmeyer et peut-être d'autres naturalistes comme Storr[42], la collecte des faits n'aurait pas débouché sur une nouvelle distribution des espèces, ni sur cette utilisation de la physiologie en zoologie. Dans un second mémoire lu à la Société d'histoire naturelle de Paris, consacré à la structure interne des mollusques[43], Cuvier montrait en outre que ces principes permettaient non seulement d'établir les grandes classes, et les ordres[44], mais d'entrer dans des subdivisions plus fines, celles des genres et des espèces. Quand il modifia la définition de la fonction dominante, il se tourna vers le système nerveux, reprenant et fécondant la hiérarchie des corrélations que Kielmeyer avait élaborée. Il faudrait poursuivre cette comparaison des positions en présence, en montrant comment la critique de l'échelle des êtres conçue à la manière de Charles Bonnet, suivant des principes de plénitude, continuité, gradation[45], avait déjà fait l'objet d'une attaque chez Blumenbach et chez Kielmeyer, avant de déboucher chez Cuvier sur l'idée de la distinction de quatre plans d'organisations différents, de quatre »embranchements« distincts[46].

En d'autres termes, il ne s'agit pas pour nous de décrire les rapports de Cuvier avec les savants allemands selon une logique de précurseur, mais bien de préciser le processus de genèse des concepts et des méthodes fondamentales de l'anatomie comparée, en voyant ce que Cuvier a trouvé au cours des années de formation à Stuttgart, et ce qu'il en a fait. Il faut ajouter que par sa connaissance exceptionnelle de la langue et des milieux scientifiques allemands, Cuvier a été, pendant un quart de siècle, le maillon décisif de cette circulation des idées entre la France et les pays de langue allemande. Il faut parler de circulation au sens propre, et pas simplement

---

41 Mémoire sur la structure Interne (voir n. 29), p. 7.

42 Gottlieb Conrad C. Storr (1749–1821), zoologiste, faisait partie de la Société d'Histoire Naturelle de Paris.

43 Second Mémoire sur les animaux à sang blanc, dans lequel on traite de la structure des Mollusques et de leur division en ordre, lu à la Société d'Histoire Naturelle de Paris, le 11 prairial an IIIème, in: Magasin Encyclopédique, 1ère année (1795), Vol. 2, 433–449. La critique de la classification linnéenne des bivalves, »vague et incertaine«, se trouvait déjà dans les Lettres à Pfaff (voir n. 7), 3 septembre 1791, p. 237.

44 Dans le »Second Mémoire«, la classe des mollusques est divisée en 3 ordres, céphalopodes, gastéropodes et acéphales.

45 Arthur O. Lovejoy, The Great Chain of being, Harvard University Press, 1964, 382 p.

46 La critique de l'échelle des êtres se développe chez Cuvier d'abord à partir d'une discussion avec Pfaff sur la réalité de l'espèce (Lettre du 22 et 23 août 1790), puis plus systématiquement dans le »Règne Animal distribué d'après son organisation« (1817): *en n'ayant égard qu'à l'organisation et à la nature des animaux, et non pas à leur grandeur, à leur utilité (…), on trouvera qu'il existe quatre formes principales, quatre plans généraux (…) d'après lesquels tous les animaux semblent avoir été modelés* (p. 57). Ces quatre plans sont: les vertébrés, les mollusques, les articulés, et les rayonnés.

d'une transmission à sens unique, puisque, c'est Cuvier par exemple qui fait connaître à Pfaff et à son entourage, la véritable portée de la chimie de Lavoisier, et qui lui fait part des bases de la classification botanique de Jussieu dans le »Genera Plantorum« de 1789[47]. Pendant un quart de siècle, Cuvier montre une admirable connaissance de tout ce qui se fait en Allemagne, même s'il a à cœur de montrer la supériorité de la science française dans un certain nombre de domaines. Mais on sent aussi des réticences: certains historiens contemporains[48] ont cherché à les expliquer par la position institutionnelle de Cuvier, par son rôle de savant officiel et par une rivalité nationale. A notre sens, et sans exclure complètement les pistes précédentes, c'est plutôt dans la conception même de la science outre – Rhin et ses retombées en France qu'il faut peut-être chercher l'explication du silence relatif dans lequel Cuvier a plongé ses années de formation, du moins dans ses écrits postérieurs à 1809. Ces écrits eux-mêmes pourraient bien suggérer une orientation de recherche: dans l'introduction à l'»Histoire des Progrès des Sciences Naturelles«, Cuvier prend ses distances à l'égard des *nouveaux essais de quelques métaphysiciens étrangers pour lier les phénomènes naturels aux principes rationnels, pour les démontrer a priori*[49]. La critique à notre sens ne vise pas le criticisme kantien, mais plutôt la Natur-Philosophie. Cuvier revient sur le problème plus précisément, quand il évoque les excès de l'analogie entre les organes: *Peut-être en abuse-t-on un peu aujourd'hui, en rapprochant d'une manière téméraire et sur des rapports examinés superficiellement les classes et les organes les plus éloignés. C'est un reproche que l'on peut faire à quelques physiologistes allemands*[50]. Mais cette question concerne directement »la querelle des analogues« entre Cuvier et Geoffroy Saint-Hilaire[51], et l'on sait que ce dernier bénéficia non seulement du soutien de Goethe, mais aussi des physiologistes allemands qui avaient été formés par Kielmeyer, et en contact avec la Natur-Philosophie[52]. C'est aussi dans l'histoire de la philosophie et dans l'histoire des sciences, l'appréciation de ce courant de la Natur-Philosophie qui est en jeu, globalement décrié jusqu'à l'époque actuelle, et l'on ne saurait évaluer correctement

---

47 A. L. de JUSSIEU, Genera Plantorum secundum ordines naturales disposita, Paris 1789. Dans le courant de l'année 1789, Cuvier fait part à Pfaff de son enthousiasme pour le nouvelle méthode de Jussieu. Dans le »Second Mémoire« (voir n. 43), il utilise le principe que Jussieu a démontré pour la botanique que *à mesure que les caractères baissent de rang, il diminuent aussi de constance* (p. 2). Il se pourrait que le principe de la subordination des caractères se soit trouvé confirmé par la méthode de Jussieu.

48 C'est la thèse que défend D. OUTRAM dans sa biographie, Georges Cuvier, Vocation, Science and authority in post-Revolutionary France, Manchester 1984, 299 p. Pietro Corsi adopte la même perspective dans l'ouvrage déjà cité. Le point de vue est beaucoup plus nuancé chez T. A. APPEL (voir note 51) ainsi que dans la magistrale étude de Goulven LAURENT, Paléontologie et Evolution en France, 1800–1860, de Cuvier – Lamarck à Darwin, Paris 1987, 553 p. Cette étude est plus centrée sur le catastrophisme de Cuvier et son antitransformisme que sur les problèmes qui nous occupent ici, mais elle contient de précieuses indications sur les idées du jeune Cuvier.

49 G. CUVIER, Histoire des Progrès (voir n. 8) T. 1, p. 3 et 146–147.

50 Ibid., p. 146–147.

51 Sur la »querelle des analogues«, voir T. A. APPEL, The Cuvier–Geoffroy Debate. French Biology in the Decades before Darwin, Oxford 1987. P. Tort, qui a publié un recueil de textes sur la question, prend le débat beaucoup plus tard, et ne semble pas connaître les travaux qui ont précédé le sien.

52 Pour une discussion plus précise de la position de Kielmeyer, voir Timothy LENOIR, The Göttingen School and the development of Transendental NaturPhilosophie in the Romantic Era, in: Studies in the History of Biology, 1981, 5, 111–205; voir en particulier 158–170.

les relations réciproques entre les pays dans le domaine des sciences sans confronter trois regards: celui que les acteurs de la science jetaient sur leur temps, celui que les historiographes du XIXème siècle ont façonné sur la révolution scientifique qui les avaient précédés et qui a certainement pesé lourdement sur l'élaboration de stéréotypes concernant l'Allemagne, et celui du présent.

DEUTSCHE ZUSAMMENFASSUNG

Georges Cuvier, der von 1784 bis 1788 die hohe Karlsschule in Stuttgart besucht hatte, hörte hier vor allem Vorlesungen bei Professor Kielmeyer, dem er noch Jahre später bescheinigte, einen entscheidenden Einfluß auf seine Entwicklung (Cuviers) der Begriffe »Organisation« und »Corrélation« ausgeübt zu haben.

Cuviers Vertrautheit mit den wissenschaftlichen Kreisen in Deutschland, seine Freundschaft mit dem Chemiker Pfaff werden vor allem im Briefwechsel, den er mit diesem von 1788 bis 1792 unterhielt, deutlich.

Das Beispiel Cuvier erlaubt uns, die Verbindungen zwischen deutschen und französischen Philosophen und Naturwissenschaftlern, aber auch die Wege des Gedankenaustausches in einer Phase der Krise und geistigen Unruhe besser zu erfassen.

Thomas Grosser

LES VOYAGEURS ALLEMANDS EN FRANCE

Etudes de cas et perspectives d'analyse*

Les voyages représentent une condition préalable essentielle, et en même temps un domaine important des relations franco-allemandes[1]. La plupart des Allemands qui entrèrent en France en contact avec la culture de la »grande nation« l'ont fait d'abord en tant que voyageurs[2]. Cela se traduisit par un nombre considérable de récits de voyage[3], lancés sur le marché du livre qui était en expansion au cours du XVIIIᵉ siècle, alors que le genre populaire de la littérature de voyage jouissait également d'une faveur croissante[4].

Les relations de ces voyages, qu'elles aient été publiées ou non, ont un contenu très hétérogène, mais, par là-même, celui-ci fournit beaucoup d'informations. Presque tout ce qui paraît remarquable est rapporté. On peut ainsi reconstruire dans de très bonnes conditions ce qu'étaient ces voyages. Il apparaît alors qu'ils obéissaient à des normes culturelles et sociales très précises. Les *grand tours* des jeunes aristocrates et

* Texte français établi par Ulrike Brummert. Je remercie Christiane Grosser pour ses remarques et conseils dans le domaine socio-psychologique.

1 Cf. Thomas Grosser, Reisen und Kulturtransfer. Deutsche Frankreichreisende 1650–1850, dans: Transferts. Les relations interculturelles dans l'espace franco-allemand (XVIIᵉ–XIXᵉ siècle). Eds. Michel Espagne et Michael Werner, Paris 1988, p. 163–228.

2 Les relations de voyage ne permettent pas de procéder à des évaluations générales du nombre des voyageurs allemands en France. Les rares données ponctuelles sont souvent approximatives et difficiles à interpréter. Malgré tout, il existe quelques exemples d'évaluation à des dates et dans des domaines différents. Dans la dernière décennie du XVIᵉ siècle on pouvait trouver en moyenne de 200 à 300 artistocrates allemands à l'université d'Orléans (Thomas Plattner d. J., Beschreibung der Reisen durch Frankreich, Spanien, England und die Niederlande 1595–1600. Ed. Rut Keiser, 2 tms., Basel/Stuttgart 1968, t. 2, p. 534 s.). Et dans les années 1780, on constatait que la France est devenue la destination favorite des voyageurs allemands (Johann Jakob Volkmann, Neueste Reisen durch Frankreich …, 3 tms., Leipzig 1787/88, t. 1, p. 1). C'était un lieu commun à l'époque de dire qu'année après année des milliers d'entre eux s'y rendent (Cf. Johann Wilhelm von Archenholtz: An Herrn Neumann, die Charakteristik Deutschlands und Frankreichs betreffend (1785), dans: Id., England und Italien, 5 tms., Carlsruhe ²1791, t. 5, p. 264–282, voir p. 271). En 1796, un émigré allemand (sur-)estime que les Allemands constituent 20 pour-cent de la population du faubourg St. Antoine à Paris et que 4000 artisans allemands y sont installés (Georg Friedrich Rebmann, Holland und Frankreich in Briefen …, 2 tms., Paris/Köln [= Hamburg] ohne Jahr [= 1797/98], t. 2, p. 25). On ne peut faire d'estimations chiffrées précises que pour le début du XIXᵉ siècle. Ainsi entre septembre 1809 et juin 1811 mille deux cents voyageurs allemands se rendirent à Paris (Cf. Paul Gerbod, Les touristes étrangers à Paris dans la première moitié du XIXᵉ siècle, dans: Bulletin de la Société de l'Histoire de Paris et de l'Ile de France 110 (1983) p. 241–257, voir p. 241, 244).

3 Cf. Thomas Grosser, Reiseziel Frankreich. Deutsche Reiseliteratur vom Barock bis zur Französischen Revolution, Opladen 1989. On y trouvera une présentation détaillée des sources et de la littérature.

4 Cf. Id., Der mediengeschichtliche Funktionswandel der Reiseliteratur in den Berichten deutscher Reisender aus dem Frankreich des 18. Jahrhunderts, dans: Europäische Reiseliteratur im 18. und frühen 19. Jahrhundert. Eds. Wolfgang Griep et Hans-Wolf Jäger, Heidelberg 1992 (sous presse).

des fils du patriciat des villes libres impériales, la *peregrinatio academica* des étudiants, les voyages d'étude des savants, les tournées commerciales des marchands et le tour [la *Walz*] des artisans itinérants, tous ces voyages avaient des buts déterminés et suivaient des modèles particuliers et ces modèles ne se transformèrent que lentement. Ils déterminaient dans une large mesure qui visitait quoi, où, dans quel cadre, avec qui il entrait en contact et avec quel but cela se produisait. Même un séjour à l'étranger respectait des conventions et des habitudes bien déterminées selon les états. Et cela s'applique également au voyage des bourgeois cultivés, qui était censé servir la formation à la fois générale et individuelle[5]. Même s'il pouvait naturellement y avoir des variations individuelles, ces formes de mobilité géographique limitée dans le temps obéissaient à des normes socialement déterminées. Les traités sur la théorie de l'éducation en général et sur la théorie des voyages en particulier exposent ces normes. Mais les guides de voyages et les descriptions des voyages contribuent à les diffuser. Si l'on considère ce qu'étaient les voyages au point de vue structurel et historique, on peut dire qu'ils constituent une forme de contact institutionnalisé à l'intérieur des relations franco-allemandes, car le voyage lui-même était pour ainsi dire une institution qui obéissait à des règles du jeu déterminées et différentes selon le statut des voyageurs. L'analyse des différentes formes de voyage permet donc d'éclairer différentes dimensions et facteurs des échanges franco-allemands: quels étaient les groupes sociaux qui y participaient, quels étaient les lieux où ils se déroulaient, quel était le cadre dans lequel ils s'inséraient et quelles étaient les formes qu'ils revêtaient?

Les relations de voyageurs allemands en France permettent d'éclairer les groupes sociaux dont ils sont issus. Il faut cependant prendre garde que les guides et les descriptions de voyages publiées émanent presque exclusivement de bourgeois cultivés. Ils sont très certainement sur-représentés dans le discours de la littérature de voyage, si on la compare avec ce qu'était le nombre des voyages réellement entrepris. Les aristocrates tenaient aussi un journal de voyage ou plutôt ils étaient censés le faire selon la norme, mais ils déléguaient dans bien des cas cette tâche à l'intendant du voyage. Les nobles n'étaient que médiocrement intéressés par une publication de ces journaux, car ce qu'ils pouvaient tirer de leurs expériences à l'étranger devait servir exclusivement à leur science du pouvoir. C'est aussi le cas des notes des diplomates et des marchands qui ne voulaient pas rendre service sans conditions à leur rivaux politiques ou commerciaux. Et les artisans qui se déplaçaient étaient rarement en mesure – du fait de leur éducation – de rédiger des relations détaillées et de les publier. Les exceptions confirment ici la règle[6].

Les gentilshommes constituaient sans aucun doute le groupe le plus important

---

5 Cf. sur le phénomène du »Bildungsbürgertum« allemand et sur la problématique de cette notion que l'on peut difficilement transposer dans d'autres langues et d'autres cultures: Ulrich ENGELHARDT, »Bildungsbürgertum«. Begriff- und Dogmengeschichte eines Etiketts, Stuttgart 1986, p. 19 s., 179 s., 188 s., 213.

6 Cf. celle de l'ambassadeur extraordinaire autrichien Philipp Ludwig Wenzel von Sinzendorf ou le journal de voyage de Georg Wille qui ne fut pas publié par celui-ci: ANONYME [= Philipp Ludwig Wenzel von SINZENDORF], Eines hohen Ministri Curieuse Relation Von dem gegenwärtigen Zustand deß Königreich Frankreichs ..., Cölln 1703; Johann Georg WILLE, Mémoires et journal de J.-G. Wille, graveur du roi. Publiés d'après les manuscrits autographes de la bibliothèque impériale par Georges DUPLESSIS, 2 tms., Paris 1857.

parmi les voyageurs qui avaient l'habitude de visiter la France de l'Ancien Régime. Ceci est faux du point de vue quantitatif mais juste du point du vue qualitatif. Car les habitudes de voyage de la noblesse ne conduisait pas seulement un nombre considérable d'aristocrates en France (pour des raisons à la fois socio-culturelles et économiques, il ne s'agissait généralement que des deux fils aînés d'une même famille). Pour eux, le voyage à l'étranger dans l'Europe de l'Ouest et du Sud était considéré comme l'achèvement de leur formation[7]. L'importance de la France pour cette étape obligatoire augmenta constamment et repoussa progressivement au second plan l'Italie en tant que but de voyage. La prépondérance militaire et diplomatique de la France sur le continent, le modèle administratif de l'absolutisme français, l'exemplarité de l'étiquette et de la culture aristocratique française, la progression de la langue française dans la diplomatie et dans la pratique des Cours, une organisation efficace des transports et une bonne infrastructure touristique, tous ces facteurs conduisaient de plus en plus de voyageurs aristocratiques vers la France. En raison de leur jeune âge, ils devaient être accompagnés au moins par un intendant qui était responsable de l'organisation du voyage et des mesures éducatives. Et plus le rang social était élevé, plus le nombres des accompagnateurs s'accroissait[8]. A elle seule, l'institution du tour des *cavaliers* amena ainsi à l'étranger plus de serviteurs et d'intendants appartenant à la bourgeoisie que d'aristocrates. Beaucoup de ces accompagnateurs abandonnaient à l'étranger leurs pénibles fonctions, restaient plus longtemps en France et entraient au service d'aristocrates français[9]. De surcroît, la forme des voyages aristocratiques servait de modèle social pour le patriciat urbain et aussi pour cette fraction de la bourgeoisie qui copiait le style de vie aristocratique. Ils se rendaient en France pour ainsi dire sur les traces de l'aristocratie allemande. L'importance qualitative des

---

7 Cf. GROSSER (voir n. 3) p. 21 ss.; et aussi: Hilde de RIDDER-SYMOENS, Die Kavalierstour im 16. und 17. Jahrhundert, dans: Der Reisebericht. Die Entwicklung einer Gattung in der deutschen Literatur. Ed. Peter J. BRENNER, Frankfurt a. M. 1989, p. 197–223.

8 La théorie des voyages estimait à l'époque qu'un noble »fait« en général *mit einem Hofmeister [...] und einem Bedienten die Modereise nach Franckreich* (August Ludwig SCHLÖZER, Entwurf zu einem Reise-Collegio, Göttingen 1777, p. 10). Naturellement, il y avait des variations en plus ou en moins. Ainsi, il arrivait que deux jeunes gentilshommes fussent envoyés en voyage avec un intendant qui faisait aussi fonction de serviteur (cf. par exemple: Johann Heinrich SCHÖNDORFFER, Ein Hofmeister nach Franckreich. Oder Merckwürdige Nachricht / Was die Teutschen in Franckreich sehen und lernen können, Nürnberg 1673, p. 271 ss.; Wilhelm Ludwig STEINBRENNER, Bemerkungen auf einer Reise durch einige teutsche, schweizer- und französische Provinzen in Briefen an einen Freund, 3 tms., Göttingen 1791/92, t. 1, préface). D'un autre côté, la suite du margrave Christian Ernst de Kulmbach-Bayreuth comportait lors de son voyage en France en 1659 15 personnes (Sigmund von BIRKEN, Hochfürstlicher Brandenburgischer Ulysses: oder Verlauf der Länder Reise / welche Der Durchleuchtigste Fürst und Herr / Herr Christian Ernst Marggraf zu Brandenburg ... durch Teutschland/ Franckreich / Italien und die Niederlande hochlöblichst verrichtet ..., Bayreuth 1668, ⁴1668, p. 104 s.). Le prince héritier Ludwig de Hesse-Darmstadt voyagea en 1740 avec 19 accompagnateurs (cf. Das Tagebuch des Erbprinzen LUDWIG von HESSEN-DARMSTADT über seine Reise durch Frankreich vom 9. September 1740 bis 20. März 1741. Ed. Eduard FAHR, dans: Pirmasenser Geschichtsblätter 7 (1932) p. 2–4, 9 s., 14–16) et la suite du prince Carl Alexander zu Thurn und Taxis en 1787 comprenait 10 personnes (cf. Jacob Christian Gottlieb SCHAEFFER, Briefe auf einer Reise durch Frankreich, England, Holland und Italien in den Jahren 1787 und 1788 geschrieben, 2 tms., Regensburg 1794, t. 1, p. 28).

9 Cf. par exemple: Johann LIMBERG, Denckwürdige Reisebeschreibung Durch Deutschland / Italien / Spanien / Portugall / Engeland / Franckreich und Schweitz ..., Leipzig 1690, p. 708; Johann Jakob VOLKMANN (voir n. 2) était également arrivé de cette façon à Orléans et y était resté alors que Friedrich Melchior Grimm était arrivé comme intendant de voyage à Paris.

voyages aristocratiques en France s'étend encore plus loin, car les aristocrates allemands, pour qui un séjour prolongé en France était devenu un symbole en règle de leur statut, se montraient, après leur retour, des diffuseurs extrêmement efficaces de l'influence culturelle française dans leur pays. En y cultivant leur goût et leur penchant francophiles qui s'étaient développés à l'étranger, ils renforçaient dans les Cours allemandes et dans leur environnement la demande de biens de luxe et des produits culturels français[10]. C'est ainsi que le voyage en France dont l'objectif était d'acquérir une formation extérieure et complémentaire devint un but rentable pour les artisans et les artistes allemands. Il n'est pas rare qu'ils aient été également envoyés en France par des aristocrates dans des buts précis et qu'ils aient pu, ensuite, grâce à leurs connaissances et leur compétence réussir dans leur pays[11].

Au cours du temps, de plus en plus de voyageurs appartenant à la couche moyenne de la bourgeoisie se joignirent aux nobles. Dans l'idéal du voyage des bourgeois cultivés, un séjour à l'étranger devint une composante de la formation générale. En outre, les conditions de transport s'améliorèrent[12]. Le réseau des relations par diligence devint plus dense, les coûts plus prévisibles et moins élevés[13]. Ainsi la mobilité de la bourgeoisie allemande s'accrut petit à petit à partir du milieu du XVIIIe siècle. Cela apparaît clairement, car les guides de voyage ne s'adressent plus exclusivement aux *hommes de condition,* mais aux voyageurs de tous les états[14]. Et à partir de 1770 le nombre des descriptions de voyages concernant la France se multiplia. Tandis que jusque-là, les intendants constituaient le groupe les plus important des

---

10 Cf. la critique bourgeoise de la perspective d'un intendant: ANONYME [= Theodor BERGER], Vor-Urtheile der Deutschen Bey Antretung ihrer Reisen In auswärtige Lande / und besonders nach Frankreich …, Franckfurth am Mayn 1734, p. 43 s.: *Also haben diejenigen / so aus Franckreich in ihr Vaterland wieder nach Hause kommen / aus den fremden und ausländischen Dingen / sich selbst dadurch eine Hochachtung zu erwerben / mehr Wercks gemacht / als mit Wahrheit und mit Recht daraus zu machen gewesen. Das hat andere begierig gemacht auch dahin zu reisen.*
11 Cela vaut encore plus pour les missions analogues des savants et des »techniciens«. Cf. GROSSER (voir n. 3) p. 132 ss.
12 Cf. GROSSER (voir n. 3) p. 330–345.
13 Ainsi August Ludwig Schlözer avait payé en moyenne en 1773/74 *in Frankreich 2 Livres Sols per Poste – nicht völlig 9 Schillinge Kostgeld. Also 6 Gulden 2 Stüber.* Il raconte au sujet de la liaison Strasbourg – Paris: *Die Ordinaire* [Postkutsche] *gieng Dienstags ab, war zwölf Tage unter Wegs. Aber man fand häufig Gesellschaften mit Mieth-Kutschen. Die Person, wenn es vier waren, zahlte meistens 18 Franken. Dies war die gewöhnlichste Art. Im Mai 1774 Diligence dort errichtet. Acht Plätze, schwere Koffer nahm man nicht mit. Acht einhalb Tage unter Wegs. Um fünf Uhr früh fuhr sie meist aus. In der Kutsche der Preis 60 Livres (15 Reichsthaler). Für die 50 Meilen, au ciel, nur 30 Livres. Vorn ein Platz am Wagen für Halbhonoratioren zu 40 Livres* (August Ludwig SCHLÖZER, Vorlesungen über Land- und Seereisen … Nach dem Kollegheft des stud. jur. E. F. Haupt (Wintersemester 1795/96). Ed. Wilhelm EBEL, Göttingen 1962, p. 32, p. 35). En ce qui concerne Schlözer et la France voir aussi: Jürgen Voss, Schlözer und Frankreich, dans: Germanistik aus interkultureller Perspektive. Ed. Adrien FINCK et Gertrud GRECIANO, Strasbourg 1988, p. 93–106.
14 Cf. les guides de voyage suivants: ANONYME [= Joachim Christoph NEMEITZ], Séjour de Paris, oder getreu Anleitung welchergestalt Reisende von Condition sich zu verhalten haben, wenn sie ihre Zeit und Geld nützlich und wohl zu Paris anwenden wollen, Franckfurth am Main 1717, ³1728; Johann Peter WILLEBRANDT, Historische Berichte und Practische Anmerkungen auf Reisen in Deutschland, in die Niederlande, in Frankreich, England, Dänemark, Böhmen und Ungarn, Hamburg 1758; Heinrich August Ottokar REICHARD, Handbuch für Reisende aus allen Ständen. Nebst zwey Postkarten zur großen Reise durch Europa, von Frankreich nach England, Leipzig 1784.

auteurs de relations de voyage sur la France, ce sont alors les voyageurs privés de la bourgeoisie qui se mirent de plus en plus souvent à écrire. Contrairement aux accompagnateurs des nobles, qui étaient beaucoup plus dépendants des buts de voyage aristocratique, de leurs domaines d'étude et de leurs normes, les bourgeois découvraient la France à leur guise. Ils trouvent leurs propres pôles d'attraction qui répondent à leurs centres d'intérêt. Le comportement des voyageurs de la bourgeoisie est en même temps plus ambigu et plus pragmatique: d'un côté ils désapprouvent la francophilie inconditionnelle des aristocrates allemands et ils s'écartent de leur comportement de voyage standardisé et de leur orientation privilégiée vers le monde des Cours, des châteaux et des plaisirs de luxe; de l'autre côté, les bourgeois font des voyages en France parce que cela augmente leur prestige de connaître »les anecdotes de Paris«[15]. Même s'ils critiquent la fonction de divertissement des voyages de la noblesse avec des arguments moraux et économiques, la valeur divertissante d'une mobilité relativement sans but n'est pas non plus dépourvue d'un piment de séduction pour eux. Néanmoins, le comportement de ces voyageurs issus de couches moyennes est beaucoup plus pragmatique. Car d'un côté leur distance relative de la noblesse de leur pays et donc de la France comme but de voyage galant a pour conséquence de leur faire découvrir le pays d'une façon plus différenciée et plus proche de la réalité que ne le faisaient les aristocrates privilégiés; de l'autre côté le voyage d'étude bourgeois type reste attaché à différentes formes traditionnelles de la mobilité bourgeoise, soit aux voyages d'affaires des commerçants et des marchands, soit à la *peregrinatio academica* des étudiants et des savants. Sur le fond de contacts déjà noués entre la bourgeoisie commerciale des villes marchandes françaises et allemandes, les voyages de formation de fils de bourgeois sont investis de buts commerciaux, entre autres par exemple l'exploration de marchés extérieurs, la vérification de la solvabilité des partenaires d'affaire potentiels par un contact direct, le déroulement de certaines affaires, la perfection de la formation dans l'entreprise d'un partenaire ami, mais aussi l'espionnage économique et le débauchage de spécialistes éprouvés. Les diplômés de l'université, d'une jeunesse toute relative, se rendent souvent à l'étranger en profitant des contacts déjà existants entre leur lieu de formation et la France. Qu'il s'agisse de médecins, de juristes ou d'architectes, ils perfectionnent souvent en France leur formation dans un but précis ou poussés par la curiosité intellectuelle dans des institutions de grande renommée[16].

De même que les standards culturels, les motivations et les objectifs de ces groupes diffèrent, de même les lieux dans lesquels ils se rendent, les contacts qu'ils nouent et le cadre dans lequel tout cela se déroule sont très divers. Pour un *grand tour*, la visite d'une académie française de chevalerie est quasiment obligatoire. Les voyageurs allemands aiment beaucoup l'académie de Lunéville, située non loin de la frontière

---

15 Cf. Johann Gottfried HERDER, Journal meiner Reise im Jahr 1769. Ed. Katharina MOMMSEN, Stuttgart 1976, p. 121.
16 Cf. GROSSER (voir n. 3) p. 130 ss.

franco-allemande[17], celles de Lyon et d'Orange[18], mais avant toutes les autres celles d'Angers[19], Tours, Saumur[20], Bourges et Blois[21]. Comme chacun sait qu'on parle le français le plus pur près de la Loire, on y trouve une forte concentration d'Allemands[22]. Pour eux, qui pour la plupart y font leurs exercices chevaleresques, il y a même des privilèges dans certaines universités[23]. Bien entendu, l'apogée de plus d'un

17 Cf. Johann Georg KEYSSLER, Neueste Reisen durch Deutschland, Böhmen, Ungarn, die Schweiz, Italien und Lothringen …, 2 tms., Hannover 1740/41, ²1751, p. 1483–1485. Entre 1714 et 1729, plus de la moitié des visiteurs de l'Académie de Lorraine étaient des Allemands (cf. Norbert CONRADS, Ritterakademien der frühen Neuzeit, Göttingen 1982, p. 235 s.). En raison de cette affluence Keyßler déplorait: *daß die Deutschen, wie an andern Orten, also auch hier allzusehr beysammen sind, und unter sich nichts als Deutsch sprechen* (KEYSSLER, p. 1485).

18 Cf. ANONYME [= FERDINAND ALBRECHT I., Herzog von Braunschweig-Lüneburg-Bevern], Wunderliche Begebnüssen und wunderlicher Zustand In dieser wunderlichen verkehrten Welt … Erster Theil Begreiffend des Wunderlichen Lebens= und Reisenbeschreibungen, Bevern 1678, p. 26; BIRKEN (voir n. 8) p. 111 ss., 131.

19 ANONYME, Die rechte Reise-Kunst / Oder Anleitung / wie eine Reise mit Nutzen in die Frembde / absonderlich in Franckreich anzustellen …, Franckfurth 1674, p. 69–71. Il y a là une information intéressante: *In dieser Statt wohnet auch ein teutscher Goldschmid / von der Statt Kiel auß Hollstein / gebürthig / so seines Christenthumbs und guten Wandels halben bey nänniglich aestimiret, und Maisonneufue oder Neuhauß genandt wird / derselbe pflegt von den Teutschen in allen deren Angelegenheiten consulirt zu werden.* Cf. aussi: FERDINAND ALBRECHT I. (voir n. 18) p. 37f.; BIRKEN (voir n. 8) p. 144–148; LIMBERG (voir n. 9) p. 762–765; Lambert Friedrich CORFEY, Reisetagebuch 1698–1700. Ed. Helmut LAHRKAMP, Münster 1977, p. 85 s.

20 Cf. BIRKEN (voir n. 8) p. 154 s.

21 Cf. BIRKEN (voir n. 8) p. 228–230; CORFEY (voir n. 19) p. 85.

22 Cf. Jean PLATTARD, Un chapitre de l'Histoire de la langue française. Où et comment les étrangers séjournant en France au XVIIᵉ siècle aprennaient le français, dans: Revue des Cours et Conférences 38 (1937), p. 497–507.

23 Déjà en 1599, Thomas Plattner le jeune écrivait au sujet d'Orléans et de l'université: *Fürnemblich aber halten sich yederzeit in dieser statt viel teütsche fürsten, graven, herren, edelleüt unndt studenten, daß man gemeinlich in die zwey oder dreihundert da antrifft, und daß nicht allein wegen der gutten, reinen, frantzösischen sprach, so man da redet, wie man dann die orlientzische in Franckreich dem atticismo in griechischer sprach vergleichet, sondern auch, weil die Teütschen, für andere nationen auß, viel sonderbahre freyheiten haben unndt anderen nationen allen forgezogen werden. Sie dörfen allein ze nacht rapier unndt dolchen tragen, von der wacht ohngehinderet, die gantze nacht in der statt umbhär spatzieren, unndt so man sie verletzet, appellieren sie stracks nach Paris für daß parlament. Sie haben ihre eigene (concilarios) räth unndt procuratoren unndt in der Burgunder gaßen ein hauß, darinnen ihr bibliothec oder libery ist, in welcher sie viel schöne bücher haben, die sie den Teütschen, so sich haben einschreiben unndt in (fiscum) der Teütschen gemeinen seckel ettwas contribuieret oder bezahlt, auf ihr begehren außleihen. Wie auch gleichfalls sie im fahl der nott den Teütschen auf underpfänder gelt fürstrecken, welches, so sie es nicht widerumb erstatten, wirdt es zu ewiger schmach in ein buch eingeschriben* (PLATTNER [voir n. 2] p. 534 s.). Et Martin Zeiller, accompagnateur d'un »grand tour«, nota en 1621: *Die Inwohner haben die Frembde / sonderlich die Teutschen / lieb; wie dann die Teutsche Nation allda statliche Freyheiten / auch in ihrer Religion / und ihren eygnen Procuratorem, Quaestorem, Assesorem, Consiliarium, 2. Bibliothecarios, 12. Seniores, nemlich 6. Hochteutsche / und 6. Niderländer / hat* (Martin ZEILLER, Itinerarium Galliae. Das ist: Reyßbeschreibung durch Franckreich …, Straßburg und Franckfort 1674, p. 213); en ce qui concerne Bourges, Blois, Saumur et Angers cf. aussi: Ibid., p. 233, 284 s., 301 s., 305–308; en ce qui concerne Orléans cf.: BIRKEN (voir n. 8) p. 232; ANONYME [= Peter Ambrosius LEHMANN], Die Vornehmsten Europaeischen Reisen / wie solche durch Teutschland / Franckreich / Italien / Dännemarck und Schweden … anzustellen …, Hamburg 1703, p. 158; Herrn Georgen von FÜRST, eines berühmten Cavaliers aus Schlesien, Curieuse Reisen durch Europa …, Sorau 1739, p. 257 s. Mais, après la Guerre de Trente Ans, le nombre des Allemands qui étaient inscrits à Orléans diminua continuellement. Cf. VOLKMANN (voir n. 2) t. 2, p. 20.

grand tour est la visite à la Cour de Versailles. Les contacts avec la Cour royale contribuent avant tout au prestige social des voyageurs de qualité, mais ces contacts sont aussi exploités pour les affaires diplomatiques et dans le but d'obtenir des renseignements informels. Plus le rang social du voyageur est élevé, plus la Cour allemande d'où il vient est importante, plus ses lettres de recommandation ont du poids, plus grandes sont ses chances d'entrer en contact avec des nobles français d'un rang élevé. Ce tourisme renforce donc le caractère international de la société aristocratique. Un séjour dans les quartiers mondains de Paris ainsi qu'un programme de divertissement approprié pendant la saison d'hiver des opéras et des bals est considéré comme un passe-temps digne de l'état social du voyageur. Les nobles en voyage se meuvent presqu'exclusivement à l'intérieur de leur propre couche sociale[24]. Ils n'apprennent en aucune façon d'autres types de comportements, ils ne perfectionnent que ce qu'ils connaissent déjà. Il est vrai qu'ils apprennent, à côté des dernières nouveautés du comportement social à la mode, quelques éléments de la géographie, de l'histoire et de la structure politique du pays d'accueil, néanmoins, la valeur éducative réelle d'un *grand tour* est en général relativement restreinte. Même la connaissance de la langue française n'est souvent qu'à peine améliorée[25]. Les accompagnateurs issus de la bourgeoisie, pour leur part, découvrent souvent un *nouveau monde*. Leurs voyages avec les nobles ne les amènent pas seulement à des endroits qu'ils n'auraient très probablement pas pu visiter, mais l'état social de leurs élèves les met aussi en contact avec des personnes qu'ils n'auraient pas pu non plus rencontrer, s'ils avaient voyagé seuls. Le champ social de leurs actions s'élargit donc à l'étranger. Souvent accablés par les tâches pénibles de l'organisation du voyage et de la surveillance pédagogique, ils profitent de l'occasion pour collecter des renseignements de toute sorte, nouer des contacts avec des savants et visiter des institutions correspondant à leurs intérêts. C'est ainsi qu'ils contribuent à renforcer les relations entre les *républiques savantes* des deux côtés du Rhin.

Ceci est aussi valable pour les *grands tours* du patriciat que font en France les jeunes, issus des couches dirigeantes des villes libres impériales. Certes, ils effectuent leurs voyages sur les traces de la noblesse en France, mais ni dans les académies de la chevalerie, ni à la Cour, cela va de soi, ils ne peuvent avoir les mêmes succès. C'est ainsi que leur intérêt se porte surtout sur l'aire sociale urbaine. Comme étape, ils préfèrent des villes, telles Lyon ou Marseille, telles Bordeaux ou Rouen[26]. Munis de lettres de recommandation et de lettres de créance, ils se mettent en contact avant tout avec la bourgeoisie locale. Tandis que les voyageurs d'affaires traditionnels sont

---

24 Voir aussi les repères sociaux du margrave Christian Ernst de Kulmbach Bayreuth (voir n. 8), du duc Ferdinand Albrecht I de Brunswick (voir n. 18), du Baron Pöllnitz (voir n. 28) ou du prince Ludwig de Hesse-Darmstadt (voir n. 8).

25 Cf. entre autres: Schöndorffer (voir n. 8) p. 271 s., 277 s.

26 Cf. Johann Friedrich Armand von Uffenbach, Tagebuch [seiner Straßburger Studienzeit und seiner Reise durch die Schweiz, Italien, Frankreich und Belgien] 1712–1716. Niedersächsische Staats- und Universitätsbibliothek Göttingen, Cod. Ms. Uffenbach 29, I–IV, voir IV, 1, p. 7 ss.; Aulus Apronius [= Adam Ebert]: Auli Apronii vermehrte Reise=Beschreibung, von Franco Porto Der Chur=Brandenburg Durch Teutschland / Holland und Braband / England / Franckreich …, Franco Porto [= Frankfurt a. O.] 1723, ²1724, p. 292 s.; Willebrandt (voir n. 14) p. 183 ss.; Johann Michael von Loen, VI. Reise. Durch die Schweiz nach Franckreich, dans: Des Herrn von Loen gesammelte Kleine Schriften: Besorgt und heraus gegeben von I. B. Müller, t. 4, Franckfurt/Leipzig 1752, p. 442 s.

beaucoup plus orientés vers le secteur économique, les voyageurs du patriciat visitent les bibliothèques comme les manufactures, aussi bien les théâtres que les muséums, les châteaux que les constructions portuaires[27]. Le large éventail de ce programme devient la norme du voyage bourgeois. La théorie du voyage des Lumières incite le voyageur à entrer en contact avec différentes couches sociales et des groupes de profession variés, à étudier aussi bien la vie des paysans qu'à faire des visites sporadiques à la Cour. Dans la réalité, les contacts sociaux intensifs se restreignent à l'état et au groupe professionnel dont le voyageur fait partie. Mais, au moins en tant qu'observateurs, les voyageurs d'étude bourgeois ont des champs d'intérêt plus variés que les voyageurs nobles. C'est ainsi qu'ils étudient l'infrastructure institutionnelle des villes d'une façon quasiment systématique. L'intérêt du bourgeois des Lumières se porte avant tout sur les institutions de service public. Le noble inspecte ces institutions tout au plus de l'extérieur, si elles ont quelque intérêt architectonique[28]. Le bourgeois des Lumières jette aussi un regard dans les coulisses. Dans les villes, surtout à Paris, il visite les maisons d'arrêt, les asiles, les orphelinats, les hôpitaux, les écoles, les palais de justice, les institutions scientifiques, les monastères et les bibliothèques, et il se fait montrer des collections de toute sorte. C'est ainsi qu'il obtient une vue d'ensemble plus différenciée de la réalité sociale et de la situation culturelle du pays d'accueil[29]. En même temps, il entre en contact avec le personnel, qui entretient ces institutions, mais qui les marque aussi de son sceau. En tant que visiteur, il prend connaissance et des conceptions théoriques sur lesquelles reposent ces institutions et des expériences pratiques qui s'y font[30]. Le voyageur d'étude moyen est pratiquement obligé de se rendre dans ces institutions, car, en général, il n'a accès qu'au domaine public. Le programme de visite d'un bourgeois comprend la plupart du temps l'espace urbain public. Car dans une métropole comme Paris, qui est inondée par des étrangers, les lettres de recommandation que chaque voyageur porte sur lui n'ont plus aucun effet, leur diffusion inflationniste nivelle leur importance[31]. Alors, souvent, les contacts s'interrompent après une

---

27 Cf. le programme de visites de CORFEY (voir n. 19) ou d'UFFENBACH (voir n. 26).

28 Cf. Carl Ludwig von PÖLLNITZ, Nachrichten des Baron Carl Ludwig von Pöllnitz, Enthaltend Was Derselbe Auf seinen Reisen Besonderes angemercket ..., 4 tms., Franckfurt am Mayn 1735, t. 3, p. 42–44.

29 Cf. entre autres: ANONYME [= Johann Friedrich Carl GRIMM]: Bemerkungen eines Reisenden durch Deutschland, Frankreich, England und Holland in Briefen an seine Freunde, 3 tms., Altenburg 1775; Heinrich SANDER, Beschreibung seiner Reisen durch Frankreich, die Niederlande, Holland, Deutschland und Italien ..., 2 tms., Leipzig 1783/84; ANONYME [= Sophie von LAROCHE], Journal einer Reise durch Frankreich, Altenburg 1787; Heinrich STORCH, Skizzen, Szenen und Bemerkungen auf einer Reise durch Frankreich gesammelt, Heidelberg 1787.

30 Cf. SANDER (voir n. 29) t. 1, p. 348–350.

31 Cf. les expériences que fit un voyageur bourgeois en 1788: *Ein Fremder darf nicht glauben, daß ihm einige Empfehlschreiben gleich Eingang in die vornehmsten Häuser verschaffen werden. [...] Die Häuser des höheren Adels verstatten schwer den Zutritt; und die der reichen Bürger stehen auch nicht leicht offen. [...] Nur Männer mit berühmten Namen oder großen Titeln finden allenthalben die Pforten offen. Den anderen stattet man einige Ceremonienbesuche ab, ladet sie ein paar Male zu Gaste: allein in die Privatzusammenkünfte [...] kommen sie doch nicht* (ANONYME, Interessante Bemerkungen eines Reisenden durch Frankreich und Italien, Leipzig 1793, p. 81 s.). Cf. aussi: ANONYME [= Friedrich Justinian von GÜNDERODE], Beschreibung einer Reise aus Teutschland durch einen Theil von Frankreich, England und Holland, 2 tms., Breslau 1783, t. 1, p. 55 s.; Georg Heinrich BERENHORST, Aus dem Tagebuche einer Reise durch Frankreich und England in den Jahren 1766 bis 1768.

première invitation de politesse. Il n'y a que relativement peu de voyageurs qui réussissent à entrer dans les salons parisiens[32] ou à participer à des réunions de famille[33].

C'est pourquoi les voyageurs observent le destin de leurs compatriotes à l'étranger. Aussi peut-on tirer de leurs récits des renseignements précieux sur le mode de vie des Allemands qui séjournent longtemps en France. On ne trouve ces renseignements que sporadiquement, et il faut les compléter par d'autres sources; ils sont néanmoins des fragments précieux de la mosaïque des relations franco-allemandes de cette époque. Les voyageurs étaient étonnés de rencontrer dans la *Capitale du Monde* tant d'Allemands qui s'y rendaient comme eux. Dès le début du XVIIIᵉ siècle ils se croisaient si souvent dans les rues de Paris que beaucoup d'intendants conduisaient leurs protégés en province pour qu'ils sortent du cercle des compatriotes[34]. Car avec le nombres des voyageurs s'accroissait le risque qu'ils restent en marge de la société[35]. D'autre part, l'afflux des Allemands devait banaliser socialement le séjour à Paris au fil du temps[36]. Parmi les nombreux Allemands qui s'établissaient aussi à Paris se trouvait également un nombre non négligeable de chevaliers d'industrie. Comme ils cherchaient fréquemment à tromper leurs compatriotes plus naïfs, les récits de voyage contenaient des informations appropriées qui mettaient en garde contre des

Ed. Eduard von Bülow, dans: Janus. Jahrbücher deutscher Gesinnung, Bildung und That 2 (1845) p. 513–538, 577–602, voir p. 534; Helfrich Peter Sturz, Briefe, im Jahr 1768 auf einer Reise im Gefolge des Königs von Dänemark geschrieben, dans: Id., Schriften, t. 1, Leipzig 1779, S. 1–119, voir p. 85 s.; Anonyme [= Franz Graf von Hartig], Interessante Briefe über Frankreich, Engeland und Italien, Eisenach 1786, p. 22 s.; Storch (voir n. 29) p. 32; Volkmann (voir n. 2) t. 1, p. 160.

32 Parmi les auteurs qui fureu reçus dans les salons, on trouve Isaak Iselin (Cf. Isaak Iselins Pariser Tagebuch 1752. Ed. Ferdinand Schwarze, Basel 1919, p. 98, 134 s. (Mme. Graffigny), Sturz (voir n. 31) p. 62–74, 104–106 (Mme. Geoffrin, Mlle. Lespinasse, Mme. Necker), Hartig (voir n. 31) p. 27 ss. (Mme. Geoffrin), Berenhorst (voir n. 31) p. 582 s.

33 Mais quand ils parvenaient à pénétrer dans ces cercles privés informels, ils appréciaient en général très positivement les contacts personnels intenses qu'ils permettaient. Par exemple, en 1773 Schlözer écrivait ainsi de Paris: *Gestern Mittag speißte ich bei einer ganz französischen Familie, da gefiel es mir herrlich. Sonst habe ich noch keine Freunde in Paris gehabt* (August Ludwig von Schlözers öffentliches und Privatleben aus Originalurkunden ... beschrieben von Christian von Schlözer, Leipzig 1828, p. 228). Heinrich Storch parvint également à devenir »l'ami de la maison« dans la famille d'un médecin parisien (cf. Storch [voir n. 29] p. 33 s.).

34 Ainsi l'intendant silésien Peter Wienand notait au début des années 1730: *Nachdem wir uns 5 Monathe in Paris aufgehalten, und alles mit Fleiß besehen hatten, so war der Frühling herangekommen. Nunmehro kamen die Deutschen mit Hauffen heran, und es vergieng bey nahe kein Tag, da wir nicht bekannte Lands=Leuthe auf der Gasse antraffen. Drum hielten wir vor nöthig, von hier aufzubrechen, damit wir nicht in große Compagnie verfielen, und in unsern Übungen gehindert würden* (Fürst [voir n. 23] p. 246 s.).

35 En 1673, l'intendant Schöndorffer se plaignait du milieu fréquenté par son protégé du qualité: *ob wir gleich / ... in einer umb des willen auch theurer Pension und Kost giengen / da keine Teutsche waren hatte er doch zu keiner anderen Gesellschaft Lust als zu Teutschen / da denn gewiß nichts anderes als Teutsch geredet ward / und wußten sich solche Bursch zusammen zu finden / daß kein Mittel war / solchem zu steuren* (Schöndorffer [voir n. 8] p. 274).

36 En octobre 1788, Wilhelm de Wolzogen nota dans son journal parisien: *Es muß was ganz Gewöhnliches sein, hier Deutsche zu sehen, denn man ist nicht sonderlich erfreut, hier Landsleute anzutreffen; man fragt nicht einmal aus welchem Teil Deutschlands* (Wilhelm von Wolzogen, »Dieses ist der Mittelpunkt der Welt«. Pariser Tagebuch 1788/1789. Eds. Eva Berie et Christoph von Wolzogen, Frankfurt a. M. 1989, p. 26).

contacts trop étroits et confiants avec la colonie allemande[37]. Les voyageurs s'intéressaient naturellement aux Allemands, qui avaient une activité dans le secteur des
services jouant un rôle important pour les touristes. Car il ne faut pas perdre de vue
que le tourisme allemand constitue une base d'existence pour un nombre considérable d'Allemands qui séjournent en France. Il ne s'agissait pas seulement des serviteurs allemands[38] ou des médecins[39] à leur disposition. Les passagers en provenance
des territoires allemands fréquentaient aussi volontiers les hôtels[40], pensions[41],
auberges[42] et cafés[43] que dirigeaient leurs compatriotes. Des institutions analogues
existaient aussi dans la colonie des artisans allemands de Paris. D'ailleurs, les

37 Cf. WILLEBRANDT (voir n. 14) p. 150: *Und wo ich nicht irre, so sind die geschicktesten Betrüger allhier
Deutsche, welche sich arm gespielet und gehuret, und sich vest geschmauset haben* (cf. aussi: Ibid.,
p. 165).

38 Nemeitz, un intendant ayant l'expérience des voyages d'ailleurs mettait en garde contre l'embauche de
serviteurs allemands à Paris: *Teutsche Diener / die auf solche Art sich in Paris auffhalten / oder sich
daselbsten etabliret haben / sind nicht weit her / und insgemein Leute / die aus ihrem Vaterlande
entloffen sind. Ich halte davor / man nehme einen Franzosen. Man hat von demselben mehr Dienste /
als von einem anderen ... Man übet sich besser in der Sprache / wenn man einen Frantzösischen Diener
hat. Er weiß in allen Sachen besser Bescheid ... Insgemein muß man dieses von den Frantzösischen
Dienern rühmen / daß sie treu sind. [...] Hiernächst sind sie auch willig und unverdrossen. Man kan sie
gebrauchen / zu was man will. Sie solten vor ihren Herrn durchs Feuer lauffen* (NEMEITZ [voir n. 14]
p. 73 ss.; cf. en outre: WILLEBRANDT [voir n. 14] p. 163).

39 Déjà, Nemeitz recommandait aux voyageurs un »Chymiste Royal« allemand: *Was den Medicum
betrifft / so weiß ich keinen geschicktern zu recommendiren / als Mons. Grossen, Lutherischer Religion
/ aus Quedlimburg gebürtig / welcher schon bey die etlich und zwantzig Jahr stetig zu Paris practiciret
/ und also das Temperament der Frembden mit dem Frantzösischen Climat in seinen Curen wohl zu
überlegen weiß. [...] Sonsten hat man auch noch nebst ihm den jungen Helvetium, welcher ebenfals in
guter Renomée ist* (NEMEITZ [voir n. 14] p. 397 s.). Johann Peter Willebrandt recommandait en 1758
aux voyageurs *sich an die Leib-Aerzte der Kayserlichen, Preußischen, Dänischen oder Schwedischen
Abgesandten zu melden, und deren Hilfe zu suchen* (WILLEBRANDT [voir n. 14] p. 175). Le médecin
personel des princes de Thurn et Taxis mentionne en 1787 un certain *Dr. Sayffert, ein Sachse, Leibarzt
des Herzogs von Orléans; er stund damals in grossem Ruf, scheint mir aber nicht frey von Charletane-
rie zu sein*, ainsi que le médecin allemand de l'ambassade de Suède Redemeyer et un certain docteur
Ehrhart (SCHAEFFER [voir n. 8] t. 1, p. 122–124). Heinrich Sander découvrait en 1776 *eine deutsche
Apotheke, nicht weit von la Place St. Victor* (SANDER [voir n. 29] t. 1, p. 47). Et Wolzogen cite en mars
1789 un Allemand du nom de Müller qui possédait une pharmacie rue de Grenelle (WOLZOGEN [voir
n. 36] p. 140).

40 Nemeitz et Willebrandt recommandaient dans leurs guides de voyage entre autres l'Hôtel de
Hambourg, rue du Four et l'Hôtel de la Ville de Hambourg, rue de Boucherie (NEMEITZ [voir n. 14]
p. 42; WILLEBRANDT [voir n. 14] p. 161). Pendant son séjour à Paris en 1777, Joseph II logeait à l'Hôtel
de Treville, rue Tournon qui était dirigé par un Allemand du nom de Schelling (ANONYME, Wichtige
und historische Anecdoten von einer sehr hohen reisenden Standesperson, während ihres Aufenthaltes
in Paris, Leipzig 1777, p. 71).

41 C'est ainsi par exemple que Isaak Iselin prit ses repas durant tout son séjour à Paris en 1752 dans une
pension que dirigeaient plusieurs de ses compatriotes suisses, à côté de laquelle il s'était également logé
(cf. ISELIN [voir n. 32] p. 14).

42 Le Tyrolien Peter Prosch descendit par exemple en 1786 à proximité du Palais royal à l'*Hôtel de
Bavière, in welchem ein deutscher Wirt ist* (Peter PROSCH, Leben und Ereignisse des Peter Prosch,
eines Tyrolers von Ried im Zillerthal, oder Das wunderbare Schicksal, München 1789. Nouvelle
Edition ed. Karl PÖRNBACHER, München 1964, p. 284, 287).

43 Parmi lesquels il faut compter le *Caffé Allemand, Rue Montorgueil au cinquième* (WOLZOGEN [voir
n. 36] p. 97).

voyageurs de qualité les évitaient[44]. Ce n'est que par erreur qu'il leur arrivait parfois de s'égarer dans un logis pour les artisans en déplacement[45]. Mais à l'étranger les voyageurs relatent tout ce qui a trait à leur pays d'origine – jusqu'à des bœufs allemands qui étaient amenés du Sud de l'Allemagne à Paris pour y être consommés[46]. Il faut mentionner aussi les journaux et périodiques allemands qui se trouvent dans quelques cafés parisiens[47]. Les voyageurs utilisaient aussi naturellement le cabinet de lecture allemand qui existait à Paris dans les années 1780[48]. Et dans les

44 Ainsi Heinrich Sander rapportait en 1776 au sujet de la rue de Porcherons au faubourg Montmartre: *In dieser Straße wohnt fast niemand, als Cabaretiers, Rotisseurs und Huren. Zu beiden Seiten sind Wirtshäuser an Wirtshäuser [...]. Spielleute sind beständig da, und in jedem Hause eine Menge Huren [...]. Es ist unter diesen Häusern ein eignes, das den Deutschen gewidmet ist; da können unsre Patrioten sehen, ob's rathsam sei, jeden Handwerksburschen wandern zu lassen* (SANDER, [voir n. 29] t. 1, p. 136–138).

45 En général on suivait la devise: *allzugeringe Quartiere / als bey gemeinen Handwercks-Leuten / oder wo berüchtigte Weibes-Personen darinnen sind, nehme man nicht* (TALANDER [= August BOHSE], Der getreue Hofmeister ..., Leipzig 1703, ²1706, p. 401). Ce n'était qu'un concours de circonstances malheureux qui faisait atterir en 1760 Heinrich de Bretschneider, arrivé à Paris à une heure avancée, dans un *deutsches Traiteurhaus*, rue des Vieux Augustins où il remarquait *teutsche Zungen aus mehr als einer Provinz: Man ließ mich herein, führte mich bis unters Dach, und wies mir unter zwanzig, von andern schon belegten Betten eine Lagerstätte an, die weder weich noch reinlich war, und auf der ich, bei aller meiner Müdigkeit, kein Auge zuthun konnte. Aber es währte nicht lange; denn nach 4 Uhr war in diesem allgemeinschaftlichen Schlafgemache schon alles in Bewegung. Meine Schlafkameraden waren alle Handwerksbursche, die sich hier Schlafstätte auf einen Monat gemiethet hatten; und die, weil sie früh in die Werkstätte an ihre Arbeit gehen mußten, zeitig aufstanden, sich anzogen, und einander bei ihrem Lever hülfreiche Hand leisteten. Für andere kam ein Friseur, der sich auch meinem Bette näherte, und fragte: ob er später kommen solle? Ich bestellte ihn, und äußerte zugleich meine Unzufriedenheit mit der Lagerstatt und der Gesellschaft, in die man mich gebracht hatte. Das nahm er sich sehr zu Herzen, entschuldigte das Versehen, welches nur meine späte nächtliche Ankunft verursacht haben müsse, und sagte: Mr. Meier, der Wirth, ein Schweitzer, sein Landsmann, sey ein très galant homme, der den Fehler [...] auf alle Art wieder gut zu machen trachten würde* (Reise des Herrn von Bretschneider nach London und Paris [...] Ed. L. F. G. von GÖCKINGK, Berlin/Stettin 1817, p. 208 s.). En 1788, Wolzogen notait à propos du café d'un certain Küffler, *Caffetier aus Carlsruhe: Es ist äußerst unangenehm in den deutschen Caffeehäusern: Es sind daselbst eine ganze Menge deutscher Gesellen, Handwerksbursch etc., die denn den schlechten Pariser stinkenden Tabak aus langen Cöllnischen Pfeifen rauchen; überdem sieht es etwas unreinlich darinnen aus* (WOLZOGEN [voir n. 36] p. 33).

46 Les voyageurs, stupéfaits, croisaient en route des troupeaux entiers *die alle Wochen [...] aus dem Fränkischen, hauptsächlich dem Hohelohischen, auch aus dem Gebiet der Stadt Schwäbisch Hall, über den Rhein herüber gebracht, und nach der Hauptstadt Frankreichs getrieben werden* (ANONYME, Briefe eines durch Elsas Reisenden, dans: Auswahl kleiner Reisebeschreibungen und anderer statistischen und geographischen Nachrichten, t. 2, Leipzig 1785, p. 292; cf. aussi: STORCH [voir n. 29] p. 377).

47 Déjà en 1776, Heinrich Sander notait: *Es ist bequem in Paris, daß man in die Magazins des Gazettes gehen kan, am Quai, da Thee etc. trinken, und deutsche, französische, holländische Zeitungen lesen, welche man will* (SANDER [voir n. 29] t. 1, p. 352). En 1785 Sophie de LaRoche mentionnait un café au Palais Royal, dans lequel on trouvait *alle Zeitungen und Journale, welche bey uns [...] herauskommen* (LAROCHE [voir n. 29] p. 46). Heinrich Storch attira l'attention sur ce café en 1786: *In einem Kaffehaus unter den Arkaden des Palais Royal werden deutsche Zeitungen gehalten, wie schon die deutsche Aufschrift bezeugt* (STORCH [voir n. 29] p. 125; cf. aussi: PROSCH [voir n. 42] p. 284; Heinrich August Ottokar REICHARD, Seine Selbstbiographie. Ed. Hermann UHDE, Stuttgart 1877, p. 217). Et en 1788, on y pouvait lire l'*»Erlanger Realzeitung«* (STEINBRENNER [voir n. 8] t. 2, p. 21).

48 Voir sur cette institution: Jürgen Voss, Eine deutsche Lesebibliothek im Paris des späten 18. Jahrhunderts, dans: Zeitschrift für Historische Forschung 6 (1979), p. 461–470. Vers 1780, le professeur de

bibliothèques parisiennes ils notaient avec précision la quantité (ou plutôt la rareté) des livres allemands qui s'y trouvaient[49]. En outre, les voyageurs protestants assistaient, comme beaucoup de leurs compatriotes résidant à Paris, aux offices dans la chapelle de l'ambassade suédoise[50]. Ils y rencontraient un nombre considérable d'artisans allemands[51] comme c'était aussi le cas lors des visites rituelles des manufactures des biens de luxe en vogue. Lorsqu'en 1777 l'empereur Joseph II fit halte à Paris lors d'une visite semi-officielle, on lui présenta à la fabrique de porcelaine de Sèvres un ouvrier allemand qui avait été son sujet[52].

Pour les voyageurs, les rencontres avec les Allemands qui à Paris jouaient un rôle

langue allemand, Adrian Christian Friedel, fonda ce cabinet de lecture rue St. Honoré et le sacristain de la chapelle suédoise Seiler continua de s'en occuper rue Philippeaux. Vers la fin 1788 il a dû se trouver juste à la veille de sa dissolution, comme on peut le déduire d'une notice de Wolzogen: *HE. Seiler, Kantor in der Schwedischen Kirche u. Besitzer des Lesecabinets, scheint ein verloffener sächsischer Student zu sein, er ist schon gegen 16 Jahre hier. Sein Lesecabinet und damit verbundener Büchervorrat ist nicht zum besten eingerichtet, wie man schon aus den Catalogen sieht. Er will es jetzt veräußern; und er tut wohl daran, denn er versteht nicht genug davon* (WOLZOGEN [voir n. 36] p. 86).

49 Cf. ISELIN (voir n. 32) p. 60, 143; STEINBRENNER (voir n. 8) t. 1, p. 254. En 1776, Heinrich Sander se plaignait encore de la Bibliothèque Royale: *Weder auf dieser, noch auf einer andern Bibliothek fand ich nur Ein deutsches Buch, oder nur Eine deutsche gelehrte Zeitung, ein Journal, eine Bibliothek etc. Die Bibliothekare wissen auch nicht das Geringste von der deutschen Litteratur* (SANDER [voir n. 29] t. 1, p. 74). En 1780, Joseph Richter faisait des observations semblables: *Ich besuchte verschiedene Bibliotheken. Sie waren meistens gut eingerichtet. Du findest hier Bücher in allen Sprachen, nur keine Deutsche, am allerwenigsten von der neuen Litteratur. Die meisten Franzosen sehen uns Deutsche noch als Barbaren an. Sie kennen keinen Autor von uns, als Gellert, Geßner, Lichtwerth und Leßing (sie sprechen Le Singe) weil Huber sie übersetzt hat; inzwischen fangen einige Franzosen an, sich auf die deutsche Litteratur zu verlegen, und diese sind so billig, uns doch Menschenverstand zuzutrauen. Ich nannte einem Bibliothekar unsere Sulzer, Herder, Mendelsöhne, Mosheime; Er schüttelte die Perücke. Aves-vois de bons Poètes? fragte mich ein Prokureur. Und warum nicht? versezte ich. Mais vôtre langue est si dure* (ANONYME [= Joseph RICHTER], Reise von Wien nach Paris, Wien 1781, p. 80 s.). Steinbrenner, par contre, notait en 1788 sur la Bibliothèque de la Ville de Paris: *Es nahm mich Wunder, auch teutsche Bücher daselbst zu finden* (STEINBRENNER [voir n. 8] t. 2, p. 261).

50 Cf. entre autres: ANONYME, Die rechte Reise-Kunst (voir n. 19) p. 88 s.; NEMEITZ (voir n. 14) p. 373–375; LUDWIG von Hessen-Darmstadt (voir n. 8) p. 15; ISELIN (voir n. 32) p. 63 s., 84, 130; Georg Ludwig HIRSCH, Reise durch Italien und Frankreich in den Jahren 1752 und 1753, Ansbach 1808, p. 272; Johann Heinrich MEYER, Eine Reise nach Paris im Jahr 1776, dans: Zürcher Taschenbuch 47 (1926) p. 90 *(eine ziemliche Zahl deutscher Handwerksgesellen)*; SANDER (voir n. 29) t. 1, p. 65–68 *(eine Versammlung von 200–250 Menschen)*, p. 120 s.; WOLZOGEN (voir n. 36) p. 61 s.

51 Voir sur les artisans allemands: BERGER (voir n. 10) p. 31; MEYER (voir n. 50) p. 83; SANDER (voir n. 29) t. 1, p. 355; WOLZOGEN (voir n. 36) p. 121; Johann Peter JAGER, Meine Reise durch Frankreich ..., Ed. Johann Babtist KAISER, Metz 1925, p. 36–39. En 1776, Heinrich Sander visita aussi »la chambre des maladies« que le pasteur à l'ambassade suédoise y avait installée sur la base d'une sorte d'assurance-maladie: *Für die deutschen evangelischen Handwerksbursche hat er eine Krankenstube angefangen, jeder muß monatlich nur 12 Sous geben, und wird dann, im Falle er krank wird, ganz frei versorgt* (SANDER [voir n. 29] t. 1, p. 45).

52 Cf. ANONYME, Anthologische Beschreibung der Reise des Herrn Grafen von Falkenstein nach Frankreich 1777, Schwabach 1778, p. 40. Et à Bordeaux Joseph II rencontra quelques membres de la colonie allemande de la ville (ibid., p. 111 s.). En ce qui concerne les Allemands à Bordeaux voir: LAROCHE (voir n. 29) p. 263 ss. Des indications sur d'autres colonies allemandes ne se trouvent que très rarement: cf. ANONYME [= Friedrich Rudolf SALZMANN], Schrifttasche auf einer neuen Reise durch Teutschland, Frankreich, Helvetien und Italien gesammelt, t. 1, Frankfurt/Leipzig 1780, p. 247, 250 (Lyon); Johann Christian SCHEDEL, Der Kaufmann auf Reisen ..., 2 tms., Leipzig 1784, t. 1, p. 316 (Lyon), p. 415 (Havre de Grace); EBERT (voir n. 26) p. 210 s. (Nantes), 216 (Rochefort), 221 (Bordeaux), 293 (Lyon).

de médiateurs entre les deux cultures étaient, cependant, plus importantes. Il faut citer en premier lieu Friedrich Melchior Grimm[53], à qui beaucoup rendaient visite et ensuite Johann Georg Wille[54]. Mais on recherchait aussi la compagnie du pasteur strasbourgeois de l'ambassade de Suède Friedrich Karl von Baer[55] ou du jurisconsulte du roi, l'Alsacien Christian Friedrich Pfeffel[56], de Heinrich Meister[57], le collaborateur de Grimm, du publiciste et traducteur Michael Huber[58], du professeur d'allemand de l'Ecole Militaire Adrian Christian Friedel[59] et des graveurs sur cuivre Weißbrod[60], Miller[61] et Heideloff[62]. Wille et Grimm établirent des contacts précieux pour Isaak Iselin ou Johann Gottfried Herder qu'ils firent connaître aux grands intellectuels français[63]. Mais tous les voyageurs n'étaient pas jugés dignes de cet honneur[64]. Quand cela était le cas, une recommandation de l'éditeur de la »Corre-

53 Cf. par exemple: Johann Christian MANNLICH, Ein deutscher Maler und Hofmann. Lebenserinnerungen des Johann Christian von Mannlich (1741–1822). Ed. Eugen STOLLREITHER, Berlin 1910, ²1913, p. 237 s.; LAROCHE (voir n. 29) p. 513; CARL EUGEN von WÜRTTEMBERG, Diarium der Rayße nach den beeden Königreichen Franckreich und Engelland [1789] …, dans: ID., Tagbücher seiner Rayßen … in den Jahren 1783–1791 vom Herzog Carl Eugen selbsten geschrieben … Ed. Robert UHLAND, Tübingen 1968, p. 317–363, voir p. 321.

54 Cf. par exemple: Christian Felix WEISSE, Selbstbiographie. Ed. Christian Ernst WEISSE et Samuel Gottlob FRISCH, Leipzig 1806, p. 68 s.; ANONYME, Kurzes Tagebuch einer drey wöchentlichen Reise von Aachen nach Paris und zurück über Spaa. Im Sommer 1769, dans: Johann BERNOUILLIS Sammlung kurzer Reisebeschreibungen …, t. 12, Berlin 1783, p. 337–364, voir p. 358; ANONYME, Die Reise nach Paris [1778], dans: Taschenbuch zum geselligen Vergnügen 2 (1794) p. 1–80, p. 67; LAROCHE (voir n. 29) p. 514 s.

55 Cf. ISELIN (voir n. 32) p. 84; SANDER (voir n. 29) t. 1, p. 44 s., 335.

56 Cf. SANDER (voir n. 29) t. 1, p. 325–327; LAROCHE (voir n. 29) p. 180, 184 s., 471, 438, 449 s., 454 s., 459, 488, 521, 549, 552 s., 561.

57 MEYER (voir n. 50) p. 88 s.

58 WEISSE (voir n. 54) p. 70. En ce qui concerne l'évaluation du rôle de médiateur de Huber, voir aussi: STURZ (voir n. 31) p. 110, 117 s.; STORCH (voir n. 29) p. 231 ss. Apparement, on ne rendait pas visite au publiciste allemand Franz Michael Leuchsenring, qui séjournait à Paris, rue de Michel Comte de 1773 à 1781 et qui éditait un »Journal de lecture« (Cf. Briefe von und an F. M. Leuchsenring 1746–1827. Ed. Urs Viktor KAMBER, Stuttgart 1976).

59 Cf. LAROCHE (voir n. 29) p. 396, 410, 424, 435, 495 et 406: *Heute [1. 6. 1785] speißte ich bey Herrn Professor Friedel zu Mittage, und lernte seine sehr artige Frau kennen, die eine Kaufmannstochter aus Philadelphia ist […]. Bey ihr traf ich eine Madame Thibault mit ihrem Mann, einem Akademiker von Berlin; […] dann einen Teutschen von vielen Kenntnissen, der Secretaire beim Prinzen von Lothringen ist, und zu meinem Staunen und Freude Herrn Mercier an.* Le successeur de Friedel, Marterer, est mentionné chez STORCH (voir n. 29) p. 94.

60 Cf. ANONYME, Die Reise nach Paris (voir n. 54) p. 67.

61 Cf. LAROCHE (voir n. 29) p. 516–518.

62 Cf. CARL EUGEN von WÜRTTEMBERG, Tagbuch der Rayße nach Paris vom 1ten biß 22ten Februar [1787] …, dans: ID., Tagbücher seiner Rayßen (voir n. 53) p. 292–304, voir p. 303.

63 En ce qui concerne les relations entre Iselin et Rousseau dont Grimm était l'auteur, cf.: ISELIN (voir n. 32) p. 54, 87, 128 s.; cf. sur Wille et Herder: HERDER (voir n. 15) p. 119, 121; ID., Briefe. Gesamtausgabe 1763–1803. t. 1: April 1763–April 1771. Ed. Wilhelm DOBBEK et Günter ARNOLD, Weimar 1977, p. 174, 183 *(Er [Wille] ist in Paris mein bester u. einziger Freund).*

64 Le fils de commerçant hambourgeois Kaspar Voght, qui séjournait à Paris en 1772, par exemple, se plaignait très ouvertement de ce que *Baron Grimm, der eigentlich den Schlüssel zu Madame Necker's Salon hatte, uns nicht würdig hielt, da eingeführt zu werden. Wir entschädigten uns durch den Umgang mit den Anti-Encyklopädisten* (Kaspar VOGHT, Lebensgeschichte, Hamburg 1917, p. 26).

spondance littéraire« ouvrait les portes parisiennes[65]. C'est ainsi que Grimm organisa en 1764 deux concerts pour Wolfgang Amadeus Mozart et lui ménagea à nouveau en 1778 une entrée dans la société de qualité[66].

Les voyageurs entraient évidemment aussi en relation avec les représentations diplomatiques et commerciales des Etats allemands[67]. Ils suivaient, en cela, les recommandations des guides de voyage qui conseillaient de faire des diplomates en place les points de départ pour établir des contacts plus larges avec la société française[68]. Mais les représentants des territoires d'origine en poste à Paris ne préparent des rencontres que pour des voyageurs haut placés qui ne les discréditent pas eux-mêmes dans la société parisienne. En tant que médiateurs qui ont naturellement à veiller à la renommée de la Cour qu'ils représentent, ils remplissent également une fonction de sélection. Beaucoup de diplomates avaient coutume de traiter la foule des touristes de qualité, en dehors des personnalités exceptionnelles, avec des recommandations pour des assemblées de troisième catégorie, dont les voyageurs sans expérience semblent avoir été tout à fait satisfaits[69]. Il apparaît ainsi clairement que les Allemands de Paris jouaient un rôle important à l'égard de leurs compatriotes en déplacement: ils étaient le point de départ pour jeter un coup d'œil sur la société et la culture françaises et y établir des contacts, mais en tant que »gardiens du temple«, ils canalisaient ce processus de façon décisive.

En fin de compte, à l'aide des récits de voyage, on peut analyser les préalables socio-psychologiques dans la vie quotidienne, le cadre général et les limites des processus d'un échange culturel. Car les relations de voyage sont une source importante pour l'histoire des mentalités. Mais pour cette étude, il est nécessaire de classer et d'analyser les descriptions hétérogènes que fournit la littérature de voyage à l'aide des catégories et des théories récentes de la sociologie et de la socio-

---

65 Cf. REICHARD (voir n. 47) p. 219: *Grimm stand als Geschäftsträger und Freund Katharinas der Großen, nicht minder durch seine enge Verbindung mit d'Alembert, Diderot u.s.w. am Hofe wie bei den ersten französischen Gelehrten in hohem Ansehen; seine Vermittlung öffnete uns daher manche sonst verschlossene Thür. Oft ließ er uns bei unseren Streifzügen durch die Stadt durch seinen Sekretär begleiten, und des letzteren Worte: »De la part de Mr. le Baron de Grimm« wirkten stets wie ein Zauberspruch.*

66 Cf. Wolfgang Amadeus MOZART, Briefe und Aufzeichnungen. Eds. Wilhelm A. BAUER et Otto Erich DEUTSCH, 7 tms., Kassel/Basel/London/New York 1962/75, t. 1, p. 141, t. 2, p. 317, 333 s., 343, 344, 356, 376, 387, 394, 407, 425 ss., 474 s.

67 Cf. par exemple: EBERT (voir n. 26) p. 132 s.; MOZART (voir n. 66) t. 1, p. 141, t. 2, p. 368, 378; HARTIG (voir n. 31) p. 27; CARL EUGEN [1789] (voir n. 53) p. 318; WOLZOGEN (voir n. 36) p. 107, 184.

68 Cf. NEMEITZ (voir n. 14) p. 297: *Hat man aber einen Minister aus seiner Heimath an dem Frantzösischen Hof / so ists desto besser. Je vornehmer die Persohnen sind / welche einen an einem Orte hinführen / desto mehr Ehre und Respect hat man davon.* Cf. aussi: ANONYME, Die rechte Reise-Kunst (voir n. 19) p. 33 s.

69 C'est avec une ironie mordante que Helfrich Peter Sturz décrit ce phénomène qui jette une nouvelle lumière sur la réalité des grands tours: *Unsere meisten Reisende sind Knaben, deren Artigkeit nicht länger im Gang bleibt, als die durch ihre Pedanten aufgezogen sind. Ein Minister, dem von seinem Hofe diese herumgeführte Jugend empfolen wird, ist äußerst mit diesen Herren verlegen; er weiß, daß er mit seinen rohen Landesprodukten nirgends angenehm komt, und hält daher immer eine alte Prinzessin an der Hand, wo sich die Kadetten und die Invaliden der Gesellschaft, die beiden Enden des Jahrhunderts, begegnen, und die gern ihre Spieltische voll hat. Dann hat die hoffnungsvolle Jugend in der großen Welt gelebt, und komt gebildet zurück* (STURZ [voir n. 31] p. 86).

psychologie[70]. On peut recourir à différents modèles qui se complètent mutuelle-ment: le concept de l'intégration sociale qui provient du domaine de la sociologie des migrations permet de décrire avec précision la situation de la minorité allemande qu'elle soit en France pour longtemps ou – comme c'est le cas des voyageurs – seulement pour un temps limité. Les théories socio-psychologiques des relations entre les groupes peuvent nous aider et nous apporter des critères d'analyse pour évaluer précisément les rapports entre les Allemands et les Français. C'est le cas en particulier pour les mécanismes qui régissaient les rencontres entre les différents groupes sociaux de touristes allemands et de Français autochtones. Une telle approche permet d'éclairer plus finement les processus de perception et d'évaluation mutuelles et de dégager les différents facteurs qui interviennent dans ce contexte.

Quels facteurs constituent-ils des conditions essentielles à l'intégration sociale des Allemands en France? Si l'on suit les modèles de la sociologie des migrations, il convient de distinguer les facteurs personnels et les facteurs dépendant de l'environ-nement parmi ceux qui ont une influence sur l'intégration du migrant dans la société d'accueil. Il s'agit, au niveau peronnel, de prendre en considération la dimension motivationnelle et cognitive. Et dans l'approche par l'environnement, il est im-portant d'attirer sur les possibilités d'assimilation offertes aux migrants par leurs actions et par leurs comportements, l'existence de barrières à l'intégration dans la société d'accueil et la présence de possibilités de ne pas s'y assimiler. Tous ces facteurs ont des effets sur le processus d'assimilation des migrants qui débouche sur une situation d'intégration plus au moins marquée, donc sur une situation qui est caractérisée par leur acceptation dans la société d'accueil et par une relation dépour-vue de tensions avec celle-ci[71]. Si l'on considère que les voyages sont un cas particulier de migration, on peut alors chercher – bien évidemment en apportant les nuances appropriées – à lire les relations de voyage dont nous disposons dans cette perspective.

En ce qui concerne leurs motivations, les dispositions des voyageurs à l'égard de leur assimilation en France étaient très différentes suivant leur état social. Cela montre en même temps que ce facteur individuel était dans une large mesure déterminé socialement, car leur comportement obéissait à des conventions suivant les

---

70 De façon générale, on peut remarquer à ce sujet que la »banque de données« de l'historien est beaucoup plus limitée et fragmentaire que celle du sociologue ou du socio-psychologue. Car ces derniers peuvent analyser des phénomènes actuels à l'aide d'expériences et »créer« eux-mêmes leurs données. Au contraire, l'historien ne peut pas trouver pour chaque variable et chaque cas les données empiriques correspondantes à des relations de facteurs complexes, car il est dépendant d'informations qui lui sont transmises de façon fragmentaire et pas toujours dépourvues de déformations. Cependant on peut reconstruire une mosaïque plus ou moins vraisemblable, qui permet d'éclairer les grandes lignes du processus et que les théories modernes permettent de modéliser. Mais, on est ainsi conduit à projeter les catégories et les résultats de la recherche moderne, qui ont été développés dans le contexte de l'analyse de populations et sous-populations de la société (post-)industrielle, sur des rapports historiques. Il est certain que cela n'est pas toujours possible. C'est pourquoi une approche de ce type ne possède qu'une valeur heuristique.

71 Cf. Sur l'approche sociologique de la migration qui a été présentée ici d'une facon simplifiée: Hartmut ESSER, Aspekte der Wanderungssoziologie. Assimilation und Integration von Wanderern, ethnischen Gruppen und Minderheiten, Darmstadt/Neuwied 1980.

états. Celles-ci étaient plus au moins intériorisées par les différents individus[72].
Qu'est-ce qui poussait les différents groupes de voyageurs vers la France? Pour les
nobles, il s'agissait d'y apprendre la langue, l'étiquette, la mode françaises et un
comportement social parfait, car ces normes sociales étaient très appréciées et
entourées d'un respect approprié dans leur pays d'origine en raison de l'influence
culturelle dont y bénéficiait la »grande nation«. A cela s'ajoutait que le *grand tour*
était aussi un voyage d'agrément – et c'était d'autant plus le cas en pratique que cela
apparaissait moins dans la théorie. En général, les voyageurs de qualité étaient bien
disposés à l'égard de la France en tant que but de leur voyage; en particulier, leur
socialisation, chez eux, était placée sous le signe de la francophilie, et ils pouvaient
compter, en raison des liens internationaux au sein de la noblesse, être reçus à
l'étranger conformément à leur rang et pouvoir y vivre sans souci grâce à leurs
moyens financiers. Ils étaient ainsi normalement extrêmement bien disposés à l'égard
de l'assimilation, leur jeunesse n'étant pas le dernier des facteurs favorables[73]. Ces
remarques s'appliquent également aux candidats à la variante patricienne du *grand
tour*, mais dans une moindre mesure, car ils étaient de façon latente en concurrence
avec la noblesse allemande durant leurs voyages; des préoccupations de compléments de formation spécialisée jouaient pour eux un rôle plus important, et ils ne
pouvaient espérer une intégration sans heurts dans la société aristocratique. Ils se
distanciaient beaucoup plus de la culture française[74]. Les motivations des bourgeois
cultivés et de leurs voyages de formation se présentaient encore différemment. Pour
eux, la formation individuelle venait en premier, ils considéraient froidement qu'un
séjour prestigieux en France serait une étape stratégiquement importante de leur
ascension dans la société féodale allemande. A l'égard du modèle culturel français
leur attitude allait du scepticisme au refus[75]. Et en ce qui concerne les voyages
d'affaires des commerçants qui avaient des buts précis, ou les voyages d'études ou
d'apprentissage des savants, des artistes ou des artisans, l'aspect formateur était le
seul à apparaître au premier plan de sorte que leur disposition à l'assimilation se
limitait surtout au domaine spécialisé qu'ils s'étaient fixés.

Non seulement les dispositions à l'égard de l'assimilation étaient très différentes,
mais il en allait aussi de même de leur capacité à s'orienter à l'étranger et à accueillir

---

72 Cela apparaît clairement, en ce qu'une partie des aristocrates, qui se sentaient parties prenantes du
mouvement des Lumières, n'effectuait plus dans la seconde moitié du XVIIIᵉ siècle le classique »Grand
Tour«, mais adoptait un type de voyage qui se rapprochait de celui des bourgeois. Cf. GROSSER (voir
n. 3) p. 81 ss.

73 C'est alors que Nemeitz mettait en garde devant le phénomène général que les voyageurs distingués
étaient éblouis *durch die Menge so admirabler Sachen / die ihnen flugs in die Augen fallen* qu'ils
tombaient amoureux *in die Frantzösische Manieren [...] / daß sie hernachmals in anderen Ländern
nichts gefunden* (NEMEITZ [voir n. 14] p. 38, 40). L'imitation naïve des mœurs françaises par les
aristocrates était, à vrai dire, un topique de la critique bourgeoise du comportement noble en voyage.
Cf. ANONYME, Die rechte Reise-Kunst (voir n. 19) p. 1 s.

74 C'est pourquoi Willebrandt posa à ses lecteurs cette question suggestive: *Glaubet ihr denn, daß zu
Paris eine andere Sonne scheinet, als in eurem Lande?* (WILLEBRANDT [voir n. 14] p. 149).

75 Ainsi, Herder s'était rendu en France pour qu'on le prenne plus tard dans son pays pour *eine
Sammlung von Känntnißen der policirten Welt.* Et il voulait justement exploiter ceci pour son
ascension sociale, pour *Welt, Adel und Menschen [...] auf meine Seite zu bringen: Was kann man mit
diesem Scheine nicht thun! nicht ausrichten!* (HERDER [voir n. 15] p. 29, 33 s.). Mais en même temps, il
émettait des réserves sur le caractère exemplaire virtuel de la culture française (cf. ibid., p. 92, 96).

les nouveautés. Ces conditions cognitives de l'assimilation de la culture française variaient également d'un individu à l'autre, mais ces variations étaient plus faibles que celles tenant au rang du voyageur. Car sa formation antérieure dépendait, en général, étroitement de la couche sociale à laquelle il appartenait. A elle seule, la maîtrise du français pouvait décider du succès ou de l'échec du séjour à l'étranger[76]. Meilleure était la formation du voyageur, plus grande était en général la complexité de son système cognitif[77]. Avec celle-là s'accroissait l'aptitude à accueillir des quantités importantes d'informations nouvelles[78]. Et plus c'était le cas, plus les types de jugement pouvaient être diversifiés, plus limités étaient les risques de généralisations trompeuses[79]. Et la souplesse intellectuelle, l'aptitude à accueillir la nouveauté, à l'évaluer de façon critique et à l'utiliser à bon escient n'en dépendaient pas moins également de l'âge et du développement psychologique du voyageur. Alors que les trop jeunes aristocrates avaient tendance à accepter sans esprit critique et à la suite d'une hyper-identification tout ce qu'ils découvraient à l'étranger, cela se réduisait chez les voyageurs les plus âgés à une incapacité à apprendre et à comprendre[80]. La capacité d'adaptation variait aussi naturellement avec la durée du séjour qui, pour des raisons économiques était sensiblement plus courte pour les bourgeois qu'elle ne l'était pour les aristocrates privilégiés[81]. Car plus long était le séjour à l'étranger, plus grandes étaient les

---

76 Cela vaut aussi pour les aristocrates dont la préparation pouvait être très différente. Schöndorffer rapporte que son protégé avait été écœuré par le voyage parce qu'il avait d'immenses difficultés pour apprendre la langue (SCHÖNDORFFER (voir n. 8] p. 271 s.). Pour les couches sociales inférieures, qui ne pouvaient pas s'offrir un cours de langue privé, cette barrière existait déjà beaucoup plus fréquemment pour des raisons socio-économiques. Le jeune paysan Peter Prosch qui avait accompagné le margrave d'Ansbach à Paris en tant que bouffon de la Cour en fit l'expérince: *Hätte ich nur ein wenig Französisch gewußt [...], wäre ich gewiß glücklich gewesen und wäre von Paris so bald nicht weggekommen; aber wenn man gar nichts versteht, ist es zu hart* (PROSCH [voir n. 42] p. 295). Mais même Herder connut ce problème: »Je ne sais ni parler ni entendre, et ce qui est encore pis, une mauvaise honte me lie la langue, en sorte que je ne l'apprendrai peut être jamais« (HERDER [voir n. 63] p. 154).

77 Cf. Alex MUCCHIELLI, L'Identité, Paris 1986, p. 24 s.

78 Plus vite la capacité de recevoir de nouvelles informations est dépassée, plus tôt elles font l'objet d'un traitement qui eu réduit la complexité selon des modèles de prêt-à-penser. Ce phénomène dépend, d'ailleurs, aussi considérablement des expériences antérieures dont l'observateur dispose pour assimiler ses nouvelles impressions. Cf. par exemple: ANONYME, Beschreibung einer Reise, welche im Jahr 1769 nach der Sierra Morena in Spanien vom Elsaß aus unternommen wurde, Leipzig 1780, p. 15 ss.

79 Cet effet ne se rencontrait pas nécessairement. Herder, par exemple, dans son voyage en France, montre très clairement comment des processus de perception stéréotypés se déclenchent (cf. HERDER [voir n. 15] p. 24, 26), sans que cela ait une influence perceptible sur ses jugements souvent globaux.

80 Herder, par exemple, observait ces comportements très exactement pendant son séjour en France. A Paris il constata que la contribution potentielle des voyageurs en France aux processus de transmission interculturels dépendait d'une façon significative de l'âge qu'ils avaient au moment du séjour à l'étranger: *nicht zu frühe, sonst expatriiren sie sich; nicht zu spät, sonst wollen sie nicht lernen* (ID., Einzelne Blätter zum »Journal der Reise«, dans: Johann Gottfried HERDER, Sämtliche Werke. Ed. Bernhard SUPHAN, Berlin 1878, t. 4, p. 477). La théorie bourgeoise des voyages en général était hostile aux voyages prématurés des nobles.

81 Les bourgeois ne disposaient, la plupart du temps, que du tiers ou du quart du »budget temporel« des aristocrates. En ce qui concerne la durée moyenne du séjour des nobles cf. GROSSER (voir n. 3) p. 35, n. 62. Mais souvent l'effet de la durée plus longue du séjour des nobles était diminué à cause de leur enclavement social.

chances de recueillir des informations et de nouer des contacts multiples et de s'acclimater[82].

Mais certaines éléments d'identification et émotionnels ne peuvent pas être laissés de côté. L'importance et la qualité de l'identification à son propre groupe, de l'auto-représentation religieuse et confessionnelle, du concept de soi au niveau ethnique, et de l'intériorisation de certaines normes socio-culturelles et de valeurs émotives jouaient un rôle important. Selon que, »protestant«, on voyageait dans un dangereux pays étranger et catholique[83], ou que, »rationaliste«, on était dans une culture seulement perçue différente[84], selon que, »aristocrate«, on recherchait ses pairs[85] ou selon que, »bourgeois«, on venait dans un pays, dans lequel la noblesse détestée et la culture de la Cour semblaient omniprésentes[86], selon que, »cosmopolite«, on visitait ses homologues[87] ou selon qu'»être humain«, on voulait rencontrer les couches sociales les plus diverses[88], le sens des valeurs, attaché à ses différents concepts de soi, influençait de façon très appréciable la perception et le comportement à l'étranger.

Naturellement, on ne peut pas considérer toutes ces composantes indépendamment les unes des autres, car elles forment un réseau complexe. Cela est aussi valable pour les facteurs tenant à l'environnement qui agissent sur le processus d'assimilation des migrants. Dans ce domaine, la similitude socio-culturelle entre la culture de l'environnement de départ et d'arrivée joue un rôle important, car ce facteur concerne la possibilité même d'occasions actives d'assimilation. Dans une société divisée en états, comme l'Europe occidentale à cette période, il faut nécessairement mettre en relation la différence entre les cultures avec la similitude entre les groupes sociaux correspondants. Les différences entre les états à l'intérieur d'une culture étaient généralement, à cette période, dans l'espace franco-allemand plus grandes que celles existant entre les membres d'un même état mais de cultures différentes. En particulier, l'appartenance nationale ne jouait qu'un rôle mineur pour la noblesse dont les ramifications dynastiques traversaient les frontières. Mais pour les bourgeois et même pour les artisans de la petite bourgeoisie, l'appartenance à leur état avait une importance déterminante. Aussi n'est-ce pas par hasard, que les voyageurs, en général, même à l'étranger restaient dans le cadre de leur milieu social: c'était là qu'ils se sentaient le mieux et qu'ils trouvaient, dans son sein, les contacts les plus étroits et

---

82 Plus d'un voyageur, ayant eu des contacts correspondants, révisait sensiblement ses préjugés du début après un séjour d'une certaine durée. Ainsi, en 1766, au début de son séjour, Georg Heinrich Berenhorst jugea les Français d'une façon négative: *Sie sind falsch und boshaft.* Cependant, après un séjour de six mois, il dit: *Bevor ich Frankreich verlasse, muß ich einige Punkte meiner Mittheilungen darüber berichtigen, in denen ich zu voreilig abgesprochen habe. Alles wohl erwogen, muß man den Franzosen doch die Gerechtigkeit angedeihen lassen, daß sie das gastfreieste Volk der civilisirten Europas sind* (BERENHORST [voir n. 31] p. 533, 593).

83 Cf. les indications correspondantes dans l'apodémique du début du siècle des Lumières: ANONYME, Die rechte Reise-Kunst (voir n. 19) p. 37–49.

84 Cf. EBERT (voir n. 26) p. 165 s., 222 s.

85 Cf. PÖLLNITZ (voir n. 28).

86 Cf. HERDER (voir n. 15) p. 106–108, 115.

87 Cf. STEINBRENNER (voir n. 8) t. 1, préface.

88 C'est ainsi que Sophie de LAROCHE ne voulait se laisser guider que par *das reine Gefühl meiner Seele,* pour *jedes schöne Verdienst der Menschenwelt zu bemerken* (voir n. 29, p. 34). Cf. sur »voyager en tant qu'être humain«, le paradigme du voyage de formation bourgeois: ANONYME [= Franz POSSELT], Apodemik oder die Kunst zu Reisen, 2 tms., Leipzig 1795, t. 1, p. 252 ss.

l'accès à la culture étrangère. L'homogénéité intra-état était une courroie de trans-mission essentielle dans les échanges interculturels. De la sorte les contacts appropriés aux états permettaient, à tous les niveaux de la société, de combler d'éventuelles différences culturelles[89]. Car dans cet espace de contact intra-état les connaissances des normes et des comportements, déjà familiers dans le pays d'origine, pouvaient être utilisées également à l'étranger. A mesure que la maîtrise des normes en vigueur dans le contexte social étranger s'accroissait, grandissait la certitude de reconnaître et de dominer les situations. Cela facilitait naturellement les repères et l'assurance du comportement de façon extraordinaire. Les différences entre une résidence princière allemande et la brillante Cour de Versailles pouvaient bien être considérables pour un noble allemand, elles n'en étaient pas pour autant des différences de nature[90]. Si, par contre, le cadre de vie des états diffère de façon qualitative, alors apparaissent des difficultés d'adaptation correspondantes. C'était par exemple le cas, si un bourgeois allemand sortait des rapports sociaux d'une petite ville pour se retrouver soudain dans le tourbillon d'une ville mondiale comme Paris[91]. Le phénomène général du choc des cultures se manifestait alors sous la forme du choc de la grande ville[92].

Un facteur supplémentaire se trouvait dans l'ouverture de la société d'accueil. Si celle-ci n'était pas très grande pour les travailleurs qui émigraient pour des raisons sociales ou économiques, ce qui correspond à l'existence de barrières juridiques, sociales ou économiques, la situation des voyageurs était tout à fait différente. Car ils ne prétendaient à aucune intégration structurelle au sens d'une possibilité de partici-pation à la vie politique avec les mêmes droits[93] ou d'une égalité des chances économiques et juridiques. Ils possédaient pour ainsi dire un statut particulier[94] tant

89 Tandis que les voyageurs nobles faisaient surtout des louanges sur la culture française de la Cour, la plupart des voyageurs bourgeois s'intéressaient à la culture française de leurs homologues: *In der glücklichen Klasse des Mittelstandes finden sich hier, wie überall, die unverdorbensten Sitten* (Johann Georg FISCH, Reise durch die südlichen Provinzen von Frankreich kurz vor dem Ausbruche der Revolution, Zürich 1790, ²1795, p. 134).

90 Cf. par exemple: PÖLLNITZ (voir n. 28) t. 3, p. 51 ss.; GÜNDERODE (voir n. 31) t. 1, p. 125 s. Chez les bourgeois, le cadre de la Cour provoquait, au contraire, un manque d'assurance et un sentiment d'infériorité correspondant. Cf. EBERT (voir n. 26) p. 144; ANONYME, Beschreibung einer Reise (voir n. 78) p. 15 ss.

91 Ceci vaut à peine pour les nobles qui, à cause de leur façon de voyager, ne se mêlent pas directement au quotidien mouvementé d'une grande ville. Cf. GROSSER (voir n. 3) p. 368 ss.

92 Cf. sur ce phénomène: Thomas GROSSER, Begegnungen mit dem Alltag der Revolution. Zur Sozialpsychologie eines schwierigen Erfahrungsprozesses, dans: Reisen in das revolutionäre Paris. Ed. Thomas HÖHLE, Halle 1992 (sous presse), surtout note 11 s.

93 Au contraire, ils étaient plutôt désorientés dans cette ambiance de discussion politique pourtant souvent très ouverte et à laquelle des personnes »de l'extérieur« pouvaient participer. Cf. ISELIN (voir n. 32) p. 83, 110; RICHTER (voir n. 49) p. 70; ANONYME [= Christoph Friedrich Heinrich LINDEMANN], Reisebemerkungen über einen Theil von Italien, Frankreich und Engelland, Celle 1784, p. 66 s.; STEINBRENNER(voir n. 8) t. 1, p. 288 s.; WOLZOGEN (voir n. 36) p. 159.

94 Chez les voyageurs, on tolérait facilement des comportements non conformes à la norme: *Der Name Etranger ist ein Titul, der mich zu allen Freyheiten berechtigt* (WILLEBRANDT [voir n. 14], p. 181). C'est pourquoi, les voyageurs se trouvaient dans une situation privilégiée, car ils ne rencontraient que des barrières sociales négligeables, ce qui leur facilita l'accès à l'autre culture: *Es ist ein Fremder! Diese magischen Worte entschuldigen manches, was dem Einheimischen nicht entschuldigt wird, und öffnen manche Thüre, die jenem verschlossen bleibt* (Heinrich August Ottokar REICHARD, Aus dem Tagebu-che der Rückreise des Herausgebers von Paris nach Deutschland im Sommer 1786, dans: Kleine Reisen. Lektüre für Reise-Dilettanten. Ed. H. A. O. REICHARD, t. 5, Berlin 1788, p. 305).

qu'ils ne séjournaient à l'étranger que de façon temporaire. Et, à la différence des
travailleurs migrants, ils ne représentaient aucune concurrence économique pour les
autochtones[95], mais ils enrichissaient au contraire le pays[96]. Ils arrivaient, en outre,
dans un pays doté d'une longue tradition touristique et d'un secteur des services
adapté. Ne serait-ce que pour des raisons intéressées, ceux qui travaillaient, dans ce
secteur n'étaient nullement xénophobes. Tout au contraire, les Allemands faisaient
d'habitude de bonnes expériences dans ce domaine qu'ils généralisaient souvent à
l'ensemble des Français[97]. En comparaison avec les visiteurs en provenance d'autres
pays, les voyageurs allemands passaient, à cette époque, en tant que groupe social, en
outre, encore relativement inaperçu. Ainsi rencontraient-ils dans le quotidien relativement peu de situations dans lesquelles seraient automatiquement apparus des
préjugés nourris par les Français à leur encontre. Le pire de ce qui pouvait
apparemment leur arriver était d'être pris pour des Anglais. Car, comme ceux-ci
étaient généralement très argentés, toutes les prestations leur seraient alors facturées
au prix fort[98].

En conclusion, s'il existait des possibilités d'éviter l'assimilation, cela n'était pas
sans retentir sur le comportement des voyageurs. S'ils pouvaient se préserver de leur
environnement à l'étranger, ils pouvaient éviter la voie difficile et qui n'était pas
toujours dépourvue de conflits d'une ouverture sur l'inconnu. Les contacts avec leur
»ethnie«, c'est-à-dire avec l'éventuelle colonie allemande locale pouvaient bien
faciliter les premiers pas et réconforter les arrivants. Mais à la longue la fréquentation
régulière de leurs propres compatriotes bloquait les possibilités de contacts interculturels[99]. Précisément dans le domaine touristique, trouve-t-on des cas typiques
d'isolement social, culturel et mental. En particulier, les critiques hostiles à la
pratique du *grand tour* insistaient, à l'époque, sur ce phénomène qui mettait en
question les résultats attendus en matière de formation du séjour à l'étranger[100]. Pour

---

95 La situation était tout autre pour les commerçants ou les travailleurs spécialisés en voyage. Du côté
français, on essayait, en général, d'empêcher ces transmissions de savoir-faire non-désirées. Les
voyageurs, qui quittaient les chemins battus du tourisme, devaient faire des expériences semblables:
*einen Fremden, der nicht auf der Landstraße bleibt, hält man fast überall entweder für einen
Spitzbuben und Landstreicher, oder für einen Spion; selbst in Orten, wo es für einen ehrlichen Mann
schlechterdings nichts auszuspionieren giebt. Selbst die Pässe können einen oft, wenn man sich als
Naturforscher der Land- und Stadtwirtschaft [...] eine Zeit wo aufhält, gegen den Verdacht eines
Spions nicht schützen* (ANONYME, Fragment einer Reise durch Elsaß, Lothringen und den Rhein
entlang [1778], dans: Auswahl kleiner Reisebeschreibungen ..., t. 1, Leipzig 1790, p. 201–250, voir.
p. 222).
96 En ce qui concerne les coûts élevés d'un »Grand Tour« cf. GROSSER (voir n. 3) p. 25 s., 28 s.
97 Sur les topiques correspondants de *Gastfreyheit* [hospitalité], *Leutseligkeit* [affabilité] et *Höflichkeit
gegen Fremde* [politesse envers des étrangers] comme *Haupttugend* [vertu première] des Français cf.
entre autres: ANONYME, Viatorium Germaniae, Galliae ac Italiae Oder Nuztliche Anweisung, Durch
Teutschland / Franckreich und Italien zu Reysen ..., Franckfurth am Mayn 1671, p. 555; ANONYME,
Die rechte Reise-Kunst (voir n. 19) p. 49 s.; LIMBERG (voir n. 9) p. 684 s.; ANONYME, Ueber die
Franzosen, dans: Der teutsche Merkur, No. 10, 1778, p. 3–20, voir p. 15; ANONYME, Beschreibung
einer Reise (voir n. 78) p. 9; LINDEMANN (voir n. 93) p. 93.
98 Cf. HARTIG (voir n. 31) p. 82 s.
99 Cf. ESSER (voir n. 71) p. 95 ss.
100 A part des exemples déjà mentionnés (voir notes 17, 34, 35, 41, 101) cf.: ANONYME [= Anton Wilhelm
SCHOWART], Der Adeliche Hofmeister ..., Berlin 1707, Annexe p. 100; NEMEITZ (voir n. 14) p. 46;
BERGER (voir n. 10) p. 19 s.

les voyageurs de qualité, leur propre intendant servait de filtre à l'encontre de leur environnement. Car il avait à prendre toutes les dispositions pour l'organisation du voyage, à éduquer son protégé, à le divertir et à lui épargner tous les désagréments. C'est pourquoi beaucoup de nobles n'avaient guère de contacts intenses avec la culture française si l'on fait exception de quelques rencontres avec d'autres nobles. Pour beaucoup de critiques, la question se pose de savoir si ces voyageurs avaient même réellement quitté leur pays[101]. Ce problème ne se posait pas dans les mêmes termes pour les voyageurs moins fortunés, ne serait-ce que pour des raisons matérielles. Car il fallait, pour des raisons économiques, que les bourgeois s'exposent beaucoup plus directement à leur environnement étranger. Ils ne pouvaient guère se permettre de voyager dans une voiture particulière ou emmener une suite avec eux qui n'était autre que leur réseau social familier. Comme il leur fallait organiser eux-mêmes leur voyage, et qu'ils empruntaient les diligences, qu'ils se déplaçaient à pied dans Paris, qu'ils mangeaient non pas dans leur chambre mais avec le soin de recueillir les informations auprès des autochtones, ils entraient forcément en un contact plus étroit avec la culture et la vie quotidienne françaises[102].

Ce pourquoi on aurait pu supposer que ces voyageurs en raison de la plus grande fréquence de contacts de ce type seraient plus ouverts à l'égard de la culture française et des Français[103]. L'hypothèse globale que les contacts quel que soit leur nature, contribuent à éliminer les tensions entre les groupes et à corriger les stéréotypes enracinés est né de la représentation des Lumières selon laquelle les voyages contribuent à l'élimination des préjugés[104]. Cependant les contacts seuls ne suffisent pas[105]. Au contraire, le tourisme superficiel du XVIIIe siècle a peu contribué à une connaissance mutuelle plus profonde des Français et des Allemands. Des stéréotypes existants ont pu être renforcés par lui à travers des »self fulfilling prophecies«. Cela était en particulier le cas, quand la culture étrangère était réduite à des clichés, quand un strict partage des rôles présidait aux relations entre les hôtes et le personnel de service et quand les seuls contacts avec les autochtones étaient relativement superficiels et brefs[106]. En outre, il faut tenir compte que les êtres humains, en particulier

---

101 Johann Elias Schlegel en 1745: *Es ist eine bekannte Tatsache, daß viele meiner Lands-Leute nicht so wohl nach Paris, als nach der Vorstadt von Paris, St. Germain, gehen, um sich mit ihren Lands-Leuten daselbst die Zeit zu vertreiben. Sie reisen nach Art derjenigen, die sich zu Schiffe in einer Cajüte befinden. Sie kommen in gantz fremde Gegenden, ohne daß sie es gewahr werden, und es ist einigermassen zweifelhafft, ob man von ihnen sagen kann, daß sie den Ort verändern* (Der Fremde. Ed. Johann Elias Schlegel 1 [1745], No. 1, p. 1).

102 Cf. Grosser (voir n. 3) p. 63 s., 363 s. 368.

103 Cf. Yehuda Amir, Contact Hypothesis in Ethnic Relations, dans: Psychological Bulletin 71 (1969) p. 319–342.

104 Cf. Reichard (voir n. 14) p. 8 s.

105 Cf. Marilynn B. Brewer et Norman Miller, Beyond the Contact Hypothesis: Theoretical Perspectives on Desegregation, dans: Groups in Contact. The Psychology of Desegregation. Eds. Norman Miller et Marilynn B. Brewer, Orlando (Fl.) 1984, p. 281–302; Miles Hewstone et Rupert J. Brown, Contact is not enough: an intergroup perspective on contact hypothesis, dans: Contact and conflict in intergroup encounters. Eds. M. Hewstone et Rupert J. Brown, Oxford 1986.

106 C'est cet arrière-plan qui a permis à Josef Richter de justifier ses appréciations sommaires des Français: *Der Grundsatz: man soll lange an einem Orte sich aufhalten, um darüber urtheilen zu können, scheint mir ein Vorurtheil. Je länger du an einem Ort lebst, je mehr nimmst du unvermerkt das Sittliche der Nation an, und dann urteile darüber, wenn du kannst. Am besten ists, gleich beym*

dans des contacts nouveaux et quand ils ne se connaissent pas, n'entrent pas d'abord
en contact en tant qu'individu. Ils se perçoivent avant tout comme membres de
groupes sociaux déterminés et se jugent mutuellement sur la base d'un processus de
catégorisation sociale. Ces processus de comparaison qui s'engagent entre groupe
d'appartenance et hors-groupe ont au premier chef pour fonction de stabiliser la
propre identité sociale des protagonistes et de lui donner une valeur positive[107]. Il
faut aussi prendre en considération quelles étaient la fonction et les conséquences que
les contacts avec les membres appartenant à d'autres groupes avaient pour la position
du voyageur dans son propre groupe social de référence. A la différence de ceux qui
vinrent en France après la Révolution[108], les voyageurs sous l'Ancien Régime ne
définissaient pas leur identité et avec elle leur propre groupe social de référence au
premier chef à partir de catégories nationales. Il y avait naturellement des stéréotypes
qui caractérisaient les »Français« et les »Allemands« par opposition les uns aux autres
et qui étaient colportés par les guides de voyage et les traités de géographie[109]. Mais
l'image qu'avait de lui-même le visiteur de la France était marquée d'abord par son
état. La fonction de contacts interculturels avec les Français variait considérablement
selon les états. Pour un noble allemand, étaler une relation personnelle avec la société
aristocratique française entraînait presque automatiquement un gain en terme de
statut à l'intérieur de son propre groupe social en raison de la francophilie caractéristique de la culture aristocratique allemande[110]. Que le pays et les gens l'enchantas-
sent[111], que Paris fût pour lui un paradis[112] et qu'il revînt généralement avec de
somptueuses emplettes et des impressions positives, cela découlait aussi de ce
contexte et pas seulement d'une perception sélective et d'un voyage confortable.
L'identité sociale du bourgeois allemand se constituait, au contraire, pour une part
importante, sur la base d'une séparation par rapport à la noblesse allemande. Comme
il avait constamment sous les yeux la francophilie de celle-ci, il avait tendance à la
considérer comme un comportement pro-aristocratique. A la différence d'un gentil-

---

*Eintritt, wo alles auffällt, die Hand aufs Herz als ein ehrlicher Mann zu sagen, das gefällt mir und das
nicht* (RICHTER [voir n. 49] p. 75 s.).

107 Cf. Henri TAJFEL, Differentiation between social groups, London 1978; ID., Individuals and groups
in social psychology, dans: British Journal of Social and Clinical Psychology 18 (1979) p. 183–190;
Amélie MUMMENDEY, Verhalten zwischen sozialen Gruppen: Die Theorie der sozialen Identität
dans: Theorien der Sozialpsychologie. Eds. Dieter FREY et Martin IRLE, t. 2: Gruppen und Lerntheo-
rien, Bern/Stuttgart/Toronto 1985, p. 185–216; MUCCHIELLI (voir n. 77) p. 75 ss.

108 Cf. Thomas GROSSER, Der lange Abschied von der Revolution. Wahrnehmung und mentalitätsgeschichtliche Verarbeitung der (post-) revolutionären Entwicklungen in den Reiseberichten deutscher Frankreichbesucher 1794–1814/15, dans: Frankreich 1800. Gesellschaft, Kultur, Mentalitäten.
Eds. Gudrun GERSMANN et Hubertus KOHLER, Stuttgart 1990, p. 161–193.

109 Cf. par exemple: Paul Ludolph BERCKENMEYER, Neu-vermehrter Curieuser Antiquarius, das ist:
Allerhand auserlesene Geographische und Historische Merkwürdigkeiten, so in denen Europäischen
Ländern zu finden; Aus Berühmter Männer Reisen zusammengetragen, Hamburg 1738, ^{8}1746, p. 8
ss.

110 Ceci vaut même si la Cour ou la dynastie dent le voyageur distingué était originaire poursuivent
parallèlement une politique anti-française. La critique bourgeoise se delecte de cette contradiction:
*aber dieses ist wol verwunderlich / daß grosse Herren / welche in allem ihrem Thun und Lassen
Franckreich zuwider seyn wollen / und Abbruch zu thun suchen / dennoch ihre Kinder hinein schicken*
(BERGER [voir n. 10] p. 73).

111 Cf. PÖLLNITZ (voir n. 28) t. 3, p. 41 s.; HARTIG (voir n. 31) p. 31.

112 Cf. GÜNDERRODE (voir n. 31) t. 1, p. 163, 165.

homme de qualité que l'on admirait quand il rentrait au pays avec les articles de la dernière mode de Paris, un bourgeois était dans certaines circonstances menacé d'une perte en terme de statut, s'il se comportait de la même façon. C'est tout à fait dans cet esprit que le »Patriot«, l'hebdomadaire moraliste qui donnait le ton dans la bourgeoisie, dessinait dans les années 1720 le portrait type de *Herr Frantzennarr* [Monsieur Francolâtre][113]. Et la satire contemporaine faisait rire le lecteur avec le *Bürger Ochs* [le bourgeois bœuf], qui revenait de France *Bœuf à la mode* et se rendait ridicule auprès des siens[114]. Pour ce motif, déjà, les bourgeois étaient beaucoup plus distanciés à l'égard de la culture française que les nobles et ils jugeaient le pays voisin, les Français et leurs contacts avec eux de façon beaucoup plus critique que ceux-ci. A cela il faut ajouter que leur critique de la politesse, de la galanterie et de la mode françaises dévaloriserait les normes élémentaires de la noblesse allemande, où ces critiques ne voyaient que pure illusion et relativiseraient ainsi la supériorité de celle-ci par rapport à la bourgeoisie. Dans ce contexte, les bourgeois allemands avaient tendance à transférer le rejet de leur propre noblesse sur les Français. Ce mécanisme ne fonctionnait cependant pleinement que s'ils identifiaient – comme ce fut le cas pour Herder – les Français avec la noblesse et l'ensemble de leur culture avec la culture de Cour par excellence[115], une tendance qui, d'ailleurs, allait plutôt en se renforçant à l'occasion de rencontres superficielles.

L'importance de l'identification avec son propre groupe n'était pas le seul facteur déterminant. Le rang de celui-ci dans la structure de la société de départ était aussi particulièrement important. Les nobles, inébranlablement persuadés de leur supériorité d'origine divine, étaient aussi à l'étranger beaucoup moins attentifs à d'éventuelles discriminations que les bourgeois. Ceux-ci avaient souvent gagné l'ascension sociale de haute lutte et devaient encore assurer leur reconnaissance sociale. Leur identité sociale en tant que groupe était, en comparaison de celle de la noblesse, beaucoup moins assurée. Cela touchait moins les membres du patriciat ou des professions commerciales, très imbus d'eux-mêmes, que les ›intellectuels‹[116], qui cherchaient à s'élever grâce à leur formation. Ils notaient de façon hypersensible, toutes les manifestations possibles de manques d'égard[117]. Comme ils voyaient leur propre statut et leur propre auto-évaluation très facilement menacés, ils réagissaient vite en dévalorisant le groupe français correspondant. Cela était en particulier le cas, quand les personnes visées appartenaient à leur propre état, car elles étaient alors une concurrence potentielle pour eux, comme pouvait le leur rappeler la préférence accordée dans les Cours allemandes aux pédagogues et aux professeurs de langues, aux savants, aux poètes, aux musiciens et aux architectes d'origine française. D'un

---

113 Cf. Der Patriot 1 (1724), No. 41, p. 350, 2 (1725), No. 63, p. 84 s.

114 Cf. Jean Chrétien Toucement [= Johann Christian Trömer], Des Deutsch Francos Jean Chrétien Toucement Voyages …, Leipzig 1733, p. 7 s.

115 Cf. Herder (voir n. 15) p. 106, 108.

116 Par exemple Loen va dans ce sens, lorsqu'il constate après sa visite en France: *Will man die Welt kennen, so muß man Mittel haben, und mit den Grossen selbst umgehen ohne von ihnen ein Anbeter oder niederträchtiger Sclave zu seyn. Dazu gelangen unsre Gelehrten selten* (Johann Michael von Loen, Erörterung der Frage: ob die Teutschen wohl thun, daß sie den Franzosen nachahmen?, dans: Id., Kleine Schriften, Ed. J. C. Schneider, t. 2, Frankfurt/Leipzig 1750, ³1756, p. 396–415, voir p. 406).

117 Un exemple typique est la relation de voyage de Sander (voir n. 29).

autre côté, ils subissaient sans aucun sens critique une espèce de fascination à l'égard des Français lorsqu'ils croyaient bénéficier de privilèges qui valorisaient leur statut. Beaucoup de voyageurs allemands qui n'avaient encore jamais vu un palais allemand de l'intérieur parce qu'en tant que bourgeois ils n'y avaient pas accès, se prenaient pour des rois en France simplement parce qu'ils avaient pu se rendre à Versailles en tant qu' étrangers parmi des centaines d'autres visiteurs[118]. De la même façon, de bons contacts avec des personnes de statut social plus élevé avaient un effet positif sur l'image de la France que retenaient les voyageurs[119].

Cela montre à quel point il est important d'examiner quels étaient les milieux français avec lesquels les voyageurs entraient en contact. Il est aussi particulièrement important d'observer avec qui ils se comparaient, dans quel domaine cela se passait, si les éventuelles différences étaient considérées comme légitimes ou illégitimes et si cette comparaison retentissait positivement ou négativement sur leur auto-représentation sociale. En raison de la similitude fondamentale des valeurs de groupe spécifiques des noblesses allemande et française les voyageurs de qualité ne percevaient guère d'éventuelles différences. Ils ne se déplaçaient qu'à l'intérieur de leur propre groupe social de sorte qu'on peut se demander s'ils faisaient en général une différence entre eux et leurs homologues français. Bien plus, ils avaient tendance à se considérer comme un sous-groupe de l'»internationale« de la société aristocratique française, un phénomène par rapport auquel les accompagnateurs bourgeois manifestaient une profonde incompréhension[120]. En tous les cas, les nobles allemands acceptaient la prééminence de la culture aristocratique française comme un phénomène légitime. Car en l'adoptant ils pouvaient se distinguer de la bourgeoisie dont le statut était inférieur, conforter leur propre image du monde et en même temps s'élever dans leur propre état. C'est précisément ce qui n'était pas possible pour les bourgeois. Aussi dévalorisaient-ils le côté courtisan de la culture française pour valoriser leur propre échelle des valeurs socio-culturelle. Bien entendu, ils retrouvaient ce comportement parmi les couches moyennes en France. Et au cours de leurs contacts de ce type, ils cherchaient à se réassurer et à trouver en France la confirmation des valeurs bourgeoises d'un mode de vie moral, orienté vers la formation et la production. Dans cette mesure ils étaient conduits à différencier leur représentation des Français suivant des critères d'états[121]. Et une même hiérarchie des valeurs, la coopération vers des buts communs et des professions de même type

---

118 Cf. WILLEBRANDT(voir n. 14) p. 180 s.: *Die große Freyheit, welche man zu Versailles hat, sich aller Herrlichkeiten gleichsam als seines Eigenthums zu bedienen, gehet doch über alles. Ich bin Herr und Meister in dem Garten, in den königlichen Gemächern, ich gehe zum König, wenn er sich aus dem Bette erhebet [...]. Mit Wenigem: ich kann zu Versailles machen was ich will. Ein gutes Kleid, eine edle Dreistigkeit machet mich zu demjenigen, der ich zu seyn wünsche. [...] Begreifet ihr es nun, was die Ausländer nach Frankreich so lüstern machet?*

119 Cf. entre autres: EBERT (voir n. 26) p. 290–292.

120 Schöndorffer par exemple se plaint de l'aîné de son protégé distingué, qu'il signe *seinen Namen nicht mehr Teutsch sondern allezeit / auch wenn er Teutsch schreibet / oder etwas Teutsches unterschreibet / lauter Frantzösisch setzet* (SCHÖNDORFFER [voir n. 8] p. 283 s.).

121 Cf. SCHEDEL (voir n. 52) p. 409: *Die Begierde nach Vergnügen, der Hang zur Pracht und zur Verschwendung kennen hier* [in Frankreich] *fast keine Schranken mehr. Die Großen und Vornehmen überlassen sich einer zügellosen Habsucht, die endlich weder auf Ehre und Gottesfurcht, noch auf Patriotismus und Menschenliebe achtet. [...] Die beste Classe, die noch die meisten Beyspiele der Menschlichkeit und guten Sitten an den Tag legt, ist der Mittelstand.*

rapprochaient entre eux les officiers français et allemands[122], les artistes français et allemands[123] et les érudits français et allemands[124], de sorte que, sur cette base des échanges intenses pouvaient avoir lieu. Ceux-ci étaient facilités par le rattachement des »intellectuels« à des institutions spécifiques. Ce que la Cour était pour les nobles, les institutions savantes le représentaient pour les bourgeois cultivés: une base pour nouer des contacts personnels[125]. Mais à la différence des nobles allemands, les bourgeois se sentaient bien plus fréquemment dans une situation de concurrence à l'égard de leurs homologues français. Car il leur fallait sans cesse constater que leur travail et eux-mêmes n'étaient pas appréciés à leur juste valeur tandis qu'il y avait surévaluation au profit des Français. Cela touchait moins le domaine économique que le domaine intellectuel. Mais la langue, la littérature, la philosophie et la science allemandes étaient, pour les bourgeois cultivés, des éléments de stabilisation essentiels de leur identité sociale. Car ils se considéraient dans leur propre pays comme le véritable milieu de culture et se distinguaient par cela même de leur noblesse. Leur formation, qui n'avait pas d'orientation française faisait partie du noyau central de leur auto-compréhension. C'est pourquoi les bourgeois allemands réagissaient de façon très susceptible et émotive quand leurs homologues français trouvaient la langue allemande presque barbare[126], qu'on riait de leur accent allemand[127], que leur littérature n'était guère connue[128], que leur philosophie était une »terra incognita«[129] et aussi que leurs progrès scientifiques n'avaient pas un écho suffisant[130]. En outre, ils ne trouvaient que rarement des connaissances géographiques claires de sorte que

---

122 Cf. BERENHORST (voir n. 31) p. 529.

123 Cf. MANNLICH (voir n. 53) p. 55 ss.

124 Cf. le rencontre d'Iselin avec Rousseau et Fontenelle (ISELIN [voir n. 32] p. 86, 129) ou l'échange amical entre Sander et Le Sage, Buffon et Daubenton (SANDER [voir n. 29] t. 1, p. 140, 348, 227: *Wie geschwinde knüpfen die Wissenschaften das Band der Freundschaft zwischen sonst unbekannten Seelen!*). Cf. aussi: Martin GERBERT, Reisen durch Alemannien, Welschland und Frankreich, welche in den Jahren 1759, 1760, 1761 und 1762 angestellet worden ..., Ulm, Frankfurt et Leipzig 1767, p. 457; et: Jürgen Voss, Paris im Sommer 1751. Notizen zum wissenschaftlichen und religiösen Leben aus dem Reisetagebuch Andreas Lameys, dans: Archiv für Kulturgeschichte 56 (1974) p. 198–216.

125 Cf. STORCH (voir n. 29) p. 319: *Bekanntschaften, die einem Fremden nützlich werden können [...] sind hier wirlich leichter zu machen, als in irgend einem andern Lande. Gelehrte, Künstler, erfahrne und kenntnisreiche Männer findet man an allen öffentlichen Orten [...] und, zur Ehre der französischen Urbanität sey es gesagt! nicht leicht wird ein Fremder vergebens um etwas anfragen.*

126 Cf. SANDER (voir n. 29) t. 1, p. 77; STEINBRENNER (voir n. 8) t. 3, p. 5 s.; STURZ (voir n. 31) p. 110: *Ueberhaupt ist ihre Meinung von uns, [...] unser Geschmack sei ganz unbildbar, unsere Sprache zu rauh für die Dichtkunst. Um es zu beweisen haben sie irgend ein hartes Wort in Bereitschaft, und geberden sich dabei, als im Kinnbackenzwang. Viele glauben ernsthaft, der König von Preußen schreibe darum allein in ihrer Sprache, weil es nicht möglich sei, sich im Deutschen en homme d'esprit auszudrücken.*

127 Cf. RICHTER (voir n. 49) p. 84.

128 STURZ (voir n. 31) p. 108: *von unserer Litteratur, von unserm Theater, von unsern Dichtern und Prosaisten wissen sie wenig, oder nichts;* STORCH (voir n. 29) p. 228: *was den patriotischen Eifer jedes ehrlichen Deutschen zu lichten Flammen aufjagen muß, das sind die impertinenten absurden Urtheile, welche diese Blinden über unsere Literatur wagen.*

129 STURZ (voir n. 31) p. 112 s.

130 SCHAEFFER (voir n. 8) t. 1, p. 31.

leurs interlocuteurs ignoraient souvent l'endroit d'où venait leur visiteur[131]. Aussi compensaient-ils leur sentiment d'une infériorité injustifiée et d'un manque de reconnaissance sociale par une surévaluation de leur propre identité sociale tout en dévalorisant les Français considérés de façon stéréotypée comme prétentieux, super-ficiels et ignorants[132]. Même s'ils avaient fait quelques expériences positives, ils cédaient aux généralisations et aux clichés qui réduisaient la compléxité de leurs expériences[133]. Il fallait déjà un réseau étendu de contacts personnels positifs et intenses, pour casser de tels stéréotypes, pour distinguer les spécificités des autres groupes et pour désarmorcer les conflits latents ou ouverts. Si ces contacts valori-saient la propre identité sociale, alors il était beaucoup plus facile de sortir de sa propre position de juge extérieur pour se mettre dans la situation de l'autre, pour apprendre à voir de son point de vue, pour prendre de la distance à l'égard de ses propres préjugés[134] et aussi pour développer la capacité d'empathie[135]. Cette capacité constitue une condition mentale essentielle pour des échanges productifs. Car elle permet de reconnaître les qualités des deux parties, d'accepter avec tolérance les défauts des deux parties et d'instaurer ainsi un processus d'apprentissage mutuel[136]. Vues sous cet angle, les formes institutionnalisées du voyage pouvaient constituer un préalable important pour une compréhension des deux peuples qui soit fondée sur

131 Helfrich Peter Sturz, qui est allé de Copenhague à Paris et faisait partie de la suite du roi du Danemark, relate mi-amusé, mi-indigé: *Viele haben mich so neugierig nach den Grönländern gefragt, als ob sie Haus an Haus bei uns wohnten* (STURZ [voir n. 31] p. 111). Cf. aussi: SANDER (voir n. 29) t. 1, p. 275; STORCH (voir n. 29) p. 243 s.

132 STEINBRENNER (voir n. 8) t. 3, p. 5: *Was die Kenntnisse der Franzosen im Ganzen anbelangt, so fehlt ihnen die Gründlichkeit, das Solide, dessen wir uns in diesem Punkt ohne Prahlerey rühmen können.* Cf. aussi: GRIMM (voir n. 29) t. 2, p. 28 s.; STEINBRENNER (voir n. 8) t. 3, p. 8 s.; ANONYME, Empfindungen eines Deutschen in Paris. Im Jahre 1773, dans: Berlinische Monatsschrift 8 (1790) p. 284, 288.

133 Cf. SANDER (voir n. 29) t. 1, p. 275 s.: *Kurz, zwei, drei, vier Männer abgerechnet, hab ich noch wenig solide, gesetzte, edeldenkende Franzosen hier gefunden. Eine greuliche Unwissenheit in allen auslän-dischen Sachen, eine unglaubliche Verachtung der Engelländer, der Italiäner und auch der Teutschen; ein beständiges Rennen und Sinnen, wie man die Zeit tödten, Kleider aussuchen, Zimmer aufputzen und sich divertiren will: das sind wesentliche Züge im Karakter der Franzosen.*

134 Cf. LOEN (voir n. 116) p. 399 s.: *Wir tadeln an den Franzosen einen gewissen Hochmuth, der zu unserer Verkleinerung gereichet; allein haben sie nicht Ursache dazu? Würden wir weniger stolz seyn, wenn die Franzosen uns so viel Ehre erwiesen, als wir ihnen anthun? Würden wir uns nicht sehr viel einbilden, wenn sie sich so weit vor uns demüthigten und zu uns, als zu den belebtesten und geistreichsten Leuten ihre Reisen thäten, um unsere Sprache zu lernen, und unsre Sitten nachzuah-men? Wann sie zur Unterweisung ihrer Jugend sich teutscher Lehrmeister bedienten; wann sie unsre Schneider, unsre Köche, unsre Comödianten nach Frankreich kommen liessen, und damit ihrer Eitelkeit schmeichelten, einem Teutschen ähnlich zu sehen?*

135 Cf. le concept d'empathie chez: Norbert ROPERS, Vom anderen her denken. Empathie als paradigma-tischer Beitrag zur Völkerverständigung, dans: Subjektivität. Die vergessene Dimension internationa-ler Konflikte. Sous la direction de Reiner STEINWEG et Christian WELLMANN, Frankfurt a. M. 1989, p. 114–150.

136 LOEN (voir n. 116) p. 413: *Was den Charakter und die Sitten der Franzosen an und für sich betrifft, so findet man bey ihnen mehr Hochmuth, Einbildung und ausschweiffendes Wesen, als bey den Teutschen. Sie sind von Natur viel lebhafter und aufgeräumter, als wir, aber auch geneigter zu allerhand Ausfällen und Thorheiten; wir sind schwerer und phlegmatischer, aber auch gründlicher und vernünftiger. Wir hätten nicht Ursache, ihre Gaben zu beneiden, wenn wir die unserigen wohl zu gebrauchen wüßten. Sie bilden sich so viel auf ihren Verstand, als wir auf unsre Wissenschaften ein. Ein wenig mehr Demuth und Bescheidenheit, und wir wären beyde klüger.*

l'effet multiplicateur des rencontres personnelles[137]. Leur cadre, mais aussi leur organisation individuelle est une base à ne pas négliger pour les relations franco-allemandes – et ceci pas seulement au XVIIIe siècle.

DEUTSCHE ZUSAMMENFASSUNG

Die Reisepraxis bildet eine nicht unwesentliche Voraussetzung und gleichzeitig eine wichtige Ebene für den deutsch-französischen Austausch. Die meisten Deutschen, die in Frankreich in Kontakt mit der Kultur der Grande Nation kamen, kamen als Reisende dorthin. Die Berichte dieser Reisenden sind inhaltlich sehr heterogen, aber dadurch zugleich sehr materialreich. Notiert wurde fast alles, was bemerkenswert erschien. Sehr gut läßt sich daher die Reisepraxis rekonstruieren. Die Kavalierstouren der jungen Adeligen und der Söhne des reichstädtischen Patriziats, die peregrinatio academica der Studenten, die Studienreisen der Gelehrten, die Geschäftsreisen der Kaufleute und die »Walz« der wandernden Handwerksgesellen, alle diese Reisen hatten bestimmte Ziele und folgten spezifischen Mustern. Diese legten weitgehend fest, wer was wo in welchem Rahmen besichtigte, mit wem er in Kontakt kam und mit welcher Zielsetzung dies geschah. Das Reisen folgte bestimmten ständischen Konventionen und Traditionen. Und dies galt selbst für den Typus der bürgerlichen Bildungsreise, die zugleich der allgemeinen und individuellen Bildung dienen sollte. Wenn man die Reisepraxis unter einem strukturgeschichtlichen Gesichtspunkt sieht, kann man sagen, daß sie als eine Form der institutionalisierten Kontakte innerhalb der deutsch-französischen Beziehungen betrachtet werden kann. Denn das Reisen selbst war sozusagen eine Institution, die bestimmten, ständisch differenzierten Spielregeln gehorchte.

Die Analyse der verschiedenen Reiseformen vermittelt einen Einblick in unterschiedliche Dimensionen und Faktoren des deutsch-französischen Austauschs: in die sozialen Gruppen, die ihn trugen, in die Stätten, an denen er sich vollzog, in die Rahmenbedingungen, unter denen er stattfand und in die Formen, die er annahm. Die bedeutendste Gruppe der Reisenden, die im 18. Jahrhundert das Frankreich des Ancien Régime zu besuchen pflegten, war zweifelsohne die der aristokratischen Kavaliere. Dies gilt zwar nicht in einem quantitativen Sinn, wohl aber in einem qualitativen. Denn das adelige Reiseverhalten führte nicht nur eine beträchtliche Zahl deutscher Aristokraten nach Frankreich. Je höher ihr gesellschaftlicher Rang war, desto mehr Reisebegleiter gingen mit den Kavalieren auf Tour. Alleine die Institution der Kavalierstour brachte so mehr bürgerliche Reisehofmeister und Diener in die Fremde, als Adelige. Darüber hinaus hatte das aristokratische Reiseverhalten eine soziale Vorbildfunktion für das städtische Patriziat, aber auch für die Teile des Bürgertums, die den aristokratischen Lebensstil imitierten. Zu den Adeligen gesellten sich aber im Laufe der Zeit immer mehr Reisende aus der bürgerlichen Mittelschicht. Mit dem Ideal der bürgerlichen Bildungsreise wurde ein Auslandsaufenthalt zum Bestandteil ihrer Allgemeinbildung. Zudem verbesserten sich die Verkehrsbedingungen. Das Netz öffentlicher Postkutschenverbindungen wurde dichter, das Reisen kalkulierbarer und billiger. So intensivierte sich seit der Mitte des 18. Jahrhunderts die Mobilität des deutschen Bürgertums allmählich. Nach 1770 vervielfachte sich die Zahl der Reisebeschreibungen über Frankreich. Während es zuvor die Reisehofmeister waren, die die wichtigste Trägergruppe der Frankreich-Reiseliteratur darstellten, griffen nun die bildungsbürgerlichen Privatreisenden verstärkt zur Feder.

So unterschiedlich die kulturellen Standards, die Motivationen und Zielsetzungen dieser verschiedenen Gruppen waren, so verschieden waren auch die Stätten, die sie aufsuchten, die Kontakte, die sie anknüpften und die Rahmenbedingungen, unter denen dies geschah. Im Rahmen der Kavalierstour war der Besuch einer französischen Ritterakademie nahezu obligatorisch. Besonders beliebt bei den deutschen Reisenden waren die grenznahe Ritterakademie zu Luneville, die entsprechenden Einrichtungen in Lyon oder Orange, vor allem aber die Akademien in Angers, Tours, Saumur, Orléans und Blois. Und mit einem zwangsläufigen Hofbesuch befestigte der aristokratische Tourismus die Internationale der Adelsgesell-

---

137 Comme bilan de son séjour en France, Sophie de LaRoche tire la conclusion correspondante: *Die gute Meynung einzelner Personen von einander stiftet Liebe, und die Achtung, welche Nationen für einander fassen, giebt der Nationalfreundschaft und den Bündnissen einen dauerhaften Grund* (LAROCHE [voir n. 29] p. 177). L'influence positive d'une personnalisation des rapports intergroupes est confirmée par la recherche socio-psychologique moderne: Hugh Jordan HARRINGTON, The effects of personal contact on intergroup relations. Los Angeles 1989.

schaft. Die patrizischen Kavalierstouren führten zwar die Söhne der reichsstädtischen Führungsschichten auf den Spuren des Adels nach Frankreich, doch an den Ritterakademien und am Hof konnten sie kaum wie diese reussieren. So konzentrierten sie sich weniger auf den höfischen als auf den urbanen Sozialraum. Sie bevorzugten Städte wie Lyon oder Marseille, Bordeaux oder Rouen als Reisestationen. Versehen mit einschlägigen Empfehlungsschreiben und Kreditbriefen kontaktierten sie vor allem das dortige Wirtschafts- und Bildungsbürgertum. Während die traditionellen Geschäftsreisen sehr viel enger auf den ökonomischen Bereich ausgerichtet waren, besichtigten die patrizischen Reisenden gleichermaßen Bibliotheken und Manufakturen, Theater und Naturalienkabinette, Schlösser und Hafenanlagen. Diese breite Orientierung wurde im Programm der bürgerlichen Bildungsreise zum generellen Standard erhoben und sogar noch ausgeweitet. Die Forderung der bürgerlichen Reisetheorie der Aufklärung lautete, der Reisende solle mit möglichst vielen verschiedenen Sozialschichten und Berufsgruppen in Berührung kommen, und er solle sowohl das Leben der Bauern auf dem Lande studieren als auch dem Hof einen gelegentlichen Besuch abstatten. Zumindest als Beobachter widmeten die bürgerlichen Bildungsreisenden ihr Interesse sehr viel mehr Bereichen, als die Adeligen. So studierten sie in den Städten die institutionelle Infrastruktur geradezu in systematischer Weise. Das besondere Interesse der aufgeklärten Bürger galt dabei Einrichtungen, die dem Allgemeinwohl dienten. In den Städten, insbesondere in Paris, besichtigten sie Gefängnisse und Irrenanstalten, Waisen- und Krankenhäuser, Schulen und Gerichte, wissenschaftliche Institute, Klöster und Bibliotheken, dazu Sammlungen aller Art. Damit gewannen sie einen differenzierteren Einblick in die soziale Realität und in die kulturelle Situation ihres Gastlandes. Das bürgerliche Besichtigungsprogramm erstreckte sich zumeist auf den öffentlichen urbanen Sozialraum. Denn gerade in einer Weltstadt wie Paris, die von Fremden überflutet wurde, waren die Empfehlungsschreiben, wie sie fast jeder Reisende mit sich trug, oft wirkungslos. Um so mehr registrierten sie in der Fremde das Schicksal ihrer eigenen Landsleute, die sie dort antrafen. Aus den Berichten der Reisenden lassen sich daher auch wertvolle Hinweise gewinnen über die Lebensweise der Deutschen, die sich länger in Frankreich aufhielten.

Schließlich lassen sich anhand der Reiseberichte ebenso die alltäglichen sozialpsychologischen Voraussetzungen, Rahmenbedingungen und Barrieren kultureller Austauschprozesse analysieren. Aber für deren Analyse ist es notwendig, die heterogenen deskriptiven Befunde, die die Reiseliteratur liefert, mit der Hilfe von neueren soziologischen und sozialpsychologischen Kategorien und Theorien zu ordnen und aufzuschlüsseln. Dazu bieten sich verschiedene Modelle an, die sich wechselseitig ergänzen: das Konzept der sozialen Integration, das im Bereich der Migrationssoziologie ausdifferenziert wurde, erlaubt es, die Situation der deutschen Minorität genauer zu beschreiben, sei sie nun auf Dauer oder – wie im Falle der Reisenden – nur auf Zeit zugewandert. Und sozialpsychologische Theorien zu Intergruppenbeziehungen können Anhaltspunkte und Analysekriterien für die genauere Beurteilung des Verhältnisses zwischen den Deutschen und den Franzosen liefern. Dies gilt im Speziellen für die Mechanismen, denen die Begegnungen unterlagen, die zwischen den verschiedenen sozialen Gruppen deutscher Touristen und französischer Einheimischer stattfanden. Ein derartiger Ansatz ermöglicht es, die wechselseitigen Wahrnehmungs- und Beurteilungsprozesse zwischen ihnen differenzierter zu erklären und verschiedene Faktoren zu benennen, die in diesem Zusammenhang wirksam wurden.

Folgt man den Modellen der Migrationssoziologie, so ist es sinnvoll, zwischen personalen und umgebungsbedingten Faktoren zu unterscheiden, die die Anpassung der Zuwanderer an die Aufnahmegesellschaft beeinflussen. Dabei sind, auf der personalen Ebene motivationale und kognitive Dimensionen zu berücksichtigen. Und aus der Perspektive der Umgebung ist es wichtig, die assimilativen Möglichkeiten des Handelns und Verhaltens für die Zuwanderer, die Existenz von Integrationsbarrieren in der Aufnahmegesellschaft und das Vorhandensein nicht-assimilativer Möglichkeiten eines Lebens in ihr in Betracht zu ziehen. Diese Faktoren beeinflussen den Prozess der Assimilation der Zuwanderer, der in den mehr oder minder ausgeprägten Zustand ihrer Integration mündet, in einen Zustand also, der durch ihre gleichberechtigte Akzeptanz und ein spannungsfreies Verhältnis zur einheimischen Gesellschaft gekennzeichnet ist. Betrachtet man das Reisen als einen spezifischen Sonderfall der Migration, so kann man – selbstverständlich mit entsprechenden Nuancierungen – versuchen, die überlieferten Reiseberichte unter diesen Perspektiven zu lesen. In diesem Zusammenhang ist aus einer sozialpsychologischen Perspektive vor allem zu beachten, mit welchen Gruppen von Franzosen die Reisenden überhaupt in Kontakt kamen. Von besonderer Bedeutung ist aber auch, mit wem sie sich verglichen, auf welcher Dimension dies geschah, ob etwaige Unterschiede als legitim oder illegitim bewertet wurden und ob jener Vergleich positiv oder negativ für ihr soziales Selbstbild ausfiel. Insbesondere hinsichtlich der Bedeutung nationaler Vorurteile erweisen sich die Reisebeschreibungen als wertvolle mentalitätsgeschichtliche Quelle: ob es sich nun um die positiven Vorurteile der frankophilen deutschen Aristokraten handelt oder um die negativen Vorurteile der deutschen Bürger, die sich mehr gegen den eigenen Adel richteten als gegen die Franzosen. Das Sprichwort »Reisen bildet« gilt aber gerade in diesem Problemzusammenhang nicht immer. Ein oberflächlicher, konventionalisierter Tourismus hat auch im 18. Jahrhundert wenig dazu beigetragen, daß Deutsche und Franzosen sich gegenseitig differenzierter betrachtet haben. Es bedurfte schon eines breiter gefächerten Netzes positiver, intensiver und gleichberechtigter persönlicher Kontakte, um bestehende Stereotype aufzubrechen, die out-group zu individualisieren und latente oder offene Konflikte zu entschärfen. Wurde mit derartigen Kontakten die eigene soziale Identität aufgewertet, so fiel es sehr viel leichter, sich aus einer souveränen Position heraus auch in die Lage des anderen zu versetzen, aus seiner Perspektive sehen zu lernen, Distanz zu den eigenen Vorurteilen zu gewinnen, also die Fähigkeit zur Empathie auszubilden. Gerade diese Fähigkeit bildet eine wesentliche mentale Voraussetzung für einen produktiven Austausch. Denn sie erlaubt es, die Vorzüge beider Seiten differenziert zu erkennen, deren Fehler tolerant zu akzeptieren und so einen wechselseitigen Lernprozeß einzuleiten. Unter diesem Gesichtspunkt konnten die institutionalisierten Reiseformen eine wesentliche Voraussetzung für eine Verständigung beider Völker untereinander bilden, die nicht zuletzt in der multiplikatorischen Wirkung persönlicher Begegnungen begründet lag. Deren strukturelle Rahmenbedingungen, aber auch ihre individuelle Ausgestaltung stellt eine nicht unwichtige Basis für die deutsch-französischen Beziehungen dar – und dies nicht nur im 18. Jahrhundert.

Anne-Marie Cocula

LES MÉMOIRES DE LA COLONIE

ou le destin d'un soldat français
devenu historien de l'Allemagne: repères et regards

Les »Mémoires« de La Colonie ont été publiées au milieu du XVIIIᵉ siècle[1]. Elles sont le récit de ses campagnes militaires depuis son entrée à l'école des Cadets de Charlemont, en 1691, jusqu'au siège victorieux de Belgrade contre les Turcs en 1718. Cette longue carrière qui fait de l'apprenti officier un maréchal de camp et de son œuvre un témoignage de premier ordre[2], est à la fois classique et marginale. Classique en raison de son déroulement initial: un milieu familial de noblesse provinciale et désargentée, une instruction militaire rapide ou tout au moins accélérée, une expérience précoce du champ de bataille avec, pour formation, celle d'ingénieur du roi directement placé sous la tutelle de Vauban. Cette compétence, très tôt reconnue, lui vaut d'être envoyé en Bavière, dès 1702, comme technicien des sièges de villes à prendre ou à défendre au moment où l'Electeur de Bavière doit assumer dans l'Empire les risques militaires de son alliance avec Louis XIV. A partir de cette date la carrière de La Colonie devient marginale au regard de celles de la plupart des officiers français des armées louisquatorziennes. En effet, tout en demeurant fidèle au roi de France, il reste au service de l'Electeur et ne l'abandonne que pour prendre sa retraite et se retirer à Bordeaux où il se consacre à la rédaction de ses mémoires et à la préparation d'une histoire de la ville.

Les séjours de La Colonie en Allemagne, principalement en Bavière, se situent durant trois périodes de durée et d'importance très inégales. La première débute à l'été 1702 et se termine à la fin de 1704. Années décisives au cours desquelles la Bavière, sous la conduite de l'Electeur Maximilien-Emmanuel II, connaît la bonne fortune d'une offensive danubienne réussie et l'infortune d'une série de revers qui provoquent l'occupation de la Bavière par les troupes impériales et la conclusion d'une paix de reddition. Pris dans ce mouvement offensif puis défensif, La Colonie déploie tant bien que mal ses capacités d'ingénieur du roi, jouant le rôle difficile d'un Vauban de la Bavière dans les cités du front danubien et au Tyrol. L'échec de l'Electeur se traduit pour lui par l'expulsion de son régiment hors de la Bavière. Il lui revient alors de négocier avec l'adversaire les conditions d'un tel rapatriement.

Le second séjour, contemporain de l'achèvement de la guerre de Succession d'Espagne, est en fait la liquidation du premier: La Colonie séjourne six mois en Bavière, de décembre 1714 à mars 1715, pour assister au retour de l'Electeur dans ses Etats et pour être le témoin des retrouvailles de la famille électorale séparée depuis la

---

1 Mémoires de Monsieur de Lacolonie, Maréchal de camp des Armées de l'Electeur de Bavière, à Francfort, t. I et II, 1730.
2 Nous en préparons une nouvelle édition.

défaite de 1704. Cette mission accomplie, La Colonie regagne la France en Juin 1715, après cinq ans d'absence. Le troisième et dernier séjour est bien différent des précédents: cette fois, La Colonie répond à l'appel d'officiers français de son régiment bavarois pour participer à l'expédition impériale contre les Turcs. Campagne victorieuse au cours de laquelle l'armée commandée par le prince Eugène s'empare de Belgrade et consolide ses positions danubiennes. La Colonie y participe de bout en bout, y gagne la gloire et repasse en Bavière, en 1719, avant de rentrer définitivement dans son pays[3].

Tels sont, rapidement évoqués, les jalons de la carrière militaire de La Colonie dans les Allemagnes du XVIIIe siècle. Autant de repères et autant d'étapes d'un parcours original et souvent chanceux, influencé par une actualité brûlante et changeante. Les circonstances de l'histoire de son temps font tour à tour de lui un ennemi et un allié en terre germanique. Le glissement de l'un à l'autre s'opérant en 1714–1715, période du second séjour de La Colonie, lors de la signature des traités qui mettent fin à la guerre de Succession d'Espagne.

*

Ce retour à la paix, vécu quelques mois seulement en Bavière, se réduit dans les »Mémoires« à un récit où les notations apparaissent banales. Est-ce le regret de l'officier de voir se terminer un conflit à demi-gagné ou à demi-perdu par son pays? Est-ce le résultat de la lassitude du combattant qui, à des années de distance consacrées à l'écriture, ne se souvient plus des changements opérés dans son existence après plus de dix ans de campagnes? N'est-ce pas plutôt l'effacement de l'acteur qui cesse de se donner le premier rôle et se contente d'être un simple spectateur pour décrire le soulagement des habitants après le retour de la paix? »Les peuples heureux n'ont pas d'histoire«: les »Mémoires« de La Colonie vérifient elles aussi cet adage vieux comme le monde.

Bien plus intéressant est le regard des temps de guerre qui ne se départit jamais ni de son acuité, ni de sa vigilance, qualités essentielles pour échapper à la multiplicité des dangers. Que voit et que ressent l'homme de guerre isolé en terre étrangère et hostile avec seulement quelques rares compatriotes à ses côtés? Le métier de La Colonie prend le dessus et fait de lui un observateur professionnel de la configuration et des moyens de défense des villes, qu'il en soit l'assiégeant ou l'assiégé. En bon disciple de Vauban, son premier coup d'œil embrasse le site des villes dont la diversité est toujours pour lui source d'enseignement, donc d'application immédiate en poliorcétique, dans les heures ou les jours qui viennent. Car, faute de temps, La Colonie mène tambour battant ses travaux pratiques d'ingénieur des fortifications avec le souci permanent de les abréger en intimidant les habitants ou en employant contre eux des ruses de guerre expérimentées sur d'autres. Cette pratique du terrain l'expose non seulement aux risques classiques de la guerre de siège et à l'hostilité des populations, ses principales victimes, mais aussi à l'animosité des Bavarois eux-mêmes qui n'apprécient guère d'être commandés et conseillés par un ingénieur français. Sa compétence reconnue, raison de sa présence parmi eux, n'est-elle pas un

---

3 Dans sa longue retraite, LA COLONIE écrit une »Histoire curieuse et remarquable de la ville et province de Bordeaux«, en trois volumes; elle paraît en 1760.

signe parmi d'autres de l'orgueil d'une nation dont le monarque impose par le fer et le sang sa domination à l'Europe? Les »Mémoires« de La Colonie présentent un large échantillon de ces manifestations hostiles qui témoignent de la difficulté d'être un sujet de Louis XIV dans les Allemagnes du début du XVIIIᵉ siècle.

Par réaction et avec une assurance sans faille, La Colonie affiche une belle condescendance vis-à-vis de ceux qui n'appartiennent pas à sa nation. L'acteur-témoin qu'il est en même temps, s'érige en juge dans les domaines où s'affirme à ses yeux une supériorité incontestable de la France. Les armes d'abord: n'est-il pas par sa seule présence en Bavière la preuve de la domination militaire de son pays? La France n'a-t-elle pas combattu et résisté, seule contre tous, durant la guerre de la Ligue d'Augsbourg et ne se trouve-t-elle pas face à pareille situation pendant la guerre de Succession d'Espagne avec des fronts élargis sur mer, en Espagne et en Italie? Aux yeux de La Colonie, cette certitude ne se fonde pas seulement sur les victoires remportées mais encore sur les défaites subies: celles-ci ne sauraient remettre en cause la suprématie des armées françaises puisqu'elles résultent d'accidents facilement évitables. Plutôt qu'aveuglement ou orgueil, cette conviction naît des fonctions de La Colonie: les ingénieurs du roi de France sont alors, en Europe, les meilleurs représentants de leur art militaire. Les travaux récents d'Anne Blanchard l'ont bien montré.

La suffisance de La Colonie faiblit un peu quand la guerre change d'aspect et de terrain. Il n'est pas insensible alors à la valeur d'adversaires qui rehausse celle de ses compatriotes. Mais c'est aux Anglais et non aux Impériaux qu'il décerne un certificat de bravoure qui peut égaler celle des Français comme lors de l'attaque des hauteurs du Schellenberg, face à Donauworth, en juillet 1704:

> L'infanterie anglaise fut celle qui fit l'ouverture de cette attaque avec toute la fureur du monde; ils montèrent d'un acharnement terrible jusque sur notre parapet, mais ils trouvèrent pour les repousser du moins autant de fureur et d'acharnement qu'ils avoient porté eux-mêmes. La rage, la fureur et l'intrépidité étoient mêlées dans ce combat avec d'autant plus de violence et d'opiniâtreté que les assaillants et les défendants étoient peut-être ce qu'il y avait de plus brave dans l'univers[4].

On ne saurait oublier qu'au moment où La Colonie écrit ses »Mémoires«, l'historien qu'il est sait déjà que la prépondérance anglaise a éclipsé l'hégémonie de courte durée du Roi Soleil.

Vis-à-vis des institutions d'Empire et de leur fonctionnement, La Colonie réagit en sujet d'un monarque absolu qui a su recueillir l'héritage de plusieurs siècles de centralisation monarchique, opérée à une allure variable mais continue par ses prédécesseurs et leurs ministres. Pareille évolution, même inachevée, a accru le contraste entre les structures institutionnelles de la France et des Allemagnes, surtout après la guerre de Trente Ans. Ce contraste est omniprésent dans les »Mémoires« de La Colonie qui ne perçoit le gouvernement de l'Empire qu'à travers le prisme du fonctionnement administratif de la royauté française. En Bavière seulement, il éprouve un moindre dépaysement en raison des prérogatives de l'Electeur, du moins tant que le sort des armes lui est favorable, et d'une vie de cour qui n'est pas sans lui rappeler ses brefs séjours à Versailles, centre de décision de sa propre carrière militaire.

Le domaine où son incompréhension est la plus grande et lui fait commettre des

---

4 Mémoires (voir n. 1) p. 317.

erreurs, est celui du statut des villes d'Empire qu'il assimile le plus souvent à des villes hanséatiques. Sa réprobation à l'égard de leur condition et de leur gouvernement peut être due à deux raisons. D'abord ses fonctions d'ingénieur du roi le rendent sensible au mauvais état de leurs fortifications et de leurs moyens de défense. Cette médiocrité défensive le choque puisqu'il ne peut garantir la protection de ces cités en tant qu'assiégé ou qu'il s'en empare trop facilement en tant qu'assiégeant pour en tirer gloire! Dans tous les cas, ce dénuement qu'il expérimente tantôt à son profit, tantôt à son détriment, est à ses yeux la conséquence d'une mauvaise gestion de bourgeois qui sacrifient à leurs intérêts la défense de leurs cités. Ne suffit-il pas de stratagèmes grossiers pour les berner, comme à Ulm en septembre 1702, ou de quelques jours de siège pour que leurs magistrats cessent toute résistance et remettent les clés de leur ville aux assiégeants? Méfiance et mépris, tels sont les deux sentiments qu'éprouve La Colonie, du haut de sa condition nobiliaire, vis-à-vis de ces cités dont il n'a pas mesuré le déclin continu et inéluctable dans un Empire où seuls les états de dimension respectable étaient promis à un bel avenir. Dès lors, la moindre résistance urbaine étonne La Colonie. Mais, tout en la mentionnant, il ne saurait pour autant se départir de son ton condescendant. Ainsi, quand Biberach refuse de se rendre tout de suite aux troupes de l'Electeur à l'automne 1703, il note que la ville *fit quelques petits efforts pour soutenir un siège, mais quelques volées de canon la réduisirent au point que l'Electeur souhaitoit*[5].

Il va de soi que les rares distractions dans des quartiers d'hiver isolés et enneigés ne sauraient trouver grâce au regard critique de La Colonie. En ce domaine où la culture le dispute à la galanterie, il sait sa nation souveraine. Il en profite donc pour se moquer ou pour dénigrer, mesurant ses appréciations à l'aune de Versailles qu'il n'a fait qu'entrevoir et de Paris où il semble avoir vécu agréablement. Ses conquêtes féminines sont à l'unisson et leur rang social – la veuve d'un comte et la fille d'un baron – le flatte et entretient son prestige de Français, même si ces leçons galantes de salon ne sont que repos du guerrier lors des mortes-saisons des combats. A ce jeu où ceux de sa nation ont la réputation d'exceller, il ne supporte ni la concurrence, ni la défaite. Il prend donc très mal la *trahison* de la fille du baron de Straubing qui lui a préféré un *noble campagnard des plus mal bâtis*, choisi comme remplaçant presque immédiat après le départ de *son cher Français*. Obligé d'attendre à la cuisine pour tenter de la revoir, La Colonie n'est pas au bout de sa déconvenue et son amour-propre en souffre cruellement, même s'il garde le beau rôle, celui de la fidélité:

Je demandai si elle étoit malade, on me répondit brusquement que non, et j'avoue que je ne fus jamais plus penaud que je me trouvai dans ce moment-là; toutes mes belles idées me rentrèrent comme une espèce de poison jusqu'au fonds des entrailles. Et je le fus bien encore davantage quand, après avoir brusqué la porte de la chambre de la demoiselle, je trouvai auprès d'elle très familièrement ce malotru campagnard qui paroissoit avoir la mâchoire plus épaisse qu'un cheval de marais; à peine jetèrent-ils l'un et l'autre un seul regard sur moi[6].

La condescendance de La Colonie culmine en un condensé de toutes les supériorités déjà évoquées dans le tableau qu'il dresse de la vie de cour d'un tout petit état situé aux frontières de la Bohême, à proximité de ses premiers quartiers d'hiver en

5 Ibid. p.178.
6 Ibid. p.357.

Allemagne. Description classique avec les exagérations et les stéréotypes habituels des aspects les plus voyants de la »Kleinstaaterei«, relevés avec complaisance par un sujet du Roi Soleil. Le décor d'abord: une ville de confession luthérienne détenue par un comte d'Empire, avec *quelques petits villages aux environs* et *un château au dessus de sa petite ville*[7]. Les personnages ensuite: un comte récemment décédé, *une belle et jeune veuve* et leur fils unique de huit ans envoyé à Vienne pour y être éduqué. Le premier acte: la rencontre entre La Colonie et la souveraine dans ce minuscule état et selon les règles d'une étiquette stricte, transgressée seulement par leurs regards réciproques, unique moyen de communication dans le flot de discours en langue allemande, incompréhensibles pour La Colonie. Le second acte correspond au déroulement du dîner selon un protocole dont la rigidité apparaît comme désuète ou provinciale aux yeux de La Colonie, toujours par référence au code versaillais. A la fin de cet interminable banquet, une succession de toasts ou de »santés« portés en l'honneur des têtes couronnées d'Europe précipite, comme il se doit, les convives dans une îvresse générale à laquelle pourtant se soustrait La Colonie afin de mieux observer et d'être capable d'entendre, en fin de fête, ces compliments de la part de son interprète: *... il étoit dommage qu'un si honnête homme que moi fut français, que je n'en avois point les manières fanfaronnes, et qu'on ne me prendroit jamais de tel*[8].

A l'issue de ce festin commencé le plus cérémonieusement du monde et terminé dans les désordres engendrés par l'alcool, La Colonie – on l'aura compris – n'a plus qu'un souci immédiat: apprendre à cette comtesse et à ses courtisans comment vivre, selon sa propre expression, *à la Française*. Petite révolution des mœurs qu'il orchestre en imposant les usages de Versailles et de Paris: *Je devins dans la suite le maître absolu de décider en toutes choses et dans toutes les occasions, en disant que c'étoit la manière de France, tant cette dame y avoit pris goût, et regardoit avec admiration tout ce qui se faisoit à la française*[9]. Douces contraintes qui transforment pour quelques mois *le quartier d'hiver le plus affreux en séjour de félicité*.

Dès lors, pour quelque temps, ce ne furent plus que bals, mascarades et parties de chasse auxquels participèrent avec les courtisans la jeunesse de la ville et les sujets plus âgés de la souveraine. Dans ce microcosme, la contagion de la vie à la française a vite fait de se répandre, tandis que La Colonie poursuit son idylle avec la souveraine. Leurs tendres relations s'agrémentent d'une convention réciproque: La Colonie s'engage à lui apprendre la langue française qu'elle balbutie un peu et, en échange, il recevra d'elle des leçons d'allemand. Comme preuves de ce pacte, La Colonie fait figurer dans ses »Mémoires« les lettres malhabiles de la comtesse, présentées dans un français qui restitue la prononciation germanique. Ce manque de courtoisie à l'égard d'une *élève* dont on se plaît à reproduire fautes et maladresses, peut-il être contrebalancé par le souci de rendre plus authentique leur accord linguistique? Ne faut-il pas y voir aussi une nouvelle marque d'une supériorité naturelle des Français qui ne sauroit se transmettre aux étrangers même si ces derniers, à l'égal de la comtesse, font tout pour l'acquérir? En tout cas, La Colonie reste plus discret sur son apprentissage de la langue allemande et sur les difficultés qu'il a pu rencontrer. Il rappelle seulement dans son

7 Ibid. p. 206.
8 Ibid. p. 213.
9 Ibid. p. 216.

avertissement au lecteur qu'il *possède assez la langue allemande* et qu'il a d'abord destiné ses »Mémoires« à des lecteurs allemands par le biais d'une traduction[10].

*

Ce souhait de dépasser les frontières du royaume et cette volonté de comprendre la langue du pays où l'on exerce le métier des armes, souvent évoqués dans les »Mémoires«, ne représentent pas seulement des réponses appropriées à des circonstances bien particulières, elles portent la marque de l'attrait pour un pays, découvert avec une inlassable curiosité même au plus fort de la guerre. Pour La Colonie, apprendre la langue c'est apprivoiser *l'étrangeté* d'une nation qu'il découvre de la manière la plus imprévue qui soit à proximité de la frontière allemande. C'est là, après une nuit passée dans une auberge isolée et sinistre, qu'il trouve à son réveil deux jeunes filles endormies dans le plus simple appareil. Les cauchemars de la nuit ont laissé place à une réalité attrayante qui est bien le meilleur des saufs-conduits pour aller à la rencontre des *peuples* d'Allemagne:

> *Mais je fus bien surpris de voir que ces bandits qui m'avaient tant fatigué l'imagination, se trouvoient métamorphosés en deux jeunes filles d'environ dix-huit à vingt ans, jolies et plus blondes que l'or pâle, ayant la peau la plus blanche et le plus beau coloris qu'on puisse voir, qui selon la coutume de ces peuples étoient couchées nues et avoient leurs chemises derrière leur chevet du lit.*

Juste avant de quitter son refuge d'une nuit, La Colonie n'oublie pas de s'attarder encore:

> *J'attachai de nouveau mes regards sur cette petite personne, qui étoit plus potelée et plus blanche que l'albâtre; car c'est le propre de ces peuples d'être extrêmement blonds et parfaitement beaux dans leurs jeunes ans*[11].

La découverte subreptice et frontalière de ces beautés déjà nordiques et encore empreintes d'une pureté originelle, ne doit pas être mise au compte d'une simple description de convention; elle marque au contraire dans l'existence de La Colonie une rupture avec ses précédentes rencontres féminines bien éloignées de la candeur juvénile de ces belles étrangères.

Les mois de guerre et de paix passés en Allemagne transforment le regard de l'officier français transplanté en Bavière pour y servir un autre prince que le roi de France. Situation inconfortable même si de nombreux soldats la partagent avec lui. Sa réaction la plus fréquente, on l'a vu, est l'affirmation d'une supériorité propre à sa nation qui le protège en le rendant indispensable à ceux qui l'emploient. Mais les circonstances de la guerre de Succession d'Espagne se chargent de détruire ce château de cartes. La défaite, l'humiliation de l'occupation de la Bavière et du départ de l'Electeur, la retraite de son régiment l'obligent à se départir de sa superbe et à considérer différemment ceux qui, comme lui, ont souffert de l'adversité des armes, qu'ils soient ses alliés, ses adversaires, ses ennemis. Aurait-il eu un regard identique s'il était resté se battre aux frontières du royaume en suivant le flux et le reflux des armées de Louis XIV?

---

10 Ibid. Avertissement au lecteur, t. I.
11 Ibid. p. 157.

Préposé en Bavière au commandement délicat d'un bataillon de grenadiers réputés très difficiles et tentés par la désertion, il connaît mieux que quiconque les souffrances des populations qui subissent les combats et le passage des soldats: villages incendiés, troupeaux dérobés, récoltes pillées ou parties en fumée, tortures et exécutions sommaires font partie de cette autre guerre que les paysans livrent aux soldats. La Colonie prend parti pour les premiers et se défend d'avoir laissé sa troupe commettre des exactions contre eux sans encourir le châtiment mérité. La même compassion caractérise le jugement qu'il porte sur le sort de la Bavière. Ce n'est pas simplement l'allié de circonstance qui s'apitoie sur un état dévasté pour cause d'alliance avec son souverain, c'est l'ingénieur du roi qui expérimente la méthode d'observation de son maître Vauban, l'auteur des »Oisivetés«. Sa curiosité ne s'arrête pas à la force et à la faiblesse des remparts et des portes qu'il fortifie ou qu'il assiège, elle englobe tout ce qui conditionne l'existence d'un pays: ses protections naturelles, ses ressources, l'activité de ses habitants, leurs fêtes et divertissements, enfin, cet étonnant concours de circonstances qui fait qu'en moins d'une année un Etat peut connaître l'euphorie des victoires, puis l'infortune de la défaite avec son cortège de taxes et d'impositions que les vainqueurs mettent en place pour faire payer la guerre à ceux qui l'ont perdue.

Homme du XVIIIe siècle, La Colonie n'est pas exempt de crainte ou de préjugés à l'égard de la puissance de la religion et du rôle de l'Église. Le regard qu'il porte sur elles est plus européen que français car, partout, durant ses campagnes, il a relevé des signes d'idolâtrie qui ne font pas bon ménage avec la logique raisonneuse d'un stratège même si, autour de lui, tout lui rappelle la mort. En Bavière, plus qu'ailleurs, sa méfiance est en éveil. Non seulement l'emprise du catholicisme lui semble trop voyante, mais son rôle politique lui paraît dangereux car il hypothèque l'avenir et le destin du pays. La Colonie ne saurait penser autrement car il sait bien, en historien qu'il est, que le parti ultra-catholique de la cour bavaroise a poussé aux négociations avec l'Empire, contre les intérêts français. Est-ce pour se venger ou en prélude à la théorie du joséphisme que La Colonie préconise pour venir en aide aux troupes sans solde la vente des biens d'Église? Il est vrai que cette solution avait déjà été pratiquée par la monarchie française lors des guerres de religion. Le détachement religieux de La Colonie le conduit également à ne pas considérer la campagne contre les Turcs comme une croisade mais comme une expédition qui scelle la réconciliation des États d'une Europe chrétienne déchirée par la guerre de succession d'Espagne.

*

Est-ce cette distance prise vis-à-vis de lui-même, des siens et de son pays, durant ce long conflit, qui maintient bien vivace son animosité envers Boismorel, son supérieur hiérarchique? En tout cas, ce colonel devient sous la plume de son subalterne le prototype de tous les excès et de tous les défauts de leur nation à l'étranger. En accablant ainsi son supérieur et en s'acharnant à le prendre en faute, La Colonie exerce sa lucidité à l'égard de ses compatriotes et se permet de les juger. Dédoublement salutaire d'un homme de guerre qui a eu la chance de pouvoir prendre sa retraite et de passer du champ de bataille au territoire de l'historien!

I.1. Bio-bibliographische Anhaltspunkte

Die Memoiren von La Colonie sind in den Jahren zwischen 1740 und 1750 mehrfach an verschiedenen Orten publiziert worden. Sie geben den autobiographischen Bericht über die Feldzüge des Feldmarschalls von seinem Eintreten 1691 ins Kadettenkorps von Charlemont bis zur Einnahme der Festung Belgrad 1718. Form und Inhalt der Memoiren stellen wegen der Laufbahn La Colonies ein Zeugnis von unbestreitbarer Originalität dar, die gleichermaßen modellhaften und Außenseitercharakter hat. Modellhaften Charakter besitzen sie wegen der adligen Herkunft des Autors, seiner militärischen Ausbildung, seinen frühen militärischen Erfahrungen auf dem Schlachtfeld und schließlich wegen seiner mit 20 Jahren übernommenen Funktion (1693) als königlicher Festungsbauingenieur, der durch die Schule Vaubans gegangen war. Außenseitercharakter bekam seine Karriere deshalb, weil La Colonie seit 1702 nach Bayern geschickt wurde, als das Bündnis des Kurfürsten mit Ludwig XIV. das Land sehr gefährdete und den Begehrlichkeiten benachbarter Mächte aussetzte. Von 1702 bis 1719 blieb La Colonie als Mitglied eines bayrischen Regiments im Dienst des Kurfürsten, wobei er allerdings bis zum Ende des spanischen Erbfolgekriegs für den französischen König kämpfte. Diese Stellung im ausländischen Dienste, die seine Karriere beschleunigt hatte, sind die Folgen des europäischen Ansehens der königlich-französischen Festungsbauingenieure.

2. Chronologisch-geographische Anhaltspunkte

Der Aufenthalt von La Colonie in Bayern ist in drei Zeitabschnitte zu gliedern:

1702–1704

Feldzug in Bayern, das heißt vor allem Stadtbelagerungen, die vorübergehende erfolgreiche Verbindung zwischen dem bayrischen und dem französischen Heer, eine Expedition nach Tirol und die Niederlage an der Donau (Höchstädt), welche die österreichische Besetzung Bayerns, die den Bayern auferlegten Waffenstillstandsbedingungen und schließlich die Vertreibung von La Colonies Regiment zur Folge hatten.

Frühjahr 1715

Rückkehr nach Bayern für einige Monate, um die letzten strittigen Punkte bezüglich des Statuts der Truppen nach den Friedensverträgen zu klären.

1717–1719

Auf dem Hin- und Rückweg zum Feldzug gegen die Türken (Belgrad) Durchreise durch München.

II. 1. Beobachtungen aus den jeweiligen Umständen heraus

In Kriegszeiten: Wechsel zwischen Feldzügen und Winterlager; detaillierte Beschreibung der Städte aus dem Blickwinkel des königlich-französischen Festungsbauingenieurs; die Schwierigkeit, als Franzose im damaligen Deutschland zu wirken.

In Friedenszeiten: Zusammentreffen mit den Gegnern von gestern, vor allem Prinz Eugen; Diskussion über die entscheidenden Phasen des vorangegangenen Krieges; Mobilisierung gegen einen gemeinsamen Feind: Die Türken.

2. Beobachtungen aus einer Position der Vorrangstellung

Übersicht über jene Bereiche, in denen La Colonie eine dauernde Überlegenheit seiner Nation bestätigt: die Waffen und die Armee, die politischen Einrichtungen, das höfische Leben und die geistigen Vergnügungen, und nicht zuletzt den Erfolg bei den Frauen.

3. Beobachtungen anderer Art

Eine unablässige Neugierde in Bezug auf das Fremde: Neigung für die deutsche Sprache und die Bereitschaft, sie zu lernen; Reflektionen über Bayern, sein Schicksal, die dominierende Stellung der Religion, über die Leiden seiner Einwohner während des Krieges.

Zusammenfassung

La Colonie, ein Reisender und Festungsbaumeister – die Originalität seiner Zeugenschaft.

Rainer Schröder

DIE RECHTSSTELLUNG DER FRANZOSEN
IN DEUTSCHLAND

Das *droit d'aubaine* diskriminierte Ausländer. Es erlaubte – grundsätzlich den Königen – die Erbschaften verstorbener Ausländer einzuziehen, selbst wenn deren gesetzliche Erben anwesend waren. Als Frankreich begann, dieses Recht vor allem durch wechselseitige Staatsverträge aufzuheben, war ein Schritt getan, welcher der Diskriminierung entgegentrat und den man eigentlich nur begrüßen konnte. In seinem Werk: »Patriotische Gedanken von Jure Albinagii, durch dessen Aufhebung die Crone Frankreichs die Teutschen an sich locken will, um seinem Nothstand in etwas aufzuhelffen« (Frankfurt und Leipzig 1768) versuchte Alexander, die Deutschen vor diesem schwerwiegenden Schritt zu bewahren. In schierem Franzosenhaß äußerte er sich über die Nation, die den Deutschen in vieler Beziehung Vorbild war:

Was soll nun aber uns Teutsche locken? nichts. Wer hat uns am feindlichsten, am grausamsten begegnet? die Franzosen. Wer ist gewohnt, uns am verächtlichsten zu behandeln? die Franzosen. Von wem haben wir die meisten Laster, Stolz, Pracht, Ueppigkeit, Faulheit, Falschheit und dergleichen gelernet? von den Franzosen. Wider welche Verführer haben wir am meisten geeifert? wider die Franzosen. Wer hat uns denn meisten und den elendesten Thand am theuersten verkauft? die Franzosen. Wer hat sich mit unsern Erfindungen groß gemacht? die Franzosen. Und was sollen wir weiters sagen. Frankreich hat weder Gold noch Silber, auch keine Pferde. Verpflanzen wir erst die Teutschen nach Frankreich, so wirds mit Teutschland bald aus seyn. (S. 35 f.)

Erhebliche Brisanz schien also der Rechtsstellung von Ausländern innezuwohnen.

Einleitung

Das Recht am Beginn des 18. Jahrhunderts kannte keine allgemeinen und abstrakten Regeln für alle Fremden; und erst recht keine solchen für Franzosen – wenn man von den hugenottischen Emigranten absieht[1]. Es war vor-individualistisch und vorgrundrechtlich. Es behandelte einzelne konfliktträchtige Situationen, die mit Frem-

---

1 Hans Thieme, Die Rechtsstellung der Fremden in Deutschland vom 11. bis zum 18. Jahrhundert, in: Recueils de la societé Jean Bodin X (1958), S. 201–216 behandelt das 18. Jahrhundert praktisch kaum. Allgemeine Informationen bei B. Koehler, Fremde, in: Handwörterbuch zur Deutschen Rechtsgeschichte, Bd. 1, Berlin 1971, Sp. 1266–1270. Zeitnäher vgl. Bopp, Art. Fremde. Fremdenrecht (Gastrecht), in: Rechtslexikon für Juristen aller teutschen Staaten enthaltend die gesamte Rechtswissenschaft ... redigiert von Julius Weiske, 4. Bd., Leipzig 1843, S. 355–362; Jordan, Gastrecht, in: Staatslexikon, Hg. von Rotteck und Welcker, Bd. 6, Leipzig 1834, S. 291–317; Jürgen Weitzel, Art. Fremde, -nrecht, in: Lexikon des Mittelalters IV, München und Zürich 1989, Sp. 909 f.

den auftreten konnten oder aufgetreten waren. Vielfach moralisierten die Gesetzgeber, ohne – nach unserem Verständnis rationale – Erklärungen zu geben – was nicht bedeutet, daß es keine nachvollziehbaren Gründe gab. Allgemein Wichtiges wurde neben Einzelfällen behandelt. Ausländer bildeten kein zentrales Thema für das Recht. Die Rechtsregeln, Ausländer betreffend, standen oft in der Tradition des mittelalterlichen Rechts, zumeist aber des frühneuzeitlichen Polizeistaates. Bezeichnend war eine hessische Polizeiordnung von 1591, die den Handel mit Italienern, Savoyarden, Friaulern und Schotten verbot, *da sie meistens böse Buben sind*[2]. Hier paarte sich der verständliche Wunsch, die eigene Bevölkerung vor Übervorteilung zu schützen, mit dem nach Abschirmung der eigenen Kaufleute.

Im Zeitalter des Lichts, der Aufklärung und des Naturrechts ging das positive Recht noch zu Beginn des 18. Jahrhunderts nicht von prinzipiellen ggf. naturrechtlichen Kategorien aus, etwa einer Gleichheit aller Menschen, die der positiven Rechtssetzung vorgelagert gewesen wären. Es finden zwar grundsätzliche Diskussionen in Naturrecht und Rechtsphilosophie statt, doch diese schlugen, soweit ich sehe, nicht in die Polizei- und Regierungspraxis, sondern erst in den Naturrechtskodifikationen durch. Die ersten Rechtsgebiete, in denen sich die Gleichheit in Ansätzen durchsetzte, waren das Privat- und das Strafrecht. Man wollte im Privatrecht allen Menschen die Qualität als Rechtssubjekt zuerkennen. Die privatrechtliche Handlungsfreiheit der Ausländer unterlag allerdings einigen öffentlich-rechtlichen Einschränkungen. Im Strafrecht setzte die rechtliche Gleichbehandlung den Souveränitätsanspruch des modernen Territorialstaats gewissermaßen zu Lasten der Fremden durch.

Statt allgemeiner Regeln über die (Gleich)-Behandlung aller Ausländer finden sich am Ende des 17. Jahrhunderts Normen, manchmal nur einzelne Verfügungen und Privilegien, für Individuen oder Gruppen von Individuen, zum Beispiel die Hugenotten, die Andersgläubigen, die Hofhandwerker, die Künstler, die fremden Geschäftsleute, die Erben und die Ehewilligen. Der Mensch erschien nicht als ein Wesen, das unveräußerliche Rechte besaß, so wie sie später von der »bill of rights« und der »déclaration des droits de l'homme« festgeschrieben wurden.

Die Regelungen sind eher konkret als abstrakt, eher individuell als allgemein. Besonders zu Beginn des 18. Jahrhunderts finden sich viele Normen, die Fremde, vornehmlich nichtdeutsche Ausländer, deutlich ungleich behandelten. Das galt im Bereich des öffentlichen Rechts im politischen Raum, prinzipiell und auch in anderen rechtlichen Beziehungen, und zwar in Deutschland wie in Frankreich. Am Ende des Zeitraumes sind Normen zu sehen, die eine Gleichstellung der Fremden mit den Inländern beabsichtigen. Das gilt nicht nur für den erwähnten privatrechtlichen Bereich. 1832 faßte Maurenbrecher die früheren Rechtsprobleme der Fremden so zusammen:

> »Im späteren Rechte ist jenes älteste geschichtliche Princip von der Rechtsunfähigkeit der Fremden allerdings verschwunden, aber es sind einzelne Zurücksetzungen als Folgen desselben stehen geblieben. Dahin gehört 1) die Ausschließung der Fremden von allen politischen Rechten, namentlich vom Civildienste; für den Militairdienst hat das neue

---

2 Gustav Clemens SCHMELZEISEN, Polizeiordnungen und Privatrecht (Forschungen zur neueren Privatrechtsgeschichte Bd. 3), Münster, Köln 1955, S. 298 Anm. 41.

Werbesystem die erste Ausnahme begründet; 2) die Unfähigkeit, Grundeigentum zu erwerben 3) und Handel und Gewerbe auszuüben; 4) die Verdächtigkeit des Zeugnisses; 5) die Zurücksetzung vor einheimischen Gläubigern im Concurse; 6) die beschränkte Erbfähigkeit«[3].

Im Grunde bildet das 18. Jahrhundert eine Schnittstelle zwischen unterschiedlichen Wahrnehmungen von »Fremden«: Diese konnten Gäste oder Feinde sein, geehrt, begrüßt oder beargwöhnt werden. Im Laufe der Jahrhunderte wandelte sich die Einstellung. Die frühen germanischen Rechte ließen dem Gast sogar sein eigenes Recht (Personalitätsprinzip). Im Mittelalter stand der Fremde unter Königsschutz. Die Beschränkung seiner persönlichen Rechte (z. B. des Erbrechts) bildete die Pflichten-Seite der Privilegien. Die Territorialstaaten der Neuzeit nahmen ihm seine politischen Rechte, räumten ihm aber zunehmend bürgerliche, nicht staatsbezogene Rechte ein, vornehmlich die Akzeptanz ihrer Rechtsfähigkeit[4], so daß sie am Wirtschaftsverkehr teilnehmen konnten. Sie waren privatrechtlich in der Lage, Verträge zu schließen, bedurften aber oft der öffentlich-rechtlichen Konzession für kaufmännisch-gewerbliches Handeln. Dieser Prozeß verlief nicht überall gleichmäßig. Zeitlich und örtlich konnten rechtliche Institutionen sich erheblich unterscheiden. Ein so knapper Überblick muß zudem eingehende Ausführungen zur Praxis der Rechtsanwendung vermissen lassen. Diese Konzentration auf geschriebenes Recht, vorzüglich auf die Normen, vernachlässigt viele Fragen. Denn nicht alles, was Rechtsnormen vorschrieben, wurde praktiziert; und nicht alles, was praktiziert wurde, entsprach den Normen.

1. Die Gleichstellung der Fremden

In vielen Strafgesetzen wurde bestimmt, daß Ausländer wie Inländer zu behandeln seien, daß also eine eventuelle mangelnde Vertrautheit mit dem jeweiligen Recht nicht strafbefreiend wirke. *Nicht nur Unterthanen, sondern auch Fremde, welche innerhalb der Grenze des Staats sich aufhalten, sind sich um die Gesetze desselben zu erkundigen verpflichtet*[5].

Besonders am Ende des Jahrhunderts ist im Bereich des Privatrechts ein Wandel

---

3 D. Romeo MAURENBRECHER, Lehrbuch des heutigen gemeinen deutschen Rechts, In zwei Abtheilungen, Bonn 1832, 1834, Erste Abtheilung § 122. S. 142.

4 Gute Überblicke auch über die ältere Literatur in den Lehrwerken des ›deutschen Privatrechts‹, zum Beispiel Karl Friedrich EICHHORN, Einleitung in das deutsche Privatrecht mit Einschluß des Lehenrechts, 3. Aufl. Göttingen 1829, §§ 73ff.; Carl Joseph Anton MITTERMAIER, Lehrbuch des deutschen Privatrechts, Landshut 1821; §§ 135ff. mit umfangreichen Literaturhinweisen; spätere Werke A. v. DANIELS, Lehrbuch des gemeinen preußischen Privatrechtes, Erster Band, Berlin 1851, S. 152ff.; Carl Friedrich von GERBER, System des deutschen Privatrechts, 13. Aufl. Jena 1878, § 47f.; Otto von GIERKE, Deutsches Privatrecht, 1. Bd. Allgemeiner Teil und Personenrecht, Leipzig 1895 (ND München und Leipzig 1936); S. 443ff., bes. 447ff.

5 Allgemeines Landrecht für die Preußischen Staaten von 1794, hg. von Hans HATTENHAUER, Frankfurt a. M., Berlin 1970, 20. Titel: Von den Verbrechen und deren Strafen, 1. Abschn. § 12. Dieser Gedanke findet sich als Resultat der staatlichen Hoheitsrechte in vielen Rechten, besonders bei den Kodifikationen vom Beginn des 19. Jahrhunderts. Im frühen Mittelalter hingegen hatte das Personalitätsprinzip gegolten, so daß die Personen nach ihrer Stammeszugehörigkeit gerichtet wurden.

in Richtung auf eine Gleichbehandlung festzustellen: Ausländer unterlagen grundsätzlich inländischem Recht so wie die Bürger des Landes[6]. *Auch Unterthanen
fremder Staaten, welche in hiesigen Landen leben, oder Geschäfte treiben, müssen
nach obigen Bestimmungen* (sc. des ALR) *beurtheilt werden*[7]. Freilich galt der
Grundsatz nicht uneingeschränkt:

> *Fremde Unterthanen haben also, bey dem Betriebe erlaubter Geschäfte in hiesigen Landen,
> sich aller Rechte der Einwohner zu erfreuen, so lange sie sich des Schutzes der Gesetze nicht
> unwürdig machen*[8].

Als Ergebnis vielfältiger Diskriminierungen von Ausländern fügte der Gesetzgeber vorsichtshalber ein Vergeltungsrecht hinzu:

> *Wenn aber der fremde Staat, zum Nachtheil der Fremden überhaupt, oder der hiesigen
> Unterthanen insbesondere, beschwerende Verordnungen macht, oder dergleichen Mißbräu-
> che wissentlich gegen diesseitige Unterthanen duldet, so findet das Wiedervergeltungs-Recht
> statt*[9].

Diese Äußerung bezog sich vornehmlich auf das »jus albinagii« (droit d'aubaine),
nach welchem der Nachlaß von Ausländern dem Herrscher zufiel und ihnen die
passive Testamentsfähigkeit, somit die Möglichkeit, Erbe eines Inländers zu werden,
abgesprochen wurde[10]. Das Österreichische ABGB von 1811 erklärte:

> *Den Fremden kommen überhaupt gleiche bürgerliche Rechte und Verbindlichkeiten mit
> den Eingebornen zu, wenn nicht zu dem Genusse dieser Rechte ausdrücklich die Eigenschaft
> eines Staatsbürgers erfordert wird*[11].

Der »Code Civil« erkannte in revolutionärem Elan den Unterschied zwischen
dem *citoyen* und dem *bourgeois* ebenso deutlich und verfügte:

> *L'exercice des droits civils est indépendant de la qualité de Citoyen, laquelle ne s'acquiert et
> ne se conserve que conformément à la loi constitutionelle*[12]. *L'étranger jouira en France des
> mèmes droits civils que ceux qui sont ou seront accordés aux Francais par les traités de la
> nation à laquelle cet étranger appartiendra*[13].

Doch als Relikt polizeistaatlichen Denkens galt auch hier das in der zweiten Norm
enthaltene Retorsionsrecht. Diese Vorschriften aus Naturrechtskodifikationen bilden gewissermaßen die Endpunkte der Entwicklung.

---

6 Codex Maximilianeus Bavaricus Civilis. Oder Neu Verbessert- und Ergänzt- Chur Bayrisches Land-
   Recht, …, München 1756, 1. Theil, 3. Cap. §3 sowie Wiguläus Xaverius Aloysius Freiherr von
   KREITTMAYR, Anmerckungen über den Codicem Maximilianeum Bavaricum Civilem, München
   1763–93, ebd.
7 Allgemeines Landrecht (wie Anm. 5), Einleitung §34; ähnlich schon im Entwurf eines allgemeinen
   Gesetzbuchs für die preußischen Staaten, Berlin und Leipzig 1784, Erster Theil, Einleitung, §§22ff.
8 Ebd. Einleitung §41.
9 Ebd. Einleitung §43.
10 Helmut COING, Europäisches Privatrecht, Bd. I: Älteres Gemeines Recht (1500 bis 1800), München
   1985, S. 214f.
11 Allgemeines bürgerliches Gesetzbuch für die gesammten Deutschen Erbländer der Oesterreichischen
   Monarchie, Wien 1811, §33 S. 1; S. 2 und 3 folgt ein abgeschwächtes Retorsionsrecht.
12 Code Napoléon. Édition conforme aux changements adoptés par le corps législativ le III Septembre
   1807, Paris 1807, Art. 7.
13 Ebd. Art. 11.

2. Schlechterstellungen für alle Ausländer

Es finden sich zum Teil sinnvolle, zum Teil aber absurde Fälle von Diskriminierungen. Am 14. Juni 1725 bestimmte der Markgraf von Baden-Durlach, die Bürger möchten keine auswärtigen Ärzte zuziehen, da sie meistenteils *ohnerfahrene Ärzte* seien[14]. In Hohenlohe und Hessen-Darmstadt wurde 1698 und 1742 verfügt, die Bauern dürften ihre jungen Stuten im Alter von 2 bis 3 Jahren nicht an Ausländer verkaufen, um sich dann für geringes Geld alte Pferde dafür zu erstehen[15]. Gleichfalls wird bei Strafe das Spielen in auswärtigen Lotterien verboten[16]. Für solche Regelungen gab es nachvollziehbare Gründe. Es ging um den Schutz der einheimischen Ärzte, Schutz der landwirtschaftlichen Produktion und Betriebe. In zumeist engem Zusammenhang mit den anderen Gründen standen stets die fiskalischen Interessen der Herrschaften, welche die einheimische Wirtschaft fördern wollten. Zur Begründung zogen die Gesetzgeber gelegentlich das öffentliche Wohl heran, oder sie beriefen sich darauf, einzelne Gruppen unterstützen zu müssen.

»Ausländer« kommen in der deutschen Gesetzgebung des 18. Jahrhunderts an vielen Stellen vor. Als Ausländer bezeichnen die Gesetze, Verordnungen, Dekrete und Polizeiordnungen alle Personen, die nicht innerhalb einer Landesherrschaft wohnen, das heißt, die nicht dem Geltungsbereich des Gesetzes unterfielen. Die besondere Situation der souveränen Herrschaften in Deutschland nach dem Dreißigjährigen Krieg spielte ebenso wie die merkantilistische Wirtschaftspolitik eine Rolle. Fremdsprachige Ausländer wurden zumeist nicht ausdrücklich erwähnt. Eine Blütenlese aus Gesetzen und Verordnungen des 18. Jahrhunderts soll verdeutlichen, welche Punkte den Fürsten besonders wichtig erschienen.

2.1 Verdächtige Fremde

Während die »merkantilistischen« Überlegungen der Gesetzgeber einem typisch neuzeitlichen Interesse entsprangen, gab es rechtliche Behandlungen von Ausländern, die älteren Rechtsschichten entstammten. Fremde waren immer verdächtig gewesen. Disziplinierung und Gefahrenabwehr verlangten, auf Fremde ein besonderes Auge zu haben. Daher gehörte diese Forderung zum Standardkatalog der Polizeiordnungen. In Tit. XXVII schrieb die Polizeiordnung des Markgrafen von Brandenburg-Culmbach vor:

Unbekante bevorab mit Verdacht beladene Leute, nicht zu beherbrigen, sondern der Obrigkeit anzuzeigen. Und damit man auch, ob und was jedes mahls für fremde Personen ankommen, wer sie seyn, und wo sie hinauswollen, oder bey wem sie zu verrichten haben, also fort Nachrichtung erlangen möge; so sollen die Wirthe, Gastgeber oder andere, bey

---

14 Abgedruckt in: Quellen zur neueren Privatrechtsgeschichte Deutschlands, 2. Bd.: Polizei- und Landesordnungen, hg. von Wolfgang KUNKEL, Gustav Clemens SCHMELZEISEN und Hans THIEME, Köln, Graz 1969, S. 243.

15 Fürstlich Hohenzollersche Lands-Ordnung, erneuert und verbessert Tübingen Anno 1698, XLVIII, 1, 2, 4. Vgl. auch Schmelzeisen (wie Anm. 2) S. 287.

16 Polizeiordnung Hessen 1744, in: Sammlung Fürstlich Hessischer Landes-Ordnungen und Ausschreiben, hg. von Christoph Ludwig KLEINSCHMID, Bd. IV Cassel o. J. (Bd. I von 1767), S. 871. SCHMELZEISEN hat vergleichbare Regelungen vielfach nachgewiesen vgl. DERS. (wie Anm. 2) S. 294.

denen sie einkehren strackts derselben Namen mit Anzeige erst berührter Umstände,
verzeichnen, und solches fürders, so wohl Mittags als Nachts, in Unserm hiesigen Hof-Lager
und Hauptmannschaft, anderer Orten haben bey Unsern vornehmsten Officianden Jedes
mahls unnachbleiblich, bey Vermeidung vor berührter Strafe oder Zehen gülten, eingeben
und überantworten lassen[17].

In ähnlicher Weise verlangten Polizeiordnungen, man möge auf durchreisende
Fremde besonders achtgeben. Dieser Befehl galt für *Beamte und Richter, auch die*
Schuldheissen und Wirthe, in Städten und Dörfern, sonderlich aber die bey den
Thoren bestellte Stadt-Wache. Diese sollten sich

Pässe oder andere Urkunden vorweisen lassen, von ihrem Stande, Wesen und Handthierung
fleißige Erkundigung einziehen, und da sie etwas argwöhnisches oder gefährliches an ihnen
vermerken oder muthmaßen, auch sie in der Sprache und gethaner Antwort, oder auch der
vorgewiesene Paß nicht richtig befunden, dieselben anhalten, examinieren, auch wohl gar in
Verhaft ziehen, dieselben und was sie bei sich führen, visitiren und nach Bewandtnis
berichten[18].

Das sind deutlich schichtspezifische Regeln. Sie richteten sich gegen Ausländer
nicht deshalb so intensiv, weil sie Ausländer waren, sondern weil man glaubte, diesen
Personenkreis besonders schlecht zu kennen. Das repressive Element des Polizei-
rechts schlug besonders gegenüber Ausländern durch. Sie konnten ja Kriminelle,
Bettler oder Unterstützungsbedürftige und damit unerwünschte Personen sein. Die
frühneuzeitlichen Staaten empfanden die Bedrohung durch Kriminalität als besonders gravierend. Wer unbekannt war, galt als verdächtig. Und in der Tat gehörte es
zur gängigen Taktik von Räuberbanden, sich durch Grenzüberschreitungen den
Vollstreckungsorganen zu entziehen[19]. Bei aller Liberalität der preußischen Gesetzgebung am Ende des Jahrhunderts galten strikte Regeln gegen Fremde, vornehmlich
Bettler, wie im 16. Jahrhundert fort. Der Entwurf des ALR meinte:

Unbekannte Fremde, die im Lande reisen, und mit Pässen von ihrem letzten Auenthalts-
Orte nicht versehen sind, müssen über ihr Gewerbe, und die Absicht ihrer Reise, genau
examiniert, und wenn sie sich nicht ausweisen können, über die Gränze gebracht werden[20].

17 Erneuerte und vermehrte Policey-Ordnung unter Weyland Herrn Marggrafen Christian Ernsts g. m.
    Regirungs-Zeiten publicirt, in: Corpus Constitutionum Brandenburgico-Culmbachensium, Oder
    Vollständige Sammlung der Vornehmsten so wohl allgemeinen besondern in dem Marggrafenthume
    Brandenburg-Culmbach in Ecclesiasticis und Politicis Theils einzeln gedruckten, Theils noch nicht
    gedruckten Landes-Ordnungen und Gesetze, Welche auf Hochfürstlichen gnädigsten Spezial-Befehl
    aus den Archiven und Registraturen colligirt, und dem Publico mitgetheilet werden sollen. 2. Teil,
    1. Bd., Bayreuth 1747, S. 556–674, 628; Wiederholung dieser Norm in: Revidirte und verbesserte
    Polizey-Ordnung der Durchlauchtigsten Fürsten und Herrn, Herrn Friedrichs, Markgrafens zu
    Brandenburg, in Preußen etc. Herzogs etc. ergangen den 1. Sept. 1746, in: ebd., S. 675–775, S. 730, Tit.
    XXI § 4.
18 Ebd., S. 631; Revidierte Polizeiordnung S. 732 (Tit. XXII, § 7); daß man Zigeuner nicht dulden wollte,
    galt ohnedies als herrschende Übung.
19 Heinz REIF, Räuber, Volk und Obrigkeit. Studien zur Geschichte der Kriminalität in Deutschland seit
    dem 18. Jahrhundert, Frankfurt/Main 1984; Michael KUNZE, Der Prozeß Pappenheimer, (Münchener
    Universitätsschriften, Juristische Fakultät, Abhandlungen zur rechtswissenschaftlichen Grundlagen-
    forschung 48), Ebelsbach 1981, S. 48 ff.; Carsten KÜTHER, Räuber und Gauner in Deutschland. Das
    organisierte Bandenwesen im 18. und frühen 19. Jahrhundert, Göttingen 1976.
20 Entwurf eines allgemeinen Gesetzbuchs für die preußischen Staaten (wie Anm. 7), Theil I, Abth. III,
    Tit. VIII, § 11.

Im Gesetz findet sich ein Tatbestand, der anders und deutlicher den Kontext aufweist:

Fremde Landstreicher, welche nirgend einen festen Wohnsitz haben, und wovon sie sich ernähren nicht glaubhaft nachweisen können, sollen, wenn bei der Untersuchung ihres bisherigen Lebenswandels keine Anzeigen eines begangenen Verbrechens sich hervorthun, über die Gränze gebracht, und ihnen die Rückkehr bey Festungsstrafe verboten werden[21].

2.2 Vormundschaft

In einem Grenzbereich zwischen privatem und öffentlichem Recht befaßte sich das Polizeirecht ausführlich mit der Frage, wer Vormund werden konnte; schließlich war noch das 18. Jahrhundert eine Zeit kurzer Lebenserwartungen[22]. Auswärtige Verwandtschaft konnte zumeist die Vormundschaft über unmündige Kinder übernehmen. Fremde als Vormünder waren in Brandenburg-Bayreuth nach der Polizey-Ordnung (von 1662) zugelassen[23]. Sie mußten allerdings *vor Unserer Canzley-Aemtern und Gerichten sich bestätigen* lassen[24].

Das Wildfangregal des Mittelalters, als dessen Relikt die Bastarde der ins Land kommenden Fremden Leibeigene der Herrscher wurden, blieb umstritten und wurde nur selten ausgeübt[25]. Ursprünglich umfaßte das Regal sogar die Kompetenz, jeden »herrenlosen« Fremden nach Jahr und Tag als Leibeigenen in Anspruch zu nehmen. Es wurde im 18. Jahrhundert noch vom Pfalzgrafen geltend gemacht.

2.3 Das droit d'aubaine

Die Situation der Ausländer in Frankreich ist nicht Gegenstand der Abhandlung, weil viele Quellen nicht greifbar waren und der Umfang der Abhandlung gesprengt worden wäre[26]. Doch muß zumindest eine französische Regelung, die Erbschaften betraf, Erwähnung finden. Das droit d'aubaine diskriminierte die Ausländer direkt[27]. Es war aus dem europaweit verbreiteten Fremdenrecht (jus albinagii) entstanden. Darunter verstand man seit dem Mittelalter eine Beschränkung des passiven Erbrechts von Ausländern, sofern diese nicht naturalisiert waren[28]. Vom

---

21 ALR II. Theil, Titel XX., 4. Abschn., § 191.

22 SCHMELZEISEN (wie Anm. 2), S. 98.

23 Erneuerte und vermehrte Polizey-Ordnung (wie Anm. 17), S. 556–674.

24 Ebd. S. 602; ALR Theil II, Tit. XVIII, § 156 ff.; zur Vormundschaft über Fremde ebd. § 68 ff.

25 Hermann CONRAD, Deutsche Rechtsgeschichte, Bd. II: Neuzeit bis 1806, Karlsruhe 1966, S. 143, Richard SCHRÖDER, Lehrbuch der deutschen Rechtsgeschichte, 4. Aufl. Leipzig 1902, J 8, 1, m. w. N.

26 Robert VILLERS, La condition des étrangers en France dans les trois derniers siècles de la monarchie, in: Recueils de la societé Jean Bodin X (1958), S. 139 ff.

27 Zum droit d'aubaine und seiner Entwicklung in Frankreich vgl. Paul OURLIAC, Jean-Louis GAZZANI-GNIA, Histoire du droit privé français de l'an mil au code civil, Paris 1985, S. 194, 203, 383; Paul OURLIAC, J. de MALAFOSSE, Histoire du droit privé, Tome III: Le droit familial, Paris 1968, S. 18, 417, 444, 465.

28 DEMANGEAT, Histoire de la condition civile des étrangers en France, Paris 1844; SAPEY, Les étrangers en France sous l'ancien et le nouveau droit, Paris 1843; SOLOMAN, De la condition juridique des étrangers dans les législations anciennes et le droit moderne, Paris 1843. Gute Zusammenfassung bei Leopold August WARNKÖNIG, Th. A. WARNKÖNIG, Lorenz von STEIN, Französische Staats- und

15. Jahrhundert an begannen die Könige, einigen in Frankreich versterbenden Ausländern ihr Erbrecht zu belassen[29]. Solche Ausländer, die Märkte – als Kaufleute – besuchten, waren ebenso ausgenommen wie Botschafter sowie Finanzgläubiger des Königs. Später begann Frankreich, mit auswärtigen Staaten Verträge auf Wechselseitigkeitsbasis zu schließen[30]. Gelegentlich wurde das droit d'aubaine von einer Art vorrangigem Einstandsrecht verdrängt (droit de détraction). Das droit d'aubaine wurde sogleich von der *Assemblée Constituante* aufgehoben[31].

Im Erbrecht der deutschen Territorien kannte man ein prinzipielles droit d'aubaine wie in Frankreich nicht oder nicht mehr. Ausländer waren allerdings gelegentlich im Erbrecht zurückgesetzt[32]. Doch hatte in der Neuzeit – abgesehen vom Retorsionsgedanken – im Erb- sowie zunehmend allgemein im Privatrecht der Unterschied zwischen Inländern und Ausländern nur noch geringe Bedeutung[33]. Nur wenn die Landesuntertanen auswärtiger Territorien, vor allem in Frankreich, im Erbrecht zurückgesetzt waren, sollte das auch im Inland gelten[34].

2.4 Liegenschaftsrecht

Eine wesentliche Schlechterstellung erfuhren die Ausländer indes im Liegenschaftsrecht. Die Liegenschaftsveräußerungen an Ausländer waren zwischen dem 16. und 18. Jahrhundert erheblich erschwert, weil die Erhebung von Steuern und Abgaben, die auf den Grundstücken lagen, sich bei Ausländern schwieriger gestaltete. Die Erschwerungen begannen damit, daß die Veräußerung an Ausländer der fürstlichen Genehmigung unterstand. Grundstücke, an denen hoheitliche Berechtigungen hingen, durften ohnedies nicht auf Ausländer übertragen werden. Gelegentlich wurden Ausländer, die durch Heirat oder Erbschaft zu inländischem Grundbesitz gekommen waren, gezwungen, diesen binnen einer gewissen Frist an einen Inländer zu verkaufen. Verlangten sie einen zu hohen Preis, so bestimmte die Landesobrigkeit einen Gutachter, der den Grundstückswert festlegte.

Zuweilen war auch bestimmt, falls Grundstücke nicht an Ausländer gelangen durften, daß den Verwandten ein Näherrecht zustand, also ein Vorkaufsrecht, das ähnlich dem erbrechtlichen Retrakt ausgestaltet war. Gelegentlich erstreckte sich ein vorrangiges Einstandsrecht bei Grundstücksverkäufen auf alle Einheimischen:

Wann Fremde extra territorium geseßene ein in Unserm Territorio gelegenes Gut oder anders Grund-Stück kaufen, soll Unsern würklich eingeseßenen Untherthanen der Vorkauf

Rechtsgeschichte, Bd. 2: Leopold August WARNKÖNIG, Th. A. WARNKÖNIG, Geschichte der Rechtsquellen und des Privatrechts, 2. Ausg. Basel 1875 (Neudruck Aalen 1968), S. 180 ff.

29 Encyclopédie, ou dictionnaire raisonné des sciences, des arts et des Métiers, par une société des gens de lettres … Tome Premier, Paris 1751 (Nachdruck New York 1969, Compact edition), Art.: Aubaine, Tom I, S. 863 = Vol. I, (Tomes I–VI), S. 240; Art.: Etranger, Tom. IV, S. 70 ff. = Vol. I, S. 1276.

30 Justus Friedrich RUNDE, Grundsätze des gemeinen deutschen Privatrechts, 7. Aufl. Göttingen 1824, § 320.

31 Robert Joseph POITHIER, Traité des personnes des choses, in: Œuvres Bd. IX, Paris 1848, Nr. 49.

32 HEINECCIUS, Elementa Juris Germanici, Tom. I, Halle 1736, Tit. 18: De quarta hominum divisione et statu peregrinorum, §§ 418–431.

33 SCHMELZEISEN (wie Anm. 2) S. 142.

34 Vgl. die Nachweise in den Werken des Deutschen Privatrechts (vgl. Anm. 4).

oder das Einstands-Recht gelassen werden; es wäre dann, daß der Fremde in Unser Land und Fürstenthum ziehen, und darinnen wohnhaft und haussäßig werden wolte[35].

Fremde sollten möglichst keine inländischen Gewerbe betreiben sowie Grundstücke erwerben[36], es sei denn, sie schworen zuvor den Bürger- oder Untertaneneid und wurden Landsassen.

So weit die Ertheilung des Bürgerrechts die Befugnis, bürgerliche Gerwerbe in einer Stadt zu treiben, in sich schließt, kann ein Fremder, welcher sich daselbst nicht häuslich niederlassen will, darauf keinen Anspruch machen[37]. *Fremde, die nicht in der Stadt wohnen, können dergleichen Grundstücke in der Regel nicht erwerben, noch besitzen*[38].

Die Institution des *Landsassiatus* hing mit der besonders im 18. Jahrhundert erstarkenden Staatsgewalt zusammen[39].

2.5 Abschoß

Neben diesen Beschränkungen privater Rechte stand eine nicht unbeträchtliche Steuer beziehungsweise standen die Abgaben für das Verlassen eines Territoriums, was auch bei einem Wechsel zwischen deutschen Staaten galt[40]: Abfahrtsgeld, Nachsteuer und Abschoß fielen innerhalb Deutschlands erst durch die Deutsche Bundesakte von 1815 weg[41]. Im Verhältnis zum nichtdeutschen Ausland kamen diese Rechte erst in der Mitte des 19. Jahrhunderts zum Wegfall, etwa 1850 durch die Preußische Verfassung[42]. Selbst Ausländer, die *sich im Lande wirklich niedergelassen hatten* mußten, wenn sie länger als zehn Jahre dort wohnten, beim Wegzug 10 % ihres Vermögens als Kompensation an den preußischen König bezahlen[43].

2.6 Prozeßrecht

Eine Vielzahl von Regeln über Ausländer und ausländische Sprachen sprechende Personen finden sich in den Prozeßordnungen. Das gilt für das Erkenntnisverfahren, die Zeugenladung und Vernehmung, aber auch bei der Vollstreckung und im Konkurs. Dort existierte ein Nachrang ausländischer Gläubiger mit handschriftlich begründeten Schulden gegenüber den Einheimischen:

35 Landes-Constitution, wie es in Sachen baares Geld-Vorlehen und dessen Widerzahlung, Verabhandlung der Concurs- und Gant-Processe ... hinfüro zu halten sey vom 16. Sept. 1722, in: Corpus Constitutionum Brandenburgico-Culmbachensium (wie Anm. 17), 2. Teil, 1. Bd., Bayreuth 1747, S. 185 (von Justiz-Sachen), Tit. VI § 8 S. 201.
36 ALR II. Theil, Tit. VIII, § 83 ff.
37 ALR II. Theil, Tit. VII., 1. Abschn. § 19.
38 Ebd. § 83.
39 Rudolf Hübner, Grundzüge des deutschen Privatrechts, 5. Aufl., Leipzig 1930, S. 87 f.
40 Ebd. S. 88 f.
41 Deutsche Bundesakte vom 8. Juni 1815, Art. 18, abgedruckt in: Ernst Rudolf Huber, Dokumente zur deutschen Verfassungsgeschichte, Bd. 1: Deutsche Verfassungsdokumente 1803–1850, 3. Aufl. Stuttgart, Berlin, Köln, Mainz 1978, S. 84 ff.
42 Verfassungsurkunde für den Preußischen Staat vom 31. Januar 1850, Preußische Gesetz-Sammlung 1850, S. 17 ff., Art. 11; abgedruckt in: Huber (wie Anm. 41) S. 501 ff.
43 ALR II. Theil, Tit. XVII, 2. Abschn. §§ 127, 131 f., 147 ff. Die Regeln waren kompliziert und werden nicht unerhebliche Schwierigkeiten aufgeworfen haben.

Obwohl unter denjenigen Gläubigern, welche allein Brief und Sigel, oder andern Beweis ihrer Schuld ohne vorerzehlte Privilegien haben, kein Unterscheid der Zeit noch sonst gehalten wird, sondern ein Jeder seine Zahlung oder den Abgang pro rata et quantitate zu gewarten hat; so ist doch hierbey in Achtzunehmen, daß fremder Herrschaft Unterthanen in dieser Classe den hiesigen landesingeseßenen Unterthanen mit der Bezahlung nachzusetzen; sind dermahl ein solches von unvordenklichen Jahren also eingeführt zu seyn, befunden wird[44].

Der Arrest war gegen Ausländer fast unter den gleichen Bedingungen wie gegen Einheimische zulässig. Er sollte nur stattfinden, wenn

einer wegfährtig oder flüchtig wäre, in ein ander Gericht hinwegziehn, und nicht so viel, außer fremder Herrschaft, hinter ihm anliegenden oder sonst gewissen Gütern verlassen könte oder wolte, daß sich der Kläger daran zu erholen hätte, oder daß ein Ausländischer, so in Unserm Fürstenthume und Landen nicht geseßen, mit Unser Unterthanen einem in Unser landesfürstlichen Obrigkeit delinquirt und gefrevelt, auch auf Erfordern nicht erscheinen, noch was er schuldig, und ihm zuerkannt, bezahlen oder deswegen caviren wolte[45].

Gelegentlich finden sich – nicht ganz unsinnige – Vollstreckungs- beziehungs- weise Selbsthilfeerleichterungen gegenüber Fremden:

Sie (sc. Pfändungen als eine Art der Privathilfe) finden also nur statt, wenn der Beschädiger oder Störer unbekannt, unsicher, oder ein Fremder ist, der innerhalb der Provinz nicht belangt werden kann[46].

Der Schutz von anwaltlichen Einkommensinteressen verband sich mit dem Wunsch, Rechtsuchende und Gerichte mit ortserfahrenen Advokaten zu versorgen. So entstand mancherorts ein Verbot des Rechtshandelns für fremde Advokaten bei der Hochfürstlichen Regierung:

Wer bey Unsrer Regierung eine Rechts-Klage gegen Jemanden anzustellen vermeynet, oder sich gegen eine zu vertheidigen vermüssiget ist, der soll gehalten seyn dazu einen in iudicio angenommenen und beeidigten Advocaten zu bestellen, oder, da Jemand die Feder selbst zu führen im Stande, soll nichts da minder ein also qualificirter Advocat die Schrift unter- zeichnen und übergeben, doch sind vom letztern Unser würkliche Räthe ausgenommen und dispensiert. Fremden und auswärtigen Advocaten ist und bleibet alles advociren hiermit untersaget und verboten[47].

44 Was für eine Ordnung in Concurs-Processen bey den Locations-Urtheln gehalten und in Achtgenom- men werden solle. Vom 16. Sept. 1722, in: Corpus Constitutionum Brandenburgico-Culmbachensium (wie Anm. 17), S. 212 ff., 220 (5te Klasse).

45 Ordnung des Fürstlichen Brandenburgischen Hof-Gerichts auf dem Gebürge ... von ... (Hof- Gerichtsordnung) vom 7. Juli 1534, in: Corpus Constitutionum Brandenburgico-Culmbachensium (wie Anm. 17) S. 346 ff., 402 (Tit. LXIII); überarbeitete Fassung nach der Wiederpublikation und Überarbeitung von 1654; gravierende Veränderungen im 2. Viertel des 18. Jahrhunderts.

46 ALR I. Theil, Tit. XIV., 3. Abschn. § 415.

47 Erneuerte Regierung-Canzley-Ordnung vom 30. Juni 1746, in: Corpus Constitutionum Brandenbur- gico-Culmbachensium (wie Anm. 17), S. 310, 320, Tit. III § 1 a.E.; in derselben Angelegenheit erging bereits ein Ausschreiben, das keinem außer Landes Wohnenden Advocaten, in diesem Fürstenthume zu practiciren, erlaubt seyn soll vom 27. Febr. 1731, in: ebd. S. 891.

Wenn auswärtige Parteien prozessierten, so waren sie nach einer Verordnung vom 6. April 1743 verpflichtet, *hiesige Advocaten* zu ihren Sachwaltern zu bestellen. Desgleichen wurde ihnen aufgegeben, im Termin zu erscheinen etc.[48].

Im Prozeßrecht findet sich also eine Mischung von Schlechterstellung der Ausländer neben Versuchen, deren Chancengleichheit in den Verfahren zu wahren.

3. Die Begünstigung von Ausländern, besonders von Franzosen

Anders als bei den Materien, die zum Nachteil kleiner Gruppen von Ausländern konzipiert waren, finden sich in zwei Beziehungen Begünstigungen von Ausländern:
1. Zum einen bei Ausländern, auf deren wirtschaftliche oder sonstige Dienste man angewiesen war,
2. zum anderen bei den eingewanderten Hugenotten. Alle aufnehmenden Territorien erließen umfangreiche Privilegien, so zum Beispiel die Preußen im Potsdamer Edikt von 1685[49].

3.1 Begünstigung wirtschaftlicher Aktivitäten

Die diskriminierenden Rechtsregeln rühren zum Teil aus älteren Rechtsschichten her, denn die Gesellschaft hing früher stärker, als das heute der Fall ist, an Grund und Boden. Sie war eher statisch verfaßt und schützte die mit dem Eigentum verquickten Herrschaftspositionen intensiv. Mit dem Aufkommen einer modernen Wirtschaftsordnung kamen allerdings Elemente ins Recht, welche die Diskriminierung von Ausländern zum Teil ausdrücklich untersagen. Das galt besonders für Marktfreiheiten und Stapelrechte, die sich nicht selten zu Stapel- und Verkaufspflichten entwickelten. Fremde Kaufleute standen schon früh unter königlichem Schutz, denn man hatte erkannt, welche Vorteile der Handel mit sich brachte[50].

---

48 Verordnung, das auswärtige Parteyen hiesige Advocaten zu ihren Sachwaltern bestellen sollen, in: Corpus Constitutionum Brandenburgico-Culmbachensium (wie Anm. 17) S. 889f.

49 Edict, betreffend diejenige Rechte, Privilegia und andere Wohlthaten, welche Seine Curfürstl. Durchl. zu Brandenburg denen evangelisch-reformirten Frandzösischer Nation, so sich in Ihren Landen niederlassen werden, wegen der Jurisdiction und sonst, daselbst zu verstatten gnädigst entschlossen sein; in: Christian Otto MYLIUS,Corpus Constitutionum Marchicarium, Oder Königl. Preußische und Churfürstl. Brandenburgische in der Kur- und Mark Brandenburg, auch incorporirten Landen publicirte und ergangene Ordnungen, Edicta, Mandata, Rescripta ... ad anum 1736 inclusive. Mit Aller Gn. Bewilligung colligiret und ans Licht gegeben von Berlin und Halle 1737. II. Theil, 1 Abth., S. 183ff.

50 Selbst in Grenzbereichen zwischen Hoheitsrechten und Eigentümerbefugnissen machten manche Landesherren Konzessionen. Mancherorts war es üblich, daß Zehntberechtigte ihr Bezugsrecht auf den Jahresertrag verkauften oder verpachteten. Sie schufen sich damit – modern gesprochen – Liquidität. In Salzburg wurde bestimmt, niemand, gleichgültig ob Ausländer oder Inländer, dürfe am Erwerb des Bezugsrechts auf den Zehnt (im Wege der Versteigerung) gehindert sein. Vgl. SCHMELZEISEN (wie Anm. 2) S. 275.

3.2 Recht der Hugenotten

Gegenüber einzelnen begünstigenden Regelungen fallen die Privilegien und Gesetze zugunsten der nach Deutschland eingewanderten Franzosen (Hugenotten) schon quantitativ ins Gewicht. Die Größe der eingewanderten Franzosengruppe wurde mit ca. 60000 beziffert, allein 20000 wanderten nach Preußen ein[51]. Diese großen Personengruppen, bestehend aus Offizieren, Kadetten, Beamten, Manufakturunternehmern wie -arbeitern, Handwerkern, Bauern und Geschäftsleuten[52], waren für Preußen so wichtig, daß in der Zeit zwischen 1685 und 1750 175 (!) Verordnungen ergingen, die im Anhang des Mylius 1750 noch einmal in französischer Sprache zusammengefaßt wurden und einen Umfang von 855 Folio-Spalten erreichten. In anderen Territorien wie Hessen-Kassel und Brandenburg-Bayreuth nahmen die Normen zwar nicht einen solchen Umfang an, begünstigten aber in der gleichen Weise und ebenso weitgehend[53].

Geschichte und Privilegien der Hugenotten sind so intensiv geschildert[54], daß sich hier nur ein kurzes Resumée anbietet: Auf der Basis von Generalprivilegien (ca. 1685) wurde den eingewanderten Glaubensflüchtlingen Glaubensfreiheit, Unterstützung auf der Flucht, Hilfeleistung bei Einwanderung und Niederlassung, Freistellung von bestimmten Abgaben, kurz Autonomie versprochen. Die Generalprivilegien bildeten gewissermaßen den Rahmen, in dem sich – nach den üblichen Übergangsschwierigkeiten – ein eigenes Gerichtswesen, eine eigene Verwaltung in weltlichen und kirchlichen Angelegenheiten herausbildete. Unterstützungsleistungen waren zum Beispiel Versorgung während der Flucht, gegebenenfalls ärztliche Hilfe, Zuweisung von Land zu selbständigem Siedeln, Privilegien für die Ausübung von Handwerken beziehungsweise Exemtion von Zunftzwang etc.

All diese Privilegien, die zum Teil durch eine Flut von Erlassen später konkretisiert wurden, drohten, die Stellung der bisherigen Rechtsinhaber zu verschlechtern. Neid und Unzufriedenheit machten sich nicht nur deshalb breit, weil die Flüchtlinge Boden und Unterstützungsleistungen, Baumaterialien und Hilfsgüter kostenfrei bekamen. Die Flüchtlinge wurden zumeist außerhalb des Einflusses von Zünften

---

51 Hans POHL, Die wirtschaftliche und soziale Entwicklung vom Spätmittelalter bis zum ausgehenden 18. Jahrhundert, in: Deutsche Verwaltungsgeschichte, hg. von Kurt G. A. JESERICH, Hans POHL, Georg-Christoph v. UNRUH, BT I: vom Spätmittelalter bis zum Ende des Reiches, Stuttgart 1983, S. 214 ff. S. 161. Stefi JERSCH-WENZEL, Juden und »Franzosen« in der Wirtschaft des Raumes Berlin-Brandenburg zur Zeit des Merkantilismus (Einzelveröffentlichungen der Historischen Kommission zu Berlin, Bd. 23: Publikationen zur Geschichte der Industrialisierung), Berlin 1978, S. 33 f., Rudolf VIERHAUS, Deutschland im Zeitalter des Absolutismus 1648–1763 (Deutsche Geschichte VI), Göttingen 1978, S. 56.

52 Pierre-Paul SAGAVE, Frankreich und Preußen – eine produktive Nachbarschaft, in: Frankreich und Deutschland. Zur Geschichte einer produktiven Nachbarschaft (Hg. Niedersächsische Landeszentrale für politische Bildung, Hannover, Bundeszentrale für politische Bildung, Bonn), 1986, S. 33–51, 33.

53 Vgl. nur die Bayreuther Deklaration von 1687. Déclaration de son Altesse Serenissime Monseigneur Christian Ernest, Markgraff de Brandenbourg, Duc de Prusse & c. concernant les choses, qui doivent être observées parmi les Reformés refugies de France dans ses Etats, principalement dans Erlang, vom 15. August 1687, in: Corpus Constitutionum Brandenburgico-Culmbachensium (wie Anm. 17), 2. Teil, 2. Bd., Bayreuth 1748, S. 627 ff.

54 300 Jahre Hugenottenstadt Erlangen. Vom Nutzen der Toleranz, Nürnberg 1986; 300 Jahre Hugenottenstadt in Hessen. Herkunft und Flucht, Aufnahme und Assimilation, Wirkung und Ausstrahlung, Kassel 1985.

angesiedelt, die in ihnen – zu Recht – ernstzunehmende Konkurrenten sahen. Die Grundherren, besonders in Ostpreußen, in deren Territorium Hugenotten siedeln durften, verloren in bezug auf diese Personengruppe ihre Vorrechte (Abgaben, Hand- und Spanndienste). Beide Gruppen (Zünfte und Grundherren) versuchten, die Privilegien der Hugenotten tatsächlich und rechtlich anzugreifen. Das gelang mit wechselndem Erfolg. Beschwerden der Hugenotten gegen die Versuche, ihre Privilegien zu unterlaufen, waren ebenfalls unterschiedlich erfolgreich, gelegentlich scheiterten die Ansiedlungen, und ganze Kolonien zogen wieder von ihren zugewiesenen Siedlungsplätzen weg. Zumeist setzten sich die Landesherren gegenüber den Grundherren und Zünften durch. Manchmal wurden die Franzosen aber auch gezwungen, in die Zünfte (gebührenpflichtig) einzutreten[55]. Besonders in Preußen bildete sich also im Bereich des materiellen Zivilrechts, des Zivilverfahrensrechts und der freiwilligen Gerichtsbarkeit eine Sonderstellung der Flüchtlinge aus, die – von Ausnahmen wie dem Strafrecht abgesehen – zumeist nach eigenem – also französischem – Recht lebten. Mancherorts (Brandenburg-Bayreuth) wurde sogar die Polizeigewalt von den Flüchtlingen ausgeübt[56]. Diese Privilegierungen wirkten nicht nur positiv. Viele (deutsche) Richter hatten keine Kenntnis der entsprechenden französischen Gesetze, überhaupt erwies sich die »aufgeklärte« Gerichtsbarkeit als vollständig zersplittert, und sie litt zudem unter landesherrlicher Einmischung[57]. Als materiell-rechtliches Beispiel sei nur die unterschiedliche Möglichkeit erwähnt, einen Erben zu bestimmen. Nach französischem Recht galt als einziger Erbe der Intestaterbe, Testamente mußten entweder nach dem droit écrit oder nach dem droit coutumier verfertigt werden. Nach deutschem gemeinem Recht existierte ein strikter Vorrang des Testamentes.

Wilke hat eindrucksvoll zusammengefaßt, welch unterschiedlichen Gerichtszuständigkeiten eine Person unterliegen konnte. Ein französischer Porzellanmaler unterstand in Fragen der Manufaktur dem Porzellanmanufakturgericht, »als Person mit seinem Besitz in der Regel der französischen Gerichtsbarkeit, bei Verrat von ›Betriebsgeheimnissen‹ dem Manufakturgericht oder der Strafjustiz des Hofes«. Bei Heirat mit einer deutschen Frau unterlag er hinsichtlich deren Grundbesitz der deutschen Magistratgerichtsbarkeit sowie bei moralischen Verstößen dem französischen Konsistorium.

Freilich galt zugleich dies: Die Fürsten und ihre Räte fragten sich, wie ein Ausländer zu behandeln sei, der sich im Territorium niederlassen wollte; nota bene war das eine Frage, die Konflikte mit den Zünften und ortsansässigen Handwerkern mit sich brachte. Vielfach finden sich individuelle Privilegien (zum Beispiel Fabriks-

---

55 Jürgen WEITZEL, Landesherrliche Administrationsmaßnahmen zur Eingliederung hugenottischer Flüchtlinge, in: Der Exodus der Hugenotten. Die Aufhebung des Edict von Nantes 1685 als europäisches Ereignis, hg. von Heinz DUCHARDT, Köln/Wien 1985, S. 127 ff. Jürgen WILKE, Rechtsstellung und Rechtsprechung der Hugenotten in Brandenburg-Preußen (1685–1809), in: Die Hugenotten 1685–1985 (hg. von Rudolf von THADDEN, Michelle MAGDELAINE, München 1986, S. 100–114; Franz-Anton KADELL, Die Hugenotten in Hessen-Kassel. Untersuchungen zur Vorgeschichte, Ansiedlung, Rechts-, Wirtschafts-, und Sozialgeschichte der Glaubensflüchtlinge von den Niederlassungen seit 1685 bis zur Gegenwart, Diss. phil. (masch.) Münster 1979, S. 290 ff.

56 WEITZEL (wie Anm. 55) S. 134.

57 WILKE (wie Anm. 55) S. 107.

privilegien)[58], aber auch Regelungen für Personengruppen (zum Beispiel Religions-freiheit und eigene Gerichtshoheit für einwandernde Hugenotten). Nicht ohne Hintersinn begünstigten die absoluten Herrscher Einwanderungen, freilich traten – gelegentlich – hehre humanistische Erwägungen neben wirtschaftliches Interesse. Die Begünstigung der Einwanderung spiegelte die Versuche, das Land zu peuplieren, den Wohlstand durch tüchtige Arbeiter und Händler zu mehren; kurz: es griff der ganze Kanon merkantilistischer Wirtschaftspolitik. Im Zusammenhang mit der Ansiedlung und Einwerbung auswärtiger Arbeitskräfte stand die Regel des Reichsgutachtens von 1731, der sogenannten Reichshandwerkerordnung. Die Reichsstände, so heißt es dort, könnten gute Arbeiter und Künstler nach Gelegenheit der Umstände vom Zunftzwang befreien und sie wider den Willen der Zunft als Meister zulassen, zumal an solchen Orten, an denen es nicht so viel Meister gab, daß sie eine Zunft gründen konnten[59]. Zu den wirtschaftlich wichtigen Regeln gehörten die Verbote des Rechtsverkehrs mit dem Ausland, sei es als Einfuhr- oder Ausfuhr-verbot[60]. Allerdings wurde der Rechtsverkehr mit Ausländern immer dann geneh-migt, wenn sich die Landesherren davon Vorteile versprachen. Traditionsgemäß wurden Ausländer zwar selten in Zünften zugelassen, doch waren sie bei Jahr- und sonstigen Märkten willkommene Gäste.

4. Grundsätzliche Aspekte und Folgerungen

4.1 Die zeitgenössische Beurteilung der Ansiedlungspolitik

Johann Heinrich Gottlob von Justi schrieb 1756 in seinen berühmten Grundsätzen der Polizeiwissenschaft diese Zusammenhänge fest. In dem »Hauptstück vom Anbau und dem Wachsthum der Städte«:

Zugleich muß man bemühet seyn, reiche und geschickte Fremde in das Land zu ziehen, die wichtige Manufacturen und Fabriken zu unternehmen im Stande sind; und die Titel, Würden, Vorzüge und andere Gunstbezeigungen, die ihnen zu dem Ende zugestanden werden, sind hier sehr würdig angewendet. Nur müssen die Monopolia und Propolia unter diesen Vorzügen nicht stattfinden. In solchen Manufactur- und Fabriken-Arbeiten, die noch nicht im Lande eingeführt sind, muß man auch auswärtige geschickte Arbeiter in die Stadt zu ziehen suchen[61].

58 Harald STEINDL, Einführung der Gewerbefreiheit, in: Handbuch der Quellen und Literatur der neueren deutschen Privatrechtsgeschichte, 3.Bd., Teilbd.3: Gesetzgebung zu den privatrechtlichen Sondergebieten, München 1986, S.3257ff.; DERS., Entfesselung der Arbeitskraft, in: DERS. (Hg.), Wege zur Arbeitsrechtsgeschichte (Jus Commune Sonderheft 20), Frankfurt a.M. 1984, S.29ff.; Gustav OTRUBA unter Mitarbeit von Manfred LANG und Harald STEINDL (Hg.), Österreichische Fabriksprivilegien vom 16. bis zum 18.Jahrhundert und ausgewählte verwandte Quellen zur Frühge-schichte der Industrialisierung, Wien/Köln/Graz 1981.
59 Zum Beispiel abgedruckt bei Hans PROESLER, Das gesamtdeutsche Handwerk im Spiegel der Reichsgesetzgebung von 1530 bis 1806, Berlin 1954, S.69ff.; SCHMELZEISEN (wie Anm.2) S.305.
60 SCHMELZEISEN (wie Anm.2) S.392f.
61 Johann Heinrich Gottlob von JUSTI, Grundsätze der Policeywissenschaft in einem vernünftigen, auf den Endzweck der Policey gegründeten, Zusammenhange und zum Gebrauch Academischer Vorle-

Die Aufnahme von Religionsflüchtlingen erfolgte oft genug dann, wenn diese in Handwerk, bäuerlichen Tätigkeiten oder Handel geschickt waren. Im System des Merkantilismus galt Peuplierung als wichtiges Prinzip, um die Arbeits-, Wirtschafts- und Militärkraft des eigenen Landes zu stärken und die der Nachbarn zu schwächen.

4.2 Nützlichkeit und prinzipielle Rechtspositionen

Die Aufnahme von Ausländern in den Staatsverband, gleichgültig in welchem rechtlichen Status sich diese befinden sollten, hing also von Nützlichkeitsentscheidungen ab. Und so meinte der berühmte Christian Wolff:

> »Hieraus folget noch weiter, daß es auf den Willen des Oberherrn ankomme, ob und unter welchen Bedingungen er Fremde aufnehmen, ob er sie seinen Bürgern gleich machen, ob ihnen nicht alle Rechte der Bürger verleyhen, oder ob er es ihnen wenigstens erlauben wolle, daß sie in seinem Land wohnen, und ihre Geschäfte treiben können, und ob er sie als Einwohner annehmen wolle[62].

Wolff schwebte hier ein gewissermaßen utilitaristisches Staatsideal vor. Von Natur habe jeder Staat *das Recht, nach seinem Wohlgefallen es einzurichten, auf was Art und Weise das gemeine Beste befördert werden soll …*[63]. Die natürliche Gleichheit[64] wird nach seiner Vorstellung erst durch (gesellschafts-)vertragliche Vereinbarung beschränkt[65]. Die freilich auch zum Nutzen des Staates und seiner Bürger intern begrenzbare Freiheit (und Gleichheit) reichte prinzipiell bis an die Grenzen des Staates. Die rechtliche Gleichheit begann somit erst nach der Aufnahme in den Staat, ungeachtet der prinzipiell (moralischen) Gleichheit[66]. Damals wie heute lag das hehre Ideal der Gleichheit mit ökonomischer Nützlichkeit im Konflikt. Im Kern sieht man hier wieder die Trennung zwischen bourgeois und citoyen, wie sie die Naturrechtskodifikationen festschreiben sollten[67]. Die Unterschiede zwischen aus und inländischen Staatsbürgern in ihrer Qualität als Wirtschaftssubjekte wurden nach der Revolution sogleich aufgehoben – ein Schritt, den man in Deutschland noch lange nicht gehen wollte.

Welche zentrale Rolle der Nutzen in der merkantilistischen Wirtschaftspolitik spielte, zeigt sich bei der Peuplierung. In der zweiten Abteilung *(von der innerlichen Cultivierung der Länder, oder von Vermehrung der Einwohner)* nannte Justi sein viertes Hauptstück: *Von Herbeyziehung der Fremden in das Land.* Die *Vermehrung*

---

sungen abgefasset, Dritte Ausgabe mit Verbesserungen und Anmerkungen von Professor Beckmann, Göttingen 1782, § 58.

62 Christian WOLFF, Grundsätze des Natur- und Völkerrechts worin alle Verbindlichkeiten und alle Rechte aus der Natur des Menschen in einem beständigen Zusammenhange hergeleitet werden kann, Halle 1754 (ND Meisenheim/Glan 1980), § 1020.

63 Ebd. § 978.

64 Ebd. § 69ff.

65 Ebd. § 974ff.

66 Diese Bemerkungen sind durchaus als vorläufig zu verstehen, denn neben ihrer theoretischen Stimmigkeit in Wolffs System müßte noch geprüft werden, wie dem Praktiker Wolff das ganze vorschwebte.

67 Vgl. eine zeitgleiche Naturrechtsdarstellung von Ernst Ferdinand KLEIN, Grundsätze der natürlichen Rechtswissenschaft nebst einer Geschichte derselben, Halle 1897 (ND Königstein/Ts. 1979), §§ 489ff., 502ff.

der Einwohner bilde das zweite *Hauptaugenmerk bey der Cultur der Länder*[68]. Die Vermehrung der Einwohner sei *auf alle Art zu befördern* und – so muß man hinzufügen –, da das natürliche Bevölkerungswachstum in der Zeit nach dem Siebenjährigen Krieg offenbar nicht ausreichte, war jeder Staat bestrebt, Fremde anzureizen, in sein Land zu ziehen. Justi stellte folgende Bedingungen auf, damit dieser Plan gelänge. Man müsse in dem Land *eine vollkommene Freyheit in seine unschuldigen und gleichgültigen Handlungen* genießen. Die Regierung muß *den Ruhm haben, daß sie weise geführet wird, und daß man bey Maaßregeln, die einmal nach reifer Überlegung gefasset hat, fest beharrt; so, daß man von der Festhaltung der den Fremden versprochenen Vortheile versichert seyn kann*[69]. Weiterhin müsse Toleranz herrschen, Freiheit der Gottesdienste sowie blühende *Nahrung, Gewerbe und Commercien*. Die Einwerbung bedrückter Fremder habe das Haus Preußen nicht außer acht gelassen. Soweit findet sich bei Justi nichts Neues.

Die Fremden müssen mit den Eingebohrnen vollkommen einerley Rechte genießen[70]. Justi verlangte somit – im Gegensatz zu dem, was oft genug nicht geschah – Bemühungen um rechtliche Gleichheit und eventuell sogar Integration. *Sie müssen entweder sofort bey ihrer Niederlassung in dem Lande von selbst naturalisiert, oder die Naturalisation muß ihnen sofort bey dem ersten Anmelden unentgeltlich ertheilet werden.* In Sonderheit verlangte er, es dürfe keine Schlechterstellung der Fremden erfolgen: *Alle Rechte und Privilegia, nach welchen die Fremden in den Abgaben und der Nahrung härter gehalten werden, als die Eingebohrnen, sind diesem Endzwecke der Bevölkerung gerade entgegen.*

Justi schrieb unmittelbar vor dem Siebenjährigen Krieg 1756. In der Tat waren ja Berichte überliefert worden, nach denen sich einzelne Landesherren beziehungsweise nachgeordnete Grundherren nicht an die Privilegien gehalten hatten, sondern die Fremden in besonderer oder gewohnter Weise in Anspruch nahmen.

1782, als Johann B e c k m a n n, ordentlicher Professor der Oekonomie in Göttingen, das Werk mit Anmerkungen versah, hatte sich die Situation offenbar geändert, denn Beckmann meinte:

Man muß aber auch den Fremden, ausser in gewissen Frey-Jahren, keine größeren Rechte geben, als den Eingebohrnen. Dieses ist sowohl eine Unbilligkeit gegen die alten Einwohner und erreget ihren Haß gegen die Fremden, der bey den Mitgliedern eines Staats garnicht vortheilhaftig seyn kann, als es wider den weisen Endzweck einer Regierung bey Aufnehmung der Fremden streitet. Dieser Endzweck muß seyn die Fremden sowohl in Ansehung der Sprache als der Sitten dergestalt mit alten Einwohnern zu vermischen, daß nach einigen Zeugungen unter den alten und neuen Einwohnern kein Unterschied mehr zu merken ist. Außerdem bührdet sich der Staat große Schwierigkeiten und Unbequemlichkeiten auf; und erhält bei den Fremden die Erinnerung und Liebe gegen ihr altes Vaterland, nach welchem sie sich bey den geringsten Gelegenheiten sehnen werden. Das war meines Erachtens ein großer Fehler bey Aufnehmung der flüchtigen Franzosen in Teutschland. Außer diesem Fehler würden wir heute zu Tage kaum noch wissen, daß wir Franzosen unter uns hätten ... Man kann tausend gegen eins verwetten, daß wenn Frankreich so klug wäre, den Reformirten ihre Kirche wiederzugeben; so würde nicht der

---

68 JUSTI (wie Anm. 61) § 85 ff.
69 Ebd. § 86.
70 Ebd. § 91.

Zehende Theil dieser Franzosen in Deuttschland bleiben. Sie würden alle nach Frankreich zurückgehen[71].

Man mag an der letzten Bemerkung zweifeln, doch immerhin zeigt sie, welch gravierender Fehler nach Auffassung von Beckmann in der Privilegierung gelegen hatte. Seine Skepsis stimmt mit moderner historischer Forschung überein, die folgendes aufweist: Am Anfang hätte die rechtliche Privilegierung zur Bewahrung französischer Kultur, Religion und Sprache, kurz der Autonomie, gedient. Am Ende der Periode (etwa 1760 bis 70) sei eine Art von Oligarchie in den Kolonien entstanden, die rechtlichen Regeln sicherten nur mehr Status und Privilegien besonders an der Spitze des Konsistoriums[72]. Beckmann begründete seine Auffassung ökonomisch: Es sei nämlich zuträglicher, *die Colonisten unter die Einheimischen zu vertheilen, als sie in einer Gegend besonders anzusetzen*, denn so könnten die Gruppen wechselseitig voneinander lernen, es entstünden *geschwinder Freundschaften und Verwandtschaften, wodurch das ursprüngliche Vaterland vergessen wird.* Die Inländer erhielten von den Ausländern neue nutzbare Kenntnisse, die sich bald überall verbreiten könnten. *So haben die Pfälzischen Colonisten um Halle ein besseres Bier, als der alte Hallische Puf war, imgleichen den Tobackbau eingeführt*[73].

Justi und stärker noch Beckmann versuchten, ein Gleichgewicht zu finden zwischen Anreizen einerseits, um Fremde in das Land hereinzuziehen (Baustellen und Grundstücke ohne Entgelt, urbargemachte Äcker, kostenlose Erteilung des Meister- und Bürgerrechts durch die Städte; Titel, Würden, Vorzüge; Sicherheit des Vorschusses; Befreiung von Abgaben mit Ausnahme der Akzise beziehungsweise vollständige Befreiung für drei Jahre, Verzicht auf Einquartierung und andere bürgerliche Lasten auf sechs bis neun Jahre, Bauhilfsgelder und Baumaterialien, Befreiung von Kriegsdiensten für wenigstens eine Generation). Andererseits lehnte es auch Justi ab, den Fremden *eigene Obrigkeiten, Gerichte und bürgerliche Verfassung* zuzugestehen. Dadurch würde nur zu *Neid und Eifersucht und Streitigkeiten unter den alten und neuen Einwohnern und ihren verschiedenen Obrigkeiten Anlaß gegeben*[74].

Freilich war in den kleindeutschen Territorien mancher Nachbar nah, und es wird zu überlegen sein, was den Waldecker vom Franzosen unterschied.

4.3 Steuerung der Einwanderung durch Recht

Die Durchsetzung und die Bewahrung der Privilegien hing von Interessen ab, von wirtschaftlichen wie sozialen. Die rechtlichen Regeln, die schützen sollten, die privilegierten, die aber zu Zeiten die Einwanderung decouragierten und verhindern wollten, folgten machtpolitischen Interessen. Das Recht wies die wirtschaftlichen Rahmenbedingungen auf; es bildete gewissermaßen eine Schleuse für den Zuzug aus dem Ausland. Das Recht zeigte sich hier stärker als in anderen Bezügen – wenn man

---

71 Ebd. § 91 Hum.
72 Myriam YARDENI, Refuge und Intergration: Der Fall Erlangen, in: Die Hugenotten (wie Anm. 55) S. 1–159, 158; Jürgen WILKE, Rechtsstellung und Rechtsprechung der Hugenotten in Brandenburg-Preußen (1685–1809), in: ebd. S. 100–114, 112.
73 JUSTI (wie Anm. 61) § 91, Anm. 26.
74 Ebd. § 95.

es vornehm ausdrückt – fungibel oder – weniger vornehm – als Hure politischer Interessen. Freilich erwies sich diese Steuerung nicht als vollkommen, und immer wieder reisten, wanderten und flohen Bauern, Handwerker, Händler, Wissenschaftler und Künstler von Deutschland nach Frankreich – und umgekehrt; und zwar auch dann, wenn die rechtlichen Bedingungen im Nachbarland ungünstig waren, und die Personen eher unerwünscht.

In jedem Fall mußten beide Seiten, die Wegziehenden und die Empfängerstaaten, Vor- und Nachteile abwägen, eine Kosten-Nutzen-Analyse vornehmen. War der Handwerker, der Gelehrte oder der Kaufmann erwünscht, so stand der Einzelbegünstigung oder dem rechtlichen Privileg, das seine Aufnahme erleichterte, nichts im Wege. Der aufnehmende Staat scheute notfalls die Auseinandersetzung mit den alteingesessenen Wirtschaftskräften nicht. Je mehr fürstliche zentrale Macht sich in den Territorien durchsetzte und zum Beispiel die Autonomie der Zünfte brach, desto leichter fiel die privilegiengesteuerte Aufnahme Fremder.

Der grundsätzliche Mechanismus einer Zugangssteuerung durch Recht ist allen (geschlossenen) Sozialgemeinschaften eigen, in denen Einkommens- und Lebensmöglichkeiten nicht unbegrenzt sind. Die Knappheit der Ressourcen bestimmt, ob Arme versorgt und Fremde akzeptiert werden. Die rechtlichen Regeln folgten hier wie so oft den wirtschaftlichen Notwendigkeiten. Die Städte des späten Mittelalters entwickelten differenzierte Bestimmungen für den Erwerb des (großen oder kleinen) Bürgerrechts. Erst wer das besaß und/oder sich Mitgliedschaft in einer Zunft erkauft hatte, genoß den Anspruch auf Versorgung in Notzeiten[75]. Solche Regelungen blieben in Städten wie Staaten erhalten. Zu Zeiten wünschten die Städte Einwanderung, wenn Nachfrage nach gewerblichen Arbeitskräften bestand. In Zeiten schlechter Konjunktur und der Not versuchten sie, durch hohe Bürgerschafts- und Zunftgebühren, die Einwanderung zu verhindern. Je größer die sozialen Gemeinschaften, desto schwieriger wurde es, diese Prozesse zu steuern. Für einen Staat in der Größe Frankreichs spielte der einzelne Handwerksgeselle kaum eine Rolle, der Normgeber nahm sie erst wahr, wenn seine oder die Interessen der Handwerker, der Kaufleute oder des Adels in irgendeiner Weise berührt wurden[76]. Die Individualwanderung war gesamtwirtschaftlich unbedeutend, nicht aber die Massenbewegung, die sich an die religiösen Verfolgungen anschloß. Hier wurde der Rechtsstatus, wenn die Zuwanderung erwünscht war, im Vorfeld ausgehandelt und auch rechtlich in Privilegien festgelgt.

4.4 Integration vs. Konfrontation

An dieser grundlegenden Alternative kommt man nicht vorbei, und zwar sowohl von Seiten des Einwanderungslandes als auch von der der Einwandernden. Glückt die Assimilation, so kommt es zu sozialer Akzeptanz der Ausländer, zu einer

---

75 Rainer SCHRÖDER, Zur Arbeitsverfassung des Spätmittelalters. Eine Darstellung mittelalterlichen Arbeitsrechts aus der Zeit nach der großen Pest (Schriften zur Rechtsgeschichte 32), Berlin 1984, Abschn. 4.5

76 Ulrich-Christian PALLACH, Materielle Kultur und Mentalitäten im 18. Jahrhundert: wirtschaftliche Entwicklung und politisch-sozialer Funktionswandel des Luxus in Frankreich und im alten Reich am Ende des Ancien Régime, München 1987, S. 248.

Angleichung sozialer und kultureller Standards, zu gemischten Ehen etc. Scheitert sie hingegen, so kann eine von einer oder beiden Seiten gewünschte Desintegration erfolgen, als deren Konsequenz Benachteiligungen oder im Extremfall sogar Pogrome auftreten, wie die Geschichte der Juden in Europa zeigt. Der Staat kann diese Prozesse steuern, indem er sie mit rechtlichen Mitteln und/oder wirtschaftlichen (finanziellen) Zuwendungen begünstigt oder benachteiligt. Die Ausländer können gleichfalls alles versuchen, was einer Gruppe von Dissidenten an sozialen Druckmitteln zur Verfügung steht, vorausgesetzt sie bilden eine soziale Gruppe. Die Obrigkeit kann also den Zuzug von Ausländern mit wirtschaftlichen wie rechtlichen Mitteln en- oder decouragieren. Für die Gruppe und ihre Mitglieder stellt sich die Frage, ob ihre kulturelle Identität zu wahren ist. Der Gebrauch einer gemeinsamen Sprache, das Praktizieren religiöser Riten sowie des Aufeinanderbezogenseins von menschlichen und wirtschaftlichen Austauschprozessen spielen eine große Rolle. Gestattet ein Herrscher einer Gruppe, ihre Identität zu wahren, so favorisierte das deren Stabilität und erschwerte Assimilation. Verschiedene Lebensformen können zu Spannungen führen, die rechtlichen Ausgleichs bedürfen. Das gilt ganz besonders für wirtschaftliche Konkurrenz und die Verteilungskämpfe um Einkommen und Nahrung.

Im Fall der Hugenotten in Deutschland trat diese Assimilation verstärkt in der dritten Generation ein, die fließend Deutsch sprach und sich zu ¾ mit Deutschen verheiratete. Der Zeitpunkt lag m. E. sogar noch relativ spät, weil den Franzosen vielfach rechtliche Autonomie als wichtiges Privileg gewährt wurde. Diese bezog sich sowohl auf die Verwaltung der eigenen Angelegenheiten als auch auf die Rechtsprechung.

Für die einzelnen Ausländer gilt das gleiche mit einigen Einschränkungen. Die privatrechtliche Gleichbehandlung, die dem aufgeklärten Zeitgeist entsprach, wollte zum Nutzen der Staaten den Handel und den Wirtschaftsverkehr fördern. Andere Maßnahmen blieben von einer prinzipiellen Unterschichts-Ausländerangst bestimmt. Wie bei den großen Gruppen war Förderung der Einwanderung und der Assimilation oder deren Gegenteil möglich (zum Beispiel Verbot, Liegenschaften zu erwerben). Die zuvor in den Abschnitten 2. und 3. besprochenen Diskriminierungen und Privilegierungen spielten in diesem Prozeß eine wichtige Rolle, die noch gründlicherer Erforschung bedarf, als es hier möglich war.

Résumé français

Le droit du XVIIIᵉ siècle ne connaît pas de règles générales et fondamentales pour les individus étrangers. C'est une situation antérieure au droit fondamental et on s'occupe tout au plus de groupes d'individus par exemple: les croyants d'autres confessions, les artisans de la cour, les artistes, les hommes d'affaire étrangers, les héritiers et les aspirants au mariage. Les règlements sont plutôt concrets qu'abstraits plutôt individuels que généraux. Des étrangers, surtout en provenance d'autres pays, étaient fondamentalement et à tous égards juridiquement inégaux et ce, en Allemagne comme en France. La plupart du temps leur situation était plus mauvaise que celles des autochtones.

Il n'est pas rare que des souverains absolus aient favorisé des immigrations en promettant aux immigrés des avantages économiques traduits juridiquement par des privilèges. Dans ce cas des considérations humanitaires du souverain s'ajoutaient à l'intérêt économique. L'encouragement à l'immigration faisait partie des efforts pour peupler le pays, accroître la richesse avec l'aide des travailleurs et des commerçants actifs, bref: cela mettait en cause l'ensemble des règles de la politique économique mercantiliste. L'accueil de réfugiés d'origine religieuse avait assez souvent lieu parce que ceux-ci étaient d'habiles artisans, paysans ou commerçants. Dans le système du mercantilisme le peuplement passait pour le plus important principe, il servait à renforcer la main d'œuvre, la force militaire et économique et à affaiblir celle des voisins. Souvent on trouve par conséquent des privilèges individuels (par. ex. Privilèges de fabriques) mais aussi des règlements pour des groupes de personnes (par ex. liberté de religion et administration autonome de même que autonomie judiciaire pour les huguenots immigrés). L'obtention et la conservation des privilèges dépendaient d'intérêts sociaux et économiques. Les règles juridiques, qui devaient protéger les étrangers, qui les privilégiaient, mais qui à d'autres moments décourageaient et cherchaient à empêcher l'immigration, suivaient les intérêts du pouvoir politique.

Le droit traduisait les conditions économiques générales; il constituait d'une certaine mesure une écluse pour le flux venu de l'étranger. Le droit était en conséquence un reflet d'intérêts politiques. Certes le pilotage recherché ne se révéla pas parfait. La législation s'intéressait à peine aux personnes singulières. Sans cesse des paysans, artisans, commerçants, scientifiques et artistes passaient, voyageaient, fuyaient d'Allemagne en France et inversement, et ce, même quand les conditions juridiques étaient défavorables dans le pays voisin, et les personnes plutôt indésirables. Des règles juridiques existent toujours quand des groupes assez importants tels que les huguenots voulaient s'installer. En tout cas les deux parties ceux qui partaient et les Etats d'accueil devaient peser avantages et inconvénients. L'analyse des coûts et profits se retrouve ensuite dans les données juridiques.

Le droit orientait non seulement le processus d'immigration mais favorisait ou détériorait les conditions de l'intégration dans le pays d'accueil. Indépendamment de toutes les tentatives juridiques pour influencer ces processus, le fait est qu'après environ trois générations même les groupes qui bénéficiaient d'une situation juridique relativement autonome comme par ex. les huguenots en Prusse et ailleurs s'assimilaient.

Janine Driancourt-Girod

LES ALLEMANDS LUTHÉRIENS À PARIS
AUX XVIIe ET XVIIIe SIÈCLES

C'est dans le cadre d'une thèse de doctorat d'Etat intitulée »Les luthériens à Paris du début du XVIIe siècle au début du XIXe siècle (1626–1809)« que peut s'inscrire cette recherche[1]. Cet ouvrage dont la mise en œuvre a duré plus de vingt années, repose sur des documents pour la plupart inédits: registres d'état civil des chapelles d'ambassade de Suède et de Danemark à Paris – de 1626 à 1806 pour la première, de 1747 à 1809 pour l'autre – providentiellement retrouvés[2]; livres d'Heures, de prières et de cantiques pratiqués à la chapelle de Suède, jusqu'ici jamais cités[3]; archives du Consistoire de la Confession d'Augsbourg à Paris, longtemps dispersées[4]. On a aussi procédé au dépouillement de l'Almanach Royal[5]; des dossiers du Minutier Central des Notaires parisiens; des registres des commissaires au Châtelet chargés de l'inhumation des protestants; des tables de naturalité[6] ... et à l'exploration des archives suédoises et danoises dans leurs pays respectifs[7]. Tous ces documents font apparaître le rôle essentiel des deux chapelles scandinaves dans l'accueil et le placement à Paris des luthériens, à une époque où les cultes protestants y étaient interdits. Autour de ces chapelles se forment deux communautés bien vivantes qui se développent sous la protection des rois de Suède et de Danemark et dont les participants s'intègrent progressivement à la société parisienne.

C'est l'histoire de ces communautés luthériennes d'ambassade, patronnées, protégées, entretenues par les ambassadeurs suédois et danois de l'époque, que mon ouvrage ressuscite. Elle se termine par la réunion, en 1809, des deux communautés – soit 5 à 6000 participants –, en une Eglise consistoriale française de la Confession d'Augsbourg à Paris qui regroupe aujourd'hui dix-huit paroisses.

Or, si les chapelles sont scandinaves, leur public ne l'est pas. L'étude des registres des mariages montre que, dans les deux cas, une imposante partie des époux signataires est d'origine allemande. Sur 1305 cas où la nationalité des époux est

---

1 Thèse soutenue en octobre 1990 à l'Université Paris IV – Sorbonne où elle a été enregistrée. Des exemplaires ont aussi été mis en dépôt à l'Eglise suédoise et à l'Eglise danoise de Paris, à la Société de l'Histoire du Protestantisme Français (54, rue des Saints-Pères – Paris VIIè).

2 Trois d'entre eux sont déposés à la Chapelle de Suède, les trois autres sont conservés dans les Archives du Consistoire de la Confession d'Augsbourg à Paris. Sur les circonstances de leur recollection, voir ma thèse, Livre Premier p. 8 à 24.

3 Nomenclature complète et analyse du contenu dans ma thèse, Livre Premier p. 81 à 103. Différents spécimens sont consultables à la Bibliothèque de la Société de l'Histoire du Protestantisme Français.

4 Très difficilement accessibles. S'adresser à l'Eglise de la Rédemption, 16 rue Chauchat – Paris IXe.

5 Bibliothèque Nationale. Paris.

6 Se trouvent aux Archives Nationales de France.

7 Le premier livre de ma thèse est largement consacré à l'étude des sources françaises et étrangères. S'y reporter p. 24 à 131.

signalée à la chapelle de Suède, 445 sont des allemands; 297 viennent de la partie occidentale de l'Empire – Wurtemberg et États rhénans surtout –, 148 de Saxe, Prusse, Hanovre ou Hambourg. Il n'y a pas de raisons que les célibataires se recrutent autrement. Comme ces derniers, à cause des difficultés rencontrées par ces immigrants pour s'implanter, sont beaucoup plus nombreux que ceux qui convolent en justes noces, on comprend le poids des Allemands dans ces communautés. Il se manifeste par l'utilisation précoce de leur langue comme celle du culte courant. On l'adopte aux dépens de la langue nationale, dès 1681, à la chapelle de Suède. Elle y reste l'unique langue du culte jusqu'en 1742 où l'on introduit une fois par mois un culte en français; il en sera ainsi jusqu'à la fermeture. Quant à la chapelle de Danemark, ouverte en 1744, on n'y a jamais utilisé, au prêche, une autre langue que l'allemand.

On peut donc affirmer qu'aux XVIIᵉ et XVIIIᵉ siècles, les communautés protégées par les chapelles scandinaves étaient essentiellement germaniques. C'est d'ailleurs ainsi qu'elles étaient perçues dans la société parisienne. Et l'exterritorialité des ambassades leur permettait de pratiquer leur religion en dépit des interdits de la loi française.

Qui sont donc ces Allemands luthériens de Paris? Ils se classent dans des groupes très différents. Certains, ambassadeurs, princes, étudiants, banquiers et négociants, ne sont à Paris que pour un temps limité: ils ne viennent aux chapelles qu'en passant. Mais d'autres arrivent avec l'intention de s'établir et, s'ils le peuvent, de faire souche. Et si les premiers apportent aux chapelles leur renom et leur protection, domestiques, petits commerçants et artisans sont les vrais fidèles. Ce sont eux qui assureront aux deux communautés leur pérennité.

Les hôtes allemands les plus prestigieux de ces chapelles se recrutent, le temps d'une mission en France, parmi le personnel des ambassades de langue germanique et de religion luthérienne de la capitale. Parmi ceux dont les noms, les titres, signatures et cachets illustrent glorieusement le livre de chapelle, retenons celui du prince Eugène de Wurtemberg, en mission extraordinaire à Paris; du comte Jean Diodati, du baron Wilhelm von Humboldt, du marquis Jérome Lucchesini, envoyés successifs de Prusse à Paris; du baron von Steube, envoyé de Hesse-Cassel; du comte Wilhelm von Pachelbel, ambassadeur de Nassau Sarrebrück-Usingen; du baron Johann von Mertzenstein, légat de Bade …

Ils ne se contentent pas d'assister au culte. Certains de ces Allemands utilisent aussi les chapelles pour s'y marier: ce que fait, par exemple, en grande pompe, Henrick Christian von Thümmel, secrétaire de la légation de Saxe-Gotha à Paris. D'autres y demandent le baptême pour leurs enfants nés à Paris: ce sacrement fut administré à la chapelle de Suède aux deux petites filles de Wilhelm von Humboldt – le héros de la régénération prussienne –, avec leur oncle paternel Alexander – le célèbre explorateur –, comme parrain. Le baptême, en 1809, de Marie von Zeppelin, fille de Ferdinand Ludwig, envoyé de Wurtemberg, figure, lui, au registre de Danemark. La marraine est Sa Majesté l'Impératrice – mère de Toutes les Russies, représentée par son ambassadeur, le prince Kourakin. Tout ceci donnant lieu à de magnifiques cérémonies.

D'autres gens illustres, ou appelés à le devenir, viennent aussi s'inscrire: souverains en voyage ou princes en »cavalier-tour«, en séjour à Paris pour quelques semaines, ils portent les noms de toutes les familles régnantes de l'Empire. Dans le vieux livre de la chapelle de Suède, on relève ainsi trois ducs de Wurtemberg, trois ducs de Holstein et un de Mecklembourg; six comtes de Hohenlohe et six comtes palatins du Rhin. Parmi eux, le prince Carl Gustav, appelé à devenir le roi Charles X de Suède: à Paris en 1638 et en 1640, le jeune homme apprécia tant le prédicateur de la chapelle de Suède, Jonas Hambraeus, qu'il lui accorda protection et lettre de recommandation, et donna pour lui, avant de repartir, un Stammbuch.

De nombreux chevaliers d'Empire se joignent à eux: certains portent les noms de familles appelées par la suite à fournir de grands administrateurs à l'Empire. Citons par exemple Johann Christoph von Bismarck, noble de Brandebourg, venu avec son frère Joachim; Johann et Victor von Bülow; Arnold von Bobart ou Henrich von Haugwitz, nobles de Prusse orientale; Henrich von Bunau, Saxons comme Salomon von Canitz et Friedrich Christian von Beust; Rodolph von Manteuffel, Pomeranien, comme Albrecht von Schulenburg et Georg von Zitznitz ...

Il faut mentionner aussi des étudiants allemand, nombreux au XVIIᵉ siècle. Les premiers s'inscrivent dès 1630; leur flux ne cesse de croître jusqu'en 1667 puis se tarit avec la Révocation de l'Edit de Nantes et la persécution des protestants. Les uns arrivent des ports de la Baltique et de la Mer du Nord, de Riga, Danzig, Lübeck, Hambourg et Brême ..., par le »bateau de Rouen«. Les autres viennent des villes marchandes et de banques de l'Allemagne moyenne: de Nüremberg (comme Carolus Harsdörfer); d'Augsbourg (comme Marcus Christophorus Welser ou Johann Jacob Függer); de Francfort (comme Petrus Sartorius); de Worms aussi ... Quelques-uns sont originaires de villes universitaires (Tübingen, Heidelberg, Wittemberg ...). Certains s'inscrivent à la Sorbonne pour deux à quatre ans. Ils logent en collèges, dans des hôtels – c'est à l'hôtel de l'Aigle Noir que se regroupent les gens d'Allemagne –, ou sont placés, par des libraires allemands, chez l'habitant. Les fils de banquiers ou de marchands viennent souvent, eux, en stage de perfectionnement. Ils sont alors hébergés chez des collègues français ou allemands de leur père, qui acceptent de parfaire leur formation internationale.

En effet, beaucoup de maisons allemandes de banque ont, dès la fin du XVIIᵉ siècle, des correspondants à Paris. En fonction de leurs déplacements, ces hommes d'affaires fréquentet aussi l'une ou l'autre chapelle. A plusieurs reprises, on relève, par exemple, les noms de Johann Paulus Hillner, de Michel Christoph Riederer, de Jacob Paulus Wencelius, de Ludwig Balthazar Schuchard, de Johann Georg Scherer, de Mathieu Gechter ..., tous suffisamment connus pour être répertoriés dans le livre d'Herbert Luthy sur la Haute Banque Protestante[8].

Mais pour brillant que soit ce public, il représente un épiphénomène. Les vrais fidèles se recrutent ailleurs. Un pointage socio-professionnel des inscrits dans les registres de Suède montre, en effet, que le personnel d'ambassade ne représente, au XVIIIᵉ siècle, que 3 % des recensés, les intellectuels 7 %, les gens d'affaires 14 %[9].

---

8 Cf. Herbert LÜTHY, La Banque protestante en France de la Révocation de l'Edit de Nantes à la Révolution, Paris 1959 et 1961 (2 vol.).
9 Voir ma thèse. Livre Troisième p. 633 à 638. Tableaux p. 633 et 637.

Tout le reste se répartit en trois catégories: les domestiques (7 %), les petits commerçants (7 %) et les artisans (56 %) (ce chiffre atteignant même 57 % des recensés à la chapelle de Danemark!).

C'est un fait: les communautés des chapelles scandinaves sont peuplées en majorité d'artisans, dont la plupart sont des Allemands.

Qu'est-ce qui attire à Paris tous ces travailleurs d'Outre-Rhin? Le mouvement migratoire, qui pousse des immigrants allemands vers la France, est provoqué, dès le premier tiers du XVIIe siècle, par le déséquilibre de populations et d'activités qui s'établit entre les deux pays après la Guerre de Trente Ans: stagnation de la population française tandis que le commerce et les manufactures se développent; prolifération de la population allemande dans un pays dévasté et ruiné par les guerres. On connaît la politique de Colbert pour attirer, par toutes sortes de facilités et exemptions, la main-d'œuvre étrangère dont il a besoin. Politique renforcée lorsque la Révocation de l'Edit de Nantes pousse au départ de nombreux huguenots dont beaucoup étaient artisans. Politique aberrante, d'ailleurs, qui aboutit à remplacer des réformés français par des luthériens allemands – la majorité de ces immigrants étant de cette confession, – c'est-à-dire à remplacer des protestants français chassés par des protestants allemands, accueillis à bras ouverts!

Le mouvement ainsi amorcé est précipité, dès le premier quart du XVIIIe siècle, par les transformations de la société française qui suivent la mort du roi Louis XIV. Les mœurs et les goûts se modifient et l'on change de manière de vivre. La vie mondaine se disperse de Versailles vers les châteaux princiers ou les hôtels particuliers parisiens. L'espace est plus restreint, on aspire à plus de confort, on souhaite plus d'intimité: petits salons, boudoirs, alcôves, propices aux intrigues galantes, succèdent aux galeries de cérémonies. Bergères capitonnées, cabriolets, secrétaires, guéridons, tablettes, consoles … en bois précieux, souvent marquetés ou incrustés de nacre ou de porcelaine, remplacent les lourdes armoires, les imposantes commodes, les larges tables en chêne massif ou en noyer, les sièges rigides, inconfortables et durs. On attache aussi beaucoup plus d'attention à l'ambiance: la musique de chambre et les petits orchestres de salon remplacent les concerts d'orgue et les grandes soirées à l'Opéra du Roi, tandis que triomphe la musique baroque. Des orchestres allemands, bientôt très recherchés, se constituent. Ils emploient des instruments à vent jusqu'ici inusités: basson, cor, hautbois, flûte traversière. Il faut les fabriquer, trouver des gens capables de s'en servir, en former d'autres … L'habillement, lui aussi, se transforme. Les accessoires (bas, gants, boucles, rubans, dentelles …) ont maintenant plus d'importance que le costume lui-même. Ils sont le signe de la mode, et celle-ci change tout le temps. Enfin, pour se rendre d'un lieu à un autre dans l'éparpillement de la vie mondaine, il faut posséder cabriolets et voitures. La demande fait la fortune des selliers-carrossiers, mais les embarras de la capitale en deviennent chaque jour plus contraignants.

Paris devient donc un énorme foyer d'appel de main-d'œuvre spécialisée. Et, comme dans les secteurs concernés, les Allemands sont particulièrement compétents, ils arrivent en foule.

Quelles sont leurs principales activités?

Parlons d'abord des musiciens. Ils ne sont pas très nombreux – les registres en recensent 33 qui sont venus se marier aux chapelles –, mais ils sont indispensables à l'exécution de la musique baroque qu'on prise tant maintenant. On en signale dans l'orchestre de M. de La Pouplinière, chez le prince de Condé, chez Monseigneur le duc doyen, chez le duc d'Aiguillon. Certains font carrière d'exécutants et deviennent des solistes connus: tels Anton Ludwig, de Mannheim, qui entre à l'Académie et Johann Georg Wünderlich, de Bayreuth, flûtistes réputés; Philippe Jacob Meyer, virtuose de la harpe, comme Hinner et Sieber qui étaient aussi cornistes. Citons encore Ritter, spécialiste du basson comme Klöpfer l'était du hautbois ou Hailmann de la clarinette ... D'autres se consacrent à l'enseignement du jeu sur les nouveaux instruments: ce que font Friederich Naumann pour le piano; Franz Wilhelm Cramer pour le violon; Johann Daniel Schmitz pour le hautbois et le basson; Jacob Meyer, pour la harpe à pédales ou Michel Jost pour la clarinette. Bref, tout un groupe de musiciens allemands s'installe à Paris et, profitant du nouvel engouement pour la musique d'Outre-Rhin, y vit de son art.

Dans le même temps, le développement du train de maison accroît considérablement la demande de services: chambellans et hommes de confiance, valets et femmes de chambre, cuisiniers, portiers, cochers, laquais, jardiniers ... tout un petit monde qui s'attache aux personnages importants de cette société. Et les ambassades germanophones ne sont pas les seules à recruter du personnel allemand reputé par son sérieux, sa ponctualité et son dévouement.

L'augmentation de la consommation multiplie les commerces d'approvisionnement: beaucoup d'Allemands s'installent à Paris comme bouchers, boulangers, traiteurs, charcutiers, marchands de vin. Trois d'entre eux, le boucher Nagel, le poissonnier Hirschel et l'aubergiste Pröllochs dit le Bœuf, deviennent des membres importants de la communauté de Suède.

Mais la masse des immigrants venus de l'Empire est surtout formée d'artisans. Et pas n'importe lesquels: de spécialistes dont plusieurs atteignent une vraie renommée[10].

Les ébénistes sont les plus réputés. Parmi eux, Riesener, Oeben, Bennemann, Birklé, Schneider, Schuller, Schwerdfeger, Scheffer ... deviennent même fournisseurs de la Couronne. Avec leurs confrères moins en vogue mais eux aussi très actifs, avec les tourneurs, les tabletiers, les sculpteurs et graveurs sur bois, les doreurs, les peintres – 128 membres de ces métiers annexes ont laissé leur signature sur un acte –, ils fournissent secrétaires et bureaux à cylindre, à dos d'âne, à abattant, guéridons, tables à jeux, bonnetières et trumeaux de portes ..., peints, laqués, vernis, marquetés, incrustés: des chefs-d'œuvre qu'aujourd'hui on s'arrache à prix d'or.

Les facteurs d'instruments illustrent aussi à Paris, le savoir-faire allemand[11]. Spécialistes du piano forte, des instruments à vent et de la harpe, ils viennent très nombreux relayer leurs collègues français qui ne fabriquent pas les instruments nécessaires à l'exécution de la musique baroque.

Certains acquièrent une grande notoriété. Citons Johann Gotefried Wolff, ébéniste saxon, facteur de pianos et de harpes; Johann Jacob Schnell, du Wurtemberg, facteur de pianos et inventeur de l'anémocorde; Johann Baptiste Holzmann et

10 Voir ma thèse, Livre Quatrième annexe XXIII, p. 1111.
11 Voir ma thèse, Livre Quatrième annexe XXI, p. 1103.

Johann Nadermann, facteurs de harpes, comme Philipp Jacob Meyer qui avait mis au point la harpe à pédales, Johann Haimerl, fabricant d'instrument à vent pour la musique militaire ou Charles Prilipp, facteur de hautbois, de basse et de clarinette ...

Les artisans en voiture ne sont pas en reste: l'un d'eux, Johann Gottlob Ludwig, fût le maître d'œuvre de la berline qui emporta le roi et la famille royale de France lors de leur fuite à Varennes. J'en ai retrouvé la facture[12]. Un autre, Gustav Enders fût un fournisseur du Premier Consul. Un autre encore Johann Ernst August Getting, de Berlin, deviendra *carrossier de Sa Majesté l'Impératrice et Reine* (Joséphine).

Les orfèvres joailliers tiennent le haut du pavé: parmi ceux d'entre eux qui fréquentent les chapelles scandinaves, on repère Auguste Boehmer de Dresde et Paul Bassenge de Leipzig, bijoutiers de la reine Marie-Antoinette, rendus tristement célèbres par »l'affaire du collier«. Mentionnons encore Ludwig Friedrich Bachmann de Wurtemberg, joaillier du duc de Chartres et Johann Friedrich Devillers, de Francfort, qui fût, sous l'Empire, le fournisseur attitré de *Leurs Majestés le Roi et la Reine de Naples*.

Cependant, en ne parlant que des métiers les plus en vogue, et dans ces métiers, des personnalités les plus marquantes, on ne donnerait qu'une image incomplète du groupe artisanal des communautés. D'autres activités, moins prestigieuses, occupent et font vivre une masse d'artisans. Plus du tiers des travailleurs recensés se consacrent à la confection des vêtements: tailleurs et cordonniers – à eux seuls plus nombreux que les gens du meuble –, fabricants de chapeaux et de bas, de rubans, de brandebourgs et de boutons, perruquiers très habiles et très recherchés, éventaillistes ... Les petits métiers du métal – serruriers, bronziers, fondeurs, ciseleurs, chaudronniers, poêliers, potiers d'étain, sont très actifs. Ceux du livre – imprimeurs, brocheurs, typographes, relieurs – donnent aussi de l'ouvrage à de nombreux travailleurs.

Mais tous ne sont pas maîtres de leur travail, et même dans les activités les plus nobles, bon nombre d'artisans sont de simples compagnons au service d'un patron. Ils sont difficiles à suivre. Trop mal payés pour pouvoir songer à s'installer, ils n'osent fonder famille: ils n'apparaissent donc ni dans les registres de mariage, ni dans ceux des baptêmes. Seuls les actes d'inhumation auraient permis de retrouver leurs traces. Mais les chapelles n'en tenaient pas. Aussi, les immigrants les plus humbles nous échappent totalement. Aucune enquête n'a pu en chiffrer le nombre.

Car venir à Paris comme spécialiste ne suffit pas. Encore faut-il pouvoir s'intégrer. Beaucoup des arrivants sont obligés de repartir, comme le montrent les aumônes au retour du livre des comptes suédois et les communions avant départ du livre danois.

Les obstacles à surmonter sont en effet très difficiles: mon étude révèle qu'il faut au moins dix ans – parfois plus – pour obtenir, avec la maîtrise, le droit de s'installer à son compte. Au moins pour l'immigrant qui suit le cursus habituel en s'engageant comme compagnon chez un maître de la corporation. Le règlement concernant les travailleurs étrangers lui est alors appliqué: il doit faire son double temps (soit 6 ans) avant de pouvoir prétendre à la maîtrise; puis il lui faut acheter, au prix fort, des

---

12 Au Riksarkivet de Stockholm. Fonds von Essen, 2115 (ce fonds regroupe les papiers d'Axel Fersen). La facture est reproduite en annexe dans ma thèse (cf. Annexe X p. 1044).

lettres de naturalité, payer des droits exorbitants, faire un chef-d'œuvre du double-fort. Et ce n'est pas le maigre salaire qu'il touche qui lui permet de faire beaucoup d'économies! Ceux qui parviennent à la maîtrise – à peu près un sur quatre parmi les ébénistes les plus favorisés ne l'obtiennent qu'entre 33 et 35 ans, soit 6 à 8 ans plus tard que les fils de maîtres français.

Heureusement, il y a d'autres moyens pour s'implanter. Je repère plusieurs artisans allemands établis dans les enclos royaux – à la Galerie du Louvre, à l'Arsenal –, ou travaillant dans les manufactures du Roi – à Sèvres, aux Gobelins. D'autres utilisent les enclos religieux: on en trouve installés dans l'enclos des Quinze-Vingt, ceux de la Trinité, du Temple et de l'Abbaye St-Germain des Prés.

Mais la solution la meilleure, largement adoptée par les artisans du meuble, c'est de s'établir comme ouvrier libre au faubourg St-Antoine: là, depuis le XVIᵉ siècle, par privilège spécial, les *Dames de St-Antoine* hébergent hors les murs – donc hors les taxes et contraintes de la corporation – les travailleurs qui les en sollicitent. Le pointage des adresses des artisans données par les registres révèlent, en effet, de véritables colonies d'*artisans au Faubourg,* regroupés dans certaines rues en îlots de gens de même origine, de même religion, de même métier. Et ces noyaux ne cessent de grossir avec les années, grâce à un système de recrutement par cooptation qui se fait à la sortie des cultes.

Le rôle des chapelles est ici primordial. C'est là que l'immigré nouvellement arrivé à Paris rencontre ses pairs déjà établis qui peuvent lui procurer de l'embauche. C'est là aussi que l'artisan du faubourg est mis en rapport avec le marchand-mercier qui écoulera son produit. C'est là enfin, que l'ouvrier établi ou le maître installé peut espérer trouver une compagne. Car le mariage, autre étape de l'intégration, pose aussi de difficiles problèmes.

Comment faire, en effet pour se marier à Paris? Le plus simple est, évidemment, de choisir une coreligionnaire rencontrée à la chapelle: veuve ou sœur d'un collègue, plus tard filles des plus anciens installés. On peut aussi y rencontrer des Suissesses et des Alsaciennes. Mais, en raison de l'afflux des immigrés au XVIIIᵉ siècle et du nombre croissant de ceux qui s'installent, la demande est largement excédentaire. Veuves et jeunes filles luthériennes ne restent pas longtemps sans trouver époux: on se les arrache.

Cependant, le plus grand nombre d'immigrants allemands est contraint d'aller chercher femme ailleurs. Or les interdits concernant le mariage des sujets de Sa Majesté Très Chrétienne le Roi de France – interdiction d'épouser un non catholi-que, interdiction d'épouser, sans permission royale spéciale, un étranger, interdiction de se marier à l'étranger – semblent rendre impossible toute union avec une Française. Que faire?

Vivre en concubinage: les enfants conçus avant mariage représentent 60 % du total des naissances observées.

Se contenter d'un contrat notarial? Mais les enfants, non reconnus par la loi française, ne peuvent alors hériter de leurs parents, ni la femme de son mari dont les biens sont souvent réclamés par la famille allemande.

Demander une bénédiction et une inscription sur les registres de la chapelle de Suède – l'aumônier danois refusant de se laisser aller à cette pratique semi-clandestine qui était contre sa conscience. Les enfants en étaient légitimés, mais l'épousée française y perdait sa nationalité, était souvent rejetée par sa famille, risquait, en cas de revers de fortune, d'être emmenée en Allemagne.

Finalement – mais seulement après 1782 –, les postulants bien introduits par le pasteur Baer de la chapelle de Suède, purent obtenir des *brevets de permission royale*[13]. J'en ai retrouvé quelques uns dans les archives du Consistoire luthérien de Paris, documents que personne, jusqu'ici, n'avait étudiés. Il s'agit de l'utilisation habile de la dérogation à l'interdiction pour un sujet du Roi de se marier à l'étranger *sans sa permission*. Par ces brevets, le Roi accorde, à ceux qui lui sont recommandés et moyennant finances évidemment, l'autorisation d'aller se marier à l'étranger, à condition, pour le couple, de rentrer aussitôt dans le royaume, d'y respecter ses lois et d'y élever ses enfants dans la religion catholique. *L'étranger* est ici le territoire des ambassades concernées. La formule, très souple, permet, sans l'avouer, à un protestant d'épouser une catholique. Mais il sauve la face pour le Roi – il n'enfreint aucune des dispositions antérieures –, et lui permet de récupérer le couple. La clause de la catholicité des enfants est cependant supprimée en 1787.

La Révolution Française fera tomber toutes les barrières nationales et confessionnelles. De 1789 à 1794, on assiste, aux deux chapelles, à une véritable explosion du nombre des mariages. Jamais on n'a tant marié à la chapelle de Suède qu'en 1794, alors que la Terreur bat son plein!

Où vivent, dans Paris, les Allemands luthériens? Ils se regroupent très nettement selon leurs métiers. Les artisans du meuble se partagent entre le faubourg St-Antoine, où les ébénistes surtout sont installés, et le quartier Bonne Nouvelle, où travaillent plutôt les artisans des métiers annexes (tourneurs, sculpteurs, doreurs …). Les selliers – carrossiers sont très souvent à St-Germain-des-Prés, les facteurs d'instruments à Montmartre. Les artisans du vêtement, eux, vivent dans le centre de Paris, regroupés en deux secteurs qui se font face de part et d'autre de la Seine, à la hauteur du Pont-Neuf: les tailleurs plutôt sur la rive droite, les cordonniers en face. Les joaillers-orfèvres sont nombreux sur les berges de la Seine – quai des Orfèvres – et dans les îles.

Ces artisans restent entre eux – entre Allemands et entre spécialistes du même métier. Ils forment dans Paris des îlots de gens qui se connaissent, qui s'attirent et accueillent les nouveaux arrivants. Et les actes des registres prouvent que ces liens professionnels se prolongent dans les mariages, parrainages et témoignages réciproques.

Peut-on aller plus loin dans cette découverte des conditions d'existence des Allemands luthériens à Paris au XVIIᵉ siècle?

L'exploration minutieuse – et fastidieuse – du Minutier Central des Notaires parisiens m'a permis de retrouver quelques actes les concernant: contrats de mariage, actes d'achat ou de vente de terrain ou d'immeuble, baux de location ou de cession de

---

13 Une étude très complète est consacrée, dans ma thèse, à ces documents absolument inconnus jusqu'ici. Cf. Livre Deuxième p. 313 à 315 et Livre Troisième p. 819 à 829. Deux brevets sont reproduits p. 316 et p. 823.

fonds, testaments et inventaires après décès. Ces derniers surtout nous ouvrent les ateliers de quelques uns, les logis de quelques autres. Grâce à eux, par exemple, je peux décrire par le détail le fonds d'auberge de Johann Schwarz, l'atelier de l'ébéniste Valentin Ohneberg, celui du sellier Eberhard Raou ou celui du chaudronnier Gottlieb Koutzer. Mieux encore, à partir du »mémoire de la Berline« retrouvé, je peux saisir sur le vif le travail effectué dans l'atelier du carrossier Johann Gottlob Ludwig, les ouvriers qu'il emploie et leur rémunération.

Les inventaires me permettent de pousser plus loin encore l'indiscrétion et de pénétrer dans les logis des intéressés. De visiter de la cave au grenier leurs demeures, de vider leurs armoires, leurs commodes, leurs malles; de compter les pièces de leur garde-robe, évaluer, selon les objets à ce destinés (fontaines, brocs et cuvettes, plats à barbe, seaux …), leur degré d'hygiène, leur goût du confort ou leur rusticité.

Le dépouillement des actes des registres apporte aussi quelques précisions sur le comportement démographique de cette population. Il montre que ces immigrés allemands se marient tardivement (après 30 ans pour les hommes, après 27 ans pour les femmes), qu'ils ont en moyenne trois enfants dont le premier est très souvent né du couple avant le mariage trop longtemps différé. L'étude de l'espacement des naissances semble indiquer que seuls les plus aisés mettent leurs enfants en nourrice[14].

Enfin, la découverte de la *coutume de Francfort* adoptée par la chapelle de Suède, et le déchiffrage des livres d'Heures pratiqués dans cette même communauté, permettent de saisir le comportement religieux de ces luthériens allemands. Grâce à la première j'ai pu reconstituer le déroulement d'un culte, d'un baptême, d'un mariage. A travers les prières et les cantiques des Livres d'Heures, j'ai restitué la pastorale prêchée aux époques considérées[15].

Il faut insister sur l'importance du fait religieux pour ces hommes transplantés dans une société tout à fait différente et sur ce plan-là, hostile. Il faut insister sur le rôle essentiel des chapelles scandinaves. C'est là que le dimanche, ces déracinés se retrouvent entre compatriotes et coreligionnaires. Là qu'on prêche en leur langue la »saine doctrine«, là qu'ils replongent dans la tradition ancestrale avec les gestes liturgiques de toujours. On comprend la fidelité de ces Allemands aux chapelles et au luthéranisme, ciment qui les unit.

Il est attachant ce groupe d'artisans luthériens allemands qui s'implante à Paris dès le XVIIe siècle mais ne cesse de grossir. Petite minorité dans le grand Paris du XVIIIe siècle, on ne s'y était guère intéressé. Il méritait cependant qu'on écrive son histoire[16]. Car il a fourni à la France des artistes réputés, des spécialistes appréciés, une main-

---

14 Voir ma hèse p. 830 à 913.

15 Une large étude y a été consacrée (cf. Livre Quatrième p. 927 à 995) en hommage à mon maître, Jean Delumeau, membre de l'Institut, professeur chargé de la chaire des mentalités religieuses en Occident au Collège de France; cf. Jean DELUMEAU, La Peur en Occident: une cité assiégée – XIVe–XVIIIe siècles, Paris 1978. Jean DELUMEAU, Le Péché et la Peur: la culpabilisation en Occident. XIIIe–XVIIIe siècles, Paris 1983. Jean DELUMEAU, Rassurer et Protéger: le sentiment de sécurité dans l'Occident d'autrefois, Paris 1989. Ma recherche illustre parfaitement ces trois étapes: peur de Satan et salut par la Foi; peur de soi et salut par la Croix; salut par Grâce et Rédemption joyeuse.

16 Deux ouvrages, dérivés de ma thèse, et destinés à un public élargi, sont en cours d' élaboration. L' un sera consacré à l'aspect historique du sujet, l' autre à l' aspect religieux. Leur publication – aux Editions ALBIN MICHEL – est en principe prévue pour le printemps 1992.

d'œuvre indispensable qui a apporté, avec son savoir-faire, un peu de sa culture. Aujourd'hui encore on retrouve des descendants de ces spécialistes dans certaines paroisses luthériennes parisiennes dont ils ont été les pères.

DEUTSCHE ZUSAMMENFASSUNG

Dieser Beitrag legt dar, wie im Verlauf des 17. und 18. Jahrhunderts zwei deutschsprachige lutheranische Gemeinden in Paris sich um die Kapellen skandinavischer Botschaften gruppiert haben, wo sie nicht nur aufgenommen sondern auch geschützt waren: Für fast zwei Jahrhunderte (1626–1806) durch die schwedische Kapelle und von 1744–1809 durch die dänische Kapelle. Bei den Gemeindemitgliedern handelte es sich um Skandinavier und Deutsche: Diplomaten, hohe Militärs auf Missionsreisen, junge Leute als Studenten oder Kavaliersreisende, Bankiers und Kaufleute, die meist kurz blieben, aber diesen Kapellen eine gesellschaftliche Reputation gaben.

Aber die Mehrzahl der auf Dauer in Paris lebenden Gemeindemitglieder bestand aus Deutschen: Diener, Musiker, Kleinhändler und vor allem Handwerker. Diese stellten die interssanteste und größte Gruppe, meist Spezialisten aus jenen Handwerksberufen, welche die Verbrauchsgüter der Pariser Gesellschaft herstellten: holzverarbeitendes Handwerk (Möbelschreiner, Intarsienarbeiter, Schlosser), Bekleidungshandwerk (Schneider, Hersteller von modischem Beiwerk), Sattler und Blasinstrumentenbauer, Drucker und Buchhändler, Goldschmiede und Juweliere …

Der Beitrag führt im einzelnen aus, welche Hindernisse diese Deutschen zu überwinden hatten, um sich in der Pariser Gesellschaft zu integrieren. Dabei können einige Präzisierungen zum Lebensstil, demographischen und religiösen Verhalten dieser Lutheraner gegeben werden, die, auch wenn sie sich von Generation zu Generation französisierten, dennoch ihre Tradition, ihre Religion und ihre Verbundenheit mit den Botschaftskapellen bewahrten. Die deutschsprachigen Kirchengemeinden der skandinavischen Botschaftskapellen bedeuten die Keimzelle der heutigen lutherischen Kirche in Paris.

Dominique Bourel

LA MISSION
D'ANTOINE BERNARD CAILLARD À BERLIN

Dans l'étude des relations entre la France et l'Allemagne du dix-huitième siècle, la Prusse tient une place à part en raison de plusieurs facteurs: la présence depuis la fin du dix septième siècle d'une importante communauté huguenote très active, la francophilie affichée et parfois très exclusive de Frédéric II et enfin le rôle grandissant de Berlin dans la politique européenne. L'enquête se polarise malheureusement parfois sur des thèmes, souvent littéraires, en dehors desquels il y a peu d'études, Voltaire à Berlin[1], l'importance du Siècle des Lumières au détriment de l'*Aufklärung* si spécifique en Prusse, pensons à la figure et à l'œuvre de Friedrich Nicolai. Lorsqu'on compare sa correspondance avec celle de Jean Henri Samuel Formey, on a l'impression que deux mondes se côtoient sans se toucher[2]. Nous manquons de monographies récentes sur des personnages comme le Marquis d'Argens qui fut un véritable pont entre les deux communautés[3]. Précepteurs des Princes[4], grands commis de l'Etat autant de présences à l'intersection de deux cultures, sans parler de l'Académie et du Collège Français[5]. Mais il est encore une autre catégorie de Français qui séjourna à Berlin, diplomates et envoyés parmi lesquels des noms pas toujours

---

1 Martin Fontius, Voltaire in Berlin. Zur Geschichte der bei G. C. Walther veröffentlichten Werke Voltaires, Berlin 1966 (Neue Beträge zur Literaturwissenschaft, Bd. 24); Christiane Mervaud, Voltaire et Frédéric II: une dramaturgie des lumières 1736–1778, Oxford 1985 (Studies on Voltaire and the Eighteenth Century 234).

2 Malgré des études de détail on ne possède encore aucune bibliographie sur ces deux correspondances centrales pour le temps; bien qu'abritées dans la même ville on sait qu'elles furent longtemps dans deux pays différents! Voir les récentes enquêtes de Horst Möller, Aufklärung in Preußen. Der Verleger, Publizist und Geschichtsschreiber Friedrich Nicolai, Berlin 1974 (Einzelveröffentlichungen der Historischen Kommission zu Berlin, Bd. 15); Bernhard Fabian (Hg.), Friedrich Nicolai 1733–1811. Essays zum 250. Geburtstag, Berlin 1983. Voir aussi le catalogue Friedrich Nicolai. Leben und Werk préparé par Peter Jörg Becker et alii (Staatsbibliothek Preußischer Kulturbesitz, Ausstellungskatalog 21, Berlin 1983). Martin Fontius, Voltaire vu par cinq correspondants de Formey, in: Christiane Mervaud et Sylvain Menant (éds.), Le Siècle de Voltaire. Hommage à René Pomeau, Oxford 1987, vol. I. pp 489–498 et Rolf Geissler, La France révolutionnaire de 1789 vue par Louis Formey, fils du secrétaire perpétuel de l'Académie de Berlin (d'après ses lettres inédites à son père) in: Michel Vovelle (éd), L'Image de la Révolution Française. Communications présentées lors du Congrès Mondial pour le Bicentenaire de la Révolution, Paris, Oxford 1989, vol. II pp. 788–794. Ces deux correspondances font enfin l'objet d'investigations systématiques.

3 Dominique Bourel, Le Marquis d'Argens à Berlin in: Le Marquis d'Argens. Colloque international de 1988. Actes édités par Jean-Louis Vissière, Aix en Provence 1990, pp. 29–39.

4 Pierre-Paul Sagave, Französische Prinzenerzieher am preußischen Hof (1694–1814), in: Ingrid Mittenzwei (Hg.), Hugenotten in Brandenburg-Preußen, Berlin 1987, pp. 279–312 (Studien zur Geschichte 8).

5 Gottfried Bregulla, et alii, Hugenotten in Berlin, Berlin 1988. Christian Velder, 300 Jahre Französisches Gymnasium in Berlin, Berlin 1989. Stefi Jersch-Wenzel und Barbara John (Hg.), Von Zuwanderern zu Einheimischen. Hugenotten, Juden, Böhmen, Polen in Berlin, Berlin 1990.

associés avec la Prusse, Mirabeau ou Sieyès. Pour des raisons qui seraient intéressantes à développer, l'histoire diplomatique fut longtemps au purgatoire et elle semble sur le point d'en sortir[6]. Il faut s'en réjouir car elle offre une abondante matière à un historien. Cherchant du matériel inédit ou peu utilisé sur Berlin, nous avons dépouillé l'intégralité de la correspondance de nos ambassadeurs ayant résidé à Berlin durant le siècle.

La collection des »Recueils des instructions« comporte naturellement un volume dévolu à Berlin[7], édité à l'époque où l'école historique prussienne française excellait en matière prussienne[8]. Ainsi on dispose d'un travail s'étendant jusqu'à la Révolution[9]; nos connaissances restent moins précises pour la fin du siècle et le début de l'Empire. Et pourtant, Mirabeau[10], Ségur, Sieyès[11] se rendent à Berlin pour renseigner et négocier. Mais le travail le plus en profondeur est fait par d'autres, depuis plus longtemps en poste et excellent connaisseur les réalités allemandes: c'est le cas du prédécesseur immédiat de Sieyès.

Antoine Bernard Caillard est né en 1737 et mort en 1807[12]. Après des études au Collège de Chatillon-sur-Seine puis à St Sulpice à Paris, il suit Turgot à l'Intendance de Limoges. Sa carrière de diplomate commence avec Boisgelin à Parme comme Secrétaire de Légation en 1769. Il occupe la même place avec le Marquis de Vérac à Cassel en 1773 puis à Copenhague en 1775 où il devient Chargé d'affaires entre 1776 et 1780. Après différentes missions – qu'il faudrait reconstituer en détail – à La Haye et St Petersbourg, il est chargé de la correspondance politique à Paris en 1792 mais repart à Ratisbonne entre les mois de mai et de septembre de cette année comme Ministre plénipotentiaire; il n'y sera jamais officiellement agréé. Revenu en France entre les mois d'octobre et de mars 1795 il se voit confier régulièrement quelques missions aussi périlleuses que secrètes notamment à Amsterdam et à Altona. Il sera ministre plénipotentiaire à Berlin du 11 juillet 1795 au 8 mai 1798, jusqu'à la venue de Sieyès. La suite de sa carrière se passe au ministère des Relations Extérieures où il dirigera la division des archives. On connaît de lui quelques ouvrages dont le »Mémoire sur la révolution politique de Hollande« dans le »Tableau politique de

6 Lucien Bély, Espions et ambassadeurs au temps de Louis XIV, Paris 1990.

7 Recueil des instructions données aux ambassadeurs et ministre de France depuis les traités de Westphalie jusqu'à la Révolution française, Paris 1901, édité par Albert Waddington.

8 Il suffit de rappeler les noms d'Ernest Lavisse et de Georges Pariset.

9 Pour s'orienter dans le maquis des ouvrages et articles sur les rapports de la Révolution avec l'Allemagne on se reportera à l'élégante synthèse de Gérald Chaix, L'Année 89, in: Bulletin d'Information de la Mission Historique Française en Allemagne 19 (1989) pp. 75–141.

10 Michel Kérautret, Un bilan critique de la Prusse en 1786: la lettre de Mirabeau à Frédéric-Guillaume II, in: Francia 14 (1986) pp. 369–380, et le récent article du même auteur, L'image de la Prusse en France pendant la Révolution Française: changement et continuité, in: Otto Büsch und Monika Neugebauer-Wölk (Hg.), Preußen und die revolutionäre Herausforderung seit 1789, Berlin 1991 (Veröffentlichungen der historischen Kommission Berlin, Bd. 78), pp. 266–300.

11 Marcelle Adler-Bresse, Sieyès et le monde allemand, dact. thèse d'état Paris I (1976), Lille 1977 et Dominique Bourel, Un régicide ambassadeur à la cour des Hohenzollern: Sieyès à Berlin, in: Hervé Brouillet (éd.), Contribution à l'histoire de la Révolution et de l'Empire, Baden 1989, pp. 275–287.

12 Nous suivons la notice de Louis Farges dans La Grande encyclopédie et le dossier AMAE, Personnel, première série, volume 14, 59^r–116^v.

l'Europe« de Ségur. Il a en outre collaboré à la traduction française des »Essais de Physiognomonie« de Johann Kaspar Lavater[13].

Ses dépêches traitent naturellement des problèmes macro-politiques[14]: comment conserver la paix de Bâle assurant la neutralité de la Prusse et surtout comment amener cette dernière à signer une alliance avec la jeune république. Le »Mémoire pour servir d'instructions générales au citoyen Caillard, ministre plénipotentiaire de la République Française auprès du Roi de Prusse«[15] disait clairement:

> Nous ne dissimulons point au citoyen Caillard que nous lui confions une mission aussi pénible qu'elle est importante: pour rassembler toutes les lumières propres à l'éclairer dans sa marche, il ouvrira une correspondance sincère avec les ambassadeurs et ministres de République en Suède, au Danemark, à Hambourg, en Hollande, en Suisse et même à Constantinople.

Berlin est donc devenue une plaque tournante de la diplomatie européenne et un des postes les plus importants pour un diplomate français. Celui là est chevronné, très bien implanté, jouissant de l'estime de tous; il fait également d'excellentes synthèses[16]. De son côté le Directoire va tout faire pour séduire la Prusse. Le 1 juin 1796, Carnot lui-même écrit: *Le Directoire est attaché au Roi de Prusse*. Mais ses dépêches contiennent bien plus. D'abord un témoignage mesuré et informé sur l'état de la Prusse et du gouvernement de Frédéric Guillaume II; l'historien de l'économie y trouvera aussi le relevé pour l'année 1796 des importations par eau et par terre du port d'Elbing; on doit être attentif à ce qu'on dit des juifs, des revers de fortune d'Itzig et des activités d'Ephraïm, espion juif-allemand utilisé par le gourvernement durant des années[17]. Il ne faut pas négliger non plus le relevé des activités des émigrés soigneusement décrites, d'autant plus que le roi et la reine, parfois par pitié, parfois pour d'autres raisons, distribuent terres et prébendes.

Même les diderotistes trouveront un passage les concernant: Après que Lacépède lui ait écrit plusieurs fois pour retrouver un manuscrit de Gresset, Caillard enchaîne le 20 Prairial an IV:

> Le prince me marque qu'il possède un conte philosophique de Diderot intitulé »Jacques le fataliste«; il offre de me l'envoyer si cela peut vous convenir. J'accepterai certainement son offre; mais j'observe qu'il existe en manuscrit beaucoup d'ouvrages de ce genre laissés par Diderot qui sont épars dans les mains de plusieurs personnes et dont la collection serait forte

13 Essai sur la Physiognomonie destiné à faire connaitre l'homme et à le faire aimer, La Haye 1782–1803. Une nouvelle édition revue et corrigée parut à Paris en dix volumes, 1806–1809.

14 Jean TULARD, La diplomatie française en Allemagne de 1789 à 1799, in: Jürgen Voss (Hg.), Deutschland und die französische Revolution, München 1983, pp. 43–48 und surtout Paul BAILLEU, Preußen und Frankreich von 1795 bis 1807, Leipzig 1881–1887. Outre les travaux classiques sur le Directoire voir Yves LEMOINE, La diplomatie française pendant la révolution, Paris 1989.

15 AMAE, Correspondance politique, supplément vol. 10, ff. 270–278, ici fol. 278ᵛ. Voir un »supplément aux instructions« ff. 217–225 et un mémoire, »histoire de la négociation du traité de paix conclu à Bale le 16 Germinal an III entre la République Française et S.M. le roi de Prusse«.

16 AMAE, Correspondance politique, Prusse, vol. 219–223, les rapports sont interfoliés avec ceux de P. Parandier. Voir G. PALLAIN (éd.), Correspondance diplomatique de Talleyrand. Le Ministère de Talleyrand sous le Directoire, Paris 1891.

17 Voir le dossier de l'ancien DZA, Merseburg, Rep. XI, 89, Fasicules 278–288, 293 et Dominique BOUREL, Ephraïm, un espion juif allemand à Paris sous la Révolution, in: Les Juifs en France sous la Révolution (YOD, 27–28, 1989), pp. 81–91.

intéressante. Sa fille en a plusieurs: une princesse Gallitzin qui végète quelque part en Allemagne en a beaucoup aussi mais je crois que celui qui en a recueilli le plus est Grimm ci-devant ministre de Saxe-Gotha à Paris[18].

Il partage l'étonnement de Parandier devant les mœurs fort légères de Frédéric Guillaume II: *Les femmes, les valets, les Illuminés voilà les trois agents qui agissent directement sur lui, qui le font mouvoir et qui influent en grande partie sur la destinée de la Monarchie Prussienne*[19]. Pierre Parandier, second de l'ambassade dont les rapports mériteraient aussi une étude, résume d'un trait: *C'est Louis XV quant à la débauche, c'est Louis XVI quant à l'esprit*[20]. Les émigrés berlinois et ceux qui passent, n'ont pas été l'objet d'études récentes. Pourtant il y a du beau monde, souvent très connu: Maissonneuve, le Marquis de Caraman, Demoustier – lui même ancien ambassadeur à Berlin[21] – le fils de Séguier, madame de Genlis, le Chevalier de Boufflers, Sénac de Meilhan, Dampmartin, et qui posent de multiples problèmes au représentant du Directoire[22]:

> *Les émigrés sont plus en faveur chez le roi que jamais; ils sont l'âme de sa société, un d'entre eux, M. Dumoutier, vient de lui remettre une liste des habitants de Berlin suivant lui, imbus des principes démocratiques. Il la fait monter à plus de 12 000 personnes!*

Alors que le Roi meurt presque seul (1797) il n'y a que des émigrés qui fassent son siège à Potsdam. L'abbé de Broglie, déjà riche bénéficiaire à Posen en réclame encore! Caillard sera fâché de les voir continuer de porter des décorations pourtant abolies depuis quelques années. Bien que flanqué de trois secrétaires, c'est parfois un homme seul: *Tous les ministres étrangers qui composent le corps diplomatique Berlin sont les mêmes qui résidaient ici au commencement de la guerre. Ce sont les ministres de la coalition. Ils ont conservé leurs sentiments et je ne puis placer aucune sorte de confiance en eux*[23], à l'exception des envoyés de Turin et du Danemark précise-t-il. Celui d'une autre puissance profitera de ses conseils. Il s'agit de l'ambassadeur turc en Prusse: *Ses drogmans me sont recommandés par quelques amis de Constantinople*

---

18 CP, Prusse, 219, fol. 123[v] 20 Prairial an IV. Voir aussi le 16 Floréal an VI (223, fol. mal numéroté) où il transmet à l'Institut le »Specimen antiquitatum botanicarum« de Sprengel. Sur »Jacques le fataliste« voir l'édition de Simone LECOINTRE et al., Genève 1976.

19 Parandier à Delacroix, 3 Prairial an IV, CP Prusse, 219, fol. 86[r].

20 Parandier à Delacroix, 16 Frimaire an V, CP Prusse, 220, fol. 169[r]. *Tout ce qui peut faire la splendeur, l'éclat, la considération, l'intérêt de la monarchie prussienne importe peu au roi de Prusse. Ce sont pour lui des idées abstraites, difficiles et sur lesquelles il lui est impossible de s'arrêter. C'est Louis XV quant à la débauche, c'est Louis XVI quant à l'esprit. Il pourra entreprendre une guerre de Passions, mais jamais une guerre de Principes.*

21 On lui doit un rare et passionnant »De l'intérêt de la monarchie prussienne«, en Allemagne, 1796.

22 Il se demande ce que la Prusse peut en faire: [...] *des nobles voudront-ils devenir de simples cultivateurs? Le pourront-ils même? Je crois très permis d'en douter. Ces gens là voudront donc être encore des seigneurs et faire travailler les paysans à leur profit. Mais comment s'y prendront-ils dans un pays et avec une nation dont ils ignorent la langue, les mœurs, les usages, le caractère? Le roi de Prusse ne se prépare-t-il pas dans cet établissement une source intarissable de tracasseries et de mutineries avec des gens aussi orgueilleux, aussi ennemis de la subordination, aussi rebelles à toute espèce d'autorité,* Caillard au ministre, 26 Thermidor an IV, CP Prusse, 219, fol. 282[r-v]. En réalité le roi ne les aimait pas beaucoup mais ne pouvait les expulser sans montrer à Londres et à St. Petersbourg qu'il soutenait la France. En revanche l'entourage féminin du roi était très lié avec eux, les employant comme précepteurs.

23 Caillard à Delacroix, 23 Pluviôse an V, CP Prusse, 220, fol. 357[r].

comme particulièrement attachés aux principes de notre révolution[24]. Quant à l'ambassadeur lui-même,

> *je lui ai expliqué dans le plus grand détail tout ce qu'il avait à faire pour son installation, quel ministre du roi il avait à voir, et dans quel ordre, auquel de ces ministres il devait s'adresser d'abord pour remettre la copie de ses lettres de créances; en un mot je lui ai tracé sa route jusqu'au moment de faire premières audiences auprès du roi en lui promettant de lui applanir toutes les difficultés qui pourraient l'embarasser, et de lui rendre, tant auprès du ministère que dans les sociétés tous les services qui dépendaient de moi*[25].

La dépêche sur la mort du roi établit un parallèle suggestif:

> *Frédéric Guillaume n'est plus. Le monarque est mort le 26 à 9 heures du matin dans son chateau de Potsdam après une maladie qu'il a supportée jusqu'au dernier moment avec une constance et une fermeté dont il y a peu d'exemples sans se plaindre un seul instant. Il est mort sans avoir personne de sa famille autour de lui.*

Il évoque ensuite l'absence de

> *démonstration de regret du monarque qu'on vient de perdre. Les observateurs ont remarqué qu'il n'en n'avait pas été de même à la mort du Grand Frédéric. Ils se souviennent que la consternation la plus profonde était peinte sur le visage de tous les militaires, et que le vénérable Möllendorf entre autres, fondait en larmes au moment qu'il prêtait son serment. Mais alors on perdait un héros qui jamais n'avait regardé le revenu de l'état comme un bien qui lui appartint en propre, et que toute sa vie en avait été extremement avare; tandis que Frédéric Guillaume, bon d'ailleurs envers sa famille et ses amis, s'est livré à des prodigalités et des dissipations que le peuple prussien parait peu disposé à ne lui pardonner jamais. Le règne de la justice de l'ordre et de l'économie va commencer*[26].

Il est vrai que Frédéric-Guillaume III faisait arrêter la comtesse Lichtenau et quelques émigrés, pour de peu temps d'ailleurs. Une lettre du consul de Prusse à Rouen nous rappelle qu'au dix-huitième siècle le nombre des envoyés de ce pays à l'étranger s'est multiplié par dix et qu'une carte des consulats de Prusse en France serait très utile[27].

Lorsqu'il apprend la nomination de Sieyès il se place immédiatement à son service afin de l'aider; le Directoire rappelant quelle fut sa tâche, assure qu'il n'a pas démérité et que ses *instructions ne demeurèrent pas infructeuses* version diplomatique de l'échec de sa mission puisqu'il n'a pu obtenir une alliance avec la Prusse, que Sieyès ne réalisera pas non plus:

---

24 Parandier à Delacroix, 18 Prairial an V, CP Prusse 221, fol. 188^v.
25 Caillard à Delacroix, 18 Priarial an V, CP Prusse, 221, fol. 191^r-v. Sur les ambassades turques à Berlin voir H. Achmed Schmiede, Vor 190 Jahren … Tod des türkischen Botschafters Ali Azir Efendi, in: Mitteilungen des Vereins für die Geschichte Berlins (1988) pp. 102–107. L'ambassade était au Palais Ephraim. Voir aussi Gültekin Emre, 300 Jahre Türken an der Spree, Berlin 1983 et Klaus Schwarz, Brandenburg-Preußen und die Osmanen. Frühe Beziehungen in Überblick, in: Osmanli-Arastirma-lari/The Journal of Ottoman Studies (1989) pp. 361–379 ainsi que sa mise en place: Vom Krieg zum Frieden. Berlin, das Kurfürstentum Brandenburg, das Reich und die Türken, in: Gereon Sievernich und Hendrik Budde (Hg.), Europa und der Orient. 800–1900 Berlin 1989, pp. 245–278.
26 Caillard à Talleyrand, 28 Brumaire, CP Prusse 222, fol. 150^r-v.
27 Il existe un fichier manuscrit établi par le Dr. Meta Kohnke (Merseburg) que je remercie de son aide et de son hospitalité amicale et érudite.

Je m'occupe naturellement avec zèle à préparer des succès au citoyen Sieyès. Il les obtiendra indubitablement avec la paix de l'empire, mais s'il m'est permis encore de dire mon avis, je doute beaucoup qu'il puisse avant ce temps, déterminer le gouvernement prussien à l'alliance avec la république [...] L'expérience de trois ans m'a prouvé qu'il y a peu de villes en Europe où il se fabrique des nouvelles d'une plus insigne fausseté et plus propres à égarer ceux qui daignent leur donner quelque attention[28].

C'est avec cette remarque sur l'opinion publique à Berlin que s'achève l'un des dernières dépêches de Caillard. Il restera avec Sieyès à Berlin et y reviendra à plusieurs reprise, par exemple avec Beurnonville[29].

Ces rapports parfois prolixes sont donc une mine de renseignements qu'il ne faut pas négliger. Non seulement ils offrent une description de Berlin et de la Prusse qui est loin de se limiter au politique, mais ils montrent comment les Français en poste concevaient leur travail et surtout permettent de reconnaitre la part de la construction de leur identité propre dans le discours tenu sur l'Autre.

---

28 Caillard à Talleyrand, 10 Prairial an VI, CP Prusse 223, non fol.
29 François Moureau vient de retrouver un texte très intéressant: Un voyage en Prusse en 1800. Lettres familières de Denis-Simon Caroillon de Vandeul. Il était secrétaire d'ambassade à Berlin lors du séjour de Beurnonville. Il faut souhaiter une publication rapide de ce document.

Franklin Kopitzsch / Ursula Stephan-Kopitzsch

FRANZOSEN IN DEN HANSESTÄDTEN UND IN ALTONA ZWISCHEN 1685 UND 1789

Die folgenden Bemerkungen gelten den Franzosen in den Hansestädten Hamburg, Bremen und Lübeck im Jahrhundert zwischen der Aufhebung des Edikts von Nantes und der Französischen Revolution. Angesichts des Forschungsstandes kann nur eine erste Skizze geboten werden. Wegen der engen wirtschaftlichen, kulturellen, religiösen und kirchlichen Verbindungen wird auch Hamburgs Nachbarstadt Altona, im 18. Jahrhundert nach Kopenhagen die zweitgrößte Stadt im dänischen Gesamtstaat, einbezogen. Zu beachten ist, daß Dänemark Hamburg erst 1768 als Freie Reichsstadt anerkannte. Unter den verbliebenen 51 Reichsstädten des Alten Reiches war Hamburg die größte und die jüngste[1].

Am Beginn der französisch-hansestädtischen Beziehungen stand die Annäherung durch Handel. Seit dem 17. Jahrhundert nahmen die wirtschaftlichen Verbindungen stetig zu. Im 18. Jahrhundert war Frankreich der wichtigste Handelspartner Hamburgs. Holz, Metalle, Getreide und Leinen waren Ausfuhrgüter des deutschen Nordens, aus Frankreich kamen Zucker, Wein, Branntwein, Kaffee, Seide und Indigo. Hamburgs bedeutendstes Gewerbe, die Zuckerraffinerien, basierte auf der französischen Einfuhr[2]. Zum beiderseitigen Vorteil schlossen die Hansestädte Handelsverträge mit Frankreich, den ersten 1655 auf fünfzehn Jahre. Erst 1716 konnte ein neuer Kontrakt vereinbart werden. Spannungen zwischen Frankreich und Hamburg bewirkten 1760 die Aufkündigung, doch schon 1769 kam ein neuer Abschluß zustande[3]. Die ökonomischen Beziehungen führten dazu, daß sich Kaufleute aus beiden Bereichen in den Gebieten des Partners dauerhaft oder vorübergehend niederließen. Familien aus Frankreich oder der Westschweiz zogen nach Hamburg und stiegen in die führenden Schichten auf: die Boué aus Bergerac und Bordeaux, die Godeffroy aus La Rochelle über Berlin, die His aus Rouen, die de Chapeaurouge aus

---

1 Vgl. allgemein Werner JOCHMANN und Hans-Dieter LOOSE (Hg.), Hamburg. Geschichte der Stadt und ihrer Bewohner. Bd. 1. Von den Anfängen bis zur Reichsgründung. Hg. von Hans-Dieter LOOSE, Hamburg 1982; Herbert SCHWARZWÄLDER, Geschichte der Freien Hansestadt Bremen. Bd. 1. Von den Anfängen bis zur Franzosenzeit (1810), Bremen 1975; Antjekathrin GRASSMANN (Hg.), Lübeckische Geschichte, 2. Aufl. Lübeck 1989. Außerdem Franklin KOPITZSCH, Grundzüge einer Sozialgeschichte der Aufklärung in Hamburg und Altona, 2. Aufl. Hamburg 1990 (Beiträge zur Geschichte Hamburgs, 21); Joachim WHALEY, Religious Toleration and Social Change in Hamburg 1529–1819, Cambridge 1985 (Cambridge Studies in Early Modern History).
2 Fred-Konrad HUHN, Die Handelsbeziehungen zwischen Frankreich und Hamburg im 18. Jahrhundert unter besonderer Berücksichtigung der Handelsverträge von 1716 und 1769. 2 Bde. Phil. Diss. Hamburg 1952 (Masch.); Karl H. SCHWEBEL, Bremens Handelsbeziehungen zum Königreich Frankreich, in: Jahrbuch der Wittheit zu Bremen 2 (1958), S. 205–224; Franklin KOPITZSCH, Das 18. Jahrhundert: Vielseitigkeit und Leben, in: GRASSMANN (wie Anm. 1) S. 491–527, Anm. S. 841–848, hier: S. 494–497.
3 HUHN (wie Anm. 2) 1. Bd., S. 96–100, 109–113, 142–145; SCHWEBEL (wie Anm. 2) S. 214f.

Genf. Pierre His machte seine Firma zum führenden Handelshaus an der Elbe, die Boué gehörten zu den Kaufleuten, die der preußische König Friedrich II., der Große, als »Blutsauger« attackierte[4]. Der Wirtschaft Hamburgs gab diese Zuwanderung – vergleichbar dem Zuzug der Niederländer im 16. und frühen 17. Jahrhundert – wichtige Impulse für Handel und Schiffahrt. Mit ihren Erfahrungen, Kenntnissen und Kontakten trugen die neuen Kräfte wesentlich zum Aufstieg der Stadt bei. Bremen und Lübeck pflegten und pflegen besonders den Handel mit französischen Weinen[5]. Zwischen den Hansestädten und Altona einerseits, den französischen Häfen an der Atlantik- und Mittelmeerküste andererseits entwickelten sich rege Beziehungen. Wie Hamburger Kaufleute in Frankreich, so erhielten Franzosen in Hamburg ihre Ausbildung oder einen Teil derselben. Unter den 282 Besuchern der in ganz Europa bekannten und geschätzten *Handlungs-Academie* des Aufklärers Johann Georg Büsch waren zwischen 1768 und 1787 auch elf Franzosen, darunter einer aus Santo Domingo[6].

Hamburg war nicht nur ein bedeutendes Wirtschaftszentrum, Deutschlands wichtigster Hafen- und Handelsplatz, sondern auch ein diplomatischer Mittelpunkt des Niedersächsischen Reichskreises wie des europäischen Nordens. Nachrichten aus aller Welt trafen hier ein, Informationen aus einem weiten Hinterland kamen hier an. Das Stromgebiet der Elbe war offenkundig das bedeutendste aller großen europäischen Stromgebiete, wie Werner Sombart annahm[7]. Davon profitierte Hamburg in jeder Hinsicht, politisch wie ökonomisch und kulturell. Als Kurbrandenburg durch Kanalbauten eine Verbindung zwischen Elbe und Oder über Havel und Spree hergestellt hatte, wurden auch Gebiete im Südosten des Reiches zum Hamburger Einfluß- und Wirkungsfeld. Die aufblühende Metropole an Elbe und Alster zog als politisch wie wirtschaftlich interessanter Platz zunehmend Diplomaten an. Für Frankreich war die Stadt im Dreißigjährigen Krieg außerdem wichtig für die Verbindungen nach Schweden. Damals nahm der Marquis de St. Chamont als

4 Zu diesen Handelshäusern ausführlich: Richard HERTZ, Das Handelshaus J. C. Godeffroy und Sohn 1766–1879, Hamburg 1922 (Veröffentlichungen des Vereins für Hamburgische Geschichte, 4); Eduard HIS, Chronik der Familie Ochs genannt His, Basel 1943; Percy Ernst SCHRAMM, Zwei »Millionäre« aus Réfugié-Familien. Zur Geschichte norddeutscher Spitzenvermögen in der 1. Hälfte des 18. Jahrhunderts, in: Karl-Heinz MANEGOLD (Hg.), Wissenschaft, Wirtschaft und Technik. Studien zur Geschichte. Wilhelm Treue zum 60. Geburtstag, München 1969, S. 299–310, wiederabgedruckt in: Hans W. WAGNER (Hg.), Hugenotten in Hamburg – Stade – Altona. Tagungsschrift zum Deutschen Hugenottentag Hamburg 23.–26. April 1976, Obersickte (1976), S. 29–40; Godeffroy, in: Ebd., S. 41–48; KOPITZSCH, Grundzüge (wie Anm. 1) S. 180 f. mit Anm. 718.

5 Hartmut MÜLLER, »On y boit des vins du Rhin, le commun peuple boit du vin de Bordeaux«. Bremen und Bordeaux im Zeitalter des Ancien Régime, in: Bremisches Jahrbuch 69 (1990), S. 45–73; Elisabeth SPIES-HANKAMMER (Hg.), Lübecker Weinhandel. Kultur- und wirtschaftsgeschichtliche Studien, Lübeck 1985 (Veröffentlichungen des Senats der Hansestadt Lübeck, Amt für Kultur, B, 6). Jetzt auch Paul BUTEL et Peter VOSS, Le negoce des vins de Bordeaux et l'Allemagne de la fin du XVIIᵉ siècle au milieu du XIXᵉ siècle, in: Erik AERTS, Louis M. CULLEN, Richard G. WILSON (Hg.), Production, Marketing and Consumption of Alcoholic Beverages since the Late Middle Ages, Leuven 1990 (Studies in Social and Economic History, 18), S. 79–91.

6 J(ohannes) CLASSEN, Die ehemalige Handelsakademie des Professors J. G. Büsch und die Zukunft des akademischen Gymnasiums in Hamburg, Hamburg 1865, S. 78.

7 Werner SOMBART, Der moderne Kapitalismus. Historisch-systematische Darstellung des gesamteuropäischen Wirtschaftslebens von seinen Anfängen bis zur Gegenwart. 3 Bde. in 6 Halbbänden. Nachdruck der Ausgabe München und Leipzig 1916–1927, München 1987 (dtv reprint), 2. Bd., S. 358.

Ambassadeur extraordinaire die Interessen seines Landes wahr. Mit ihm beginnt die lange Reihe der französischen Diplomaten in Hamburg[8]. Von 1714 bis 1749 vertrat Jean Baptiste Poussin Frankreich in Norddeutschland. Als er 1755 starb, widmete ihm der Professor am Akademischen Gymnasium und hochgeschätzte Gelegenheitsdichter Michael Richey, einer der führenden Hamburger Aufklärer, einen poetischen Nachruf:

> *Auf das Grab Sr. Excell(enz). des Königl. Französischen Ministers in Hamburg, Herrn Poussin. 1755.*
> *Hier liegt Poussin, ein Mann von mehr als hundert Jahren,*
> *Dem weder Arzt, noch Stab, noch Brille nöthig waren:*
> *An Kräften ungeschwächt, an Sinnen unbetäubt;*
> *Ja, was noch grösser ist, zeitlebens unbeweibt[9].*

Die Vermutung liegt nahe, daß Poussin, der das stolze Alter von 106 Jahren erreichte[10], mit Hamburger Aufklärern bekannt war. Börse und Kaffeehäuser waren Treffpunkte von Politikern und Diplomaten, Kaufleuten und Journalisten, Agenturen und Werkstätten der Aufklärung. Poussins Nachfolger Gérard Lévesque Claude de Champeaux Sieur de Verneuil tat sich in Hamburg schwer. In einem Bericht äußerte er sich 1752 kritisch über Stadt und Leute, die Ratsherren, die Senatoren, nannte er gar »wahrhaft aufgeblähte, leere Ballons«[11]. 1759 ließ er seinen insolventen Sohn ohne Kreditiv als Stellvertreter in Hamburg zurück. Um seiner finanziellen Verlegenheit abzuhelfen, beschloß dieser, einen Geldtransport auf der Elbe zu überfallen. Der Anschlag wurde jedoch verraten, der Torfewer, ein kleineres Schiff, mit dem Torf aus dem Umland in die Stadt gebracht wurde, vor dem Auslaufen beschlagnahmt. Frankreich billigte zwar das Vorgehen des jungen Champeaux keineswegs, betrachtete aber den Ewer als französisches Schiff. Daraus entstanden Verwicklungen, die zur Kündigung des Handelsvertrages führten[12]. Später intensivierten sich die Verbindungen französischer Diplomaten zur Aufklärung offenbar wieder. In der Mitgliederliste der »Hamburgischen Gesellschaft zur Beförderung der Künste und nützlichen Gewerbe«, der »Patriotischen Gesellschaft von 1765«, dem Motor aller Reformbestrebungen in der Stadt, findet sich 1781 auch *Hr. Coquebert de Montbret, Königl. französischer Consul*[13]. Hamburgs gemeinnützige Sozietät stand übrigens in Verbindung mit Gesellschaften in Nancy, Paris, Rouen und

---

8 (Johann Martin LAPPENBERG), Listen der in Hamburg residirenden, wie der dasselbe vertretenden Diplomaten und Consuln, in: Zeitschrift des Vereins für Hamburgische Geschichte 3 (1851), S. 414–534, hier: S. 432.

9 Michael RICHEY, Deutsche Gedichte. Erster Theil. Mit einer Vorrede von Gottfried Schütze, Hamburg 1764, S. 225. Zu Poussin LAPPENBERG (wie Anm. 8) S. 433; Repertorium der diplomatischen Vertreter aller Länder seit dem Westfälischen Frieden (1648). 2. Bd. (1716–1763), hg. von Friedrich HAUSMANN, Zürich 1950, S. 102, 106, 111, 113.

10 LAPPENBERG (wie Anm. 8) S. 432.

11 HUHN (wie Anm. 2) S. 45.

12 J(ohann) G(ustav) GALLOIS, Geschichte der Stadt Hamburg. Nach den besten Quellen bearb. 2. Bd. Hamburg o. J. (um 1855), S. 579.

13 Namen-Liste der sämtlichen Vorsteher und Mitglieder der Gesellschaft, von 1765 bis 1789, in: Verhandlungen und Schriften der Hamburgischen Gesellschaft zur Beförderung der Künste und nützlichen Gewerbe. 1. Bd. Hamburg 1792, S. 19–27, hier: S. 25.

Straßburg[14]. Die systematische Auswertung der Berichte französischer Diplomaten über die Hansestädte gehört zu den vordringlichen Forschungsaufgaben[15].

Seit dem 16. Jahrhundert waren die Hansestädte und Altona zu Zufluchtsorten für religiös Verfolgte geworden. Altonas Aufstieg zunächst noch unter schauenburgischer, dann dänischer Herrschaft war den großzügigen Freiheiten zu danken, die den Flüchtlingen dort gewährt wurden. Der Ort entwickelte sich zu einer Freistatt des Glaubens und der Gewerbe. In Hamburg und Lübeck als gut lutherischen Städten mit einer stark von der Orthodoxie geprägten Geistlichkeit gab es dagegen Probleme. Zwar traten Rat und Teile der Kaufmannschaft für Toleranz ein, mußten aber Rücksicht auf die Pastoren und ihren Anhang im mittleren und kleinen Bürgertum nehmen. Bremen wandte sich im ausgehenden 16. Jahrhundert der reformierten Konfession zu und bot Zuwanderern dieser Glaubensrichtung größere Rechte als die anderen Hansestädte. In Stade bestand seit 1588 vorübergehend eine wallonische Gemeinde[16]. Altona hatte seit 1602 eine reformierte Gemeinde, deren Mitglieder Religions- und Gewerbefreiheit besaßen. 1682 berief die Altonaer Gemeinde für ihre französischen Angehörigen den Prediger Pierre Emerence de la Conseilleire, der aus Alençon in der Normandie vertrieben worden war[17]. Vier Jahre später bildete sich mit dem Einverständnis des dänischen Königs eine eigene französisch-reformierte Gemeinde zu Altona. Nach der Aufhebung des Edikts von Nantes kamen zahlreiche Hugenotten nach Norddeutschland. Wilhelm Beuleke gibt für Hamburg 922, für Bremen 474 und für Lübeck 83 Zuwanderer an, insgesamt 1479 Personen[18].

Der Zuzug nach Hamburg fiel in eine Zeit heftiger Bürgerkämpfe, in denen über die Macht- und Gewaltenteilung sowie über das Ausmaß politischer Partizipation gestritten wurde. Mit diesen Kämpfen verbanden sich religiöse Auseinandersetzungen. Vertreter der äußerst streitbaren lutherischen Orthodoxie hatten großen Anteil an den Konflikten. Ihr Unmut richtete sich auch gegen die religiösen Minderheiten in der Stadt. So konnten die Hugenotten keine Gemeinde bilden und mußten sich an die zu Altona halten. Ihr Wunsch, in der Vorstadt St. Georg Land zu erhalten und zu

---

14 Hanns THODEN, Die Patriotische Gesellschaft in Hamburg und die Anfänge des Sparkassenwesens, in: Sparkasse, H. 2/1939, S. 28–33.

15 Zur Quellenlage jetzt auch Pascal EVEN, Le Centre des Archives diplomatiques de Nantes, in: Francia 15 (1987), S. 773–775.

16 Peter BOUÉ, Abriß der Geschichte der französisch-reformierten Gemeinde in Hamburg bis zum Jahre 1976, in: WAGNER (wie Anm. 4) S. 14–21, hier: S. 14; Jürgen BOHMBACH, Die wallonische Gemeinde in Stade, in: Ebd., S. 57–63.

17 Johann Adrian BOLTEN, Historische Kirchen-Nachrichten von der Stadt Altona und deren verschiedenen Religions-Partheyen, von der Herrschaft Pinneberg und von der Grafschaft Ranzau, 2 Bde. Altona 1790–1791, hier: 1. Bd., S. 256 ff. Zum folgenden Otto WEDEKIND, Die Réfugié's. Blätter zur Erinnerung an den zweihundertjährigen Jahrestag der Aufhebung des Edicts von Nantes, Hamburg o. J. (1885) und Th(éodore) BARRELET unt. Mitwirk. von O. VIGOUROUX, Zur Geschichte der französisch-reformierten Gemeinde in Hamburg. Zur Erinnerung an die Einweihung der neuerbauten französisch-reformierten Kapelle, am 25. September 1904, Magdeburg 1904 (Geschichtsblätter des Deutschen Hugenotten-Vereins, 12. Zehnt, H. 7/8).

18 Wilhelm BEULEKE, Die landsmannschaftliche Gliederung der drei hansestädtischen Réfugiésgemeinden, in: WAGNER (wie Anm. 4) S. 22–28, hier: S. 22. Zur Herkunft s. auch DERS., Die Provenzalen im Hamburger Refuge, in: Ebd., S. 49–56, für Bremen DERS., Herkunft und Berufe der Hugenotten in Bremen, in: Bremisches Jahrbuch 38 (1939), S. 22–59, für Lübeck Paul GRUNDMANN, Französische Flüchtlinge in Lübeck: Réfugiés und Emigrés (Hugenotten und Emigranten). Phil. Diss. Leipzig 1919. Schönberg/Mecklenburg 1920, S. 86–101.

nutzen, wenn ihnen dort ein Bethaus erlaubt würde, blieb unerfüllt, »Gewerbfleiß und fleißige Thätigkeit, besonders im Tapezieren«[19] fand keinen Platz zur Entfaltung. Vergeblich hatte Friedrich Wilhelm, der Große Kurfürst von Brandenburg, auf »viele vernünftige und moderate« Ratsherren und maßvolle Pastoren gehofft[20]. Wiederholt untersagte der Rat die Gottesdienste, die in Privathäusern abgehalten wurden[21]. Schließlich duldete der Rat, in dem es durchaus Toleranzbereitschaft gab, die privaten Zusammenkünfte, nicht zuletzt auch deshalb, weil sich Fürsten, die dem reformierten Bekenntnis anhingen, für ihre Glaubensbrüder einsetzten[22]. 1716 trennten sich die Deutsch-Reformierten in Hamburg von der Altonaer Gemeinde und hielten im Hause des niederländischen Gesandten ihre Gottesdienste ab[23]. Diesem Beispiel folgten 1744 auch die Französisch-Reformierten. Ihren Schutz übernahm der Vertreter Preußens. Die Separation führte zu diplomatischen Verwicklungen zwischen Dänemark, Hamburg und Preußen. Offiziell erklärte Friedrich II. die Schutzherrschaft nicht, am 14. Februar 1747 betonte er: *Certaines considérations politiques me retiennent de me déclarer publiquement protecteur de la chapelle*[24]. Von 1750 bis 1761 waren die Hamburger und Altonaer Französisch-Reformierten noch einmal in der Altonaer Gemeinde vereinigt. Streitigkeiten zwischen den Hamburgern und Altonaern führten zur diesmal auch von Dänemark gebilligten Trennung[25].

Von 1752 bis 1792 wahrte Johann Julius von Hecht die Interessen Preußens in Hamburg. Er war ein eifriger, zuweilen übereifriger Diener seines Herrn. 1767 sorgte er dafür, daß bei der Uraufführung von Gotthold Ephraim Lessings »Minna von Barnhelm« Passagen entfallen mußten, die ihm allzu kritisch gegenüber seinem König und Staat erschienen[26]. In der Gesandtschaftskapelle erreichte er, daß sein Platz vor dem des niederländischen Kollegen hervorgehoben wurde. Während des Siebenjährigen Krieges erwirkte er die Fürbitte zugunsten Preußens und das Te Deum für dessen Siege. Der Senat hatte zwar Bedenken, ließ die Sache aber auf sich beruhen[27]. Nach mehreren vergeblichen Versuchen, in denen er vor der Orthodoxie zurückweichen mußte, setzte der Senat im Einvernehmen mit den bürgerlichen Kollegien 1785 durch, daß Katholiken und Reformierte die private Religionsausübung und das Recht zur Gemeindebildung erhielten. Ihre Gotteshäuser durften weder Türme noch Glockengeläut haben. Herrn von Hecht war dieser Schritt zu größerer Toleranz gar nicht recht, bedeutete er doch das Ende der preußischen Schutzherrschaft. Zwar wies ihn sein König an, sich nicht zu widersetzen, allenfalls

19 Caspar Heinrich Gottfried Sievers, Beiträge zur Geschichte Hamburgs. Erstes Heft. Die Geschichte des Stadttheils St. Georg, Hamburg 1875, S. 13.
20 Wedekind (wie Anm. 17) S. 14.
21 Ebd., S. 15; Barrelet (wie Anm. 17) S. 15 f.
22 Ebd., S. 16.
23 Wedekind (wie Anm. 17), S. 18; Boué (wie Anm. 16) S. 15.
24 Wedekind (wie Anm. 17) S. 21–27, Zitat S. 27.
25 Ebd., S. 28 f., 33 f.; Barrelet (wie Anm. 17), S. 18 f.
26 Lotte Labus, »Minna von Barnhelm« auf der deutschen Bühne. Phil. Diss. Berlin 1936, S. 12–15; Franklin Kopitzsch, Lessing und Hamburg. Aspekte und Aufgaben der Forschung, in: Wolfenbütteler Studien zur Aufklärung 2 (1975), S. 47–120, 3 (1976), S. 273–325, hier: 2 (1975), S. 67; Joachim Dyck, Minna von Barnhelm oder: Die Kosten des Glücks. Komödie von Gotthold Ephraim Lessing. Mit einem Dossier: Über Wirte als Spitzel, preußische Disziplin, Lessing im Kriege, frisches Geld und das begeisterte Publikum, Berlin 1981 (Wagenbachs Taschenbücherei, 72), S. 215 ff.
27 Wedekind (wie Anm. 17) S. 30 ff.

weiterhin Gebete für sein und seiner Familie Wohlergehen zu ermöglichen. Doch dies lehnte der Senat ebenso ab wie das Belassen des preußischen Wappens an der Kanzel. Herr von Hecht nahm denn auch nicht am feierlichen Gottesdienst vom 19. März 1786 teil, mit dem die Ausdehnung des Toleranzreglements auch auf die Gemeinde der Französisch-Reformierten begangen wurde[28].

Daß zwischen Altona und Hamburg noch immer Unterschiede bestanden, zeigte sich 1785. Während in Altona in einem Festgottesdienst in Anwesenheit von Vertretern des Staates und der Stadt, im Beisein lutherischer Geistlicher und zahlreicher Einwohner der 100. Wiederkehr der Aufhebung des Edikts von Nantes und der Gastfreundschaft im dänischen Gesamtstaat gedacht wurde[29], unterblieb eine solche Feier in Hamburg, »um die Gefühle der dort zahlreich wohnenden Franzosen nicht zu verletzen«[30]. Dies ist zugleich ein wichtiger Hinweis auf die Größe der französischen Kolonie in Hamburg. 1777 lebten rund 200 Französich-Reformierte in der Stadt[31], in Altona wurden 1761 51 Familien und 122 Kommunikanten gezählt[32]. In Altona bestand zeitweise eine eigene Schule, die auch von lutherischen Kindern besucht wurde[33]. Die Altonaer Gemeinde vereinigte sich 1831 mit den Deutsch-Reformierten[34]. Die Hamburger Gemeinde, in der 1816 monatliche Gottesdienste in deutscher Sprache eingeführt wurden, weil Kenntnis und Gebrauch des Französischen zurückgegangen waren[35], bestand dagegen weiter. »Das Jahr 1870 und der Krieg mit Frankreich brachte auch der franz.-ref. Gemeinde in Hamburg schweren Schaden. Die Mehrzahl der Glieder der Gemeinde fühlte sich der franz. Sprache wie dem reformierten Glauben und der französischen Kultur eng verbunden, andererseits empfand man soviel deutsches Nationalgefühl, daß man es vielfach vorzog, zur deutsch-reformierten oder der lutherischen Gemeinde überzutreten«[36]. Durch die Zuwanderung von Schweizern vermochte sich die Gemeinde zu behaupten[37]. 1976 entstand aus dem Zusammenschluß der Deutschen Evangelisch-Reformierten Gemeinde in Hamburg, der Evangelisch-reformierten Gemeinde in Hamburg-Altona und der Französisch-Reformierten Gemeinde in Hamburg die Evangelisch-reformierte Kirche in Hamburg[38].

Auch in Lübeck stießen die Hugenotten auf Widerstände bei Geistlichen, Krämern und Handwerkern. Als der Rat 1670 zur Förderung von Handel und Gewerbe Fremde in die Stadt einlud, setzte die Orthodoxie durch, daß die Reformierten nicht eigens angesprochen wurden[39]. 1684 nahm der Rat den Hugenotten Jean de Melle als

28 Barrelet (wie Anm. 17) S. 21 ff.
29 Wedekind (wie Anm. 17) S. 43.
30 Barrelet (wie Anm. 17) S. 19.
31 Wedekind (wie Anm. 17) S. 39.
32 Ebd., S. 41.
33 Ebd., S. 42.
34 Barrelet (wie Anm. 17) S. 20.
35 Ebd. Vgl. Wedekind (wie Anm. 17) S. 62 f.
36 Boué (wie Anm. 16) S. 17 f. Vgl. auch Wedekind (wie Anm. 17) S. 64 f.
37 Boué (wie Anm. 16) S. 18; Wedekind (wie Anm. 17) S. 68.
38 Friedrich Centurier, Vorwort, in: Wagner (wie Anm. 4) S. 11; Boué (wie Anm. 16) S. 21.
39 Grundmann (wie Anm. 18) S. 15 ff. Jetzt auch Thomas Klingebiel, Deutschland als Aufnahmeland: Vom Glaubenskampf zur absolutistischen Kirchenreform, in: Rudolf von Thadden und Michelle Magdelaine (Hg.), Die Hugenotten 1685–1985, München 1985, S. 85–99, Anm. S. 228–230, hier: S. 95 f. Zum Kontext nun Cornelia Meyer-Stoll, Die lübeckische Kaufmannschaft des 17. Jahrhun-

Stadtkommandanten an[40]. Als weitere seiner Glaubensbrüder kamen, stellte ihnen Bürgermeister Heinrich Kerkring[41] sein Gartenhaus für Gottesdienste zur Verfügung[42]. Ein eigenes Gotteshaus konnten sie schließlich nur außerhalb der Stadt, vor dem Holstentor, erbauen. Der erste französische Gottesdienst der 40 bis 50 Personen zählenden Gemeinschaft fand 1693 statt[43]. Noch ein halbes Jahrhundert später waren Vorurteile und Aversionen spürbar. Der aus Mülhausen stammende Prediger Jeremias Risler, der von 1744 bis 1747 in Lübeck amtierte, berichtete darüber: *Ich mußte mich als reformierter Prediger sehr stille halten, denn in dieser ganz lutherischen Reichsstadt herrschte der Geist der Intoleranz noch immer unter dem gemeinen Volk – von den Sauigeln war bewiesen worden, daß die Reformierten den Teufel anbeten*[44]. 1781 schlossen sich die Lübecker Französisch-Reformierten der deutschen Gemeinde an[45]. Lübecks Wirtschaft erhielt durch die Zuwanderer Impulse in verschiedenen Gewerben, insbesondere der Leder- und Textilbranche. Auch Gastwirte und Kaffeschenker ließen sich an Trave und Wakenitz nieder[46].

In Bremen bestand bereits zwischen 1620 und 1630 eine französisch-reformierte Gemeinde aus zugewanderten Wallonen. Sie hielt sich bis 1667. Vierzehn Jahre später wurde sie neu begründet. 1685 wurden Réfugiés aus Genf nach Bremen eingeladen. In Bremen waren die Zuzügler anders als in Hamburg und Lübeck nicht in einer Minderheitsposition. Sie konnten eine eigene Gemeinde bilden und erhielten gute Aufnahme. Allerdings waren die Zünfte auch hier an einer zu starken Zuwanderung nicht interessiert. Das Recht des Ausschlusses vom Abendmahl und zum Bann gestand der Rat der neuen wie den eigenen Gemeinden nicht zu, ansonsten hatte sie freie Religionsausübung und mit der ehemaligen St. Johannis-Klosterkirche auch ein eigenes Gotteshaus[47]. Bei allen Freiheiten spürten auch die französischen Reformierten, daß Bremen auf dem Weg zur »Magistratskirche«[48] weit vorangeschritten war. Waren anfangs 300 bis 500 Mitglieder zu verzeichnen, so gab es 1748 nur noch 129 Glieder der französischen Gemeinde. Der Rat bewilligte ihr keinen Geistlichen mehr

derts unter wirtschafts- und sozialgeschichtlichen Aspekten, Frankfurt am Main u. a. 1989 (Europäische Hochschulschriften, 3, 399), S. 126–132.

40 GRUNDMANN (wie Anm. 18) S. 17, 101.

41 E(mil) F(erdinand) FEHLING, Lübeckische Ratslinie von den Anfängen der Stadt bis auf die Gegenwart. Nachdruck der Ausgabe Lübeck 1925, Lübeck 1978 (Veröffentlichungen zur Geschichte der Freien und Hansestadt Lübeck, Bd. 7, H. 1), S. 126, Nr. 780.

42 GRUNDMANN (wie Anm. 18) S. 22, 28 (dort: Kirchring).

43 Ebd., S. 28f.

44 Aus dem Kreise der Lübecker Reformierten im 18. Jahrhundert. II. Walther RISLER, Jeremias Risler als reformierter Prediger in Lübeck, in: Zeitschrift des Vereins für Lübeckische Geschichte und Altertumskunde 38 (1958), S. 27–30, hier: S. 28. Risler zog von Lübeck nach St. Petersburg und wurde später Bischof der Brüderunität in Herrnhut.

45 GRUNDMANN (wie Anm. 18) S. 42; Aus dem Kreise der Lübecker Reformierten im 18. Jahrhundert. I. A(hasver) von BRANDT, Zur Einführung, in: Zeitschrift des Vereins für Lübeckische Geschichte und Altertumskunde 38 (1958) S. 25ff.

46 GRUNDMANN (wie Anm. 18), S. 57–69.

47 J(ohann) Fr(iedrich) IKEN, Die wallonisch-französische Fremdengemeinde in Bremen, Magdeburg 1892 (Geschichtsblätter des Deutschen Hugenotten-Vereins, 1. Zehnt, H. 8), S. 6–16; Otto VEECK, Geschichte der Reformierten Kirche Bremens, Bremen 1909, S. 232f., 238–241.

48 Ortwin RUDLOFF, Bremen, in: Theologische Realenzyklopädie, 7. Bd., Berlin, New York 1981, S. 153–168, hier: S. 159.

und empfahl den Anschluß an die deutschen Kirchen[49]. 1769 beauftragte der Rat den Gymnasiallehrer Philipp Ludwig Buch, französische Kanzelvorträge zu halten, deren Besuch »längere Zeit bei der eleganten Welt als Modesache galt«[50]. Wie in Lübeck profitierte auch in Bremen die Wirtschaft von den Zuwanderern und der neuen Gemeinde. »Treffliche Männer waren mit ihr gekommen, Handwerker, Fabrikanten und Kaufleute durften fördernd und hebend einwirken, der Soldatenstand erhielt tüchtige Glieder, und eine architektonische Kraft wie jener Broëbes war von hohem Werthe«[51]. Jean Baptiste Broëbes erbaute die Börse und das neue Brükkentor[52].

Herkunft und Lebenswege der Prediger geben interessante Aufschlüsse über Wanderungen, soziale Mobilität, Kommunikationsbeziehungen und Mentalitäten. Für Altona und Hamburg hat der Altonaer lutherische Pastor Johann Adrian Bolten wertvolle Hinweise zusammengetragen[53]. Der zweite reformierte Prediger in Altona, Isaac Papin aus Blois, kam über Hamburg in die Stadt, zog dann weiter über Braunschweig nach England und kehrte von dort nach Frankreich zurück, wo er 1690 den katholischen Glauben annahm. Der fünfte Prediger, der in Altona wirkte, war Théodore de Blanc aus La Rochelle. Er ging von Altona nach England und Kopenhagen, kehrte aber zurück. Der zweite Prediger der selbständigen Hamburger Gemeinde war Jean Conrad Landolt aus dem Fürstbistum Basel. Er war zunächst Prediger bei einem Schweizer Regiment in französischen Diensten, geriet in der Schlacht von Roßbach 1757 in preußische Kriegsgefangenschaft und kam über Leipzig an die Elbe.

Als Risler die Unduldsamkeit der Lübecker beklagte, hatte in Hamburg die Integration der französischen Reformierten begonnen. Neben der Zusammenarbeit mit Hamburger Kaufleuten gewannen die Organisationen der Aufklärung zunehmende Bedeutung. In der Matrikel der ältesten deutschen Loge »Absalom«, die 1737 gegründet worden war, findet sich schon im ersten Jahr der Leutnant Charles Sarry, 1742 der reformierte Makler Pierre Texier, 1743 der Kaufmann Guillaumot Boué, 1755 der Berufskollege Jean Pierre Vidal, 1757 ein weiterer Kaufmann Guillaume Coutrier, 1764 der katholische Major Carl Joseph Chevalier de Qureille aus Altona und 1765 der gleichfalls katholische Direktor der russischen Kolonisten in Hamburg, Antoine Meusnier de Precour[54]. In der »Patriotischen Gesellschaft von 1765« wirkten seit dem Gründungsjahr François Pierre His und sein Kompagnon, der aus Basel stammende Albrecht Ochs sowie Jean Pierre Boué und Alexandre Boué mit, allesamt einflußreiche Kaufleute. 1772 trat Albrecht Ochs' Sohn Peter, der spätere Baseler Politiker und Geschichtsschreiber, der Sozietät bei[55]. François Pierre His

---

49 VEECK (wie Anm. 47) S. 240 f. BEULEKE, Herkunft (wie Anm. 18), nennt für 1748 191 Gemeindemitglieder.
50 IKEN (wie Anm. 47) S. 23.
51 Ebd.
52 BEULEKE, Herkunft (wie Anm. 18) S. 28, Nr. 25.
53 BOLTEN (wie Anm. 17), 1. Bd., S. 256–268.
54 Friedrich KNEISNER (Hg.), Geschichte der Loge Absalom zu den drei Nesseln zu Hamburg in den Jahren 1901–1926. Mit einer Einführung in die Entstehungszeit nebst Stammatrikel 1737–1769, Hamburg 1927, S. 133–172 (Stammatrikel), hier: S. 136, Nr. 1; S. 142, Nr. 53; S. 145, Nr. 97; S. 157, Nr. 283; S. 160, Nr. 321; S. 169, Nr. 448; S. 171, Nr. 474.
55 Namen-Liste (wie Anm. 13) S. 21, 22, 24.

und Albrecht Ochs waren auch Teilhaber der »Hamburgischen Entreprise«, die 1767 den Versuch eines deutschen Nationaltheaters wagte[56]. Der Senatorensohn und Kaufmann Caspar Voght, ein Jugendfreund Peter Ochs', kehrte nach einer Bildungsreise, die ihn auch nach Frankreich geführt hatte, 1775 nach Hamburg zurück. Ihm ist der Hinweis auf weitere gesellschaftliche Verbindungen der Franzosisch-Reformierten zu danken: *Noch sah ich die Häuser der hochgebildeten Réfugiés, His und Ochs und Boué, deren Bildung und Gewandtheit in der französischen Sprache sie dem Corps diplomatique näher gebracht hatte.* Aus dem Kreis der Diplomaten erwähnte Voght Mathieu de Basquiat Baron de La Houze *und seine schöne Frau*[57]. Ein auch von Voght genannter weiterer Treffpunkt dieser Kreise war der Salon der geschiedenen Gräfin Charlotte Sophie von Bentinck, die Ende der sechziger Jahre nach Hamburg zog und bis zu ihrem Tod im Jahr 1800 am Jungfernstieg wohnte. Die mit Voltaire und Friedrich dem Großen bekannte Frau war die ranghöchste Adlige in Hamburgs Mauern[58].

Eine wertvolle Quelle für Altona und die dortigen Französisch-Reformierten sind die sozial- und kulturgeschichtlich bemerkenswerten Erinnerungen des Schulmannes Georg Friedrich Schumacher. Rückblickend auf die Zeit zwischen 1776 und 1790 schrieb er:

Diese Reformirten waren großentheils Familien, deren Vorfahren durch Intoleranz aus ihrem Vaterlande vertrieben waren, und sie bildeten nicht den schlechtesten Theil ihrer frühern Landsleute.
Ihren äußern Verhältnissen nach bestanden sie aus kleinen Kaufleuten, Fabrikanten, selbst Handwerkern, z. E. Gerbern, Handschuhmachern u.s.w.; aber ihre Bildung stand über der der lutherischen Standesgenossen. Schon die innere Lebensansicht, daß sie, um ihrer religiösen Ueberzeugungen willen ihr Vaterland verlassen, und fremde Heimath gesucht, gab ihnen eine gewisse würdige Haltung und Selbständigkeit, und, (das Wort hier im guten Sinn genommen) einen Stolz, der sich für jeden nähern Beobachter kenntlich aussprach. Die französische Abtheilung hatte ihre Sprache in Kirche und Schule behalten. Wer nun bedenkt, daß damals noch in ganz Deutschland die Unnatürlichkeit vorherrschend waltete, Frankreich ausschließlich zu bewundern, Frankreichs Sprache und Sitten allein für nachahmenswerth zu halten, wer sich noch erinnert, wie man oft den ganzen Werth der Erziehung und Bildung, wenigstens der weiblichen, darin suchte, etwas französisch zu sprechen, so daß eine Erzieherin schlechtweg eine Françoise genannt ward, der wird es begreifen, wie ein Kreis von Familien, in dem man die Sprache als Alltagssprache brauchte, welche die andern mit großem Aufwande sich vertraut zu machen suchten, stillschweigends schon dadurch allein für gebildet galt, und natürlich denn auch selbst nicht der letzte war, dies Ansehn als ihm zukommend, obgleich immer mit feiner Manier, geltend zu machen.
Die Sprache übte einen stillen Zauber, der ihnen allen zu Gute kam; sie galten als Französisch-Reformirte für feine Leute, für das, wozu uns eigentlich das bezeichnende Wort fehlt, aber was der Engländer hat: gentleman. Bekanntlich kommt es auch bei dem Engländer nicht auf Stand und Vermögen an, um jemand für einen gentleman zu erklä-

---

56 KOPITZSCH, Lessing (wie Anm. 26), 2 (1975), S. 59f.
57 Baron Kaspar von VOGHT, Lebensgeschichte, Hamburg 1917 (Hamburgische Hausbibliothek, Neue Reihe, Zur hamburgischen Kulturgeschichte), S. 44.
58 Friedrich-Wilhelm SCHAER, Charlotte Sophie Gräfin von Bentinck, Friedrich der Große und Voltaire. Mit einem Anhang: Handschreiben Friedrichs an die Gräfin Bentinck, in: Niedersächsisches Jahrbuch für Landesgeschichte 43 (1971), S. 81–121, hier: S. 88.

ren, sondern auf einen gewissen Grad der feinern Bildung, der sich jedem Kenner augenblicklich verräth[59].

Auch von Grenzen der Toleranz berichtete Schumacher. Als ein lutherischer Pastor eine seiner Töchter an den französisch-reformierten Prediger verheiratete, wurde ihm dies von vielen Altonaern *sehr verdacht*[60]. Der junge Schumacher allerdings war frei von solchen Vorurteilen und hörte Predigten des aus Celle stammenden, von Bergholz in der Uckermark nach Altona gekommenen George Gaspard Matthieu Gabain, des Schwiegersohns von Pastor Georg Christian Adler. Gabain *war ein ganzer Redner, vielleicht etwas zu theatralisch, aber hinreißend und interessant*[61]. Einen Ruf nach Berlin schlug er aus. 1792 wurde er im Nebenamt französischer Sprachlehrer am Christianeum, der Altonaer Gelehrtenschule[62]. Daß die alten Animositäten verschwunden waren, zeigte sich 1816, als seinem Sarge die Altonaer und Hamburger Geistlichkeit, Lutheraner und Reformierte, folgte[63]. Die zunehmende Toleranz, Begegnungen und Zusammenarbeit im Zeichen der Aufklärung hatten auch in Altona Folgen für die Eigenständigkeit der Französisch-Reformierten. Gabains Nachfolger mußte Predigten, Religionsunterricht und Konfirmation in deutscher Sprache halten[64].

Mehrfach entstanden in Hamburg und Altona meist kurzlebige französische Zeitungen, teilweise von Franzosen redigiert und verlegt. Eine erste Übersicht gab 1854 Friedrich Lorenz Hoffmann, in der Literaturgeschichte bekannt als Zensor unter anderem Heinrich Heines[65]. Von 1758 bis 1772 erschien die »Gazette d'Altona«[66]. Johann Georg Meusel erwähnte 1809 in seinem Schriftstellerlexikon, daß der aus Lausanne stammende Altonaer Prediger Noé Merle mehrere Jahrgänge einer französischen Zeitung, *die im siebenjährigen Krieg vielen Abgang fand*[67], geschrieben habe. Möglicherweise läßt sich dieser Hinweis auf die »Gazette« beziehen[68]. Merle, der mit einer Tochter des Hamburger Kaufmanns Pierre Boué verheiratet war[69], veröffentlichte laut Meusel Predigten zur Hundertjahrfeier der Einführung

---

59 Georg Friedrich SCHUMACHER (1771–1852), Genrebilder aus dem Leben eines siebenzigjährigen Schulmannes – ernsten und humoristischen Inhalts –. Nachdruck der Ausgabe Schleswig 1841. Erweitert um ein Nachwort und Register von Franklin Kopitzsch, Flensburg 1983 (Lebensbilder aus Schleswig-Holstein, 1), S. 16 f.

60 Ebd., S. 18.

61 Ebd., S. 119. Zu Gabain s. BOLTEN (wie Anm. 17), 1. Bd., S. 268 f.

62 Heinz SCHRÖDER, Verzeichnis der Lehrer des Christianeums 1738–1938, in: DERS. (Hg.), 200 Jahre Christianeum zu Altona – 1738–1938, Hamburg 1938, S. 270–279, hier: S. 275.

63 WEDEKIND (wie Anm. 17) S. 44.

64 Ebd.

65 F(riedrich) L(orenz) HOFFMANN, La presse périodique française à Hambourg depuis 1686 jusqu'en 1848, Bruxelles 1854 (Extrait du tome Ier, 2e série, du Bulletin du Bibliophile belge). Zu Hoffmann s. Edda ZIEGLER, Julius Campe. Der Verleger Heinrich Heines, Hamburg 1976 (Heine-Studien), S. 46 ff., 209.

66 Rudolf BÜLCK, Das schleswig-holsteinische Zeitungswesen von den Anfängen bis zum Jahre 1789, Kiel 1928 (Quellen und Forschungen zur Geschichte Schleswig-Holsteins, 16), S. 167–170.

67 Johann Georg MEUSEL, Lexikon der vom Jahr 1750 bis 1800 verstorbenen teutschen Schriftsteller, 9. Bd. Leipzig 1809, S. 88.

68 BÜLCK (wie Anm. 66) S. 170, Anm. 81.

69 Hildegard von MARCHTALER (Bearb.), Hamburgisches Geschlechterbuch. 10. Bd. Limburg an der Lahn 1962 (Deutsches Geschlechterbuch, 128), S. 1–35: Boué aus Bergerac in Frankreich, hier: S. 9. Zu Merle auch BOLTEN (wie Anm. 17) 1. Bd., S. 266.

des Absolutismus in Dänemark und zum Tode des Königs Friedrich V.[70]. Eine französische Ausgabe des »Hamburgischen unpartheyischen Correspondenten«, der verbreitetsten deutschen Zeitung, erschien von 1788 bis 1795 in Warschau[71].

Seit den vierziger Jahren gab es in Hamburg französische Buchhandlungen; die Firmen Étienne, Jean Guillaume Virchaux und Pierre François Fauche versorgten die Hamburger und ihre Gäste mit französischen Publikationen[72]. Auch deutsche Buchhandlungen boten französische Titel an. Zeitungsanzeigen und Rezensionen ließen sich für dieses Feld französisch-deutscher Beziehungen mit Gewinn auswerten. In der Zeit der Französischen Revolution bestanden in mehreren norddeutschen Städten französische Lesegesellschaften. Bereits 1771 existierte in Hamburg eine solche Sozietät, belegt durch einen Brief Eva Königs an ihren Freund und späteren Ehemann Gotthold Ephraim Lessing[73].

Neben Diplomaten und Kaufleuten kamen auch Soldaten aus Frankreich in die Hansestädte. 1759 wurde Isaac François Egmond de Chasot Stadtkommandant von Lübeck. Sein Landsitz Marly war eines der geistigen Zentren der Stadt[74]. Von den 283 namentlich bekannten Hamburger Offizieren des 17. und 18. Jahrhunderts hatten sechs in französischen Diensten gestanden[75]. Französische Lehrer gaben in Hamburg und Altona Sprachunterricht und eröffneten Pensionate[76]. Mehrfach gastierten seit 1767 französische Theatertruppen in Hamburg und boten dem Publikum teilweise mit großem Erfolg Schauspiele, Opern, Operetten und Singspiele. Besonderer Beliebtheit erfreute sich die Truppe Hamons[77].

Auch Handwerker und Künstler zog es in den deutschen Norden. Der Oldenburger Aufklärer Gerhard Anton von Halem, der 1790 und 1811 nach Paris reiste und darüber in bedeutenden Werken berichtete, besuchte Ende 1779 Hamburg. In der Postkutsche amüsierte ihn ein

Franzose, der mir gleich mit wichtiger Miene sagte, daß er nach Hamburg reise, weil talents nur in großen Städten geschätzt würden. Ich glaubte mit einem berühmten Künstler zu reisen, aber Monsieur Destat war Coëffeur, der mit Enthusiasmus von seinem meisterhaften

70 MEUSEL (wie Anm. 67) S. 88.
71 Martin WELKE (Hg.), Deutsche Zeitungen von den Anfängen bis zur Mitte des 19. Jahrhunderts. Eine Microfiche-Edition. Index. 2.3.00.03. Hollsteinischer unpartheyischer Correspondent 1721–30. Hamburgischer unpartheyischer Correspondent 1731–40. Hildesheim, New York 1977, S. I–XX, hier: S. XII.
72 J(ohann) M(artin) LAPPENBERG, Zur Geschichte der Buchdruckerkunst in Hamburg am 24. Juni 1840, Hamburg 1840, S. LIIIf., LV, LVI, LXXXI, LXXXII; Werner KAYSER (Hg.), Hamburger Bücher 1491–1850. Aus der Hamburgensien-Sammlung der Staats- und Universitätsbibliothek Hamburg, Hamburg 1973 (Mitteilungen aus der Staats- und Universitätsbibliothek Hamburg, 7), S. 130ff. (zu Virchaux, der 1781 Louis-Sébastien Merciers »Tableau de Paris« herausbrachte), 132ff. (zu Fauche); KOPITZSCH, Grundzüge (wie Anm. 1) S. 136 mit S. 137, Anm. 546, S. 417 (zu Fauche).
73 Meine liebste Madam. Gotthold Ephraim LESSINGs Briefwechsel mit Eva KÖNIG 1770–1776. Hg. von Günter und Ursula SCHULZ, München 1979, S. 64.
74 Kurd von SCHLÖZER, General Graf Chasot. Zur Geschichte Friedrichs des Großen und seiner Zeit, 2. Aufl. Berlin 1878, jetzt auch Alken BRUNS, Chasot, Isaac François Egmond Vicomte de, in: Biographisches Lexikon für Schleswig-Holstein und Lübeck, 6. Bd., Neumünster 1982, S. 52–53.
75 Joachim EHLERS, Die Wehrverfassung der Stadt Hamburg im 17. und 18. Jahrhundert, Boppard am Rhein 1966 (Wehrwissenschaftliche Forschungen, 1), S. 161f.
76 Ein Beispiel bei SCHUMACHER (wie Anm. 59) S. 48.
77 Johann Friedrich SCHÜTZE, Hamburgische Theater-Geschichte. Nachdruck der Ausgabe Hamburg 1794. Leipzig 1975, S. 345 (1767), 365f. (1769), 376 (1770), 428 (1774), 437 (1775), 446–449 (1776).

coup de peigne sprach, und versicherte, daß er mit 160 neuen Frisuren nach Hamburg eile. J'ai addresse à une coquette, et j'aspère y faire fortune. Eine halbe Stunde vor Hamburg fragte er mich: Monsieur! sommes-nous déjà en Allemagne? Er war über Holland gereiset, und glaubte immer noch in Holland zu seyn[78].

Es dürfte sich lohnen, die Zuwanderung französischer bildender Künstler und Handwerker genauer zu untersuchen. Auch über die französischen Kaufleute in den Hansestädten sollte noch mehr zu erfahren sein, wie überhaupt die beiderseitigen Wirtschaftsbeziehungen weiter erhellt werden könnten. Immerhin gingen gegen Ende des Ancien Régime 12 bis 15 Prozent der französischen Gesamtausfuhr in die Hansestädte[79]. Schließlich bieten sich neue Forschungen zumal über die innere Geschichte der französisch-reformierten Gemeinden wie über Integration und Akkulturation an. Damit würde zugleich der Weg der Hansestädte zur pluralisisti-schen Gesellschaft – »de l'uniformité à la tolérance«[80] – deutlicher erkennbar.

RÉSUMÉ FRANÇAIS

L'exposé traitera essentiellement des Français de Hambourg et aussi à l'occasion de Brême et Lübeck. On incluera, à cause de ses liens économiques, culturels et religieux étroits, la ville voisine de Hambourg, Altona, deuxième ville de l'Etat danois après Copenhague au XVIIIe siècle.

La France était au XVIIIe siècle le partenaire commercial le plus important de Hambourg. Pour Brême et Lübeck les relations économiques avec la France étaient également d'une grande importance. De ce fait, des négociants français vécurent souvent au moins un certain temps dans les villes hanséatiques. Quelques familles s'y fixèrent et se hissèrent dans les couches dirigeantes par exemple les Boué, Godeffroy, His, de Chapeaurouge (ces derniers originaires de Genève). De même que les négociants hambourgeois recevaient leur formation en France, les Français recevaient la leur à Hambourg ou un partie de celle-ci. Parmi les 282 inscrits à l'Académie de Commerce du Pr. Johann Georg Büsch pendant la période de 1768 à 1787, onze étaient français et parmi eux un était originaire de Saint-Domingue.

Hambourg était le centre diplomatique du Cercle d'Empire de Basse Saxe. Les diplomates français accrédités auprès du Cercle d'Empire étaient aussi compétents pour les villes hanséatiques. De 1714 à 1749 Jean Baptiste Poussin représenta la France en Allemagne du Nord. Lorsqu'il mourut en 1755, l'*Aufklärer* Michael Richey lui dédia une notice nécrologique en forme de poème. Le consul français Coquebert de Montbret adhéra en 1781 à la »Société Hambourgeoise de Promotion des Arts et des Métiers Utiles«, la »Société Patriotique« de 1765. Cette société était le centre de tentatives de réformes inspirées par les Lumières dans la ville et avait des liens avec Nancy, Paris, Rouen et Strasbourg.

A Hambourg, Altona et Lübeck (dans cette ville jusqu'en 1781) existèrent des paroisses françaises réformées. Des membres de la paroisse hambourgeoise étaient aussi représentés dans la première loge maçonnique allemande »Absalom« de même que dans la Société Patriotique. A Altona comme à Lübeck, des parties de la population firent preuve d'intolérance à l'égard des Français réformés. A Altona ceci changea à partir des années 80 du XVIIIe siècle. Le prédicateur reformé devint en 1792 professeur de langue française au Christianeum, le lycée de cette ville.

A plusieurs reprises des journaux français de courte durée virent le jour à Hambourg et Altona, rédigés et édités en partie par des Français. De 1758 à 1772 parut la »Gazette d'Altona« dont s'occupait le prédicateur français réformé de la ville. A Hambourg existaient depuis les années 1740 plusieurs librairies françaises.

78 Gerhard Anton von HALEM's ... Selbstbiographie nebst einer Sammlung von Briefen an ihn ... Bearb. von Ludwig Wilhelm Christian von HALEM und hg. von C(hristian) F(riedrich) STRACKERJAN. NACHDRUCK DER AUSGABE OLDENBURG 1840, BERN 1970, SELBSTBIOGRAPHIE S. 85 f.

79 Pierre JEANNIN, Die Hansestädte im europäischen Handel des 18. Jahrhunderts, in: Hansische Geschichtsblätter 89 (1971), S. 41–73, hier: S. 62.

80 Etienne FRANÇOIS, De l'uniformité à la tolerance: confession et société urbaine en Allemagne, 1650–1800, in: Annales 37 (1982), S. 783–800.

En 1759 Isaac François Egmond de Chasot devint commandant militaire de la ville de Lübeck. Sa résidence de campagne Marly était un des centres de la vie intellectuelle de la ville. Sur les 283 officiers hambourgeois nommément connus des XVIIᵉ et XVIIIᵉ siècles, 6 avaient été au service de la France.

Plusieurs fois depuis 1767 des troupes de théâtres françaises séjournèrent à Hambourg et offrirent aux Hambourgeois parfois avec grand succès des spectacles, des opéras, des opérettes et des *Singspiele*.

Des professeurs français donnaient des cours de langue à Hambourg et entretenaient des pensionnats.

Le salon de la comtesse Charlotte Sophie de Bentinck, amie de Voltaire, était le point de rencontre des diplomates français, des négociants originaires de France et des *Aufklärer* hambourgeois. Elle habitait de 1767/68 à 1800 sur le *Jungfernstieg* une des rues les plus élégantes de la ville. Eva König, la fiancée de Gotthold Ephraim Lessing, mentionne en 1771 une société de lecture française de Hambourg.

Alors que pour la période après 1789 les relations hambourgo-françaises sont relativement bien connues, il manque pour la période précédente des études systématiques dans de nombreux domaines. L'*Aufklärer* de Oldenbourg Gerhard Anton von Halem, qui en 1790 et 1811 fit le voyage de Paris et en rendit compte dans des œuvres importantes, visita Hambourg fin 1779. Dans la voiture de poste, un Français l'amusa qui »me dit tout de suite avec une mine importante qu'il allait à Hambourg parce que les talents ne sont appréciés que dans les grandes villes. Je croyais voyager avec un artiste célèbre mais Monsieur Destat était coiffeur. Il me parla avec enthousiasme de son coup de peigne magistral et m'assura qu'il se rendait à Hambourg avec 160 types de nouvelles coiffures. J'ai addresse à une coquette et j'espère y faire fortune. Une demi-heure avant Hambourg il me demanda: Monsieur sommes nous déjà en Allemagne? Il était passé par la Hollande et croyait toujours y être«.

Michel Espagne

LES ALLEMANDS DE BORDEAUX AU XVIIIᵉ SIÈCLE[1]

C'est par une illusion d'optique que les contacts interculturels sont longtemps apparus comme le fait de personnalités singulières et l'on observe de plus en plus que des groupes, souvent des groupes d'immigrés définis par des caractéristiques professionnelles ou confessionnelles, ont servi de véhicules à des importations culturelles. Bien que ces groupes soient souvent très minoritaires dans la structure sociale du pays d'accueil, la tentative de cerner leur physionomie soulève une série de questions théoriques.

Les groupes installés en France ne se sont pas implantés pour opérer cette transmission mais sont venus poussés par des raisons économiques, politiques ou religieuses, parfois combinées. L'étude de leur rayonnement culturel ne saurait se séparer d'une analyse de leur insertion économique, démographique, politique et religieuse. Les étudier, c'est donc comprendre l'interaction de ces niveaux d'analyse.

Les divers apports du groupe étranger sont ensuite fonctionnalisés dans le système d'accueil. Ils occupent une nouvelle place qui n'était pas nécessairement la leur au départ. Cette fonctionnalisation, qui est un mode d'appropriation, signifie entre autres que les niveaux mis en relations dans un contact interculturel ne se correspondent pas nécessairement[2].

Alors que l'historiographie opère de plus en plus volontiers avec la notion de lieux de mémoire[3], il est bon de rappeler l'existence de lieux de mémoire étrangère en France. La colonie allemande de Bordeaux, dont l'existence officielle s'étend du début du XVIIIᵉ siècle à la guerre de 1914, est l'un des principaux lieux de mémoire étrangère, dont l'intérêt est moins lié aux problèmes de l'histoire locale, qui a souvent refoulé cette présence, qu'à l'originalité du cas de figure[4]. La faiblesse constante de la population immigrée – on est très loin des quelques dizaines de milliers d'Allemands de Paris au milieu du XIXᵉ – est compensée par son appartenance aux couches les plus influentes de la vie économique. On peut d'autre part observer en Aquitaine le contact de deux cultures en dehors des interférences perturbatrices liées à un environnement germanophone comme en Lorraine ou en Alsace.

1 Les éléments de cette études sont empruntés à un travail d'ensemble sur les Allemands à Bordeaux. Michel Espagne, Bordeaux-Baltique. La présence culturelle allemande à Bordeaux au XVIIIᵉ et XIXᵉ siècle, Bordeaux 1990.

2 Sur l'arrière-plan d'une théorie des transferts culturels franco-allemands voir notamment Transferts. Les relations interculturelles dans l'espace franco-allemand (XVIIIᵉ–XIXᵉ siècle). Textes réunis et présentés par Michel Espagne et Michael Werner. Editions Paris 1988 et Revue de Synthèse 109 (1988), n° spécial Transferts culturels franco-allemands (en particulier la bibliographie p. 281 à 286).

3 Signalons à titre d'exemple le livre de Jacques le Goff, Histoire et mémoire, Paris 1988, mais surtout la série dirigée par Pierre Nora, Les lieux de mémoire.

4 La première histoire de la colonie germanique de Bordeaux est due à Alfred Leroux, La colonie germanique de Bordeaux, Bordeaux 1918–1920, 2 vol.

Démographie

Il existe une contradiction patente entre la place occupée par les étrangers, essentiellement par les germaniques, dans le commerce Bordelais au cours du XVIIIᵉ siècle et
le faible poids démographique de la colonie. Le vin de Bordeaux et les produits des
Iles ne sont exportés dans l'Europe du Nord que grâce aux étrangers, Hollandais
d'abord puis essentiellement Allemands, qui ont établi leurs comptoirs en aval de la
citadelle qui protège Bordeaux, dans le faubourg des Chartrons[5]. Vers 1760 en effet
les villes de la Baltique et la Prusse n'absorbent pas loin de la moitié du commerce de
la ville. Entre 1780 et 1791, 22 % des navires quittant Bordeaux se rendent dans les
villes de la Hanse, et pour la seule année 1790 113 bateaux quittent Bordeaux pour
Hambourg.

En regard de ces chiffres la communauté germanique comparée à la population
globale semble modeste. De 43 000 en 1698, la population totale de Bordeaux est
passée à 66 500 habitants au milieu du siècle, monte jusqu'à 110 000 habitants en 1790
pour retomber en 1801 à 90 000 habitants[6].

En 1711 est constituée une liste des étrangers vivant à Bordeaux: elle fait apparaître
64 étrangers actifs. Parmi eux 18 germaniques venus essentiellement de Hambourg,
Brême et Lübeck[7]. D'une moyenne d'âge de 30 ans et assez souvent célibataires,
travaillant comme négociants en vin ou raffineurs, ils sont parfois liés entre eux par
des relations de parenté. Parmi eux 4 sont explicitement désignés comme mariés. Sur
cette base on pourrait évaluer à 45 personnes au maximum la population germanique
de Bordeaux au début des années 1710. A titre de comparaison la même statistique
fait apparaître 18 actifs hollandais, mais seulement 12 Britanniques.

En 1743 l'intendant Tourny dénombre dix-huit négociants issus des seules villes
hanséatiques[8].

En 1765 une centaine de protestants étrangers à Bordeaux signent un mémoire
adressé au roi pour demander la liberté du culte[9]. Les deux tiers des signataires sont

5 Sur la structure et la croissance économique de Bordeaux au XVIIIᵉ siècle on consultera notamment
  Paul Butel, La croissance commerciale bordelaise dans la seconde moitié du XVIIIᵉ siècle. Thèse de
  doctorat d'Etat, Paris I 1973, 2 volumes – Id., Les négociants bordelais, l'Europe et les IIes au XVIIIᵉ
  siècle, Paris 1974. – Jean-Pierre Poussou, Bordeaux et le sud-ouest au XVIIIᵉ siècle. Croissance
  économique et attraction urbaine, Paris 1983. – Bulletin de centre d'histoire des espaces atlantiques,
  1987, Nouvelle Série n° 3, en particulier l'article de Pierre Jeannin, La clientèle étrangère de la maison
  Schröder et Schyler, de la Guerre de Sept ans à la Guerre d'Indépendance, p. 21–85.
6 Sur l'histoire de la démographie bordelaise voir A. Nicolai, La population de Bordeaux au XVIIIᵉ
  siècle, Bordeaux 1909; et Pierre Guillaume, La population de Bordeaux au XIXᵉ siècle. Essai d'histoire
  sociale, Paris 1972. Jean Pierre Poussou (Ibid.), évalue la population à 45 000 habitants vers 1700, 60 000
  en 1747 et 111 000 en 1790; une correction qui correspond à une très légère atténuation de la courbe de
  croissance.
7 A.D. Gironde C 4473 n° 4 Cité par Bruno de Coulon de Labrousse, Le statut juridique du
  protestantisme français à Bordeaux (1598–1787). Thèse d'Etat Bordeaux I 1974, 2 vol. Henry Luetkens
  né à Hambourg mais élevé à Stockholm est arrivé en 1685; Daniel Dorman, originaire de la région de
  Brême, est à Bordeaux depuis 1688. La plupart sont arrivés depuis 1700.
8 A.D. Gironde G C 4439 f 8–9, commenté par Paul Butel, La croissance commerciale bordelaise dans la
  seconde moitié du XVIIIᵉ siècle. Thèse de doctorat d'Etat, Paris I, 1973, 2 volumes. I, p. 549.
9 A.D. Gironde C 278, cité par Bruno de Coulon de Labrousse (voir n. 7) p. 840.

manifestement allemands. A partir de ce chiffre il ne paraît pas exagéré d'évaluer à 300 personnes au moins la population germanique stable dans les années 1760[10].

Alfred Leroux, premier historien de la colonie allemande de Bordeaux, considère que 180 actifs au moins ont pris pied à Bordeaux jusqu'en 1790[11]. Certains ont dû repartir ou sont morts, mais Leroux reconnaît lui-même que tous n'ont pas laissé de traces. Le chiffre de 180 actifs paraît donc acceptable pour le début de la Révolution. Si l'on tient compte des femmes et des enfants que Leroux ne comptabilise pas, la population allemande stable globale aurait donc pu dépasser en 1790 500 personnes, une augmentation qui correspond bien à l'explosion du commerce avec le Nord dans la seconde moitié du siècle[12], mais n'atteint que 0,5 % de la population totale de Bordeaux.

Le Révolution et l'Empire, qui ont entraîné une chute de la démographie bordelaise et un grave recul du négoce, ont eu pour conséquence une compression de la colonie germanique. Il faut toutefois éviter d'en exagérer l'ampleur. Lorsqu'en décembre 1796 est dressée une liste nominative des protestants avec lesquels il faut prendre contact pour réorganiser le culte, on compte plus de vingt noms allemands pour la seule façade des Chartrons[13].

L'impact de la colonie germanique sur le milieu de la haute bourgeoisie bordelaise augmente très sensiblement du fait d'une politique d'alliances et de mariages mixtes dont les quelques registres d'état-civil de la communauté protestante portent témoignage. Les figures les plus illustres de la colonie germanique comme le futur consul d'Autriche Johann Jakob Bethmann, qui arrive de Francfort vers 1740, mais n'en sera pas moins citoyen de Hambourg, se sont alliées aux négociants locaux[14]. Les mariages mixtes ne sont pourtant pas une façon de se dissoudre. Ils alternent en général, dans l'histoire d'une même famille avec des mariages au sein de la communauté germanique. Johann Jakob Bethmann épouse une Elisabeth Desclaux, mais leur fille Katharina Elisabeth Bethmann épouse en 1769 Peter Heinrich Metzler, fils d'un négociant allemand des Chartrons et d'une Française, retourné en Allemagne.

Il faut s'interroger, au-delà de leurs objectifs économiques évidents sur la valeur culturelle de ces unions. Lorsque plusieurs hommes ou femmes d'une même famille et d'une même confession protestante épousent des étrangers, à plus forte raison des étrangers que leur religion – le protestantisme – met en situation de relatif isolement

---

10 En 1756 on établit un état nominatif des Anglais, Irlandais et Ecossais de Bordeaux (A.D. Gironde C 1072, cité par Paul BUTEL (voir n. 8) I p. 554 et II, p. 120). On aurait alors dénombré 88 personnes.

11 Alfred LEROUX (voir n. 4) Tome I, p. 73. Ce chiffre est contesté par Paul BUTEL (voir n. 8) I, p. 552. Cette différence d'appréciation semble tenir au fait que Leroux comptabilise tous les immigrants germaniques actifs alors que Butel ne fonde son analyse que sur les seuls négociants installés et bien connus.

12 Rappelons un chiffre fréquemment cité: sur 90 commissionnaires faisant le commerce avec l'étranger en 1779, 63 sont spécialisés dans le commerce avec les pays du nord (P. BUTEL [voir n. 8] I, p. 551).

13 Voir J. CADÈNE, L'Eglise réformée de Bordeaux, Bordeaux 1892. – Quant à la population juive allemande – c'est-à-dire le plus souvent issue de l'est de la France, elle ne commence à devenir importante qu'au début XIXe siècle. Voir Theophile MALVEZIN, Histoire des juifs de Bordeaux, Bordeaux 1875. Pour des points de vue plus récents sur l'histoire du judaïsme bordelais voir Jean CAVIGNAC, Les Israélites bordelais au début du XIXe siècle. Thèse de IIIe cycle, Bordeaux III 1986 et ID., Dictionnaire du judaïsme bordelais au XVIIIe et XIXe siècle, Bordeaux 1987.

14 Sur la famille Bethmann voir notamment: Bankiers sind auch Menschen, 225 Jahre Bankhaus Gebrüder Bethmann, édité par le baron Johann Philipp von BETHMANN. Francfort s.d.

dans la communauté nationale et lorsque la richesse de ladite famille est fondée sur les relations commerciales avec le pays étranger, le terme d'assimilation n'est pas adéquat pour décrire la jonction des deux cultures. C'est plutôt une culture nouvelle qui s'impose, une culture où l'élément germanique perdure[15].

L'évaluation de la colonie germanique au XVIIIᵉ siècle n'a précisément d'intérêt que si elle met aussi en évidence les stratégies par lesquelles ce groupe réduit étend son influence à l'ensemble de la classe des négociants tout en préservant son identité.

Economie et religion

Le commerce des vins et des produits des Iles entre l'Aquitaine et les villes de la Baltique repose sur des signes abstraits qui s'échangent: commandes, lettres de change, informations sur la qualité des produits, sur les conjonctures prévisibles dans tel ou tel port. Ces signes n'ont cours qu'à l'intérieur d'une communauté totalement fiable dont la cohésion est assurée par des liens familiaux et religieux. Le crédit apparaît d'emblée comme une catégorie à la fois économique et culturelle. C'est sur la base d'une communauté confessionnelle que s'établissent sur le quai des Chartrons les sociétés franco-allemandes. Les négociants protestants de souche bordelaise, souvent amenés à recevoir le sacrement du mariage dans un pays germanique ou à y envoyer leurs enfants compléter leur formation, bénéficient quant à eux de la relative tolérance que le gouvernement catholique est obligé d'exercer vis-à-vis de la minorité étrangère qui contribue à l'enrichissement du royaume. Cette situation tend à gommer les oppositions entre les différents groupes protestants qui réalisent à Bordeaux un véritable syncrétisme, échangeant les lieux de culte et même les catéchismes[16].

Les négociants protestants sont au demeurant parfaitement conscients de la force qu'ils représentent et n'hésitent pas à envoyer au roi en 1765 une lettre comminatoire:

> L'exportation et l'importation des denrées et des marchandises donnent considérablement au roi par les droits qui se perçoivent dans les différents bureaux. C'est par le commerce que les revenus des terres sont mis en valeur et les manufactures ne sauraient se soutenir sans lui. Les nationaux peuvent faire une partie du commerce, mais il serait renfermé dans d'étroites bornes si l'on s'en tient à l'intérieur du Royaume: ce n'est qu'autant que l'étranger contribuera au débouché des mêmes marchandises qu'elles conserveront leur valeur, et que le Royaume s'enrichira. Mais ce trafic ne peut être fait avec succès que par les étrangers qui, connaissant le génie de leur nation et ayant la confiance de leurs compatriotes peuvent seuls effectuer leurs commissions et en donner à leur tour. [...] Ce sont ces étrangers qui procurent

---

15 Les voyageurs du début du XIXᵉ siècle sont étonnés de voir perdurer sur les Chartrons une société fortement marquée par une influence germanique. Voir en particulier Johann Lorenz MEYER, Briefe aus der Hauptstadt und dem Innern Frankreichs, Tübingen 1802, 2 vol., résumé dans MEAUDRE DE LA POUYADE, Voyage d'un Allemand à Bordeaux en 1801, dans: Revue historique de Bordeaux 1912, mais aussi l'étude d'Alain RUIZ, Johanna Schopenhauer. Une allemande à Bordeaux sous le Consulat, Bordeaux 1991.

16 Sur l'histoire du protestantisme bordelais au XVIIIᵉ siècle on consultera J. CADÈNE (voir n. 13); Alfred LEROUX, Les religionnaires de Bordeaux de 1685 à 1802, Bordeaux 1920; Bruno COULON DE LABROUSSE (voir n. 7).

le débit des vins qui font le principal et presque l'unique revenu de la Province: ce sont ces étrangers qui contribuent au débouché des différentes marchandises qui arrivent en afflu-ence dans la même ville, soit de l'intérieur du Royaume, soit des colonies: ce sont eux enfin qui font venir les choses qui se recueillent chez eux et qui nous manquent[17].

Les enrichissements sont rapides durant cette époque. La maison Schröder et Schyler, qui a aujourd'hui plus de 250 ans d'existence, connaît entre 1751 et 1775 un taux annuel de croissance de 19 %[18]. Cette fortune se réinvestit parfois dans des achats de domaines mais assez rarement dans des manufactures ou des industries. La verrerie que l'Allemand de Wurzbourg, Balthasar Fonberg, ouvre en 1725 à Bourg-sur-Gironde et la fabrique d'instruments aratoires d'une quarantaine d'ouvriers créée par Stuttenberg à Cadillac en 1786 font plutôt figure d'exceptions[19].

Pour les Allemands les liens religieux se doublent de liens familiaux. Le négociant germanique installé sur les Chartrons, qu'il y fasse souche ou n'y passe que quelques décennies, n'est en général que l'un des fils d'une famille qui compte au moins un autre négociant, resté en Allemagne et très souvent un pasteur. La famille du consul de Hambourg Meyer, employeur de Hölderlin[20], est à cet égard très caractéristique, puisqu'elle comporte un négociant à Bordeaux, marié à une Française, un négociant à Hambourg, et un chanoine de la cathédrale de Hambourg[21]. Doublés des liens confessionnels, ces liens familiaux, y compris les déchirements subjectifs qu'entraîne la diaspora des familles, sont le véritable fondement et la condition même de possibilité des relations commerciales.

Ces relations, dont la finalité est toujours de contracter l'espace, d'abolir la distance entre les lieux de production et les marchés qui confèrent aux vins leur valeur, se concrétisent par de très riches échanges épistolaires. Les lettres confiées au capitaine du premier bateau en partance et soigneusement archivées après réception frappent par leur qualité stylistique et même graphique[22]. Le style des lettres commerciales est certes émaillé de stéréotypes, mais il possède une qualité quasiment littéraire, voire une certaine préciosité qui se reconnaît à la fréquence des mots français. L'éducation, et notamment l'apprentissage de l'écriture au sens le plus large du terme, était dans la société des Chartrons une condition de la réussite économi-que. Elle était notamment assurée par des précepteurs. On ne s'étonne donc pas de voir en mars 1798 un négociant de Hambourg annoncer d'une part que les denrées coloniales sont en hausse et proposer d'autre part les services d'un précepteur: *Un candidat de mes amis, né en Holstein, âgé de 28 ans, très instruit et d'une excellente réputation, voudrait se placer en France comme précepteur. Il sait le latin, le français, l'anglais et le grec. L'allemand est sa langue naturelle. Il sait les mathématiques, la*

---

17 Cité par Bruno de COULON DE LABROUSSE (voir n. 7) p. 844. La force économique des Allemands de Bordeaux enlève en fait beaucoup de son importance à la question d'une définition précise de leur statut juridique dont les complexités sont tournées en permanence. Voir sur ce point la contribution de R. Schröder au présent volume.

18 Paul BUTEL, Les négociants bordelais, l'Europe et les îles au XVIIIᵉ siècle, Paris 1974, p. 321.

19 Théophile MALVEZIN, Histoire du commerce de Bordeaux, Bordeaux 1892, 4 vol., III, p. 116 et 147.

20 Sur Hölderlin à Bordeaux voir J.-P. LEFEBVRE, Hölderlin, journal de Bordeaux (1ᵉʳ janvier–14 juin 1802). Bordeaux 1990 et ID., »Auch die Stege sind Holzwege«, dans: Hölderlin-Jahrbuch 1988.

21 Kurt Veit RIEDEL, Friedrich Johann Lorenz Meyer 1760–1844, Hamburg 1963.

22 Je remercie Pierre Jeannin de m'avoir permis de consulter sa collection de correspondances commer-ciales.

géographie, l'histoire et l'astronomie. Son caractère moral est des plus estimables. La colonie allemande de Bordeaux ne saurait dédaigner la pratique de sciences qui permettent de dominer à distance l'évolution des cours et des marchés.

Certes on énumère des commandes et on annonce des envois, mais les partenaires sont très souvent qualifiés d'amis et une part très large est laissée à des appréciations subjectives. Le vin est d'abord une affaire de goût, et c'est très progressivement qu'on voit se dessiner une hiérarchisation des crus du bordelais qui n'existait pas explicitement avant la fin du XVIIIe siècle. Mais la qualité et la valeur des vins dépendent aussi des années et pour amener un correspondant de Königsberg à passer commande à temps, il faut que le négociant allemand de Bordeaux anticipe sur les vendanges et vante de façon très évocatrice et quasi littéraire l'aspect des vignes. Projection vers l'avenir fondée sur des informations lacunaires, la spéculation arrache les lettres des négociants germaniques au domaine des pures données objectives. Elle suppose toutefois une situation du monde invoquée au fil des lettres comme une véritable instance métaphysique: la paix. Dans une lettre de février 1796 le négociant Goeschen de Königsberg s'abandonne à l'espoir: *Après la paix conclue entre le roi de Prusse et la nation française, les relations commerciales trop longtemps interrompues devraient, je l'espère, se rétablir.* Il ne resterait plus alors, selon Goeschen que les pirates anglais qui écument la route de Königsberg à Bordeaux. Mais peut-être la paix universelle mettra-t-elle bientôt un terme à tous les conflits. Le négociant de Prusse orientale scrute la vie politique à la recherche de *signes avant-coureurs.*

Prenons l'exemple d'une société de second plan fondée à Bordeaux par deux Allemands, Bluth de Stettin, arrivé avant 1733 et Höpffner de Hambourg, arrivé en 1743. Bluth a pris Höpffner[23] comme associé pour suppléer aux capitaux que sa famille de Stettin ne lui a pas accordés en quantité suffisante. La société s'est maintenue jusqu'à la mort de Bluth à Bordeaux en 1769 et Höpffner retourna vraisemblablement en Allemagne l'année suivante.

Le passeport que Höpffner s'était fait délivrer par Jean-Baptiste Poussin, envoyé extraordinaire du roi dans la circonscription de la Basse-Saxe, porte la date de juillet 1743. Une mention manuscrite rappelle que *suivant le traité de commerce les hambourgeoisiens doivent être regardés comme Français et traités comme tels pour le payement des droits.* Bluth et Höpffner ont dû entrer en société avant le départ de ce dernier pour Bordeaux, car le premier contrat dont nous disposons, daté de juin 1743, est antérieur au passeport[24]. Il s'agit d'une copie exécutée à Hambourg. Les deux hommes s'engageaient pour sept ans. Bluth apportant plus de capital de départ, la première année Höpffner devait se contenter d' ¼ des bénéfices avec un minimum de 150 Rixdals. La deuxieme année, Höpffner aurait ⅓ des bénéfices avec un minimum de 200 Rixdals de Hambourg. La première année Höpffner supporterait ⅛ des dépenses courantes contre ¼ la seconde année. Dans les premiers temps Bluth pourrait faire des affaires pour son compte, mais il s'engageait par la suite à tout faire en collaboration avec Höpffner. Le contrat conclu ne séparait pas la sphère économique de la vie privée des deux négociants. Les frais engagés pour la vie courante seraient contrôlés: *Les dépenses d'un chacun seront stipulées pour que personne puisse*

---

23 AD Gironde 7 B 1124–1125–1127–1128–1129.
24 Le passeport et les contrats de société sont conservés aux A.D. Gironde, cote 7 B 1123.

excéder son intérêt ou bénéfice au préjudice de la société[25]. Mais on trouve une clause beaucoup plus contraignante: *Personne ne doit changer de religion nÿ se marier sans un consentement de part et d'autre sous peine de 3000 livres – où la moitié sera pour la maison des orfelins d'Hamburg, et l'autre moitié pour celuy qui reste libre.* Contracter un mariage ou quitter la communauté protestante, ce n'est pas seulement prendre une décision individuelle, c'est aussi rompre le tissu de relations qui sert d'arrière-plan aux échanges. De même Bluth et Höpffner s'engagent-ils à régler leurs éventuels différends en dehors du cadre de la justice française et en faisant appel à des arbitres.

Leur second contrat d'association prévoyait notamment que Höpffner accomplirait un voyage à travers la Baltique pour trouver de nouveaux marchés et augmenter le capital de la société. On a conservé l'abondante correspondance échangée entre les deux hommes au cours de ce voyage qui eut lieu de mai 1753 à mai 1754 et coûta la somme très importante de 2388 livres. Höpffner alla jusqu'à Wismar, Stralsund, Stettin, Copenhague mais ne réussit vraiment à obtenir ni de nouveaux marchés ni de nouvelles participations financières, les solidarités familiales ayant insuffisamment fonctionné. Son échec relatif illustre a contrario les fondements du commerce avec la Baltique. A la différence des Schröder-Schyler de Lübeck dont le négoce est resté florissant jusqu'à nos jours, Bluth et Höpffner devront se contenter d'une situation moyenne, tenant au plus près le compte de leurs dépenses privées.

Rappelé à Bordeaux par son associé qui craignait qu'une trop longue absence sans succès visible ne fasse peser un soupçon sur la santé de leur négoce, Johann Peter Höpffner va entretenir avec sa mère et ses frères une correspondance purement privée, qui permet de mieux apprécier le vécu du négociant allemand sur les Chartrons et surtout – car on ne dispose que des lettres reçues – les échos qui lui parviennent de la partie. Pour la mère de Höpffner, qui certes possède une maison à Hambourg mais doit louer plusieurs chambres afin de s'assurer un revenu suffisant, et accueille avec joie les envois de café ou d'autres marchandises de son fils, l'absence demeure une source de souffrance. Elle n'est pas acceptée. Katharina Höpffner, qui craint de mourir sans avoir revu son fils et le considère toujours comme un Hambourgeois, ne lui épargne pas le récit des petits événements qui se produisent dans son entourage. Elle s'intéresse naturellement aux questions de succession – les difficultés du négoce à Bordeaux ne viennent-elles pas de l'avarice d'un oncle vieillissant qui refuse d'investir dans le négoce du neveu – mais coule toutes ses considérations dans un vocabulaire religieux très stéréotypé comme dans telle lettre du 4 septembre 1754:

> *Mon très cher fils – Le Seigneur, Dieu unique en trois personnes, doit être loué, lui qui a entendu par le Christ mon indigne prière et m'a donné de recevoir une lettre de mon très cher fils, m'assurant par là qu'il vous avait sauvé des graves dangers encourus et vous avait permis de rentrer chez vous sain et sauf. Que le seigneur, protecteur des croyants, soit loué et célébré dans l'éternité. Qu'il poursuive ses bienfaits et vous accorde une santé durable, cette santé qui s'est miraculeusement maintenue cette année au cours de vos nombreux, malheureux et dangereux voyages. Qu'il vous donne des années pleines de joies et de grâces pour que votre commerce soit toujours florissant. [...]*

25 On a conservé des livres de dépenses domestiques très détaillés pour les années 1744–1764 (A.D. Gironde 7 B 1149) à partir desquels on pourrait reconstruire non seulement l'évolution des prix sur vingt ans mais encore les habitudes alimentaires des deux négociants.

Après la mort de sa mère Johann Peter Höpffner reçoit principalement des lettres de son frère le pasteur Rutger Höpffner qui après des études de théologie à Rostock fait carrière dans l'Eglise de Hambourg. Le pasteur relate au négociants tous les aléas de son ministère jusqu'à sa nomination comme pasteur titulaire de l'Hôpital de Hambourg, mais mêle systématiquement à ses récits des considérations sur l'état des affaires à Hambourg. Il va jusqu'à conseiller à son frère de se méfier de tel ou tel négociant hambourgeois dont on prévoit la faillite ou qui se serait lancé dans des spéculations trop hasardeuses. Bien que Höpffner n'ait jamais été un grand négociant, ses papiers mettent particulièrement en évidence l'interaction des questions familiales, religieuses et commerciales dans la société germanique des Chartrons.

Art et sociabilité

Dans la mesure où la colonie allemande, pour optimiser son efficacité économique, n'est pas demeurée dans un superbe isolement mais a pénétré la haute société des négociants tout en préservant son identité, elle a aussi participé à la vie culturelle au sens le plus large et pour commencer aux formes de sociabilité qui fleurissent durant le XVIIIᵉ siècle. La franc-maçonnerie bordelaise a été fondée en 1732 par des maîtres anglais, mais dès 1746 est ouverte une loge dite de l'amitié allemande dont le négociant Imbert, associé du futur consul d'Autriche von Bethmann devient le grand maître[26]. Jean-Georges Streckeisen, consul de Prusse, s'y associe la même année. C'est une loge de négociants et de voyageurs qui aident à la propagation d'une idéologie libre-échangiste. Parmi les vénérables de cette loge on rencontre un certain Ferdinand Schubert de Leipzig qui succède à un Jean-François de Pontac dont le nom est devenu dans l'Europe du nord synonyme du vin de Bordeaux. Dans les années 1770, cette même loge subit au demeurant une scission sous l'influence de la franc-maçonnerie allemande. Un baron de Lutzelbourg, maître de camp, qui avait été admis dans une loge de Dresde propose en effet à l'amitié de s'unir à la franc-maçonnerie allemande, dite de la stricte observance, et réussit à entraîner avec lui un certain nombre de dissidents qui forment la loge de l'Harmonie, une loge qui devint un lieu de réunion des futurs girondins. Une réconciliation des loges s'opère vers 1777 au moment où l'Empereur d'Autriche Joseph II, voyageant en France sous le nom de Chevalier de Falkenstein, fait étape à Bordeaux. D'autres formes de sociabilité plus ou moins occultes, où la référence allemande reste sensible, pourraient encore être évoquées à la suite de la maçonnerie avec laquelle elles se confondent au demeurant souvent. Ainsi les tenants de la théorie du magnétisme animal, disciples du médecin allemand Mesmer, dont le succès considérable dans la France des années 1780 est lié non seulement aux guérisons réalisées par la méthode du baquet, mais surtout au radicalisme social vers lequel dériva aisément l'idée d'un fluide naturel entre les hommes, font particulièrement école à Bordeaux. Une théorie mystique de la nature – à mi-chemin entre le rousseauisme et les formes ésotériques

---

26 Sur la franc-maçonnerie bordelaise voir Johel COUTURA, La franc-maçonnerie à Bordeaux, Marseille 1978.

de la philosophie allemande de la nature – se prépare à légitimer un anticonformisme politique[27].

La société savante dans laquelle se reconnaît le mieux la classe des négociants est celle du Musée[28], fondée en opposition à l'Académie beaucoup plus aristocratique.

En fait l'Académie[29], qui avait reçu ses lettres patentes en 1713, n'était nullement ignorante de l'Allemagne. En témoignent le récit circonstancié du voyage en Allemagne de Montesquieu et surtout son mémoire de 1731 sur les mines du Harz[30]. A Bordeaux même Montesquieu avait noué des liens d'amitié avec un descendant d'émigrés allemands, le jeune Helvétius, descendant d'une famille du Palatinat dont les membres s'étaient peu à peu enrichis en pratiquant la médecine au service de divers rois. Fermier général à Bordeaux depuis 1746, Helvétius avait incité les Bordelais à résister aux prétentions des gabelous. Il eut entre les mains le manuscrit de »l'Esprit des lois« et se permit de le critiquer en lui reprochant de perpétuer les privilèges: *Quant aux aristocrates et à nos despotes de tout genre, s'ils vous entendent ils ne doivent pas trop vous en vouloir; c'est le reproche que j'ai toujours fait à vos principes. Souvenez-vous qu'en discutant à la Brède je convenais qu'ils s'appliquaient à l'état actuel; mais qu'un écrivain qui voulait être utile aux hommes devait plus s'occuper de maximes vraies dans un meilleur ordre de choses à venir, que de consacrer celles qui sont dangereuses, du moment que le préjugé s'en empare pour s'en servir et les perpétuer*[31]. Singulière caractéristique des grandes doctrines matérialistes du XVIIIᵉ siècle – celle de d'Holbach, de La Mettrie, d'Helvétius – que le lien biographique qui unit leurs auteurs à l'Allemagne.

Il faut aussi signaler une liste assez longue de mémoires envoyés par des Allemands de Dantzig, Berlin, Göttingen, Halle et couronnés par l'Académie. A. M. Kulbel, médecin du roi de Pologne, reçut en 1740 une médaille d'or pour sa »Dissertation sur la cause de la fertilité de la terre«. L'année suivante c'est Heinrich Kühn (1690–1769) de Dantzig qui fut couronné pour sa »Méditation sur l'origine des fontaines«. Ce professeur de mathématiques au Lycée de Dantzig, fondateur d'une société allemande d'histoire naturelle, est resté dans l'histoire des sciences comme le premier partisan d'une représentation géométrique des nombres imaginaires[32]. En 1758 un Jacobi de Göttingen est primé pour son travail sur la manière de semer les bois de chênes et en 1785 encore le surintendant des bâtiments du roi de Prusse, Le Geay, envoie les plans d'une nouvelle machine. Mais le lauréat le plus remarquable fut certainement Christian Gottlieb Kratzenstein (1723–1795). Il était encore étudiant en physique à Halle en 1744 quand fut primé son mémoire écrit en français »Théorie de

---

27 Robert Darnton, La fin des Lumières. Le mesmérisme et la Révolution, Paris 1984.
28 Voir Marie Thérèse Bouyssy, Le Musée de Bordeaux 1783–1789. Etude psychologique d'une société des Lumières. Hachette (microfilm) Paris 1967 – F. Barbier, Le Musée de Bordeaux et sa Bibliothèque, 1783/1793, Mémoires des élèves de l'Ecole des Chartes, Bordeaux 1976.
29 P. Barrière, L'Académie de Bordeaux, centre de culture internationale au XVIIIᵉ siècle (1712–1792), Bordeaux 1951. – Voir aussi Daniel Roche, La siècle des Lumières en province. Paris, La Haye 1978, 2 vol. et la contribution de Jürgen Voss dans le présent volume.
30 Montesquieu, Voyages, publiés par Albert de Montesquieu, Bordeaux, tome 2.
31 Helvétius, De l'esprit. Introduction par Guy Besse, Paris 1959, p. 13.
32 En remerciant, le 31 décembre 1740, Kühn vante les relations littéraires et scientifiques entretenues par Bordeaux avec les savants des régions baltiques. Il envoie à l'Académie divers ouvrages (notamment de Klein de Dantzig). Voir P. Barrière (voir n. 25) p. 113.

l'élévation des vapeurs et des exhalaisons«. Cette année-là un Professeur de l'Université de Jena, Hamburger[33] s'était aussi porté concurrent. La médaille d'or obtenue à Bordeaux ne fut que le début de la carrière de Kratzenstein qui en tant que membre de l'Académie de Pétersbourg explora la Sibérie, enseigna longtemps la physique expérimentale à Copenhague, fut le maître du philosophe de la nature H. Steffens et se vit décerner une place au panthéon des Lumières allemandes par Friedrich Nicolai dans sa »Bibliothèque universelle«. Avant même que Diderot et d'Holbach n'associent explicitement l'Allemagne aux techniques chimiques et métallurgiques l'Académie de Bordeaux était un lieu où l'on discutait les représentations de la structure de la matière élaborées en Allemagne[34].

Le Musée, lui, n'a été fondé qu'en 1783 par l'élite de la bourgeoisie bordelaise où l'on compte de futurs girondins mais aussi des négociants britanniques, juifs portugais et, ce qui nous intéresse plus particulièrement, germaniques[35]. La romancière Sophie La Roche y est reçue lors de son voyage à Bordeaux de 1785 et y évoque Lavater et Mendelssohn. L'Allemand Franz Beck a les fonctions de commissaire aux concert. On y discute du néo-classicisme représenté par l'architecte Combes qui travaillera pour le consul de Hambourg Meyer. Il y est question de Winckelmann. En 1786 par exemple on débat d'une histoire de l'art du dessin des Etrusques et des Grecs d'après les »Monumenti Inediti« de Winckelmann[36]. L'architecte Combes et le peintre Lacour y font de la critique d'art. Les archives et la Bibliothèque du Musée ont été conservées, et l'on trouve au catalogue de celle-ci un certain nombre de titres allemands comme Les »Mémoires de Mlle de Sternheim«, publiés par M. Wieland à La Haye en 1775 et surtout deux volumes de Pufendorf, »Les devoirs de l'homme et du citoyen« (Amsterdam 1756) et »Le droit de la nature et des gens« (Londres 1739)[36a]. Les archives du Musée conservent même le prospectus d'un cours de langue allemande[36b].

Le Musée va se fondre durant la Révolution dans les associations patriotiques, plus particulièrement celles d'esprit girondin, avant de renaître au XIXᵉ siècle sous la forme d'une société philomathique d'éducation populaire où continuera durant tout le XIXᵉ siècle à se manifester la colonie allemande.

Cette conjoncture explique le succès étonnant d'artistes germaniques qui en sont venus à représenter l'identité esthétique de la ville, une sorte de norme culturelle. Le peintre suisse Hans Jakob Leupold[37], né vers 1730 dans le canton d'Argovie et formé

---

33 Il sera primé en 1746 pour un travail sur les sécrétions du corps humain.

34 P. BARRIÈRE (voir n. 29) note une vingtaine de correspondants germaniques de l'Académie pour le XVIIIᵉ siècle. Parmi eux on rencontre les noms de Süssmilch (Berlin), Thellusson, Riese (Francfort), Esterle (Ratisbonne), Wippert, Pauser, Beer (Göttingen), Weber (Leipzig), Meiten (Stettin).

35 Pour un aperçu des travaux accomplis dans le cadre du Musée, voir Recueil des ouvrages du Musée de Bordeaux, dédié à la Reine, année 1787, publié en 1789 à Bordeaux. Ce volume est conservé aux Archives Municipales de Bordeaux, cote D 7126.

36 F. G. PARISET, Bordeaux au XVIIIᵉ siècle, Bordeaux 1968, p. 655.

36a F. BARBIER, Le Musée de Bordeaux et sa Bibliothèque, 1783/1793. Mémoires des élèves de l'Ecole des Chartes, Bordeaux 1976.

36b Sans doute s'agissait-il d'une adaptation française des travaux linguistiques de Johann Christian Gottsched.

37 Robert MESURET, Jean-Jacques Leupold (1725–1795), dans: Revue historique de Bordeaux 1940 et Xavier VÉDÈRE, Portraits bordelais du XVIIIᵉ siècle, dans: Bulletin et mémoires de la société archéologique de Bordeaux, t. LXII, pp. 173–180.

à l'Académie de Vienne, devient en 1767 peintre ordinaire de l'Hôtel de ville de Bordeaux. Il est officiellement chargé de faire le portrait des notables, tâche dont il s'acquitte en adoptant un style très raide, figé, proche de celui des portraits de pasteurs. Largement exposé dans divers salons bordelais[38], Leupold eut aussi à Bordeaux une activité pédagogique intense, fonda, avec un autre peintre allemand, une Académie de peinture. La Révolution mit un terme aux fonctions de celui dont on jugeait qu'il avait peint trop de personnages d'ancien régime, et nombre de ses toiles furent détruites au point qu'il n'en reste que de rares témoins[39]. Ajoutons, pour clore le chapitre de la peinture, que plusieurs négociants allemands de Bordeaux (Bapst, Lienau[40]) ont employé leur richesse à constituer des collections importantes de tableaux ou d'estampes.

Plus encore que dans la peinture, l'Allemagne est représentée dans la vie musicale locale par la personne de Franz Beck, né à Mannheim en 1734[41]. Ce Franz Beck, venu à Bordeaux en 1762 à l'instigation de l'intendant d'Aquitaine, y vécut plus de quarante ans et eut la haute main sur toute la vie musicale. Chef d'orchestre de l'opéra, titulaire des grandes orgues, maître de musique dans quelques familles de négociants, notamment allemands, il tenta même d'ouvrir à Bordeaux une imprimerie musicale. Avant d'arriver à Bordeaux, Beck avait écrit un certain nombre de symphonies, remises en honneur après la guerre de 1914 par un musicologue berlinois et qui, en dépit de leur brièveté, sont interprétées comme une étape importante dans l'histoire de la symphonie, une sorte de musique du Sturm und Drang ouvrant la voie au plein développement du genre de la symphonie. Dans le domaine de la musique religieuse, Beck écrivit et dirigea à Paris en 1783 un Stabat Mater. Il était mieux que quiconque en état d'initier le public bordelais non seulement à ses propres productions, mais encore – dans une mesure que le manque de programmes conservés rend difficile à évaluer – à l'ensemble de la musique allemande.

Bien que Franz Beck ait toujours parlé français avec un accent qu'il cultivait et qui

38 Ses tableaux furent notamment exposés dans les salons bordelais de 1771, 1774 et 1782. Voir Charles MARIONNEAU, Les Salons bordelais ou expositions des Beaux-Arts à Bordeaux au XVIIIᵉ siècle (1771–1797). Bordeaux 1883.

39 On dispose essentiellement de quatre portraits. Le portrait de Duviella, conservé au Musée des Beaux-Arts de Bordeaux date de 1767. Il »frappe par le visage osseux, ridé, sculpté comme dans du bois jaunâtre«. La main gauche suggère un mouvement interrompu, mais l'ensemble du personnage reste raide, hiératique, rappelant vaguement les portraits de pasteurs du XVIᵉ et XVIIᵉ siècle. Une reproduction figure dans le catalogue de l'exposition Bordeaux 2000 ans d'histoire. Musée d'Aquitaine 1971, n° 375.

40 Le négociant Vincent Lienau originaire de Hambourg entretient avec son ami, l'émigré Jean-Georges Wille, graveur du Roi à Paris, une correspondance assidue, allant même lui rendre visite à l'occasion de ses passages à Paris. Wille dédie en mai 1767 au négociant chartronnais une estampe qu'il vient d'exécuter d'après Mieris, L'observateur distrait. Lienau remercie en expédiant des médailles ou des tonneaux de vin au graveur parisien qui le conseille aussi dans ses collections.

41 Sur Franz Beck on peut notamment consulter H. BLANCHARD, Essais biographiques Francesco Beck, dans: Revue et gazette musicale de Paris du 29 juin, 27 juillet, 2 septembre, 24 octobre 1845. F. J. FÉTIS, Bibliographie universelle des musiciens. Paris 1883, 2ᵉ édition. René P. de SONNEVILLE, Un musicien de Bordeaux au XVIIIᵉ siècle. Franz Beck, dans: Revue historique de Bordeaux 1958, pp. 101–115. The New Grove Dictionary of Music and Musicians, Londres 1980. Carole ILLOUZ, Franz Beck, Mémoire de maîtrise préparé sous la direction de M. Ouvrard, Bordeaux s.d. – M. ESPAGNE, Bordeaux-Baltique, Bordeaux 1990.

trahissait immédiatement ses origines germaniques, il s'engagea dès le début de la Révolution dans le nouveau régime. Il perçut immédiatement que la Révolution cherchait à s'appuyer sur de nouvelles formes esthétiques, fêtes, cérémonies publiques, cantates et devint à Bordeaux le principal ordonnateur de ces expérimentations musicales. Un succès de la présence culturelle allemande à Bordeaux qui ne s'expliquerait pas sans l'attachement de son public, la bourgeoisie négociante, elle même marquée par la colonie germanique.

Jeux de mémoire

La colonie allemande de Bordeaux au XVIIIe siècle, quantitativement trop limitée pour donner lieu à des études statistiques, soulève l'intéressant problème d'une mémoire culturelle allemande en France et de la manière de l'aborder. Au XVIIIe siècle et pour une partie au XIXe siècle les étrangers à Bordeaux ne sont pas perçus comme un groupe homogène distinct de l'ensemble des négociants et dont il serait utile de décrire les caractéristiques. Eux-mêmes sont en général trop absorbés par leur activité commerciale pour réfléchir à leur propre situation. Les témoignages des voyageurs qui utilisent telle maison des Chartrons comme lieu de séjour prennent dans ces conditions un relief particulier. Au XVIIIe l'un des textes les plus importants de cette catégorie est le récit du voyage fait par Sophie La Roche en 1785[42]. Ce récit, constamment cité par les historiens de Bordeaux au XVIIIe comme une sorte d'instantané de la société dans les années 1780, a en fait un statut ambigu. Il est moins concentré sur la description de la colonie germanique proprement dite que sur la ville. Comme tout récit consacré à la description d'un domaine exotique, il est pourtant révélateur des attentes intellectuelles et esthétiques de l'observateur, une romancière allemande. Mais le regard de celle-ci est à son tour guidé par le milieu d'accueil, l'entourage du consul d'Autriche et du principal représentant de la colonie germanique Johann Jakob von Bethmann.

Sophie La Roche tend d'emblée à assimiler Bordeaux au quai des Chartrons et élève à un niveau esthétique les attributs de ce quartier, la forêt de mâts qui semble envahir la Garonne. Elle énumère des chiffres: prix, volume des échanges, tonnages des navires, qui ne peuvent venir que de son hôte Bethmann, mais semble surtout sensible à l'expression symbolique de cette prospérité: un domaine idyllique que jalonnent le port, les jardins, les jeunes femmes en costumes locaux. Les orages qui éclatent sont attendus et ne viennent jamais que fertiliser la terre brûlante. Ornée de sources jaillissantes et entourée de vignes, la maison de campagne de Bethmann rappelle l'origine de cette richesse, qu'illustre l'abondance des mets servis au cours de repas où l'on parle du mesmérisme et de la révolution américaine. Quand elle visite la ville de Bordeaux proprement dite, Sophie La Roche y voit surtout une fantasmagorie néo-classique où les ruines antiques du palais Gallien se juxtaposent sans hiatus

---

42 Voir MEAUDRE DE LA POUYADE, Impressions d'une Allemande à Bordeaux, dans: Revue d'histoire de Bordeaux 1911, p. 167–190 et 253–270 et Journal einer Reise durch Frankreich, von der Verfasserin von der Rosalien's Briefe, Altenburg 1787. Sur la signification générale des récits de voyage voir Thomas GROSSER, Reiseziel Frankreich. Deutsche Reiseliteratur vom Barock bis zur Französischen Revolution, Opladen 1989.

avec le projet de place Ludovise, grâce auquel le centre de gravité de la ville doit se déplacer vers le quartier des négociants. Certes le néo-classicisme bordelais n'est pas une invention de la colonie germanique, mais Sophie la Roche confirme à tout le moins avec quelle passion celle-ci a contribué à le promouvoir.

Tout se passe comme si Sophie La Roche avait mis son talent d'écrivain au service des Bethmann pour exprimer le mode d'appropriation subjective par la colonie germanique de son environnement culturel.

Bien que le cas de Sophie La Roche soit le plus intéressant pour le XVIIIᵉ siècle et ait eu la particularité d'avoir eu une réception chez les historiens français, il n'est pas le seul. On pourrait parler d'un voyage fait en 1734–35 par un négociant et futur maire de Flensburg Johann Gerhard Feddersen, qui décrit le Bordelais à travers les intérêts d'une des familles les plus anciennement implantées, la famille Luetkens. Ou encore du voyage fait en 1755 par le futur docteur en théologie de l'Université de Rostock, Daniel Zacharias Hallmann[43], qui résume les impressions recueillies chez ses hôtes, le consul de Suède Harmensen mais aussi les Bethmann. Les concerts, les fêtes et les jeux, les bals et les réunions sont les véritables préoccupations de négociants dont la table regorge de mets. Or les Chartrons sont au centre de cette fièvre:

> Il faut avouer que le Chartron est le plus bel endroit de Bordeaux. Le Chartron longe la rivière un demi-quart de mille suédois. Il a de grandes, hautes et superbes maisons. Entre elles et la rivière il n'y a qu'une rue, où les navires jettent leurs bouées et sur laquelle les négociants roulent leurs fûts. Ceci ressemble tout à fait au quai de Stockholm, mais est d'autant plus joli que la rive en face est garnie d'arbres feuillus. Derrière ces arbres il y a de hautes collines, dont les pentes et même les sommets sont couverts de vignobles. Tout cela fait un très beau spectacle que nous avons souvent admiré des fenêtres du consul de Suède Harmensen[44].

De Feddersen à Sophie La Roche le regard de la colonie allemande transcrit par les voyageurs, suit un parcours cohérent. Il se déplace du vignoble au sens le plus large, source de la richesse, vers l'espace plus restreint du port et de la ville qui a précisément acquis, entre les deux témoignages, sa personnalité architecturale néo-classique.

L'étude d'un groupe restreint comme celui des Allemands de Bordeaux invite à la réévaluation des témoignages subjectifs, souvent fragmentaires portés sur l'extérieur, sur une hétérogénéité culturelle qu'il s'agit pour les négociants de réduire, de dominer. L'approche intérieure de la vie du négociant bordelais Benoit Lacombe opérée par Joël Cornette[45] à partir de correspondances souvent fort techniques est sans doute un modèle méthodologique à prendre en compte pour le groupe des négociants germaniques dont les perceptions sont en même temps des formes d'appropriation.

Les lettres de commerce, comme l'immense correspondance de la maison Schyler Schröder, les contrats d'association, comme ceux des négociants Bluth et Höpffner ou ceux de Bethmann et du négociant Imbert, les testaments, ne livrent pas que des

---

43 P. Courteault, Bordeaux au temps de Tourny d'après un correspondant de Linné, in: Revue d'histoire de Bordeaux 1917, p. 134–151.
44 Ibid. p. 140.
45 Joël Cornette, Un révolutionnaire ordinaire, Benoit Lacombe, négociant, Paris 1983.

informations d'ordre économique. De même les contrats de location d'une maison
sur les Chartrons, les commandes de livres religieux ou commerciaux, la permission
de contracter un mariage à Bordeaux, les inventaires après décès comme ceux qu'on
trouve dans les papiers du négociant mecklembourgeois Johann Christian Jacobi qui
vécut à Bordeaux des années 1740 aux années 1770 livrent-ils toutes les traces d'une
procédure d'intégration en train d'être vécue et d'un mode de vie. Les quinze
chemises, les quatre cafetières et les trois habits noirs de Jacobi trahissent un confort
appréciable, alors que ses livres, un règlement des faillites pour la ville de Hambourg,
un manuel de commerce, un traité d'histoire politique, ou encore des ouvrages pieux
sont révélateurs d'un paysage mental[46]. Aux Chartrons Jacobi n'a pas acheté de
maison, il s'est contenté d'en louer une. Peu avant sa mort le contrat de location a été
renouvelé. On peut supposer que les négociants allemands qui n'avaient pas immobi-
lisé leur capital en faisant des achats immobiliers ont tous signé des contrats de ce
type:

> *Nous soussignés sommes convenus de ce qui suit, sçavoir que moi Sieur Nicolas Guiraut
> jeune ai loué et laissé comme par ce présantes je loue et laisse, fond et sole, au sieur Jean
> Chrestien Jacobi, ma maison et les deux chays derrière, ensemble tout des dépendances situés
> à la palu des Chartrons, entre les maisons du sieur Chevallier, et celui qu'occupe le sieur
> Galwey à la rue Bense, et ce pour l'espace de neuf années prochaines, a commancer le
> premier juillet de la présente année 1775, et finiront le premier juillet 1784, a raison d'onze
> cents livres pour chacq'un des dites années, payable six mois d'avance, moyennant quoi je
> promets faire jouir plainement et paisiblement de tout cy dessus audit sieur Jean Chrestien
> Jacobi, pandant les dits neuf années sans que personne le trouble, et tenir le tout clos et fermé
> par lui le gouverner en bon menager, et le dit sieur promettant en plus, lorsqu'il quittera
> ladite maison de remettre le tout vuide et net, à peine de tout dépans domages et intérêts,
> chacq'un nous concernant, au surplus nous voulons que la présante police ait la même force et
> valeur que si elle étoit fait par notaire, en foy de quoi nous en avons signé un double – Fait à
> Bordeaux le 21 juin 1775[47].*

Il est rare que l'on puisse croiser ces fragments indirects d'autobiographie avec une
autobiographie explicite comme celle de Johann Albrecht Metzler[48] qui s'installe à

---

46 On a conservé une liste de livres qu'il a fait venir d'Allemagne vers 1760. On y trouve des livres de
    piété luthérienne comme le Trésor de l'âme (»Seelen-Schatz«) de M. C. SCHRIVERS paru à Leipzig en
    1701, la Bible de Luther dans l'édition de Oldenbourg de 1714, les Quatre livres du vrai christianisme
    de Johann ARENDS (»Vier Bücher vom wahren Christenthum«) parus à Halle en 1735, les petits écrits
    choisis de Martin Luther dans une édition de Berlin parue en 1743. Mais on note aussi des livres de
    technique commerciale, comme de J. RADEMANN Le commerçant estimé (»Der werthgeschätzte
    Handels-Mann, anweisend, wie eine dreijährige Generalhandlung, welcher sowohl inn als außerhalb,
    zu Wasser und zu Lande, Proper, in Commission und Compagnie geführet worden, in ein richtiges
    Memorial zu beschreiben, aus solchem im Journal, Haupt-Buch und endere Nebenbücher einzutra-
    gen, zu stylisieren, einzurichten, zu saldiren und zu balantziren sey«. Hambourg 1714), un guide des
    billets de change à Hambourg du même auteur (»Der Stadt Hamburg stets blühender Wechselbaum,
    von allerhand Ein- und Ausländischen Wechselblumen, Deren sich nicht sowohl Hohe Königl. Chur
    und Fürstliche Höfe, als Insonderheit alle und jede Kauff- und Handelsstädte, nach Belieben, mit
    Nutzen bedienen können«. – 1ère édition 1698, 2e édition 1724, 3e édition 1728) un règlement des
    faillites pour la ville de Hambourg paru en 1753, les questions d'histoire politique et de géographie de
    J. HUBNER parues à Hambourg en 1733 et à Leipzig en 1702. (J. HUBNER, Kurtze Fragen aus der
    Politischen Historia, 3 t., Leipzig 1702).
47 Archives départementales de la Gironde 7 B 1556.
48 Geschichte der Familie Metzler: Frankfurt 1924.

Bordeaux de 1735 à 1738 pour aider au développement du négoce de son frère. Il est frappé d'une part par la présence massive des réformés à Bordeaux et par l'esprit d'ouverture qui règne vis-à-vis des étrangers. *Les étrangers jouissent partout de la plus grande bienveillance, ils peuvent entrer dans toutes les maisons de commerce, si tant est qu'ils se montrent honnêtes, et on les juge en fonction de leurs aptitudes. Et cela les attire tellement qu'il leur est pénible de quitter le pays*[49]. Comme tous les témoins du début du siècle il décrit moins la ville que le vignoble dont l'exploration est à la fois une nécessité professionnelle, car il faut savoir évaluer les crus, et un plaisir, car les négociants ne cessent d'être invités à festoyer chez les aristocrates propriétaires des vignes, tel le marquis de Montferrand à Landiras: *Nous fûmes merveilleusement traités et au cours des trois jours que nous dûmes absolument passer chez lui nous étions soit à la chasse au sanglier avec le marquis, soit occupés à d'autres plaisirs. Son château est superbement meublé et son train de vie, quoique plus restreint, est proportionnellement plus magnifique que la cour royale de Versailles*[50]. L'exploration à la fois systématique et stéréotypée[51] de Johann Albrecht Metzler le conduit des Graves à l'Entre-deux-mers, puis aux côtes de Bourg; parvenu à Blaye, il évoque le groupe des courtiers polyglottes qui accueillent les navires du Nord venant de pénétrer sur la Gironde. Mais l'épisode de Blaye est aussi révélateur de la mentalité d'aventuriers qui régnait parmi les négociants germaniques du début du siècle. Johann Albrecht Metzler se prend à rêver à tel capitaine anglais qui a pu quitter Bordeaux avec une cargaison impayée sans être intercepté à Blaye, il part en barque explorer le phare de Cordouan, qui marque l'entrée dans la Gironde, et manque de s'y noyer.

Dans la biographie collective de la colonie germanique au XVIIIᵉ siècle – que l'on peut reconstruire à partir de sources particulièrement diversifiées – s'opère lentement le passage d'une époque de pionniers partis conquérir de lointains Eldorados à une société de notables cultivés participant de plein droit à la vie de la cité dont ils tenteront au XIXᵉ siècle de contrôler les rouages politiques. Directement impliqués dans la Révolution par le théologien et précepteur Karl Friedrich Reinhard[52], ami des Girondins, les membres de la colonie germanique ne subiront pas d'épuration sanglante mais seront souvent emprisonnés et interrogés – on a conservé les textes de leurs interrogatoires – au cours de l'hiver 1793–1794. La Révolution marque pour eux la fin de l'ère des pionniers et le début de l'ère des notables. Les fragments de discours subjectifs à partir desquels on peut tisser le récit de leur implantation continuent jusqu'à la guerre de 1914 de constituer les strates d'une paradoxale mémoire germanique dans une ville de la France méridionale.

---

49 Ibid. p. 121.
50 Ibid. p. 122.
51 Un séjour de deux années à Bordeaux dans une maison amie pour améliorer ses connaissances de la langue et s'initier au commerce des vins devient une étape habituelle dans la formation d'un jeune négociant hanséate et l'habitude s'en poursuivra jusqu'à la guerre de 1914.
52 Voir Jean DELINIÈRE, Karl Friedrich Reinhard (1761–1837). Ein deutscher Aufklärer im Dienste Frankreichs, Stuttgart 1989.

DEUTSCHE ZUSAMMENFASSUNG

Während des 18. Jahrhunderts, besonders aber in seiner zweiten Hälfte, trägt die deutsche Kolonie in Bordeaux durch ihren Weinexport in die baltischen Häfen in großem Maße zum wirtschaftlichen Aufstieg der Stadt bei. Diese Kolonie war zwar zahlenmäßig nicht sehr groß, verband sich aber durch Mischehen mit der Klasse der einheimischen protestantischen Kaufleute. Ein dichtes Netz von Handels- und Familienkorrespondenzen und Verbindungen entstand zwischen dem Stadtteil »Faubourg des Chartrons« und den Städten im Norden Deutschlands.

Die ökonomische Einbindung der deutschen Kolonie verlief parallel zu einer sehr starken Integrierung von Mitgliedern dieser Kolonie in den örtlichen Aufklärungsgesellschaften (Akademie, Musée, Freimaurerlogen) und auf dem Gebiet der Künste (Musik, Malerei). In den Reiseberichten der Zeit wird immer wieder über die deutsche Kolonie in Bordeaux geschrieben und ihr Platz als Stätte deutscher Kultur im französischen Umfeld festgehalten. Die Erforschung dieser Kolonie im Bordeaux des 18. Jahrhunderts gestattet die Interaktion demographischer, wirtschaftlicher, religiöser und künstlerischer Komponenten im deutsch-französischen Kulturtransfer der Zeit wahrzunehmen.

REGISTER DER ORTE
UND GEOGRAPHISCHEN BEZEICHNUNGEN

INDEX TOPOGRAPHIQUE

Die Begriffe Deutschland (Allemagne), Frankreich (France), Heiliges Römisches Reich (Saint-Empire) kommen ständig vor und sind hier nicht erfaßt.

PERSONENREGISTER

INDEX BIOGRAPHIQUE

FRANCIA

Forschungen zur westeuropäischen Geschichte

Herausgegeben vom Deutschen Historischen Institut Paris

FRANCIA, die einzige deutsche historische Fachzeitschrift mit dem Schwerpunkt der westeuropäischen Geschichte, erscheint seit 1973. Herausgegeben vom Direktor des Deutschen Historischen Instituts Paris ist sie zu einem weithin beachteten Forum der wissenschaftlichen Diskussion von Historikern vor allem deutscher, französischer und englischer Sprache geworden. Mit Veröffentlichung des 16. Jahrgangs 1989 hat sich die Erscheinungsweise der Zeitschrift geändert. Statt eines Bandes gibt es seitdem jährlich drei Teilbände, die jeweils auf das Mittelalter, die Frühe Neuzeit und die Geschichte des 19. und 20. Jahrhunderts konzentriert sind. Die Einzelbände erscheinen in chronologischer Reihenfolge, beginnend mit dem Mittelalterteil, vom November eines jeden Jahres bis zum April des folgenden.

Der inhaltliche Aufbau der einzelnen Bände zeigt in der Regel eine gleichbleibende Abfolge: Nach den *Aufsätzen* folgen die Sektionen *Zur Forschungsgeschichte und Methodendiskussion, Miszellen* (auch mit Forschungsberichten) sowie ein umfangreicher *Rezensionsteil* mit zum Teil ausführlichen Besprechungen von wissenschaftlichen Werken aus dem weitgezogenen Themenkreis der Zeitschrift. Er vermittelt insbesondere Inhalt und Wert wichtiger französischer Werke in deutschen (oder englischen) Rezensionen sowie grundlegender deutscher Arbeiten in Besprechungen in französischer (oder englischer) Sprache und trägt so zu einer besseren, wechselseitigen Kenntnisnahme der deutschen und französischen Forschung bei.

Folgende Bezugsmöglichkeiten bestehen:
Abonnement aller drei Teilbände: DM 128.– incl. leinenüberzogener Einbanddeckel; Einzelpreis für die drei Bände eines Jahrgangs: DM 148.–; Abonnement der einzelnen Teilbände: DM 48.– pro Band; Einzelpreis pro Teilband: DM 58.–

Bereits erschienen:

Band 18/2 · Neuzeit (1991) · 340 Seiten mit 2 Abbildungen · 17 × 24 cm · Pappband

INHALT

Christine Maria GRAFINGER, Rom: L'opinion populaire et la peste en France et dans les pays voisins au XVIᵉ siècle · Birgit BERNARD, Trier: »Les Hommes illustres«. Charles Perraults Kompendium der 100 berühmtesten Männer des 17. Jahrhunderts als Reflex der Colbertschen Wissenschaftspolitik (avec résumé français) · François LABBÉ, Rheinfelden: Le rêve irénique du Marquis de la Tierce. Francmaçonnerie, lumières et projets de paix perpétuelle dans le cadre du Saint-Empire sous le règne de Charles VII (1741–1745) · Martin DINGES, Stuttgart: »Weiblichkeit« in »Männlichkeitsritualen«. Zu weiblichen Taktiken im Ehrenhandel in Paris im 18. Jahrhundert (avec résumé français) · Jeremy BLACK, Durham: Anglo-French Relations 1763–1775 · Wilhelm KREUTZ, Mannheim: Die Illuminaten des rheinisch-pfälzischen Raums und anderer außerbayerischer Territorien. Eine ›wiederentdeckte‹ Quelle zur Ausbreitung des radikal aufklärerischen Geheimordens in den Jahren 1781 und 1782 (avec résumé français) · Hans-Ulrich SEIFERT, Trier: Deutsche Benutzer der Pariser Nationalbibliothek in den Jahren 1789–1815 (avec résumé français) · Rainer BABEL, Paris: Religion, Staat und Gesellschaft in der frühen Neuzeit: Beiträge der westeuropäischen Forschung · Helga BRANDES, Oldenburg: »Ein Volk muß seine Freiheit selbst erobern ...«. Rebmann, die jakobinische Publizistik und die Französische Revolution · Rezensionen · Anzeigen

Jan Thorbecke Verlag Sigmaringen